KB164181

사기
열전
3

사기 열전 3

司馬遷 · 史記列傳 · 원문 대역

사마천 지음 | 장세후 옮김

연암서가

차례 ——— # 사기열전 3

차례 ———

사기열전 1

차례 ———

사기열전 2

일러두기

1. 이 책은 사마천의 『사기』 중 「열전」 부분을 번역한 것이다.

2. 대본(臺本) 및 표점(標點)은 북경 중화서국의 1959년 판(1987년 10차 인쇄)의 것을 따랐다.

3. 남조 송나라 배인(裴駰)의 『사기집해(史記集解)』 및 당나라 사마정(司馬貞)의 『사기색은(史記索隱)』, 장수절(張守節)의 『사기정의(史記正義)』의 3가주(三家註: 『사기』에 대한 대표적인 주석서)도 모두 번역하였다.

4. 번역은 원문을 나란히 배열한 대역(對譯)의 형식을 취하였으며 가능한 한 원문의 의미를 살리기 위한 축자역(逐字譯)에 의한 직역을 원칙으로 하였다.

5. 설명을 돕기 위해 꼭 필요하다고 생각될 경우 ( )로 보충역(補充譯)을 하였다.

6. 3가주의 주석 중 음가(音價)에 관한 부분은 현재의 음가와 같아 굳이 밝히지 않아도 될 경우는 삭제한 것도 있으며, 현재와 다르게 읽히는 부분은 모두 수록하였다.

7. 3가주를 위시하여 인용 서목이나 고유명사는 처음 나오는 것만 한자를 병기하였다. 앞에 나온 것이라도 편이 바뀌거나 헷갈릴 수가 있다고 판단되는 경우에는 다시 병기하였다.

51 위 장군·표기 열전 衛將軍驃騎列傳

大將軍衛青者 대장군 위청은
平陽人也[1] 평양 사람이다.
其父鄭季 그 부친 정계는
爲吏 소리(小吏)로
給事平陽侯家 평양후의 집에서 일을 하면서
與侯妾衛媼通[2] 평양후의 첩인 위온과 사통하여
生青 위청을 낳았다.
青同母兄衛長子 위청의 이부(異父) 형은 위장자(衛長子)이고
而姊衛子夫自平陽公主家得幸天子[3]
누이 위자부(衛子夫)는 평양공주 집에서 천자의

---

1 정의 『한서(漢書)』에서는 "그 아비 정계(鄭季)는 하동(河東) 평양(平陽) 사람인데 현리(縣吏)로 평양후의 집에서 일을 하였다."라 하였다.

2 색은 위(衛)는 성이다. 온(媼)은 노소(老少)의 부인의 통칭이다. 『한서』에서는 주인집 종 위온(衛媼)과 통정하였다고 하였다. 가동(家僮)이라고 하였으니 늙은이는 아니다. 혹자는 온(媼)은 늙은이를 일컫는다고 하였는데 나중에는 따라서 늙은이를 일컫게 되었다. 또한 「외척전(外戚傳)」에서는 "박희(薄姬)의 아비는 위왕(魏王)의 종녀 위온(魏媼)과 사통하였다."라 하였으니 또한 위(魏)는 온(媼)의 성이다. 그런데 소안(小顔)은 "위(衛)는 그 남편의 성을 든 것이다."라 하였다. 그러나 여기서 "후(侯)의 첩 위온(衛媼)"이라 한 것에 따르면 남편과 구별이 없는 것 같다. 아래에서는 "어머니가 같은 형인 위장자(衛長子) 및 누이 자부(子夫)는 모두 위씨 성을 가탁하였다."라 한 것을 보면 또한 남편이 있었던 것 같다. 그 가탁한 성이 아비인지 어미인지는 모두 분명치 않다.

	총애를 얻었으므로
故冒姓爲衛氏	위씨 성을 가탁하였다.
字仲卿	자는 중경이다.
長子更字長君	위장자는 자를 장군(長君)으로 바꾸었다.
長君母號爲衛媼	장군의 모친은 위온이라고 불렀다.
媼長女衛孺[4]	위온의 장녀는 위유이고
次女少兒	차녀는 소아인데
次女即子夫	차녀가 곧 위자부이다.
後子夫男弟步廣[5]皆冒衛氏	나중에 자부의 남동생 보와 광은 모두 위씨를 가탁하였다.

青爲侯家人	위청은 평양후의 집 사람이 되었다가
少時歸其父	어렸을 때에 그 아비에게 돌아갔는데
其父使牧羊	그 아비는 양을 치게 하였다.
先母之子[6]皆奴畜之	본처의 아들은 모두 그를 종으로 길러

3 **집해** 서광(徐廣)은 말하였다. "조참(曹參)의 증손 평양이후(平陽夷侯)는 당시 무제(武帝)의 누이 평양공주(平陽公主)를 맞아 아들 양(襄)을 낳았다." **색은** 여순(如淳)은 "본래 양신장공주(陽信長公主)인데 평양후의 배필이 되었기 때문에 평양공주가 일컫는다."라 하였다. 서광에 따르면 "이후(夷侯)는 조참(曹參)의 증손으로 이름은 양(襄)이다."라 하였다. 또한 가계(家系) 및 「공신표(功臣表)」에 의하면 '시(時)'는 어떤 판본에는 '주(疇)'로 되어 있는 곳도 있다고 하였으며, 『한서』에는 '수(壽)'로 되어 있는데 모두 문자가 잔결(殘缺)되었으므로 같지 않다.

4 **색은** 『한서』에서는 '군유(君孺)'라고 하였다.

5 **집해** 서광은 말하였다. "보(步)는 어떤 판본에는 '소(少)'로 되어 있다."

6 **집해** 복건(服虔)은 말하였다. "선모(先母)는 적처(適妻)이다. 위청의 적모이다." **색은** 『한서』에는 '민모(民母)'로 되어 있다. 복건은 "모(母)는 적처(適妻)이다. 위청의 적모이다."라 하였다. 고씨(顧氏)는 "정계(鄭季)의 본처는 민호(民戶) 사이에 편성되었으므로 민모(民母)라고 하였다."라 하였다. 지금 판본에는 또한 혹 '민모(民母)'로 되어 있는 것도 있다.

不以爲兄弟數[7]	형제로 치지 않았다.
靑嘗從入至甘泉居室[8]	위청은 일찍이 남을 따라 감천궁의 감옥에 간 적이 있는데
有一鉗徒[9]相靑曰	어떤 칼을 쓴 죄수가 위청의 관상을 보고 말하였다.
貴人也	"귀인으로
官至封侯	관작이 봉후까지 이를 것이오."
靑笑曰	위청이 웃으면서 말하였다.
人奴之生	"남의 노비에게서 나서
得毋笞罵即足矣	매를 맞고 욕만 먹지 않으면 만족할 것이니
安得封侯事乎	어찌 봉후가 될 일이 있겠소!"

靑壯	위청은 장성하여
爲侯家騎	평양후 집의 기사가 되어
從平陽主	평양공주를 모셨다.
建元二年春	건원 2년(B.C. 139) 봄
靑姊子夫得入宮幸上	위청의 누이 자부가 입궁하게 되어 임금의 총애를 받았다.
皇后	황후는
堂邑大長公主女也[10]	당읍 대장공주(大長公主)의 딸로

---

7 **색은** 거성(去聲)이다.

8 **정의** 거실(居室)은 관서의 이름으로 무제(武帝)가 보궁(保宮)으로 바꾸었다. 관부(灌夫)가 거실에 포박된 곳이 이곳이다.

9 **집해** 장안(張晏)은 말하였다. "감천궁(甘泉宮)에서 근무하는 무리들이 거처하는 곳이다."

10 **집해** 서광은 말하였다. "당읍안후진영(堂邑安侯陳嬰)의 손자 이후오(夷侯午)는 경제(景帝)의 누이 장공주의 배필이며 아들은 계수(季須)이다. 원정(元鼎) 원년(B.C. 116) 계수는 간통죄를 지어 자살하였다." **정의** 문제(文穎)는 말하였다. "진황후(陳皇后)는 무제의 고모의 딸이다."

無子	아들이 없었으며
妒	질투심이 많았다.
大長公主聞衛子夫幸	대장공주는 위자부가 총애를 받아
有身	아이를 가졌다는 말을 듣고
妒之	질투하여
乃使人捕青	이에 사람을 시켜 위청을 체포하였다.
青時給事建章[11]	위청은 당시 건장궁에서 일을 하고 있었으며
未知名	아직 이름이 알려지지 않았다.
大長公主執囚青	대장공주는 위청을 잡아 가두고
欲殺之	죽이려고 하였다.
其友騎郎公孫敖與壯士往篡取之[12]	
	벗인 기랑 공손오가 장사들과 함께 가서 빼앗아 나왔기 때문에
以故得不死	죽지 않게 되었다.
上聞	임금이 듣고
乃召青爲建章監	곧 위청을 불러 건장궁 감(監)으로 삼았으며
侍中	시중이 되자
及同母昆弟貴	이부(異父) 형제들도 귀하여져
賞賜數日閒累千金	상으로 내린 것이 며칠 만에 수천 금이 되었다.
孺爲太僕公孫賀妻	위유는 태복 공손하의 아내가 되었다.
少兒故與陳掌通[13]	위소아는 진장과 사통을 하였던 관계로
上召貴掌	임금이 불러 진장을 현귀하게 하였다.

11 **색은** 진작(晉灼)은 "상림(上林)에 있는 궁궐의 이름이다."라 하였다.

12 **색은** 찬(篡)은 겁(劫), 탈(奪)과 같다.

13 **집해** 서광은 말하였다. "진평(陳平)의 증손으로 이름은 장(掌)이다."

公孫敖由此益貴	공손오는 이 때문에 더욱 현귀해졌다.
子夫爲夫人	자부는 부인이 되었다.
青爲大中大夫	위청은 태중대부가 되었다.
元光五年	원광 5년(B.C. 130)
青爲車騎將軍	위청은 거기장군이 되어
擊匈奴	흉노를 치기 위해
出上谷	상곡을 나섰으며,
太僕公孫賀爲輕車將軍	태복 공손하는 경거장군이 되어
出雲中	운중을 나섰고,
大中大夫公孫敖爲騎將軍	태중대부 공손오는 기장군이 되어
出代郡	대군을 나섰으며,
衛尉李廣爲驍騎將軍	위위(衛尉) 이광은 효기장군이 되어
出雁門	안문을 나섰는데,
軍各萬騎	각 군은 각기 1만 기였다.
青至蘢城	위청은 용성에 이르러
斬首虜數百	오랑캐 수백을 참수하였다.
騎將軍敖亡七千騎	기장군 공손오는 7천 기를 잃었으며,
衛尉李廣爲虜所得	위위 이광은 오랑캐의 포로가 되었지만
得脫歸	탈출하여 돌아왔는데,
皆當斬	모두 참형에 해당되었으나
贖爲庶人	서인으로 속량되었다.
賀亦無功	공손하 또한 공이 없었다.
元朔元年春	원삭 원년(B.C. 128) 봄

衛夫人有男[14] 위부인이 사내를 낳아
立爲皇后 황후가 되었다.
其秋 그해 가을에
青爲車騎將軍 위청은 거기장군이 되어
出雁門 안문을 나서
三萬騎擊匈奴 3만 기로 흉노를 쳐서
斬首虜數千人 오랑캐를 수천 명을 참수하였다.
明年 이듬해에
匈奴入殺遼西太守 흉노가 쳐들어와 요서태수를 죽이고
虜略漁陽二千餘人 어양에서 2천여 명을 노략질하고
敗韓將軍軍 한 장군의 군사를 패퇴시켰다.
漢令將軍李息擊之 한나라는 장군 이식으로 하여금 치게 하여
出代 대군(代郡)을 나서게 하고
令車騎將軍青出雲中以西至高闕[15]
거기장군 위청에게 운중을 나서 서(西)로 고궐에 이르게 하였다.
遂略河南地 마침내 하남 땅을 공략하고
至于隴西 농서에 이르러
捕首虜數千 잡거나 수급을 벤 오랑캐가 수천에
畜數十萬 가축이 수십만이었으며
走白羊樓煩王 백양과 누번왕을 달아나게 하고
遂以河南地爲朔方郡[16] 마침내 하남 땅을 삭방군으로 삼았다.

---

14 **색은** 곧 위태자(衛太子) 거(據)이다.

15 **색은** 산 이름이다. 소안(小顏)은 "요새 이름이라고도 하며 삭방(朔方)의 북쪽에 있다."라 하였다.

以三千八百戶封青爲長平侯	3천8백 호로 위청을 장평후에 봉하였다.
青校尉蘇建有功	위청의 교위 소건이 공을 세우자
以千一百戶封建爲平陵侯	천백 호로 소건을 평릉후에 봉하였다.
使建築朔方城[17]	소건에게 삭방에 성을 쌓게 하였다.
青校尉張次公有功	위청의 교위 장차공은 공을 세워
封爲岸頭侯[18]	안두후에 봉하여졌다.
天子曰	천자가 말하였다.
匈奴逆天理	"흉노는 하늘의 이치를 거스르고
亂人倫	인륜을 어지럽혀
暴長虐老	어른에게 포악하게 굴고 노인을 학대하며
以盜竊爲務	노략질을 일삼고
行詐諸蠻夷	여러 오랑캐들을 속여
造謀藉兵	음모를 꾸며 군사를 일으키게 하여
數爲邊害[19]	여러 번이나 변방의 해악이 되었으므로
故興師遣將	군사를 일으키고 장수를 파견하여
以征厥罪	그 죄를 정벌하였소.
詩不云乎	『시경』에서는 말하지 않았는가?
薄伐獵狁[20]	'험윤 쫓아내어,

16 **색은** 북지군(北地郡)의 북쪽, 황하(黃河)의 남쪽을 이른다. **정의** 지금의 하주(夏州)이다.

17 **정의** (唐 濮王泰 등의) 『괄지지(括地志)』에서는 말하였다. "하주(夏州) 삭방현(朔方縣) 북쪽 십분(什賁)의 옛 성이다." 소건(蘇建)이 쌓았으며, 십분(什賁)이란 이름은 아마 번어(蕃語)에서 나왔을 것이다.

18 **색은** 진작은 "하동(河東) 피지현(皮氏縣)의 정(亭) 이름이다."라 하였다. **정의** 복건은 말하였다. "향(鄕)의 이름이다."

19 **집해** 장안은 말하였다. "만이(蠻夷)에게서 군사를 빌려 변경을 약탈하는 것이다."

20 **색은** 박벌험윤(薄伐獫狁)이다. 이 구절은 「소아 · 유월(小雅 · 六月)」의 시이며, 선왕(宣王)이 북벌한 것을 찬미하는 것이다. 박벌(薄伐)은 쫓아낸다는 말이다.

至于太原	태원까지 이르렀네.',
出車彭彭	'나서는 수레 굉장하고,
城彼朔方[21]	저 삭방에 성 쌓았다네.' 라고.
今車騎將軍青度西河[22]至高闕	
	지금 거기장군 청(青)은 서하를 건너 고궐까지 이르러
獲首虜二千三百級	오랑캐의 수급 2천 3백을 얻었고
車輜畜產畢收爲鹵	치중거와 축산물을 모두 노획물로 거두었으며,
已封爲列侯	이미 열후에 봉하였는데도
遂西定河南地	마침내 서로 하남의 땅을 평정하였고
按榆谿舊塞[23]	유계의 옛 요새를 점령하여
絕梓領	재령을 끊고
梁北河[24]	북하에 교량을 놓았으며
討蒲泥	포니(蒲泥)를 토벌하고
破符離[25]	부리(符離)를 깨뜨려
斬輕銳之卒	날랜 정예병을 참하였으며

21 **색은** 「소아 · 출거(小雅 · 出車)」의 시이다.

22 **정의** 곧 운중군(雲中郡)의 서하(西河)로, 지금의 승주(勝州) 동하(東河)이다.

23 **집해** 여순은 말하였다. "안(案)은 가는 것이다. 유계(榆谿)는 옛 요새의 이름이다." 혹자는 말하기를 안(按)은 찾는다[尋]는 뜻이라고 하였다. **색은** 유곡(榆谷)은 옛 요새이다. 여순은 말하였다. "안(按)은 가는 것이며, 찾는다는 뜻이다. 유곡은 옛 요새의 이름이다." 『수경(水經)』에서는 "상군(上郡)의 북쪽에 제차수(諸次水)가 있으며 동으로 유림새(榆林塞)를 거쳐 유계(榆谿)가 된다."라 하였는데, 유곡(榆谷)의 옛 요새이다.

24 **집해** 여순은 말하였다. "절(絕)은 건너는 것이다. 북하(北河)에 교량을 건설한 것이다." **정의** 『괄지지』에서는 말하였다. "북하의 교량은 영주(靈州)의 경계에 있다."

25 **집해** 진작은 말하였다. "두 왕의 호칭이다." **색은** 진작은 말하였다. "두 왕의 호칭이다." 최호(崔浩)는 말하였다. "막북(漠北)의 요새 이름이다."

捕伏聽者三千七十一級[26]	매복하여 정탐한 적군 3천71명을 잡고
執訊獲醜[27]	적을 심문하여 많은 무리를 사로잡았으며
驅馬牛羊百有餘萬	말과 소, 양 백여만 마리를 몰고
全甲兵而還	갑병을 온전히 하여 돌아왔으니
益封靑三千戶	청에게 3천 호를 더 봉해 주노라.”
其明年	그 이듬해에
匈奴入殺代郡太守友[28]	흉노가 쳐들어와 대군(代郡) 태수 우(友)를 죽였으며
入略鴈門千餘人	안문으로 쳐들어와 천여 명을 노략질하였다.
其明年	그 이듬해에
匈奴大入代定襄上郡	흉노는 대대적으로 대군과 정양, 상군으로 쳐들어와
殺略漢數千人	한나라 백성 수천 명을 죽이고 약탈하였다.

其明年	그 이듬해인
元朔之五年春	원삭 5년(B.C. 124) 봄에
漢令車騎將軍靑將三萬騎	한나라는 거기장군 위청으로 하여금 3만 기를 거느리고
出高闕	고궐을 나가게 하였으며,
衛尉蘇建爲游擊將軍	위위 소건은 유격장군이 되었고
左內史李沮[29]爲彊弩將軍	좌내사 이조(李沮)는 강노장군이 되었으며

26 **집해** 장안은 말하였다. “은밀한 곳에 엎드려 숨어 군사의 허실을 듣는 것이다.”

27 **정의** 신(訊)은 묻는 것이다. 추(醜)는 무리이다. 생포하여 심문하여 오랑캐가 있는 곳을 알아 많은 무리를 사로잡은 것을 말한다.

28 **집해** 서광은 말하였다. “우(友)는 태수의 이름이다. 성은 공(共)이다.”

29 **집해** 문영(文穎)은 말하였다. “음은 조(組)이다.”

太僕公孫賀爲騎將軍	태복 공손하는 기장군이 되었고
代相李蔡爲輕車將軍	대상(代相) 이채는 경거장군이 되었는데
皆領屬車騎將軍	모두 거기장군에 예속되어
俱出朔方	함께 삭방으로 나갔으며,
大行李息岸頭侯張次公爲將軍	대행령 이식과 안두후 장차공은 장군이 되어
出右北平	우북평으로 나가
咸擊匈奴	모두 흉노를 쳤다.
匈奴右賢王當衛靑等兵	흉노의 우현왕이 위청 등의 군사에 맞서게 되었는데
以爲漢兵不能至此	한나라 군사가 이곳까지는 이를 수 없을 것이라 생각하여
飮醉	술을 마시고 취하였다.
漢兵夜至	한나라 군사가 밤에 이르러
圍右賢王	우현왕을 에워싸자
右賢王驚	우현왕은 놀라
夜逃	밤에 도망쳐
獨與其愛妾一人壯騎數百馳	홀로 애첩 한 사람이랑 씩씩한 기병 수백과 말을 달려
潰圍北去	에움을 무너뜨리고 북쪽으로 떠났다.
漢輕騎校尉郭成等逐數百里	한나라 경기교위 곽성 등이 수백 리를 쫓았지만
不及	미치지 못하였고
得右賢裨王十餘人[30]	우현왕의 비왕 10여 명과
衆男女萬五千餘人	남녀의 무리 1만 5천여 명,
畜數千百萬	가축 수천에서 백만 마리를 잡아

於是引兵而還 이에 군사를 거느리고 돌아왔다.

至塞 변경에 이르자

天子使使者持大將軍印 천자는 사자에게 대장군의 인장을 지내게 하고

即軍中拜車騎將軍青爲大將軍

즉시 군중에서 거기장군 위청을 대장군에 임명하였으며

諸將皆以兵屬大將軍 여러 장수들도 모두 군사를 대장군에 귀속시켜

大將軍立號而歸[31] 대장군이 호령을 세운 후에 돌아왔다.

天子曰 천자가 말하였다.

大將軍青躬率戎士 "대장군 위청은 몸소 전사들을 이끌고

師大捷 출정하여 대승을 거두고

獲匈奴王十有餘人 흉노왕 10여 명을 잡았으니

益封青六千戶 위청에게 6천 호를 더 봉해 주노라."

而封青子伉爲宜春侯[32] 그리고 위청의 아들 위강을 의춘후에 봉하고

青子不疑爲陰安侯 위청의 아들 위불의는 음안후에 봉하였으며

青子登爲發干侯 위청의 아들 위등은 발간후에 봉하였다.

青固謝曰 위청은 굳이 사양하여 말하였다.

臣幸得待罪行間 "신이 다행히 군중에서 (장수로) 임명되어

賴陛下神靈 폐하의 신령하심에 힘입어

軍大捷 군이 대승을 거두었는데

30 색은 비왕(裨王) 10인이다. 가규(賈逵)는 말하였다. "비(裨)는 익(益)이라는 뜻이다." 소안(小顏)은 말하였다. "비왕(裨王)은 소왕(小王)이며, 비장(裨將)과 같은 것이다. 音은 비[頻移反]이다."

31 색은 대장군의 호령을 세우고 돌아오는 것을 이른다.

32 정의 伉의 음은 강[口浪反]이다.

皆諸校尉力戰之功也　　　　이는 모두 교위들이 힘껏 싸운 공입니다.

陛下幸已益封臣青　　　　폐하께서 다행스럽게 이미 신(臣) 청(青)의 봉지를 더해 주셨습니다.

臣青子在繦緥中[33]　　　　신(臣) 청(青)의 자식들은 포대기에 싸여

未有勤勞　　　　아직 공로를 세우지 못하였는데

上幸列地封爲三侯　　　　황상께서 마침 땅을 나누어 세 후에 봉하시니

非臣待罪行閒所以勸士力戰之意也

신이 군중에서 임명되어 군사들에게 힘껏 싸우라고 권하는 뜻이 아닙니다.

伉等三人何敢受封　　　　강(伉) 등 세 사람이 어찌 감히 봉해지겠습니까!"

天子曰　　　　천자가 말하였다.

我非忘諸校尉功也　　　　"내 여러 교위들의 공을 잊은 것이 아니니

今固且圖之　　　　지금 곧 생각을 하려던 참이오."

乃詔御史曰　　　　이에 어사에게 명하여 말하였다.

護軍都尉公孫敖三從大將軍擊匈奴

"호군도위 공손오는 세 번 대장군을 따라 흉노를 쳐서

常護軍　　　　늘 군사를 보호하고

傅校獲王[34]　　　　교위를 독려하여 왕을 잡았으므로

以千五百戶封敖爲合騎侯[35]　　　　천5백 호로 공손오를 합기후에 봉하노라.

---

33 **정의** 강(繦)은 길이가 한 자 두 치이고 너비는 여덟 치로, 아이를 등에다 매는 것이다. 보(緥)는 아이의 이불이다.

34 **색은** 고비감(顧祕監)은 말하였다. "부(傅)는 거느리는 것이다. 5백 명을 교(校)라고 한다." 소안(小顏)은 말하였다. "傅의 음은 부(附)이다. 공손오가 여러 부대를 총괄 보호하여 매번 군대의 일부를 붙여 승리를 거두어 왕을 사로잡게 한 것을 말한다."

35 **색은** 읍지(邑地)가 아니며 전공(戰功)을 가지고 부른 것이다. 군사를 가지고 표기(驃騎)와 합쳤으므로 '합기(合騎)'라고 하였으며, '관군(冠軍)'이니 '종기(從驃)'니 하는 것과 같다.

都尉韓說從大將軍出窳渾[36]	도위 한열은 대장군을 따라 유혼을 나서
至匈奴右賢王庭	흉노 우현왕의 왕정에까지 이르러
爲麾下搏戰獲王[37]	휘하에서 전투를 벌여 왕을 잡았으므로
以千三百戶封說爲龍頟侯	천3백 호로 한열을 용액후에 봉하노라.
騎將軍公孫賀從大將軍獲王	기장군 공손하는 대장군을 따라 왕을 잡았으므로
以千三百戶封賀爲南窌侯[38]	천3백 호로 공손하를 남교후에 봉하노라.
輕車將軍李蔡再從大將軍獲王	경거장군 이채는 두 번 대장군을 따라 왕을 잡았으므로
以千六百戶封蔡爲樂安侯	천6백 호로 이채를 낙안후에 봉하노라.
校尉李朔	교위 이삭과
校尉趙不虞	교위 조불우,
校尉公孫戎奴	교위 공손융노는
各三從大將軍獲王	각기 세 번 대장군을 따라 왕을 잡았으니
以千三百戶封朔爲涉軹侯	천3백 호로 이삭을 섭지후에 봉하며
以千三百戶封不虞爲隨成侯	천3백 호로 조불우를 수성후에 봉하고
以千三百戶封戎奴爲從平侯	천3백 호로 공손융노를 종평후에 봉하노라.

36 **집해** 서광은 말하였다. "유혼(窳渾)은 삭방(朔方)에 있으며, 음은 유(庾)이다." **색은** 음은 유(庾)이다. 복건은 "요새 이름"이라고 하였다. 서광은 "삭방(朔方)에 있다."고 하였다. 『한서』에는 '전혼(寘渾)'으로 되어 있으며, 寘의 음은 전(田)이다.

37 **색은** 搏의 음은 박(博)이다. 박(搏)은 치는 것이다. 소안(小顔)도 같다. 지금의 『사기』와 『한서』 판본은 거의 '전(傳)'으로 되어 있으며, 전(傳)은 전(轉)과 같다.

38 **집해** 서광은 말하였다. "窌는 '奅'가 되어야 하며, 음은 표[匹孝反]이다." **색은** 서광은 음이 표라고 하였다. 위소(韋昭)는 현 이름이라고 하였다. 혹자는 '窖'라고 하였는데, 음은 교[干校反]이다. (西晉 呂忱의) 『자림(字林)』에서는 '大' 아래에 '卯' 자가 있는 것과 '穴' 아래에 '卯' 자가 있는 것은 모두 음이 표[匹孝反]이다.

將軍李沮·李息及校尉豆如意有功

장군 이조와 이식 및 교위 두여의는 공을 세웠으니

賜爵關內侯	관내후의 작위와
食邑各三百戶	식읍 각 3백 호를 내리노라."
其秋	그해 가을에
匈奴入代	흉노가 대군(代郡)으로 쳐들어와
殺都尉朱英	도위 주영을 죽였다.

其明年春	그 이듬해 봄에
大將軍青出定襄	대장군 위청이 정양을 나섰는데
合騎侯敖爲中將軍	합기후 공손오는 중장군이 되고
太僕賀爲左將軍	태복 공손하는 좌장군이 되었으며
翕侯趙信爲前將軍	흡후 조신은 전장군이 되고
衛尉蘇建爲右將軍	위위 소건은 우장군이 되었으며
郎中令李廣爲後將軍	낭중령 이광은 후장군이 되었고
右內史李沮爲彊弩將軍	우내사 이조는 강로장군이 되었는데
咸屬大將軍	모두 대장군에 속하여
斬首數千級而還	수천 개의 수급을 베어 돌아왔다.
月餘	달포 만에
悉復出定襄擊匈奴	모두 다시 정양을 나서 흉노를 쳐서
斬首虜萬餘人	1만여 명을 참수하거나 사로잡았다.

右將軍建前將軍信并軍三千餘騎

우장군 소건과 전장군 조신은 3천여 기의 군사를 합하여

獨逢單于兵	단독으로 선우의 군사와 만나
與戰一日餘	하루가 넘도록 싸웠는데
漢兵且盡	한나라 군사가 전멸하였다.
前將軍故胡人	전장군은 본래 오랑캐 사람으로
降爲翕侯	투항하여 흡후가 되었는데
見急	위급해지자
匈奴誘之	흉노가 꾀어
遂將其餘騎可八百	마침내 남은 기병 8백 남짓을 데리고
奔降單于	선우에게로 달아나 항복하였다.
右將軍蘇建盡亡其軍	우장군 소건은 그 군사를 몽땅 잃고
獨以身得亡去	단신으로 도망쳐
自歸大將軍	스스로 대장군에게로 돌아왔다.
大將軍問其罪正閎[39]長史安[40]議郎周霸等[41]	대장군이 그 죄를 군정 굉(閎)과 장사 안(安), 의랑 주패 등에게 물었다.
建當云何	"건(建)을 어찌해야 할까?"
霸曰	주패가 말하였다.
自大將軍出	"대장군에게서 출병하여
未嘗斬裨將	비장을 벤 적이 없습니다.
今建棄軍	지금 소건이 군사를 버렸으니
可斬以明將軍之威	참수하여 장군의 위엄을 분명히 할 만합니다."

39 **집해** 장안은 말하였다. "정(正)은 군정(軍正)이다. 굉(閎)은 이름이다."

40 **정의** 군률에 도군관장사(都軍官長史)가 1인이다.

41 **집해** 서광은 말하였다. "유생(儒生)이다." **색은** 서광은 유생이라고 하였다. 「교사지(郊祀志)」에 의하면 봉선(封禪)을 논의한 자 중에 주패(周霸)가 있으므로 알 수 있다.

閎, 安曰	굉과 안이 말하였다.
不然	"그렇지 않습니다.
兵法小敵之堅	병법에서는 '작은 적의 견고함은
大敵之禽也	큰 적에게 사로잡힌다.'라 하였습니다.
今建以數千當單于數萬	지금 소건은 수천 기로 선우의 수만 기를 맞아
力戰一日餘	하루가 넘게 힘껏 싸워
士盡	군사가 다하였는데도
不敢有二心	감히 두 마음을 품지 않고
自歸	스스로 돌아왔습니다.
自歸而斬之	스스로 돌아왔는데도 참수해 버리면
是示後無反意也	이는 나중에 돌아올 뜻이 없도록 하는 것을 보여주는 것입니다.
不當斬	참수하여서는 안 됩니다."
大將軍曰	대장군이 말하였다.
青幸得以肺腑待罪行間	"내가 다행히 심복으로 군중에서 일을 맡게 되어
不患無威	위엄이 없음은 걱정하지 않으나
而霸說我以明威	주패가 내게 위엄을 분명히 하라고 말하니
甚失臣意	신하의 뜻을 매우 잃었다.
且使臣職雖當斬將	또한 신하의 직분으로 장수를 참수할 수 있다고 하더라도
以臣之尊寵而不敢自擅專誅於境外	신하가 총애를 존중하여 감히 국경 밖에서 (장수를) 제 마음대로 죽이지 않고
而具歸天子	모두 천자께 맡겨
天子自裁之	천자께서 스스로 결정하시도록 하여

於是以見爲人臣不敢專權	이에 신하가 감히 전권을 휘두르지 않는 것을 보여주는 것도
不亦可乎	또한 옳지 않겠는가?”
軍吏皆曰善	군리들이 모두 말하기를 “좋습니다.”라 하였다.
遂囚建詣行在所[42]	마침내 소건을 가두어 행재소로 보내고
入塞罷兵	변경으로 들어와 싸움을 그만두었다.

是歲也	이해에
大將軍姊[43]子霍去病年十八	대장군의 누이의 아들 곽거병은 나이가 열여덟 살이었는데
幸	총애를 받아
爲天子侍中	천자(天子)의 시중이 되었다.
善騎射	말 타고 활쏘기에 뛰어나
再從大將軍	두 번 대장군을 따랐는데
受詔與壯士	조칙으로 장사를 주어
爲剽姚[44]校尉	표요교위(剽姚校尉)로 삼으니
與輕勇騎八百直棄大軍數百里赴利	가볍고 날랜 기병 8백과 함께 곧장 대군을 버리

42 **집해** 채옹(蔡邕)이 말하였다. “천자가 거처하는 곳을 스스로 일러 ‘행재소’라 하는데, 지금은 비록 서울에 있어서 이르는 곳에 갈 따름이라는 말이다. 천하를 순수할 때는 일을 아뢰는 곳이 모두 궁이다. 장안에 있으면 장안궁에서 아뢰고, 태산에 있으면 봉고궁(奉高宮)이라 하는데, 다만 당시 있는 곳이다.”

43 **집해** 서광은 말하였다. “자(姊)는 곧 소아(少兒)이다.”

44 **색은** 앞 글자의 음은 표[匹遙反]이고, 아래의 글자는 음이 요(遙)이다. 대안(大顔)은 『순열한기(荀悅漢紀)』[후한(後漢) 순열(荀悅)이 편찬한 『한기(漢紀)』를 지칭]에 의해 ‘표요(票鷂)’라고 하였다. 표요(票鷂)는 굳세고 빠른 모습이다. 앞의 글자는 음이 표[頻妙反]이고, 아래의 글자는 음이 요[弋召反]이다.

	고 수백 리를 가서 승리를 거두어
斬捕首虜過當[45]	오랑캐를 참수하거나 잡은 것이 감당할 만한 것을 넘겼다.
於是天子曰	이에 천자가 말하였다.
剽姚校尉去病斬首虜二千二十八級	"표요교위 곽거병은 오랑캐 2천 28명을 참수하거나 포로로 잡아
及相國當戶	상국과 당호에까지 미쳤고
斬單于大父行[46]籍若侯產[47]	선우의 대부의 항렬인 적약후 산(產)을 참수하고
生捕季父羅姑比[48]	계부인 나고비(羅姑比)를 생포하여
再冠軍	군중에서 두 번째로 으뜸이므로
以千六百戶封去病爲冠軍侯	천6백 호로 거병을 관군후에 봉하노라.
上谷太守郝賢四從大將軍	상곡 태수 학현은 네 번 대장군을 따라
捕斬首虜二千餘人	적을 사로잡고 참수한 것이 2천여 명이므로
以千一百戶封賢爲衆利侯	천백 호로 학현을 중리후에 봉하노라."
是歲	이해에
失兩將軍軍	두 장수의 군사를 잃고
亡翕侯	흡후를 잃어

---

45 **색은** 소안(小顔)은 "그 거느린 인원을 가지고 헤아려 보면 사로잡고 참수한 것이 많아 감당할 만한 것보다 많다는 것을 말한다. 일설에는 한나라 군사의 망실(亡失)은 적고 흉노를 죽이고 사로잡은 숫자는 많으므로 당한 것보다 많다고 한 것이다."라 하였다.

46 **색은** 行의 음은 항[胡浪反]이다. 적약후(藉若侯)가 흉노의 조부의 항렬이라는 것을 이른다. 『한서』에서는 "척약후산(藉若侯產)인데 산은 곳 대부(大父)의 이름이다."라 하였다.

47 **집해** 장안은 말하였다. "적약(籍若)은 오랑캐의 후[胡侯]이다."

48 **색은** 안씨(顏氏)는 "나고비(羅姑比)는 선우의 계부(季父)의 이름이다."라 하였다. 소안(小顔)은 "비(比)는 빈(頻)의 뜻이다."라 하였다. 다음에서 "두 번째로 군에서 으뜸이다."라 하였으니, 다시 빈(頻)이라는 말을 해서는 안 된다.

軍功不多 — 군공이 많지 않았으므로

故大將軍不益封 — 대장군은 더 봉하여지지 않았다.

右將軍建至 — 우장군 소건이 이르자

天子不誅 — 천자는 죽이지 않고

赦其罪 — 그 죄를 용서하여

贖爲庶人 — 서인으로 속량시켰다.

大將軍既還 — 대장군이 돌아오자

賜千金 — 천금을 내렸다.

是時王夫人方幸於上 — 이때는 왕부인(王夫人)이 바야흐로 임금의 총애를 받고 있어서

乘說大將軍曰 — 영승(甯乘)이 대장군에게 말하였다.

將軍所以功未甚多 — "장군께서 공이 그리 많지도 않은데

身食萬戶 — 만 호의 식읍을 받고

三子皆爲侯者 — 세 아들이 모두 열후가 된 것은

徒以皇后故也 — 다만 황후 때문입니다.

今王夫人幸而宗族未富貴 — 지금 왕부인이 총애를 받고 있는데 종족은 아직 부귀롭지 못하니

願將軍奉所賜千金爲王夫人親壽 — 원컨대 장군께서는 받으신 천금으로 왕부인의 어버이를 축수해 주십시오."

大將軍乃以五百金爲壽 — 대장군은 이에 5백금으로 축수해 주었다.

天子聞之 — 천자가 듣고

問大將軍 — 대장군에게 물으니

大將軍以實言 — 대장군이 사실대로 말하여

上乃拜甯乘爲東海都尉	임금이 이에 영승을 동해도위에 임명하였다.
張騫從大將軍	장건은 대장군을 따라
以嘗使大夏[49]	일찍이 대하(大夏)에 사행한 적이 있는데
留匈奴中久	흉노에게 오래도록 억류되어 있었으므로
導軍	군사를 이끎에
知善水草處	물과 풀이 좋은 곳을 잘 알아
軍得以無飢渴	군사들이 주리고 목마르지 않게 되었다.
因前使絕國功	전에 아득한 나라에 사신으로 가서 공을 세웠기 때문에
封騫博望侯	장건을 박망후에 봉하였다.
冠軍侯去病既侯三歲	관군후 곽거병이 후(侯)에 봉해진 지 3년 되던 해인
元狩二年春	원수 2년(B.C. 121) 봄에
以冠軍侯去病爲驃騎將軍[50]	관군후 곽거병을 표기장군으로 삼아
將萬騎出隴西	1만 기를 거느리고 농서로 나서
有功	공을 세웠다.
天子曰	천자가 말하였다.
驃騎將軍率戎士踰烏盭[51]	"표기장군이 갑사를 거느리고 오려를 넘어

49 **정의** 대하국(大夏國)은 대원(大宛)의 서쪽에 있다.

50 **집해** 서광은 "표(驃)는 어떤 판본에는 또한 '표(剽)'로 되어 있다." **정의** 『한서』에서는 곽거병이 흉노를 정벌하여 사막을 가로지른 공이 있어서 비로소 표기장군(驃騎將軍)을 두었는데, 관위가 삼사(三司)에 있으며 품급은 대장군과 같다고 하였다. 『설문(說文)』[후한(後漢) 허신(許愼)의 『설문해자(說文解字)』]에서는 말하였다. "표(驃)는 누런 말인데 갈기가 흰색이다. 일설에는 꼬리가 흰 털로 되어 있다고도 한다."라 하였다.

討遬濮[52]	속복을 토벌하였으며,
涉狐奴[53]	호노를 건너고
歷五王國	다섯 왕국을 두루 지나
輜重人衆慴慴[54]者弗取	치중이나 두려워 벌벌 떠는 무리들은 취하지 않고
冀獲單于子[55]	선우의 아들을 잡기를 바랐다.
轉戰六日	이곳저곳 전전하며 엿새 동안 싸워
過焉支山千有餘里	언지산을 천여 리나 지나
合短兵	짧은 무기로 붙어
殺折蘭王	절란왕을 죽이고
斬盧胡王[56]	노호왕을 참수하였으며
誅全甲[57]	완전 무장한 군사를 토벌하고
執渾邪王子及相國都尉	혼야왕의 아들 및 상국과 도위를 사로잡았으며
首虜八千餘級	8천여 급을 참수하거나 사로잡고

51 집해 『한서음의(漢書音義)』에서는 말하였다. "음은 려(戾)이며 산 이름이다."

52 색은 음은 속복(速卜)이다. 최호는 "흉노의 부락 이름이다."라 하였다. 아래에 '속복왕(遬濮王)'이 있는데 나라 이름이다.

53 집해 진작은 말하였다. "물 이름이다."

54 집해 문영은 말하였다. "두려워하는 것이다." 색은 『설문』에서는 "섭(慴)은 기(氣)를 잃은 것이다."라 하였다. 유씨(劉氏)는 말하기를 "위의 글자는 음이 섭[式涉反]이며, 아래 글자는 음이 접[之涉反]이다."라 하였다.

55 집해 서광은 말하였다. "어떤 판본에는 '여(與)'로 되어 있다."

56 집해 장안은 말하였다. "절란(折蘭)과 노호(盧胡)는 나라 이름이다. 살(殺)은 죽이는 것이다. 참(斬)은 그 머리를 얻는 것이다." 정의 안사고(顔師古)는 말하였다. "절란은 흉노의 성씨이다. 지금의 선비에 이 난(蘭)의 성이 있는데 곧 그 종족이다."

57 집해 서광은 말하였다. "전(全)은 '금(金)'으로 된 판본도 있다." 정의 전갑(全甲)은 충분히 갖추어 실락(失落)함이 없는 것을 말한다.

收休屠祭天金人[58] 휴저의 하늘에 제사를 지내는 금인을 거두었으므로

益封去病二千戶 곽거병에게 2천 호를 더 봉하노라."

其夏 그해 여름에

驃騎將軍與合騎侯敖俱出北地

표기장군과 합기후 공손오가 함께 북지로 나가

異道 길을 달리하였으며,

博望侯張騫郎中令李廣俱出右北平

박망후 장건과 낭중령 이광이 함께 우북평을 나서

異道 길을 달리하여

皆擊匈奴 모두 흉노를 쳤다.

郎中令將四千騎先至 낭중령은 4천 기를 거느리고 먼저 이르렀고

博望侯將萬騎在後至 박망후는 1만 기를 거느리고 나중에 이르렀다.

匈奴左賢王將數萬騎圍郎中令

흉노의 좌현왕은 수만 기를 거느리고 낭중령을 에워싸

郎中令與戰二日 낭중령이 그들과 이틀을 싸웠는데

死者過半 죽은 자가 반이 넘었으며

所殺亦過當 죽인 것 또한 당할 인원이 넘었다.

博望侯至 박망후가 이르자

匈奴兵引去 흉노는 군사를 끌고 떠났다.

---

58 **집해** 여순은 말하였다. "하늘에 제사 지내는 것을 주로 한다." **색은** 장영(張嬰)은 "불도(佛徒)들이 금인(金人)을 제사 지내는 것이다."라 하였다. 여순은 "하늘에 제사 지내는 것을 금인(金人)을 주로 하는 것이다."라 하였다. 屠의 음은 저(儲)이다.

博望侯坐行留	박망후는 행군이 지연된 죄를 지어
當斬	참형에 해당되었으나
贖爲庶人	서인으로 속량되었다.
而驃騎將軍出北地	그리고 표기장군은 북지로 나서
已遂深入	이미 너무 깊이 들어가
與合騎侯失道	합기후와는 길이 어긋나
不相得	서로 어쩌지 못했으며
驃騎將軍踰居延至祁連山	표기장군은 거연을 넘고 기련산에 이르러
捕首虜甚多	사로잡거나 참수한 것이 매우 많았다.
天子曰	천자가 말하였다.
驃騎將軍踰居延[59]	"표기장군은 거연을 넘고
遂過小月氏[60]	마침내 소월지를 지나
攻祁連山[61]	기련산을 공격하여
得酋涂王[62]	추도왕을 잡고
以衆降者二千五百人	항복시킨 자가 2천5백 명에
斬首虜三萬二百級	참수하거나 사로잡은 자가 3만 2백 급이며
獲五王	다섯 왕과

59 **집해** 장안은 말하였다. "물 이름이다."

60 **색은** 위소는 말하였다. "음은 지(支)이다." 「서역전(西域傳)」에서 말하였다. "대월지(大月氏)는 본래 돈황(敦煌)과 기련(祁連) 사이에 거처하였으며 나머지 무리는 남산(南山)을 지켰는데, 마침내 소월지(小月氏)라 불렀다."

61 **색은** 소안(小顔)은 말하였다. "곧 천산(天山)이다. 흉노는 하늘을 기련(祁連)이라고 한다." 「서하구사(西河舊事)」에서는 백산(白山)이라 하였는데, 천산(天山)이다. 기련(祁連)은 아마 곧 천산이 아닐 것이다.

62 **집해** 장안은 말하였다. "호왕(胡王)이다." **색은** 酋의 음은 추[才由反]이다. 涂의 음은 도(徒)이다. 『한서』에서는 "역득(鱳得)에서 무용을 떨쳐 선우의 선환(單桓)과 추도왕(酋涂王)을 잡았다."라 하였는데, 여기서는 문장을 생략하였다.

五王母	다섯 왕후,
單于閼氏王子五十九人	선우의 연지와 왕자 59명,
相國將軍當戶都尉六十三人	상국과 장군, 당호, 도위 63명을 잡고
師大率[63]減什三[64]	군사는 대략 10분에 3만 줄었으므로
益封去病五千戶	곽거병에게 5천 호를 더하여 봉하노라.
賜校尉從至小月氏爵左庶長	따라서 소월지에 이른 교위들에게는 좌서장의 작위를 내리노라.
鷹擊司馬破奴再從驃騎將軍斬遬濮[65]王	응격사마 조파노는 두 번 표기장군을 따라 속복왕(遬濮王)을 참하고
捕稽沮王[66]	계저왕을 잡았으며,
千騎將得王王母各一人[67]	천기장이 왕과 왕모 각 한 명
王子以下四十一人	왕자 이하 41명을 잡고
捕虜三千三百三十人	3천3백30명을 포로로 잡았으며
前行捕虜千四百人	선두부대가 천4백 명을 포로로 잡았으므로
以千五百戶封破奴爲從驃侯[68]	천5백 호로 조파노를 종표후에 봉하노라.
校尉句王高不識[69]	교위 구왕 고불식은

63 **정의** 率의 음은 율(律)이다.

64 **색은** 『한서』에서는 "10에서 7이 줄었다."라 하여 같지 않다. 소안(小顏)은 "흉노의 군사를 격파하여 10 중 7이 줄었다. 어떤 판본에는 한나라 군사가 망실된 수라고 하였는데 아래에서는 모두 이와 비슷하다."라 하였다. 생각건대 뒤의 설이 옳다.

65 **정의** 음은 속복(速卜)이다.

66 **색은** 沮의 음은 저[子余反]이다.

67 **색은** 『한서』에서는 '우천기장왕(右千騎將王)'이라고 하였으니 이 천기장은 한나라 장수이고 조파노(趙破奴)에 속하였으며 흉노의 다섯 왕 및 왕노를 잡았다. 혹자는 우천기장은 곧 흉노왕의 이름이라고 하였다.

68 **집해** 장안은 말하였다. "표기장군을 따라 공을 세웠으므로 호로 삼았다."

從驃騎將軍捕呼于屠王[70]王子以下十一人

표기장군을 따라 호우저왕의 왕자 이하 11명을 사로잡고

捕虜千七百六十八人 천7백68명을 포로로 잡았으므로

以千一百戶封不識爲宜冠侯[71]

천백 호로 (구왕) 고불식을 의관후에 봉하노라.

校尉僕多[72]有功 교위 복다는 공을 세웠으므로

封爲煇渠侯[73] 휘거후에 봉하노라."

合騎侯敖坐行留不與驃騎會 합기후 공손오는 행군을 지체하여 표기장군과 만나지 못하여

當斬 참형에 해당하였으나

贖爲庶人 서인으로 속량되었다.

諸宿將所將士馬兵亦不如驃騎

여러 노련한 장수들이 거느린 병마 또한 표기장군만 못하였고

驃騎所將常選[74] 표기장군이 거느린 군사는 항상 엄선되었다.

然亦敢深入 또한 감히 깊이 들어가

常與壯騎先其大將軍 늘 씩씩한 기병과 함께 대장군의 앞장을 섰고

軍亦有天幸 군대 또한 천운이 있어

---

69 **집해** 서광은 말하였다. "句의 음은 구(鉤)이다. 흉노가 호로 삼았다." **색은** 두 사람 모두 흉노 사람이다.

70 **색은** 세 자는 모두 왕의 호(號)이다.

71 **정의** 공문상(孔文祥)은 말하였다. "관군장군을 따라서 싸웠기 때문이다. 의관(宜冠)은 종표(從驃) 같은 따위이다."

72 **색은** 『한백관표(漢百官表)』에는 '복붕(僕朋)'으로 되어 있는데, 아마 거의 잘못되었을 것이다.

73 **색은** 煇의 음은 휘(暉)이다.

74 **색은** 음은 선[宣變反]이다. 표기장군은 늘 정병(精兵)을 가려 뽑아 취하였다는 것이다.

未嘗困絕也 일찍이 곤경에 처한 적이 없다.

然而諸宿將常坐留落不遇[75] 그러나 여러 노련한 장수들은 늘 지체되어 기회를 잡지 못하였다.

由此驃騎日以親貴 이 때문에 표기장군은 날로 (천자와) 가까워지고 귀하여져서

比大將軍 대장군에 비견되었다.

其秋 그해 가을에

單于怒渾邪王居西方數爲漢所破 선우는 혼야왕이 서쪽에 머물면서 자주 한나라에 깨져

亡數萬人 수만 명을 잃은 것이

以驃騎之兵也 표기장군의 병사 때문이라는 사실에 노하였다.

單于怒 선우는 노하여

欲召誅渾邪王 혼야왕을 불러들여 죽이려 하였다.

渾邪王與休屠王等謀欲降漢 혼야왕은 휴저왕 등과 모의하여 한나라에 항복하고자

使人先要邊[76] 사람을 시켜 먼저 변경에서 만나보게 하였다.

是時大行李息將城河上 이때 대행 이식이 황하 가에서 성을 쌓고 있다가

得渾邪王使 혼야왕의 사자를 잡아

即馳傳以聞 즉시 역마를 달려 알렸다.

天子聞之 천자가 듣고

於是恐其以詐降而襲邊 이에 거짓으로 항복하여 변경을 습격하지나 않을까 두려워하여

---

75 색은 늦고 지체하여 (흉노를) 만나지 못한 것을 이른다.

76 색은 먼저 변경에서 한나라 사람을 기다리는 것을 이르며 항복하려 한다는 말이다.

乃令驃騎將軍將兵往迎之	곧 표기장군으로 하여금 군사를 거느리고 가서 맞게 하였다.
驃騎既渡河	표기장군은 황하를 건너
與渾邪王衆相望	혼야왕의 무리와 서로 바라보았다.
渾邪王裨將見漢軍而多欲不降者	혼야왕의 비장 가운데 한나라 군사를 보자 항복하지 않으려는 자가 많아
頗遁去	자못 달아났다.
驃騎乃馳入與渾邪王相見	표기장군은 이에 말을 달려 혼야왕과 만나
斬其欲亡者八千人	도망가려는 자 8천 명의 목을 베고
遂獨遣渾邪王乘傳先詣行在所	마침내 홀로 혼야왕을 역거에 태워 먼저 행재소로 보내고
盡將其衆渡河	그 무리를 모두 이끌고 황하를 건넜는데
降者數萬	항복한 자가 수만이었는데
號稱十萬	10만이라고 불렀다.
既至長安	장안에 이르고 보니
天子所以賞賜者數十巨萬	천자가 상으로 내린 것이 수십 거만이었다.
封渾邪王萬戶	혼야왕을 만 호에 봉하고
爲漯陰侯[77]	탑음후로 삼았다.
封其裨王呼毒尼[78]爲下摩侯	그 비왕 호독니는 하마후에,
鷹庇爲煇渠侯[79]	응비는 휘거후에,

77 색은 漯의 음은 탑[他合反]이다. 「지리지(地理志)」에 의하면 현 이름으로 평원군(平原郡)에 있다.

78 집해 문영은 말하였다. "오랑캐 왕의 이름이다."

禽梨[80]爲河綦侯	금리는 하기후에,
大當戶銅離[81]爲常樂侯	대당호 동리는 상락후에 봉해졌다.
於是天子嘉驃騎之功曰	이에 천자는 표기장군의 공을 가상히 여겨 말하였다.
驃騎將軍去病率師攻匈奴西域王渾邪	"표기장군 곽거병은 군사를 이끌고 흉노의 서역왕 혼야를 공격하여
王及厥衆萌咸相奔	왕 및 백성들이 모두 (항복하여) 서로 달려오자
率以軍糧接食	급히 군량을 가지고 맞아 먹였으며
并將控弦萬有餘人	아울러 강궁을 당기는 군사 1만여 명을 거느리고
誅獟駻[82]	흉포하고 사나운 무리를 죽여
獲首虜八千餘級	사로잡거나 목을 벤 것이 8천여 급이고
降異國之王三十二人	이국(異國)의 왕 32명을 항복시켰는데
戰士不離傷	전사는 상해를 입지 않았으며
十萬之衆咸懷集服	10만의 무리가 모두 마음속으로 진심으로 복종하였도다.

---

79 **집해** 서광은 말하였다. "'편자(篇訾)'로 된 판본도 있다." **색은** 『한서』에는 응(鷹)이 '안(雁)'으로 되어 있다. 庇의 음은 비[必二反]이며, 또한 음이 비[疋履反]이다. 『한서(漢書)』「공신표(功臣表)」에서는 원수(元狩) 2년(B.C. 121) 휘거(煇渠)를 복붕(僕朋)에 봉하였고, 3년에는 또 응비(鷹庇)에 봉하였다고 하였다. 그 땅은 모두 어양(魯陽)에 속하는데 그렇게 한 까닭은 미상이다. **정의** 휘거(煇渠)는 「표(表)」에는 '순량(順梁)'으로 되어 있다.

80 **집해** 서광은 말하였다. "금(禽)은 '조(鳥)'로 된 판본도 있다." **색은** 「표」에는 '조리(鳥梨)'로 되어 있다.

81 **집해** 서광은 말하였다. "'조리(稠離)'로 된 판본도 있다." **색은** 서광은 '조리(稠離)'로 된 곳도 있다고 하였는데 『한서』「공신표」와 같다. 여기서는 '동리(銅離)'라 하여 문장이 다르다.

82 **집해** 진작은 말하였다. "獟의 음은 교[欺譙反]이다." **색은** 앞의 글자는 음이 교[丘昭反]이다. 『설문』에는 '趬'로 되어 있고, 길이 막힌 모양이라고 하였다. 차(遮)는 '질(疾)'로 된 곳도 있다. 駻의 음은 한[胡旦反]이다.

仍與之勞	아울러 그 노고가
爰及河塞	이에 황하의 변경까지 미쳐
庶幾無患[83]	거의 우환을 없애어
幸旣永綏矣	영원히 평화를 누리게 되었노라.
以千七百戶益封驃騎將軍	천7백 호를 표기장군에게 더 봉하노라."
減隴西北地上郡戍卒之半	농서와 북지, 상군의 수졸을 반으로 줄이어
以寬天下之繇	천하의 요역을 가볍게 해주었다.

居頃之	얼마 있다가
乃分徙降者邊五郡故塞外[84]	곧 항복한 자들을 변경의 다섯 군 옛 요새 바깥으로 나누어 옮겼는데
而皆在河南	모두 하남에 있었으며
因其故俗	그 옛 풍속을 따르게 하여
爲屬國[85]	속국으로 삼았다.
其明年	그 이듬해에
匈奴入右北平定襄	흉노는 우북평과 정양으로 쳐들어와
殺略漢千餘人	한나라 사람 천여 명을 죽이고 약탈하였다.

其明年	그 이듬해에
天子與諸將議曰	천자가 여러 장수들과 논의하여 말하였다.

---

83 **정의** 흉노 오른쪽 땅의 혼야왕이 항복하여 새외(塞外) 지역 및 황하 유역 여러 군의 백성들이 우환이 없어졌다는 말이다.

84 **정의** 5군은 농서(隴西)와 북지(北地), 상군(上郡), 삭방(朔方), 운중(雲中)인데 모두 변경 밖이며 또한 북해(北海) 서남쪽에 있다.

85 **정의** 항복하여 온 백성들을 다섯 군에 분산하여 옮겨 각기 본국의 풍속에 따르게 하고 한나라에 예속시켰기 때문에 '속국(屬國)'이라고 하였다.

翕侯趙信爲單于畫計	“흡후 조신이 흉노에게 계책을 세워주어
常以爲漢兵不能度幕輕留[86]	늘 한나라 군사가 사막을 건널 수 없다고 여겨 가벼이 머무니
今大發士卒	지금 대군을 보내면
其勢必得所欲	그 형세가 반드시 원하는 것을 얻을 것이다.”
是歲元狩四年也	이해는 원수 4년(B.C. 119)이었다.

元狩四年春	원수 4년(B.C. 119) 봄에
上令大將軍青驃騎將軍去病將各五萬騎	임금이 대장군 위청과 표기장군 곽거병에게 각기 5만 기를 거느리게 하고
步兵轉者踵軍數十萬[87]	보병과 수송부대로 뒤따르는 군사가 수십만이었으며
而敢力戰深入之士皆屬驃騎	힘껏 싸우고 깊이 들어가는 군사를 모두 표기장군 예하에 두었다.
驃騎始爲出定襄	표기장군은 처음에 정양을 나서
當單于	선우와 맞서려고 하였다.
捕虜言單于東	포로가 선우는 동쪽에 있다고 하여
乃更令驃騎出代郡	이에 다시 표기장군에게 대군(代郡)으로 나서도록 하고
令大將軍出定襄	대장군에게는 정양으로 나서도록 하였다.
郎中令爲前將軍	낭중령을 전장군으로 삼고

86 색은 막(幕)은 곧 사막(沙漠)인데 옛날에는 자수를 적게 하였을 따름이다. 경류(輕留)는 흉노가 한나라 군사가 이를 수 없다고 생각하였으므로 가벼이 여겨 머물러 떠나지 않는다는 것을 이른다.

87 정의 물자를 수송하는 군사 및 보병으로 뒤따르는 자가 또 수십만 명이라는 것을 말한다.

太僕爲左將軍	태복을 좌장군으로 삼았으며
主爵趙食其爲右將軍	주작 조이기를 우장군으로 삼고
平陽侯襄爲後將軍	평양후 조양을 후장군으로 삼아
皆屬大將軍	모두 대장군에 예속시켰다.
兵即度幕	군사는 즉시 사막을 건넜는데
人馬凡五萬騎	인마가 모두 5만 기였으며
與驃騎等咸擊匈奴單于	표기장군 등과 함께 모두 흉노의 선우를 쳤다.
趙信爲單于謀曰	조신이 선우에게 계책을 내어 말하였다.
漢兵既度幕	"한나라 군사는 이미 사막을 건너
人馬罷	인마가 피로하니
匈奴可坐收虜耳	흉노는 앉아서 포로를 거둘 수 있습니다."
乃悉遠北其輜重	이에 그 치중을 모두 멀리 북쪽으로 옮기고
皆以精兵待幕北	모두 정예병으로 사막 북쪽에서 기다렸다.
而適值大將軍軍出塞千餘里	이때 마침 대장군의 군사는 변경을 천여 리 나서
見單于兵陳而待	선우의 군사가 진을 치고 기다리고 있는 것을 보고
於是大將軍令武剛車[88]自環爲營	이에 대장군은 무강거(武剛車)를 둘러 진영을 만들게 하고
而縱五千騎往當匈奴	5천 기를 풀어 흉노에 맞서게 하였다.
匈奴亦縱可萬騎	흉노 또한 1만 기는 됨 직한 군사를 풀었다.
會日且入	마침 해가 곧 지려 하고
大風起	큰 바람이 불어

88 **집해** 『손오병법(孫吳兵法)』에서는 말하였다. "휘장이 있고 덮개가 있는 것을 일러 무강거(武剛車)라고 한다."

沙礫擊面 모래와 자갈이 얼굴을 때려

兩軍不相見 양군이 서로 볼 수가 없자

漢益縱左右翼繞單于 한나라는 좌우익을 더 풀어 선우를 둘러쌌다.

單于視漢兵多 선우는 한나라 군사가 많고

而士馬尙彊 군사와 말이 아직 강한 데다

戰而匈奴不利 전세가 흉노에게 불리하고

薄莫 날이 지려는 것을 보고

單于遂乘六贏 선우는 마침내 여섯 마리 노새가 끄는 수레를 타고

壯騎可數百 씩씩한 기병 거의 수백 명과 함께

直冒漢圍西北馳去 곧장 한나라의 에움을 뚫고 서북쪽으로 달아났다.

時已昏 날이 이미 어두워

漢匈奴相紛拏[89] 한나라와 흉노군은 서로 어지러이 얽혀

殺傷大當[90] 살상한 것이 대체로 상당하였다.

漢軍左校捕虜言單于未昏而去

한나라 군사의 좌교가 잡은 포로가 선우는 어둡기 전에 떠났다 하여

漢軍因發輕騎夜追之 한나라 군사는 이에 가벼운 차림의 기병을 보내어 밤에 추격하고

大將軍軍因隨其後 대장군의 군사는 그 뒤를 따랐다.

匈奴兵亦散走 흉노의 군사 또한 흩어져 달아났다.

遲明[91] 동 틀 무렵

---

89 **정의** (晉 郭璞의) 『삼창해고(三蒼解詁)』에서는 말하였다. "분나(紛拏)는 서로 끌어당기는 것이다."

90 **색은** 살상한 것이 대략 엇비슷하다는 말이다.

行二百餘里	2백여 리를 갔는데
不得單于	선우는 잡지 못하고
頗捕斬首虜萬餘級	1만여 급을 사로잡거나 죽이고
遂至寘顏山趙信城[92]	마침내 전안산의 조신성에 이르러
得匈奴積粟食軍	흉노가 쌓아놓은 곡식을 얻어 군사를 먹였다.
軍留一日而還	군사는 하루를 머물고 돌아왔는데
悉燒其城餘粟以歸	그 성의 남은 곡식을 모두 불태우고 돌아왔다.

大將軍之與單于會也	대장군이 선우와 만났을 때
而前將軍廣右將軍食其軍別從東道	전장군 이광과 우장군 조이기의 부대는 따로 동쪽으로 길을 가다가
或失道	길을 잃기도 해서
後擊單于	선우를 칠 때 늦었다.
大將軍引還過幕南	대장군이 군사를 끌고 돌아가다가 사막 남쪽을 넘어서야
乃得前將軍右將軍	전장군과 우장군을 만나게 되었다.
大將軍欲使使歸報	대장군이 사자를 보내 돌아가는 보고를 하고자 하여
令長史簿責前將軍廣	장사로 하여금 문서로 전장군 이광을 책문하였더니

91 **집해** 서광은 말하였다. "지(遲)는 '려(黎)'로 된 판본도 있다." **색은** 앞 글자의 음은 치(值)이며, 기다린다는 뜻이다. 하늘이 밝아올 무렵으로 평명(平明)을 이른다. 여러 판본에는 거의 '여명(黎明)'으로 되어 있다. 추씨(鄒氏)는 말하였다. "려(黎)는 지(遲)의 뜻이다." 여(黎)는 어둡다는 뜻이다. 하늘이 밝아올 무렵에는 여전히 어둡다. **정의** 遲의 음은 치(值)이다.

92 **집해** 서광은 말하였다. "寘의 음은 전(田)이다."

廣自殺	이광은 스스로 목숨을 끊었다.
右將軍至	우장군은 이르러
下吏	하옥되었다가
贖爲庶人	서인으로 속량되었다.
大將軍軍入塞	대장군의 부대는 변경을 들어가
凡斬捕首虜萬九千級	모두 1만 9천 급을 참수하거나 사로잡았다.

是時匈奴衆失單于十餘日	이때 흉노의 무리는 10여 일간 선우를 잃었다.
右谷蠡[93]王聞之	우녹리왕(右谷蠡王)이 듣고
自立爲單于	스스로 선우로 즉위하였다.
單于後得其衆	선우는 나중에 그 무리를 찾았으며
右王乃去單于之號	우왕(右王)은 이에 선우라는 호칭을 버렸다.

驃騎將軍亦將五萬騎	표기장군은 또한 5만 기를 거느렸는데
車重與大將軍軍等	치중거는 대장군의 부대와 같았으나
而無裨將	비장이 없었다.
悉以李敢等爲大校	모두 이감 등을 대교로 삼아
當裨將	비장에 충당하였으며
出代右北平千餘里	대군(代郡)과 우북평을 천여 리 나가
直左方兵	(흉노의) 왼쪽 군사를 만나
所斬捕功已多大將軍	참수하고 포로로 잡은 공이 이미 대장군보다 많았다.
軍既還	부대가 이미 돌아오자

93 **색은** 앞의 글자는 음이 녹(祿)이며, 다음 글자는 음이 리(梨) 또는 리(離)이다.

天子曰	천자가 말하였다.
驃騎將軍去病率師	"표기장군 곽거병은 군사를 이끌고
躬將所獲葷粥之士[94]	몸소 사로잡은 훈육의 군사를 거느리고
約輕齎	지닌 양식을 적게 하고
絕大幕	큰 사막을 가로질러
涉獲章渠[95]	물을 건너 장거를 사로잡고
以誅比車耆[96]	비거기를 토벌하였으며
轉擊左大將[97]	돌아서 좌측의 대장을 치고
斬獲旗鼓	깃발과 북을 노획하였으며
歷涉離侯[98]	이후(離侯)를 건넜도다.
濟弓閭[99]	궁려(弓閭)를 건너
獲屯頭王[100]韓王等三人[101]	둔두왕과 한왕 등 세 사람과
將軍相國當戶都尉八十三人	장군과 상국, 당호, 도위 83명을 사로잡았으며
封狼居胥山	낭거서산에서 하늘에 제사를 올렸고

94 집해 서광은 말하였다. "육(粥)은 '윤(允)'으로 된 판본도 있다." 내[駰]가 생각건대 응소(應劭)는 "항복한 군사로 재력(材力)이 있는 자이다."라 하였다.

95 집해 서광은 말하였다. "획(獲)은 '호(護)'로 된 판본도 있다." 색은 소안(小顏)은 말하였다. "섭(涉)은 물을 건너는 것이다. 장거(章渠)는 선우의 가까운 신하로, 물을 건너 그를 깨뜨리고 사로잡은 것을 이른다." 『한서』에서는 "물을 건너 선우 장거를 사로잡았다."라 하였다.

96 집해 진작은 말하였다. "왕의 호칭이다." 색은 比의 음은 비[必耳反]이다.

97 색은 『한서』에 의하면 이름이 쌍(雙)이다.

98 색은 『한서』에는 "난후를 건넜다(度難侯)."로 되어 있다. 소안은 '산 이름'이라고 하였다. 역(歷)은 건너는 것이다.

99 집해 진작(晉灼)은 말하였다. "물 이름이다." 색은 弓은 포개(包愷)는 음이 궁(穹)이라고 하였다, 또한 글자 그대로 읽기도 한다.

100 집해 『한서음의(漢書音義)』에서는 말하였다. "오랑캐 왕의 호칭이다."

101 집해 서광은 말하였다. "왕(王)은 '저(藉)'로 된 판본도 있다." 색은 『한서』에서는 "둔두(屯頭) 한왕(韓王) 등 세 사람이다."라 하였다. 이기(李奇)는 "모두 흉노왕의 호칭이다."라 하였다.

禪於姑衍[102] 고연에서는 땅에 제사를 지냈으며

登臨翰海[103] (해변의 산에) 올라 한해(翰海)를 내려 보았도다.

執鹵獲醜七萬有四百四十三級

죽이거나 사로잡은 오랑캐가 7만 4백43급이며

師率減什三 손실된 군사는 10에 3이고

取食於敵 적에게서 양식을 빼앗아

逴[104]行殊遠而糧不絕 아주 멀리 가는 동안 양식이 떨어지지 않았으니

以五千八百戶益封驃騎將軍 5천6백 호를 표기장군에게 더 봉하노라."

右北平太守路博德屬驃騎將軍

우북평 태수 노박덕은 표기장군의 예하에서

會與城[105] 여성(與城)에서 만나는

不失期 시기를 놓치지 않았으며

從至檮余[106]山 따라서 도여산까지 이르러

斬首捕虜二千七百級 죽이거나 포로로 잡은 것이 2천7백 급이어서

以千六百戶封博德爲符離侯 천6백 호로 노박덕을 부리후에 봉하였다.

北地都尉邢山[107]從驃騎將軍獲王

북지도위 형산은 표기장군을 따라 왕을 잡아

以千二百戶封山爲義陽侯 천2백 호로 형산을 의양후에 봉하였다.

---

102 **정의** 산 위에 흙을 쌓아 단을 만들어 하늘에 봉(封) 제사를 지낸 것이다. 땅에다 제사를 지내는 것은 선(禪)이라 한다.

103 **집해** 장안(張晏)은 말하였다. "바닷가의 산에 올라 바다를 바라보는 것이다." **색은** 최호는 "북쪽 바다 이름으로 새 떼들이 깃털을 풀어놓는 곳이므로 한해(翰海)라고 한다."라 하였다. 『광이지(廣異志)』에서는 "사막의 북쪽에 있다."라 하였다.

104 **색은** 음은 '탁(卓)'과 같다. 탁(卓)은 멀다는 뜻이다.

105 **정의** 與의 음은 여(余)이다.

106 **색은** 음은 도도(桃徒)이다.

107 **집해** 서광은 말하였다. "'위산(衛山)'으로 된 곳도 있다."

故歸義因淳王復陸支[108]樓專王[109]伊即軒[110]皆從驃騎將軍有功

옛날에 귀순한 인순왕 복육지(復陸支)와 누전왕 이즉간은 모두 표기장군을 따라 공을 세워

以千三百戶封復陸支爲壯侯 천3백 호로 복육지를 장후에 봉하였고

以千八百戶封伊即軒爲衆利侯

천8백 호로 이즉간을 중리후에 봉하였다.

從驃侯破奴昌武侯安稽[111]從驃騎有功

종표후 조파노와 창성후 조안계는 표기장군을 따라 공을 세워

益封各三百戶 각기 3백 호를 더 봉하였다.

校尉敢[112]得旗鼓 교위 이감은 깃발과 북을 빼앗아

爲關內侯 관내후가 되었고

食邑二百戶 식읍 2백 호가 내려졌다.

校尉自爲[113]爵大庶長 교위 서자위는 대서장의 관작이 내려졌다.

軍吏卒爲官 군리와 사졸들로 관직을 받거나

賞賜甚多 상이 내린 자가 매우 많았다.

而大將軍不得益封 그러나 대장군은 더 봉하여지지 않았고

軍吏卒皆無封侯者 군리와 사졸들도 아무도 제후에 봉해진 자가 없었다.

---

108 색은 復은 유씨(劉氏)는 음이 복(伏)이라 하였고, 소안(小顏)은 복(福)이라 하였다.

109 색은 『한서』에는 '剸'으로 되어 있는데, 모두 음은 전(專)이다. 소안(小顏)은 음이 전[之兗反]이라 하였다.

110 색은 음은 건[九言反]이다.

111 집해 서광은 말하였다. "성은 조(趙)이며 옛 흉노왕이다." 색은 옛 흉노왕으로 성은 조(趙)이다.

112 색은 이광(李廣)의 아들이다.

113 색은 서자위(徐自爲)이다.

兩軍之出塞	두 부대가 변경을 나설 때
塞閱官及私馬凡十四萬匹	변경에서 관마와 개인의 말을 헤아려 보니 모두 14만 필이었는데
而復入塞者不滿三萬匹	다시 변경에 들어온 것은 3만 필이 되지 않았다.
乃益置大司馬位	이에 대사마의 직위를 더 두어
大將軍驃騎將軍皆爲大司馬[114]	대장군과 표기장군이 모두 대사마가 되었다.
定令	법령을 정하여
令驃騎將軍秩祿與大將軍等	표기장군의 품급과 녹봉이 대장군과 동등해지도록 하였다.
自是之後	이 이후로
大將軍青日退	대장군 위청은 날로 쇠퇴해졌고
而驃騎日益貴	표기장군은 날로 현귀해졌다.
擧大將軍故人門下多去事驃騎	거의 모든 대장군의 친구들과 문하인들이 떠나 표기장군을 섬겨
輒得官爵	문득 관작을 얻었는데
唯任安不肯	임안(任安)만은 그렇게 하려고 하지 않았다.
驃騎將軍爲人少言不泄[115]	표기장군은 사람됨이 말이 적고 누설하지 않았으며

114 **집해** 여순은 말하였다. "대장군과 표기장군에게 모두 대사마(大司馬)의 호칭이 있다." **색은** 여순은 말하였다. "본래 대사마가 없었는데 지금 새로 설치한 것일 따름이다." 전에는 태위(太尉)라 하였는데 그 관직을 또 없애고 지금 무제가 비로소 이 직위를 설치하였으며, 위장군(衛將軍)과 곽표기(霍驃騎)에게 모두 이 관직을 더하여 주었다.

115 **색은** 공문상은 "바탕이 중후하고 말이 적으며 대담한 기운이 안에 있는 것이다. 주인(周仁)은 '은인자중하여 누설하지 않는 것.'이라 하였는데, 그 행동 또한 마찬가지이다."라 하였다.

有氣敢任[116]	과감하고 임기(任氣)가 있었다.
天子嘗欲教之孫吳兵法	천자가 일찍이 그에게 손자와 오기의 병법을 가르치려고 하자
對曰	대답하였다.
顧方略何如耳	"권모의 책략이 어떤지 돌아볼 따름이지
不至學古兵法	옛 병법을 배울 필요는 없습니다."
天子爲治第	천자가 집을 지어주고
令驃騎視之	표기장군에게 둘러보게 하였더니
對曰	대답하였다.
匈奴未滅	"흉노가 아직 멸절되지 않았으니
無以家爲也	집을 지을 이유가 없습니다."
由此上益重愛之	이 일로 임금은 그를 더욱 편애하였다.
然少而侍中	그러나 어려서부터 시중을 지내고
貴	현귀해져서
不省士	사졸들을 살피지 않았다.
其從軍	출정할 때면
天子爲遣太官齎數十乘	천자가 태관을 보내어 수십 대의 재물을 보내주었는데
既還	돌아오면
重車餘棄粱肉	짐수레에는 곡식과 고기가 남아돌아 버려졌는데,
而士有飢者	사졸들 중에는 굶주린 자가 있었다.
其在塞外	변경 바깥에 있을 때
卒乏糧	사졸들은 양식이 모자라

116 색은 과감하고 임기(任氣)가 있는 것이다. 『한서』에는 '왕(往)'으로 되어 있고 또한 '임(任)'으로도 되어 있다.

或不能自振	스스로 일어날 수 없는 자도 있었지만
而驃騎尙穿域蹋鞠[117]	표기장군은 오히려 영역을 만들어 놓고 공을 찼는데
事多此類	이와 비슷한 일이 많았다.
大將軍爲人仁善退讓	대장군은 사람됨이 어질고 선량하며 겸양하여 물러나
以和柔自媚於上	부드럽고 유순함으로 임금의 환심을 샀으나
然天下未有稱也	천하에서는 일컫는 일이 없었다.

驃騎將軍自四年軍後三年	표기장군은 (원수) 4년(B.C. 119) 정벌을 하고부터 3년 뒤인
元狩六年而卒	원수 6년(B.C. 117)에 죽었다.
天子悼之	천자가 슬퍼하여
發屬國玄甲[118]軍	속국의 철갑군을 조발하여
陳自長安至茂陵	장안에서 무릉에 이르기까지 배치시켰으며
爲冢象祁連山[119]	무덤은 기련산과 닮게 만들었다.

---

117 **집해** 서광은 말하였다. "땅을 파서 영역을 만드는 것이다." **색은** 영역을 파서 만들어 공차기[蹵鞠]를 하는 것이다. 서광은 "땅을 파서 영역을 만드는 것이다."라 하였다. 『축국서(蹵鞠書)』에 「역설편(域說篇)」이 있는데, 또한 작대기로 치며 역시 한정된 구역이 있다. 지금의 국희(鞠戱)는 가죽으로 만들고 안에는 털을 채우며 발로 차는 놀이이다. 유향(劉向)의 『별록(別錄)』에서는 "답국(蹋鞠)은 군진의 형세로 무용을 펼치는 일이며 지혜에 재력이 있다."라 하였다. 『한서』에는 '답국(蹋鞠)'으로 되어 있다. 『삼창(三倉)』에서는 "국모(鞠毛)는 발로 차서 놀이를 할 수 있다."라 하였다. 鞠의 음은 국[巨六反]이다. **정의** 『축국서(蹵鞠書)』에 「역설편(域說篇)」이 있는데 지금의 타구(打毬)이다. 황제(黃帝)가 만들었으며 전국시대에 시작되었다. 무사(武士)를 헤아리고 그 재력(材力)을 알 수 있는데 강무(講武) 같은 것이다.

118 **정의** 속국(屬國)은 곧 위의 5군(郡) 주변에 나누어 설치한 것이다. 현갑(玄甲)은 철갑(鐵甲)이다.

諡之	시호를 내렸는데
并武與廣地曰景桓侯[120]	무를 겸하였다는 뜻과 땅을 넓혔다는 뜻으로 경환후라 하였다.
子嬗[121]代侯	아들 곽선(霍嬗)이 후의 지위를 이었다.
嬗少	곽선은 어렸는데
字子侯	자가 자후이며
上愛之	임금이 총애하여
幸其壯而將之	자라면 장군으로 삼고자 하였으나
居六歲	6년 만인
元封元年	원봉 원년(B.C. 110)에
嬗卒	곽선은 죽었으며
諡哀侯	시호를 애후라 하였다.
無子	아들이 없어
絕	대가 끊어졌으며

119 색은 최호는 "곽거병이 이 산에서 혼야왕(昆邪王)을 격파하였으므로 무덤의 모양으로 만들게 해서 공을 드러내어 밝힌 것이다."라 하였다. 요씨(姚氏)는 말하였다. 무덤은 무릉(茂陵) 동북쪽에 있으며 위청의 무덤과 나란하다. 서쪽은 위청의 무덤이고 동쪽은 곽거병의 무덤이다. 위에는 직립한 돌이 있고 앞에는 석마(石馬)가 마주하고 있으며 또한 석인(石人)이 있다.

120 집해 소림(蘇林)은 말하였다. "경(景)은 무(武)의 시호이며, 환(桓)은 땅을 넓혔다는 시호이다." 장안은 말하였다. "시법(諡法: 諡號를 정하는 法則)에 '의를 베풀고 굳셈을 행함(布義行剛)을 경(景)이라 하고, 땅을 개척하고 먼 곳을 복속시킨 것(闢土服遠)을 환(桓)이라 한다.'라 하였다." 색은 경(景)과 환(桓)은 두 시호이다. 시법(諡法)에 "의를 베풀고 굳셈을 행함을 경이라 한다(布義行剛曰景)."라 하였는데 이는 무의 시호이며, 또한 말하기를 "땅을 개척하고 먼 곳을 복속시킨 것을 환이라 한다(辟土服遠曰桓)."라 하였는데 이것이 땅을 넓힌 시호이다. 곽거병이 무예와 변방을 넓힌 공이 있기 때문에 "시호를 내렸는데 무를 겸하였다는 뜻과 땅을 넓혔다는 뜻으로 경환후라 하였다."라 한 것이다.

121 색은 음은 선[市戰反]이다.

國除 봉국이 없어졌다.

自驃騎將軍死後 표기장군이 죽은 뒤에

大將軍長子宜春侯伉坐法失侯

대장군의 장자인 의춘후 위강(衛伉)은 범법 행위를 하여 작위를 잃었다.

後五歲 5년 후

伉弟二人 위강의 아우 두 사람

陰安侯不疑及發干侯登皆坐酎金失侯

음안후 불의 및 발간후 등은 모두 조정에 공물로 바치는 제수품을 바치지 않아 작위를 잃었다.

失侯後二歲 작위를 잃고 2년 뒤에

冠軍侯國除 관군후의 봉국이 없어졌다.

其後四年 그 후 4년 만에

大將軍青卒[122] 대장군 위청은 죽었는데

謚爲烈侯 시호는 열후이다.

子伉代爲長平侯 아들 위강이 대신 장평후가 되었다.

自大將軍圍單于之後 대장군이 선우를 에워싼 뒤로부터

十四年而卒 14년 만에 죽었다.

竟不復擊匈奴者 마침내 다시 흉노를 치지 못한 것은

以漢馬少 한나라에 말이 적었고

而方南誅兩越 바야흐로 남으로는 양월을 토벌하였으며

東伐朝鮮 동으로는 조선을 정벌하였고

---

122 **집해** 서광은 말하였다. "원봉(元封) 5년(B.C. 106)이다."

擊羌, 西南夷	강족과 서남이를 치느라
以故久不伐胡	오랫동안 오랑캐를 치지 못하였던 것이다.

大將軍以其得尙平陽長公主[123]故	대장군이 평양공주의 배필이 되었던 까닭에
長平侯伉代侯	장평후 강이 작위를 이었다.
六歲	6년 만에
坐法失侯	범법 행위로 작위를 잃었다.

左方兩大將軍及諸裨將名	아래는 두 대장군 및 여러 비장의 이름이다.

最[124]大將軍青	대장군 위청의 공을 종합하면
凡七出擊匈奴	모두 일곱 차례 흉노에 출격하여
斬捕首虜五萬餘級	오랑캐를 참수하거나 사로잡은 것이 5만여 급이다.
一與單于戰	한번 선우와 싸워
收河南地	하남의 땅을 수복하여
遂置朔方郡	마침내 삭방군을 두었고
再益封	두 번 더 봉하여져
凡萬一千八百戶	모두 1만 천8백 호에 봉하여졌다.
封三子爲侯	세 아들이 후에 봉하여져

123 정의 『한서』에서는 말하였다. "평양후(平陽侯) 조수(曹壽)는 몹쓸 병이 있어서 봉국으로 가고 이에 위청을 불러 평양공주의 배필로 삼았다." 여순(如淳)은 말하였다. "본래 양신장공주(陽信長公主)였는데 평양후의 배필이 되었으므로 평양공주(平陽公主)로 일컫게 되었다 한다."

124 색은 모두 합하였다는 말이다.

侯千三百戶	천3백 호의 후가 되었다.
并之	이를 합하면
萬五千七百戶	1만 5천7백 호가 된다.
其校尉裨將以從大將軍侯者九人	그 교위와 비장으로 대장군을 따라 후(侯)가 된 자는 아홉 명이다.
其裨將及校尉已爲將者十四人[125]	비장 및 교위로 이미 장수가 된 자는 14명이다.
爲裨將者曰李廣	비장이 된 자는 이광인데
自有傳	본전이 있다.
無傳者曰	전이 없는 자는 다음과 같다.

將軍公孫賀	장군 공손하.
賀	공손하는
義渠人[126]	의거 사람으로
其先胡種	그 선조는 호족이다.
賀父渾邪	공손하의 부친 공손혼야는
景帝時爲平曲侯[127]	경제 때 평곡후가 되었는데
坐法失侯	범법 행위로 작위를 잃었다.
賀	공손하는

125 **색은** 『한서』에서는 "특장(特將)이 된 자는 15명이다."라 하였는데, 아마 이광(李廣)과 통할 것이다. 여기에는 이광 한 사람만 전(傳)이 있는데 『한서』에는 일곱 사람이 전이 있고 여덟 사람은 부록에 보인다. 일곱 사람은 이광과 장건(張騫), 공손하(公孫賀), 이채(李蔡), 조양(曹襄), 한열(韓說), 소건(蘇建)이다.

126 **정의** 지금의 경주(慶州)로 본래 의거(義渠)는 서융의 나라였다. 「지리지(地理志)」에서는 북의거도(北義渠道)라 하였다.

127 **집해** 서광은 말하였다. "농서태수(隴西太守)가 되었다."

武帝爲太子時舍人	무제가 태자였을 때 사인이었다.
武帝立八歲	무제 즉위 8년 만에
以太僕爲輕車將軍	태복으로 경거장군이 되어
軍馬邑	마읍에 주둔하였다.
後四歲	4년 뒤
以輕車將軍出雲中	경거장군으로 운중에 출병하였다.
後五歲	5년 뒤에는
以騎將軍從大將軍有功	기장군으로 대장군을 따라 공을 세워
封爲南窌侯	남교후에 봉하여졌다.
後一歲	1년 뒤에는
以左將軍再從大將軍出定襄	좌장군으로 두 번 대장군을 따라 정양으로 출병하였지만
無功	공이 없었다.
後四歲	4년 뒤
以坐酎金失侯	조정에 공물로 바치는 제수품을 바치지 않아 작위를 잃었다.
後八歲[128]	8년 뒤
以浮沮[129]將軍出五原二千餘里	부저장군으로 오원(五原)을 2천여 리 나섰지만
無功	공이 없었다.
後八歲[130]	8년 뒤
以太僕爲丞相	태복으로 승상이 되어

128 집해 서광은 말하였다. "원정(元鼎) 6년(B.C. 111)이다."

129 색은 沮의 음은 저[子餘反]이다.

130 집해 서광은 말하였다. "태초(太初) 2년(B.C. 103)이다."

封葛繹侯	갈택후에 봉하여졌다.
賀七爲將軍	공손하는 일곱 번 장군이 되어
出擊匈奴無大功	흉노를 출격하여 큰 공이 없었으나
而再侯	두 번 후(侯)에 봉해지고
爲丞相	승상이 되었다.
坐子敬聲與陽石公主姦[131]	아들 경성이 양석공주와 간통한 죄에 연좌되고
爲巫蠱[132]	무고를 당하여
族滅	멸족되어
無後	후대가 끊겼다.

將軍李息	장군 이식은
郁郅人[133]	욱질 사람이다.
事景帝	경제를 섬겼다.
至武帝立八歲	무제 즉위 8년 되던 해에
爲材官將軍	재관장군(材官將軍)이 되어
軍馬邑	마읍에 주둔하였으며,
後六歲	6년 뒤에
爲將軍	장군으로
出代	대군(代郡)으로 나갔고,
後三歲	3년 뒤에는

131 **집해** 서광은 말하였다. "양석(陽石)은 '덕읍(德邑)'으로 된 곳도 있다."

132 무고(巫蠱)는 무술(巫術)로 남을 저주하는 것을 말한다. - 옮긴이.

133 **집해** 복건은 말하였다. "郅의 음은 질(窒)이다." **색은** 복건은 음이 질(窒)이라 하였고, 소안(小顔)은 음이 질(質)이라 하였다. 북지(北地)의 현 이름이다. **정의** 음은 질[之栗反]이다. 바로 지금의 경주(慶州) 홍화현(弘化縣)이다.

爲將軍	장군으로
從大將軍出朔方	대장군을 따라 삭방으로 나갔지만
皆無功	모두 공이 없었다.
凡三爲將軍	모두 세 번 장군이 되었으며
其後常爲大行	그 후 늘 대행인이 되었다.

將軍公孫敖	장군 공손오는
義渠人	의거 사람이다.
以郎事武帝	낭으로 무제를 섬겼다.
武帝立十二歲	무제가 즉위하고 12년 만에
爲騎將軍	기장군이 되어
出代	대군(代郡)으로 나가
亡卒七千人	군사 7천 명을 잃어
當斬	참형에 해당하였으나
贖爲庶人	서인으로 속량되었다.
後五歲	5년 뒤
以校尉從大將軍有功	교위로 대장군을 따라 공을 세워
封爲合騎侯	합기후에 봉하여졌다.
後一歲	1년 뒤
以中將軍從大將軍	중장군으로 대장군을 따라
再出定襄	두 번 정양을 나섰는데
無功	공이 없었다.
後二歲	2년 뒤
以將軍出北地	장군으로 북지를 나섰는데
後驃騎期	표기장군과의 기일에 늦어

當斬	참형에 해당되었으나
贖爲庶人	서인으로 속량되었다.
後二歲	2년 뒤에
以校尉從大將軍	교위로 대장군을 따랐는데
無功	공이 없었다.
後十四歲	14년 뒤에는
以因杅[134]將軍築受降城	인우장군으로 수항성(受降城)에 성을 쌓았다.
七歲	7년 만에
復以因杅將軍再出擊匈奴	다시 인우장군으로 두 번 흉노를 치는 일에 나서
至余吾[135]	여오수(余吾水)에 이르렀는데
亡士卒多	사졸을 많이 잃어
下吏	하옥되어
當斬	참형에 해당되었으나
詐死	죽은 척하고
亡居民間五六歲	민간으로 도망쳐 5, 6년을 살았다.
後發覺	나중에 발각되어
復繫	다시 투옥되었다.
坐妻爲巫蠱	처가 무고(巫蠱)를 당한 데 연좌되어
族	멸족되었다.
凡四爲將軍	모두 네 번 장군이 되어
出擊匈奴	흉노를 치러 나갔으며
一侯	한 차례 제후에 봉하여졌다.

134 색은 음은 우(于)이다.

135 색은 余의 음은 여(餘)이며, 또한 서(徐)라고도 한다. 물 이름으로 삭방(朔方)에 있다.

將軍李沮[136]	장군 이조(李沮)는
雲中人[137]	운중 사람이다.
事景帝	경제를 섬겼다.
武帝立十七歲	무제 즉위 17년에
以左內史爲彊弩將軍	좌내사로 강노장군이 되었다.
後一歲	1년 뒤에
復爲彊弩將軍	다시 강노장군이 되었다.

將軍李蔡	장군 이채는
成紀人也[138]	성기 사람이다.
事孝文帝景帝武帝	효문제와 경제, 무제를 섬겼다.
以輕車將軍從大將軍有功	경거장군으로 대장군을 따라 공을 세워
封爲樂安侯	낙안후에 봉하여졌다.
已爲丞相	얼마 있다가 승상이 되었는데
坐法死	범법 행위로 죽었다.

將軍張次公	장군 장차공은
河東人	하동 사람이다.
以校尉從衛將軍靑有功	교위로 장군 위청을 따라 공을 세워
封爲岸頭侯	안두후에 봉하여졌다.
其後太后崩	그 후 태후가 죽자
爲將軍	장군으로

136 색은 음은 '조두(俎豆)'의 '조(俎)'이다.

137 정의 지금의 남(嵐), 승주(勝州)이다.

138 정의 진주현(秦州縣)이다.

軍北軍	북군에 주둔하였다.
後一歲	1년 뒤
爲將軍	장군으로
從大將軍	대장군을 따라
再爲將軍	두 번 장군이 되었는데
坐法失侯	범법 행위로 작위를 잃었다.
次公父隆	장차공의 부친 장륭(張隆)은
輕車武射也	경거무사였다.
以善射	활을 잘 쏘아
景帝幸近之也	경제가 총애하여 가까이 두었다.

將軍蘇建	장군 소건은
杜陵人	두릉 사람이다.
以校尉從衛將軍青	교위로 장군 위청을 따라
有功	공을 세워
爲平陵侯	평릉후가 되었으며
以將軍築朔方	장군으로 삭방에 성을 쌓았다.
後四歲	4년 뒤
爲游擊將軍	유격장군으로
從大將軍出朔方	대장군을 따라 삭방을 나섰다.
後一歲	1년 뒤에
以右將軍再從大將軍出定襄	우장군으로 두 번 대장군을 따라 정양을 나섰는데
亡翕侯	흡후를 잃고
失軍	군사를 잃어

當斬	참형에 해당되었으나
贖爲庶人	서인으로 속량되었다.
其後爲代郡太守	그 후 대군(代郡) 태수가 되어
卒	죽었으며
冢在大猶鄕	무덤은 대유향에 있다.
將軍趙信	장군 조신은
以匈奴相國降	흉노의 상국으로 투항하여
爲翕侯	흡후가 되었다.
武帝立十七歲	무제 즉위 17년에
爲前將軍	전장군이 되어
與單于戰	선우와 싸웠는데
敗	패하여
降匈奴	흉노에게 투항하였다.
將軍張騫	장군 장건은
以使通大夏	사자로 대하와 국교를 텄으며
還	돌아와
爲校尉	교위가 되었다.
從大將軍有功	대장군을 따라 공을 세워
封爲博望侯	박망후에 봉하여졌다.
後三歲	3년 뒤에는
爲將軍	장군으로
出右北平	우북평을 나섰는데
失期	기한을 놓쳐

當斬 참형에 해당하였으나
贖爲庶人 서인으로 속량되었다.
其後使通烏孫 그 후 사신으로 오손(烏孫)과 국교를 텄으며
爲大行而卒 대행으로 죽었다.
冢在漢中 무덤은 한중에 있다.

將軍趙食其 장군 조이기는
祋祤人也[139] 대후(祋祤) 사람이다.
武帝立二十二歲 무제 즉위 22년에
以主爵爲右將軍 주작으로 우장군이 되어
從大將軍出定襄 대장군을 따라 정양을 나섰는데
迷失道 길을 잃어
當斬 참형에 해당하였으나
贖爲庶人 서인으로 속량되었다.

將軍曹襄 장군 조양은
以平陽侯爲後將軍 평양후로 후장군이 되어
從大將軍出定襄 대장군을 따라 정양을 나섰다.
襄 조양은
曹參孫也 조참의 손자이다.

將軍韓說 장군 한열은

---

139 색은 현 이름으로 풍익(馮翊)에 있다. 祋의 음은 돌[都活反]이며, 또한 대[丁外反]라고도 한다. 祤의 음은 후(詡)이다. 정의 앞의 자는 음이 대[都誨反]이다. 옹주(雍州) 동관현(同官縣)으로 본래 한나라 대후현(祋祤縣)이다.

弓高侯庶孫也	궁고후의 서손이다.
以校尉從大將軍有功	교위로 대장군을 따라 공을 세워
爲龍頟侯	용액후가 되었는데
坐酎金失侯	조정에 공물로 바치는 제수품(祭需品)을 바치지 않아 작위를 잃었다.
元鼎六年	원정 6년(B.C. 111)에
以待詔爲橫海將軍	대조(待詔)로 횡해장군이 되어
擊東越有功	동월을 치는 데 공을 세워
爲按道侯	안도후가 되었다.
以太初三年爲游擊將軍	태초 3년(B.C. 102)에 유격장군이 되어
屯於五原外列城	오원 바깥의 여러 성에 주둔하였다.
爲光祿勳	광록훈이 되었는데
掘蠱太子宮	태자궁의 무고(巫蠱)를 파내어
衛太子殺之	위 태자(衛太子)가 죽였다.

將軍郭昌	장군 곽창은
雲中人也	운중 사람이다.
以校尉從大將軍	교위로 대장군을 따랐다.
元封四年	원봉 4년(B.C. 107)에
以太中大夫爲拔胡將軍	태중대부로 발호장군이 되어
屯朔方	삭방에 주둔하였다.
還擊昆明	돌아와 곤명을 쳤는데
毋功	공을 세우지 못하여
奪印	직권이 환수되었다.

將軍荀彘	장군 순체는
太原廣武人	태원 광무 사람이다.
以御見[140]	마차를 잘 몰아 (임금을) 뵙고
侍中	시중이 되었으며
爲校尉	교위로
數從大將軍	여러 번 대장군을 따랐다.
以元封三年爲左將軍擊朝鮮	원봉 3년(B.C. 108)에 좌장군이 되어 조선을 쳤는데
毋功	공을 세우지 못하였다.
以捕樓船將軍坐法死	누선장군을 체포한 일로 법에 걸려 죽었다.

最驃騎將軍去病	표기장군 곽거병의 공을 종합하면
凡六出擊匈奴	모두 여섯 차례 흉노로 출격하였으며
其四出以將軍[141]	그중 네 번은 장군으로
斬捕首虜十一萬餘級	오랑캐를 죽이거나 포로로 잡은 것이 11만여 급이었다.
及渾邪王以衆降數萬	혼야왕이 무리를 이끌고 수만 명을 항복하게 하였으며
遂開河西酒泉之地[142]	마침내 하서 주천의 땅을 개척하여
西方益少胡寇	서방에 오랑캐가 더욱 줄게 되었다.

140 정의 마차를 잘 모는 것으로 알현을 청한 것이다.

141 집해 서광은 말하였다. "두 번을 표요교위로 나섰다."

142 정의 하(河)는 농우(隴右) 난주(蘭州)의 서하(西河)이다. 주천(酒泉)은 양(涼)과 숙(肅) 등의 주를 말한다. 『한서(漢書)』「서역전(西域傳)」에서는 표기장군이 흉노의 오른쪽 땅을 격파하여 주천군을 설치하였는데 나중에 무위(武威)와 장액(張掖), 돈황(燉煌) 등의 군으로 나누어 설치하였다고 하였다.

四益封	네 번 더 봉하여져서
凡萬五千一百戶	모두 1만 5천백 호가 되었다.
其校吏有功爲侯者凡六人	그 교리 가운데 공을 세워 후에 봉해진 자는 모두 여섯 명이며
而後爲將軍二人	나중에 장군이 된 자가 두 명이었다.

將軍路博德	장군 노박덕은
平州人[143]	평주 사람이다.
以右北平太守從驃騎將軍有功	우북평 태수로 표기장군을 따라 공을 세워
爲符離侯	부리후가 되었다.
驃騎死後	표기장군이 죽은 뒤에
博德以衛尉爲伏波將軍	노박덕은 위위(衛尉)로 복파장군이 되어
伐破南越	남월을 정벌하여 깨뜨려
益封	더욱 봉하여졌다.
其後坐法失侯	그 후에 범법 행위를 하다가 작위를 잃었다.
爲彊弩都尉	강노도위가 되어
屯居延	거연에 주둔하다가
卒	죽었다.

將軍趙破奴	장군 조파노는
故九原人[144]	옛 구원 사람이다.

---

143 정의 『한서』에서는 서하(西河) 평주(平州)라고 하였다. 서하군(西河郡)은 지금의 분주(汾州)이다.

144 정의 지금의 승주(勝州)이다.

嘗亡入匈奴	일찍이 흉노로 망명하였다가
已而歸漢	얼마 후 한나라로 돌아와
爲驃騎將軍司馬	표기장군의 사마가 되었다.
出北地時有功	북지로 나섰을 때 공을 세워
封爲從驃侯	종표후에 봉하여졌다.
坐酎金失侯	조정에 공물로 바치는 제수품을 바치지 않아 작위를 잃었다.
後一歲	1년 뒤
爲匈河將軍	흉하장군이 되어
攻胡至匈河水	오랑캐를 공격하여 흉하수까지 이르렀으나
無功	공을 세우지 못하였다.
後二歲[145]	2년 뒤
擊虜樓蘭王	누란왕을 쳐서 사로잡아
復封爲浞野侯	다시 착야후에 봉하여졌다.
後六歲[146]	6년 뒤에
爲浚稽將軍	준계장군이 되어
將二萬騎擊匈奴左賢王	2만 기를 거느리고 흉노의 좌현왕을 쳤는데
左賢王與戰	좌현왕과 교전 중에
兵八萬騎圍破奴	8만 기로 조파노를 에워싸
破奴生爲虜所得	조파노는 오랑캐에게 생포되고
遂沒其軍	그 군사는 마침내 전멸하였다.
居匈奴中十歲	흉노 땅에서 10년을 지내다가

145 **집해** 서광은 말하였다. "원봉(元封) 2년(B.C. 109)이다."

146 **집해** 서광은 말하였다. "태초(太初) 2년이다."

復與其太子安國亡入漢[147]	다시 그 태자 조안국(趙安國)과 함께 도망쳐서 한나라로 들어왔다.
後坐巫蠱	나중에 무고(巫蠱)에 연좌되어
族	멸족 당하였다.

自衛氏興	위씨(衛氏)가 흥한 이래
大將軍青首封	대장군 위청이 처음으로 봉해졌으며
其後枝屬爲五侯	그 후손들이 이어서 다섯 명이 봉후가 되었다.
凡二十四歲而五侯盡奪	무릇 24년 만에 다섯 봉후가 모두 삭탈되어
衛氏無爲侯者	위씨 중에는 봉후가 된 자가 없었다.

太史公曰	태사공은 말한다.
蘇建語余曰	소건이 나에게 말하였다.
吾嘗責大將軍至尊重	"내 일찍이 대장군에게 힐문하기를 대장군은 지극히 높고 중한데도
而天下之賢大夫毋稱焉[148]	천하의 현대부들이 칭송하지 않으니
願將軍觀古名將所招選擇賢者	장군께서는 옛 명장 가운데 현자를 초치하여 선택한 것을 살피어
勉之哉	힘쓰시기를 바란다고 하였소.
大將軍謝曰	대장군은 물리치며 말하기를
自魏其武安之厚賓客	'위기후와 무안후가 빈객들을 후대한 이래

147 **집해** 서광은 말하였다. "태초 2년에 흉노로 들어갔다가 천한(天漢) 원년 도망쳐 돌아왔으니 4년이 지났다."

148 **색은** 현명한 사대부의 칭찬을 받지 않았음을 이른다.

天子常切齒	천자는 늘 이를 갈았소.
彼親附士大夫	저 사대부를 가까이하고
招賢絀不肖者	현명한 자를 부르고 불초한 자를 쫓아내는 것은
人主之柄也	임금의 권한이오.
人臣奉法遵職而已	신하는 그저 법을 받들고 직무나 따를 따름이니
何與[149]招士	어찌 선비를 부르겠소!'라 하였습니다."
驃騎亦放此意	표기장군 또한 이 뜻을 따랐으니
其爲將如此	장군이 되는 것이 이런가 보다.

149 **색은** 음은 예(預)이다.

52

평진후·주보 열전 平津侯主父列傳

丞相公孫弘者	승상 공손홍은
齊菑川國薛縣人也[1]	제나라 치천국 설현 사람으로
字季	자는 계이다.
少時爲薛獄吏	젊었을 때 설현의 옥리가 되었는데
有辠	죄를 지어
免	면직되었다.
家貧	집이 가난하여
牧豕海上	바닷가에서 돼지를 쳤다.
年四十餘	나이 40여 세가 되어서야
乃學春秋雜說	『춘추(春秋)』와 제가(諸家)의 설을 배웠다.
養後母孝謹	계모를 섬김에 효성스럽고 삼갔다.

1 **색은** 설현(薛縣)은 노(魯)나라에 속하였는데 한나라가 치천국(菑川國)을 설치하면서 나중에 제(齊)로 분할되어 들어갔다. **정의** 「표(表)」에서는 치천국은 문제(文帝)가 제(帝)나라를 나누어 설치하였으며 극(劇)에다 도읍을 두었다고 하였다. 『괄지지(括地志)』에서는 말하였다. "옛 극성(劇城)은 청주(青州) 수광현(壽光縣) 남쪽 31리 지점에 있다. 옛 설성(薛城)은 서주(徐州) 등현(滕縣) 경계에 있다. 「지리지(地理志)」에서는 설현은 노나라에 속한다고 하였다." 설과 극은 연주(兗州) 및 태산(太山)을 두고 떨어져 있는데 미상이다. 공손홍의 무덤은 또한 청주(青州) 북쪽 노현(魯縣) 서쪽 20리 지점에 있다.

建元元年	건원 원년(B.C. 140)
天子初即位	천자가 막 즉위하여
招賢良文學之士	현량과 문학으로 선비를 불렀다.
是時弘年六十	이때 공손홍의 나이는 60세였는데
徵以賢良爲博士	현량으로 불리어 박사가 되었다.
使匈奴	흉노에 사행하였다가
還報	돌아와 보고하였는데
不合上意	임금의 뜻과 맞지 않아
上怒	임금이 노하여
以爲不能	무능하다고 생각하자
弘迺病免歸	공손홍은 곧 병을 핑계로 관직을 그만두고 돌아갔다.
元光五年	원광 5년(B.C. 130)에
有詔徵文學	문학지사를 부른다는 조령이 내리자
菑川國復推上公孫弘	치천국에서는 다시 공손홍을 추천하여 올렸다.
弘讓謝國人曰	공손홍은 (추천한) 나라 사람들에게 사양하여 말하였다.
臣已嘗西應命	"신은 이미 일찍이 명에 응하여 서쪽(장안)으로 갔었으나
以不能罷歸	무능하다는 이유로 그만두고 돌아왔으니
願更推選	원컨대 추천자의 선임을 바꾸십시오."
國人固推弘	나라의 사람들이 굳이 공손홍을 추천하여
弘至太常	공손홍은 태상에 이르렀다.
太常令所徵儒士各對策	태상은 부름을 받은 유사들에게 각기 책문을

	짓게 하였는데
百餘人	백여 명 가운데
弘第居下	공손홍은 아래쪽에 있었다.
策奏	대책(對策)이 올라가자
天子擢弘對爲第一	천자는 공손홍의 대책을 1등으로 뽑았다.
召入見	불리어 들어가 알현하자
狀貌甚麗	모양과 외모가 매우 수려하여
拜爲博士	박사에 임명하였다.
是時通西南夷道	이때 서남이(西南夷)와 교통하여
置郡	군을 설치하였는데
巴蜀民苦之	파촉의 백성들이 이를 괴로워하여
詔使弘視之	공손홍에게 가서 시찰하게 하였다.
還奏事	돌아와서 일을 아뢰며
盛毁西南夷無所用	서남이가 쓸모없음을 매우 비방하였으나
上不聽	임금은 듣지 않았다.

弘爲人恢奇多聞	공손홍은 사람됨이 활달하고 기이하였으며 들어서 아는 것이 많아
常稱以爲人主病不廣大	늘 임금은 (기백이) 넓고 크지 않음을 걱정해야 하고
人臣病不儉節	신하는 근검절약하지 않음을 걱정해야 한다고 생각하였다.
弘爲布被	공손홍은 베 이불을 덮었으며
食不重肉	식사 때는 두 가지 고기반찬이 없었다.
後母死	나중에 모친이 죽었을 때

服喪三年	삼년상을 치렀다.
每朝會議	조회에서 논의할 때마다
開陳其端	양쪽의 의견을 진술하여
令人主自擇	임금으로 하여금 스스로 선택하도록 하고
不肯面折庭爭	면전에서 직간을 하거나 조정에서 논쟁을 하려 하지 않았다.
於是天子察其行敦厚	이에 천자가 그 행실이 돈후하고
辯論有餘	변론에 여유가 있으며
習文法吏事	법조문과 관리의 일에 능숙하고
而又緣飾以儒術[2]	게다가 또한 유가의 학술로 문식(文識)을 더하는 것을 살피고
上大說之	임금이 크게 기뻐하였다.
二歲中[3]	2년 내에
至左內史	좌내사에 이르렀다.
弘奏事	공손홍은 일을 아뢸 때
有不可	불가한 것이 있어도
不庭辯之	조정에서 변론하지 않았다.
嘗與主爵都尉汲黯請閒	일찍이 주작도위 급암과 함께 한가할 때 (독대를) 청하였는데
汲黯先發之	급암이 먼저 말하고
弘推其後	공손홍이 뒤에서 따르자
天子常說	천자는 늘 기뻐하였고

2 **색은** 유가의 학설로 법조문을 꾸미는 것을 의복에 목의 깃으로 가장자리를 두르듯 하였다는 말이다.

3 **집해** 서광(徐廣)은 말하였다. "일세(一歲)로 된 곳도 있다."

所言皆聽	말한 것을 모두 들어
以此日益親貴	이로 인해 날로 가까워지고 현귀해졌다.
嘗與公卿約議	일찍이 공경들과 약정을 논의하였는데
至上前	임금 앞에 이르러
皆倍其約以順上旨	그 약정을 완전히 위배하고 임금의 뜻을 따랐다.
汲黯庭詰弘曰	급암이 조정에서 공손홍을 힐책하여 말하였다.
齊人多詐而無情實	"제나라 사람은 사술이 많고 정실이 없다더니
始與臣等建此議	처음에는 신 등과 이런 건의를 하였다가
今皆倍之	지금은 모두 저버리니
不忠	충성스럽지 못하오."
上問弘	임금이 공손홍에게 물었더니
弘謝曰	공손홍이 사죄하여 말하였다.
夫知臣者以臣爲忠	"신을 아는 자들은 신을 충성스럽다 할 것이고
不知臣者以臣爲不忠	신을 모르는 자들은 신을 충성스럽지 않다 할 것입니다."
上然弘言	임금은 공손홍의 말을 그럴듯하게 여겼다.
左右幸臣每毁弘	좌우의 총신들이 공손홍을 헐뜯을 때마다
上益厚遇之	임금은 더욱 그를 후대하였다.
元朔三年	원삭 3년(B.C. 126)
張歐免	장구(張歐)가 면직되자
以弘爲御史大夫	공손홍을 어사대부로 삼았다.
是時通西南夷	이때 서남이와 교통하였고
東置滄海	동쪽에는 창해를 설치하였으며
北築朔方之郡	북쪽에서는 삭방군에 성을 쌓았다.

弘數諫	공손홍은 여러 차례 간언하였는데
以爲罷敝中國以奉無用之地	중국을 피폐하게 하여 쓸모없는 땅을 받들게 하는 것이라 하여
願罷之	그만두기를 바란다고 하였다.
於是天子乃使朱買臣等難弘置朔方之便	이에 천자는 곧 주매신 등으로 하여금 삭방을 설치하는 이점(利點)을 가지고 공손홍에게 반박하게 하였다.
發十策	(주매신 등이) 열 가지 조항을 내놓았으나
弘不得一[4]	공손홍은 하나도 대답하지 못하였다.
弘迺謝曰	공손홍은 이에 사죄하여 말하였다.
山東鄙人	"산동의 비루한 인간이
不知其便若是	그 이점이 이와 같은 것을 알지 못하였으니
願罷西南夷滄海而專奉朔方	서남이와 창해의 일은 그만두시고 삭방의 일만 전념하기를 바랍니다."
上乃許之	임금이 이에 허락하였다.

汲黯曰	급암이 말하였다.
弘位在三公	"공손홍은 삼공(三公)의 지위에 있으면서
奉祿甚多	봉록이 매우 많습니다.
然爲布被	그러나 베 이불을 덮으니

4 집해 위소(韋昭)는 말하였다. "공손홍의 재주로 한 가지도 대답할 수 없었던 것이 아니라 불가하다고 생각하면서도 감히 임금을 거스르지 않은 것일 따름이다." 색은 위소는 공손홍의 재주로 한 가지도 대답할 수 없었던 것이 아니라 불가하다고 생각하면서도 감히 임금을 거스르지 않은 것일 따름이라고 하였다. 정의 안사고(顏師古)는 말하였다. "그 이해(利害)에 대하여 10조목을 말하였는데 공손홍이 대꾸를 하지 않은 것이다."

此詐也	이는 (남들을) 속이는 것입니다.”
上問弘	임금이 공손홍에게 묻자
弘謝曰	공손홍은 사죄하여 말하였다.
有之	“그렇사옵니다.
夫九卿與臣善者無過黯	무릇 구경(九卿) 가운데 신과 친한 자로 급암보다 나은 사람이 없사오나
然今日庭詰弘	오늘 조정에서 저를 힐책하니
誠中弘之病	실로 저의 병폐에 대해 정곡을 찔렀습니다.
夫以三公爲布被	대체로 삼공으로 베 이불을 덮는 것은
誠飾詐欲以釣名	실로 속임수로 꾸며 명예를 낚고자 하는 것입니다.
且臣聞管仲相齊	또한 신이 듣건대 관중은 제나라에서 승상으로 있을 때
有三歸	삼귀(三歸)가 있었으며
侈擬於君	사치가 임금에 비길 정도였고
桓公以霸	환공이 패권을 잡자
亦上僭於君	또한 위로 (주나라) 임금을 참칭하였다고 합니다.
晏嬰相景公	안영은 경공의 승상으로 있으면서
食不重肉	식사에 두 가지 고기반찬이 없었고
妾不衣絲	첩들은 비단옷을 입지 않아도
齊國亦治	제나라는 또한 다스려졌으니
此下比於民[5]	이는 아래로 백성을 가까이해서입니다.
今臣弘位爲御史大夫	지금 신 홍(弘)의 지위는 어사대부이오나

5 색은 比의 음은 비(鼻)이다. 비(比)는 가깝다는 뜻이다. 소안(小顏)은 음을 ‘비방(比方)’의 ‘비(比)’라고 하였다.

而爲布被	베 이불을 덮는데
自九卿以下至於小吏	구경(九卿)에서부터 아래로 소리(小吏)에 이르기까지
無差	차이를 없앴으니
誠如汲黯言	실로 급암의 말대로입니다.
且無汲黯忠	또한 급암의 충성이 아니라면
陛下安得聞此言	폐하께서 어찌 이런 말을 들으시게 되겠습니까."
天子以爲謙讓	천자는 겸양한다고 생각하여
愈益厚之	그를 더더욱 후대하였다.
卒以弘爲丞相	마침내 공손홍을 승상으로 삼았으며
封平津侯[6]	평진후에 봉하였다.

弘爲人意忌	공손홍은 사람됨이 의심이 많았고 시샘을 잘했으며
外寬內深[7]	겉은 너그러웠으나 안은 깊어서 예측할 수가 없었다.
諸嘗與弘有郤者	일찍이 공손홍과 틈이 생긴 사람들은
雖詳與善	비록 잘 대해 주는 척하여도

6 **집해** 서광은 말하였다. "「대신표(大臣表)」에서는 원삭 5년(B.C. 124) 11월 을축일에 공손홍이 승상이 되었다고 하였다. 「공신표(功臣表)」에서는 원삭 5년 11월 을축일에 평진후에 봉하여졌다고 하였다." 내[駰]가 생각건대 『한서(漢書)』에 의하면 고성(高成)의 평진향(平津鄕)이다. **색은** 『한서』에서는 "한나라가 흥기한 이래 모두 열후를 승상으로 삼았는데 공손홍은 본래 작위가 없어서 이에 조칙으로 공손홍을 고성의 평진향 6백50호에 봉하여 평진후로 한 것이다. 승상이 후작에 봉해진 것은 공손홍에게서 비롯되었다."라 하였다.

7 **색은** 공손홍이 겉으로는 너그러운 것 같지만 속마음은 헤아리기 어려워 시기하여 해침이 많다는 말이다.

陰報其禍	몰래 그 화를 갚았다.
殺主父偃	주보언을 죽이고
徙董仲舒於膠西	동중서(董仲舒)를 교서로 옮긴 것은
皆弘之力也	모두 공손홍의 힘이었다.
食一肉脫粟之飯[8]	한 가지 고기반찬에 현미밥만 먹었다.
故人所善賓客	친구들이나 친한 빈객들이
仰衣食	입고 먹는 것을 바라면
弘奉祿皆以給之	공손홍은 봉록을 모두 그들에게 주어
家無所餘	집에는 남은 것이 없었다.
士亦以此賢之	사대부들 또한 이 때문에 그를 현명하게 여겼다.

淮南衡山謀反	회남왕과 형산왕이 모반을 하여
治黨與方急	당파의 사람을 다스리는 일이 바야흐로 급하였다.
弘病甚	공손홍은 병이 심하여
自以爲無功而封	스스로 공이 없는데도 봉하여졌고
位至丞相	지위가 승상에 이르러
宜佐明主塡撫國家	밝은 임금을 보좌하여 국가를 진무하고
使人由臣子之道	사람들이 신하의 도리를 다하게 하여야 한다고 생각하였다.
今諸侯有畔逆之計	지금 제후들이 반역의 계획을 세우니

8 **색은** 일육(一肉)은 두 가지 반찬이 없다는 것을 말한다. 탈속(脫粟)은 껍질만 까고 도정은 하지 않은 것을 말한다.

9 **색은** 신하가 임금에게 몸을 맡기면 죽고 사는 것은 임금에게서 말미암는다. 지금 만약 하루아침에 죽는다면 이것은 몰래 죽는 것이라는 것이다.

此皆宰相奉職不稱	이는 모두 재상이 직분을 받듦이 맞지 않아서이며
恐竊病死[9]	가만히 병들어 죽으면
無以塞責	책임을 메울 길이 없을 것이라 생각하였다.
乃上書曰	이에 글을 올려 말하였다.
臣聞天下之通道五	"신이 듣건대 천하의 통용되는 도리가 다섯 가지이온데
所以行之者三[10]	그것을 행하는 까닭은 세 가지라고 합니다.
曰君臣	임금과 신하,
父子	아버지와 아들,
兄弟	형과 아우,
夫婦	남편과 아내,
長幼之序	어른과 아이의 순서,
此五者天下之通道也	이 다섯 가지는 천하의 통용되는 도리입니다.
智	지(智)와
仁	인(仁),
勇	용(勇)
此三者天下之通德	이 세 가지는 천하의 통용되는 덕으로
所以行之者也	그것을 행하는 까닭입니다.
故曰力行近乎仁	그러므로 말하기를 '힘껏 행함은 인에 가깝고
好問近乎智	학문을 좋아함은 지에 가까우며
知恥近乎勇	부끄러움을 아는 것은 용에 가깝다.'고 하였습니다.

10 색은 이 말은 『자사자(子思子)』에서 나왔는데, 지금은 『예기(禮記)』 「중용편(中庸篇)」에 보인다.

知此三者	이 세 가지를 알면
則知所以自治	스스로 다스리는 것을 알 것이며,
知所以自治	스스로 다스림을 안
然後知所以治人	그런 다음에는 남을 다스리는 것을 알게 될 것입니다.
天下未有不能自治而能治人者也	천하에는 스스로를 다스릴 수 없는데 남을 다스릴 수 있는 자가 없으니
此百世不易之道也	이는 백세토록 바뀌지 않는 도입니다.
今陛下躬行大孝	지금 폐하께서는 몸소 큰 효도를 행하고
鑒三王	삼왕을 거울삼으며
建周道	주나라의 도를 세우고
兼文武	문왕과 무왕(의 덕)을 겸하여
厲賢予祿[11]	현자를 면려하여 봉록을 주고
量能授官	능력이 있는 자를 헤아려 관직을 주었습니다.
今臣弘罷駑之質	지금 신 홍은 노둔한 말 같은 바탕에
無汗馬之勞	땀을 흘리는 수고도 없사온데
陛下過意擢臣弘卒伍之中	폐하께서 과분하게 신 홍을 무리들 가운데서 발탁하시어
封爲列侯	열후에 봉하여
致位三公	삼공의 지위에 이르게 되었습니다.
臣弘行能不足以稱	신 홍(弘)은 품행과 재능이 칭찬을 받을 만하지 못하고
素有負薪之病	평소에 질병이 많아

11 **집해** 서광은 말하였다. "려(厲)는 '광(廣)'으로 된 판본도 있다."

恐先狗馬填溝壑	견마지로를 다하기도 전에 죽어 골짜기나 메워
終無以報德塞責	끝내 덕을 갚고 책임을 메울 길이 없게 될 것입니다.
願歸侯印	열후의 인장을 반납하고
乞骸骨	몸이 물러나
避賢者路	현자에게 길을 비켜주고자 합니다."
天子報曰	천자가 대답하였다.
古者賞有功	"옛날에는 공이 있으면 상을 주고
褒有德	덕이 있으면 표창을 하였으며,
守成尙文	성취를 지킬 때는 문을 숭상하였고
遭遇右武[12]	어지러운 세상을 만나면 무를 숭상하였소.
未有易此者也	이것이 바뀐 적은 없었소.
朕宿昔庶幾獲承尊位	짐은 지난날 다행히 황위를 잇게 되었으나
懼不能寧	(천하를) 안정시키지 못할까 두려워하여
惟所與共爲治者	더불어 함께 다스릴 것만 생각한 것은
君宜知之	그대도 알 것이오.
蓋君子善善惡惡	대체로 군자는 훌륭한 것을 기리고 악한 것을 미워하니
君若謹行	그대의 삼가는 행위 같은 것은
常在朕躬	늘 짐의 몸에 있소.
君不幸罹霜露之病	그대가 불행히 서리와 이슬을 맞아 병에 걸렸으나

12 **색은** 소안(小顔)은 말하였다. "우(右) 또한 위에 둔다는 것이다. 난을 만났을 때는 무(武)를 숭상한다는 말이다."

何恙不已[13]	어찌 낫지 않을 것을 근심하겠는가.
迺上書歸侯	이에 글을 올려 열후를 반납하고
乞骸骨	몸이 물러난다고 하니
是章朕之不德也	이는 짐의 부덕함을 드러내는 것이오.
今事少閒	지금 일이 조금 한가하니
君其省思慮	그대는 생각을 줄이고
一精神	정신을 집중하여
輔以醫藥	의약으로 (몸을) 보하도록 하시오."
因賜告牛酒雜帛	이에 병가를 내리고 소고기와 술, 여러 가지 비단을 내렸다.
居數月	몇 달 만에
病有瘳	병이 나았고
視事	일을 보았다.

元狩二年	원수 2년(B.C. 121)
弘病	공손홍은 병이 들어
竟以丞相終[14]	마침내 승상으로 죽었다.
子度嗣爲平津侯	아들 공손도가 이어서 평진후가 되었다.
度爲山陽太守十餘歲	공손도는 산양태수가 된 지 10여 년 만에

13 **집해** 『한서음의(漢書音義)』에서는 말하였다. "하양(何恙)은 작은 질병이 제때에 낫지 않음을 비유한다." **색은** 양(恙)은 근심하는 것이다. 서리와 이슬 같은 차가운 것을 쐬어서 걸린 병은 경미하니 어찌 병이 그치지 않음을 걱정하겠느냐는 말이다. 『예(禮)』에서는 "병이 그쳐 처음을 회복한다."라 하였다.

14 **집해** 『한서』에서는 말하였다. "나이 90이었다." **색은** 『한서』에서는 무릇 어사와 승상으로 6년을 보내고 나이 80에 죽었다고 하였다.

坐法失侯[15]	범법 행위를 하여 열후의 지위를 잃었다.
主父偃者	주보언은
齊臨菑人也	제나라 임치 사람이다.
學長短縱橫之術	종횡가(縱橫家)의 장단점을 배웠으며
晚乃學易春秋百家言	만년에는 『역경』과 『춘추』, 제자백가의 말을 배웠다.
游齊諸生閒	제나라의 여러 유생들 사이에서 교유하였는데
莫能厚遇也	아무도 그를 후대하지 않았다.
齊諸儒生相與排擯	제나라의 여러 유생들이 서로 배척하여
不容於齊	제나라에서 용납되지 않았다.
家貧	집이 가난하여
假貸無所得	[전곡(錢穀)을] 꾸려 하였으나 얻은 것이 없어
迺北游燕趙中山	이에 북으로 연나라와 조나라, 중산국을 떠돌아다녔으나
皆莫能厚遇	모두 우대해 주지 않아
爲客甚困	나그네가 되어 매우 곤경에 처하였다.
孝武元光元年中	효무제 원광 원년(B.C. 134) 중에
以爲諸侯莫足游者	제후들 간에는 교유를 할 만한 사람이 없다고 생각하여
乃西入關見衛將軍	이에 서쪽으로 함곡관을 들어가 위 장군을 만나보았다.

15 색은 『한서』에서는 거야령(鉅野令) 사성(史成)에게 공거(公車)를 보내지 않아 성단(城旦: 성을 쌓는 노역)을 하도록 논의하였다. 원시(元始) 연간에 조칙으로 다시 공손홍을 나중에 관내후(關內侯)로 삼았다.

衛將軍數言上	위 장군이 수차례나 임금에게 말하여 보았지만
上不召	임금은 부르지 않았다.
資用乏	자금과 비용은 바닥나고
留久	오래 머물러도
諸公賓客多厭之	여러 공경의 빈객들이 그를 거의 싫어하여
乃上書闕下	이에 대궐로 글을 올렸다.
朝奏	아침에 아뢰었는데
暮召入見	저녁에 불리어 들어가 임금을 뵈었다.
所言九事	말한 것은 모두 아홉 가지 일인데
其八事爲律令	그중 여덟 가지는 율령에 관한 것이었고
一事諫伐匈奴	한 가지 일은 흉노의 정벌에 대하여 간한 것이었다.
其辭曰	그 글은 다음과 같다.

臣聞明主不惡切諫以博觀	신이 듣건대 영명한 군주는 간절한 권간(勸諫)을 싫어하지 않고 널리 살피며
忠臣不敢避重誅以直諫	충신은 감히 극형을 피하지 않고 직간을 하기 때문에
是故事無遺策而功流萬世	일에 실책이 없이 공이 만세에까지 흘러간다고 합니다.
今臣不敢隱忠避死以效愚計	지금 신은 감히 충성을 숨기거나 죽음을 피하지 않고 어리석은 계책을 바치오니
願陛下幸赦而少察之	원컨대 폐하께오서는 용서하시어 조금 살피시기 바랍니다.

司馬法曰	『사마법(司馬法)』에서는 말하기를
國雖大	"나라가 비록 크더라도
好戰必亡	전쟁을 좋아하면 반드시 망하며,

天下雖平	천하가 비록 태평하더라도
忘戰必危	전쟁을 잊으면 반드시 위태로워진다."라 하였습니다.
天下既平	천하가 이미 태평해지면
天子大凱[16]	천자는 개선의 음악을 연주하고
春蒐秋獮	봄 사냥인 수(蒐)와 가을 사냥인 선(獮)을 행하며
諸侯春振旅	제후가 봄에는 군사를 떨치고
秋治兵	가을에는 군사를 다스리는 것은
所以不忘戰也[17]	전쟁을 잊지 않기 위함입니다.
且夫怒者逆德也	또한 노하는 것은 덕을 거스르는 것이고
兵者凶器也	무기는 흉기이며
爭者末節也	다툼은 말엽적인 품행입니다.
古之人君一怒必伏尸流血	옛날의 임금은 한번 노했다 하면 반드시 엎어져 죽고 피를 흘리게 하였으므로
故聖王重行之	성왕들은 진중하게 행하였습니다.
夫務戰勝窮武事者	전쟁에서 이기기를 힘쓰고 무력을 궁구한 자치고
未有不悔者也	후회하지 않은 자가 없었습니다.
昔秦皇帝任戰勝之威	옛날에 진나라 황제는 전쟁에서 승리한 위엄을 믿고
蠶食天下	천하를 잠식하여
并吞戰國	전국(戰國)을 병탄하고

16 **집해** 응소(應劭)는 말하였다. "대개(大凱)는 주(周)나라의 예법에서 군사가 돌아올 때 군사를 정돈시키기 위한 음악이다."

17 **집해** 송균(宋均)은 말하였다. "봄과 가을에는 양기[陽]가 적고 음기[陰]가 적어 기(氣)가 약하여 아직 온전치 못하여 사람의 힘을 기다린 다음에 쓰며, 백성들이 그것을 본받아 가르친 다음에 이루어지며 인의에 근본을 두어야 한다. 천자와 제후는 반드시 봄과 가을로 무사(武事)를 익히고 전차와 군대를 검열하여 때의 기운에 맞춰 전쟁을 잊지 않는 것이다." **색은** 송균은 말하기를 "인의에 근본을 두고 소음(少陰)과 소양(少陽)의 기운을 돕고 이어서 전차와 군대를 검열하게 한다."

海內爲一	해내(海內)를 통일하여
功齊三代	공이 삼대와 같았습니다.
務勝不休	이기기를 힘써 쉬지 않고
欲攻匈奴	흉노를 치려고 하자
李斯諫曰	이사가 간언하였습니다.
不可	"안 됩니다.
夫匈奴無城郭之居	저 흉노는 성곽을 쌓아 거처하거나
委積之守	양초(糧草)를 쌓아놓고 지키는 일이 없이
遷徙鳥擧	이리저리 옮겨 다녀 새가 날듯 하므로
難得而制也	얻어서 통제하기가 어렵습니다.
輕兵深入	가벼운 군사로 날듯이 들어가면
糧食必絕	양식이 반드시 끊어질 것이며,
踵糧以行	양식을 딸리어 가면
重不及事	무거워서 일을 이루지 못합니다.
得其地不足以爲利也	그 땅을 얻어도 이로울 만한 것이 없고
遇其民不可役而守也	그 백성을 만나도 부려서 지킬 수가 없습니다.
勝必殺之	이기어 반드시 죽여 버린다면
非民父母也	백성의 부모가 아닙니다.
靡獘[18]中國	중국을 피폐하게 해가며
快心匈奴	흉노로 마음을 즐겁게 하는 것은
非長策也	최상의 계책이 아닙니다."
秦皇帝不聽	진나라 황제는 듣지 않고
遂使蒙恬將兵攻胡	마침내 몽염으로 하여금 군사를 거느리고 오랑캐를 치게 하여

18 색은 靡의 음은 미(糜)이다. 폐(獘)는 시들고 해진다는 뜻과 같다.

辟地千里	땅 천 리를 개척하여
以河爲境	황하를 경계로 삼았습니다만
地固澤鹵[19]	이 땅은 본래 늪지에 염분이 있어
不生五穀	오곡이 나지 않았습니다.
然後發天下丁男以守北河	그런 다음에 천하의 장정들을 징발하여 북하(北河)를 지켰습니다.
暴兵露師十有餘年	햇빛과 이슬에 노출된 병사들은 10여 년간
死者不可勝數	죽은 자가 이루 헤아릴 수 없었으며
終不能踰河而北	끝내 황하를 넘어 북진할 수 없었습니다.
是豈人衆不足	이것이 어찌 사람이 부족하고
兵革不備哉	병기가 갖추어지지 않아서이겠습니까?
其勢不可也	형세가 옳지 않아서입니다.
又使天下蜚芻輓粟[20]	또한 천하로 하여금 꼴과 군량을 신속하게 옮기게 하고
起於黃腄[21]琅邪負海之郡	황(黃)과 추(腄), 낭야(琅邪)의 바다를 등지고 있는 군에서 시작하여
轉輸北河	북하까지 수송하였는데
率三十鍾而致一石	대략 30종(鍾)에서 (겨우) 한 석(一石)만 남기에 이르렀습니다.
男子疾耕不足於糧饟	남자들은 바삐 농사를 지어도 군량과 건량을 대기에도 부족하였고
女子紡績不足於帷幕	여자들은 실을 자아 길쌈을 해도 군막을 만들기에

19 **집해** 서광은 말하였다. "택(澤)은 '척(斥)'으로 된 판본도 있다." 찬(瓚)은 말하였다. "그 땅이 늪지가 많고 또한 염분도 있다는 것이다."

20 **집해** 문영(文穎)은 말하였다. "곧 양초(糧草)를 옮겨 전쟁을 하러 가는 것이다."

21 **집해** 서광은 말하였다. "추(腄)는 동래(東萊)에 있으며 음은 추(縋)이다." **색은** 현(縣) 이름으로 동래(東萊)에 있으며 음은 추[逐瑞反]이다. 주(注)에서는 음이 추(縋)라고 하였다.

도 부족하였습니다.

百姓靡敝 백성들은 피폐해졌으며

孤寡老弱不能相養 고아와 과부, 노약자들은 서로를 봉양할 수가 없어

道路死者相望 도로에는 죽은 자들이 서로를 바라보고 있었는데

蓋天下始畔秦也 대체로 천하에서 비로소 진나라에 반기를 들게 되었습니다.

及至高皇帝定天下 고황제께서 천하를 평정하시고

略地於邊 변경을 순시하실 때

聞匈奴聚於代谷之外而欲擊之

흉노가 대곡의 바깥에 모여 있다는 말을 듣고 치려고 하였습니다.

御史成進諫曰 어사(御史) 성(成)이 나아가 간언하였습니다.

不可 "안 됩니다.

夫匈奴之性 대체로 흉노의 습성은

獸聚而鳥散 짐승이 모이듯 새가 흩어지듯 하여

從之如搏影 쫓는 것이 그림자를 치는 것과 같습니다.

今以陛下盛德攻匈奴 지금 폐하의 성덕으로 흉노를 공격하는 것은

臣竊危之 신이 가만히 생각건대 위험합니다."

高帝不聽 고제는 듣지 않으시고

遂北至於代谷 결국 북으로 대곡에 이르렀는데

果有平城之圍 그 결과 평성에서 에워싸이게 되었습니다.

高皇帝蓋悔之甚 고황제께서는 아마 그것을 심하게 뉘우치셨기에

乃使劉敬往結和親之約 이에 유경(劉敬)으로 하여금 가서 화친의 조약을 체결하게 한

然後天下忘干戈之事 다음에야 천하는 전쟁의 일을 잊게 되었습니다.

故兵法曰興師十萬	그러므로 병법에서 "군사 10만을 일으키면
日費千金	날로 천금을 쓰게 된다."라 하였습니다.
夫秦常積衆暴兵數十萬人	저 진나라는 늘 수십만 명의 백성들을 모으고 군대를 동원하여
雖有覆軍殺將係虜單于之功	비록 군대를 엎고 장수를 죽였으며 선우를 사로잡은 공이 있긴 하지만
亦適足以結怨深讎	또한 마침 원수나 깊이 맺었을 뿐
不足以償天下之費	천하의 비용을 갚기에는 충분치 못하였습니다.
夫上虛府庫	대체로 위로는 부고를 비게 하고
下敝百姓	아래로는 백성을 피폐하게 하였으니
甘心於外國	바깥의 나라에서 마음을 달갑게 하는 것은
非完事也	완전한 일이 아닙니다.
夫匈奴難得而制	저 흉노를 얻어 통제하기가 어려웠던 것은
非一世也	한 세대의 일이 아니었습니다.
行盜侵驅	도적질을 일삼고 침략하는 것은
所以爲業也	업으로 삼아온 것이며
天性固然	천성이 실로 그렇습니다.
上及虞夏殷周	위로 우순(虞舜)과 하 · 은 · 주에 이르기까지
固弗程督	실로 그들을 징수하고 감독하지 않아
禽獸畜之	금수로 삼아 그들을 길러
不屬爲人	인간으로 취급하지 않았습니다.
夫上不觀虞夏殷周之統	위로 우순(虞舜)과 하 · 은 · 주의 전통으로 살피지 않고
而下循近世之失	아래로 가까운 시대의 실책을 따르니
此臣之所大憂	이것이 신이 크게 근심하는 것이며
百姓之所疾苦也	백성들이 괴로워하는 것입니다.

且夫兵久則變生	또한 저 전란이 오래되면 정변이 생기게 되는데
事苦則慮易	일이 괴로우면 (정변을 일으킬) 생각이 쉽게 됩니다.
乃使邊境之民獘靡愁苦而有離心	이는 곧 변경의 백성들을 피폐하고 고통에 근심하여 이반하는 마음을 갖게 하며
將吏相疑而外市[22]	장군과 이졸들이 서로 의심하여 밖에서 구하게 하는 것이므로
故尉佗章邯得以成其私也	위타와 장한이 사사로움을 이루게 한 것입니다.
夫秦政之所以不行者	저 진나라의 정치가 행하여지지 않은 것은
權分乎二子	권력이 두 사람에게 나누어져서인데
此得失之效也	이것이야말로 득실이 드러나는 것입니다.
故周書曰'安危在出令	그러므로 『주서(周書)』에서는 "안위는 명령을 내는 데 있고
存亡在所用	존망은 쓰이는 것에 있다."라 하였습니다.
願陛下詳察之	원컨대 폐하께서는 상세히 살피시고
少加意而熟慮焉	조금만 더 신경을 쓰시어 숙고해 주셨으면 합니다.

是時趙人徐樂[23]齊人嚴安[24]俱上書言世務	이때 조나라 사람 서악과 제나라 사람 엄안이 모두 글을 올려 시무를 말하였는데
各一事	각기 한 가지 일이었다.

22 집해 장안(張晏)은 말하였다. "바깥의 나라와 국교를 맺어 자기의 이익을 구하는 것으로 장한(章邯) 같은 무리가 있다."

23 색은 樂의 음은 악(岳)이다.

24 색은 본래는 성이 장(莊)이었는데 명제(明帝)의 휘를 피하여 나중에 모두 '엄(嚴)'으로 고쳤다. 엄안 및 서악(徐樂)은 모두 낭중(郎中)에 임명되었다. 서악은 나중에 중대부(中大夫)가 되었다.

徐樂曰	서악이 말하였다.
臣聞天下之患在於土崩	신이 듣건대 천하의 근심은 흙이 무너지는 데 있지
不在於瓦解	기와가 흩어지는 데 있지 않다고 하였는데
古今一也	예와 지금이 마찬가지입니다.
何謂土崩	무엇을 흙이 무너지는 것이라고 할까요?
秦之末世是也	진나라의 말세가 이러합니다.
陳涉無千乘之尊	진섭은 천승의 높은 지위와
尺土之地	한 자의 토지도 가지지 않았으며
身非王公大人名族之後	몸은 왕공대인(王公大人) 같은 명문가의 후손이 아니고
無鄕曲之譽	향곡의 명예도 없었으며
非有孔墨曾子之賢	공자와 묵자, 증자 같은 현명함이나
陶朱猗頓之富也	도주(陶朱)와 의돈(猗頓) 같은 부유함도 가지지 않았지만
然起窮巷	궁벽한 골목에서 일어나
奮棘矜[25]	갈래창을 잡고 떨쳐
偏袒大呼而天下從風	한쪽 팔을 드러내고 크게 외치자 천하에서 바람을 따르듯 하였으니
此其故何也	이는 어찌된 까닭이겠습니까?
由民困而主不恤	백성이 곤핍해도 임금이 구휼하지 않고
下怨而上不知	아래에서 원망해도 위에서는 모르며
俗已亂而政不脩	풍속이 이미 어지러워졌는데도 정치를 닦지 않은 데서 말미암으니

25 **집해** 矜의 음은 근(勤)이다. **색은** 아래 글자의 음은 근(勤)이다. 근(矜)은 지금의 갈래창 자루이다. 극(棘)은 갈래창[戟]이다.

此三者陳涉之所以爲資也 이 세 가지가 진섭이 바탕으로 삼은 것입니다.

是之謂土崩 이것을 일러 흙이 무너지는 것이라 합니다.

故曰天下之患在於土崩 그러므로 천하의 근심은 흙이 무너지는 데 있다고 하였습니다.

何謂瓦解 무엇을 기와가 흩어지는 것이라 하겠습니까?

吳楚齊趙之兵是也 오와 초, 제, 조나라의 전쟁을 이르는 것입니다.

七國謀爲大逆 칠국이 대역을 모반하여

號皆稱萬乘之君 모두 만승의 임금이라 칭하고

帶甲數十萬 갑옷을 두른 군사가 수십만이니

威足以嚴其境內 경내에서는 위엄을 떨칠 만했고

財足以勸其士民 재화는 군사와 백성들을 권할 만했지만

然不能西攘尺寸之地而身爲禽於中原者
서쪽으로는 한 자 한 치의 땅도 빼앗지 못하고 몸은 중원에 사로잡혔으니

此其故何也 이는 무슨 까닭이겠습니까?

非權輕於匹夫而兵弱於陳涉也
권세가 필부보다 가볍고 군사가 진섭보다 약해서가 아니라

當是之時 이때

先帝之德澤未衰而安土樂俗之民衆
선제의 은택이 쇠하지 않아 본토를 편안히 여기고 풍속을 즐기는 백성이 많았기 때문에

故諸侯無境外之助 제후들이 국경 밖에서 도와줌이 없었습니다.

此之謂瓦解 이것을 일러 기와가 흩어진다고 하는 것이므로

故曰天下之患不在瓦解 천하의 근심은 기와가 흩어지는 데 있지 않다고 한 것입니다.

由是觀之 이로써 살펴보건대

天下誠有土崩之勢	천하에 실로 흙이 무너지는 형세가 있으면
雖布衣窮處之士或首惡而危海內	
	포의로 궁벽하게 거처하는 선비라도 먼저 나쁜 짓을 하여 해내를 위태롭게 할 수 있으니
陳涉是也	진섭이 그렇습니다.
況三晉之君或存乎	하물며 삼진의 임금이 혹 남아 있음이겠습니까!
天下雖未有大治也	천하가 비록 크게 다스려지지 않더라도
誠能無土崩之勢	실로 흙이 무너지는 형세가 없도록 할 수 있다면
雖有彊國勁兵不得旋踵而身爲禽矣	
	비록 강한 나라의 굳센 군사라도 발을 돌릴 틈도 없이 몸이 사로잡히게 될 것이니
吳楚齊趙是也	오와 초, 제, 조나라가 이런 경우입니다.
況群臣百姓能爲亂乎哉	하물며 뭇 신하들과 백성들이 난을 일으킬 수 있겠습니까!
此二體者	이 두 가지는
安危之明要也	편안하고 위태로운 것을 밝히는 요체이니
賢主所留意而深察也	현명한 군주가 유의하여 깊이 살필 것입니다.

閒者關東五穀不登	근래에 관동에 오곡이 흉년이 들어
年歲未復	올해까지 회복되지 않아
民多窮困	백성들이 많이 곤궁해진 데다
重之以邊境之事	변경의 일까지 겹쳤사온데
推數循理而觀之	정리를 헤아리고 이치에 따라 살펴보니
則民且有不安其處者矣	백성들이 또한 처하기에 불안한 것이 있습니다.
不安故易動	불안하기 때문에 쉽게 움직입니다.
易動者	쉽게 움직이는 것은
土崩之勢也	흙이 무너지는 형세입니다.

故賢主獨觀萬化之原	그러므로 현명한 군주는 유독 만사의 변화의 근원을 살피고
明於安危之機	안위의 기틀에 밝으며
脩之廟堂之上	이를 묘당에서 닦아
而銷未形之患	아직 형체를 드러내지 않은 근심을 없앱니다.
其要	그 요점은
期使天下無土崩之勢而已矣	천하에 흙이 무너지는 형세를 없게 하려는 것을 기약할 따름입니다.
故雖有彊國勁兵	그러므로 비록 강한 나라의 굳센 군사가 (모반함이) 있다고 하더라도
陛下逐走獸	폐하께서는 달아나는 짐승을 쫓고
射蜚鳥	나는 새를 쏘며
弘游燕之囿	유락하는 동산을 넓히고
淫縱恣之觀	마음껏 보고 싶은 것을 넘치도록 누리며
極馳騁之樂	말을 달리는 즐거움을 끝까지 누리셔도
自若也	태연자약할 것입니다.
金石絲竹之聲不絕於耳	금석사죽 같은 악기의 소리가 귀에서 끊이지 않을 것이며
帷帳之私俳優侏儒之笑不乏於前	장막에서의 사사로운 일과 배우나 난쟁이의 우스개가 앞에서 결핍되지 않고
而天下無宿憂	천하에는 묵은 근심이 없을 것입니다.
名何必湯武[26]	이름이 어찌 반드시 탕 · 무여야 할 것이며
俗何必成康[27]	풍속이 어찌 반드시 성 · 강이어야 하겠습니까!

26 탕 · 무(湯 · 武)는 은(殷)나라 성탕(成湯, 湯王)과 주(周)나라 무왕(武王)을 아울러 이른 말이다. – 옮긴이.

27 성 · 강(成 · 康)은 주(周) 나라 성왕(成王)과 강왕(康王)을 함께 이른 말이다. – 옮긴이.

雖然	비록 그렇지만
臣竊以爲陛下天然之聖	신이 가만히 생각건대 폐하의 천성적인 성스러움과
寬仁之資	너그럽고 인자한 바탕으로
而誠以天下爲務	실로 천하를 다스리심에 힘쓰신다면
則湯武之名不難侔	탕 · 무의 명성도 짝하기 어렵지 않을 것이며
而成康之俗可復興也	성 · 강의 풍속을 다시 일으키실 수 있을 것입니다.
此二體者立	이 두 가지가 서고 난
然後處尊安之實	다음에 존귀하고 편안한 현실에 처하실 것이며
揚名廣譽於當世	당세에 명성을 드날리고 영예를 넓히시어
親天下而服四夷	천하를 가까이하고 사방의 오랑캐가 복종할 것이고
餘恩遺德爲數世隆	남은 은혜와 끼친 덕이 여러 세대에 걸쳐 융성할 것이며,
南面負扆攝袂而揖王公	남면하여 병풍을 지고 소매를 끌어당겨도 왕공이 읍할 것이니
此陛下之所服也	이것이 폐하께서 하셔야 할 일입니다.
臣聞圖王不成	신이 듣건대 왕업을 도모하다 이루지 못한다 하더라도
其敝足以安	끝내 편안히 하기에 충분합니다.
安則陛下何求而不得	편안하면 폐하께서 무엇을 구한들 얻지 못하실 것이며
何爲而不成	무엇을 하신들 이루지 못하시고
何征而不服乎哉	어디를 정벌한들 복속시키지 못하시겠습니까!

嚴安上書曰	엄안이 글을 올려 말하였다.

臣聞周有天下	신이 듣건대 주나라가 천하를 통치함에

其治三百餘歲	잘 다스려진 것이 3백여 년이었고
成康其隆也	성왕과 강왕 때 가장 융성하였는데
刑錯四十餘年而不用	형벌을 쓴 지 40여 년 만에 쓸모가 없어졌다고 합니다.
及其衰也	쇠퇴해진 것이
亦三百餘歲	또한 3백여 년이므로
故五伯更起	오패[五霸: 오백(五伯)]가 번갈아 일어나게 되었습니다.
五伯者	오패는
常佐天子興利除害	항상 천자를 도와 이로움을 일으키고 해악을 제거하였으며
誅暴禁邪	포악한 것을 벌주고 사악한 것을 금하였고
匡正海內	천하를 바로잡아
以尊天子	천자를 높였습니다.
五伯既沒	오패가 사라지자
賢聖莫續	성현이 잇지를 못하여
天子孤弱	천자는 외롭고 약하여졌고
號令不行	호령이 행하여지지 않았습니다.
諸侯恣行	제후들은 마음 내키는 대로 행하여
彊陵弱	강자가 약자를 업신여기고
衆暴寡	다수가 소수에게 포악하게 굴어
田常簒齊	전상(田常)이 제나라를 찬탈하였고
六卿分晉	육경(六卿)이 진나라를 나누어 가졌으며
並爲戰國	함께 전국(戰國)시대가 되니
此民之始苦也	이에 백성들이 비로소 고통을 당하게 되었습니다.
於是彊國務攻	이에 강한 나라는 공격에 힘쓰고
弱國備守	약국(弱國)은 수비하여
合從連橫	합종과 연횡이 횡행하고

馳車擊轂	수레가 달리느라 바퀴가 부딪쳤으며
介胄生蟣蝨	갑옷과 투구에서는 이와 서캐가 슬었습니다,
民無所告愬	백성들은 하소연할 곳이 없었습니다.

及至秦王	진나라 왕에 이르자
蠶食天下	천하를 잠식하고
并吞戰國	전국을 병탄하여
稱號曰皇帝	황제라 불렀으며
主海內之政	해내의 정치를 주관하고
壞諸侯之城	제후의 성을 헐었으며
銷其兵	병기를 녹여
鑄以爲鍾虡[28]	종거(鍾虡)를 주조하여
示不復用	다시는 쓰지 않을 것임을 보여주었습니다.
元元黎民得免於戰國	선량한 백성들은 전국(戰國)에서 벗어나
逢明天子	영명한 천자를 만나
人人自以爲更生	사람마다 제각기 다시 태어나게 되었습니다.
嚮使秦緩其刑罰	그 당시 진나라가 그 형벌을 느슨하게 하고
薄賦斂	세금 징수를 경감하고
省繇役	요역을 줄이며
貴仁義	인의를 귀하게 여기고
賤權利	권형(權衡)과 이해(利害)를 천하게 여기며
上篤厚[29]	돈독하고 도타움을 숭상하고
下智巧[30]	지혜와 기교를 하찮게 보며

28 색은 아래 글자의 음은 거(巨)이다. 추씨(鄒氏) 본에는 '鐻'로 되어 있으며, 음은 같다.

29 색은 상(上)은 상(尙)과 같으며, 귀하게 여기는 것이다.

30 색은 지혜와 기교를 하찮게 여기는 것을 이른다.

變風易俗	풍속을 변역(變易)시키고
化於海內	해내에서 교화하였다면
則世世必安矣	대대로 반드시 편안해졌을 것입니다.
秦不行是風而循其故俗	진나라는 이 기풍을 행하지 않고 옛 풍속을 따라
爲智巧權利者進	지혜와 기교, 권형과 이해를 행하는 자들은 들이고
篤厚忠信者退	돈독하고 도타우며 충성스럽고 신의 있는 자들은 물렸으며,
法嚴政峻	법은 엄격하고 정치는 준엄해졌으며
諂諛者衆	아첨하는 자가 많아지고
日聞其美	날로 그 아름다운 소리만 들었으며
意廣心軼	뜻은 넓어지고 마음은 편안해져 갔습니다.
欲肆威海外	해외로 위엄을 떨치고자 하여
乃使蒙恬將兵以北攻胡	이에 몽염으로 하여금 군사를 거느리고 북으로 오랑캐를 치고
辟地進境	땅을 개척하여 국경을 넓히고
戍於北河	북하를 지키게 하여
蜚芻輓粟以隨其後	꼴과 군량을 신속하게 옮겨 그 뒤를 따르게 하였습니다.

又使尉(佗)屠睢[31]將樓船之士南攻百越

	또한 도위(都尉) [조타(趙他)와] 도수로 하여금 누선의 군사를 거느리고 남으로 백월을 공격하게 하고
使監祿[32]鑿渠運糧	감록으로 하여금 도랑을 파서 군량을 나르게 하여
深入越	월나라 깊이 들어가니
越人遁逃	월나라 사람들은 도망쳐 숨었습니다.

31 색은 위(尉)는 관직이다. 타(他)는 조타(趙他)이며, 음은 타[徒何反]이다. 도수(屠睢)는 사람의 성명이다. 睢의 음은 수(雖)이다.

32 집해 위소는 말하였다. "감어사(監御史)의 이름이 록(祿)이다."

曠日持久	시일이 지나 오래되자
糧食絕乏	양식이 떨어져 모자라
越人擊之	월나라 사람들이 공격을 하자
秦兵大敗	진나라 군사는 크게 패하였습니다.
秦乃使尉佗將卒以戍越	진나라는 이에 위타(尉佗)에게 군사를 거느리고 월나라를 지키게 하였습니다.
當是時	이때
秦禍北構於胡	진나라의 화(禍)는 북으로 오랑캐와 맺고
南挂於越	남으로는 월나라와 걸려
宿兵無用之地	쓸모없는 땅에 군사를 주둔시켜
進而不得退	나아가 물러나지 못하게 되었습니다.
行十餘年	10여 년 동안이나
丁男被甲	성년의 남자들은 갑옷을 입고
丁女轉輸	성년의 여인들은 (물자를) 운송하느라
苦不聊生	고생을 하여 삶을 도모하지 못하였으며
自經於道樹	도로의 나무에서 자살하여
死者相望	죽은 자가 서로 바라보고 있었습니다.
及秦皇帝崩	진나라 황제가 죽자
天下大叛	천하에서는 대대적으로 반기를 들었습니다.
陳勝吳廣舉陳[33]	진승과 오광은 진현(陳縣)에서 들고 일어섰고
武臣張耳舉趙	무신과 장이는 조나라에서 들고 일어섰으며
項梁舉吳	항량은 오나라에서 들고 일어섰고
田儋舉齊	전담은 제나라에서 들고 일어섰으며

33 색은 진승과 오광이 진현에서 거병한 것을 이른다. 舉의 음은 글자 그대로이다. 혹은 거(據)라고도 하는데 소략하다. 아래는 같다.

景駒擧郢	경구는 영(郢)에서 들고 일어섰고,
周市擧魏	주불(周市)은 위나라에서 들고 일어섰으며
韓廣擧燕	한광은 연나라에서 들고 일어서니
窮山通谷豪士並起	심산유곡에서 호걸 같은 선비들이 함께 일어나
不可勝載也	이루 다 적을 수가 없었습니다.
然皆非公侯之後	그러나 모두 공후의 후손이 아니었으며
非長官之吏也	장관의 관리도 아니었습니다.
無尺寸之勢	한 자 한 치의 세력도 없이
起閭巷	민간의 골목에서 일어나
杖棘矜	갈래창을 들고
應時而皆動	때 맞춰 모두 움직였고
不謀而俱起	모의하지 않아도 함께 일어났으며
不約而同會	약속을 하지 않아도 함께 모여
壤長地進[34]	땅을 넓혀갔으며
至于霸王	패왕에 이르렀으니
時教使然也	때가 그렇게 되도록 만든 것입니다.
秦貴爲天子	진나라는 귀하기로는 천자이고
富有天下	부유하기로는 천하를 가졌는데도
滅世絕祀者	대가 없어지고 제사가 끊긴 것은
窮兵之禍也	무력을 남용한 화입니다.
故周失之弱	그러므로 주나라는 약한 데서 나라를 잃었고
秦失之彊	진나라는 강한 데서 나라를 잃었으니
不變之患也	변화를 꾀하지 않은 근심 때문입니다.

34 **집해** 장안은 말하였다. "장(長)은 나아가 더하는 것이다."

今欲招南夷	지금 남이를 부르고
朝夜郎	야랑을 조공케 하며
降羌僰[35]	강북(羌僰)을 항복시키고
略濊州[36]	예주를 공략하며
建城邑	성읍을 세우고자 하여
深入匈奴	흉노 깊이 들어가
燔其龍城[37]	용성을 불태우는 것을
議者美之	논자들은 찬미하고 있습니다.
此人臣之利也	이는 신하들이 이롭게 여기는 것이지
非天下之長策也	천하의 뛰어난 정책은 아닙니다.
今中國無狗吠之驚	지금 나라 안은 개가 짖는 놀라움이 없는데
而外累於遠方之備	밖은 먼 곳을 방비하는 일에 걸려 있어
靡敝國家	나라를 쇠약하게 하니
非所以子民也	백성을 위무하는 것이 아닙니다.
行無窮之欲	끝없는 욕심을 행하여
甘心快意	마음을 달갑게 하고 뜻을 만족시키고자
結怨於匈奴	흉노와 원수를 맺는 것은
非所以安邊也	국경을 안정시키는 것이 아닙니다.
禍結而不解	화가 맺히어 풀리지 않고
兵休而復起	전쟁이 그쳤다가 다시 일어나
近者愁苦	가까이는 근심하고 괴로워하며
遠者驚駭	멀리는 깜짝 놀라니

35 **색은** 僰의 음은 북[白北反]이며, 또한 핍[皮逼反]이라고도 한다.

36 **집해** 여순(如淳)은 말하였다. "동이(東夷)이다." **색은** 예주(濊州)는 지명으로, 곧 옛 예맥국(濊貊國)이다. 음은 예[紆廢反]이다.

37 **색은** 흉노의 성 이름으로, 음은 용(龍)이다. 燔의 음은 번(煩)이다. 번(燔)은 태우는 것이다.

非所以持久也	오래도록 지속되는 것이 아닙니다.
今天下鍛甲砥劍	지금 천하는 갑옷을 만들고 검을 벼리며
橋箭累弦	화살을 곧게 하고 시위를 걸며
轉輸運糧	물자를 나르고 군량을 옮기어
未見休時	그칠 때가 보이지 않으니
此天下之所共憂也	이는 천하에서 함께 근심하는 것입니다.
夫兵久而變起	대체로 전쟁이 오래되고 변란이 일어나면
事煩而慮生	일이 번거롭게 되고 근심이 생겨나게 됩니다.
今外郡之地或幾千里	지금 바깥 군의 땅이 몇 천 리나 되기도 하고
列城數十	이어진 성이 수십 개이며
形束壤制[38]	형세로 속박하고 땅으로 통제하며
旁脅諸侯	두루 제후를 으르는 것은
非公室之利也	공실의 이익이 아닙니다.
上觀齊晉之所以亡者	위로 제나라와 진나라가 망한 까닭을 살피면
公室卑削	공실이 낮아지고 깎이고
六卿大盛也	육경이 크게 성해서였으며,
下觀秦之所以滅者	아래로 진나라가 멸망한 까닭을 살펴보면
嚴法刻深	법이 엄하고 각박함이 심하였으며
欲大無窮也	욕심이 커서 끝이 없었기 때문입니다.
今郡守之權	지금 군수의 권한은
非特六卿之重也	다만 육경의 중함만이 아니며,
地幾千里	땅 수천 리는

38 **집해** 복건(服虔)은 말하였다. "단속이 군수에 있고 토양은 충분히 오로지 백성을 통제한다는 것을 말한다." 소림(蘇林)은 말하였다. "그 토지의 형세가 그 백성을 단속하고 통제하기에 충분한 것을 말한다." **색은** 지형 및 토양이 모두 제후의 단속과 통제에 있다는 것을 이른다.

非特閭巷之資也	다만 민간의 골목의 바탕이 아니고,
甲兵器械	갑옷이며 무기, 기계 같은 것은
非特棘矜之用也	다만 갈래창을 잡고 쓰는 정도가 아니니,
以遭萬世之變	만세의 변란이라도 만난다면
則不可稱諱也	(위해는) 뭐라 부를 수 있는 것이 아닙니다.

書奏天子	글을 천자에게 아뢰자
天子召見三人	천자는 세 사람을 만나보고
謂曰	말하였다.
公等皆安在	"공 등은 모두 어디에 있었던가?
何相見之晚也[39]	어찌하여 서로 만남이 이토록 늦었단 말인가!"
於是上乃拜主父偃徐樂嚴安爲郎中	이에 임금은 주보언과 서악, 엄안을 낭중에 임명하였다.
偃數見	주보언이 여러 번 뵙고
上疏言事	상소하여 정사를 말하니
詔拜偃爲謁者	조령으로 주보언을 알자(謁者)에 임명하고
遷爲中大夫	중대부로 승진시켰다.
一歲中四遷偃	1년 만에 네 번이나 주보언을 승진시켰다.

偃說上曰	주보언이 임금에게 유세하여 말하였다.
古者諸侯不過百里	"옛날 제후들은 (봉지가) 백 리를 넘지 않아

39 **집해** 서광은 말하였다. "다른 『사기』본(本)에는 모두 엄안이 보이지 않으며 여기서 곁에다 찬(篹)한 것은 모두 『한서』에서 취한 것일 따름이다. 그러나 『한서』는 크게 다름을 용납하지 않아야 하니 아마 『사기』를 필사할 때 빠진 부분을 이은 것일 것이다." **색은** 篹은 찬(撰)의 뜻으로 읽는다.

彊弱之形易制	강약의 형세가 쉽게 통제되었습니다.
今諸侯或連城數十	지금의 제후들은 혹 이어진 성이 수십 개에 달하기도 하고
地方千里	땅은 천 평방 리가 되어
緩則驕奢易爲淫亂	느슨하면 교만하고 사치, 음일(淫佚)해지기 쉽고
急則阻其彊而合從以逆京師	급박하면 강대함에 의지하여 합종하여 조정을 거스르기도 합니다.
今以法割削之	지금 법으로 삭감시키면
則逆節萌起	절도를 거슬러 (반역의) 싹이 트는데
前日鼂錯是也	전날의 조조가 이러하였습니다.
今諸侯子弟或十數	지금 제후의 자제들은 십수 명이나 되기도 하여
而適嗣代立	적자는 대를 이어 즉위하지만
餘雖骨肉	나머지는 비록 골육이라고 하더라도
無尺寸地封	한 자 한 치의 봉지도 없으니
則仁孝之道不宣	어질고 효성스런 도를 펴지 못합니다.
願陛下令諸侯得推恩分子弟	원컨대 폐하께서는 제후들로 하여금 두루 은혜를 자제들에게 베풀게 하여
以地侯之	땅으로 제후에 봉하게 하십시오.
彼人人喜得所願	저들은 모두 원한 바를 얻음을 기뻐할 것이며
上以德施	황상께서 덕을 베푸시는 것이
實分其國	실은 그 나라를 나누는 것이니
不削而稍弱矣	삭감하지 않아도 약해질 것입니다."
於是上從其計[40]	이에 임금은 그 계책을 좇았다.

40 집해 서광은 말하였다. "원삭(元朔) 2년(B.C. 127) 처음으로 제후들에게 자제들을 분봉하게 하였다."

又說上曰	또 임금을 유세하여 말하였다.
茂陵初立	"무릉을 막 조성하기 시작하였으니
天下豪桀并兼之家	천하의 호걸과 겸병하는 가문,
亂衆之民	소요를 일으킬 만한 백성들을
皆可徙茂陵	모두 무릉으로 옮길 만하니
內實京師	경사로는 내실을 기하고
外銷姦猾	밖으로는 간교하고 교활함을 없애는 것으로
此所謂不誅而害除	이것이 이른바 죽이지 않아도 해가 사라진다는 것입니다."
上又從其計	임금은 또 그 계책을 좇았다.
尊立衛皇后	위황후를 존립하고
及發燕王定國陰事	아울러 연왕 유정국의 음모를 파헤친 것은
蓋偃有功焉	대체로 주보언의 공이었다.
大臣皆畏其口	대신들이 모두 그 입을 두려워하여
賂遺累千金	수천 금이나 되는 뇌물을 주었다.
人或說偃曰	혹 주보언에게 이렇게 말하는 자가 있었다.
太橫矣	"전횡이 심합니다."
主父曰	주보언이 말하였다.
臣結髮游學四十餘年	"저는 머리를 올리고 유학한 지 40년이 되도록
身不得遂	몸은 이룬 것이 없고
親不以爲子	어버이는 자식으로 여기지 않았고
昆弟不收	형제들은 거두어주지 않았으며
賓客棄我	빈객들은 나를 버려
我阸日久矣	내 곤액에 빠진 지가 오래되었소.

且丈夫生不五鼎食[41]	또한 사나이가 나서 오정의 음식을 먹지 않으면
死即五鼎烹耳	죽어서 오정에 삶길 따름이오.
吾日暮途遠	내 날은 저물고 길은 멀어
故倒行暴施之[42]	거꾸로 행하고 조급하게 베푸는 것이오."

偃盛言朔方地肥饒	주보언은 삭방은 땅이 비옥하며
外阻河	밖으로는 황하의 험함이 있고
蒙恬城之以逐匈奴	몽염이 성을 쌓아 흉노를 쫓아냈으며
內省轉輸戍漕	안으로는 군수 물자를 운반하는 수고를 덜 수 있어서
廣中國	중국을 넓히고
滅胡之本也	오랑캐를 멸하는 바탕이 될 것이라고 역설하였다.
上覽其說	임금은 그 말한 것을 보고
下公卿議	공경에게 논의하게 하였는데
皆言不便	모두들 장점이 없다고 하였다.
公孫弘曰	공손홍이 말하였다.
秦時常發三十萬衆築北河	"진나라 때 일찍이 30만의 무리를 보내어 북하에 성을 쌓았었는데

41 오정(五鼎)은 다섯 개의 솥에 각각 소[牛], 양[羊], 돼지[豕], 물고기[魚], 사슴[麋]을 담아 신에게 제사 지내는 데서 유래하였는데, 고관대작이 되어 미식(美食)을 먹으면서 부귀영화를 누린다는 의미로 쓰인다. – 옮긴이.

42 **색은** 주보언이 일모도원(日暮途遠)이라고 말한 것은 아마 앞길을 가는데 넘어지지 않으므로 모름지기 거꾸로 행하고 거슬러 베풀어야 비로소 미칠 수 있을 따름이라는 것이다. 지금 이 판본에서는 '폭(暴)'이라고 하였다. 폭(暴)은 이미 곤궁해진 지 오래되어서야 펼치게 되어 모름지기 급히 일을 행하여 뜻을 만족시킨다는 것을 말한다. 폭(暴)은 마치는 것, 급한 것이다.

終不可就	끝내 이룰 수가 없어
已而弃之	얼마 후에 버려두었습니다.”
主父偃盛言其便	주보언이 그 장점을 역설하자
上竟用主父計	임금이 마침내 주보언의 계책을 써서
立朔方郡	삭방군을 세웠다.

元朔二年	원삭 2년(B.C. 127)에
主父言齊王內淫佚行僻	주보언이 제왕이 안으로 음탕 방일하고 행동이 편벽되다고 말하자
上拜主父爲齊相	임금은 주보언을 제나라 승상으로 임명하였다.
至齊	제나라에 이르러
遍召昆弟賓客	형제와 빈객들을 두루 불러
散五百金予之	5백금을 흩어 그들에게 주고는
數之曰	하나하나 열거하며 말하였다.
始吾貧時	“처음에 내가 가난했을 때
昆弟不我衣食	형제들은 내게 옷과 음식을 주지 않았고
賓客不我內門	빈객들은 나를 문 안에 들여놓지 않았는데
今吾相齊	지금 내가 제나라의 승상이 되니
諸君迎我或千里	제군들이 나를 맞아 천 리까지 나오는 이도 있소.
吾與諸君絕矣	내 제군들과 절교를 할 것이니
毋復入偃之門	나의 문으로 다시는 들지 마시오!”
乃使人以王與姊姦事動王	이에 사람을 시켜 왕과 누이가 간통한 사건으로 왕을 흔드니
王以爲終不得脫罪	왕은 끝내 죄에서 벗어나지 못할 것이라 생각하고

恐效燕王論死	연왕처럼 사형을 받을까 두려워하여
乃自殺	즉시 자살하였다.
有司以聞	유사는 (황제에게) 그대로 알렸다.

主父始爲布衣時	주보언이 처음에 포의였을 때
嘗游燕趙	연나라와 조나라를 유력한 적이 있는데
及其貴	현귀해지자
發燕事	연나라의 일을 까발렸다.
趙王恐其爲國患	조왕은 그가 나라의 근심이 될까 두려워하여
欲上書言其陰事	글을 올려 그가 음모를 꾸민다고 말하려 했는데
爲偃居中	주보언이 조정에 있어서
不敢發	감히 폭로하지 못했다.
及爲齊相	제나라 승상이 되어
出關	관문을 나서자
即使人上書	곧장 사람을 시켜 글을 올리게 하여
告言主父偃受諸侯金	주보언이 제후들의 재물을 받았으며
以故諸侯子弟多以得封者	그로 인해 제후의 자제들이 봉해진 자가 많다고 하였다.
及齊王自殺	제왕이 자살하자
上聞大怒	임금이 듣고 크게 노하여
以爲主父劫其王令自殺	주보언이 그 왕을 겁박하여 자살하게 하였다고 생각하여
乃徵下吏治	이에 하옥시켜 징치하였다.
主父服受諸侯金	주보언은 제후들의 금품을 받은 것은 승복하였지만

實不劫王令自殺	기실 왕이 자살하도록 겁박하지는 않았다고 하였다.
上欲勿誅	임금은 죽이려고는 하지 않았는데
是時公孫弘爲御史大夫	이때 공손홍이 어사대부로
乃言曰	곧 이렇게 말을 하였다.
齊王自殺無後	“제왕이 자살하고 후사가 없어
國除爲郡	나라는 없어지고 군으로
入漢	한나라에 들어오게 되었는데
主父偃本首惡	주보언이 본래 악의 우두머리이니
陛下不誅主父偃	폐하께서 주보언을 죽이시지 않는다면
無以謝天下	천하에 사죄할 길이 없을 것입니다.”
乃遂族主父偃	이에 마침내 주보언을 멸족시켰다.

主父方貴幸時	주보언이 막 현귀해져서 총애를 받을 때
賓客以千數	빈객은 천을 헤아렸으나
及其族死	그가 멸족당하여 죽자
無一人收者	한 사람도 거두는 자가 없이
唯獨洨孔車[43]收葬之	다만 효현의 공차(孔車)만이 그를 거두어 장사지냈다.
天子後聞之	천자가 나중에 듣고
以爲孔車長者也	공차를 덕이 높은 자라고 하였다.

太史公曰	태사공은 말한다.

---

43 **집해** 서광은 말하였다. “공차(孔車)는 효현(洨縣) 사람이다. 패(沛)에 효현(洨縣)이 있다.” **색은** 洨의 음은 효[戶交反]이다. 현 이름으로 패에 있다. 車의 음은 차[尺奢反]이다.

公孫弘行義雖脩	공손홍은 의를 행함이 비록 뛰어났으나
然亦遇時	또한 때를 잘 만났다.
漢興八十餘年矣[44]	한나라가 흥하고 80여 년이 되어
上方鄕文學	임금이 바야흐로 문학을 지향하고
招俊乂	빼어난 자들을 불러
以廣儒墨	유가와 묵가를 넓혔는데
弘爲擧首	공손홍이 으뜸이었다.
主父偃當路	주보언은 요로에 있어
諸公皆譽之	제공들이 모두 찬미하였으나
及名敗身誅	명예가 무너지고 몸이 죽임을 당하게 되자
士爭言其惡	선비들은 다투어 그 나쁜 점을 말하였다.
悲夫	슬프도다!

太皇太后詔大司徒大司空[45]	태황태후가 대사도와 대사공에게 조서를 내렸다.
蓋聞治國之道	"대체로 듣자 하니 나라를 다스리는 도는
富民爲始	백성을 부유하게 하는 것이 처음이며,
富民之要	백성을 부유하게 하는 요점은
在於節儉	절검에 있다.
孝經曰安上治民	『효경』에서는 '윗사람을 편안하게 하고 백성을 다스리는 것은
莫善於禮	예보다 좋은 것이 없다.'고 하였고,

44 집해 서광은 말하였다. "한나라 초에서 원삭(元朔) 2년(B.C. 127)까지 80년이다."

45 집해 서광은 말하였다. "이 조서(詔書)는 평제(平帝) 원시(元始) 연간의 왕원후(王元后)의 조서인데, 후인이 이것 및 반고가 말한 것을 베껴서 권말에 이어 붙였다." 색은 서광은 "이것은 평제 원시 연간의 조령인데 권말에 이어 붙였다."라 하였으니 또한 저선생(褚先生)이 기록한 것이 아니다.

禮	‘예는
與奢也寧儉	사치하기보다는 차라리 검소하여야 한다.’라 하였다.
昔者管仲相齊桓	옛날에 관중은 제환공의 재상이 되어
霸諸侯	패제후가 되게 하여
有九合一匡之功	(제후들을) 규합하여 (천하를) 한번 바로잡은 공을 세웠는데도
而仲尼謂之不知禮	중니는 그를 보고 예를 모른다고 하였으니
以其奢泰侈擬於君故也	사치가 과분하여 임금에 비길 만하였기 때문이다.
夏禹卑宮室	하우는 궁실이 낮았으며
惡衣服	의복이 나빴는데
後聖不循	나중의 성인들이 좇지를 않았다.
由此言之	이로써 말하건대
治之盛也	다스려짐이 성하다는 것은
德優矣	덕이 훌륭하다는 것인데
莫高於儉	검소함보다 높은 것은 없다.
儉化俗民	검소함으로 풍속과 백성을 교화하면
則尊卑之序得	높고 낮은 질서가 자리를 잡을 것이고
而骨肉之恩親	골육간의 은혜가 가까워질 것이며
爭訟之原息	쟁송의 원인이 잠잠해질 것이다.
斯乃家給人足	이는 곧 집집마다 풍족해져서
刑錯之本也歟	형벌을 놓게 되는 근본일 것이다.
可不務哉	힘쓰지 않을 수 있겠는가!
夫三公者	저 삼공은
百寮之率	백관을 이끄는 것이고
萬民之表也	만민들의 표준이다.
未有樹直表而得曲影者也	곧은 표지를 세워놓고 굽은 그림자를 얻은 자는 없

	었다.
孔子不云乎	공자는 말하지 않았는가?
子率而正	'그대가 이끎이 바르면
孰敢不正	누가 감히 바르지 않겠는가!'고.
舉善而教不能則勸	또한 '훌륭한 것을 들어 무능한 자를 가르치면 권하게 된다.'고.
維漢興以來	한나라가 흥한 이래
股肱宰臣身行儉約	고굉의 재신들이 검약을 행하고
輕財重義	재물을 가벼이 여기고 의를 중시하여
較然著明[46]	환히 드러났는데
未有若故丞相平津侯公孫弘者也	옛 승상 평진후 공손홍 같은 자가 없었다.
位在丞相而爲布被	승상의 지위에 있으면서도 베 이불을 덮고
脫粟之飯	현미밥을 먹었으며
不過一肉	고기반찬이 한 가지를 넘지 않았다.
故人所善賓客皆分奉祿以給之	고인은 친한 빈객들에게 모두 봉록을 나누어 주어
無有所餘	남은 것이 없었다.
誠內自克約而外從制	실로 안으로는 스스로 검약할 수 있었고 밖으로는 제도를 따랐다.
汲黯詰之	급암이 힐책하여
乃聞于朝	이에 조정에 알려졌으니
此可謂減於制度[47]而可施行者也	이는 제도보다 가벼운 것이지만 시행할 만한 것이라 하겠다.

46 색은 較의 음은 각(角)이다. 각(較)은 밝다는 뜻이다.

47 집해 응소는 말하였다. "예에 귀한 자는 항상 존귀함을 누리고 의복은 항상 된 품격[常品]이 있다."

德優則行	덕이 넉넉하면 행하고
否則止	그렇지 않으면 그만두어

與內奢泰而外爲詭服以釣虛譽者殊科

안으로는 사치하고 겉으로는 속과 달라 헛된 명예를 추구하는 것과는 같지 않은 것이다.

以病乞骸骨	병으로 은퇴를 청하자
孝武皇帝即制曰賞有功	효무황제께서는 즉시 조서를 내려 '공이 있는 자에게는 상을 내리고
褒有德	덕이 있는 자는 기리며
善善惡惡	선한 자는 잘해 주고 악한 자는 미워하는 것을
君宜知之	그대는 알지어다.
其省思慮	생각을 줄이며
存精神	정신을 보존하여
輔以醫藥	의약으로 도울지니라.'라 하셨다.
賜告治病	병가를 내리시고
牛酒雜帛	쇠고기와 술, 각종 비단을 내리셨다.
居數月	몇 달 만에
有瘳	병이 나아
視事	일을 보게 되었다.
至元狩二年	원수 2년(B.C. 121)에
竟以善終于相位	마침내 재상의 지위에서 선종하였다.
夫知臣莫若君	신하를 알기로는 임금만 한 사람이 없으니
此其效也	이것이 그 증명이다.
弘子度嗣爵	공손홍의 아들 공손도가 작위를 이어
後爲山陽太守	나중에 산양 태수가 되었는데
坐法失侯	범법 행위를 하여 봉후를 잃었다.

夫表德章義	대체로 덕을 표창하고 의를 드러내는 것은
所以率俗厲化	풍속을 이끌고 교화를 힘쓰게 하기 위함이니
聖王之制	성왕의 제도로
不易之道也	불변의 도인 것이다.

其賜弘後子孫之次當爲後者爵關內侯

	공손홍의 후손으로 뒤를 이을 자에게는 관내후의 관작과
食邑三百戶	식읍 3백 호를 내릴 것이니
徵詣公車	공거(公車)로 불러와
上名尙書	상서에 이름을 올리면
朕親臨拜焉	짐이 친히 임하여 임명하겠노라."

班固稱曰	반고는 칭찬하여 말하였다.

公孫弘卜式兒寬皆以鴻漸之翼困於燕雀[48]

	"공손홍과 복식(卜式), 예관(兒寬)은 모두 홍곡을 날게 하는 날개를 가지고 제비와 참새에게 곤액을 당하여
遠跡羊豕之閒[49]	멀리 양과 돼지 사이로 자취를 숨겼으니
非遇其時	제때를 만나지 못하였더라면
焉能致此位乎	어찌 이런 지위에 이를 수 있었겠는가?

48 **집해** 이기(李奇)는 말하였다. "점(漸)은 나아가는 것이다. 기러기가 한번 날면 천 리를 가는 것은 날개의 바탕이다. 공손홍 등은 모두 큰 재목으로 처음에는 속세에 핍박을 당하였으니 제비와 참새가 홍곡(鴻鵠)의 뜻을 모르는 것이다." **색은** 공손홍 등이 때를 만나지 못하여 그 당시 무시당한 것이 나는 기러기가 나아가지 못하고 제비와 참새의 곤액을 당하는 것과 같다는 것을 이른다. 제비와 참새가 어찌 홍곡의 뜻을 알겠는가?

49 **집해** 위소는 말하였다. "원적(遠跡)은 먼 곳에서 밭을 갈고 가축을 치는 것이다." **색은** 공손홍은 돼지를 쳤고, 복식은 양을 쳤다.

是時漢興六十餘載	이때 한나라는 흥한 지 60여 년이 되어
海內乂安[50]	해내(海內)는 잘 다스려져 안정되었고
府庫充實	부고는 꽉 찼으나
而四夷未賓	사방의 오랑캐들은 아직 복종하지 않았고
制度多闕	제도는 빠진 것이 많아
上方欲用文武	임금이 바야흐로 문과 무(의 인재)를 쓰고자 하여
求之如弗及	구하기를 미치지 못할 듯이 하였다.
始以蒲輪迎枚生[51]	처음에는 부들로 바퀴를 싼 수레로 매생(枚生)을 맞고
見主父而歎息[52]	주보언을 보고 탄식을 하였다.
群臣慕嚮	뭇 신하들이 흠모하여 향하자
異人並出	기이한 인사들이 함께 나왔다.
卜式試於芻牧	복식은 목축인 가운데서 시험해 보았고
弘羊擢於賈豎	상홍양은 장사치들 가운데서 발탁되었으며
衛青奮於奴僕	위청은 노복에서 떨치어 나왔으며
日磾出於降虜	금일제(金日磾)는 항복한 포로 가운데서 나왔으니
斯亦曩時版築飯牛之朋矣	이 또한 지난날 성을 쌓고 소를 먹이던 벗들이다.
漢之得人	한나라에서 인재를 얻음은
於茲爲盛	이때 가장 성하였다.

50 색은 예(乂)는 다스린다[理]는 뜻이다.

51 색은 매승(枚乘)을 이른다. 한나라가 처음에 신공(申公)을 맞아들일 때 또한 부들로 바퀴를 싼 편안한 수레를 썼다. 부들로 수레바퀴를 감싸는 것을 이르는데 아마 초목을 상하게 할 것이다. 또한 부들[蒲]은 풀을 아름답게 일컬은 것이므로 『예(禮)』에 '포벽(蒲璧)'이 있는데, 대개 수레바퀴에 부들을 그려 장식으로 삼은 것일 것이다.

52 색은 위의 엄안(嚴安) 등의 상서를 보면 임금이 "공 등은 어디에 있었는가? 어찌하여 만남이 이렇게 늦었단 말인가!"라 한 것이 이를 말한다.

儒雅則公孫弘董仲舒兒寬	유가의 학술로는 공손홍과 동중서, 예관이며
篤行則石建石慶	품행이 독실하기로는 석건과 석경이요,
質直則汲黯卜式	질박하고 정직하기로는 급암과 복식이요,
推賢則韓安國鄭當時	현사를 천거하기로는 한안국과 정당시요,
定令則趙禹張湯	법령을 제정하는 데는 조우와 장탕이요,
文章則司馬遷相如	문장으로는 사마천과 사마상여요,
滑稽則東方朔枚皋	골계로는 동방삭과 매고요,
應對則嚴助朱買臣	응대로는 엄조와 주매신이요,
曆數則唐都落下閎	역법과 수학으로는 당도와 낙하굉이요,
協律則李延年	협률은 이연년,
運籌則桑弘羊	경제통으로는 상홍양,
奉使則張騫蘇武	사명 받들기로는 장건과 소무,
將帥則衛青霍去病	장수로는 위청과 곽거병,
受遺則霍光金日磾	유조를 잘 받들기로는 곽광과 금일제이다.
其餘不可勝紀	그 나머지는 이루 다 기록할 수가 없다.
是以興造功業	이 때문에 공업(功業)을 세우고
制度遺文	제도를 지어 글을 남긴 것은
後世莫及	후세에서 미칠 수가 없었다.
孝宣承統	효선제가 제위를 계승하여
纂脩洪業	큰 업적을 이어서 닦고
亦講論六蓺	또한 〈육예(六蓺)〉를 강론하였으며
招選茂異	재덕이 출중한 자를 가려 뽑았으니

而蕭望之梁丘賀夏侯勝韋玄成嚴彭祖尹更始以儒術進

소망지와 양구하, 하후승, 위현성, 엄팽조, 윤갱시(尹更始)가 유가의 학술로 천거되었고

劉向王褒以文章顯	유향과 왕포는 문장으로 드러났다.

將相則張安世趙充國魏相邴吉于定國杜延年	
	장수와 재상으로는 장안세, 조충국, 위상, 병길, 우정국, 두연년이 있으며,
治民則黃霸王成龔遂鄭弘邵信臣韓延壽尹翁歸趙廣漢之屬	
	백성을 잘 다스리기로는 황패와 왕성, 공수, 정홍, 소신신, 한연수, 윤옹귀, 조광한 등이 있었는데
皆有功跡見述於後	모두 공적이 있어 후세에까지 일컬어졌다.
累其名臣	명신이 많기로는
亦其次也	또한 그(무제) 다음이었다.”

53 남월 열전 南越列傳

南越王[1]尉佗者[2]	남월왕 위타는
眞定人也[3]	진정(眞定) 사람으로
姓趙氏	성은 조씨이다.
秦時已并天下	진나라 때 이미 천하를 합병하고
略定楊越[4]	양월을 쳐서 평정하여
置桂林[5]南海象郡[6]	계림과 남해, 상군을 두어
以謫[7]徙民	죄지은 백성을 옮겨
與越雜處十三歲[8]	월나라와 13년 동안 섞이어 살게 하였다.

1 정의 광주(廣州) 남해현(南海縣)을 도읍으로 삼았다.

2 색은 위타(尉他)이다. 위(尉)는 관직이고, 타(他)는 이름이며, 성은 조(趙)이다. 他의 음은 타[徒河反]이다. 또한 『십삼주기(十三州記)』에서는 "대군(大郡)은 수(守)라 하고, 소군(小郡)은 위(尉)라 한다."라 하였다.

3 색은 위소(韋昭)는 말하였다. "옛 군(郡)의 이름인데 나중에 현(縣)으로 바뀌었으며, 상산(常山)에 있다."

4 집해 장안(張晏)은 말하였다. "양주(楊州)의 남월(南越)이다." 색은 『전국책(戰國策)』에서는 오기(吳起)가 초(楚)나라를 위하여 양월(楊越)을 거두어주었다고 하였다. 정의 하우(夏禹)의 구주(九州)로는 본래 양주(楊州)에 속하였으므로 양월(楊越)이라고 한다.

5 색은 「지리지(地理志)」에서는 무제(武帝)가 울림(鬱林)으로 이름을 바꾸었다고 하였다.

6 색은 「본기(本紀)」에 의하면 진시황[始皇] 33년(B.C. 214) 육량(陸梁)의 땅을 빼앗아 남해(南海)와 계림(桂林), 상군(象郡)을 만들었다고 하였다. 「지리지(地理志)」에서는 "무제가 이름을 일남(日南)으로 고쳤다."라 하였다.

7 색은 음은 적[直革反]이다.

佗	위타는
秦時用爲南海龍川令[9]	진나라 때 남해 용천령으로 임용되었다.
至二世時	2세 때가 되어
南海尉[10]任囂[11]病且死	남해위 임효가 병으로 죽게 되자
召龍川令趙佗語曰	용천령 조타를 불러 말하였다.
聞陳勝等作亂	"듣자 하니 진승 등이 난을 일으켰다는데
秦爲無道	진나라가 무도하여서이고,
天下苦之	천하가 괴롭게 여겨
項羽劉季陳勝吳廣等州郡各共興軍聚衆	항우와 유계(유방), 진승, 오광 등이 주군(州郡)에서 각기 군사를 일으키고 무리를 모아
虎爭天下	천하를 호랑이처럼 다투어
中國擾亂	중국이 어지러워져서
未知所安	편안함을 알지 못하며
豪傑畔秦相立	호걸들은 진나라에 반기를 들고 서로 일어서고 있소.
南海僻遠	남해는 구석지고 멀어서
吾恐盜兵侵地至此	내 도적들이 땅을 빼앗아 여기까지 이를까 두려워하여

8 **집해** 서광(徐廣)은 말하였다. "진나라가 천하를 합병한 후 2세 원년(元年: B.C. 209)까지 13년이다. 천하를 합병하고 8년 만에 곧 월나라 땅을 평정하였는데, 2세 원년 6년일 따름이다."

9 **색은** 「지리지(地理志)」에서는 현 이름으로 남해(南海)에 속한다고 하였다. **정의** 안사고(顔師古)는 말하였다. "용천(龍川) 남해현(南海縣)으로 곧 지금의 순주(循州)이다." (晉나라) 배씨(裴氏: 裴淵)의 『광주기(廣州記)』에서는 말하였다. "본래 박라현(博羅縣)의 동향(東鄕)이었는데 용천지(龍穿地)가 나왔는데 곧 혈류천(穴流泉)이므로 이름으로 삼았다."

10 **집해** 서광은 말하였다. "그때까지만 해도 도위라고 하지 않았다."

11 **색은** 음은 오[五刀反]이다.

吾欲興兵絕新道[12] 내 군사를 일으켜 새로 난 길을 끊고
自備 스스로 방비를 갖추어
待諸侯變 제후의 변란에 대비하고자 하였는데
會病甚 마침 병이 심하게 들었소.
且番禺負山險 또한 반우(番禺)는 산의 험함을 등지고
阻南海 남해로 막혀 있으며
東西數千里 동서로 수천 리나 되어
頗有中國人相輔 자못 중국 사람에게 도움이 있으니
此亦一州之主也 이 또한 한 고을의 주인으로
可以立國 나라를 세울 수 있소.
郡中長吏無足與言者 군의 장리들은 더불어 말할 만한 자가 없으므로
故召公告之 그대를 불러 알려 주는 것이오."
即被佗書[13] 즉시 위타에게 임명장을 써주고
行南海尉事[14] 남해위의 일을 행하게 하였다.
囂死 임효가 죽자
佗即移檄告橫浦[15]陽山[16]湟谿[17]關曰
위타는 즉시 횡포와 양산, 황계관에 포고문을

---

12 **색은** 소림(蘇林)은 "진(秦)나라가 뚫은 월나라의 길이다."라 하였다.

13 **집해** 위소는 말하였다. "임명장을 준 것이다. 음은 '광피(光被)'의 '피(被)'이다." **색은** 위소는 "임명장을 준 것이다."라 하였으며, 음은 피[皮義反]이다.

14 **색은** 복건(服虔)은 말하였다. "임효가 가짜로 조서(詔書)를 만들어 남해위(南海尉)가 되게 한 것이다."

15 **색은** (晋나라 鄧德明의) 『남강기(南康記)』에서는 "남야현(南野縣) 대유령(大庾嶺)에서 30리를 가면 횡포(橫浦)에 이르는데 진나라 대의 관문이 있으며 그 아래를 '새상(塞上)'이라고 한다."라 하였다.

16 **색은** 요씨(姚氏)는 「지리지(地理志)」에서는 게양(揭陽)에 양산현(陽山縣)이 있다고 하였다. 지금 이 현의 상류 백여 리에 기전령(騎田嶺)이 있는데, 양산관(陽山關)일 것이다.

	보내어 말하였다.
盜兵且至	"도적들이 이를 것이니
急絕道聚兵自守	급히 길을 끊고 군사를 모아 스스로 지키도록 하라!"
因稍以法誅秦所置長吏	이어서 조금씩 법대로 진나라가 둔 장리를 죽이고
以其黨爲假守[18]	자신의 무리를 임시 수령으로 삼았다.
秦已破滅	진나라가 이미 파멸되자
佗即擊并桂林象郡	위타는 즉시 계림과 상군을 쳐서 합병하고
自立爲南越武王	스스로 남월무왕(南越武王)으로 즉위하였다.
高帝已定天下	고제가 이미 천하를 평정하고
爲中國勞苦	중국을 위해 노고를 하였다 하여
故釋佗弗誅	위타를 놓아주어 토벌하지 않았다.
漢十一年	한나라 11년(B.C. 196)에
遣陸賈因立佗爲南越王	육가(陸賈)를 보내어 위타를 남월왕으로 세우고
與剖符通使	부절을 쪼개어주고 사신을 통하게 하여
和集百越	백월(百越)과 화목하고 단결하여
毋爲南邊患害	남쪽 경계의 근심과 해가 되지 않도록 하고

17 **집해** 서광은 말하였다. "계양(桂陽)에 있으며 사회(四會)와 통한다." **색은** 진흙 시내이다. 추씨(鄒氏)와 유씨(劉氏) 본에는 모두 '열(涅)'로 되어 있으며, 음은 녈[年結反]이다. 『한서』에는 '황계(湟谿)'로 되어 있다. 또한 「위청전(衛青傳)」과 「남월전(南粵傳)」에서 "계양(桂陽)에서 나와 황수(湟水)로 내려간다."라 한 것이 이를 말한다. 그리고 요찰(姚察)은 『사기(史記)』에는 '열(涅)'로 되어 있고, 지금 판본에는 '황(湟)'으로 되어 있으며, 열(涅) 및 황(湟)은 같지 않은데, 들리는 대로 문득 고쳤기 때문일 것이다. 『수경(水經)』에서는 함회현(含匯縣) 남쪽에 회포관(匯浦關)이 있다고 하였는데, 누가 옳은지 모르겠다. 그러나 추탄(鄒誕)은 '열(涅)'이라 하였고, 『한서』에는 '황(湟)'으로 되어 있는데 아마 옛것에 가까울 것이다.

18 **색은** 위타가 그 가까운 무리를 군현의 직책이나 임시 수령[假守]으로 세운 것을 말한다.

與長沙接境[19]	장사와 경계를 접하게 하였다.
高后時	고후 때
有司請禁南越關市鐵器	유사가 남월에게 국경에서 철기 무역을 금할 것을 청하였다.
佗曰	위타가 말하였다.
高帝立我	"고제께서 나를 세우고
通使物	사물을 유통하게 하였는데
今高后聽讒臣	지금 고후가 참소하는 신하의 말을 듣고
別異蠻夷	만이(蠻夷)를 차별하여 다르게 봐
隔絕器物	기물(의 거래)을 단절시키니
此必長沙王計也	이는 필시 장사왕의 계책으로
欲倚中國	중국에 기대어
擊滅南越而并王之	남월을 쳐서 멸하고 합병하여 왕을 겸하고
自爲功也	스스로 공을 세우려는 것일 것이다."
於是佗乃自尊號爲南越武帝	이에 위타는 곧 스스로 존호를 남월무제라 하고
發兵攻長沙邊邑	군사를 보내어 장사의 변읍을 쳐서
敗數縣而去焉	여러 현을 무찌르고 그곳을 떠났다.
高后遣將軍隆慮侯竈[20]往擊之	고후는 장군 임려후(隆慮侯) 주조를 보내어 가서 치게 하였다.
會暑溼	마침 덥고 습하여
士卒大疫	사졸들이 큰 돌림병에 걸려

19 집해 위소는 말하였다. "살아서 '무(武)'라 불렸는데 옛것을 고려하지 않았다."

20 색은 위소는 말하였다. "성은 주(周)이다. 임려(隆慮)는 현 이름으로 하내(河內)에 속한다. 음은 임려(林閭)이다."

兵不能踰嶺[21]	군사가 영(嶺)을 넘을 수가 없었다.
歲餘	한 해 남짓 만에
高后崩	고후가 죽자
即罷兵	군사를 철회하였다.
佗因此以兵威邊	위타는 이로 인하여 군사로 변경을 으르고
財物賂遺閩越西甌駱	민월(閩越)과 서구(西甌), 낙(駱)에 재물을 보내어
役屬焉[22]	예속시켜 부리니
東西萬餘里	동서로 만여 리나 되었다.
迺乘黃屋左纛	이에 누런색 마차를 타고 왼쪽에 깃발을 달고
稱制	황제의 직권을 행하여
與中國侔	중국과 나란하였다.

及孝文帝元年	효문제 원년(B.C. 179)에
初鎮撫天下	막 천하를 진무하고
使告諸侯四夷從代來即位意	사자로 하여금 제후와 사이에 대국(代國)에서 와서 즉위한 뜻을 알리고
喻盛德焉	성한 덕을 알게 하였다.

---

21 **색은** 이 령은 곧 양산령(陽山嶺)이다.

22 **집해** 『한서음의(漢書音義)』에서는 말하였다. "낙월(駱越)이다." **색은** 추씨(鄒氏)는 "또한 낙월이 있다."고 하였다. 요씨(姚氏)는 『광주기(廣州記)』에 의거하여 "교지(交趾)에 낙전(駱田)이 있는데 조수(潮水)가 오르락내리락하는 것을 바라보며 사람들은 그 밭에서 나는 것을 먹는데 '낙인(駱人)'이라 한다. 낙왕(駱王)과 낙후(駱侯)가 있다. 여러 현에서 스스로 '낙장(駱將)'이라 하며 구리 도장에 푸른 인끈을 하는데 지금의 영장(令長)이다. 나중에 촉왕(蜀王)의 아들이 군사를 거느리고 낙후를 토벌하여 자칭 안양왕(安陽王)이 되어 봉계후(封溪縣)를 다스렸다. 나중에 남월왕(南越王) 위타(尉他)가 안양왕을 공격하여 깨뜨리고 두 사자로 하여금 교지(交阯)와 구진(九真) 두 군의 사람을 맡아 다스리게 하였다."라 하였다. 이 낙(駱)은 곧 구락(甌駱)이다.

乃爲佗親冢在真定	이에 위타의 어버이의 무덤이 진정(真定)에 있어서
置守邑	수읍을 설치하였으며
歲時奉祀	매년 제사를 드리게 하였다.
召其從昆弟	그 종형제를 불러
尊官厚賜寵之	높은 관직을 주고 두터운 총애를 내렸다.
詔丞相陳平等擧可使南越者	승상 진평 등에게 남월로 사행할 만한 자를 천거하게 하자
平言好畤陸賈	진평은 호치의 육가가
先帝時習使南越	선제 때부터 남월의 사행에 익숙하였다고 하였다.
迺召賈以爲太中大夫	이에 육가를 불러 태중대부로 삼아
往使	사행을 하게 하였다.
因讓佗自立爲帝	이에 위타가 스스로 칭제하고
曾無一介之使報者	일찍이 한 번도 알리게 한 적이 없음을 꾸짖게 하였다.
陸賈至南越	육가가 남월에 이르자
王甚恐	왕은 매우 두려워하여
爲書謝	글을 써서 사죄하여
稱曰	말하였다.
蠻夷大長老夫臣佗	"만이의 대장노부 신(臣) 타(佗)는
前日高后隔異南越	전날 고후께서 남월을 단절시켜 다르게 보시어
竊疑長沙王讒臣	가만히 장사왕이 신(臣)을 참소한다고 생각하였으며,
又遙聞高后盡誅佗宗族	또한 아득히 고후께서 저의 종족을 모두 죽이고
掘燒先人冢	선인의 무덤을 파헤쳐 불태웠다는 말을 들었으므로

以故自棄	자포자기하여
犯長沙邊境	장사의 변경을 범하였습니다.
且南方卑溼	또한 남방은 낮고 습하며
蠻夷中間	만이의 중간에 있어
其東閩越千人衆號稱王	동쪽으로는 민월의 천 명의 무리가 왕이라 부르고
其西甌駱裸國[23]亦稱王	서로는 구락의 나국(裸國) 또한 왕이라 칭하여
老臣妄竊帝號	노신이 망령되이 가만히 제라 불러
聊以自娛	애오라지 스스로 즐긴 것이니
豈敢以聞天王哉	어찌 감히 천왕께 알리겠습니까!"
乃頓首謝	이에 머리를 조아려 사죄하고
願長爲藩臣	길이 번신이 되어
奉貢職	공물을 바치기를 바란다고 하였다.
於是乃下令國中曰	이에 곧 나라에 영(令)을 내려 말하였다.
吾聞兩雄不俱立	"내가 듣기에 힘센 자 둘은 함께 설 수 없고
兩賢不並世	현명한 사람 둘은 같은 세상에 살지 못한다고 하였다.
皇帝	황제는
賢天子也	어진 천자이시다.
自今以後	이 이후로는
去帝制黃屋左纛	황제의 직권인 누런 마차와 왼쪽에 꽂는 깃발을 없애겠노라."
陸賈還報	육가가 돌아와 알리자
孝文帝大說	효문제는 크게 기뻐하였다.

23 색은 나국(躶國)이다. 음은 화[和寡反]이다. 나(躶)는 맨몸을 드러내는 것이다.

遂至孝景時	마침내 효경제 때에 이르러
稱臣	신하라 일컫고
使人朝請	사람을 보내어 조현할 것을 청하였다.
然南越其居國竊如故號名	그러나 남월은 그 나라에서는 몰래 옛 칭호를 그대로 썼으며
其使天子	천자에게 사신을 보낼 때에만
稱王朝命如諸侯	왕이라 하고 조정의 명은 제후와 같이 하였다.
至建元四年卒	건원 4년(B.C. 137)에 죽었다.

佗孫胡爲南越王[24]	위타의 손자인 호(胡)가 남월왕이 되었다.
此時閩越王郢興兵擊南越邊邑	이때 민월왕 영(郢)이 군사를 일으켜 남월의 변경 마을을 치자
胡使人上書曰	호(胡)가 사람을 시켜 글을 올려 말하였다.
兩越俱爲藩臣	"양월은 모두 번신으로
毋得擅興兵相攻擊	함부로 군사를 일으켜 서로 공격해서는 안 됩니다.
今閩越興兵侵臣	지금 민월이 군사를 일으켜 신을 쳤사온데
臣不敢興兵	신은 감히 군사를 일으키지 못하니
唯天子詔之	천자께서는 명령만 하십시오."
於是天子多南越義	이에 천자는 남월을 매우 의롭고
守職約	직분을 잘 지킨다 하여
爲興師	군사를 일으켜

24 **집해** 서광은 말하였다. "황보밀(皇甫謐)은 조왕(越王) 조타(趙佗)는 건원(建元) 4년(B.C. 137)에 죽었다고 하였는데, 그때는 한나라가 일어난 지 70년으로 조타는 아마 백 살은 되었을 것이다."

遣兩將軍[25]往討閩越 두 장군을 보내어 가서 민월을 토벌하게 하였다.

兵未踰嶺 군사가 영(嶺)을 넘지 않았는데

閩越王弟餘善殺郢以降 민월왕의 아우 여선이 영(郢)을 죽이고 항복하여

於是罷兵 이에 군사를 거두었다.

天子使莊助往諭意南越王 천자는 장조로 하여금 가서 남월왕의 의중을 헤아리게 하였는데

胡頓首曰 호(胡)가 머리를 조아리며 말하였다.

天子乃爲臣興兵討閩越 "천자께서 이에 신에게 군사를 일으켜 민월을 토벌해 주시면

死無以報德 죽어도 은덕을 갚을 길이 없을 것입니다!"

遣太子嬰齊入宿衛 태자 영제를 들여보내어 (궁중에서) 숙위하게 하였다.

謂助曰 장조에게 일러 말하였다.

國新被寇 "나라가 막 침략당하였으니

使者行矣 사자께서는 떠나도록 하십시오.

胡方日夜裝入見天子 저는 곧 밤낮으로 행장을 꾸려 천자를 뵈러 들어가겠습니다."

助去後 장조가 떠난 후

其大臣諫胡曰 그의 대신이 호(胡)에게 간하여 말하였다.

漢興兵誅郢 "한나라가 군사를 일으켜 영(郢)을 토벌하였으니

亦行以驚動南越 또한 행하여 남월을 뒤흔들려는 것입니다.

且先王昔言 또한 선왕이 옛날에 말하기를

事天子期無失禮 천자를 섬기는 것은 예만 잃지 않으면 된다고

25 색은 왕회(王恢)와 한안국(韓安國)이다.

	하였으니
要之不可以說好語入見[26]	요컨대 좋은 말에 기뻐하여 들어가 조현하면 안 된다는 것입니다.
入見則不得復歸	들어가 조현하면 다시는 돌아오지 못하게 될 것이니
亡國之勢也	망할 나라의 형세입니다."
於是胡稱病	이에 호(胡)는 병을 대고
竟不入見	결국 들어가 조현하지 않았다.
後十餘歲	10여 년 후
胡實病甚	호(胡)가 실제 병이 위독해지자
太子嬰齊請歸	태자 영제는 돌아가기를 청하였다.
胡薨	호(胡)는 죽어서
諡爲文王	시호를 문왕이라 하였다.

嬰齊代立	영제는 대를 이어 즉위하고
即藏其先武帝璽[27]	곧 그 선조인 무제의 옥새를 싸서 넣었다.
嬰齊其入宿衛在長安時	영제가 (한나라 궁전에) 들어가 숙위하느라 장안에 있을 때
取邯鄲樛氏女[28]	한단의 규씨(樛氏)의 딸을 취하여
生子興[29]	아들 흥(興)을 낳았다.
及即位	즉위하자

26 색은 좋은 말에 기뻐하여(悅) 들어가 조현하는 것이다. 열(悅)은 『한서』에는 '출(怵)'로 되어 있다. 위소는 "좋은 말로 꾄 것이다."라 하였다.

27 색은 이기(李奇)는 "참칭(僭稱)하던 것을 버린 것이다."라 하였다.

28 색은 규씨(樛氏)의 딸이다. 樛의 음은 규[紀虯反]이다. 규성(樛姓)은 한단(邯鄲)에서 나왔다.

29 집해 서광은 말하였다. "'전(典)'으로 된 판본도 있다."

上書請立樛氏女爲后	글을 올려 규씨의 딸을 왕후로 세우고
興爲嗣	흥(興)을 후사로 삼을 것을 청하였다.
漢數使使者風諭嬰齊	한나라에서 여러 번이나 사자를 보내어 영제를 타일렀으나
嬰齊尚樂擅殺生自恣	영제는 여전히 내키는 대로 살생을 저지르고 제멋대로 구는 것을 즐겨
懼入見要用漢法	들어가 조현하면 한나라의 법을 써야 하는 것을 두려워하여
比內諸侯	관내의 제후와 같이
固稱病	굳이 병을 대고
遂不入見	끝내 들어가 조현하지 않았다.
遣子次公入宿衛	아들 차공을 들여보내 숙위하게 하였다.
嬰齊薨	영제는 죽어서
諡爲明王	시호를 명왕이라 하였다.

太子興代立	태자 흥(興)이 대를 이어 즉위하고
其母爲太后	그 모친은 태후가 되었다.
太后自未爲嬰齊姬時	태후가 아직 영제의 비가 되지 않았을 때
嘗與霸陵人安國少季[30]通	일찍이 패릉 사람 안국소계와 간통을 한 적이 있었다.
及嬰齊薨後	영제가 죽은 후인
元鼎四年	원정 4년(B.C. 113)에

漢使安國少季往諭王王太后以入朝

한나라는 안국소계로 하여금 가서 왕과 왕태후를 타일러 입조하여

30 색은 안국(安國)은 성이고 소계(少季)는 이름이다.

比內諸侯	관내의 제후와 같이하도록 하였으며,
令辯士諫大夫終軍等宣其辭	변사인 간대부 종군 등으로 하여금 말을 펴도록 하였으며
勇士魏臣等輔其缺[31]	용사 위신 등으로 하여금 부족한 것을 보좌하도록 하고
衛尉路博德將兵屯桂陽	위위 노박덕은 군사를 거느리고 계양에 주둔하면서
待使者	사자를 기다리게 하였다.
王年少	왕은 나이가 어리고
太后中國人也	태후는 중국인이면서
嘗與安國少季通	일찍이 안국소계와 간통을 한 적이 있어서
其使復私焉	다시 사통을 하게끔 하였다.
國人頗知之	백성들이 자못 그 사실을 알고
多不附太后	거의 태후를 두둔하지 않았다.
太后恐亂起	태후는 난이 일어날까 두려웠고
亦欲倚漢威	또한 한나라의 위세에 기대고자 하여
數勸王及群臣求內屬[32]	수차례나 왕 및 신하들에게 귀부를 청할 것을 권하였다.
即因使者上書	이에 사자를 통하여 글을 올려
請比內諸侯	관내의 제후와 동등하게 해줄 것을 청하여
三歲一朝	3년에 한 번씩 조현하고
除邊關	변경의 관문을 없애기로 하였다.
於是天子許之	이에 천자가 허락하고

31 집해 서광은 말하였다. "'결(決)'로 된 판본도 있다."

32 내속(內屬)은 곧 귀부(歸附)와 마찬가지 뜻인데, 스스로 와서 복종하여 속국(屬國)이 되는 것을 말한다. – 옮긴이.

賜其丞相呂嘉銀印	그 승상 여가에게는 은 인장을 내리고
及內史中尉太傅印	내사와 중위, 태부에게는 인장을 내렸으며
餘得自置	나머지는 알아서 설치하게끔 하였다.
除其故黥劓刑	옛날의 묵형과 의형은 없애고
用漢法	한나라의 법을 써서
比內諸侯	관내의 제후와 같이 하였다.
使者皆留塡撫之	사자들은 모두 머물러 그들을 진무하였다.
王王太后飭治行裝重齎	왕과 왕태후는 행장과 두터운 재물을 정리하게 하여
爲入朝具	들어가 조현할 차비를 갖추었다.
其相呂嘉年長矣	그 승상 여가는 나이가 많았으며
相三王	세 임금의 승상을 지냈고
宗族官仕爲長吏者七十餘人	종족 가운데 벼슬을 하여 고관을 지낸 자가 70여 명이었으며
男盡尚王女	남자는 모두 왕녀의 배필이 되었고
女盡嫁王子兄弟宗室	여자는 모두 왕자 형제의 종실에 시집을 갔으며
及蒼梧秦王有連[33]	창오의 진왕과 닿아 있었다.
其居國中甚重	그의 나라에서의 위치는 매우 높았으며
越人信之	월나라 사람들이 모두 그를 신임하여
多爲耳目者	거의가 이목이 되어주었고

33 **집해** 『한서음의(漢書音義)』에서는 말하였다. "창오(蒼梧)는 월나라의 왕으로 스스로 이름을 진왕(秦王)이라고 하였으며, 인척 관계를 맺었다." **색은** 창오는 월나라의 왕으로 스스로 이름을 진왕이라고 하였으며 곧 조광(趙光)이다. 그러므로 "인척 관계를 맺었다."고 한 것이다. 연(連)은 혼인을 맺는 것이다. 조(趙)와 진(秦)은 같은 성이므로 진왕(秦王)이라 일컬었다.

得衆心愈於王	백성의 마음을 얻음이 왕보다 나았다.
王之上書	왕이 글을 올리자
數諫止王	수차례나 왕에게 그만두도록 간하였지만
王弗聽	왕은 그 말을 듣지 않았다.
有畔心	반심을 가지고
數稱病不見漢使者	여러 차례나 병을 대고 한나라의 사자를 만나지 않았다.
使者皆注意嘉	사자들은 모두 여가를 주의하였지만
勢未能誅	죽일 형편이 못 되었다.
王王太后亦恐嘉等先事發	왕과 왕태후 또한 여가 등이 먼저 일을 일으킬까 두려워하여
乃置酒	이에 술을 차려놓고
介漢使者權[34]	한나라 사자의 권위를 믿고
謀誅嘉等	여가 등을 죽이려고 하였다.
使者皆東鄉	사자는 모두 동향을 하였으며
太后南鄉	태후는 남향을 하였고
王北鄉	왕은 북향을 하였으며
相嘉大臣皆西鄉	승상 여가와 대신들은 모두 서향을 하여
侍坐飮	모시고 앉아 술을 마셨다.

34 **집해** 위소는 말하였다. "사자(使者)를 갑주[介冑]로 삼아 믿는 것이다." **색은** 위소는 "사자를 갑주[介冑]로 삼아 믿는 것이다."라 하였으며, (東晉 虞喜의) 『지림(志林)』에서는 "개(介)는 인(因)하는 것이며, 사자의 권위를 인하여 여가를 죽이려고 하는 것이다."라 하였지만 두 가지의 설이 다 통한다. 위소는 개(介)를 믿는 것이라고 하였다. 개(介)는 낀다는 뜻인데, 한나라 사자의 권위를 낀다는 말로 뜻을 제대로 파악하였으며, 믿는다는 것을 갑주로 삼는다는 것은 틀렸다. 우희(虞喜)는 개(介)를 인(因)이라 하였는데 또한 말미암은 바가 있다. 생각건대 개(介)는 손님과 주인이 말미암는 것이다.

嘉弟爲將	여가의 아우는 장수로
將卒居宮外	군사를 거느리고 궁궐 밖에 머물렀다.
酒行	술이 돌자
太后謂嘉曰	태후가 여가에게 말하였다.
南越內屬	"남월이 귀속되는 것이
國之利也	나라의 이익인데
而相君苦不便者	승상은 군이 불리하다고 하는 것은
何也	어째서입니까?"
以激怒使者	사자를 격노하게 하려는 것이었다.
使者狐疑相杖	사자들은 의심하면서 서로 미루기만 할 뿐
遂莫敢發	결국 감히 착수하지 못하였다.
嘉見耳目非是	여가는 정황이 심상치 않음을 보고
即起而出	즉시 일어서서 나갔다.
太后怒	태후는 노하여
欲鏦嘉[35]以矛	창으로 여가를 찌르려 하였지만
王止太后	왕이 태후를 말렸다.
嘉遂出	여가는 마침내 나가서
分其弟兵就舍[36]	그 아우의 군사를 나누어 가지고 집으로 가서
稱病	병 핑계를 대고
不肯見王及使者	왕과 사자를 보려고 하지 않았다.

35 **집해** 위소는 말하였다. "창(鏦)은 찌르는 것이다." **색은** 위소는 말하였다. "창(鏦)은 찌르는 것이다." 『자림(字林)』에서는 음이 충[七凶反]이라 하였다. 또한 「오왕비전(吳王濞傳)」에 "오왕을 찔러 죽였다(鏦殺吳王)."라는 말이 있는데 이와 같다.

36 **색은** 아우의 군사를 나누어 관사로 간 것이다. 그 군사를 나누어 가진 것이다. 『한서』에는 '개(介)'로 되어 있다. 개(介)는 입는 것이며, 믿는 것이다.

乃陰與大臣作亂	이에 몰래 대신들과 난을 일으켰는데
王素無意誅嘉	왕은 평소에 여가를 죽일 뜻이 없었고
嘉知之	여가가 이를 알았기 때문에
以故數月不發	수개월 동안 난을 일으키지 않은 것이었다.
太后有淫行	태후는 음행을 저질러
國人不附	백성들이 지지하지 않아
欲獨誅嘉等	홀로 여가 등을 죽이려고 하였지만
力又不能	힘으로 어찌할 수가 없었다.

天子聞嘉不聽王	천자는 여가가 (남월)왕의 말을 듣지 않고
王　王太后弱孤不能制	왕과 왕태후가 약하고 고립되어 통제할 수 없으며
使者怯無決	사자도 겁을 먹어 해결하지 못한다는 것을 들었다.
又以爲王王太后已附漢	또한 왕과 왕태후는 이미 한나라에 붙었는데
獨呂嘉爲亂	여가만 난을 일으켜
不足以興兵	군사를 일으키기에는 부족하다 생각하여
欲使莊參以二千人往使	장참으로 하여금 2천 명을 데리고 사행하게 하고자 하였다.
參曰	장참이 말하였다.
以好往	"우호를 다지기 위해 간다면
數人足矣	몇 사람으로 충분할 것이며,
以武往	무력을 쓰려고 간다면
二千人無足以爲也	2천 명으로는 하기에 부족합니다."
辭不可	할 수 없다고 사퇴하자

天子罷參也 천자는 장참을 그만두게 하였다.

郟[37]壯士故濟北相韓千秋奮曰 겹현(郟縣)의 장사로 옛 제북 승상이었던 한천추가 분격하여 말하였다.

以區區之越 "보잘것없는 월나라에

又有王太后應 또 왕과 태후가 내응하고

獨相呂嘉爲害 승상 여가만이 해가 될 뿐이니

願得勇士二百人 원컨대 용사 2백 명만 얻을 수 있다면

必斬嘉以報 반드시 여가를 참(斬)하여 보고하겠습니다."

於是天子遣千秋[38]與王太后弟樛樂將二千人往 이에 천자는 한천추와 왕태후의 동생 규악에게 2천 명을 거느리고 가서

入越境 월나라 국경을 넘게 하였다.

呂嘉等乃遂反 여가 등은 마침내 반기를 들고

下令國中曰 나라에 영을 내려 말하였다.

王年少 "왕은 나이가 어리다.

太后 태후는

中國人也 중원 사람으로

又與使者亂 또한 사자와 간음하여

專欲內屬 오로지 나라를 바쳐

盡持先王寶器入獻天子以自媚 선왕의 보기(寶器)를 몽땅 들고 들어가 천자에게 바쳐 아첨하고

---

37 **집해** 서광은 말하였다. "현은 영천(潁川)에 속하며, 음은 겹[古治反]이다." **색은** 여순(如淳)은 말하였다. "겹(郟)은 현 이름으로 영주(潁州)에 있다." **정의** 지금의 여주(汝州) 겹성현(郟城縣)이다.

38 **집해** 서광은 말하였다. "교위(校尉)가 되었다."

多從人	사람을 많이 딸려
行至長安	장안에까지 가서
虜賣以爲僮僕	포로로 팔아 종으로 삼으려 한다.
取自脫一時之利	스스로 면하여 한때의 이로움만 취하고
無顧趙氏社稷	조씨의 사직을 돌보아
爲萬世慮計之意	만세에 계책을 세울 뜻이 없다."
乃與其弟將卒攻殺王太后及漢使者	이에 그 아우와 함께 군사를 거느리고 왕과 태후 및 한나라의 사자를 공격하여 죽였다.
遣人告蒼梧秦王及其諸郡縣	사람을 보내어 창오 진왕(秦王) 및 그 여러 군현에 알리고
立明王長男越妻子術陽侯[39]建德爲王	명왕의 장남인 월나라의 아내가 낳은 술양후 건덕을 왕으로 세웠다.
而韓千秋兵入	한편 한천추의 군사는 들어가
破數小邑	여러 작은 고을을 쳤다.
其後越直開道給食	그 후 월나라는 곧장 길을 열고 음식을 대주었는데
未至番禺四十里	반우의 40리에 채 못 미쳐
越以兵擊千秋等	월나라가 군사로 한천추 등을 쳐서
遂滅之	마침내 멸하였다.
使人函封漢使者節置塞上[40]	사람을 시켜 한나라 사자의 부절을 상자에 봉

39 **집해** 서광은 말하였다. "원정(元鼎) 4년(B.C. 113) 남월왕의 형 월(越)을 고창후(高昌侯)에 봉하였다." **색은** 위소는 한나라가 봉한 것이라고 하였다. 「공신표(功臣表)」에 의하면 술양(術陽)은 하비(下邳)에 속한다.

40 **색은** 상자에 한나라 사자의 부절을 봉하여 새상(塞上)에 둔 것이다. 『남강기(南康記)』에 의하면 대유(大庾)를 '새상(塞上)'이라고 하였다.

	하여 새상(塞上)에 두게 하고
好爲謾辭謝罪	거짓으로 말을 잘 꾸며 죄를 빌고는
發兵守要害處	군사를 내어 요해처를 지켰다.
於是天子曰	이에 천자가 말하였다.
韓千秋雖無成功	"한천추가 비록 공을 이루지는 못하였지만
亦軍鋒之冠	또한 선봉대 중에서는 으뜸이었다."
封其子延年爲成安侯[41]	그 아들 한연년을 성안후에 봉하였다.
樛樂	규악(樛樂)은
其姊爲王太后	그 누이가 왕태후이고
首願屬漢	가장 먼저 한나라에 붙기를 원하였으므로
封其子廣德爲龍亢侯[42]	그 아들 광덕을 용항후로 삼았다.
乃下赦曰	이에 사면령을 내려 말하였다.
天子微	"천자의 힘이 약해지고
諸侯力政	제후들이 폭정을 일삼자
譏臣不討賊	신하들에게 적을 토벌하지 않는다고 기롱하였다.
今呂嘉建德等反	지금 여가와 건덕 등이 반기를 들어
自立晏如	스스로 (왕을) 세워 편안히 여기니

令罪人及江淮以南[43]樓船十萬師[44]往討之

죄인 및 강회 이남의 누선의 10만 군사로 하여금 가서 토벌케 하노라."

---

41 색은 「공신표」에 의하면, 성안(成安)은 겹(郟)에 속한다.

42 색은 용항(龍亢)은 초국(譙國)에 속한다. 『한서』에는 '용후(龔侯)'로 되어 있다, 복건은 음이 공(邛)이라 하였으며, 진작(晉灼)은 옛 '용(龍)' 자라 하였다.

43 집해 서광은 말하였다. "회(淮)는 '회(匯)'로 된 판본도 있다고 하였다."

44 집해 응소(應劭)는 말하였다. "당시 월나라를 치려고 하였는데 물길이 아니면 이르지 못하였으므로 큰 배를 만든 것이다. 선상에 망루를 설치하였으므로 '누선(樓船)'이라 한 것이다."

元鼎五年秋	원정 5년(B.C. 112) 가을에
衛尉路博德爲伏波將軍	위위 노박덕은 복파장군이 되어
出桂陽	계양을 나서
下匯水[45]	회수로 내려갔고,
主爵都尉楊僕爲樓船將軍	주작도위 양복은 누선장군이 되어
出豫章	예장을 나서
下橫浦	횡포로 내려갔으며,
故歸義越侯二人[46]爲戈船下厲將軍[47]	옛날에 귀의한 월후 두 사람을 과선장군, 하려장군으로 삼아
出零陵	영릉을 나서
或下離水[48]	혹은 이수로 내려가고
或抵蒼梧	혹은 창오에 이르게 하였고,
使馳義侯[49]因巴蜀罪人	의후로 하여금 파촉의 죄인을 거느리고 달리어

45 **집해** 서광은 말하였다. "'황(湟)'으로 된 판본도 있다." 내[駰]가 생각건대 「지리지(地理志)」에서는 계양(桂陽)에는 회수(匯水)가 있는데 사회(四會)로 통한다. 혹 '회(淮)' 자라고도 한다. **색은** 유씨(劉氏)는 "회(匯) 자는 '황(湟)' 자가 되어야 한다."고 하였다. 『한서』에는 "황수로 내려갔다(下湟水)."로 되어 있다. 본래 '광(洭)' 자라고도 한다.

46 **집해** 장안은 말하였다. "옛 남월 사람으로 항복하여 후(侯)가 되었다."

47 **집해** 서광은 말하였다. "려(厲)는 '뢰(瀨)'로 된 판본도 있다." 내[駰]가 생각건대 장안은 "월나라 사람들은 수중에 사람이 타는 배를 띄우는데 또한 교룡(蛟龍)이 해친다 하여 배 아래에 창[戈]을 설치하였으므로 이런 이름을 붙였다."라 하였다. 응소는 "뢰(瀨)는 물이 흘러 위로 건너는 것이다."라 하였다. 찬(瓚)은 "『오자서서(伍子胥書)』에 과선(戈船)이 있는데 방패와 창[干戈]을 실으므로 이 때문에 '과선(戈船)'이라 한다고 하였다."라 하였다.

48 **집해** 서광은 말하였다. "영릉(零陵)에 있으며 광신(廣信)으로 통한다." **정의** 「지리지(地理志)」에서는 영릉현(零陵縣)에는 이수(離水)가 있는데 동으로는 광신에 이르러 울림(鬱林)으로 들어가는데 9백80리라 하였다.

49 **집해** 서광은 말하였다. "월(越)나라 사람으로 이름은 유(遺)이다."

發夜郎兵[50]	야랑의 군사를 내게 하여
下牂柯江[51]	장가강으로 내려가
咸會番禺	모두 반우에서 만났다.

元鼎六年冬	원정 6년(B.C. 111) 겨울
樓船將軍將精卒先陷尋陜[52]	누선장군이 정예병을 거느리고 먼저 심섬(尋陜)을 함락시키고
破石門[53]	석문을 깨뜨려
得越船粟	월나라의 배와 곡식을 얻었으며
因推而前	내친김에 밀고 나아가
挫越鋒	월나라의 예기를 꺾어
以數萬人待伏波	수만 명을 이끌고 복파장군을 기다렸다.
伏波將軍將罪人	복파장군은 죄인들을 거느렸는데
道遠	길이 멀어
會期後	만날 기일이 늦어졌는데
與樓船會乃有千餘人	누선장군과 만났을 때는 천여 명이 있었으며
遂俱進	드디어 함께 나아갔다.
樓船居前	누선장군은 앞에서

50 **정의** 곡주(曲州)와 협주(協州) 이남은 야랑국(夜郎國)이다.

51 **정의** 강(江)은 남쪽에서 나와 밖으로 나가는데 동으로 사회(四會)와 통하며 반우(番禺)에 이르러 바다로 들어간다.

52 **색은** 요씨(姚氏)는 말하였다. "심섬(尋陜)은 시흥(始興) 서쪽 3백 리 지점에 있으며 연구(連口)와 가깝다."

53 **색은** 『광주기(廣州記)』에 의하면 "반우현(番禺縣) 북쪽 30리 지점에 있다. 옛날 여가가 한나라에 대항할 때 돌을 쌓고 강을 메워 석문(石門)이라 하였다. 또한 세속에서는 석문의 물 이름을 '탐천(貪泉)'이라 하며, 그 물을 마시면 사람을 변하게 한다고 한다. 옛날에 오은지(吳隱之)가 석문에 이르러 물을 떠 마시고 거기에 대해 노래를 하였다고 한다."라 하였다.

至番禺 반우에 이르렀다.

建德嘉皆城守 조건덕과 여가는 모두 (성을) 지키고 있었다.

樓船自擇便處 누선장군은 스스로 편한 곳을 택하여

居東南面 동남쪽에 자리를 잡았고,

伏波居西北面 복파장군은 서북쪽에 자리를 잡았다.

會暮 마침 날이 저물어

樓船攻敗越人 누선장군은 월나라 사람을 공격하여 무찌르고

縱火燒城 불을 놓아 성을 태웠다.

越素聞伏波名 월나라는 평소에 복파장군의 이름은 들어왔으나

日暮 날이 저물어

不知其兵多少 그 병력이 어느 정도인지는 알지 못했다.

伏波乃爲營 복파장군은 이에 영채를 세우고

遣使者招降者 사자를 보내어 항복할 자들을 부르고

賜印 인장을 내렸으며

復縱令相招 다시 풀어주어 서로 부르게 하였다.

樓船力攻燒敵 누선장군이 힘껏 적을 공격하여 불태우자

反驅而入伏波營中 도리어 말을 몰고 복파장군의 영채로 들어갔다.

犁旦[54] 새벽 무렵

城中皆降伏波 성안의 사람들은 모두 복파장군에게 항복하였다.

---

54 **집해** 서광은 말하였다. "여정(呂靜)은 犁는 맺는 것이며, 음은 리[力奚反]이다. 결(結)은 이어서 미침, 이른다는 뜻과 같다."『한서』에는 '犁旦'이 '지단(遲旦)'으로 되어 있는데, 밝음을 기다리는 것이라고 하였다. **색은** 추씨(鄒氏)는 "犁는 '비(比)'로 된 판본도 있다고 하였는데, 比의 음은 비[必至反]이다."라 하였다. 그러면 리(犁) 또한 비(比)의 뜻이다. 또한 해리(解犁), 검다는 뜻인데, 하늘이 아직 밝지 않아 여전히 검을 때이다.『한서』에는 또한 '지명(遲明)'으로 되어 있다. 遲의 음은 치(稚)이다. 지(遲)는 기다린다는 뜻이며, 또한 새벽이라는 뜻이다.

呂嘉建德已夜與其屬數百人亡入海 여가와 건덕은 이미 밤에 그 부하 수백 명과 함께 바다로 도망쳐 들어가

以船西去 배를 타고 서쪽으로 떠났다.

伏波又因問所得降者貴人 복파장군은 또한 항복한 자들 중 귀인에게 물어

以知呂嘉所之 여가가 간 곳을 알아내어

遣人追之 사람을 보내 쫓았다.

以其故校尉司馬蘇弘得建德 그런 까닭에 교위사마(校尉司馬) 소홍(蘇弘)이 건덕을 잡아

封爲海常侯[55] 해상후에 봉하여졌다.

越郎[56]都稽[57]得嘉 조랑 도계는 여가를 잡아

封爲臨蔡侯[58] 임채후에 봉하여졌다.

蒼梧王趙光者 창오왕 조광(趙光)은

越王同姓 조왕(越王)과 같은 성인데

聞漢兵至 한나라 군사가 이르렀다는 말을 듣자

及越揭陽令定[59]自定屬漢 월 게양령 정(定)과 함께 스스로 한나라에 귀속하기로 결정하였고,

越桂林監居翁[60]諭甌駱屬漢[61] 월(越) 계림감 거옹은 구락을 타일러 한나라에

---

55 집해 서광은 말하였다. "동래(東萊)에 있다."

56 집해 서광은 말하였다. "남월(南越)의 낭관(郎官)이다."

57 집해 서광은 말하였다. "「표(表)」에서는 손도(孫都)라 하였다."

58 색은 「표(表)」에 하내(河內)에 속한다고 하였다.

59 집해 위소는 말하였다. "揭의 음은 게[其逝反]이다." 색은 「지리지(地理志)」에서 걸양현(揭陽縣)은 남해(南海)에 속한다고 하였다. 揭의 음은 걸(桀)이다. 위소는 음이 게[其逝反]라 하였고, 유씨(劉氏)는 음이 게[求例反]라 하였다. 정(定)은 영(令)의 이름이다. 「한공신표(漢功臣表)」에서는 "걸양령(揭陽令)을 정하였다."고 하여, 뜻이 또 다르다.

	귀속하였다.
皆得爲侯[62]	모두 후작이 되었다.
戈船下厲將軍兵及馳義侯所發夜郎兵未下	과선장군과 하려장군의 군사 및 치의후가 보낸 야랑의 군사가 채 내려가기도 전에
南越已平矣	남월은 이미 평정되었다.
遂爲九郡[63]	마침내 9군(九郡)이 되었다.
伏波將軍益封	복파장군은 봉작이 더하여졌다.
樓船將軍兵以陷堅爲將梁侯	누선장군은 견고한 진지를 함락시킨 공으로 장량후가 되었다.

自尉佗初王後	위타가 처음 왕이 된 후
五世九十三歲而國亡焉	5세(五世) 93년 만에 나라가 망하였다.

太史公曰	태사공은 말한다.
尉佗之王	위타가 왕이 된 것은
本由任囂	본래 임효 때문이었다.

---

60 **집해** 『한서음의(漢書音義)』에서는 말하였다. "계림군(桂林郡)의 감(監)으로 성은 거(居)이고 이름은 옹(翁)이다."

61 **색은** 『한서』에 의하면 구락(甌駱)의 30여만 명이 한나라에 항복하였다.

62 **색은** 『한서』에서는 "조광은 한나라 군사가 이르렀다는 것을 듣고 항복하여 수도후(隨桃侯)에 봉하여졌다. 게양령(揭陽令) 사정(史定)은 안도후(安道侯)가 되었고, 조장 필취(畢取)는 요후(膫侯)가 되었으며, 계림감(桂林監) 거옹(居翁)은 상성후(湘城侯)가 되었다."라 하였다. 위소는 "상성(湘城)은 도양(堵陽)에 속한다. 수도(隨桃)와 안도(安道), 요(膫)의 세 현은 모두 남양(南陽)에 속한다. 膫의 음은 료(遼)이다."라 하였다.

63 **집해** 서광은 말하였다. "담이(儋耳)와 주애(珠崖), 남해(南海), 창오(蒼梧), 구진(九真), 울림(鬱林), 일남(日南), 합포(合浦), 교지(交阯)이다." **색은** 서광은 모두 『한서』에 의거하여 말하였다.

遭漢初定	한나라가 막 평정되어
列爲諸侯	제후의 반열에 올랐다.
隆慮離溼疫	융려가 습기와 돌림병으로 떠나자
佗得以益驕	위타는 더욱 교만해지게 되었다.
甌駱相攻	구락(甌駱)이 서로 공격하자
南越動搖	남월은 동요했다.
漢兵臨境	한나라 군사가 국경에 다다르자
嬰齊入朝	영제는 입조하였다.
其後亡國	그 후 나라가 망한 것은
徵自樛女	규씨 여인이 초래하였으며,
呂嘉小忠	여가의 작은 충성심이
令佗無後	위타의 후손이 끊어지게 하였다.
樓船從欲	누선장군은 사욕을 따라
怠傲失惑	태만하고 교만하여 착란에 빠졌고,
伏波困窮	복파장군은 곤궁에 처해서도
智慮愈殖	지혜와 생각이 더욱 샘솟아
因禍爲福	화를 복으로 바꾸었다.
成敗之轉	성패가 바뀌는 것은
譬若糾墨	이를테면 얽힌 끈과 같다.

54 동월 열전 東越列傳

閩越[1]王無諸及越東海王搖者	민월왕(閩越王) 무저(無諸) 및 월동해왕 요(搖)는
其先皆越王句踐之後也	그 선조가 모두 월왕 구천의 후손으로
姓騶氏[2]	성은 추씨이다.
秦已并天下	진나라가 천하를 병탄하자
皆廢爲君長	모두 군장으로 폐하고
以其地爲閩中郡[3]	그 땅을 민중군으로 삼았다.
及諸侯畔秦	제후들이 진나라에 반기를 들었을 때
無諸搖率越歸鄱陽令吳芮	무저와 요는 월나라를 이끌고 파양령 오예에게 귀의하니
所謂鄱君者也	이른바 파군(鄱君)이라는 것이며
從諸侯滅秦	제후를 따라 진나라를 멸하였다.

1 집해 위소(韋昭)는 말하였다. "閩의 음은 민[武巾反]이다. 동월(東越)의 별명이다." 색은 『설문(說文)』에서는 "민(閩)은 동월(東越)의 뱀의 일종이다."라 하였으며, 옛 글자는 '충(虫)'을 따랐다. 閩의 음은 민(旻)이다.

2 집해 서광(徐廣)은 말하였다. "추(騶)는 어떤 판본에는 '낙(駱)'으로 되어 있다." 색은 서광은 어떤 판본에는 '낙(駱)'으로 되어 있다고 하였는데, 위에서 '구락(甌駱)'이라 하였으며 성이 추(騶)가 아니라는 것이다.

3 집해 서광은 말하였다. "지금의 건안(建安) 후관(侯官)이 이곳이다." 색은 서광은 "본래 건안의 후관이 이곳이다."라 하였다. 민주(閩州)이다. 아래의 '동야(東冶)'에 도읍을 하였다는 것을 위소는 후관에 있는 것으로 생각하였다. 정의 지금은 민주(閩州)를 또 복(福)으로 고쳤다.

當是之時	이때
項籍主命	항적이 호령을 주관하였는데
弗王[4]	그들을 왕으로 삼지 않아
以故不附楚	초나라에 붙지 않았다.
漢擊項籍	한나라가 항적을 칠 때
無諸搖率越人佐漢	무저와 요(搖)는 월나라 사람을 거느리고 한나라를 도왔다.
漢五年	한나라 5년(B.C. 202)에
復立無諸爲閩越王	무저를 민월왕으로 다시 세우고
王閩中故地	민중의 옛 땅을 다스리게 하였는데
都東冶	동야에 도읍을 두었다.
孝惠三年	효혜제 3년(B.C. 192)에
擧高帝時越功	고제(高帝) 때 월나라의 공을 들어
曰(搖)搖功多	민군 요(搖)의 공이 많으며
其民便附	그 백성들이 곧 귀부하였다 하여
乃立搖爲東海王[5]	이에 요(搖)를 동해왕으로 세웠는데
都東甌[6]	동구에 도읍을 정하였으며
世俗號爲東甌王	세속에서는 동구왕이라고 불렀다.

4 **집해** 『한서음의(漢書音義)』에서는 말하였다. "임금이 제후에게 호령할 때는 왕 무저, 요(搖) 등이라 하지 않는다."

5 **집해** 응소(應劭)는 말하였다. "오군(吳郡) 동남쪽 해변에 있다고 한다."

6 **집해** 서광은 말하였다. "지금의 영녕(永寧)이다." **색은** 위소는 말하였다. "지금의 영녕(永寧)이다." 요씨(姚氏)는 말하였다. "구(甌)는 물 이름이다." 『영가기(永嘉記)』에서는 말하였다. "물은 영녕산(永寧山)에서 나와 30여 리를 가서 군(郡)의 성(城)에서 5리 떨어진 곳에서 장강[江]으로 흘러든다. 옛날에 동구왕(東甌王)의 도성이 있었고 정자가 있었는데 돌을 쌓아 길을 만들었으며 지금도 있다."

後數世	몇 세대 뒤
至孝景三年	효경제 3년(B.C. 154)에
吳王濞反	오왕 비(濞)가 반기를 들 때
欲從閩越	민월을 따르게 하고자 하였으나
閩越未肯行	민월은 가려고 하지 않아
獨東甌從吳	동구만 오나라를 따랐다.
及吳破	오나라가 격파되자
東甌受漢購	동구는 한나라에 매수되어
殺吳王丹徒	단도(丹徒)에서 오왕을 죽였는데
以故皆得不誅	이 때문에 모두 죽음을 당하지 않게 되었으며
歸國	나라로 돌아왔다.

吳王子子駒亡走閩越	오왕의 아들 자구는 도망쳐 민월로 달아났는데
怨東甌殺其父	동구가 그 부친을 죽인 것에 원한을 품고
常勸閩越擊東甌	늘 민월에게 동구를 치게끔 권하였다.
至建元三年	건원 3년(B.C. 138)이 되자
閩越發兵圍東甌	민월은 군사를 보내어 동구를 에워쌌다.
東甌食盡	동구는 식량이 떨어지고
困	곤경에 처하여
且降	항복을 하려 하다가
乃使人告急天子	이에 사람을 시켜 천자에게 위급함을 알렸다.
天子問太尉田蚡	천자가 태위 전분에게 알리니
蚡對曰	전분이 대답하여 말하였다.
越人相攻擊	"월나라 사람들이 서로 공격한 것은
固其常	본래부터 늘 있어 왔으며

又數反覆	또한 몇 차례나 반복되어 왔으니
不足以煩中國往救也	중국을 번거롭게 해가며 가서 구원할 것까지는 없을 것입니다.
自秦時棄弗屬	진나라 때부터 버려두어 속국으로 삼지 않았습니다."
於是中大夫莊助詰蚡曰	이에 중대부 장조가 전분을 힐책하여 말하였다.
特患力弗能救	"다만 힘으로 그들을 구원할 수 없을까
德弗能覆	덕으로 그들을 덮어줄 수 없을까 걱정할 따름이지,
誠能	실로 할 수만 있다면
何故棄之	무슨 까닭으로 그들을 버려두겠습니까?
且秦舉咸陽而棄之	하물며 진나라는 함양까지도 버렸거늘
何乃越也	어찌 이에 월나라이겠습니까!
今小國以窮困來告急天子	지금 소국이 곤궁함을 가지고 천자께 와서 위급함을 알리는데
天子弗振	천자께서 그들을 구원하시지 않으신다면
彼當安所告愬	저들은 어디로 가서 하소연을 해야 하겠습니까?
又何以子萬國乎	또한 어떻게 만국(萬國)을 아들로 삼겠습니까?"
上曰	임금이 말하였다.
太尉未足與計	"태위와는 더불어 계책을 세울 만하지 못하오.
吾初即位	내가 갓 즉위하여
不欲出虎符發兵郡國[7]	호부를 내어 군국의 군사를 조발하지 않으려 하였소."

7 호부(虎符)는 일종의 병력을 동원할 때 사용하는 부절이다. 왕이 병력 동원[徵兵]을 총괄하기 위해 만든 제도로 춘추전국시대부터 사용되었는데, 재질은 구리이고 모양은 호랑이이기 때문에 이렇게 부른다. – 옮긴이.

乃遣莊助以節發兵會稽	이에 장조를 보내어 부절로 회계의 군사를 징발하게 하였다.
會稽太守欲距不爲發兵	회계 태수가 거절하여 군사를 징발하려 하지 않자
助乃斬一司馬	장조는 사마(司馬) 하나를 베고
諭意指	(천자의) 의향을 밝히어
遂發兵浮海救東甌	마침내 군사를 내어 바다에 배를 띄워 동구를 구원하였다.
未至	채 이르지 않아
閩越引兵而去	민월은 군사를 끌고 떠났다.
東甌請擧國徙中國	동구는 온 나라를 중국으로 옮길 것을 청하여
乃悉擧衆來	이에 그 무리를 모두 옮겨와
處江淮之閒[8,9]	장강(長江, 揚子江)과 회수(淮水) 사이에 살게 하였다.

至建元六年	건원 6년(B.C. 135)에
閩越擊南越	민월은 남월을 쳤다.
南越守天子約	남월은 천자와의 조약을 지켜
不敢擅發兵擊而以聞	감히 멋대로 군사를 내어 치지 않고 그대로 알렸다.
上遣大行王恢出豫章	임금은 대행왕 회(恢)를 보내어 예장을 나서게 하고

8 **집해** 서광은 말하였다. "「연표(年表)」에서는 동구왕(東甌王) 광무후(廣武侯) 망(望)이 그 무리 4만여 명을 거느리고 와서 항복하여 여강군(廬江郡)에서 살았다고 하였다." **색은** 서광은 「연표」에 의거하여 말하였다.

9 강회(江淮)는 장강(長江, 揚子江)과 회수(淮水)를 말한다. 지금의 강소성(江蘇省)과 안휘성(安徽省) 일대이다. 두 하천의 이름을 병기할 경우 보통은 그 강이 합류하는 지점을 가리킨다. –옮긴이.

大農韓安國出會稽	대농 한안국은 회계를 나서게 하였는데
皆爲將軍	모두 장군이 되었다.
兵未踰嶺	군사가 영(嶺)을 넘지도 않았는데
閩越王郢發兵距險	민월왕 영(郢)은 군사를 내어 험요지(險要地)를 지켰다.
其弟餘善乃與相宗族謀曰	그 아우 여선은 곧 승상 및 종족과 함께 모의하여 말하였다.
王以擅發兵擊南越	“왕께서 멋대로 군사를 내어 남월을 치고
不請	청하지 않았기 때문에
故天子兵來誅	천자의 군사가 토벌하러 옵니다.
今漢兵衆彊	지금 한나라의 군사는 많고 강하니
今即幸勝之	지금은 요행히 승리를 한다 해도
後來益多	나중에 더욱 많이 보내와
終滅國而止	끝내 나라가 멸하고서야 그만둘 것입니다.
今殺王以謝天子	지금 왕을 죽이고 천자께 잘못을 빕시다.
天子聽	천자께서 들어주시면
罷兵	군사를 거두고
固一國完	실로 나라를 완전히 할 수 있을 것이며,
不聽	듣지 않으면
乃力戰	힘껏 싸울 것이고,
不勝	이기지 못하면
即亡入海	바다로 도망쳐 들어갑시다.”
皆曰善	모두들 “좋습니다.”라 하였다.
即鏦[10]殺王	즉시 왕을 찔러 죽이고

10 색은 유씨(劉氏)는 또한 음이 창(窗)이라고 하였다. 총(鏦)은 찌른다는 뜻이다.

使使奉其頭致大行	사신에게 그 머리를 받들어 대행에게 바치게 하였다.
大行曰	대행이 말하였다.
所爲來者誅王	"온 까닭은 왕을 토벌하기 위함이오.
今王頭至	지금 왕의 머리가 이르고
謝罪	죄를 비니
不戰而耘[11]	싸우지 않고 (화를) 제거한 것으로
利莫大焉	이보다 더 큰 이득은 없소."
乃以便宜案兵告大農軍	이에 편의를 생각하여 군사를 멈추고 대농군에게 알리고
而使使奉王頭馳報天子	사신에게 왕의 머리를 받들고 천자에게 달려가 알리게 하였다.
詔罷兩將兵	두 장수에게 군사를 철회하게 하고
曰	말하였다.
郢等首惡	"영(郢) 등이 수괴로
獨無諸孫繇君丑[12]不與謀焉	다만 무저의 손자 요군(繇君) 추(丑)만 모반에 가담하지 않았도다."
乃使郎中將立丑爲越繇王	이에 낭중장을 보내어 요군(繇君) 추(丑)를 월요왕으로 세우고
奉閩越先祭祀	민월의 선조의 제사를 받들게 하였다.

11 **집해** 서광은 말하였다. "『한서(漢書)』에는 '운(殞)'으로 되어 있다. 운(耘)의 뜻은 '운제(耘除)'에서 취하였을 것이다. 혹자는 耘의 음을 운[于粉反]이라 하였는데, 이는 초나라 사람의 소리가 무거운 것일 따름이다. 운(隕)과 운(耘)은 음이 같아야 하지만 글자에는 가차(假借)가 있고, 소리에는 경중(輕重)이 있다." **색은** 耘의 음은 운(云)이다. 운(耘)은 없애는 것이다. 『한서』에는 '운(隕)'으로 되어 있는데 음은 운[于粉反]이다.

12 **색은** 繇의 음은 요(搖)이며, 읍의 호칭이다. 추(丑)는 이름이다.

餘善已殺郢	여선이 영(郢)을 죽이자
威行於國	나라에 위엄이 행해지고
國民多屬	백성들이 거의 그에게 붙어
竊自立爲王	슬그머니 스스로 왕으로 즉위하였다.
繇王不能矯其衆持正	요왕(繇王)은 그 백성들이 올바름을 지키게끔 바로잡을 수가 없었다.
天子聞之	천자는 듣고
爲餘善不足復興師	여선 때문에 다시 군사를 일으킬 것까지는 없다 하여
曰	말하였다.
餘善數與郢謀亂	"여선은 여러 차례 영과 반란을 획책하였는데
而後首誅郢	나중에는 먼저 영(郢)을 죽였으니
師得不勞	군사들은 수고를 하지 않아도 될 것이다."
因立餘善爲東越王	이에 여선을 동월왕으로 세우고
與繇王並處	요왕과 함께 처하게 하였다.

至元鼎五年	원정 5년(B.C. 112)에
南越反	남월이 반란을 일으키자
東越王餘善上書	동월왕 여선은 글을 올려
請以卒八千人從樓船將軍擊呂嘉等	군사 8천으로 누선장군을 따라 여가 등을 치기를 청하였다.
兵至揭揚	군사가 게양에 이르자
以海風波爲解	바다의 풍랑을 핑계로
不行	가지 않고

持兩端	양쪽의 눈치만 살피다가
陰使南越	몰래 남월에 사자를 보냈다.
及漢破番禺	한나라가 반우를 깨뜨렸는데도
不至	이르지 않았다.
是時樓船將軍楊僕使使上書	이때 누선장군 양복은 사자를 보내어 글을 올리고
願便引兵擊東越	즉시 군사를 이끌고 동월을 치기를 원하였다.
上曰士卒勞倦	임금이 사졸들이 피로하고 지쳤다 하여
不許	허락지 않자
罷兵	군사를 거두고
令諸校屯豫章梅領待命[13]	각 부대에 예장과 매령(梅領)에 주둔하면서 명을 기다리게 하였다.

元鼎六年秋	원정 6년(B.C. 111) 가을에
餘善聞樓船請誅之	여선은 누선장군이 토벌할 것을 청하여
漢兵臨境	한나라 군사가 경계에 임하여
且往	곧 가려 한다는 말을 듣고
乃遂反	이에 마침내 반기를 들어
發兵距漢道	군사를 일으켜 한나라(군사)의 길을 막았다.
號將軍騶力等爲呑漢將軍	장군 추력 등을 '탄한장군(呑漢將軍)'이라 부르고

---

13 **집해** 서광은 말하였다. "회계(會稽)의 경계에 있다." **색은** 서광은 "회계에 있다."고 하였는데 틀렸다. 지금 생각건대 예장의 30리 지점에 매령이 있는데 홍애산(洪崖山) 기슭에 있으며 옛 역도(驛道)에 당하여 있다. 이 글에서는 "예장의 매령"이라 하였으니 회계가 아님을 알겠다. **정의** 『괄지지(括地志)』에서는 말하였다. "매령은 건화현(虔化縣) 동북쪽 28리 지점에 있다." 건주는 한나라 때 또한 예장군에 속하였으며 두 곳은 미상이다.

入白沙武林[14]梅嶺　　백사와 무림, 매령에 투입하여

殺漢三校尉　　한나라의 세 교위를 죽였다.

是時漢使大農張成故山州侯齒[15]將屯

이때 한나라는 대농 장성과 옛 산주후(山州侯) 유치(劉齒)를 주둔군의 장수로 삼아

弗敢擊　　감히 그들을 공격하지는 않고

卻就便處　　오히려 유리한 곳으로 물러났는데

皆坐畏懦誅　　모두 두려워 겁을 냈다는 죄목으로 죽임을 당하였다.

餘善刻武帝璽自立　　여선은 '무제(武帝)'라는 옥새를 새기고 스스로 즉위하여

詐其民　　백성들을 속이고

爲妄言　　망언을 일삼았다.

天子遣橫海將軍韓說出句章[16]　　천자가 횡해장군 한열에게 구장으로 나가게 하여

浮海從東方往　　바다에 배를 띄워 동쪽에서 가게 하였으며,

樓船將軍楊僕出武林　　누선장군 양복은 무림으로 나가게 하였고,

中尉王溫舒出梅嶺　　중위 왕온서는 매령으로 나가게 하였으며

越侯爲戈船下瀨將軍　　월후를 과선장군과 하뢰장군으로 삼아

---

14 **집해** 서광은 말하였다. "예장(豫章)의 경계에 있다." **색은** 서광은 예장의 경계에 있다고 하였다. 지금의 예장 북쪽 2백 리는 파양(鄱陽)의 경계에 맞닿아 있는데 지명이 백사(白沙)이며, 작은 물줄기가 호수로 흘러들어 백사갱(白沙阬)이라고 한다. 동남쪽 80리 지점에 무양정(武陽亭)이 있는데 무양정 동남쪽 30리 지점은 이름이 무림(武林)이다. 이 백사와 무림은 지금의 민월(閩越)에서 서울로 들어가는 길이다.

15 **집해** 서광은 말하였다. "성양공왕(成陽共王)의 아들이다."

16 **색은** 정씨(鄭氏)는 음은 구(勾)라고 하였으며, 회계(會稽)의 현이다. **정의** 구장의 옛 성은 월주(越州) 무현(鄮縣)의 서쪽 백 리 지점에 있으며 한나라의 현이다.

出若邪[17]白沙[18]
약야와 백사(白沙)에서 나가게 하였다.

元封元年冬
원봉 원년(B.C. 110) 겨울에

咸入東越
모두 동월로 쳐들어갔다.

東越素發兵距險
동월은 평소에 군사를 내어 험지를 지키고 있어

使徇北將軍守武林
순북장군으로 하여금 무림을 지키고

敗樓船軍數校尉
누선장군의 여러 교위를 무찔러

殺長吏
장리를 죽였다.

樓船將軍率錢唐轅終古[19]斬徇北將軍
누선장군의 부하인 전당의 원종고는 순북장군을 죽여

爲禦兒侯[20]
어아후가 되었다.

自兵未往
군사가 아직 가기 전이었다.

故越衍侯吳陽前在漢
옛 월연후 오양은 전에 한나라에 있었는데

漢使歸諭餘善
한나라에서 돌아가 여선을 타이르게 하였지만

餘善弗聽
여선은 듣지 않았다.

及橫海將軍先至
횡해장군이 먼저 이르자

越衍侯吳陽以其邑七百人反
월연후 오양은 그 고을의 7백 명을 가지고 반기를 들어

---

17 **색은** 요씨(姚氏)는 "지명인데 지금은 없어졌다."라 하였다.

18 **정의** 월주(越州)에는 약야산(若耶山)과 약야계(若耶溪)가 있다. '약(若)'과 '여(如)'는 같은 뜻이다. 예주(豫州)에 백사산(白沙山)이 있다. 아마 이와 같은 것을 따를 것이다. 백사(白沙)의 동쪽은 옛 민주(閩州)이다.

19 **정의** 전당(錢唐)은 항주(杭州)의 현이다. 원(轅)은 성이고, 종고(終古)는 이름이다.

20 **집해** 『한서음의(漢書音義)』에서는 말하였다. "바로 지금의 오남정(吳南亭)이다." **정의** '어(禦)' 자는 지금 '어(語)'로 되어 있다. 어아향(語兒鄉)은 소주(蘇州) 가흥현(嘉興縣) 남쪽 77리 지점에 있으며, 관리가 임하는 길이다.

攻越軍於漢陽	한양에서 월나라 군사를 공격하였다.
從建成侯敖[21]	건성후 오(敖)를 따랐는데
與其率	그 부하들과 함께
從繇王居股謀曰	요왕 거고(居股)를 따라 모의하여 말하였다.
餘善首惡	"여선은 먼저 악행을 저지르고
劫守吾屬	우리에게 지키라고 겁박하였소.
今漢兵至	지금 한나라 군사가 이르렀는데
衆彊	많고 강하니
計殺餘善	계책을 꾸며 여선을 죽이고
自歸諸將	스스로 장수들에게 귀순한다면
儻幸得脫	요행히 벗어날 수 있을 것이오."
乃遂俱殺餘善	이에 마침내 함께 여선을 죽이고
以其衆降橫海將軍	그 무리들을 데리고 횡해장군에게 항복하였으므로
故封繇王居股爲東成侯[22]	요왕(繇王) 거고를 동성후로 봉(封)하고
萬戶	만 호(萬戶)를 내렸으며,
封建成侯敖爲開陵侯[23]	건성후 오(敖)를 개릉후에 봉하였고,
封越衍侯吳陽爲北石侯	건연후 오양을 북석후에 봉하였으며,
封橫海將軍說爲案道侯	횡해장군 한열을 안도후에 봉하였고,
封橫海校尉福爲繚嫈侯[24]	횡해교위 복(福)을 요영후에 봉하였다.
福者	복(福)은

21 **집해** 서광은 말하였다. "또한 동월(東越)의 신하이다."

22 **색은** 위소는 말하였다. "구강(九江)에 있다."

23 **색은** 서광은 말하였다. "오(敖)는 동월(東越)의 신하이다." 위소는 말하였다. "개릉(開陵)은 임회(臨淮)에 속한다."

成陽共王子	성양공왕의 아들이었으므로
故爲海常侯	해상후가 되었으나
坐法失侯	범법 행위를 하여 후(侯)의 지위를 잃었다.
舊從軍無功	옛날에 종군하였으나 군공이 없었는데
以宗室故侯	종실이었던 관계로 후(侯)가 되었다.
諸將皆無成功	여러 장수들은 모두 공을 세우지 못하여
莫封	봉하여지지 않았다.
東越將多軍[25]	동월의 장수 다군(多軍)은
漢兵至	한나라 군사가 이르자
棄其軍降	그 군대를 버리고 항복하여
封爲無錫侯	무석후에 봉하여졌다.

於是天子曰東越狹多阻	이에 천자는 동월은 좁고 험하며
閩越悍	민월은 사납고
數反覆	수차례나 이랬다저랬다 한다고 하여
詔軍吏皆將其民徙處江淮閒	군리들에게 그 백성들을 강회 사이에 처하게 하였다.
東越地遂虛	동월의 땅은 마침내 비게 되었다.

太史公曰	태사공은 말한다.

24 **집해** 『한서음의(漢書音義)』에서는 말하였다. "음은 요영(遼縈)이다." **색은** 복건(服虔)은 말하였다. "縈의 음은 영(榮)이며 현 이름이다." 유백장(劉伯莊)은 말하였다. "繚의 음은 료(遼)이며, 아래 글자의 음은 영[紆營反]이다. 성양왕(成陽王)의 아들이다."

25 **집해** 『한서음의(漢書音義)』에서는 말하였다. "다군(多軍)은 이름이다." **색은** 이기(李奇)는 말하였다. "다군(多軍)은 이름이다." 위소는 말하였다. "다(多)는 성이고, 군(軍)은 이름이다."

越雖蠻夷	월나라는 비록 만이(蠻夷)이나
其先豈嘗有大功德於民哉	그 선조는 어찌 일찍이 백성들에게 큰 공덕이 있지 않았겠는가?
何其久也	어찌 그리 오래단 말인가!
歷數代常爲君王	수대(數代)에 걸쳐 늘 군왕이었으며
句踐一稱伯	구천은 한 번 칭패(稱霸)하였다.
然餘善至大逆	그러나 여선은 지극히 대역무도하여
滅國遷衆	나라를 멸망시키고 백성을 옮겼는데,
其先苗裔繇王居股等猶尚封爲萬戶侯	그 선조의 후예인 요왕 거도 등은 오히려 만호후에 봉하여졌으니
由此知越世世爲公侯矣	이로써 월나라는 대대로 공후가 되었음을 알겠다.
蓋禹之餘烈也	이는 아마 우(禹)임금의 남은 공로 때문일 것이다.

55 조선 열전 朝鮮列傳[1]

朝鮮[2]王滿者 조선왕 위만(衛滿)은

故燕人也[3] 옛 연나라 사람이다.

自始全燕時[4]嘗略屬真番[5]朝鮮[6]

처음에 연나라가 전성기일 때부터 진번과 조선을 점령하여 속국으로 만들고

爲置吏 관리를 두고

築鄣塞 보루와 요새를 쌓은 적이 있다.

秦滅燕 진나라는 연나라를 멸하고

---

1 **집해** 장안(張晏)은 말하였다. "조선(朝鮮)에는 습수(濕水)와 열수(洌水), 산수(汕水)가 있는데, 세 물이 합쳐져 열수가 되며, 낙랑(樂浪)과 조선(朝鮮)은 여기에서 이름을 취한 것 같다." **색은** 朝의 음은 조(潮), 조[直驕反]이다. 鮮의 음은 선(仙)이다. 산수(汕水)가 있기 때문에 이렇게 부른다. 汕은 음이 산(訕)이라고도 한다.

2 **정의** 음은 조선(潮仙)이다. 『괄지지(括地志)』에서는 "고려(高驪)의 도읍 평양성(平壤城)은 본래 한나라 낙랑군(樂浪郡) 왕검성(王險城)이며, 또한 옛날에 이르기를 조선 땅이라 하였다."

3 **색은** 『한서(漢書)』에 의하면 만(滿)은 연나라 사람으로 성은 위(衛)이며, 조선을 격파하여 스스로 왕이 되었다.

4 **색은** 시전연시(始全燕時)는 육국(六國)의 연나라가 바야흐로 전성기 때를 이른다.

5 **집해** 서광(徐廣)은 말하였다. "어떤 판본에는 '막(莫)'으로 되어 있다. 요동(遼東)에 번한현(番汗縣)이 있다. 番의 음은 반[普寒反]이다." **색은** 서씨는 「지리지(地理志)」에 의거하여 알았다. 番의 음은 번(潘), 또는 반(盤)이다. 汗의 음은 한(寒)이다.

6 **색은** 여순(如淳)은 말하였다. "연나라는 일찍이 두 나라를 점령하여 자기의 속국으로 삼았다." 응소(應劭)는 말하였다. "현도(玄菟)는 본래 진번국(真番國)이다."

屬遼東外徼　요동 바깥의 변새에 예속시켰다.

漢興　한나라가 흥하였을 때는

爲其遠難守　멀어서 지키기 어렵다 하여

復修遼東故塞　다시 요동의 옛 요새를 수축하였는데

至浿水爲界[7]　패수까지를 경계로 삼아

屬燕　연나라에 속하게 되었다.

燕王盧綰反　연왕 노관이 반란을 일으키어

入匈奴　흉노로 들어가고

滿亡命[8]　위만은 망명하여

聚黨千餘人　무리 천여 명을 모아

魋結蠻夷服而東走出塞　상투를 틀고 만이의 복장으로 동으로 달아나 변경을 넘고

渡浿水　패수를 건너

居秦故空地上下鄣[9]　진나라 옛 공지의 아래위 보루(堡壘)에 거처하다가

稍役屬真番朝鮮蠻夷及故燕齊亡命者王之

조금씩 진번과 조선의 만이 및 옛 연나라와 제나라에서 망명한 자들을 예속시켜 부리고 다스렸으며

都王險[10]　왕검을 도읍으로 삼았다.

會孝惠高后時天下初定　효혜제와 고후 때 천하가 막 평정되자

---

7 집해 『한서음의(漢書音義)』에서는 말하였다. "浿의 음은 패[傍沛反]이다." 색은 浿의 음은 패[旁沛反]이다. 정의 「지리지(地理志)」에서는 패수(浿水)는 요동(遼東)의 새외에서 나와 서남쪽으로 낙랑현(樂浪縣) 서쪽에 이르러 바다로 들어간다. 浿의 음은 패[普大反]이다.

8 정의 명(命)은 교령(教令)을 이른다.

9 색은 「지리지(地理志)」에서 낙랑(樂浪)에는 운장(雲鄣)이 있다고 하였다.

遼東太守即約滿爲外臣	요동 태수는 위만과 약속하기를 외신(外臣)이 되어
保塞外蠻夷	새외의 만이를 지키어
無使盜邊	변경을 침범하지 않도록 하고,
諸蠻夷君長欲入見天子	여러 만이의 군장이 천자를 조현하러 들어가고 싶으면
勿得禁止	금지하는 일이 없도록 하라고 하였다.
以聞	그대로 알렸더니
上許之	임금이 허락하였으며
以故滿得兵威財物侵降其旁小邑	그런 까닭에 위만은 군사의 위세와 재물을 얻어 곁의 작은 고을을 공격하여 항복시켰는데
眞番臨屯[11]皆來服屬	진번과 임둔이 모두 와서 복속하여
方數千里[12]	사방 수천 리였다.
傳子至孫右渠[13]	아들에게 전하고 손자 우거에 이르러
所誘漢亡人滋多	꾄 한나라에서 도망친 사람이 더욱 많이 불어났는데도

10 **집해** 서광은 말하였다. "창려(昌黎)에 험독현(險瀆縣)이 있다." **색은** 위소(韋昭)는 "옛 읍의 이름"이라고 하였다. 서광은 "창려에 험독현이 있다."고 하였다. 응소는 "「지리지(地理志)」에서 요동(遼東)의 험독현은 조선왕(朝鮮王)의 옛 도읍이다."라 주석을 달았다. 신찬(臣瓚)은 "왕검성(王險城)은 낙랑군 패수(浿水)의 동쪽에 있다."라 하였다.

11 **색은** 동이(東夷)의 소국은 나중에 군이 되었다.

12 **정의** 『괄지지』에서는 말하였다. "조선과 고려(高驪), 맥(貊), 동옥저(東沃沮) 다섯 나라의 땅은 동서로 천3백 리이고 남북으로 2천 리이며 경사(京師)의 동쪽에 있는데 동으로는 대해(大海)까지 4백 리이고 북으로는 영주(營州)의 경계까지 9백20리이며, 남으로는 신라국(新羅國)까지 6백 리, 북으로는 말갈국(靺鞨國)까지 천4백 리이다."

13 **정의** 그 손자의 이름이다.

又未嘗入見	또한 입조하여 조현한 적이 없었으며,
眞番旁衆國欲上書見天子	진번 주위의 여러 나라에서 글을 올리고 천자를 조현하려 하였지만
又擁閼不通	또한 막고 통하지 못하게 하였다.
元封二年	원봉 2년(B.C. 109)에
漢使涉何譙諭[14]右渠	한나라는 섭하로 하여금 우거를 꾸짖어 깨우치게 하였지만
終不肯奉詔	끝내 명을 받들려 하지 않았다.
何去至界上	섭하는 떠나 변경에 이르러
臨浿水	패수에 다다라
使御刺殺送何者[15]朝鮮裨王長[16]	어자에게 섭하를 전송하는 조선의 비왕 장(長)을 죽이게 하고
即渡	즉시 강을 건너
馳入塞[17]	변새(邊塞)로 달려 들어와
遂歸報天子曰殺朝鮮將	마침내 돌아가 천자에게 "조선의 장수를 죽였다."고 보고했다.
上爲其名美[18]	임금은 그 명분을 좋게 여겨
即不詰	힐난하지 않고

14 색은 『설문(說文)』에서는 말하였다. "초(譙)는 꾸짖는 것이다." 유(諭)는 깨우치는 것이다. 譙의 음은 초[才笑反]이다.

15 색은 곧 섭하를 보내주던 어자이다.

16 정의 안사고(顔師古)는 말하였다. "장(長)은 비왕(裨王)의 이름이다. 섭하를 패수(浿水)까지 전송하였는데 섭하가 찔러 죽인 것이다." 비왕 및 장사(將士)의 우두머리일 것이며 안사고가 틀린 것 같다.

17 정의 평주(平州)의 유림관(楡林關)으로 들어온 것이다.

18 색은 장수를 죽였다는 아름다운 명분이다.

拜何爲遼東東部都尉[19]	섭하를 요동 동부도위에 임명하였다.
朝鮮怨何	조선은 섭하에게 원한을 품고
發兵襲攻殺何	군사를 내어 섭하를 기습 공격하여 죽였다.

天子募罪人擊朝鮮	천자는 죄인들을 모아 조선을 쳤다.
其秋	그해 가을에
遣樓船將軍楊僕從齊浮渤海	누선장군 양복을 보내어 제나라에서 발해를 건너게 하였는데
兵五萬人	군사가 5만 명이었으며,
左將軍荀彘出遼東	좌장군 순체를 요동에서 보내어
討右渠	우거를 토벌하였다.
右渠發兵距險	우거는 군사를 내어 험지에서 맞섰다.
左將軍卒正多率遼東兵先縱	좌장군의 졸정(卒正) 다(多)가 요동의 군사를 이끌고 먼저 나섰는데
敗散	패하여 흩어졌으며
多還走	다(多)도 돌아와 달아나
坐法斬	법에 걸려 참형을 당하였다.
樓船將軍將齊兵七千人先至王險	누선장군은 제나라 군사 7천을 거느리고 먼저 왕검에 이르렀다.
右渠城守	우거는 성에서 지키고 있다가
窺知樓船軍少	누선의 군사가 적다는 것을 정탐하여 알고
卽出城擊樓船	즉시 성을 나서서 누선장군을 치니

19 정의 「지리지(地理志)」에서는 요동군(遼東郡) 무차현(武次縣)으로 동부두위(東部都尉)가 다스리는 곳이라 하였다.

樓船軍敗散走	누선장군의 군사는 패하여 흩어져 달아났다.
將軍楊僕失其衆	장군 양복은 그 무리를 잃고
遁山中十餘日	산속에 10여 일을 숨어 있다가
稍求收散卒	흩어진 군사들을 조금씩 구하여 거두어
復聚	다시 모았다.
左將軍擊朝鮮浿水西軍	좌장군이 조선의 패수 서쪽 군사를 쳤는데
未能破自前	격파하여 전진할 수가 없었다.

天子爲兩將未有利	천자는 두 장군이 승리를 거두지 못하였으므로
乃使衛山因兵威往諭右渠	이에 위산에게 군대의 위세를 타고 가서 우거를 깨우치게 했다.
右渠見使者頓首謝	우거는 사자를 보자 머리를 조아리고 사죄하였다.
願降	"항복하기를 원하나
恐兩將詐殺臣	두 장군이 신을 속여서 죽일 것이 두려웠사온데,
今見信節	지금 부절과 신인(信印)을 보고
請服降	항복을 청합니다."
遣太子入謝	태자를 들여보내 사죄하고
獻馬五千匹	말 5천 필 및
及饋軍糧	군사들에게 먹을 것을 대접했다.
人衆萬餘	사람 1만여 명이
持兵	병기를 들고
方渡浿水	막 패수를 건너려 할 때
使者及左將軍疑其爲變	사자 및 좌장군은 그가 변심할까 의심하여
謂太子已服降	태자에게 이미 항복하였으니

宜命人毋持兵	사람들에게 병기를 지니지 말게끔 해야 한다고 하였다.
太子亦疑使者左將軍詐殺之	태자 또한 사자와 좌장군이 속여서 죽일까 의심하여
遂不渡浿水	결국 패수를 건너지 않고
復引歸	다시 (무리를) 이끌고 돌아왔다.
山還報天子	위산이 돌아와 천자에게 보고하자
天子誅山	천자는 위산을 죽였다.

左將軍破浿水上軍	좌장군은 패수의 군사를 깨뜨리고
乃前	이에 전진하여
至城下	성 아래에 이르러
圍其西北	그 서북쪽을 에워쌌다.
樓船亦往會	누선장군 또한 가서 모여
居城南	성 남쪽에 주둔하였다.
右渠遂堅守城	우거는 마침내 굳게 성을 지키니
數月未能下	여러 달 동안 함락시킬 수가 없었다.

左將軍素侍中	좌장군은 평소에 (임금을) 모시어
幸	총애를 받았으며
將燕代卒	거느린 연(燕)과 대(代)의 군사도
悍	사나워
乘勝	승세를 타자
軍多驕	군사는 매우 교만해졌다.
樓船將齊卒	누선장군이 거느린 제나라 군사는

入海	바다로 들어가
固已多敗亡	실로 이미 사상자가 많았으며,
其先與右渠戰	앞서 우거와 싸우다가
因辱亡卒	이에 욕되이 군사를 잃어
卒皆恐	군사들이 모두 두려워하였고
將心慚	장수들은 속으로 부끄러워하여
其圍右渠	우거를 에워싸고
常持和節	늘 조절하려는 마음을 가지고 있었다.
左將軍急擊之	좌장군이 급히 그들을 치자
朝鮮大臣乃陰閒使人私約降樓船	조선의 대신들은 이에 몰래 사람을 보내어 사사로이 누선장군에게 항복을 약속하여
往來言	말을 주고받았지만
尚未肯決	아직까지 선뜻 결정을 내리지는 못하였다.
左將軍數與樓船期戰	좌장군은 수차례나 누선장군과 싸울 것을 기약하였지만
樓船欲急就其約	누선장군은 급히 그 약속을 이루고자 하여
不會	만나지를 못하였으며,
左將軍亦使人求閒郤降下朝鮮	좌장군 또한 사람을 시켜 틈만 있으면 조선을 항복시키려 하였는데
朝鮮不肯	조선은 기꺼이 따르지 않고
心附樓船	속으로 누선장군에게 붙었으므로
以故兩將不相能	두 장군은 서로 어쩌지를 못하였다.
左將軍心意樓船前有失軍罪	좌장군은 속으로 누선장군이 전에 군사를 잃은 죄가 있고

今與朝鮮私善而又不降	지금 조선과 사사로이 잘 지내고 또 항복을 하지 않아
疑其有反計	모반할 계책이 있는 것으로 의심하여
未敢發	감히 출발하지 못했다.
天子曰將率不能	천자가 말하기를 "장수들이 무능하여
前乃使衛山諭降右渠	전에 위산을 보내어 우거에게 항복하게끔 권하여
右渠遣太子	우거가 태자를 보내었는데도
山使不能剸決	위산이 결단을 내릴 수 없게 하여
與左將軍計相誤	좌장군과 계책이 서로 그르쳐
卒沮約	결국 조약할 길이 막혔다.
今兩將圍城	지금 두 장군이 성을 에워싸고도
又乖異	또한 서로 배치되니
以故久不決	그런 까닭으로 오래도록 해결을 못한다."고 하였다.
使濟南太守公孫遂往正之	제남 태수 공손수로 하여금 가서 바로잡아
有便宜得以從事	바람직한 쪽으로 일을 처리하게 하였다.
遂至	공손수가 이르자
左將軍曰	좌장군이 말하였다.
朝鮮當下久矣	"조선은 함락되어야 한 지가 오래되었습니다만
不下者有狀	함락시키지 못한 것은 사정이 있습니다."
言樓船數期不會	누선장군이 여러 차례나 기약대로 만나지 않았다고 하면서
具以素所意告遂	평소의 생각을 있는 대로 공손수에게 일러
曰	말하였다.

今如此不取	“지금 이렇게 취하지 않으면
恐爲大害	큰 해가 될 것이며,
非獨樓船	다만 누선장군뿐만 아니라
又且與朝鮮共滅吾軍	또한 조선과 함께 우리 군사를 멸할 것입니다.”
遂亦以爲然	공손수 또한 그렇게 생각하여
而以節召樓船將軍入左將軍營計事	부절로 누선장군을 좌장군의 군영으로 불러들여 계책을 세워
即命左將軍麾下執捕樓船將軍	즉시 좌장군의 휘하에 명하여 누선장군을 체포하고
并其軍	그 군사를 합쳐
以報天子	천자에게 알렸다.
天子誅遂	천자는 공손수를 죽였다.

左將軍已并兩軍	좌장군은 이미 두 군사를 합쳐
即急擊朝鮮	즉시 급히 조선을 쳤다.
朝鮮相路人相韓陰尼谿相參[20]將軍王唊[21]相與謀曰	조선의 승상 노인(路人)과 승상 한음, 이계상 참(參), 장군 왕협(王唊)이 서로 모의하여 말하였다.

20 이계상(尼谿相)은 고조선 시대에 지방 행정을 맡아보던 장관직이다. 참(參)은 이계상의 이름이다. – 옮긴이.

21 **집해** 『한서음의(漢書音義)』에서는 말하였다. “모두 다섯 사람이다. 융적(戎狄)은 관직에 대한 기록을 모르기 때문에 모두 상(相)이라 칭하였다. 唊의 음은 협(頰)이다.” **색은** 응소는 말하였다. “모두 다섯 사람이다. 융적은 관직에 대한 기록을 모르기 때문에 모두 상(相)이라 칭하였다. 노인(路人)은 어양현(漁陽縣) 사람이다.” 여순은 말하였다. “상(相)은 그 나라의 재상이다. 노인(路人)은 이름이다. 唊의 음은 협(頰)이며, 또한 협(協)이라고도 한다.”

始欲降樓船	"처음에 누선장군에게 투항하려 했는데
樓船今執	누선장군은 지금 잡혀 있고
獨左將軍并將	좌장군만이 장수를 겸하여
戰益急	전투를 더 급박하게 몰아치니
恐不能與	아마 상대를 할 수 없을 것 같은데
王又不肯降	왕은 또 투항하려 하지 않는다."
陰㗇路人皆亡降漢	한음과 왕협, 노인(路人)은 모두 도망쳐 한나라에 항복하였다.
路人道死	노인(路人)은 도중에 죽었다.
元封三年夏	원봉 3년(B.C. 108) 여름

尼谿相參乃使人殺朝鮮王右渠來降

이계상 참(參)은 곧 사람을 시켜 조선왕 우거를 죽이게 하고 와서 항복하였다.

王險城未下	왕검성이 아직 함락되지 않았는데
故右渠之大臣成巳又反	옛 우거의 대신 성사가 또 반기를 들고
復攻吏	다시 관리들을 공격하였다.

軍使右渠子長降[22]相路人之子最[23]告諭其民

좌장군은 우거의 아들 장항과 승상 노인(路人)의 아들 최(最)로 하여금 그 백성들에게 알리고 밝히어

誅成巳	성사를 죽였으며
以故遂定朝鮮	이리하여 마침내 조선을 평정하고

22 **집해** 서광은 말하였다. "「표(表)」에서는 '장로(長路)'라고 하였다. 『한서(漢書)』「표(表)」에서는 '장각(長降)'이라고 하였는데, 음은 각(各)이다." **색은** 『한서(漢書)』「표(表)」에서는 '장각(長降)'이라 하였는데, 음은 각(各)이다.

23 **색은** 노인(路人)의 아들로 이름은 최(最)이다.

爲四郡[24]	사군(四郡)을 만들었다.
封參爲澅淸侯[25]	참(參)은 홰청후에
陰爲荻苴侯[26]	음(陰)은 적저후에
唊爲平州侯[27]	왕협(王唊)은 평주후에
長降爲幾侯[28]	장항은 기후(幾侯)에 봉하였다.
最以父死頗有功	최(最)는 아버지의 죽음으로 자못 공이 많아
爲溫陽侯[29]	온양후가 되었다.

左將軍徵至	좌장군은 불리어와
坐爭功相嫉	공을 다투고 서로 시기하였으며
乖計	계획을 어그러뜨린 명목으로
棄市	기시되었다.
樓船將軍亦坐兵至洌口[30]	누선장군 또한 군사를 거느리고 열구에 이르러
當待左將軍	좌장군을 기다려야 했는데
擅先縱	멋대로 먼저 출발시켜

24 **집해** 진번(眞番)과 임둔(臨屯), 낙랑(樂浪), 현도(玄菟)이다.

25 **집해** 위소(韋昭)는 말하였다. "제나라에 속한다." **색은** 참(參)은 홰청후(澅淸侯)이다. 위소는 "현 이름으로 제나라에 속한다."라 하였다. 고씨(顧氏)는 澅의 음은 획(獲)이라고 하였다.

26 **집해** 위소는 말하였다. "발해(勃海)에 속한다." **색은** 음(陰)은 적저후(荻苴侯)이다. 진작(晉灼)은 "발해(勃海)에 속한다."고 하였다. 荻의 음은 적(狄)이며, 苴의 음은 저[子餘反]이다.

27 **집해** 위소는 말하였다. "양보(梁父)에 속한다." **색은** 협(唊)은 평주후(平州侯)이다. 위소는 "양보(梁父)에 속한다."고 하였다.

28 **집해** 위소는 말하였다. "하동(河東)에 속한다." **색은** 장(長)은 기후(幾侯)이다. 위소는 "현 이름으로 하동(河東)에 속한다."고 하였다.

29 **집해** 위소는 말하였다. "제나라에 속한다." **색은** 최(最)는 열양후(涅陽侯)이다. 위소는 "제나라에 속한다."라 하였다.

30 **색은** 소림(蘇林)은 말하였다. "현 이름이다. 바다를 건너면 먼저 도달하게 되는 곳이다."

失亡多	손실이 많았다는 죄목으로
當誅	사형에 해당하였으나
贖爲庶人	서인으로 속량되었다.

太史公曰	태사공은 말한다.
右渠負固	우거는 (지세의) 견고함을 믿어
國以絕祀	나라가 제사가 끊어지게 되었다.
涉何誣功	섭하(涉何)는 공을 속여
爲兵發首	전쟁의 발단이 되었다.
樓船將狹[31]	누선장군은 거느림이 협소하여
及難離咎	재난이 미치고 죄를 당하였다.
悔失番禺	반우에서의 실수를 뉘우쳐
乃反見疑	이에 도리어 의심을 사게 되었다.
荀彘爭勞	순체(荀彘)는 공로를 다투다가
與遂皆誅	공손수와 함께 죽었다.
兩軍俱辱	양군(兩軍)은 모두 욕을 당하여
將率莫侯矣	장수들은 아무도 봉하여지지 않았다.

31 **집해** 서광은 말하였다. "그가 거느린 군사가 협소하였다는 말이다."

56 서남이 열전 西南夷列傳

西南夷君長[1]以什數[2]	서남이(西南夷)의 군장은 10을 헤아렸는데
夜郎最大[3]	야랑이 가장 크며
其西靡莫[4]之屬[5]以什數	그 서쪽 미막(靡莫)의 족속은 10을 헤아렸는데
滇最大[6]	전(滇)이 가장 크고
自滇以北君長以什數	전(滇)에서 북쪽의 군장은 10을 헤아렸는데
邛都最大	공도(邛都)가 가장 컸으며,
此皆魋結[7]	이들은 모두 상투를 틀고
耕田	밭을 경작하였으며

1 정의 촉(蜀)의 남쪽에 있다.

2 색은 유씨(劉氏)는 음이 수[所具反]라 하였다. 추씨(鄒氏)는 음이 수[所主反]라 하였다.

3 색은 순열(荀悅)은 말하였다. "건(犍)은 속국이다." 위소(韋昭)는 말하였다. "한나라가 현으로 삼았으며 장가(牂柯)에 속한다." 『후한서(後漢書)』에서는 "야랑(夜郎)은 동으로는 교지(交阯)에 접해 있고, 그 땅은 호남(胡南)에 있으며, 그 군장(君長)은 본래 대나무[竹]에서 나와서 죽(竹)을 성으로 삼았다."라 하였다. 정의 지금의 노주(瀘州) 남쪽 대강(大江) 남쪽 기슭의 협주(協州)와 곡주(曲州)는 본래 야랑국이었다.

4 색은 오랑캐의 읍 이름으로, 전(滇)과 같은 성(姓)이다.

5 정의 촉(蜀) 남쪽 이하 및 서쪽에 있다. 미(靡)는 요주(姚州) 북쪽에 있는 것이 아니라, 서울에서 서남쪽으로 4천9백35리 떨어진 곳으로 곧 미막(靡莫)의 오랑캐이다.

6 집해 여순(如淳)은 말하였다. "滇의 음은 전(顚)이다. 전마(顚馬)가 그 나라에서 난다." 색은 최호(崔浩)는 말하였다. "나중에 현이 되었으며 월수(越巂) 태수가 다스리는 곳이었다." 정의 곤주(昆州)와 낭주(郎州) 등은 본래 전국(滇國)이었으며, 서울과 서쪽으로 5천3백70리 떨어져 있다.

有邑聚 촌락이 있었다.

其外西自同師以東[8] 그 외에 서(西)로 동사(同師) 동쪽에서

北至楪榆[9] 북으로 엽유까지는

名爲巂昆明[10] 이름을 수(巂)와 곤명이라 하였는데

皆編髮 모두 머리를 묶고

隨畜遷徙[11] 가축을 따라 옮겨 다녀

毋常處 정처(定處)가 없었으며

毋君長 군장이 없었고

地方可數千里 땅은 사방 수천 리는 됨 직하였다.

自巂以東北 수(巂) 동쪽으로는

君長以什數 군장이 10을 헤아렸는데

徙筰都[12]最大 사(徙)와 작도(筰都)가 가장 컸으며,

---

7 **색은** 추(魋)는 『한서(漢書)』에는 '추(椎)'로 되어 있으며, 음은 추[直追反]이다. 結의 음은 계(計)이다.

8 **집해** 위소는 말하였다. "읍 이름이다." **색은** 위소는 읍 이름이라고 하였다. 『한서』에는 '동사(桐師)'로 되어 있다.

9 **집해** 위소는 말하였다. "익주(益州)에 있다. 楪의 음은 엽(葉)이다." **색은** 위소는 말하였다. "익주현(益州縣)이다. 楪의 음은 엽(葉)이다." **정의** 앞의 글자는 음이 엽(葉)이다. 엽택(楪澤)은 미(靡)의 북쪽 백여 리에 있다. 한나라 엽유현(楪榆縣)은 택(澤)의 서쪽 익도(益都)에 있다. 미비(靡非)는 본래 엽유왕(葉榆王)의 속국이다.

10 **집해** 서광(徐廣)은 말하였다. "영창(永昌)에 수당현(巂唐縣)이 있다." **색은** 최호는 말하였다. "두 나라 이름이다." 위소는 말하였다. "수(巂)는 익주현(益州縣)이다." **정의** 巂의 음은 수(髓)이다. 지금의 수주(巂州)이다. 곤명(昆明)은 수주현(巂州縣)으로, 대체로 남으로는 곤명 땅에 접해 있기 때문에 이렇게 불렀다.

11 **정의** 編의 음은 편[步典反]이다. 畜의 음은 후[許又反]이다. 모두 수(巂)와 곤명(昆明)의 풍속이다.

12 **집해** 서광은 말하였다. "사(徙)는 한가(漢嘉)에 있다. 筰의 음은 작(昨)이며, 월수(越巂)에 있다." **색은** 복건(服虔)은 말하였다. "두 나라 이름이다." 위소는 말하였다. "사현(徙縣)은 촉(蜀)에 속한다. 작현(筰縣)은 월수(越巂)에 있다." 서광은 말하였다. "筰의 음은 작(昨)이

自筰以東北	작(筰) 동북쪽으로는
君長以什數	군장이 10을 헤아렸는데
冉駹最大[13]	염방이 가장 컸다.
其俗或士箸	그 풍속은 어떨 때는 정착하기도 하였고
或移徙	어떨 때는 옮기어 다니기도 했는데
在蜀之西	촉(蜀)의 서쪽에 있었다.
自冉駹以東北	염방 동북쪽으로는
君長以什數	군장이 10을 헤아렸는데
白馬最大[14]	백마가 가장 컸으며
皆氐類也	모두 저(氐)의 족속이었다.
此皆巴蜀西南外蠻夷也	이는 모두 파촉 서남쪽 바깥의 만이이다.

始楚威王時	처음에 초성왕 때
使將軍莊蹻[15]將兵循江上	장군 장갹(莊蹻)으로 하여금 군사를 거느리고 장강의 가를 따라

다." 정의 徙의 음은 사(斯)이다. 『괄지지(括地志)』에서는 말하였다. "작주(筰州)는 본래 서촉(西蜀)의 새외(塞外)로 묘강수(貓羌嶲)라 한다. 「지리지(地理志)」에서는 사현(徙縣)이라고 하였다. 『화양국지(華陽國志)』에서는 아주(雅州) 공래산(邛郲山)의 본명은 공작산(邛筰山)으로 옛 공(邛) 사람과 작(筰) 사람의 경계라고 하였다."

13 색은 응소(應劭)는 "문강군(汶江郡)은 본래 염방(冉駹)이다. 음은 망[亡江反]이다." 정의 『괄지지』에서는 말하였다. "촉(蜀)의 서쪽 변새 바깥의 강(羌)으로, 무주(茂州)와 염주(冉州)는 본래 염방국(冉駹國)의 땅이다. 『후한서』에서는 염방(冉駹)에는 육이(六夷)와 칠강(七羌), 구지(九氐) 같은 산이 있는데 각기 부락이 있다."

14 색은 오랑캐의 읍 이름으로 곧 백마지(白馬氐)이다. 정의 『괄지지』에서는 말하였다. "농우(隴右)의 성주(成州)와 무주(武州)는 모두 백마지이며 그 호족 양씨(楊氏)는 성주(成州) 구지산(仇池山)에 산다."

15 색은 음은 갹[炬灼反]이다. 초장왕(楚莊王)의 아우로 도적이 되었다. 정의 음은 갹[其略反]이다. 낭주(郎州)와 곤주(昆州)는 곧 장갹(莊蹻)이 다스리는 곳이다.

略巴黔中以西	파와 검중을 공략하게 하였다.
莊蹻者	장갹은
故楚莊王苗裔也	옛 초장왕의 아득한 후예이다.
蹻至滇池	장갹은 전지에 이르러
方三百里[16]	(땅이) 사방 3백 리나 되고
旁平地	주위가 평지이며
肥饒數千里	비옥하기가 수천 리나 되어
以兵威定屬楚	군사의 위세를 가지고 평정하여 초나라에 귀속시켰다.
欲歸報	돌아가 보고를 하려다가
會秦擊奪楚巴黔中郡	마침 진나라가 초나라 파군과 검중군을 빼앗아
道塞不通	길이 막혀 통하지 않아
因還	내친김에 돌아가
以其衆王滇	그 무리를 가지고 전(滇)을 다스렸는데
變服	복장을 바꾸고
從其俗	그 풍속을 따라
以長之	그들의 우두머리가 되었다.
秦時常頞[17]略通五尺道[18]	진나라 때 상안이 너비 다섯 자 되는 도로를 빼

16 색은 전지(滇池)는 사방 3백 리이다. 「지리지(地理志)」에서는 익주(益州) 전지현(滇池縣)이며 못은 서북쪽에 있다. 『후한서』에서는 말하였다. "그 못은 수원(水源)이 깊고 넓으며 끝은 다시 얕고 좁으며 거꾸로 흐르는 것 같아서 전지(滇池)라고 한다." 정의 『괄지지』에서는 말하였다. "전지택(滇池澤)은 곤주(昆州) 진령현(晉寧縣) 서남쪽 30리 지점에 있다. 그 못은 수원이 깊고 넓으며 끝은 다시 얕고 좁으며 거꾸로 흐르는 것 같아서 전지라고 한다."

17 집해 음은 안(案)이다.

18 색은 잔도(棧道)의 너비가 5척이라는 말이다. 정의 『괄지지』에서는 말하였다. "(너비) 5척의 길은 낭주(郎州)에 있다. 안사고(顏師古)는 그곳이 험하고 좁기 때문에 길의 너비가 겨우 5척이라고 하였다. 여순은 길의 너비가 5척이다."라 하였다.

	앗아 개통시켜
諸此國頗置吏焉	여러 이 나라들에 관리를 자못 설치하였다.
十餘歲	10여 년 만에
秦滅	진나라는 멸하였다.
及漢興	한나라가 흥하자
皆棄此國而開蜀故徼	모두 이 나라를 버리고 촉나라의 옛 변경을 열었다.
巴蜀民或竊出商賈	파촉의 백성들이 혹 몰래 나가 장사를 하기도 해서
取其筰馬僰僮[19]髦牛[20]	작의 말과 북의 노예, 모우를 취하였는데
以此巴蜀殷富	이 때문에 파촉은 부유해졌다.

建元六年	건원 6년(B.C. 135)에
大行王恢擊東越	대행 왕회가 동월을 치자
東越殺王郢以報	동월은 왕영을 죽이고 그 사실을 알렸다.
恢因兵威使番陽令[21]唐蒙風指曉南越	왕회는 군사의 위세를 믿고 파양령 당몽으로 하여금 남월에게 풍유하여 그 뜻을 알게 하였다.
南越食蒙蜀枸醬[22]	남월에서는 당몽에게 촉군(蜀郡)의 구목(枸木) 장(醬)을 대접하였는데

19 색은 위소는 말하였다. "북(僰)은 건위(犍爲)에 속하며, 음은 북[蒲北反]이다." 복건은 말하였다. "옛 경사(京師)에 북비(僰婢)가 있었다." 정의 지금의 익주(益州) 남쪽 융주(戎州) 북쪽은 대강(大江)을 굽어보고 있는데 옛 북국(僰國)이다.

20 모우(髦牛)는 모우(旄牛)라고도 하며, 곧 야크(yak)를 말한다. 몸집이 작고 강건하며 털이 길고 색은 주로 흑색과 짙은 다갈색을 띠며 흑백의 반점이 있는 것도 있다. 추위에 강하며, 꼬리는 깃발의 장식으로 많이 쓰인다. - 옮긴이.

21 정의 番의 음은 파(婆)이다.

蒙問所從來	당몽이 출처를 묻자
曰‘道西北牂柯	말하기를“서북쪽의 장가(牂柯)에서 가져왔는데
牂柯江[23]廣數里	장가강(牂柯江)은 너비가 몇 리는 되며
出番禺城下	반우성 아래에서 나옵니다.”라 하였다.
蒙歸至長安	당몽은 장안으로 돌아와
問蜀賈人	촉군(蜀郡)의 장사치에게 물어보았는데
賈人曰	장사치가 말하였다.
獨蜀出枸醬	“촉군에서만 구목(枸木) 장(醬)이 나는데
多持竊出市夜郎	몰래 가지고 나와 야랑에서 장사를 하는 경우가 많습니다.
夜郎者	야랑은
臨牂柯江	장가강을 굽어보고 있으며
江廣百餘步	강의 너비가 백여 보(步)여서

---

22 **집해** 서광은 말하였다. “구(枸)는 어떤 판본에는 ‘구(蒟)’로 되어 있으며, 음은 구(窶)이다.” 『한서음의(漢書音義)』에서는 “구목(枸木)은 곡수(穀樹)와 비슷하며 잎은 뽕나무 잎과 같다. 그 잎으로 장초(醬酢)를 만드는데 맛이 좋아 촉(蜀) 땅 사람들이 진미로 여긴다.”라 하였다. **색은** 구(蒟)이다. 진작(晉灼)은 음이 구(矩)라고 하였다. 유덕(劉德)은 “구수(蒟樹)는 뽕나무와 같고 열매[椹: 오디]는 길이가 2~3치로 초맛이 나며, 그 열매를 가져다 장을 만드는데 맛이 좋다.”라 하였다. 또 말하기를 “구(蒟)는 나무를 감고 자라며 나무가 아니다. 지금 촉(蜀) 지방의 토가(土家)에는 구(蒟)가 나는데, 열매는 오디[桑椹]와 비슷하고 맛은 매워서 생강 같으며 초맛이 나지 않는다.”라 하였다. 또한 “잎을 취한다.”고 하였다. 이 주에서는 또한 잎은 뽕나무 잎 비슷하다고 하였는데 틀렸다. 『광지(廣志)』에서는 “색은 검고 맛은 매우며 방귀가 나오게 하고 곡식을 소화시킨다.”라 하였다. 窶의 음은 구[求羽反]이다.

23 **정의** 최호는 말하였다. “장가(牂柯)는 배를 매어두는 말뚝이다.” 상씨[常氏: 상거(常璩)]의 『화양국지(華陽國志)』에서는 말하였다. “초나라 경양왕(頃襄王) 때 장갹(莊蹻)을 보내어 야랑(夜郎)을 쳤는데 군대가 저란(且蘭)에 이르러 기슭에 말뚝질을 하여 배를 매놓고 걸어서 싸웠다. 야랑을 멸하고 저란에 배를 매어둔 말뚝이 있다 하여 이에 그 이름을 장가(牂柯)로 고쳤다.”

足以行船	배를 운행하기에 충분합니다.
南越以財物役屬夜郎	남월이 재물로 야랑을 복속시키고
西至同師	서(西)로 동사까지 이르렀지만
然亦不能臣使也	또한 신하처럼 부릴 수는 없습니다.”
蒙乃上書說上曰	당몽은 이에 글을 올려 임금에게 말하였다.
南越王黃屋左纛	“남월왕은 누런색 마차를 타고 왼쪽에 깃발을 달고
地東西萬餘里	땅은 동서로 만 리여서
名爲外臣	명의는 외신(外臣)이라지만
實一州主也	실은 한 주(州)의 주인입니다.
今以長沙豫章往	지금 장사와 예장에서 간다면
水道多絕	물길이 많이 끊기어
難行	가기가 어렵습니다.
竊聞夜郎所有精兵	가만히 듣건대 야랑의 모든 정예병은
可得十餘萬	10여만을 헤아린다 하니
浮船牂柯江	장가강에 배를 띄워
出其不意	생각지도 못한 때에 (군사를) 내는 것이
此制越一奇也	월나라를 제압하는 첫 번째 좋은 방법입니다.
誠以漢之彊	실로 한나라의 강함과
巴蜀之饒	파촉의 넉넉함으로
通夜郎道	야랑의 길을 통하게 하고
爲置吏	관리를 두는 것은
易甚	매우 쉬울 것입니다.”
上許之	임금이 허락하였다.
乃拜蒙爲郎中將	이에 당몽을 낭중장으로 삼아

將千人	천 명과
食重萬餘人[24]	보급병 1만여 명을 거느리고
從巴蜀筰關入	파촉의 작관에서 들어가
遂見夜郎侯多同	마침내 야랑후 다동을 만났다.
蒙厚賜	당몽은 재물을 두터이 내리고
喩以威德	위엄과 덕으로 알리고
約爲置吏	관리를 둘 것인데
使其子爲令	그 아들을 현령으로 삼을 것을 약속하였다.
夜郎旁小邑皆貪漢繒帛	야랑 곁의 작은 고을은 모두 한나라의 비단을 탐내어
以爲漢道險	한나라는 길이 험하여
終不能有也	끝내 가질 수 없을 것이라 생각하여
乃且聽蒙約	이에 당몽의 약정을 들어주었다.
還報	돌아와 보고하자
乃以爲犍爲郡	이에 건위군으로 삼았다.
發巴蜀卒治道	파촉의 군졸들을 파견하여 길을 닦아
自僰道指牂柯江[25]	북의 길에서 장가강을 가리키게 하였다.

蜀人司馬相如亦言西夷邛筰可置郡

촉(蜀) 땅의 사람 사마상여 또한 서이(西夷)의 공(邛)과 작(筰)은 군(郡)으로 둘 만하다 하였다.

---

24 **색은** 식료품과 화물을 옮기는 치중거이다. 음은 종[持用反]이다.

25 **색은** 장가강(牂柯江)으로 가는 길이다. 최호는 말하였다. "장가(牂柯)는 배를 매어두는 말뚝인데 지명으로 삼았다." 도(道)는 종(從)과 같다. 「지리지(地理志)」에서는 야랑에는 또한 돈수(豚水)가 있는데, 동으로 남해(南海)의 사회(四會)에 이르러 바다로 든다고 하였는데 이것이 장가강(牂柯江)이다.

使相如以郎中將往喻	사마상여를 낭중령으로 삼아 가서 타이르게 하여
皆如南夷	모두 남이(南夷)와 마찬가지로
爲置一都尉	도위 하나를 설치해 주고
十餘縣	10여 개의 현(縣)을
屬蜀	촉(蜀)에 예속시켰다.

當是時	이때
巴蜀四郡[26]通西南夷道	파촉의 네 군(郡)은 서남이로 통하는 길을 내려고
戍轉相饟	군사를 옮기고 양식도 옮겼다.
數歲	여러 해 동안
道不通	길이 개통되지 않아
士罷餓離溼死者甚衆	군사들이 지치고 주려 습한 기후로 죽는 자가 매우 많았으며,
西南夷又數反	서남이도 또한 수차례나 반기를 들어
發兵興擊	군사를 보내어 쳤지만
秏費無功	소모는 많은데 공은 없었다.
上患之	임금이 근심하여
使公孫弘往視問焉	공손홍으로 하여금 가서 물어보게 하였다.
還對	돌아와 대답하기를
言其不便	불리하다고 말하였다.
及弘爲御史大夫	공손홍이 어사대부가 되었을 때
是時方築朔方以據河逐胡	마침 삭방에 성을 쌓아 황하에 의거하여 오랑

26 **집해** 서광은 말하였다. "한중(漢中)과 파촉(巴郡), 광한(廣漢), 촉군(蜀郡)이다."

	캐를 쫓았는데
弘因數言西南夷害	공손홍은 이 때문에 수차례나 서남이의 해악을 말하고
可且罷	잠시 그만두고
專力事匈奴	전력으로 흉노의 일을 도모하여야 한다고 하였다.
上罷西夷	임금은 서이의 일을 그만두고
獨置南夷夜郎兩縣一都尉[27]	다만 남이의 야랑에만 두 현과 하나의 도위를 두었으며
稍令犍爲自葆就[28]	조금씩 건위로 하여금 알아서 지키고 이루게 하였다.

及元狩元年	원수 원년(B.C. 122)에
博望侯張騫使大夏來	박망후 장건이 대하(大夏)의 사명을 마치고 와서
言居大夏時見蜀布邛竹杖[29]	대하에 있을 때 촉(蜀)의 베와 공(邛)의 대나무 지팡이를 보았는데
使問所從來	어디서 왔는가를 물어보게 하였더니
曰從東南身毒國[30]	말하기를 "동남쪽의 연독국(身毒國)에서 왔는데

---

27 **집해** 서광은 말하였다. "원광(元光) 6년(B.C. 129) 남이(南夷)는 처음으로 우정(郵亭)을 설치하였다."

28 **정의** 건위(犍爲)로 하여금 스스로 지키고 차츰 그 군현을 닦아 이루게 한 것이다.

29 **집해** 위소는 말하였다. "공현(邛縣)의 대나무는 촉(蜀)에 속한다." 찬(瓚)은 말하였다. "공(邛)은 산 이름이다. 이 대나무는 마디가 높고 안이 차서 지팡이로 쓸 만하다."

30 **집해** 서광은 말하였다. "'축(竺)' 자로 된 판본도 있다. 『한서』에서는 다만 '연독(身毒)'이라고만 하였으며, 『사기(史記)』에서는 '건독(乾毒)'으로 된 판본도 있다."라 하였다. 내[駰]가 생각건대 『한서음의(漢書音義)』에서는 "일명 '천축(天竺)'이라고 한다고 하였으니 곧 부도호(浮屠胡)이다."라 하였다. **색은** 身의 음은 연(捐)이고, 毒의 음은 독(篤)이다. 어떤 판본에는 '건독(乾毒)'으로 되어 있다. 『한서음의(漢書音義)』에서는 일명 '천축(天竺)'이라고 하였다.

可數千里	수천 리는 됨 직하며
得蜀賈人市	촉나라의 장사치에게서 사게 되었습니다."라 한다고 하였다.
或聞邛西可二千里有身毒國	혹자는 공현(邛縣) 서쪽 2천 리 됨 직한 곳에 연독국이 있다고 들었다.
騫因盛言大夏在漢西南	장건은 힘껏 대하(大夏)는 한나라의 서남쪽에 있으면서
慕中國	중국을 부러워하는데
患匈奴隔其道	흉노가 그 길을 끊는 것을 두려워하니
誠通蜀	실로 촉과 (길이) 통한다면
身毒國道便近	연독국 길이 편하고 가까워
有利無害	이로움은 있어도 해는 없을 것이라고 말하였다.
於是天子乃令王然于柏始昌呂越人等	이에 천자는 곧 왕연우와 백시창, 여월 등에게
使閒出西夷西	사잇길로 서남이로 가게 하여
指求身毒國	연독국을 가리켜 찾게 하였다.
至滇	전(滇)에 이르니
滇王嘗羌[31]乃留	전왕(滇王) 상강이 붙잡아두고
爲求道西十餘輩	서쪽 길을 찾는 10여 무리를 구하였다.
歲餘	한 해 남짓 만에
皆閉昆明[32]	곤명을 모두 폐쇄하자
莫能通身毒國	연독국과는 통할 수가 없었다.

31 **집해** 서광은 말하였다. "상(嘗)은 '상(賞)'으로 된 판본도 있다."

32 **집해** 여순은 말하였다. "곤명(昆明)에 의하여 길이 막혔다." **정의** 곤명(昆明)은 지금의 수주(嶲州) 남쪽에 있는데, 곤현(昆縣)이 이곳이다.

滇王與漢使者言曰 전왕(滇王)이 한나라 사자에게 물었다.

漢孰與我大 “한나라와 우리 중 누가 큰가?”

及夜郎侯亦然 야랑후 또한 그렇게 하였다.

以道不通故 길이 통하지 않은 까닭으로

各自以爲一州主 각자 한 주의 주인이 되어

不知漢廣大 한나라의 광대함을 알지 못하였다.

使者還 사자는 돌아와

因盛言滇大國 이에 전(滇)은 큰 나라이며

足事親附 가까이하여 붙을 만하다고 힘껏 말하였다.

天子注意焉 천자도 그 말에 주의하였다.

及至南越反 남월이 반란을 일으켰을 때

上使馳義侯因犍爲發南夷兵 임금은 치의후로 하여금 건위를 통하여 남이로 군사를 내게 하였다.

且蘭[33]君恐遠行 저란군(且蘭君)은 (군대가) 멀리 가면

旁國虜其老弱 이웃 나라가 그 노약자들을 포로로 잡을까 두려워하여

乃與其衆反 이에 그 무리들과 반기를 들고

殺使者及犍爲太守 사자 및 건위 태수를 죽였다.

漢乃發巴蜀罪人嘗擊南越者八校尉擊破之

한나라는 이에 파촉의 죄인들로 일찍이 남월을 쳤던 자들과 여덟 교위를 조발하여 그들을 격파하였다.

---

33 **색은** 앞의 글자는 음이 저[子餘反]이다. 소국의 이름이다. 나중에는 현으로 장가(牂柯)에 속하였다.

會越已破　마침 월나라는 이미 격파되어
漢八校尉不下　한나라의 여덟 교위는 내려가지 않고
即引兵還　즉시 군사를 끌고 돌아와
行誅頭蘭[34]　가는 길에 두란을 토벌하였다.
頭蘭　두란은
常隔滇道者也　늘 전(滇)으로 가는 길을 막던 나라였다.
已平頭蘭　이미 두란을 평장하자
遂平南夷爲牂柯郡　마침내 남이를 평정하여 장가군으로 삼았다.
夜郎侯始倚南越　야랑후는 처음에는 남월에 기대었는데
南越已滅　남월이 멸망하고 나자
會還誅反者　때마침 돌아와 반기를 든 자를 죽였다.
夜郎遂入朝　야랑은 마침내 입조하였다.
上以爲夜郎王　임금은 야랑왕으로 삼았다.

南越破後　남월이 격파된 후
及漢誅且蘭邛君　한나라가 저란과 공군(邛君)을 죽이고
并殺筰侯　아울러 작후를 죽이자
冉駹皆振恐　염(冉)과 방(駹)이 모두 두려워 떨며
請臣置吏　신하가 되고 관리를 둘 것을 청하였다.
乃以邛都爲越巂郡　이에 공도를 월수군(越巂郡)으로 삼았고
筰都爲沈犁郡　작도를 침리군으로 삼았으며
冉駹爲汶山郡[35]　염과 방은 민산군(汶山郡)으로 삼았고

---

34 **색은** 곧 저란(且蘭)이다.

35 **집해** 응소는 말하였다. "지금의 촉군(蜀郡) 민강(岷江)이다." '汶'은 곧 '岷'과 같으며 산 이름으로 곧 『서경』「우공(禹貢)」에는 '민(岷)'으로 되어 있다. – 옮긴이.

廣漢西白馬爲武都郡　광한의 서쪽 백마는 무도군(武都郡)으로 삼았다.

上使王然于以越破及誅南夷兵威風喩滇王入朝　임금은 왕연우로 하여금 월을 격파하고 남이를 토벌한 군사의 위세를 가지고 전왕이 입조하게끔 넌지시 권하였다.

滇王者　전왕은

其衆數萬人　그 무리가 수만이며

其旁東北有勞浸靡莫[36]　곁의 동북쪽에는 노침과 미막이 있는데

皆同姓相扶　모두 같은 성(姓)으로 서로 부지하여

未肯聽　들으려 하지 않았다.

勞浸靡莫數侵犯使者吏卒　노침과 미만은 여러 차례 사자와 이졸들을 침범하였다.

元封二年　원봉 2년(B.C. 109)

天子發巴蜀兵擊滅勞浸靡莫　천자는 파촉의 군사를 내어 노침과 미막을 멸하였으며

以兵臨滇　군사로 전(滇)에 다다랐다.

滇王始首善　전왕은 처음에는 사이가 좋았으므로

以故弗誅　토벌을 하지 않았다.

滇王離難西南夷　전왕은 서남이의 난리를 당하자

擧國降　온 나라를 들어 항복하였으며

請置吏入朝　관리를 두고 입조할 것을 청하였다.

於是以爲益州郡　이에 익주군으로 삼았으며

賜滇王王印　전왕에게 왕의 인장을 내리어

36 **색은** 노침(勞寖)과 미막(靡莫)이다. 두 나라는 전왕(滇王)과 동성이다.

復長其民	다시 그 우두머리가 되었다.

西南夷君長以百數	서남이의 군장은 백을 헤아리는데
獨夜郎滇受王印	야랑과 전(滇)만이 왕의 인장을 받았다.
滇小邑	전(滇)은 작은 고을이었지만
最寵焉	가장 총애하였다.

太史公曰	태사공은 말한다.
楚之先豈有天祿哉	초나라의 선조가 하늘의 복이 있다고 할 만하겠는가?
在周爲文王師	주나라 때는 문왕의 스승이 되어
封楚	초나라에 봉하여졌다.
及周之衰	주나라가 쇠퇴하자
地稱五千里	땅은 5천 리를 일컬었다.
秦滅諸候	진나라가 제후국들을 멸하였는데
唯楚苗裔尚有滇王	초나라의 후예에만 여전히 전왕이 있었다.
漢誅西南夷	한나라가 서남이를 토벌하자
國多滅矣	나라는 거의 멸망당하였는데
唯滇復爲寵王	오직 전(滇)만 다시 총애를 받아 왕이 되었다.
然南夷之端	그러나 남이의 (토벌의) 발단은
見枸醬番禺	반우에서 구목(枸木) 장(醬)을 보고
大夏杖邛竹	대하에서 공(邛)의 지팡이를 보아서였다.
西夷後揃[37]	서이는 나중에 잘리어

37 **집해** 『한서음의(漢書音義)』에서는 말하였다. "음은 전(翦)이다." **색은** 음은 전(剪)이다. 전은 분할되는 것을 이른다.

剽分二方[38]	두 곳으로 나누어졌으며
卒爲七郡[39]	마침내 일곱 군(郡)이 되었다.

---

38 **색은** 剽의 음은 표[匹妙反]이다. 서이가 나중에 분할되고 쫓겨 마침내 서남쪽의 두 곳을 빼앗아 거처하여 각기 군현에 예속시킨 것을 말한다. 표(剽) 자 또한 뜻이 나누어진다.

39 **집해** 서광은 말하였다. "건위(犍爲)와 장가(牂柯), 월수(越巂), 익주(益州), 무도(武都), 침리(沈犁), 민산(汶山)의 땅이다."

57 사마상여 열전 司馬相如列傳

司馬相如者	사마상여는
蜀郡成都人也	촉군(蜀郡) 성도 사람으로
字長卿	자는 장경이다.
少時好讀書	어렸을 때는 글 읽기를 좋아하였고
學擊劍[1]	칼 쓰기를 배웠으므로
故其親名之曰犬子[2]	그 어버이가 이름을 견자라고 하였다.
相如既學[3]	상여는 취학을 하자
慕藺相如之爲人	인상여(藺相如)의 사람됨을 흠모하여
更名相如	이름을 상여로 바꾸었다.
以貲爲郎	재물을 써서 낭(郎)이 되어
事孝景帝	효경제를 섬겨
爲武騎常侍[4]	무기상시가 되었는데
非其好也	그가 원하던 것이 아니었다.
會景帝不好辭賦	마침 경제(景帝)는 사부를 좋아하지 않았으며

1 색은 『여씨춘추(呂氏春秋)』의 검기(劍伎)에서는 "짧은 것을 가지고 길게 들어가면 잠깐 만에 종횡의 검술이 된다."라 하였다. 위문제[魏文帝: 조비(曹丕)]의 『전론(典論)』에 "내 칼 쓰기를 좋아하는데 짧은 것을 가지고 길게 잇는 것을 잘한다."라고 한 것이 있다.

2 색은 맹강(孟康)은 말하였다. "사랑하여 자로 삼은 것이다."

3 색은 진밀(秦密)은 "문옹(文翁)이 상여에게 칠경(七經)을 배우게 하였다."라 하였다.

4 색은 장읍(張揖)은 말하였다. "봉록이 6백 석(石)이며, 늘 시종하면서 (달려드는) 맹수를 쳤다."

是時梁孝王來朝
이때 양효왕이 내조하였는데

從游說之士齊人鄒陽淮陰枚乘吳莊忌夫子[5]之徒
유세지사인 제나라 사람 추양과 회음의 매승, 오나라의 장기 부자 같은 무리를 딸려

相如見而說之
상여는 그들을 보고 기뻐하여

因病免
병을 핑계로 관직을 그만두어

客游梁
양나라를 유력하였다.

梁孝王令與諸生同舍
양효왕이 여러 유생들과 함께 묵도록 하자

相如得與諸生游士居數歲
상여는 여러 유생 및 유사들과 몇 년을 같이 지내면서

乃著子虛之賦
이에 「자허부(子虛賦)」를 지었다.

會梁孝王卒
양효왕이 죽자

相如歸
상여는 돌아왔는데

而家貧
집이 가난하여

無以自業
스스로 생계를 도모할 길이 없었다.

素與臨邛令王吉相善
평소 임공령 왕길과 친하게 지냈는데

吉曰
왕길이 말하였다.

長卿久宦遊不遂
"장경이 오래도록 벼슬을 찾았으나 이루지 못하였으니

而來過我
나한테 오게나."

---

5 **집해** 서광(徐廣)은 말하였다. "이름은 기(忌)이고 자는 부자(夫子)이다." **색은** 서광과 곽박(郭璞)은 모두 이름은 기이고 자는 부자라 하였다. 「추양전(鄒陽傳)」에서는 매선생(枚先生)과 엄부자(嚴夫子)라고 하였는데 이곳의 부자(夫子)는 미칭이며 당시 사람들이 호로 삼았다. 『한서(漢書)』에 '엄기(嚴忌)'로 되어 있는 것은 기(忌)의 본래 성은 장(莊)인데 명제(明帝)의 휘를 피하여 성을 엄(嚴)으로 고친 것이다.

於是相如往	이에 상여는 가서
舍都亭[6]	도정에 묵었다.
臨邛令繆爲恭敬	임공령은 일부러 공경하는 척하며
日往朝相如	날마다 가서 사마상여를 찾았다.
相如初尚見之	상여는 처음에는 그래도 그를 만나주었지만
後稱病	나중에는 병이라 하고
使從者謝吉	종자로 하여금 왕길을 사절하게 하였는데
吉愈益謹肅	왕길은 더욱더 삼가고 공경하였다.
臨邛中多富人	임공에는 부자가 많았는데
而卓王孫家僮八百人	탁왕손의 집은 종이 8백 명이었고
程鄭亦數百人	정정 또한 수백 명이나 되어
二人乃相謂曰	두 사람은 이에 서로 말하였다.
令有貴客	"현령에게 귀빈이 있으니
爲具召之	함께 초대해 줍시다."
并召令	함께 현령을 초대하였다.
令既至	현령이 이르렀을 때
卓氏客以百數	탁씨의 손님은 백(百) 단위로 헤아렸다.
至日中	한낮이 되어
謁司馬長卿	사마장경을 불렀는데
長卿謝病不能往	장경이 병으로 갈 수 없다고 사양하자
臨邛令不敢嘗食	임공령은 감히 음식을 맛보지도 못하고
自往迎相如	친히 가서 상여를 맞았다.
相如不得已	상여는 어쩔 수가 없어서

6 **색은** 임공(臨邛)의 외곽[郭] 아래에 있는 정자이다.

彊往	억지로 갔는데
一坐盡傾	앉자마자 시선이 모두 그에게 쏠렸다.
酒酣	주흥이 오르자
臨邛令前奏琴曰	임공령이 앞에서 금(琴)을 연주하며 말하였다.
竊聞長卿好之	"가만히 듣자 하니 장경께서 이[금(琴)]를 좋아하신다니
願以自娛	원컨대 스스로 즐겼으면 하오."
相如辭謝	상여는 거절하다가
爲鼓一再行[7]	한두 곡조를 쳐주었다.
是時卓王孫有女文君新寡	이때 탁왕손에게는 딸 탁문군이 있었는데 막 과부가 되었으며
好音	음악을 좋아하였기 때문에
故相如繆與令相重	상여는 일부러 현령과 서로 존중하는 척하면서
而以琴心挑之[8]	금으로 마음을 흔들려는 것이었다.
相如之臨邛	상여는 임공으로 가면서
從車騎	기마를 딸렸는데

7 **색은** 악부(樂府)의 장가행(長歌行)과 단가행(短歌行)의 행은 곡(曲)이다. 여기서 말한 "고일재행(鼓一再行)"은 한두 곡(曲)을 이른다.

8 **집해** 곽박은 말하였다. "금(琴)의 음으로 마음을 흔든 것이다." **색은** 장읍은 말하였다. "도(挑)는 아리따운 것이다. 금으로 아리땁게 한 것이다." 挑의 음은 도[徒了反]이다. 嬈의 음은 뇨[奴了反]이다. 그 시에서는 "봉이여 봉이여, 고향으로 돌아왔구나, 온 세상 돌아다니며 짝 구하였다네. 고운 여인 이 대청에 있는데, 방 가까우나 사람 멀어 내 애 쓰라리게 하고, 어떻게 하면 서로 만나 원앙 되겠는가?(鳳兮鳳兮歸故鄕, 遊遨四海求其皇, 有一豔女在此堂, 室邇人遐毒我腸, 何由交接爲鴛鴦)"라 하였다. 또 말하기를 "봉이여 봉이여, 짝 따라 둥지로 가서, 확실하게 부부의 정 맺어 영원히 짝 되자꾸나. 정 나누고 몸 통하여 반드시 잘 어울리리니, 한밤중에 상종하면 따로 누가 알리?(鳳兮鳳兮從皇栖, 得託孶尾永爲妃. 交情通體必和諧, 中夜相從別有誰)"라 하였다.

雍容閒雅甚都[9]	느긋하고 한아하여 매우 아름다웠으며,
及飮卓氏	탁씨의 집에서 술을 마시며
弄琴	금을 연주할 때
文君竊從戶窺之	탁문군이 몰래 문으로 엿보고 있다가
心悅而好之	마음속으로 기뻐하며 좋아하여
恐不得當也	배필이 되지 못할까 걱정하였다.
旣罷	연회가 끝이 나자
相如乃使人重賜文君侍者通殷勤	상여는 사람을 시켜 탁문군의 시종에게 재물을 듬뿍 주고 은근히 통하게 하였다.
文君夜亡奔相如[10]	탁문군은 밤에 상여에게 도망쳐 달아났는데
相如乃與馳歸成都	상여는 이에 함께 성도로 돌아갔다.
家居徒四壁立[11]	집에는 다만 네 벽만 서 있을 뿐이었다.
卓王孫大怒曰	탁왕손이 크게 노하여 말하였다.
女至不材	"딸아이가 쓸모없게 되었으니
我不忍殺	내 차마 죽이지는 않겠지만
不分一錢也	한 푼도 나누어 주지 않겠다."
人或謂王孫	사람들이 혹 탁왕손에게 말하기도 하였는데
王孫終不聽	탁왕손은 끝내 듣지 않았다.

---

9 **집해** 위소(韋昭)는 말하였다. "閒은 '한(閑)'의 뜻으로 읽는다. 매우 아름다운 용모를 얻은 것이다." 곽박은 말하였다. "도(都)는 교(姣)와 같다. 『시경(詩)』「정풍·유녀동거(鄭風·有女同車)」에 '정말 아름답고 예쁘네(恂美且都).'라는 구절이 있다."

10 **색은** 곽박은 말하였다. "혼인의 예를 치르지 않고 도망친 것이다."

11 **집해** 곽박은 말하였다. "빈궁함을 말한다." **색은** 공문상(孔文祥)은 "도(徒)는 공(空)과 같다. 집이 비어서 쌓아놓은 제물이 없고 다만 사방의 벽만 있을 뿐이라는 것인데, 이 속에서 편안하게 서 있다는 것을 이른다."라 하였다.

文君久之不樂	탁문군은 오랫동안 즐거워하지 않다가
曰	말하였다.
長卿第俱如臨邛[12]	"장경이 다만 함께 임공으로 간다면
從昆弟假貸猶足爲生	형제들에게 재물을 빌리어 그대로 충분히 살아갈 터인데
何至自苦如此	어찌하여 스스로 이런 고생을 합니까!"
相如與俱之臨邛	상여는 함께 임공으로 가서
盡賣其車騎	거마를 다 팔아
買一酒舍酤酒	술집을 하나 사서 술을 팔았는데
而令文君當鑪[13]	문군에게 계산대를 맡게 하였다.
相如身自著犢鼻褌[14]	상여 자신은 행주치마를 두르고
與保庸雜作[15]	일꾼들과 함께 허드렛일을 하면서
滌器於市中[16]	저자에서 그릇을 씻었다.
卓王孫聞而恥之	탁왕손은 듣고 부끄럽게 여겨
爲杜門不出	문을 닫아걸고 나가지 않았다.
昆弟諸公[17]更謂王孫曰	형제와 어르신들이 번갈아 탁왕손에게 말하였다.
有一男兩女	"1남 2녀가 있는데
所不足者非財也	부족한 것은 재물이 아닙니다.

12 **색은** 임공(臨邛)으로 가는 것이다. 문영(文穎)은 말하였다. "제(弟)는 차(且)와 같다." 곽박은 말하였다. "제(弟)는 어조사[語辭]이다. 여(如)는 간다는 뜻이다."

13 **집해** 위소는 말하였다. "노(鑪)는 술집이다. 흙을 가지고 깎았는데 바깥쪽이 높아 화로 같다."

14 **집해** 위소는 말하였다. "지금의 석 자 되는 베로 형태가 송아지의 코와 같다. 이렇게 말하는 것은 부끄러움이 없음을 말한다. 지금의 동인(銅印)을 독뉴(犢紐)라 하는 것이 이런 따위이다."

15 **집해** (前漢 揚雄의) 『방언(方言)』에서는 말하였다. "보용(保庸)은 용(甬)을 말하며, 노비를 천하게 부르는 것이다."

16 **집해** 위소는 말하였다. "와기(瓦器)이다. 먹을 때마다 반드시 씻어야 하는 것이다."

17 **집해** 곽박은 말하였다. "제공(諸公)은 부항(父行)이다."

今文君已失身於司馬長卿	지금 문군이 이미 사마장경에게 정절을 잃었고
長卿故倦游[18]	장경은 예전에 벼슬을 하다가 지쳐
雖貧	가난하기는 하지만
其人材足依也	그 사람이 의지할 만하고
且又令客	게다가 또한 현령의 빈객인데
獨柰何相辱如此	다만 어찌 (상여를) 이렇게 욕보이겠습니까!”
卓王孫不得已	탁왕손은 어쩔 수 없이
分予文君僮百人	탁문군에게 종 백 명과
錢百萬	백만 전(錢)
及其嫁時衣被財物	그리고 시집갈 때의 옷가지랑 재물을 나누어 주었다.
文君乃與相如歸成都	탁문군은 이에 상여와 성도로 돌아갔으며
買田宅	밭과 집을 사서
爲富人	부자가 되었다.

居久之	한참 있다가
蜀人楊得意爲狗監[19]	촉군(蜀郡) 사람 양득의가 구감이 되어
侍上	임금을 모셨다.
上讀子虛賦而善之	임금이 「자허부」를 읽고 칭찬하여
曰	말하였다.
朕獨不得與此人同時哉	“짐이 다만 이 사람과 같은 시대에 살 수 없단 말인가!”
得意曰	양득의가 말하였다.

18 **집해** 곽박은 말하였다. “벼슬살이에 지친 것이다.”

19 **집해** 곽박은 말하였다. “사냥개를 주관한다.”

臣邑人司馬相如自言爲此賦	"신의 고을 사람 사마상여가 스스로 이 부(賦)를 지었다고 했습니다."
上驚	임금이 놀라
乃召問相如	이에 상여를 불러서 물어보았다.
相如曰	상여가 말하였다.
有是	"그렇습니다.
然此乃諸侯之事	그러나 이것은 곧 제후의 일로
未足觀也	볼 만한 것이 못 됩니다.
請爲天子游獵賦	청컨대 천자께서 사냥하시는 부(賦)를 지어드리고자 하니
賦成奏之	부(賦)가 완성되면 바치겠습니다."
上許	임금이 허락하고
令尙書給筆札	상서에게 붓과 종이를 주게 하였다.
相如以子虛	상여는 "자허(子虛)"는
虛言也	빈말이라는 뜻인데
爲楚稱[20]	이로 초나라를 칭찬해 주었고,
烏有先生者[21]	"오유선생"은
烏有此事也	어찌 이런 일이 있겠느냐는 뜻인데
爲齊難[22]	제나라를 힐난하게 하였으며,
無是公者	"무시공"은
無是人也	이런 사람이 없다는 뜻인데
明天子之義[23]	천자의 뜻을 밝혔다.

20 집해 곽박은 말하였다. "초나라의 아름다움을 칭찬하여 말한 것이다."

21 집해 서광은 말하였다. "오(烏)는 오(惡)로 된 판본도 있다."

22 집해 곽박은 말하였다. "초나라의 일을 힐난한 것이다."

23 집해 곽박은 말하였다. "절충한 이야기로 삼은 것이다."

故空藉[24]此三人爲辭	가공으로 이 세 사람을 빌려 말을 하여
以推天子諸侯之苑囿	천자와 제후의 원유를 미루었다.
其卒章歸之於節儉	그 마지막 장은 절검으로 귀결하였는데
因以風諫	이로 인해 풍간하려는 것이었다.
奏之天子	천자께 아뢰니
天子大說	천자는 크게 기뻐하였다.
其辭曰	그 사(辭)는 이러하다.

楚使子虛使於齊	초나라가 자허를 제나라에 사신으로 보내니
齊王悉發境內之士	제왕이 경내의 군사를 모두 징발하고
備車騎之衆	거마의 무리를 갖추어
與使者出田	사자와 함께 사냥을 나갔다.
田罷	사냥이 끝나자
子虛過詫[25]烏有先生	자허는 오유선생에게 들러 자랑을 하였는데
而無是公在焉	무시공이 그곳에 있었다.
坐定	자리를 정하고 앉자
烏有先生問曰	오유선생이 물었다.
今日田樂乎	"오늘 사냥이 즐거웠습니까?"
子虛曰	자허가 말하였다.
樂	"즐거웠습니다."
獲多乎	"잡은 것이 많습니까?"
曰	말하였다.

24 **색은** 음을 가차(假借)한 것으로 적(積)과 음이 같다.

25 **집해** 곽박은 말하였다. "타(詫)는 자랑하는 것이다. 음은 타[託夏反]이다." **색은** 앞의 글자는 음이 과(戈)이고, 아래의 글자는 음이 차[敕亞反]이다. 곧 과타(誇詫)이다.

少	"적습니다."
然則何樂	"그런데 무엇이 즐겁습니까?"
曰	말하였다.
僕樂齊王之欲夸僕以車騎之衆	"저의 즐거움은 제왕이 거마의 많음으로 자랑하고자 한 것을
而僕對以雲夢之事也	저는 운몽의 일로 대답한 것입니다."
曰	말하였다.
可得聞乎	"들어볼 수 있겠습니까?"

子虛曰	자허가 말하였다.
可	"좋습니다.
王駕車千乘	왕께서는 수레 천승(乘)을 동원하고
選徒萬騎	만 기(騎)의 무리를 뽑아
田於海濱	해변에서 사냥을 하였습니다.
列卒滿澤	늘어선 사졸들은 늪지를 가득 채웠으며
罘罔彌山[26]	그물은 온 산을 덮었고,
掩兔轔鹿	토끼를 덮쳐잡고 사슴을 수레바퀴로 치어 잡았으며
射麋腳麟[27]	순록을 쏘아 잡고 기린의 다리를 잡아당깁니다.
騖於鹽浦	소금 펄까지 달리고

26 집해 곽박은 말하였다. "부(罘)는 짐승을 잡는 그물이다. 음은 부(浮)이다." 정의 『설문(說文)』에서는 "부(罘)는 토끼(를 잡는) 그물이다."라 하였다. 지금의 번거고(幡車罟)이다. 미(彌)는 "다하다."라는 뜻이다.

27 집해 서광은 말하였다. "轔의 음은 린(吝)이다." 내[駰]가 생각건대 곽박은 "각(腳)은 다리를 잡는 것이다. 린(轔)은 수레로 치이는 것이다."라 하였다. 색은 각린(腳麟)은 위소는 "그 한 다리를 붙잡는 것이다."라 하였다. 사마표(司馬彪)는 "각(腳)은 잡는 것이다."라 하였다. 『설문』에서는 "기(掎)는 한 다리를 끌어당기는 것이다."라 하였다.

割鮮染輪[28]	신선한 고기를 잘라 바퀴를 물들였습니다.
射中獲多	쏘아 맞혀 잡은 것이 많고
矜而自功	자랑을 하며 스스로 공이라 하였습니다.
顧謂僕曰	돌아보며 저에게 말하였습니다.
楚亦有平原廣澤游獵之地饒樂若此者乎	'초나라에도 평원과 너른 늪지, 사냥하며 놀 땅의 풍요로운 즐거움이 있어 이렇게 즐겁겠지요?
楚王之獵何與寡人[29]	초왕의 사냥은 과인에 비하면 어떠하오?'
僕下車對曰	저는 수레에서 내려 대답하였습니다.
臣	'신은
楚國之鄙人也	초나라의 비루한 사람으로
幸得宿衛十有餘年	다행히 10여 년간 숙위할 수 있었사온데
時從出游	이따금 따라서 사냥을 나갔지만
游於後園	뒷동산에서만 사냥을 하여
覽於有無	얼마간 본 것이 있긴 하지만
然猶未能遍睹也	오히려 두루 볼 수가 없었으니
又惡足以言其外澤者乎	또한 어찌 족히 (궁궐) 밖의 늪지를 말하겠습니까!'
齊王曰	제왕이 말하였다.
雖然	'비록 그러하지만
略以子之所聞見而言之	대략이나마 그대가 듣고 본 것을 말해 보시오.'

---

28 **집해** 곽박은 말하였다. "염포(鹽浦)는 해변의 염분이 많은 땅이다. 선(鮮)은 생고기이다. 염(染)은 적시는 것이다. 음은 연[而沿反]이며, 또한 열[而悅反]이라는 음도 있다. 수레바퀴를 적시고 소금을 쳐서 먹는 것이다. 騖는 달리는 것이다. 음은 무(務)이다." **색은** 이기(李奇)는 말하였다. "선(鮮)은 생고기이다. 염(染)은 적시는 것이다. 생고기를 저며 소금에 절여 먹는 것이다." 염(染)은 '쉬(淬)'인데, 아래의 "갈빗살을 나누어 수레바퀴 사이에서 구워먹는다(脟割輪淬)."는 것과 뜻이 같다.

29 **집해** 곽박은 말하였다. "여(與)는 여(如)와 같다."

僕對曰	저는 대답하였습니다.
唯唯	'예예.
臣聞楚有七澤	신이 듣건대 초나라에는 일곱 개의 늪지가 있다는데
嘗見其一	그중 하나는 본 적이 있지만
未睹其餘也	나머지는 아직 보지 못하였습니다.
臣之所見	신이 본 것은
蓋特其小小者耳[30]	대체로 다만 그중 작디작은 것일 따름으로
名曰雲夢[31]	운몽이라고 합니다.
雲夢者	운몽은
方九百里	사방이 9백 리로
其中有山焉	그 안에는 산이 있습니다.
其山則盤紆岪鬱	그 산은 빙 돌아 첩첩이 막혀 있는데
隆崇嵂崒	높고 크고 가파르고 험하며,
岑巖參差	삐죽삐죽하고 울쑥불쑥하여
日月蔽虧[32]	해와 달이 가리기도 하고 이지러지기도 하며,
交錯糾紛	뒤섞이어 어지러이

30 색은 곽박은 말하였다. "특(特)은 독(獨)의 뜻이다."

31 색은 저전(赭詮)은 음이 몽[亡棟反]이라 하였으며 또한 음이 뭉[莫風反]이라 하였다. 배인(裴駰)은 "손숙오(孫叔敖)가 저수(沮水)에 보를 만들어 이 택(澤)을 만들었다."라 하였다. 장읍은 "초나라의 늪[藪]으로 남군(南郡) 화용현(華容縣)에 있다."라 하였다. 곽박은 "강하(江夏) 안륙(安陸)에 운몽성(雲夢城)이 있고, 남군(南郡) 지강(枝江)에도 운몽성이 있다. 화용현에도 파구호(巴丘湖)가 있는데, 세속에서는 곧 옛 운몽택(雲夢澤)이다."라 하였다. 곧 장읍이 말한 화용에 있는 것으로 파호(巴湖)를 가리킨다. 지금의 안륙 동쪽에 운몽성과 운몽현이 있는데 지강(枝江)에도 있는 것은 대체로 현의 이름을 이 소택지에서 취하였기 때문에 성이 있게 된 것이다.

32 집해 『한서음의(漢書音義)』에서는 말하였다. "높은 산이 막고 덮어 해와 달이 이지러져 반만 보이는 것이다." 색은 『한서』 주에 이 권의 주석을 단 사람의 성명이 거의 없는 것은 풀이한 자가 장읍이며 또한 남은 사람들을 아울러 말한 것이다.

上干青雲	위로는 푸른 구름까지 닿고,
罷池陂陀	경사져 내려와 비탈져
下屬江河	아래로는 강물에까지 이어집니다.
其土則丹青赭堊[33]	그 흙은 붉고 푸른 모래와 붉고 흰 흙,
雌黃[34]白坿[35]	자황과 흰 석영,
錫碧[36]金銀	벽옥과 금은 등이 있는데,
衆色炫燿	여러 색이 번쩍번쩍 빛나고
照爛龍鱗[37]	용의 비늘처럼 찬란한 빛을 냅니다.
其石則赤玉玫瑰[38]	그 돌은 붉은 옥, 매괴 같은 옥돌과
琳瑉琨珸[39]	임(琳)과 민(瑉), 곤오에
瑊玏玄厲[40]	감륵이며 검은 숫돌

---

33 **집해** 서광은 말하였다. "'하(瑕)'로 된 판본도 있다." **색은** 장읍은 말하였다. "자(赭)는 붉은 흙으로 소실산(少室山)에서 난다. 악(堊)은 백토[白堊]로 『본초(本草)』에서는 일명 백선(白墡)이라 하였다."

34 **정의** (北齊 徐之才의) 『약대(藥對)』에서는 말하였다. "자황(雌黃)은 무도(武都)의 산골짜기에서 나는데 웅황(雄黃)과 같은 산이다."

35 **집해** 서광은 말하였다. "음은 부(符)이다." 『한서음의』에서는 "백부(白坿)는 백석영(白石英)이다."라 하였다. **색은** 장읍은 말하였다. "백석영이며, 노양산(魯陽山)에서 난다." 소림은 음이 부(附)라고 말하였으며, 곽박은 음이 부(符)라고 하였다.

36 **정의** 안(顏)은 말하였다. "석(錫)은 푸른 금속(青金)이다. 벽(碧)은 청백색의 옥을 말한다."

37 **집해** 곽박은 말하였다. "용의 비늘 색깔과 같다."

38 **집해** 곽박은 말하였다. "적옥(赤玉)은 붉은 옥이다. 『초사(楚辭)』[『초사(楚詞)』]에 보인다. 매괴(玫瑰)는 석주(石珠)이다."

39 **집해** 『한서음의』에서는 말하였다. "임(琳)은 구(球)이다. 늑(玏)은 옥의 다음 가는 돌이다. 곤오(琨珸)는 산 이름으로 좋은 금이 나며 (尸校의) 『시자(尸子)』에서 '곤오(昆吾)의 금'이라 한 것이다." **색은** 곤오(琨珸)는 사마표는 "옥의 다음가는 돌이다."라 하였다. 『하도(河圖)』에서는 "유주(流州)에는 쌓인 돌이 많은데 곤오석(昆吾石)이라 하며, 불려서 쇠를 만들어 칼을 만드는데 수정 같은 빛을 낸다."라고 하였다. 혹 '곤오(昆吾)'라고도 한다.

40 **집해** 서광은 말하였다. "瑊의 음은 감[古咸反]이며, 玏의 음은 늑(勒)인데 모두 옥 다음 가는 것이다." 『한서음의』에서는 "현려(玄厲)는 검은 돌로 가는 데 쓰는 것이다."라 하였다.

瑌石武夫[41]	연석과 무부석 등이 있습니다.
其東則有蕙圃[42]衡蘭	그 동쪽에는 향초 동산이 있는데 두형(杜衡)과 추란(秋蘭),
芷若[43]射干[44]	백지(白芷)와 두약(杜若), 야간(射干),
穹窮[45]昌蒲	궁궁(芎藭)이와 창포,
江離蘪蕪	강리와 미무,

41 집해 서광은 말하였다. "옥 같은 돌이다." 『한서음의』에서는 "연석(瑌石)은 안문(鴈門)에서 나며, 무부(武夫)는 장사(長沙)에서 난다."라 하였다.

42 색은 사마표는 말하였다. "혜(蕙)는 향초이다." 『본초(本草)』에서는 말하였다. "혜초(蕙草)는 일명 혜(蕙)라고도 한다." 『광지(廣志)』에서는 말하였다. "훈초(薰草)는 잎은 녹색이고 줄기는 보라색인데 위무제[魏武帝: 조조(曹操)]는 이것을 가지고 향을 피웠으며, 지금 동쪽 아래 밭에 이 풀이 있는데 줄기와 잎이 삼과 같으며 그 꽃은 순 보랏빛이다."

43 집해 『한서음의』에서는 말하였다. "형(衡)은 두형(杜衡)이다. 모양은 규(葵)와 같고, 냄새는 미무(蘪蕪)와 같다. 지(芷)는 백지(白芷)이다. 약(若)은 두약(杜若)이다." 색은 장읍은 "형(衡)은 두형(杜衡)으로 하전산(下田山)에서 난다."라 하였다. 『산해경(山海經)』에서는 "천제(天帝)의 산에는 풀이 있는데 잎은 규(葵)와 같고 냄새는 미무(蘪蕪)와 같으며 말을 달리게 할 수 있다."라 하였다. (西晉 張華의) 『박물지(博物志)』에서는 "일명 사행(土杏)이라고 하는데, 그 뿌리는 세신(細辛)과 비슷하며 잎은 규(葵)와 비슷하다."라 하였다. 그러므로 『약대(藥對)』에서도 또한 세신(細辛)과 비슷하다고 하였다. 난(蘭)은 장읍은 '추란(秋蘭)'이라고 하였다. 지약(芷若)은 장읍은 "약(若)은 두약(杜若)이고, 지(芷)는 백지(白芷)이다."라 하였다. 『본초』에서는 "일명 채(茝)라고 한다."라 하였다. (三國 魏 張揖의) 『비창(埤蒼)』에서는 "제(齊)나라에서는 채(茝)라 하였고, 진(晉)나라에서는 효(繭)라 하였다."라 하였다. 『자림(字林)』에서는 "茝의 음은 채[昌亥反]이고, 또한 치[昌里反]라고도 한다. 繭의 음은 효[火嬌反]이다."라 하였다. 『본초』에서는 또한 말하기를 "두약(杜若)은 일명 두형(杜衡)이라고 한다."라 하였다. 지금의 두약(杜若)은 잎이 생강과 비슷하고 무늬가 있으며, 줄기와 잎에는 모두 긴 털이 있다. 예와 비금의 명호(名號)가 같지 않기 때문에 부르는 것을 구별한다.

44 색은 (三國 魏 張揖의) 『광아(廣雅)』에서는 "오봉(烏蓬)은 야간(射干)이다."라 하였다. 『본초』에서는 오선(烏扇)이라 하였다.

45 색은 궁궁(芎藭)이다. 사마표는 말하였다. "궁궁(芎藭)은 고본(藁本)과 비슷하다." 곽박은 말하였다. "지금의 역양(歷陽)에서는 강리(江離)라고 부른다." 『회남자(淮南子)』에서는 말하였다. "대체로 사람을 어지럽히는 자는 궁궁(芎藭)이 고본과 함께 있는 것과 같다."

諸蔗猼且[46]	사탕수수, 파초(巴蕉) 등이 자랍니다.
其南則有平原廣澤	그 남쪽에는 평평한 언덕과 너른 소택지가 있는데
登降陁靡[47]	오르락내리락 구불구불 이어지다가
案衍壇曼[48]	비스듬히 낮아지다가 평탄하고 광활해져
緣以大江	대강(大江)까지 이어지고
限以巫山[49]	무산을 경계로 합니다.
其高燥則生葴蔪苞荔[50]	높고 마른 곳에서는 쪽풀과 냉이, 그령과 마초(馬草)며
薛莎青薠[51]	쑥과 사초(莎草), 청번이 자랍니다.
其卑溼[52]則生藏莨蒹葭	그 낮고 습한 곳에서는 이리꼬리풀과 겸가(蒹葭),
東蘠[53]雕胡[54]	동장과 고미(菰米),
蓮藕菰蘆[55]	연뿌리[연우(蓮藕)]와 고로,
菴䕡軒芋[56]	암려(菴䕡)와 헌우 등이 자라고

46 **집해** 서광은 말하였다. "猼의 음은 복[匹沃反]이다." 『한서음의』에서는 "강리(江離)는 향초이며, 미무(蘪蕪)는 기지(蘄茝)인데 사상(蛇床)과 비슷하며 향기가 있다. 제자(諸蔗)는 감자(甘柘)이다. 박저(猼且)는 양하(蘘荷)이다."라 하였다. **색은** (晉 張勃의) 『오록(吳錄)』은 "임해현(臨海縣) 바닷물 속에 강리(江離)가 자라는데 순 청색에 난발(亂髮) 비슷하며 곧 「이소(離騷)」에서 말한 것이다."라 하였다. 『광지(廣志)』에서는 "잎은 빨갛고 꽃은 붉다."라 하였으니 장발(張勃)이 말한 것과는 또 다르다. 생각건대 지금은 궁궁(芎藭)의 싹을 강리(江離)라 하는데, 잎은 푸르고 꽃은 희어 또 같지 않다. 맹강(孟康)은 "미무(蘪蕪)는 기지(蘄茝)이며, 사상(蛇床)과 비슷한데 향기가 난다."라 하였다. 번광(樊光)은 "고본(藁本)은 일명 미무(蘪蕪)라 하는데, 뿌리의 이름은 기지(蘄茝)이다."라 하였다. 또한 『약대(藥對)』에서는 미무(蘪蕪)는 일명 강리(江離)라 하며 궁궁(芎藭)의 싹이라 하였다. 곧 궁궁(芎藭)과 고본(藁本), 강리(江離), 미무(蘪蕪)는 모두 서로 비슷하며 한 가지가 아니다. 제자(諸柘)는 장읍은 "제자는 감자(甘柘)이다."라 하였다. 搏且의 음은 박저[並卜反, 子余反]이다. 『한서』에는 '파저(巴且)'로 되어 있으며, 문영은 '파초(巴蕉)'라 하였다. 곽박은 "박저(搏且)와 양하(蘘荷) 따위"라 하였다. 누가 옳은지 모르겠다.

47 **집해** 음은 이미(移靡)이다.

48 **색은** 사마표는 말하였다. "안연(案衍)은 비스듬히 내려가는 것이며, 단만(壇曼)은 평평하고 넓은 것이다." 衍의 음은 연[弋戰反]이다.

49 **집해** 곽박은 말하였다. "무산(巫山)은 지금 건평(建平) 무현(巫縣)에 있다."

衆物居之	수많은 식물이 그곳에 있어
不可勝圖[57]	이루 다 그려낼 수가 없습니다.

---

50 집해 서광은 말하였다. "葴의 음은 침(針)이며, 마람(馬藍)이다. 菥는 초(草)라고도 하고 수중에서 자라며, 꽃은 먹을 수 있다. 荔의 음은 려[力詣反]이다. 초(草)는 부들과 비슷하다." 『한서음의』에서는 "포(苞)는 표(藨)이다."라 하였다. 색은 침석(葴析)이다. 음은 침사(針斯)이다. 맹강은 "침(葴)은 마림(馬藍)이다."라 하였다. 곽박은 "침(葴)은 산장(酸漿)인데 강동(江東)에서는 오침(烏葴)이다."라 하였다. 석(析)은 『한서』에는 '사(斯)'로 되어 있는데, 맹강은 "사(斯)는 화(禾)로 연맥(燕麥)과 비슷하다."라 하였다. 『비창(埤蒼)』에서는 또한 "수중에서 자라며, 꽃은 먹을 수 있다."라 하였다. 『광지(廣志)』에서는 "양주(涼州)의 땅에서는 석초(析草)가 자라는데 모두 중국(中國)의 연맥(燕麥)과 같다."라 한 것이다.

51 집해 서광은 말하였다. "薛의 음은 설[先結反]이다." 『한서음의』에서는 "설(薛)은 뇌고(賴蒿)이다. 사(莎)는 호후(鎬侯)이다. 청번(青薠)은 사(莎)와 비슷한데 크다. 음은 번(煩)이다."라 하였다.

52 색은 낮고 축축한 것이다. 庳의 음은 비(婢)이다. 비(庳)는 낮은 것이다.

53 집해 서광은 말하였다. "오환국(烏桓國)에 장(蔷)이 있는데 봉초(蓬草)와 비슷하며 열매는 해바라기와 비슷하고 10월에 익는다." 『한서음의』에서는 "장(藏)은 물억새[薍]와 비슷한데 잎이 크다. 낭(莨)은 낭미초(莨尾草)이다. 겸(蒹)은 물억새이다. 가(葭)는 갈대이다."라 하였다. 색은 장낭(藏莨)은 곽박은 "낭미(狼尾)로 띠와 비슷하다."라 하였다. 蒹葭는 음이 겸가(兼加)이다. 맹강는 "겸가(蒹葭)는 갈대와 비슷하다."라 하였다. 곽박은 "겸(蒹)은 적(薕)이다. 왕골 비슷한데 가늘고 작으며 높이는 몇 자 되고 강동(江東)의 사람들은 겸호(蒹蒿)라 부른다."라 하였다. 또한 말하기를 "가(葭)는 갈대[蘆]이다. 위(葦)와 비슷한데 가늘고 작으며 강동(江東) 사람들은 오구(烏蓲)라 부른다."라 하였다. 薍의 음은 완[五患反]이다. 薕의 음은 적(敵)이다. 동장(東蔷)은 (西晉 司馬彪의) 『속한서(續漢書)』에서는 "동장은 봉초(蓬草)와 비슷하고 열매는 해바라기와 비슷한데 11월에 익는다."라 하였다. 『광지(廣志)』에서는 "열매는 청흑색인데, 하서(河西)에서 '내게 동장(東蔷)을 빌려주면 나의 백량(白粱)으로 갚겠다.'는 것이다."라 하였다.

54 색은 조호(彫胡)이다. 고미(菰米)를 이른다.

55 집해 서광은 말하였다. "수중에서 산다." 색은 곽박은 말하였다. "고(菰)는 줄[蔣]이다. 노(蘆)는 갈대이다."

56 집해 『한서음의』에서는 말하였다. "암려(奄閭)는 쑥이다. 헌우(軒芋)는 유초(蕕草)이다." 색은 곽박은 말하였다. "암려(菴閭)는 쑥이며, 열매는 병을 치료할 수 있다. 헌우(軒芋)는 수중에서 자라며, 지금의 양주(楊州)에 있다."

57 집해 곽박은 말하였다. "도(圖)는 그림이다."

其西則有涌泉淸池	그 서쪽에는 용솟음치는 샘과 맑은 못이 있는데
激水推移	물결을 부딪치며 옮기어 가고,
外發芙蓉蔆華	밖에는 연꽃과 마름꽃이 피었으며
內隱鉅石白沙	안에는 큰 돌과 흰 모래가 있습니다.
其中則有神龜蛟鼉[58]	그 안에는 신령스런 거북과 교룡, 악어,
玳瑁[59]鱉黿	대모(玳瑁)며 자라[별원(鱉黿)]가 있습니다.
其北則有陰林[60]巨樹	그 북쪽에는 산 북쪽의 숲과 큰 나무,
楩枏豫章[61]	편남과 예장,
桂椒[62]木蘭[63]	계초와 목란,
蘗離朱楊[64]	벽리와 주양,
樝梸梬栗[65]	사리와 고욤나무[영률(梬栗)],

58 정의 곽박이 주석을 단 『산해경』에서는 "교(蛟)는 뱀 비슷한데 다리가 넷이고 머리는 작고 목은 가늘며 흰 끈 같은 무늬가 있는데, 큰 것은 수십 둘레가 되며 알을 낳으며, 새끼는 한두 휘[斛] 들이 항아리만 한데 사람을 삼킨다. 타(鼉)는 도마뱀같이 생겼는데 크며 몸에는 딱지가 있고 가죽은 북을 만들 수 있다."

59 정의 자휴(蠵蠵) 비슷하며 딱지에는 무늬가 있고 남해(南海)에서 나는데 기물을 꾸밀 수 있다.

60 집해 곽박은 말하였다. "숲이 산 북쪽의 음지에 있다."

61 집해 곽박은 말하였다. "편(楩)은 구기자인데 가래나무 비슷하다. 남(枏)은 뽕나무와 비슷하다. 예장(豫章)은 큰 나무인데, 난 지 7년은 되어야 알아 볼 수 있다." 정의 『활인(活人)』에서는 "예(豫)는 지금의 침목(枕木)이다. 장(章)은 지금의 장목(樟木)이다. 두 나무는 나서 7년이 되어야 침(枕)인지 장(樟)인지를 곧 분별할 수 있다."라 하였다.

62 정의 곽박은 말하였다. "계(桂)는 비파(枇杷)의 잎과 비슷한데 크며 꽃은 희고 꽃을 피우면서도 열매는 열리지 않으며 암석이 있는 재 사이에서 떨기져 나고 잡목은 없으며 겨울과 여름에도 항상 푸르다." 지금의 여러 절에는 모두 계수(桂樹)가 있는데 잎은 비파(枇杷)와 비슷하나 작고 조용히 빛을 내며 겨울과 여름으로 늘 푸르며, 그 껍질은 먹기에 부적합하며 대체로 두 가지 색의 계수일 것이다.

63 집해 곽박은 "목란(木蘭)은 나무로 껍질은 맵고 향기로우며 먹을 수 있다."라 하였다. 정의 『광아』에서는 말하였다. "계수나무 비슷하며 껍질은 매우며 먹을 수 있고, 잎은 겨울과 여름에도 성하며 늘 겨울에 꽃을 피우는데 그 열매는 작은 감 같으며 맵고 맛있는데 남쪽 사람들은 매화라고 한다."

橘柚芬芳[66]	귤과 유자나무가 있는데 향기롭습니다.
其上則有赤猿蠷蝚[67]	그 위로는 붉은 원숭이와
鵷雛孔鸞	원추와 공작과 난새[난조(鸞鳥)],
騰遠射干[68]	등원과 야간(射干)이 있습니다.
其下則有白虎玄豹	그 아래에는 흰 호랑이와 검은 표범,
蟃蜒貙豻[69]	만연(蟃蜒)과 추(貙), 들개,
兕象野犀[70]	외뿔소와 코끼리, 들의 무소,

64 집해 서광은 말하였다. "蘗의 음은 벽[扶戾反]이다." 『한서음의』에서는 말하였다. "이(離)는 돌배이다. 주양(朱楊)은 적양(赤楊)이다." 색은 주양(朱楊)에 대하여 곽박은 "줄기가 붉은 버들이며 물가에서 난다."라 하였고, 『이아(爾雅)』에서는 바로 정하류(檉河柳)라고 하였다.

65 집해 서광은 말하였다. "樗의 음은 영(郢)이다." 『한서음의』에서는 "영(樗)은 영조(樗棗)이다."라 하였다.

66 정의 작은 것은 귤(橘)이라 하고 큰 것은 유(柚)라 한다. 나무에는 가시가 있고 겨울에도 시들지 않으며 잎은 푸른색이고 꽃은 희며 열매는 황적색이다. 두 나무는 서로 비슷한데 탱자는 아니다.

67 집해 서광은 말하였다. "음은 구유(劬柔)이다." 정의 蠷의 음은 구(劬)이고, 蝚의 음은 유(柔)인데 모두 원숭이류이다.

68 집해 곽박은 말하였다. "원추(鵷雛)는 봉(鳳)의 무리이다. 공(孔)은 공작(孔雀)이며, 난(鸞)은 난새[鸞鳥]이다." 『한서음의』에서는 말하였다. "등원(騰遠)은 새 이름이다. 야간(射干)은 여우 비슷하며 나무를 잘 기어오른다." 색은 맹강은 "등원(騰遠)은 새 이름이다."라 하였는데 틀렸다. 사마표는 말하였다. "등원(騰遠)은 뱀이다." 곽박은 말하였다. "등사(騰蛇)는 용의 무리이며 운무를 잘 일으킨다." 장읍은 말하였다. "야간(射干)은 여우 비슷하며 나무를 잘 기어오른다."

69 집해 곽박은 말하였다. "만연(蟃蜒)은 큰 짐승으로 길이가 8백 자이다. 추(貙)는 살쾡이와 비슷한데 크다." 『한서음의』에서는 말하였다. "한(豻)은 오랑캐 땅의 들개로 여우 비슷한데 작다." 색은 곽박은 말하였다. "만연은 큰 짐승으로 길이가 8백 자이다." 장읍은 말하였다. "추(貙)는 살쾡이와 비슷한데 크다. 한(豻)은 오랑캐 땅의 들개로 여우 비슷한데 작으며 주둥이가 검다." 응소(應劭)는 음을 안(顏)이라 하였고, 위소는 안(岸)이라는 음도 있다고 하였다. 추탄생(鄒誕生)은 음을 간[苦姦反]이라 하였는데 협음(協音)으로 옳다.

70 정의 시(兕)는 물소와 같이 생겼다. 상(象)은 큰 짐승으로 코가 길며 어금니의 길이가 한 길[丈]인데, 속세에서는 강원(江猿)으로 부른다. 서(犀)는 머리는 원숭이 비슷하고 뿔 하나가 이마에 났다. 『한서』에는 이 구절이 없다.

窮奇獌狿	궁기(窮奇: 중국 신화 속의 괴물)와 만연(獌狿: 스라소니)이 있습니다.'
於是乃使專諸之倫	'이에 곧 전제 같은 무리로 하여금
手格此獸	손으로 이 짐승들을 때려잡게 합니다.
楚王乃駕馴駮之駟[71]	초왕은 이에 길들여진 박(駮) 네 마리를 수레에 매어
乘雕玉之輿	옥을 아로새긴 수레에 올라
靡魚須之橈旃[72]	물고기 수염으로 꾸민 굽은 깃발을 휘두르며
曳明月之珠旗[73]	명월주로 장식한 기치를 끌고
建干將之雄戟[74]	간장(干將)의 굳센 갈래창을 세웠으며
左烏嘷之雕弓[75]	왼쪽에는 오호의 아로새긴 활을 들고
右夏服之勁箭[76]	오른쪽에는 하(夏)의 화살통에 든 굳센 화살을 들었습니다.
陽子驂乘	양자(陽子)가 곁말을 타고

71 **집해** 『한서음의』에서는 말하였다. "순(馴)은 길들이는 것이다. 박(駮)은 말과 같은데 몸은 희고 꼬리는 검으며, 뿔이 하나 났고 이는 톱 같으며 호랑이와 표범을 먹는다. 길들여 끌면서 사두마로 삼는 것이다."

72 **집해** 곽박은 말하였다. "바다 물고기의 수염으로 깃발을 만든 것인데 꺾이어 약하다는 것을 말한 것이다. 비단으로 기를 만드는 것과 뜻이 통한다."

73 **집해** 『한서음의』에서는 말하였다. "명월주를 꿰매어 기를 장식한 것이다."

74 **집해** 『한서음의』에서는 말하였다. "간장(干將)은 한왕(韓王)의 검사(劍師)이다. 웅극(雄戟)은 오랑캐에 거(鉅)가 있는데 간장이 만든 것이다." **색은** 응소는 말하였다. "간장은 오(吳)나라의 훌륭한 대장장이의 성이다." 여순(如淳)은 말하였다. "간장은 철에서 나온 것이다." 진작(晉灼)은 말하였다. "합려(闔閭)는 간장검(干將劍)을 주조하였다." 응소의 설이 옳다. 『방언』에서는 말하였다. "극(戟)에 작고 짧은 가시 같은 것이 있는 것이 이른바 웅극(雄戟)이다." (東晉) 주처(周處)의 『풍토기(風土記)』에서는 말하였다. "극(戟)은 오병웅(五兵雄)이다." 鉅의 음은 거(巨)이다. 『주례(周禮)』에서는 "대장장이가 과(戈)를 만드는데 오랑캐는 세 개로 한다."라 하였다. 주(注)에서 말한 '호기혈(胡其孑)'이라는 것이다. 또한 『예도(禮圖)』에서는 "극(戟)의 갈래가 아래로 굽은 것이 호(胡)이다."라 하였다.

纖阿爲御[77]	섬아가 어자(御者)가 되었습니다.
案節未舒[78]	고삐를 당기어 (말이) 아직 (발을) 뻗지도 않았는데
即陵狡獸	곧 교활한 짐승들을 능가하고
轔邛邛	공공을 치이고
蹴距虛[79]	거허를 차며

---

75 색은 오호(烏號)의 조각한 활이다. 황제(黃帝)가 신선이 되어 올라가자 신하들이 활을 들고 끌어안으며 울부짖었는데, 「봉선서(封禪書)」 및 「교사지(郊祀志)」에 보인다. (前漢 韓嬰의) 『한시외전(韓詩外傳)』에서는 활을 만드는 장인의 아내가 말하기를 "이 활은 큰 산 남쪽의 오호(烏號)의 산뽕나무이다."라 하였다. 『회남자』에서는 "오호(烏號)는 산뽕나무로 그 재목이 굳세고 단단한데 까마귀가 그 위에 깃들어 날려 하면 가지가 굳세어 다시 서서 그 위에서 울부짖는다. 그 재목을 취하여 활을 만들므로 '오호(烏號)'라고 한다."라 하였다. (三國 蜀 譙周의) 『고사고(古史考)』와 (後漢 應劭의) 『풍속통(風俗通)』에서는 모두 이 설과 같다.

76 집해 서광은 말하였다. "위소는 말하기를 하(夏)는 하예(夏羿)이다. 전대[矢室]를 복(服)이라 한다." 여정(呂靜)은 말하였다. "화살을 담는 통을 복(服)이라 한다." 색은 하예(夏羿)는 활을 잘 쏘는 사람이다. 또한 복(服)은 화살통의 이름이므로 '하복(夏服)'이라 하였다. 또한 하후씨(夏后氏)에게는 훌륭한 활이 있는데 '번약(繁弱)'이라 하였으며, 그 화살도 훌륭하였으니 곧 '번약전복(繁弱箭服)'이라는 것이다.

77 집해 『한서음의』에서는 말하였다. "양자(陽子)는 선인(僊人) 양릉자(陵陽子)이다. 섬아(纖阿)는 달의 수레를 모는 자이다." 위소는 말하였다. "양자(陽子)는 옛 현자이다." 색은 복건(服虔)은 말하였다. "양자(陽子)는 선인 양릉자(陵陽子)이다." 장읍은 말하였다. "양자(陽子)는 백락(伯樂)이다. 손양자(孫陽字) 백락(伯樂)은 진목공(秦繆公)의 신하로 수레를 잘 몰았다." 복건은 말하였다. "섬아(纖阿)는 달의 수레를 모는 자이다. 혹자는 말하기를 미녀의 예쁜 모양이라고 하였다." 또한 악산(樂產)은 말하였다. "선아(纖阿)는 산 이름으로 어떤 여자가 그 바위에 살면서 달이 바위를 지나가면 달 속으로 뛰어들었으므로 월어(月御: 달 수레)라고 한다."

78 색은 곽박은 말하였다. "고삐를 당기는 것을 말한다." 사마표는 "고삐를 당겨 천천히 가며 조절을 하는 것이므로 안절(案節)이라 하였으며, 말의 발이 아직 펴지지 않았기 때문에 미서(未舒)라고 하였다."라 하였는데 또한 제대로 보았다.

79 집해 곽박은 말하였다. "공공(邛邛)은 말과 비슷한데 푸른색이다. 거허(距虛)는 곧 공공(邛邛)인데 문장에 변화를 주어 말한 것이다. 『목천자전(穆天子傳)』에서는 '공공(邛邛)과 거허(距虛)는 하루에 5백 리를 달린다.'라 하였다."

軼野馬而車惠騊駼[80]	야마를 앞지르고 도도를 차축으로 치며
乘遺風而射游騏[81]	유풍을 타고 돌아다니는 기(騏)를 쏩니다.
倏眒凄浰[82]	(사냥하는 말과 수레는) 재빠르고 신속하여
雷動熛至	우레가 치고 불똥이 튀어 이르는 듯하며
星流霆擊	별똥별이 흐르고 번개가 부딪치는 듯하고
弓不虛發	활은 헛되이 쏘지 않아
中必決眥[83]	맞추어 반드시 눈초리를 찢어놓고
洞胸達腋	가슴을 꿰뚫어 겨드랑이까지 이르며
絕乎心繫	가슴에 이어진 부분을 끊어놓고
獲若雨獸	잡은 것이 짐승 비가 내린 듯하며
揜草蔽地	풀을 가리고 땅을 뒤덮었습니다.
於是楚王乃弭節裴回[84]	이에 초왕은 즉시 고삐를 늦추어 천천히 가는데

80 집해 서광은 말하였다. "車惠의 음은 예(銳)이다." 곽박은 "야마(野馬)는 말과 같은데 작다. 도도(騊駼)는 말과 비슷하다. 車惠는 수레 굴대축의 끄트머리이다."라 하였다. 색은 위도도(轊騊駼)이다. 앞의 글자는 음이 위(衛)이다. 위(轊)는 수레 굴대축의 끄트머리이다. 수레의 굴대축 끝으로 치어서 죽이는 것이다. 도도(騊駼)는 야마(野馬)이다.

81 집해 『한서음의』에서는 말하였다. "유풍(遺風)은 천리마이다. 『이아(爾雅)』에서는 휴(巂)라고 하였는데, 말과 같으며 뿔이 하나이다. 뿔이 없는 것은 기(騏)이다." 색은 『여씨춘추』에서는 "유풍(遺風)을 탄다."라 하였다. (西晉 崔豹의) 『고금주(古今注)』에서는 말하였다. "진시황(秦始皇)의 말 이름이다." 위소는 말하였다. "기(騏)는 말과 같은데 뿔이 하나다." 『이아』에서는 말하였다. "휴(巂) 중에 뿔이 없는 것을 기(騏)라고 한다." 기린(麒麟)의 기(騏)가 아니다. 巂의 음은 휴(攜)이다.

82 집해 서광은 말하였다. "凄의 음은 천[七見反]이다. 浰의 음은 리[力詣反]이다." 『한서음의』에서는 "모두 빠른 모양이다."라 하였다.

83 집해 위소는 말하였다. "눈이 가리키는 곳에 있어서 맞았다 하면 반드시 눈가를 찢어놓는 것이다."

84 집해 곽박은 말하였다. "혹자는 절(節)은 지금의 잡는 신절(信節)이라고 하였다." 색은 사마표는 말하였다. "미(弭)는 저(低)와 같다. 혹자는 절(節)은 지금의 잡는 신절(信節)이라고 하였다."

翺翔容與[85] 즐겁게 놀아 느긋하며

覽乎陰林 산 북쪽 숲을 죽 둘러보시는데

觀壯士之暴怒 장사들이 화난 듯한 기세와

與猛獸之恐懼 맹수들이 두려워하는 것을 살펴보시고

徼谻受詘[86] 극도로 지친 것들을 막아 다 거두어들이며

殫睹衆物之變態 뭇 동물들이 (붙잡혀) 모양을 바꾸는 것을 다 봅니다.'

於是鄭女曼姬[87] '이에 정나라 미녀와 등만(鄧曼) 같은 여인들이

被阿錫[88] 가는 비단 옷을 입고

揄紵縞[89] 모시와 비단 옷을 끌며

雜纖羅 섬세한 비단을 섞어 입고

垂霧縠[90] 안개 같은 비단을 늘어뜨렸습니다.

襞積褰縐 치마 주름은 많고 조밀한데

---

85 **색은** 곽박은 말하였다. "자득한 것을 말한다."

86 **집해** 서광은 말하였다. "谻의 음은 극(劇)이다." 곽박은 "갹(谻)은 피로가 극에 달한 것이다. 굴(詘)은 다한 것이다. 짐승 가운데 지친 것이 있어서 잡아서 취하는 것이다."라 하였다. **색은** 사마표는 말하였다. "요(徼)는 막는 것이다. 谻은 지친 것이다. 지친 것을 가로막는 것이다." 谻의 음은 극(劇)이다. 詘의 음은 굴(屈)이다. 『설문』에서는 말하였다. "谻은 피로한 것이다. 연(燕)나라 사람들은 피로한 것을 谻이라 한다." 徼의 음은 교[古堯反]이다.

87 **집해** 곽박은 말하였다. "만희(曼姬)는 등만(鄧曼)을 이른다. 희(姬)는 부인의 총칭이다." **정의** 문영은 말하였다. "정(鄭)나라에서는 미녀가 난다. 만(曼)은 살결이 윤택한 것이다." 여순은 말하였다. "정녀(鄭女)는 하희(夏姬)이다. 만희(曼姬)는 초무왕(楚武王)의 부인 등만(鄧曼)이다."

88 **집해** 『한서음의』에서는 말하였다. "아(阿)는 가는 실로 짠 명주이다. 석(錫)은 베이다." **정의** 동아(東阿)에서 명주가 난다.

89 **집해** 서광은 말하였다. "揄의 음은 유(臾)이다." **정의** 유(揄)는 끄는 것이다. 위소는 말하였다. "모시의 색이 비단 같은 것이다." 안(顔)은 말하였다. "저(紵)는 모시를 짠 것이다. 호(縞)는 흰색의 비단이다."

90 **집해** 곽박은 말하였다. "가늘기가 안개와 같고, 드리워 머리를 덮은 것이다."

紆徐委曲	부드러우면서도 완연하고
鬱橈谿谷[91]	계곡같이 깊고 굽었습니다.
衯衯裶裶[92]	(옷은) 펄럭펄럭 날리고
揚袘卹削[93]	옷소매는 들려 가지런하고
蜚纖垂髾[94]	옷 장식을 날리고 머리 장식을 드리웠습니다.
扶輿猗靡[95]	수레를 붙들고 따라갈 때는
噏呷萃蔡[96]	옷자락이 스쳐 사그락거리는데
下摩蘭蕙	아래로는 난초와 혜초에 스치고
上拂羽蓋	위로는 깃털 일산(日傘)을 떨며

91 집해 『한서음의』에서는 말하였다. "벽적(襞積)은 간색(簡齰)이다. 건(褰)은 수축된 것이다. 추(縐)는 주름이다. 주름의 무늬가 깊고 굽은 것이 계곡과 비슷하다는 것이다." 색은 소안(小顏)은 말하였다. "벽적(襞積)은 지금의 치마 주름인데, 옛날에는 소적(素積)이라 하였다." 소림(蘇林)은 "건추(褰縐)는 줄어서 오그라든 것이다."라 하였다. 縐의 음은 추[側救反]이다. 齰의 음은 척[叉革反]이다. 裁의 음은 재[在代反]이다. 울요계곡(鬱橈谿谷)은 맹강은 "주름의 무늬가 깊고 굽은 것이 계곡과 비슷하다는 것이다." 郄는 『자림(字林)』에서 음이 격[丘亦反]이라 하였다.

92 색은 곽박은 말하였다. "옷이 긴 모습이다." 정의 음은 분[芳云反], 비[方非反]이다.

93 집해 서광은 말하였다. "袘의 음은 이(迤)이다, 옷소매이다." 『한서음의』에서는 "술삭(卹削)은 마르는 모양이다."라 하였다. 색은 양이술삭(揚袘戌削)이다. 장안(張晏)은 말하였다. "양(揚)은 드는 것이다. 이(袘)는 옷소매이다. 술삭(戌削)은 마르는 모양이다."

94 집해 서광은 말하였다. "纖의 음은 삼(芟)이다." 곽박은 "섬(纖)은 저고리 장식이며, 소(髾)는 머리 징식이다."라 하였다.

95 집해 곽박은 말하였다. "『회남자』에서 이른바 '굽은 것은 땅을 스치고 수레를 붙들고 따라간다.'라 한 것이다." 정의 輿의 음은 여(餘)이다. 猗의 음은 의[於綺反]이다. 정녀(鄭女)와 만희(曼姬)가 왕을 모시어 그 수레를 붙잡고 따른다는 것이다.

96 집해 『한서음의』에서는 말하였다. "흡합(噏呷)은 의상이 활짝 펼쳐지는 것이다. 췌채(萃蔡)는 옷이 스치는 소리이다." 색은 맹강은 말하였다. "흡합(噏呷)은 옷이 활짝 펼쳐지는 것이다." 위소는 말하였다. "呷의 음은 합[呼甲反]이다." 萃粲는 맹강은 "萃粲은 옷이 스치는 소리이다."라 하였다. 곽박은 "萃粲는 璀玉粲와 같다."라 하였다. 정의 呷의 음은 합[火甲反]이다. 萃의 음은 취(翠)이다. 蔡의 음은 쵀[千賄反]이다.

錯翡翠之威蕤[97]	비취새의 화려한 깃털이 엇섞여 있고
繆繞玉綏[98]	옥 장식을 한 갓끈이 얽혀 있습니다.
縹乎忽忽	나부끼는 듯하다가 갑자기 사라지기도 하니
若神仙之仿佛[99]	신선을 방불케 하는 것 같습니다.'

於是乃相與獠於蕙圃[100]	'이에 곧 함께 향초 동산에서 밤 사냥을 하시며
媻珊勃窣[101]金隄	어렵사리 쇠 같은 제방을 기어올라
揜翡翠	비취를 덮치고
射鵔鸃[102]	준의를 쏘며
微矰出	작은 주살이 발사되고

97 집해 서광은 말하였다. "錯의 음은 조(措)이다. 어떤 판본에는 '착분취유(錯粉翠蕤)'로 되어 있다."

98 집해 곽박은 말하였다. "수(綏)는 잡고 수레에 오르는 것이다." 정의 안(顏)은 말하였다. "하마란혜(下摩蘭蕙)는 머리 장식을 드리운 것이다. 상불우개(上拂羽蓋)는 홑옷을 날리는 것이다. 옥수(玉綏)는 옥으로 수레 손잡이를 장식한 것이다." 홑옷의 소맷자락을 날리고 머리 장식을 드리우며 비취의 깃털로 장식한 깃발을 엇섞여 꽂아놓았으며 혹 옥을 수레 손잡이에 두른 것이다. 장읍은 말하였다. "비취(翡翠)는 크기가 참새만한데 수컷은 붉은색이며 비(翡)라 하고 암컷은 푸른색이며 취(翠)라 한다." 『박물지(博物志)』에서는 말하였다. "비(翡)는 몸이 온통 검은색이며 가슴 앞과 등 위, 날개 뒤만 붉은 털이 있다. 취(翠)는 몸이 온통 청황(青黃)색인데, 여섯 깃촉 위의 털만 한 치 남짓 푸르다. 날 때 깃털 소리가 비취비취하는 것 같다 하여 그렇게 부른다."

99 정의 방불(仿佛)은 신선과 비슷하다는 것이다. 『전국책(戰國策)』에서는 말하였다. "정(鄭)나라의 미녀가 흰 분을 바르고 검은 눈썹먹을 바르고 큰 거리에 서 있는데 모르는 사람이 신선이라 하였다."

100 집해 곽박은 말하였다. "獠는 사냥이다. 음은 료(遼)이다." 색은 『이아』에서는 말하였다. "밤 사냥을 료(獠)라고 한다." 곽박은 말하였다. "獠는 사냥이다. 또한 음을 료(遼)라고도 한다."

101 색은 반산발솔(盤姍勃猝)이다. 위소는 말하였다. "반산(盤姍)은 아래위로 기어다니는 것이다." 猝의 음은 솔[素忽反]이다.

纖繳施[103] 가는 주살의 줄이 뻗어가며
弋白鵠 흰 고니를 주살로 잡고
連駕鵝[104] 가아(駕鵝)를 잇달아 잡으며
雙鶬下 왜가리는 쌍으로 떨어지고
玄鶴加[105] 검은 학이 더하여집니다.
怠而後發 싫증이 난 다음에야 떠나
游於淸池 맑은 못에서 놉니다.
浮文鷁[106] 익조 무늬를 그린 배를 띄우고
揚桂枻[107] 계수나무 노를 들어 저으며
張翠帷 물총새 깃 장식 휘장을 펼치고
建羽蓋 깃털 일산을 세우며
罔玳瑁 대모를 그물질해 잡고

---

102 집해 『한서음의』에서는 말하였다. "준의(鵔鸃)는 새로 봉황 비슷하다." 색은 사마표는 말하였다. "준의(鵔鸃)는 산계(山雞)이다." 허신(許愼)은 말하였다. "별조(鷩鳥)이다." 곽박은 말하였다. "봉황과 비슷하며 광채가 있다. 음은 의(宜)이다." 이동(李彤)은 말하였다. "준의(鵔鸃)는 신조(神鳥)로 날면 빛이 하늘에 꽉 찬다."

103 집해 서광은 말하였다. "繳의 음은 작(斫)이다."

104 집해 곽박은 말하였다. "야아(野鵝)이다. 駕의 음은 가(加)이다." 색은 가아(駕鵝). 『이아』에서는 말하였다. "서안(舒鴈)은 거위이다." 곽박은 말하였다. "야아(野鵝)이다." 정의 곡(鵠)은 물새이다. 가아련(駕鵝連)은 함께 잡는 것을 이른다. (東晉 葛洪의) 『포박자(抱朴子)』에서는 말하였다. "천년 된 고니는 순백색으로 나무에 오를 수 있다."

105 집해 곽박은 말하였다. "『시(詩)』에서 말한 '주살로 맞힌다(弋言加之).'는 것이다." 정의 사마표는 말하였다. "창(鶬)은 기러기 비슷한데 검으며 또한 창괄(鶬括)이라고도 부른다. 『한시외전』에서는 태생(胎生)한다고 하였다." 『상학경(相鶴經)』에서는 말하였다. "학은 수명이 2백60년이 되면 순흑색이 된다." 창(鶬) 한 쌍을 주살로 잡아 떨어뜨리고 또한 거기에 검은 학을 더한다는 것이다.

106 집해 『한서음의』에서는 말하였다. "익(鷁)은 물새이다. 그 모양을 뱃머리에 그린 것이다. 『회남자』에서는 '용선[龍舟]에 익수(鷁首)를 한 것은 천자가 타는 것이다.'라 하였다."

107 집해 서광은 말하였다. "음은 예(曳)이다." 위소는 말하기를 "예(枻)는 노이다."라 하였다.

釣紫貝[108]	보라색 조개를 낚습니다.
摐金鼓	금으로 만든 북을 치고
吹鳴籟[109]	퉁소를 불며
榜人歌[110]	뱃사람이 노래를 하니
聲流喝[111]	소리가 슬프게 흘러
水蟲駭	물의 생물들이 놀라고
波鴻沸	물결이 크게 일며
涌泉起	샘이 솟아올라
奔揚會	달리다가 일었다가 만나며
礧石相擊	돌이 서로 부딪쳐
硠硠磕磕	우르릉우르릉하여
若雷霆之聲	우레와 천둥소리 같아
聞乎數百里之外	수백 리 밖까지 들립니다.'

將息獠者	'밤 사냥을 멈추고자 하여
擊靈鼓[112]	영고를 치고

---

108 집해 곽박은 말하였다. "보라색 바탕에 검은 무늬이다." 정의 『모시충어소(毛詩蟲魚疏)』에서는 말하였다. "패(貝)는 물의 갑각류이다. 큰 것은 항(蚢)인데 음은 항[下郎反]이다. 작은 것은 패(貝)인데, 흰 바탕이 옥과 같으며 보라색으로 무늬를 이루는데 모두 행렬을 이룬다. 큰 것은 지름이 한 자에 달하고 작은 것은 7~8치이다. 지금의 구진(九眞)과 교지(交阯)에서는 배반(杯盤) 같은 그릇을 만든다." 「화식전(貨殖傳)」에서 "패보귀(貝寶龜)"라고 한 것이다.

109 집해 『한서음의』에서는 말하였다. "창(摐)은 부딪치는 것이다. 뢰(籟)는 퉁소이다."

110 집해 곽박은 말하였다. "도가(櫂歌: 뱃노래)를 부르는 것이다. 방(榜)은 배이다, 음은 방(謗)이다."

111 집해 서광은 말하였다. "음은 애[烏邁反]이다."

112 집해 곽박은 말하였다. "영고(靈鼓)는 여섯 면이다."

起烽燧	봉홧불을 올리니
車案行	수레가 줄지어 가고
騎就隊	기마가 대오로 가며
纚乎淫淫	떼 지어 나아가고
班乎裔裔[113]	줄줄이 따릅니다.
於是楚王乃登陽雲之臺[114]	이에 초왕은 곧 양운대에 오르시어
泊乎無爲	담박하여 하시는 일이 없고
澹乎自持	담담히 스스로 유지하시어
勺藥之和具而後御之[115]	다섯 가지 맛이 알맞게 갖추어진 다음에 드십니다.
不若大王終日馳騁而不下輿	대왕께서 종일 말을 달리며 수레에서 내리시지 않고
脟割輪淬	고기를 잘라 수레바퀴 사이에서 구워먹으며
自以爲娛[116]	스스로 즐기시는 것만 같지 않습니다.
臣竊觀之	신이 가만히 살펴보니
齊殆不如	제나라는 이만 못한 것 같습니다.'
於是王默然無以應僕也	이에 왕은 잠자코 제게 대꾸를 하지 못하였습니다."

烏有先生曰	오유선생이 말하였다.
是何言之過也	"무슨 말씀이 이다지 지나치십니까!
足下不遠千里	족하께서는 천 리를 멀다 않으시고

113 **집해** 곽박은 말하였다. "모두 떼 지어 나는 모양이다."

114 **집해** 서광은 말하였다. "송옥(宋玉)은 초왕(楚王)이 양운대[陽雲之臺]에서 놀았다고 하였다." 곽박은 말하기를 "운몽(雲夢) 안에 있다."라 하였다.

115 **집해** 곽박은 말하였다. "작약(勺藥)은 오미(五味)이다."

116 **집해** 서광은 말하였다. "淬의 음은 채[千內反]이다." 곽박은 "열(脟)은 고기이다. 쉬(淬)는 절이는 것이다. 脟의 음은 연(臠)이다."라 하였다.

117 **집해** 곽박은 말하였다. "내려 줌이 있다는 말이다."

來況齊國[117]	와서 제나라에 도움을 주시려 하였으므로
王悉發境內之士	왕께서 경내의 군사를 모조리 동원하시고
而備車騎之衆	거마의 무리를 갖추시어
以出田	사냥을 나가
乃欲戮力致獲	이에 힘을 다하여 잡아
以娛左右也	좌우를 즐겁게 하시려는 것인데
何名爲夸哉	어찌 자랑한다고 하시는지요!
問楚地之有無者	초나라 땅에 있고 없고를 물은 것은
願聞大國之風烈	대국의 풍교와 덕업,
先生之餘論也	선생의 넓은 견해를 듣고자 해서였습니다.
今足下不稱楚王之德厚	지금 족하께서는 초왕의 덕의 두터움을 일컫지 않고
而盛推雲夢以爲高	운몽(의 사냥)을 성대하게 미루어 높이고
奢言淫樂而顯侈靡	음탕한 즐거움을 자랑삼아 이야기하고 사치로움을 드러내시니
竊爲足下不取也	가만히 생각건대 족하께 취할 것이 없다고 생각합니다.
必若所言	반드시 말씀하신 대로라면
固非楚國之美也	실로 초나라의 아름다움이 아닙니다.
有而言之	있는 대로 말씀하셨다면
是章君之惡	이는 임금의 악함을 드러낸 것이고,
無而言之	없는데도 말씀하셨다면
是害足下之信	이는 족하의 신용을 해친 것입니다.
章君之惡而傷私義	임금의 악함을 드러내고 사적인 의를 다쳤다면
二者無一可	둘 중 하나도 옳은 것이 없는데
而先生行之	선생께서는 그렇게 행하시니
必且輕於齊而累於楚矣	반드시 또한 제나라보다 가볍고 초나라에 누가 되

는 것입니다.

且齊東陼巨海[118]	또한 제나라는 동으로는 큰 바다의 모래섬이 있고
南有琅邪[119]	남으로는 낭야산이 있으며
觀乎成山[120]	성산에서 구경하고
射乎之罘[121]	지부산에서 사냥을 하며
浮勃澥[122]	바다 곁 물이 끊긴 곳에 배를 띄우고
游孟諸[123]	맹저(孟諸)에서 놀며
邪與肅愼爲鄰[124]	동북쪽으로는 숙신과 이웃하고
右以湯谷爲界[125]	오른쪽으로는 양곡과 경계를 이루고

---

118 색은 陼는 소림은 음이 저(渚)라고 하였다. 작은 모래섬을 저(渚)라고 한다. 동으로는 대해의 모래섬이 있다는 것을 말한다.

119 집해 곽박은 말하였다. "산 이름으로 낭야현(琅邪縣)의 경계에 있다." 정의 산 이름으로 밀주(密州) 동남쪽 백30리 지점에 있다. 낭야대(琅邪臺)가 산 위에 있다.

120 집해 서광은 말하였다. "동래(東萊) 불야현(不夜縣)에 있다." 색은 장읍은 말하였다. "관(觀)은 궐(闕)이다. 산 위에 궁궐을 쌓는 것이다." 곽박은 말하였다. "산 아래에서 놀고 구경을 하는 것이며, 음은 관(館)이다." 정의 「봉선서」에서는 말하기를 "성산(成山)은 갑자기 바다로 들어간다."라 하였는데, 산 위에서 구경을 하는 것을 말한다. 『괄지지(括地志)』에서는 말하였다. "성산(成山)은 내주(萊州) 문등현(文登縣) 동북쪽 백80리 지점에 있다."

121 집해 『한서음의』에서는 말하였다. "지부산(之罘山)은 모평현(牟平縣)에 있다. 그 위에서 쏘고 사냥을 한다." 정의 『괄지지』에서는 말하였다. "부산(罘山)은 내주 문등현 서북쪽 백90리 지점에 있다." 그 위에서 활을 쏘아 사냥을 한다는 것을 말한다. 罘의 음은 부(浮)이다.

122 집해 『한서음의』에서는 말하였다. "바다의 다른 갈래의 이름이다." 색은 (晉 左思의) 「제도부(齊都賦)」에서는 말하기를 "바다 곁을 발(勃)이라 하고, 물이 끊긴 곳을 해(澥)라 한다."라 하였다.

123 집해 곽박은 말하였다. "송(宋)나라의 수택(藪澤) 이름이다." 정의 『주례(周禮)』「직방씨(職方氏)」에서는 "청주(青州)의 늪을 망저(望諸)라 한다."라 하였다, 정현(鄭玄)은 "망저(望諸)는 맹저(孟豬)이다."라 하였다.

124 정의 사(邪)는 동북쪽으로 이어진 것이다. 『괄지지』에서는 말하였다. "말갈국(靺鞨國)은 옛 숙신(肅愼)인데, 또한 읍루(挹婁)라고도 하며 서울의 동북쪽 8천4백 리 지점에 있는데, 남으로는 부여(扶餘)와 천5백 리 떨어져 있고 동쪽 및 북쪽은 각기 대해에 닿아 있다."

秋田乎青丘[126]	가을에는 청구에서 사냥을 하며
傍偟乎海外	바다 밖에서 왔다 갔다 하여
吞若雲夢者八九	운몽 같은 것 8~9개를 삼켜도
其於胸中曾不蔕芥[127]	흉중에서 일찍이 가시나 겨자에 지나지 않습니다.
若乃俶儻瑰偉	비범하고 진기하며
異方殊類	이역(異域)의 색다른 것이나
珍怪鳥獸	진귀하고 기이한 새와 짐승 같은 것은
萬端鱗崒	수만 가지가 비늘같이 모여
充仞其中者	그 안에 충만하여
不可勝記	이루 다 적을 수 없으니
禹不能名	우(禹)도 이름을 말할 수 없고
契不能計[128]	설(契)도 헤아릴 수 없습니다.
然在諸侯之位	그러나 제후의 지위에 있어서
不敢言游戲之樂	감히 즐겁게 노는 즐거움과
苑囿之大	원유의 큼을 말하지 않으며,

125 정의 우(右)라고 말하는 것은 북으로 천자를 향한 것이다. 「해외경(海外經)」[『산해경(山海經)』]에서는 말하였다. "양곡(湯谷)은 흑치(黑齒)의 북쪽에 있는데, 위에는 부상(扶桑) 나무가 있고 물에서는 열 개의 해가 목욕을 한다." 장읍은 말하였다. "해가 나오는 곳이다." 허신은 말하였다. "탕(湯)처럼 뜨겁다." '湯'은 곧 '暘'과 같으며 '陽'과도 통하여 쓴다. – 옮긴이.

126 집해 곽박은 말하였다. "청구(青丘)는 산 이름이다. 또한 밭이 있는데 구미호(九尾狐)가 나오며 해외(海外)에 있다." 색은 곽박은 말하였다. "산 이름으로 구미호가 나온다." 정의 복건은 말하였다. "청구국(青丘國)은 바다의 동쪽 3백 리 지점에 있다." 곽박은 말하였다. "청구는 산 이름이다. 위에는 밭이 있고 또한 나라도 있는데 구미호가 나오며 해외에 있다."

127 색은 장읍은 말하였다. "생선뼈이다." 곽박은 말하였다. "있다는 것을 깨닫지도 못하는 것을 말한다."

128 정의 우(禹)는 요(堯)의 사공(司空)이 되어 구주(九州)의 토지와 산천, 초목, 금수를 변별하였다. 설(契)은 사도(司徒)가 되어 오교(五教)를 펴고 사방의 회계를 주관하였다. 두 사람도 오히려 그 숫자를 일일이 헤아릴 수 없었음을 말한다.

先生[129]又見客[130]	선생께서 또 접대를 받고 있어서
是以王辭而不復[131]	이 때문에 왕이 관두고 대답 않는 것이지
何爲無用應哉	어찌 응답할 수가 없어서이겠습니까!"
無是公听然而笑[132]曰	무시공이 씨익 웃으며 말하였다.
楚則失矣	"초나라가 실수한 것이고
齊亦未爲得也	제나라 또한 옳지 않습니다.
夫使諸侯納貢者	대체로 제후들에게 공물을 들이게 하는 것은
非爲財幣	재물 때문이 아니며
所以述職也[133]	직분을 말하게끔 하는 것입니다.
封疆畫界者	강역을 표시하고 경계를 획정하는 것은
非爲守禦	지키고 막기 위함이 아니라
所以禁淫也[134]	방종을 금하고자 해서입니다.
今齊列爲東藩	지금 제나라는 동쪽 울타리가 되는 나라로
而外私肅愼	밖으로 숙신국과 사통하여
捐國踰限	나라를 버리고 국경을 넘어
越海而田	바다를 건너 사냥을 하니
其於義故未可也	의리에 있어서 본래 옳지 못한 것입니다.
且二君之論	또한 두 분이 논하는 것이

129 색은 자허(子虛)를 가리킨다.

130 색은 여순은 말하였다. "빈객을 보고 예우를 하기 때문이다." 이선(李善)은 말하였다. "선생이 빈객을 만나본 것을 말한다."

131 색은 곽박은 말하였다. "복(復)은 답하는 것이다."

132 집해 곽박은 말하였다. "은(听)은 웃는 모양이다." 색은 『설문』에서는 말하였다. "은(听)은 웃는 모양이다."

133 집해 곽박은 말하였다. "제후가 천자에게 조현하는 것을 술직(述職)이라 하는데, 직분을 말하는 것을 말한다. 『맹자』에 보인다."

134 집해 곽박은 말하였다. "음방(淫放)을 금하여 끊는 것이다."

不務明君臣之義而正諸侯之禮	군신 간의 의리를 밝히고 제후의 예를 바로잡음은 힘쓰지 않고
徒事爭游獵之樂	한갓 출유(出遊)하여 사냥하는 즐거움과
苑囿之大	원유의 큼을 다툼만 일삼아
欲以奢侈相勝	사치로 서로 이기고
荒淫相越	황음으로 서로 넘어서고자 하니
此不可以揚名發譽	이는 명예를 발양할 수 없는 것이며
而適足以貶君自損也	군주를 깎아내리고 스스로에게 해를 끼치기에 충분한 것입니다.
且夫齊楚之事又焉足道邪	저 제나라와 초나라의 일을 또한 어찌 말할 만한 것이 있겠소!
君未睹夫巨麗也	그대들은 저 크고 아름다움은 아직 보지 못했소만
獨不聞天子之上林乎	유독 천자의 상림도 들어보지 못했소?

左蒼梧	'왼쪽에는 창오요
右西極[135]	오른쪽은 서극이며
丹水更其南[136]	단수가 그 남쪽을 지나고
紫淵徑其北[137]	자연이 그 북쪽을 가로지릅니다.

---

135 집해 곽박은 말하였다. "서극(西極)은 빈국(邠國)이다. 『이아』에 보인다." 정의 문영은 말하였다. "창오군(蒼梧郡)은 교주(交州)에 속하며, 장안(長安) 동남쪽에 있으므로 왼쪽이라고 말하였다. 『이아』에서는 서로 빈국(豳國)에 이르러 끝이라고 하였다. 장안의 서쪽에 있기 때문에 오른쪽이라고 하였다."

136 집해 『한서음의』에서는 말하였다. "단수(丹水)는 상락(上洛)의 총령산(冢領山)에서 나온다."

137 집해 곽박은 말하였다. "자연(紫淵)이 있는 곳은 미상이다." 정의 『산해경』에서는 말하였다. "자연수(紫淵水)는 근기지산(根耆之山)에서 나오며, 서쪽으로 흘러 황하[河]로 든다." 문영은 말하였다. "서하(西河) 곡라현(穀羅縣)에 자택이 있는데 현의 북쪽에 있으며 장안으로 보면 북쪽이다."

終始霸滻	파수에서 시작하여 산수로 끝나며
出入涇渭[138]	경수와 위수를 드나듭니다.
酆鄗[139]潦潏[140]	풍수와 호수, 요수와 휼수가
紆餘委蛇	돌고 꺾이며 구불구불
經營乎其內	그 안에서 빙빙 돕니다.
蕩蕩兮八川分流	넘실넘실 여덟 하천이 나누어 흐르는데
相背而異態[141]	서로 등지고 모습을 달리합니다.

---

138 색은 장읍은 말하였다. "파수(灞水)는 남전(藍田)에서 나와 서북쪽으로 흘러 위수(渭水)로 든다. 산수(滻水) 또한 남전(藍田)의 계곡에서 나오는데 북으로 파릉(霸陵)에 이르러 파(灞)로 들어간다. 파(灞)와 산(滻) 등 하천은 모두 원(苑)에서 나가지 않기 때문에 끝과 처음이라고 하였다. 경(涇)과 위(渭) 두 하천은 원(苑) 밖에서 들어오며 또한 원(苑)을 흘러 나간다. 경수(涇水)는 안정(安定)의 경양현(涇陽縣) 견두산(幵頭山)에서 나오며, 동으로 양릉(陽陵)에 이르러 위수(渭水)로 들어간다. 위수(渭水)는 농서(隴西) 수양현(首陽縣) 조서동혈산(鳥鼠同穴山)에서 나와 동북쪽으로 화음(華陰)에 이르러 황하로 들어간다."

139 색은 풍호(豐鎬)이다. 장읍은 말하였다. "풍수(豐水)는 호현(鄠縣) 남산풍곡(南山豐谷)에서 나와 북으로 위수(渭水)에 든다. 호(鎬)는 곤명지(昆明池) 북쪽에 있다." 곽박은 말하였다. "호수(鎬水)는 풍수(豐水)의 하류이다."

140 집해 곽박은 말하였다. "모두 물이 흐르는 모양이다, 음은 결(決)이다." 색은 응소는 말하였다. "요(潦)는 흐르는 것이다. 휼(潏)은 솟아나오는 소리이다." 장읍은 말하였다. "또한 휼수(潏水)가 있는데 남산(南山)에서 나온다." 요씨(姚氏)는 말하였다. "요(潦)는 가끔 '노(澇)'로 된 곳도 있다. 노수(澇水)는 호현(鄠縣)에서 나와 북으로 위수(渭水)로 흘러든다. 휼수(潏水)는 두릉(杜陵)에서 나오며, 지금의 이름은 연수(沇水)로 남산(南山)의 황자피(皇子陂)에서 나와 서북쪽으로 흘러 곤명지(昆明池)로 흘렀다가 위수(渭水)로 들어간다." 생각건대 아래의 "여덟 개의 내가 나누어 흐른다(八川分流)."는 것은 경(涇)과 위(渭), 파(灞), 산(滻), 풍(豐), 호(鎬), 요(潦) 그리고 휼(潏)의 여덟 개이다. 진작은 말하였다. "단(丹) 아래로 하천이 아홉 개가 있고, 파(灞) 아래로 일곱 개가 있다." 생각건대 지금 휼(潏)은 물 이름이 확실하고 단(丹)과 자(紫) 두 하천을 제외하면 경(涇)과 위(渭) 이하는 족히 여덟 하천이 되는데 이것이 그 경내에서 감도는 것이다. 또한 (晉) 반악(潘岳)의 『관중기(關中記)』에서는 "경(涇)과 위(渭), 파(灞), 산(滻), 풍(豐), 호(鎬), 노(澇), 휼(潏)이 「상림부(上林賦)」에서 이른바 '여덟 개의 내가 나누어 흐른다(八川分流).'는 것이다."라 하였다.

141 집해 곽박은 말하였다. "여덟 하천의 이름은 위에 있다."

東西南北	동서남북으로
馳騖往來	치달리고 왕래하며
出乎椒丘之闕	초구의 궐문에서 나오고
行乎洲淤之浦[142]	주어[洲淤: 모래톱. 사주(沙洲)]의 펄을 달리며
徑乎桂林之中[143]	계림 가운데를 가로질러
過乎泱莽之野[144]	끝없이 아득한 들판을 지나갑니다.
汩乎渾流	빠르게 뒤섞여 흐르고
順阿而下[145]	언덕을 따라 내려가며
赴隘陝之口	좁은 골짜기 입구로 달려갑니다.
觸穹石	큰 바위를 치기도 하고
激堆埼[146]	굽은 모래언덕에 부딪치기도 하며
沸乎暴怒	성난 듯 끓어오르는가 하면
洶涌滂湃[147]	치솟아 서로 부딪치기도 하고

142 집해 곽박은 말하였다. "초구(椒丘)는 언덕 이름인데, 암궐(巖闕)이 있다는 말이며 『초사(楚辭)』[『초사(楚詞)』]에 보인다. 어(淤) 또한 모래섬 이름인데 촉(蜀) 사람이 이르는 말이며 『방언』에 보인다." 색은 복건은 말하였다. "언덕 이름으로 『초사』에서 말하는 '초구 달리어 잠깐 그곳에서 쉰다(馳椒丘且焉止息).'라 한 것이다." 두 산이 함께 일어나 쌍궐(雙闕) 같은 것이다. 여순은 "언덕에 산초가 많은 것이다."라 하였다.

143 집해 곽박은 말하였다. "계림(桂林)은 숲 이름인데, 「남해경(南海經)」에 보인다."

144 집해 『한서음의』에서는 말하였다. "『산해경』에서 이른바 대황(大荒)의 들판이다."

145 집해 곽박은 말하였다. "아(阿)는 큰 언덕이다."

146 집해 곽박은 말하였다. "궁륭(穹隆)은 큰 바위의 모양이다. 퇴(堆)는 모래 언덕이다. 기(埼)는 굽은 언덕 어귀로 음은 기(祁)이다." 색은 곽박은 말하였다. "퇴(堆)는 모래언덕이고, 기(埼)는 굽은 언덕 어귀이다."

147 집해 洶의 음은 흉[許勇反]이다. 涌의 음은 용(勇)이다. 滂의 음은 팽[浦橫反]이다. 沸의 음은 패[浦拜反]이다. 색은 흉용팽배(洶湧澎湃)이다. 사마표는 말하였다. "흉용(洶湧)은 뛰어오르는 모양이다. 팽배(澎湃)는 서로 어그러지는 것이다." 용(湧)은 '용(溶)'으로 된 판본도 있다. 팽(澎)은 '팽(滂)'으로 된 판본도 있다.

滭浡滵汩[148]	성하게 세차게 흐르기도 하며
湢測泌瀄[149]	다그쳐 떠받치기도 하고
橫流逆折	옆으로 흐르다가 거꾸로 꺾이기도 하며
轉騰潎洌[150]	더욱 거세어져 가볍고 빨리 흐르다가
澎濞沆瀣[151]	세차게 들이치는가 하면 또 천천히 흐르기도 하고
穹隆雲撓[152]	솟구쳐 올랐다가 낮게 흐르며
蜿灗膠戾[153]	이리저리 옮겨 다니다가 기우뚱하게 굽기도 하고
踰波趨浥[154]	물결이 타넘기도 하고 깊은 곳에서 옮기기도 하며
莅莅下瀨[155]	졸졸 여울을 내려가고
批巖衝壅[156]	바위를 되치기도 하고 물굽이에 부딪치기도 하며

148 색은 사마표는 말하였다. "필비(滭沸)는 성한 모양이다. 밀일(滵汩)은 가는 것이 빠른 것이다." 정의 음은 필발밀(畢渤密)이다. 汩의 음은 일[于筆反]이다.

149 집해 곽박은 말하였다. "음은 핍측필즐(逼側筆櫛)이다." 색은 사마표는 말하였다. "핍측(湢測)은 서로 다그치는 것이다. 필즐(泌瀄)은 서로 떠받치는 것이다." 곽박은 말하였다. "음은 핍측필즐(逼側筆櫛)이다."

150 색은 소림은 말하였다. "흐름이 가볍고 빠른 것이다."

151 색은 방비항해(滂濞沆溉)이다. 해(溉)는 '해(瀣)'라고도 한다. 사마표는 말하였다. "방비(滂濞)는 물이 흐르는 소리이다. 항해(沆溉)는 천천히 흐르는 것이다." 곽박은 말하였다. "기세가 성하고 굳센 모양이다." 정의 澎의 음은 팽[普彭反]이다. 濞의 음은 비[普祕反]이다. 沆의 음은 항[胡朗反]이다. 溉의 음은 해[胡代反]이다.

152 색은 궁숭운교(穹崇雲橈)이다. 복건은 말하였다. "물이 돌아 흐르다가 다시 샘솟는 것이다." 곽박은 말하였다. "물이 솟구쳐 올랐다가 낮아지는 것이다."

153 색은 사마표는 말하였다. "완선(蜿灗)은 이리저리 옮겨 다니는 것이다. 교려(膠戾)는 기울어 굽는 것이다." 음은 선선교려(婉善交戾)이다. 정의 蜿의 음은 완(婉)이다. 蟬의 음은 선(善)이다.

154 집해 서광은 말하였다. "음은 엽[烏狹反]이다." 색은 유파추읍(踰波趨浥)이다. 사마표는 말하였다. "유파(踰波)는 뒤에서 앞으로 타넘는 것이다. 추읍(趨浥)은 깊은 샘에서 옮겨 가는 것이다." 浥의 음은 읍[焉浹反]이다.

155 색은 사마표는 말하였다. "이리(莅莅)는 물소리이다." 음은 리(利)이다.

156 정의 批의 음은 별[白結反]이다. 암(巖)은 바위[巖]이다. 사마표는 말하였다. "비(批)는 반격(反擊)하는 것이다. 옹(壅)은 물굽이이다."

奔揚滯沛[157]	달리다 솟아올라 흩뿌려 흩어지기도 하고
臨坻注壑[158]	모래톱에 임하고 골짝으로 흘러가기도 하며
瀺灂[159]霣墜[160]	철썩이며 떨어지기도 하고
湛湛[161]隱隱	깊숙하여 질펀하며
砰磅訇礚[162]	우르릉 쾅쾅 소리를 내기도 하고
潏潏淈淈	콸콸 용솟음치면서
湁潗鼎沸[163]	물결이 터져 부글부글 끓어오르기도 하며
馳波跳沫[164]	내닫는 물결이 거품을 튀기기도 하고
汩急漂疾[165]	급히 방향을 꺾어 빨리 달리다가
悠遠長懷[166]	아득히 멀리 영원히 돌아가
寂漻無聲	고요히 소리를 내지 않고

---

157 **색은** 체패(滯沛)는 곽박은 "물이 흩뿌리며 흩어지는 모양"이라고 하였다. 滯의 음은 체[丑制反]이다.

158 **정의** 坻의 음은 지(遲)이다. 지(坻)는 물속의 모래가 약하게 일어 물로 나오는 것이다. 『이아』에서는 "작은 물가를 지(坻)라고 한다."라 하였다. 학(壑)은 기슭이다.

159 **색은** 앞의 글자는 삼[士湛反]이며, 아래의 글자는 음이 삭[士卓反]이다. 『설문』에서는 "물의 작은 소리이다."라 하였다.

160 **정의** 霣의 음은 운(隕)이다. 隧의 음은 주[直類反]이다.

161 **집해** 서광은 말하였다. "湛의 음은 침(沈)이다."

162 **정의** 砰의 음은 팽[披萌反]이다. 磅의 음은 방[蒲黃反]이다. 訇의 음은 횡[呼宏反]이다. 礚의 음은 개[苦蓋反]이다. 모두 물이 흘러 노한 듯한 소리이다.

163 **집해** 곽박은 말하였다. "湁의 음은 칩[敕立反]이다. 潗의 음은 집(緝)이다." **색은** 휼굴입집(潏淈湁潗)이다. 곽박은 모두 물이 약하게 돌고 가늘게 솟는 모양이라고 하였다. 潏淈의 음은 결골(決骨)이다. 湁의 음은 칙[敕力反]이다. 潗의 음은 집(緝)이다. 『광아』에서는 "굴굴(淈淈)은 물결이 터져 흐르는 것이다."라 하였다. (前漢) 주성(周成)의 『잡자(襍字)』에서는 "입집(湁潗)은 물이 끓는 모양이다."라 하였다.

164 **집해** 서광은 말하였다. "'흡합(吸呷)'으로 된 판본도 있다."

165 **색은** 急은 진작은 "음은 흡[華給反]"이라 하였고, 곽박은 "힙[許立反]"이라 하였다. 골읍(汩急)은 급히 꺾이는 모양이다.

166 **정의** 놓여서 흩어지는 모양이다.

肆乎永歸	마침내 영원히 돌아갑니다.
然後灝溔潢漾[167]	그런 다음에 물이 끝도 없이 아득하게
安翔徐徊	느릿느릿 천천히 맴돌다가
翯乎滈滈[168]	흰 빛을 내며 반짝반짝
東注大湖[169]	동으로 태호로 흘러들고
衍溢陂池	못까지 넘칩니다.
於是乎蛟龍赤螭[170]	이에 교룡과 붉은 이무기,
䱭鰽螹離[171]	긍몽과 점리,
鰅鳙鰬魠[172]	옹용과 건탁,
禺禺魼鳎[173]	우우와 가자미, 도롱뇽이
揵鰭[174]擢尾	지느러미를 치켜세우고 꼬리를 흔들어대며

167 정의 음은 황양(晃養)이다. 곽(郭)은 "모두 물이 끝이 없는 것이다."라 하였다.

168 색은 翯의 음은 학(鶴)이다. 滈의 음은 호(鎬)이다. 『시(詩)』에 "백조 희디 희네(白鳥翯翯)"라는 구절이 있다. 곽박은 "물이 흰빛을 내는 모양이다."라 하였다. 翯의 음은 효(皛)이며, 滈의 음은 호(昊)이다.

169 정의 태호(太湖)는 소주(蘇州) 서남쪽에 있다.

170 색은 문영은 말하였다. "용의 새끼를 이(螭)라 한다." 장읍은 말하였다. "암용[雌龍]이다." 정의 螭의 음은 치[丑知反]이다. 문영은 "용의 새끼를 이(螭)라 한다."라 하였으며, 장읍은 "암용이다."라 하였는데 두 설은 모두 틀렸다. 『광아』에서는 말하였다. "뿔이 있는 것을 규(虯)라 하고, 뿔이 없는 것을 이(螭)라 한다." 규(虯)와 이(螭)는 모두 용과 비슷한데 용이 아니다.

171 집해 서광은 말하였다. "螹의 음은 점(漸)이다." 곽박은 "긍몽(䱭鰽)은 다랑어[鮪]이다."라 하였다. 음은 긍몽(亙瞢)이다. 점리(螹離)는 들어보지 못했다. 정의 䱭의 음은 긍[古鄧反]이다. 鰽의 음은 몽[末鄧反]이다. 이기(李奇)는 말하였다. "주락(周洛)에서는 유(鮪)라 하고, 촉(蜀)에서는 긍몽(䱭鰽)이라 한다. 공산(鞏山)의 암혈에서 나는데 3월에 황하로 거슬러 올라 용문(龍門)의 한계를 넘을 수 있으면 용이 된다."

172 집해 서광은 말하였다. "鰅의 음은 옹[娛匈反]이다. 겉에 무늬가 있으며 낙랑(樂浪)에서 난다. 鰬의 음은 건(虔)이다. 魠의 음은 탁(託)이며 입을 크게 벌리는 물고기이다." 곽박은 "용(鳙)은 연어(鰱魚)와 비슷한데 검다."라 하였다. 『한서음의』에서는 "건(鰬)은 잉어와 비슷한데 크다."라 하였다.

振鱗奮翼 비늘을 떨치고 날개를 떨치며

潛處于深巖 깊은 바위 속에서 자맥질하며 삽니다.

魚鱉讙聲 물고기며 자라는 시끄러운 소리를 내고

萬物衆夥 온갖 사물이 매우 많아

明月珠子 명월주인 진주가

玓瓅江靡[175] 강기슭까지 반짝이며,

蜀石黃碝[176] 촉석이며 황연,

水玉磊砢[177] 수정 같은 것이 쌓여 있어

磷磷爛爛 맑게 번쩍번쩍 빛나고

采色澔旰 광채가 찬란하게

叢積乎其中 그 안에 쌓여 있습니다.

鴻鷫鵠鴇 큰기러기와 고니, 숙상과 능에,

鴐鵝鸀鳿[178] 야생거위와 촉옥,

---

173 **집해** 서광은 말하였다. "우우(禺禺)는 어우(魚牛)이다. 허(魼)는 '허(鱋)'로 된 곳도 있다, 음은 탑(榻)이다. 魶의 음은 납(納)이며, '탑(鰨)'으로 된 곳도 있다." 『한서음의』에서는 "허(魼)는 비목어(比目魚)이다. 납(魶)은 제어(鯷魚: 메기)이다."라 하였다.

174 **정의** 揵의 음은 건(乾)이다. 鰭의 음은 기(祁)이다. 건(揵)은 드는 것이다. 기(鰭)는 물고기의 등지느러미이다.

175 **집해** 곽박은 말하였다. "미(靡)는 물기슭이다." **색은** 적력강미(旳皪江靡)이다. 응소는 말하였다. "미(靡)는 가[邊]이다. 명월주(明月珠)는 강 속에서 생기는데 그 빛이 강변까지 비추는 것이다." 장읍은 말하였다. "미(靡)는 물가이다." 곽박은 말하였다. "적력(旳皪)은 비추는 것이다."

176 **집해** 곽박은 말하였다. "연석(碝石)은 황색(黃色)이다."

177 **집해** 곽박은 말하였다. "수옥(水玉)은 수정(水精)이다."

178 **집해** 곽박은 말하였다. "숙(鷫)은 숙상(鷫霜)이다. 촉옥(鸀鳿)은 오리 비슷한데 크며, 목이 길고 눈은 붉으며 자줏빛과 감색을 띠고 있다." **색은** 鴇의 음은 보(保)이다. 곽박은 말하였다. "보(鴇)는 기러기와 비슷한데 뒤 발톱이 없다." 『모시조충소(毛詩鳥獸疏)』에서는 말하였다. "보(鴇)는 기러기와 비슷한데 호랑이의 무늬가 있다." **정의** 鸀鳿의 음은 촉옥(燭玉)이다. 곽(郭)은 말하였다. "오리와 비슷한데 크며, 목이 길고 눈은 붉으며 자줏빛과 감색

鵁鶄[179]鷶目[180]	교청과 환목,
煩鶩鷛鶏[181]	번목과 용거,
鷻鳰鵁鸕[182]	짐자와 교로가
群浮乎其上	그 위에 떼 지어 떠 있습니다.
汎淫泛濫[183]	둥실둥실 떠서
隨風澹淡	바람 따라 떠다니고
與波搖蕩	물결과 함께 흔들거리며
掩薄草渚[184]	풀이 난 물가를 온통 뒤덮고서

을 띠고 있다. 물의 독을 피하여 깊은 골짜기의 시내에서 새끼를 낳는다. 비가 내리기라도 하면 운다. 암컷은 새끼를 낳는데 잘 싸운다. 강동(江東)에서는 촉옥(燭玉)이라 부른다."

179 **정의** 곽(郭)은 말하였다. "교청(鵁鶄)은 오리 비슷한데 다리가 높으며 깃 벼슬이 있어서 화재(火災)를 피한다."

180 **집해** 서광은 말하였다. "鷶의 음은 환(環)이다." **색은** 환목(鷶目)이다. 곽박은 미상이라고 하였다. 소안(小顏)은 말하였다. "형영(荊郢) 사이에 물새가 있는데, 크기는 해오라기만 하고 꼬리가 짧으며 색은 홍백색(紅白色)을 띠고 눈이 깊으며, 눈 주위에는 털이 길게 도는데 이것이 아마 선목(旋目)인가?" 鷶의 음은 선(旋)이다.

181 **집해** 서광은 말하였다. "번목(煩鶩)은 '번몽(番鸏)'으로 된 곳도 있다. 鷛의 음은 용(容)이다." 『한서음의』에서는 "번목(煩鶩)은 오리이다. 용거(鷛鶏)는 집오리 비슷한데 회색에 닭의 다리를 하고 있다."라 하였다. **색은** 번목용거(煩鶩鷛渠)이다. 곽박은 말하였다. "번목(煩鶩)은 오리 속[鴨屬]이다. 용거(鷛渠)는 일명 장거(章渠)라고 한다."

182 **집해** 서광은 말하였다. "짐의 음은 짐(斟)이다. 물새다. 鳰의 음은 사(斯)이다. 鵁의 음은 효[火交反]이다." 『한서음의』에서는 "짐자(鷻鳰)는 짙은 검은색이다."라 하였다. 곽박은 "효(鵁)는 어효(魚鵁)로, 다리가 꼬리에 가깝다. 노(鸕)는 가마우지이다."라 하였다. **색은** 짐자(葴鷥)이다. 장읍은 "짐자는 어호(魚虎) 비슷한데 짙은 검은색을 띤다."라 하였다. 추탄(鄒誕)본(本)에는 '치자(鴟鳰)'로 되어 있다.

183 **색은** 곽박은 말하였다. "모두 새가 바람이 불고 물결이 이는 대로 절로 마음껏 떠 있는 모습이다." 汎의 음은 빙(馮)이다. 泛의 음은 범[芳劍反]이다. 『광아』에서는 "범범(汎汎)은 범범(氾氾)이며 떠 있는 것이다."라 하였다.

184 **색은** 장읍은 말하였다. "엄(掩)은 덮는 것이다. 풀이 총생(叢生)한 것을 박(薄)이라고 한다." **정의** 엄(掩)은 덮은 것이다. 박(薄)은 의(依)이다. 혹 풀이 난 물가에 의지하여 노는 것이라는 말이다.

唼喋[185]菁藻[186]	참참거리며 물풀을 쪼아 먹기도 하고
咀嚼蔆藕	마름과 연뿌리를 씹어 먹기도 합니다.'

於是乎崇山巃嵸	'이에 산은 높고 가팔라
崔巍嵯峨[187]	삐죽삐죽 우뚝 솟았으며
深林鉅木	숲은 깊고 나무는 크며
嶄巖㠁嵳[188]	깎아지른 듯 들쭉날쭉합니다.
九嵕巀嶭	구종산과 절얼산,
南山峨峨[189]	종남산은 까마득히 높고
巖陁[190]甗錡	가파르게 비탈지기도 하고 시루와 솥처럼 위가 크고 아래는 좁으며
摧崣崛崎[191]	산의 형세가 높이 불쑥 솟았다가

185 정의 唼의 음은 삽[疏甲反]이다. 喋의 음은 잡[丈甲反]이다. 새가 먹는 소리이다.

186 집해 곽박은 말하였다. "청(菁)은 수초(水草)이다. 『여씨춘추』에서는 '태호의 청(太湖之菁)'이라 하였다." 색은 곽박은 말하였다. "청(菁)은 수초(水草)이며, 조(藻)는 떨기이다. 『여씨춘추』에서는 '태호의 청(太湖之菁)'이라 하였다. 『좌전(左傳)』에서는 '빈번온조(蘋蘩蘊藻)'라 하였다. 온(蘊)은 곳 모인 것이다."

187 정의 巃의 음은 롱[力孔反]이다. 嵸의 음은 종[子孔反]이다. 崔의 음은 최[在回反]이다. 巍의 음은 외[五回反]이다. 곽(郭)은 말하였다. "모두 높은 모양이다."

188 정의 嶄의 음은 함(咸)이며, 또한 삼[仕銜反]이라고도 한다. 㠁의 음은 침[楚林反]이다. 嵳의 음은 치[楚宜反]이다. 안(顔)은 말하였다. "참암(嶄巖)은 뾰족하고 날카로운 모양이다. 참치(㠁嵳)는 가지런하지 않은 것이다."

189 집해 『한서음의』에서는 말하였다. "구종산(九嵕山)은 좌풍익(左馮翊) 곡구현(谷口縣) 서쪽에 있다. 절얼산(巀嶭山)은 지양현(池陽縣) 북쪽에 있다." 정의 嵕의 음은 종[子公反]이다. 巀의 음은 절[才切反]이다. 嶭의 음은 얼[五結反]이다.

190 집해 음은 지(遲)이다.

191 집해 곽박은 말하였다. "타(陁)는 벼랑의 가이다. 甗의 음은 언[魚晚反]이다. 錡의 음은 의(蟻)이다. 摧의 음은 최[作罪反]이다." 색은 최위굴기(摧崣崛崎)이며, 곽박은 말하였다. "모두 높이 굽었다가 낮게 꺾이는 모양이다. 摧의 음은 최[作罪反]이다. 崣의 음은 위(委)이다. 崛의 음은 굴(掘)이다. 崎의 음은 의(倚)이다."

振谿通谷[192]	시내를 뽑아 계곡으로 통하고
蹇產溝瀆[193]	도랑은 굽고 꺾였으며
谽呀豁閜[194]	계곡은 입을 쩍 벌린 듯 휑하니 비었고
阜陵別島[195]	각종 언덕은 섬이 되어 갈라졌으며
崴磈嵔瘣[196]	산세는 울퉁불퉁하고 구불구불하며
丘虛崛𡾰[197]	언덕도 오르락내리락하다가
隱轔鬱㠥[198]	울쑥불쑥 구불구불
登降施靡[199]	높아졌다 낮아졌다 죽 이어지고
陂池貏豸[200]	산세가 무디어져 평평해지고
沇溶淫鬻[201]	물은 질펀하게 흐릅니다.
散渙夷陸[202]	(산들은) 흩어져 평평하게 되었는데

192 색은 장읍은 말하였다. "진(振)은 빼는 것이다. 물이 내로 흐르는 것이 계(溪)이고, 시내로 흐르는 것이 곡(谷)이다." 곽박은 말하였다. "진(振)은 쇄(灑)와 같다."

193 집해 『한서음의』에서는 말하였다. "건산(蹇產)은 굴절된 것이다."

194 집해 곽박은 말하였다. "모두 계곡을 형용한 것이다. 谽의 음은 함[呼含反]이다. 呀의 음은 하[呼加反]이다. 閜의 음은 하[呼下反]이다." 색은 함하활하(谽呀豁閜)이다. 사마표는 말하였다. "함하(谽呀)는 큰 모양이다. 활하(豁閜)는 공허(空虛)한 것이다."

195 정의 높고 평평한 것을 육(陸)이라 하고, 대륙(大陸)을 부(阜)라 하며, 대부(大阜)를 능(陵)이라 하고, 물속의 산을 도(島)라고 한다.

196 정의 崴는 음이 외[於鬼反]이다. 磈는 음이 외[魚鬼反]이다. 嵔는 음이 외[烏罪反]이다. 瘣는 음이 회[胡罪反]이다. 모두 높은 모양이다.

197 정의 虛의 음은 허(墟)이다. 崛의 음은 굴[口忽反]이며, 또한 괴[口罪反]이다. 𡾰의 음은 뢰[力罪反]이다. 모두 언덕이 고르지 않은 모양이다.

198 정의 㠥의 음은 률(律)이다. 곽(郭)은 말하였다. "모두 그 형세이다."

199 정의 곽(郭)은 말하였다. "시미(施靡)는 연연(連延)과 같다."

200 집해 곽박은 말하였다. "貏의 음은 피복의 피(被)이다. 豸의 음은 벌레 치(豸)이다." 색은 곽박은 말하였다. "피지(陂池)는 두루 쇠퇴하는 모양이다. 陂의 음은 피(皮)이다. 貏의 음은 '의피(衣被)'의 '피(被)'이다."

201 색은 곽박은 말하였다. "흘러서 넘치는 모양이다." 정의 溶의 음은 용(容)이다. 鬻의 음은 육(育)이다. 장(張)은 말하였다. "물이 계곡 사이로 흐르는 것이다."

亭皋千里	천 리의 물가에 정후(亭候)를 만들어
靡不被築[203]	쌓아 덮지 않은 곳이 없습니다.
掩以綠蕙[204]	푸른 혜초로 가렸으며
被以江離	강리로 덮였고
糅以蘪蕪[205]	미무가 섞였으며
雜以流夷[206]	유이가 뒤섞였습니다.
尃結縷[207]	결루가 널리 퍼졌고
欑戾莎[208]	여사가 떼 지어 났으며
揭車衡蘭	걸거와 두형, 난초,
稿本射干[209]	고본과 야간,
茈薑[210]蘘荷[211]	자강과 양하,

202 색은 사마표는 말하였다. "평지이다."

203 집해 곽박은 말하였다. "물가의 습지에 정후(亭候)를 만들어 모두 땅을 쌓아 평평하게 한 것으로 가산(賈山)이 이른바 '금 망치로 숨긴 것.'이다."

204 정의 장(張)은 말하였다. "녹(綠)은 왕추(王芻)이다. 혜(蕙)는 향초이다." 안(顏)은 말하였다. "녹혜(綠蕙)는 향초의 색이 푸른 것일 따름이지 왕추(王芻)가 아니다." 『이아』에서는 녹(菉)은 일명 왕추(王芻)라고 한다고 했다.

205 정의 糅의 음은 유[女又反]이다.

206 집해 『한서음의』에서는 말하였다. "유이(流夷)는 신이(新夷)이다."

207 집해 서광은 말하였다. "부(尃)는 옛 '포(布)' 자이며, '포(布)'로 된 곳도 있다." 『한서음의』에서는 "실오라기 같은 것이 맺히어 백모(白茅) 비슷하며, 덩굴져 이어서 나고 넓게 심는 것이다."라 하였다.

208 집해 서광은 말하였다. "풀로 자줏빛 물을 들일 수 있다."

209 집해 서광은 말하였다. "揭의 음은 걸(桀)이다." 곽박은 "걸거(揭車)는 일명 걸여(乞輿)라고도 한다. 고본(稿本)은 고발(稿茇)이다. 야간(射干)은 10월에 나는데 모두 향초이다."라 하였다. 색은 고본(稿本)은 『동군약록(桐君藥錄)』에 의하면 "싹이 궁궁이[穹窮]와 비슷하다."라 하였다.

210 색은 장읍은 말하였다. "자강(子薑)이다." 『사인월령(四人月令)』에서는 "생강(生薑)을 자강(茈薑)이라 하며 음은 자(紫)이다."라 하였다.

葴橙若蓀[212]	짐등과 약손,
鮮枝黃礫[213]	선지며 황력,
蔣芧青薠[214]	장모와 청번 따위가
布濩閎澤	너른 늪지에 두루 펴졌으며
延曼太原	큰 언덕으로 뻗어나갔습니다.
麗靡廣衍	줄줄이 이어져
應風披靡	바람에 응하여 쓰러져
吐芳揚烈[215]	향기를 세차게 내뿜고
郁郁菲菲	은은한 향기가 진동을 하고
衆香發越	여러 가지 향기를 발산하여
肸蠁布寫	향기가 온 데 퍼져
晻曖苾勃[216]	그윽하게 물씬 풍깁니다.’

211 정의 蘘의 음은 양[人羊反]이다. 가지와 뿌리 곁에는 죽순이 나며, 부용(芙蓉) 같으며 절일 수 있고 또한 벌레의 독을 치료할 수도 있다.

212 집해 곽박은 말하였다. “짐(葴)은 미상이다. 등(橙)은 유자이다. 약손(若蓀)은 향초이다.” 색은 장읍은 말하였다. “짐(葴)은 지궐(持闕)이다.” 곽박은 말하였다. “등(橙)은 유자이다.” 요씨(姚氏)는 이 앞뒤는 모두 풀이며 등(橙)이 아니라고 하였다. 소안(小顏)은 말하였다. “짐(葴)은 한장(寒漿)이다. 지(持)는 ‘부(符)’ 자가 되어야 하며, 부(符)는 귀목(鬼目)이다.” 지금의 독자들은 또한 등(登)으로 읽으며, 금등초(金登草)를 말한다. 장읍은 말하였다. “손(蓀)은 향초이다.” 요씨(姚氏)는 말하였다. “손초(蓀草)는 창포(昌蒲) 비슷한데 줄기가 없으며 시내에서 난다. 蓀의 음은 손(孫)이다.”

213 집해 곽박은 말하였다. “모두 미상이다.” 색은 선지황력(鮮支黃礫)이다. 장읍은 말하였다. “모두 풀인데 미상이다.” 사마표는 말하였다. “선지(鮮支)는 지자(支子)이다. 혹자는 말하기를 선지(鮮支) 또한 향초라고 하였다.” 소안(小顏)은 “황력(黃礫)은 황설목(黃屑木)이다.”라 하였는데 틀린 것 같다.

214 집해 서광은 말하였다. “芧의 음은 저(佇)이다.” 『한서음의』에서는 “장(蔣)은 향초[菰]이다. 서(芧)는 삼릉(三稜)이다.” 색은 장(蔣)은 향초이다. 곽박은 芧의 음은 저(佇)라고 하였다. 또한 삼릉초(三稜芧)라고 하였다. 薠의 음은 번(煩)이다.

215 집해 곽박은 말하였다. “향기가 몹시 강한 것이다.”

於是乎周覽泛觀	'이에 두루 둘러보고 쭈욱 살펴보아도
瞋盼軋沕[217]	흐릿하고 치밀하며
芒芒怳忽	까마득하고 황홀하여
視之無端	보아도 끝이 없고
察之無崖	살피어도 한정이 없습니다.
日出東沼	해가 동쪽의 소(沼)에서 나와
入於西陂[218]	서쪽의 비탈로 들어갑니다.
其南則隆冬生長	그 남쪽은 한겨울에도 식물이 나서 자라고
踊水躍波	물이 솟구치고 물결이 일며,
獸則㺎旄貘犛[219]	짐승은 용과 모, 맥과 이우,
沈牛麈麋[220]	물소와 고라니, 순록,
赤首圜題[221]	적수와 환제,

---

216 **정의** 晻曖의 음은 엄애(奄愛)이다. 모두 향기가 성한 것이다. 『시』에서 "향기가 진동한다(苾苾芬芬)."라 하였는데, 기(氣)이다.

217 **집해** 서광은 말하였다. "瞋의 음은 진[丑人反]이다. 반(盼)은 '민(緡)'으로 된 곳도 있다." 곽박은 말하기를 "모두 구분할 수 없는 모양"이라고 하였다.

218 **색은** 장읍은 말하였다. "해가 아침에 동산의 동쪽 못에서 떠오르고, 저녁때는 동산 서쪽의 비탈로 들어가는 것이다."

219 **집해** 서광은 말하였다. "㺎의 음은 용(容)이며, 짐승의 종류이다. 犛의 음은 리(貍)이며, 음을 모(茅)라고도 한다." 곽박은 "모(旄)는 깃대 장식이다. 맥(貘)은 곰과 비슷하며, 다리가 짧고 머리가 뾰족하다. 이우(犛牛)는 검은색으로 서남쪽 교외에서 난다."라 하였다. **색은** 곽박은 말하였다. "용(㺎)은 용우(㺎牛)이며 목에 고기 층이 있으며, 음은 용(容)이다." 지금의 봉우(犎牛: 들소)이다. 장읍은 "모(旄)는 깃대 장식이며, 모양은 소와 같은데 네 마디에서 털이 난다. 맥(貘)은 흰 표범[白豹]으로, 곰과 비슷하며 다리는 짧고 머리는 뾰족하며, 뼈에는 골수가 없고 구리와 철을 먹는다. 음은 맥(陌)이다. 犛의 음은 리(貍), 또는 모(茅)인데, 혹자는 묘우(貓牛)라고 한다. 이우(犛牛)는 흑색으로 서남쪽 교외에서 나며 털은 떨 수가 있다."라 하였다.

220 **집해** 『한서음의』에서는 말하였다. "침우(沈牛)는 물소이다." **정의** 주(麈)는 사슴 비슷한데 크다. 미(麋)는 물소 비슷하다.

221 **집해** 곽박은 말하였다. "제(題)는 이마(額)인데 확실치 않다."

窮奇象犀[222]	궁기와 코끼리, 무소입니다.
其北則盛夏含凍裂地	그 북쪽은 한여름에도 얼음이 얼고 땅이 갈라져 있으며
涉冰揭河[223]	얼음을 건너고 옷을 걷고 강을 건너야 하고,
獸則麒麟[224]角端[225]	짐승은 기린과 각단,
騊駼橐駝	도도와 낙타,
蛩蛩驒騱	공공과 탄해,
駃騠驢騾[226]	결제와 나귀, 노새입니다.'

於是乎離宮別館	'이에 이궁과 별관이

222 집해 『한서음의』에서는 말하였다. "궁기(窮奇)는 모양이 소와 비슷한데 고슴도치 털이 있으며 우는 소리는 개가 짖는 소리와 같고 사람을 잡아먹는다." 색은 장읍은 말하였다. "궁기(窮奇)는 모양이 소와 비슷한데 고슴도치 털이 있으며 우는 소리는 개가 짖는 소리와 같고 사람을 잡아먹는다." 곽박은 말하였다. "상(象)은 큰 짐승으로 코가 길며 어금니의 길이가 한 길이다. 서(犀)는 머리는 돼지 비슷한데 다리가 짧으며 뿔 하나가 머리에 있다."

223 집해 곽박은 말하였다. "물이 질편하여 얼어서 녹지를 않으며 땅이 갈라졌다는 말이다. 게(揭)는 옷을 걷는 것이다."

224 색은 장읍은 말하였다. "수컷은 기(麒)이고, 암컷은 린(麟)이다. 그 모양은 노루의 몸에 소꼬리, 이리의 굽을 하고 있으며 뿔은 하나다." 곽박은 말하였다. "기(麒)는 린(麟)과 비슷한데 뿔이 없다." 『모시소(毛詩疏)』에서는 "린(麟)은 황색이고 뿔의 끝에 살이 있다."라 하였다. 경방(京房)의 「전(傳)」에서는 말하였다. "다섯 가지 색이 있으며, 배 아래는 황색이다."

225 집해 곽박은 말하였다. "角端(에서 端)의 음은 단(端)이며, 돼지 비슷하고 뿔이 코 위에 있으며 활을 만들 만하다. 이릉(李陵)이 일찍이 이 활 열 개를 소무(蘇武)에게 보낸 적이 있다." 색은 장읍은 말하였다. "음은 단(端)이다. 각단은 소와 비슷하다." 곽박은 말하였다. "돼지 비슷하고 뿔이 코 위에 있다. 『모시소(毛詩疏)』에서는 활을 만들 수 있다고 하였다. 이릉이 일찍이 이 활을 소무에게 보낸 적이 있다."

226 정의 騊駼의 음은 도도(桃徒)이다. 橐의 음은 탁(託)이다. 駝의 음은 타[徒河反]이다. 蛩의 음은 공[其恭反]이다. 驒騱의 음은 전해(顚奚)이다. 駃騠의 음은 결제(決啼)이다.

彌山跨谷[227]	산에 퍼져 있고 계곡에 걸쳐 있으며
高廊四注	높은 누대의 주랑이 사방에 몰려 있고
重坐曲閣[228]	겹 추녀와 굽은 각도며
華榱璧璫[229]	서까래는 화려하고 와당은 벽옥으로 꾸몄으며
輦道纚屬	어가(御駕)가 다니는 길이 이어져 있고
步櫩周流	보행하는 복도는 두루 물이 흐르듯 이어져
長途中宿[230]	길이 길어 도중에 자야 할 정도입니다.
夷嵏築堂	종산(嵏山)을 평평하게 깎아 전당을 짓고
纍臺增成	대(臺)를 쌓아 겹진 층을 만들었으며
巖突洞房[231]	그윽한 바위에 깊숙한 방을 만들었는데
俛杳眇而無見	굽어보아도 아득하여 보이는 것이 없고

227 정의 미(彌)는 찬 것이다. 과(跨)는 기(騎)와 같다. 궁관(宮館)이 산에 가득하고 또 계곡을 타고 있는 것이다.

228 집해 곽박은 말하였다. "중좌(重坐)는 중헌(重軒)이다. 곡각(曲閣)은 각도(閣道)가 굽은 것이다."

229 색은 위소는 말하였다. "옥을 마름질하여 벽옥을 만들어 서까래로 충당한 것이다." 사마표는 말하였다. "벽옥을 가지고 와당(瓦當)으로 삼은 것이다."

230 집해 곽박은 말하였다. "도(途)는 누각(樓閣) 사이의 섬돌을 놓은 길이다. 중숙(中宿)은 길고 멀다는 말이다."

231 집해 곽박은 말하였다. "종(嵏)은 산 이름이다. 그 산을 평평하게 하여 그 위를 편안한 전당으로 삼았다. 성(成) 또한 겹[重]이라는 뜻이다. 『주례』에서는 '단 세 층을 만들었다(爲壇三成).'라 하였다. 암혈(巖穴) 바닥에 방을 만들고 몰래 대 위까지 통하게 한 것이다." 색은 복건은 말하였다. "이 산을 평평하게 하여 전당을 만든 것이다." 여순은 말하였다. "종(嵏)은 산 이름이다." 장읍은 말하였다. "겹치고 포개어 이루었으므로 층성(增成)이라고 하였다. 『예(禮)』에서는 '단 세 층을 만들었다(爲壇三成).'라 하였다." 곽박은 말하였다. "암혈의 바닥에 방을 만들고 몰래 대 위까지 통하게 한 것을 말한다." 突의 음은 요[一弔反]이며, (後漢 劉熙의) 『석명(釋名)』에서는 요(突)는 그윽한 것이라고 하였다. 『초사(楚辭)』[『초사(楚詞)』]에서는 "겨울에 깊은 큰 집이 있고 여름 집 차갑구나(冬有突廈夏屋寒)."라 하였는데, 왕일(王逸)은 층으로 된 집[複室]이라 하였다.

仰攀橑而捫天	우러러 서까래를 부여잡고 올라 하늘을 어루만지며
奔星更於閨闥	유성은 궁궐의 문에서 바뀌고
宛虹拖於楯軒[232]	굽은 무지개는 난간과 추녀에서 당기고 있습니다.
青虯蚴蟉於東箱[233]	푸른 규룡이 동쪽 곁채에서 꿈틀거리고
象輿婉僤於西清[234]	코끼리 수레는 서쪽 곁채의 맑은 곳에서 똬리를 틀며
靈圉[235]燕於閒觀	영어는 한가로운 누관에서 연회를 열고
偓佺[236]之倫暴於南榮[237]	악전의 무리는 남쪽 처마 사이에서 햇볕을 쬐며
醴泉涌於清室	단 샘은 맑은 방에서 샘솟고
通川過乎中庭	흘러 통하는 하천은 뜰 가운데를 지납니다.
槃石裖崖[238]	반석으로 기슭을 정비하니
嶔巖倚傾	높다란 바위가 비스듬히 기울고

232 **집해** 서광은 말하였다. "楯의 음은 순[食尹反]이다." **정의** 拖의 음은 타[徒我反]이다. 안(顏)은 말하였다. "완홍(宛虹)은 굽고 휜 무지개이다. 타(拖)는 위에서 가운데로 잡아당기는 것이다. 순(楯)은 추녀의 난간 널빤지이다. 집이 높은 것을 말하므로 별과 무지개가 거기를 지나고 더하게 되는 것이다."

233 **정의** 蚴의 음은 유[一糾反]이다. 蟉의 음은 류[力糾反]이다.

234 **집해** 『한서음의』에서는 말하였다. "산에서 코끼리 수레가 나오는 것은 상서로움을 상징하는 수레이다." 곽박은 말하였다. "서청(西清)은 서쪽 곁방의 맑고 깨끗한 땅이다." **정의** 婉僤의 음은 완전(宛善)이다. 안(顏)은 "유요완선(蚴蟉婉僤)은 모두 가고 움직이는 모양이다."

235 **집해** 곽박은 말하였다. "영어(靈圉)는 순어(淳圉)로 신선의 이름이다." **색은** 장읍은 말하였다. "여러 신선들의 이름이다." 『회남자』에서는 "나는 용을 타고 순어(淳圉)를 좇는다."라 하였으며, 허신은 "순어(淳圉)는 선인(仙人)이다."라 하였다.

236 **집해** 『한서음의』에서는 말하였다. "악전(偓佺)은 신선의 이름이다." **색은** 위소는 말하였다. "옛날의 신선으로 성은 악(偓)이다." (前漢 劉向의) 『열선전(列仙傳)』에서는 말하였다. "괴리(槐里)의 약초를 캐는 사람으로 솔(방울)을 먹었으며, 몸에는 털이 몇 치나 났으며 눈은 모났고 달리는 말을 따라잡을 수 있었다."

237 **색은** 응소는 "집의 처마 양쪽 끝이 날개와 같은 것이다." 그러므로 정현은 "영(榮)은 옥익(屋翼)이다."라 하였다. 『칠유(七諭)』에서 "비영(飛榮)은 새가 날개를 펼친 것과 비슷하다."라 하였다. 폭(暴)은 햇빛 가운데 비스듬히 누워 있는 것이다.

嵯峨磼礏[239]	울쑥불쑥 우뚝하게 솟아 있으며
刻削崢嶸[240]	새기고 깎은 것처럼 가파릅니다.
玫瑰碧琳	매괴며 벽림,
珊瑚叢生[241]	산호가 떨기져 자라고
瑉玉旁唐[242]	옥돌과 무늬 있는 돌이
玢豳文鱗[243]	아롱아롱 물고기 비늘 같은 무늬를 띠고,
赤瑕駁犖[244]	붉은 옥이 알록달록
雜臿其閒[245]	그 사이에 섞여 있으며,
垂綏琬琰	수채와 완염,
和氏出焉[246]	화씨벽(和氏璧)이 거기서 납니다.'

---

238 집해 서광은 말하였다. "振의 음은 진(振)이다." 색은 반석진애(盤石振厓). 여순은 말하였다. "振의 음은 진(振)이며, 매우 많은 것이다." 이기(李奇)는 말하였다. "振은 가지런히 하는 것이며, 못 밖의 기슭을 정돈하는 것으로, 음은 진[之忍反]이다."

239 집해 서광은 말하였다. "아(峨)는 어떤 판본에는 '지(池)'로 되어 있다. 磼의 음은 잡(雜)이다. 礏의 음은 압[五合反]이다." 색은 잡압(磼礏)은 『비창(埤蒼)』에서는 "높은 모양이다."라 하였다. 앞의 글자의 음은 삽[士劫反], 아래의 글자는 음이 업[魚揖反]이다. 또한 『자림(字林)』에서는 磼의 음은 잡[才匝反]이라 하였다. 礏의 음은 압[五匝反]이다.

240 정의 곽(郭)은 말하였다. "자연스럽기가 조각한 것 같다는 말이다."

241 정의 곽(郭)은 말하였다. "산호(珊瑚)는 물 밑의 돌 가에서 나며, 큰 것은 나무의 높이가 3척 남짓 되고 거지가 격자 모양으로 교차하여 뒤섞였으며 잎이 없다."

242 색은 곽박은 말하였다. "방당(旁唐)은 광대한 모양[盤薄]이다."

243 집해 서광은 말하였다. "玢의 음은 빈(彬)이다. 豳의 음은 반(班)이다."

244 색은 적하박락(赤瑕駁犖)이다. 『설문』에서는 말하였다. "하(瑕)는 옥 가운데 작고 적색을 띤 것이다." 장읍은 말하였다. "붉은 옥[赤玉]이다." 사마표는 말하였다. "박락(駁犖)은 채색 점이다. 犖의 음은 락[洛角反]이다."

245 집해 서광은 말하였다. "잡(雜)은 '삽(插)'이라고도 한다. 삽(臿)은 '답(遝)'이라고도 한다."

246 집해 서광은 말하였다. "수수(垂綏)는 '조채(朝采)'로 된 곳도 있다." 곽박은 "『급총죽서(汲冢竹書)』에서는 '걸(桀)이 민산(岷山)을 쳐서 두 여인을 얻었는데 완(琬)과 염(琰)이라 하였다. 걸이 두 여인을 사랑하여 초화(苕華)의 옥에 그 이름을 새겼다.'라 하였다. 초(苕)는 완(琬)이고, 화(華)는 염(琰)이다."라 하였다.

於是乎盧橘夏孰[247]	'이에 노귤은 여름에 익고
黃甘橙榛[248]	황감과 등주,
枇杷橪柿[249]	비파와 대추나무, 감나무,
楟柰厚朴[250]	돌배와 후박,
梬棗[251]楊梅[252]	고욤과 양매,

---

247 **집해** 곽박은 말하였다. "지금 촉(蜀) 땅에는 급연등(給客橙)이 있는데 귤과 비슷하나 아니며, 유자 같은데 향기가 많다. 겨울과 여름에 꽃과 열매가 잇따르며 어떤 것은 탄환만하고 어떤 것은 주먹만 한데 1년 내내 먹을 수 있으며 바로 노귤(盧橘)이다." **색은** 응소는 말하였다. "『이윤서(伊尹書)』에서는 '과실 가운데 맛있는 것은 기산(箕山)의 동쪽, 파랑새가 있는 곳에 노귤(盧橘)이 있는데, 여름에 익는다.'라 하였다." 진작은 말하였다. "이것은 비록 상림(上林)을 읊은 것이지만 다른 지방의 진귀한 것을 널리 인용하여 하나에 걸리지 않았다." 생각건대 『광주기(廣州記)』에서는 "노귤(盧橘)은 껍질이 두꺼우며 크기는 감(甘, 곧 柑)만 한데 신맛이 많으며, 9월에 열매를 맺으며 순 적색이고 이듬해 2월에 청흑색으로 바뀌며 여름에 익는다."라 하였다. 『오록(吳錄)』에서는 "건안(建安)에 귤이 있는데, 겨울에는 나무 위에서 싸며 이듬해 여름에 색이 청흑색으로 변한다. 그 맛은 매우 달고 맛있다."라 하였다. 노(盧)는 곧 검은 것이다.

248 **집해** 서광은 말하였다. "음은 주(湊)이며, 귤속(橘屬)이다."

249 **집해** 서광은 말하였다. "橪의 음은 연[而善反]이며, 과실이다." **색은** 장읍은 말하였다. "연(橪)은 연지(橪支)이며, 향초(香草)이다." 위소는 말하였다. "橪의 음은 여[汝蕭反]이다." 곽박은 말하였다. "연지(橪支)는 나무이다. 橪의 음은 연(煙)이다." 서광은 말하였다. "연(橪)은 대추나무이며 음은 연[而善反]이다." 『설문』에서는 말하였다. "연(橪)은 신맛이 나는 작은 대추이다." 『회남자』에서는 말하였다. "연조(橪棗)를 베고 자랑으로 여겼다." 음은 근(勤)이다.

250 **집해** 서광은 말하였다. "楟의 음은 정(亭)으로 돌배[山梨]이다." **색은** 장읍은 말하였다. "정내(楟柰)는 돌배이다." 사마표는 말하였다. "상당(上黨)에서는 정내(楟柰)라 한다." 「제도부(齊都賦)」에서는 "돌배 이에 익었다네(楟柰棕熟)."라 하였다. 후박(厚朴)은 약초의 이름이다.

251 **집해** 서광은 말하였다. "梬의 음은 영[弋井反]이다. 영조(梬棗)는 감과 비슷하다." **색은** 앞의 글자는 음이 영[弋井反]이다. 영조(梬棗)는 감 비슷하다.

252 **색은** 장읍은 말하였다. "그 크기는 곡식 비슷한데 씨가 있고 맛은 시다. 강남(江南)에서 난다." 『형양이물지(荊楊異物志)』에서는 말하였다. "그 열매 바깥의 과육에 씨가 붙어 있는데 익을 때는 순 붉은색이며 맛은 달고 시다."

櫻桃[253]蒲陶[254]	앵도와 포도,
隱夫鬱棣	은부와 울체,
榙樑荔枝[255]	답답과 여지가
羅乎後宮	후궁에 펼쳐져 있고
列乎北園	북원에 줄지어 있습니다.
貤丘陵[256]	구릉까지 이어져 있고
下平原	평원까지 내려가 있으며
揚翠葉	푸른 잎을 들날리고
杌紫莖[257]	푸른 줄기를 흔들며
發紅華	붉은 꽃을 피우고
秀朱榮	빨간 꽃이 빼어나
煌煌扈扈	반짝반짝 광채도 선명하게
照曜鉅野	넓은 들판에서 빛을 내고 있습니다.

253 색은 장읍은 말하였다. "일명 함도(含桃)라 한다." 『여씨춘추』에서는 "앵무새에게 먹히므로 함도(含桃)라고 한다."라 하였다. 『이아』에서는 형도(荊桃)라고 하였다.

254 집해 곽박은 말하였다. "포도(蒲陶)는 연먹(燕薁) 비슷한데 술을 만들 수 있다."

255 집해 서광은 말하였다. "울(鬱)은 '먹(薁)'으로 된 곳도 있다. 榙의 음은 답(荅)이다." 곽박은 말하였다. "울(鬱)은 거하리(車下李)이다. 체(棣)는 열매가 앵도(櫻桃) 비슷하다. 답답(榙樑)은 자두 비슷하다. 棣의 음은 체(逮)이다. 樑의 음은 답(沓)이다. 은부(隱夫)는 들어본 적이 없다."라 하였다. 색은 답답이지(荅遝離支)이다. 곽박은 말하였다. "답답(荅遝)은 자두 비슷한데 촉(蜀)에서 난다." 진작은 말하였다. "이지(離支)는 크기가 계란만 하며 껍질은 거친데 껍질을 벗겨내면 살이 계란과 같고 가운데는 노란데 그 맛은 많이 달고 신맛은 적다." 『광이지(廣異志)』에서는 말하였다. "나무의 높이는 5~6길이며 계수(桂樹)와 같고 잎은 녹색이며 겨울과 여름에 푸르고 무성하며 붉은색의 꽃이 있다." 離 자는 혹 '荔'로도 되어 있으며 음은 리[力致反]이다.

256 집해 곽박은 말하였다. "이(貤)는 연(延)과 같으며, 음은 시(施)이다." 색은 이구릉(貤丘陵). 곽박은 말하였다. "이(貤)는 이어진 것이다."

257 집해 곽박은 말하였다. "올(杌)은 흔들리는 것이다."

沙棠櫟櫧[258]	사과와 팥배나무, 상수리나무, 종가시나무,
華氾檗櫨[259]	자작나무, 단풍나무, 은행나무, 황로나무,
留落胥餘	유락과 서여,
仁頻并閭[260]	빈랑과 종려나무,
欃檀木蘭	박달나무와 목란,
豫章女貞[261]	예장과 동청나무가 있는데,
長千仞	높이는 천 길이나 되고

258 집해 『한서음의』에서는 말하였다. "사당(沙棠)은 팥배나무[棠]와 비슷하며 꽃은 노랗고 열매는 붉으며 맛은 자두와 같다. 『여씨춘추』에서는 '열매가 맛있는 것은 사당(沙棠)의 열매이다.'라 하였다. 역(櫟)은 과수 이름이다. 저(櫧)는 영(柃) 비슷하며, 잎은 겨울에도 지지 않는다."

259 집해 서광은 말하였다. "범(氾)은 '풍(楓)'으로 된 곳도 있다." 『한서음의』에서는 "화(華)는 나무로 껍질로는 끈을 만들 수 있다."라 하였다. 색은 화풍벽로(華楓檗櫨)이다. 장읍은 말하였다. "화(華)의 껍질로는 끈을 만들 수 있다." 『고금자림(古今字林)』에서는 말하였다. "노(櫨)는 합화(合樺) 나무이다. 풍(楓)은 나무로, 잎이 두껍고 가지는 약하며 잘 흔들린다." 곽박은 말하였다. "백양(白楊) 비슷하며 꽃은 둥글고 갈래졌으며 기름기가 있고 향기롭다. 건위사인(犍爲舍人)은 말하기를 '풍(楓)은 나무로 잎이 두껍고 줄기가 약하며 큰 바람이 불면 울므로 풍(楓)이라고 한다.'라 하였다." 『이아』에서는 일명 섭(欇)이라고 한다. 벽평(檗枰)은 곧 평중목(平仲木)이다. 노(櫨)는 지금의 황로(黃櫨) 나무이다. 옥정(玉精)이라고도 하며 그 열매를 먹으면 신선이 된다.

260 집해 서광은 말하였다. "빈(頻)은 '빈(賓)'으로 된 곳도 있다." 곽박은 말하기를 "낙(落)은 피나무[樓]이다. 서여(胥餘)는 병려(并閭)와 비슷하다. 병려는 종(椶)이며, 껍질로는 끈을 만들 수 있다. 나머지는 미상이다."라 하였다. 색은 유락서야(留落胥邪)이다. 진작은 말하였다. "유락(留落)은 미상이다." 곽박은 말하였다. "낙(落)은 피나무[樓]이며, 속을 가지고 기물과 끈을 만든다. 서야(胥邪)는 병려와 비슷하다." 사마표는 말하였다. "서야(胥邪)는 나무의 높이가 80자이며 잎은 그 끝에 있다." 『이물지(異物志)』에서는 말하였다. "열매는 표주박만 하며 꼭대기에 달려 있고 물건을 걸어놓은 것 같다. 열매 바깥에 껍질이 있고 안에는 씨가 있으며 호도(胡桃) 같다. 씨 안에 살이 있으며 두께는 반 치[寸]이고, 저고(豬膏)와 같다. 안에는 즙이 한 말 남짓 있는데 물같이 맑고 맛은 꿀보다 좋다." 맹강은 말하였다. "인빈(仁頻)은 종(椶)이다." 장읍은 말하였다. "병려(并閭)의 껍질은 새끼를 꼴 수 있다." 요씨(姚氏)는 말하였다. "빈(檳)은 일명 종(椶)으로, 곧 인빈(仁頻)이다." 『임읍기(林邑記)』에서는 말하였다. "나뭇잎은 감초(甘蕉)와 비슷하다." 頻의 음은 빈(賓)이다.

大連抱　크기는 몇 아름이며
夸條直暢　꽃과 가지는 곧게 뻗어 있고
實葉葰茂　열매와 잎은 크고 무성합니다.
攢立叢倚　모여 서서 빽빽하게 기대니
連卷累佹　이어져 말리기도 하고 포개져 기대기도 하며
崔錯登骩[262]　엇섞이기도 하고 돌아 구부러지기도 하며
阬衡閜砢[263]　높이 들리어 옆으로 걸리어 서로 돕기도 합니다.
垂條扶於　늘어진 가지는 사방으로 퍼져 있고
落英幡纚[264]　지는 꽃잎은 훨훨 날아오르기도 하며
紛容蕭蔘　어지러운 모습으로 무성한 초목은
旖旎從風[265]　하늘하늘 바람을 따르기도 합니다.
瀏莅卉吸[266]　바람이 불어 나무끼리 부딪쳐 소리를 내니

---

261 **집해** 『한서음의』에서는 말하였다. "참단(欃檀)은 박달나무의 별명이다. 여정(女貞)은 나무로 잎은 겨울에도 지지 않는다." **색은** 欃의 음은 참(讒)으며, 박달나무의 별명이다. 『황람(皇覽)』에서는 "공자(孔子)의 무덤 뒤에 노참수(欃檀樹)가 있다."라 하였다. 『형주기(荊州記)』에서는 말하였다. "의도(宜都)에 교목이 있는데 떨기져 나며 이름은 여정(女貞)으로 겨울에도 잎이 지지 않는다."

262 **집해** 옛 '위(委)' 자이다.

263 **집해** 서광은 말하였다. "登의 음은 발(拔)이다." 곽박은 말하기를 "骩의 음은 위(委)이다. 閜의 음은 아[惡可反]이다. 砢의 음은 라[魯可反]이다."이라 하였다. **색은** 최착발위(崔錯登骩)이며, 곽박은 "서리어 어그러지고 서로 휘감긴 것이다."라 하였다. 『초사(楚詞)』[『초사(楚辭)』]에서는 숲의 나무라 하였다. 登의 음은 발(跋)이다. 骩의 음은 위(委)이다. 갱형하라(阬衡閜砢)이며, 곽박은 "나뭇가지가 걸리어 비스듬한 모양"이라고 하였다.

264 **집해** 곽박은 말하였다. "부어(扶於)는 부소(扶疏)와 같다. 번리(幡纚)는 편번(偏幡)으로, 음은 쇄(灑)이다." **색은** 장안은 말하였다. "날아오르는 모양이다." 纚의 음은 시[所綺反]이다.

265 **색은** 장읍은 말하였다. "의니(旖旎)는 아나(阿那)이다."

266 **집해** 서광은 말하였다. "莅의 음은 률(栗)이다." **색은** 유리훼흡(瀏莅卉歙)이다. 곽박은 말하였다. "모두 숲의 나무가 부딪치며 움직이는 소리이다. 瀏의 음은 류(留)이다. 莅는 글자 그대로이며, 또한 음을 률(栗)이라고도 한다."

蓋象金石之聲[267]	금석의 타악기 소리 같기도 하고
管籥之音[268]	피리 같은 관악기 소리 같기도 합니다.
柴池茈虒[269]	울쑥불쑥 가지런하지 않게
旋環後宮	후궁을 둘러싸기도 하는데
雜遝累輯[270]	뒤섞여 겹겹이 쌓여
被山緣谷	산을 덮고 골짜기를 따르는가 하면
循阪下隰	비탈을 따라 진펄까지 내려가기도 하여
視之無端	보아도 끝이 없고
究之無窮	이르려 해도 끝이 없습니다.'

於是玄猿素雌	'이에 검은 원숭이와 흰 암컷,
蜼玃飛鸓[271]	긴꼬리원숭이와 큰원숭이며 날다람쥐,

---

267 **정의** 금(金)은 종(鐘)이다. 석(石)은 경(磬)이다.

268 **정의** 『광아』에서는 말하였다. "상지(象篪)는 길이가 한 자이고, 둘레는 한 치이며, 여섯 개의 구멍이 있고 바닥이 없다. 피리를 적(笛)이라 하는데 일곱 개의 구멍이 있다." 『설문』에서는 말하였다. "약(籥)은 세 개의 구멍이 있는 퉁소이다."

269 **집해** 서광은 말하였다. "柴의 음은 치(差)이다. 虒의 음은 치(豸)이다." **색은** 장읍은 말하였다. "치지(柴池)는 참치(參差)이다. 자치(茈虒)는 가지런하지 않은 것이다. 柴의 음은 치(差)이다. 虒의 음은 치[惻氏反]이다."

270 **집해** 서광은 말하였다. "잡(雜)은 '삽(插)'으로 된 곳도 있다."

271 **집해** 서광은 말하였다. "蜼의 음은 예[于季反]이다." 『한서음의』에서는 "유(蜼)는 미후(獼猴)와 비슷한데 코가 들렸고 꼬리가 길다. 확(玃)은 미후(獼猴)와 비슷한데 크다. 비류(飛鸓)는 날다람쥐이다. 모양은 토끼와 비슷한데 머리는 쥐이며 그 수염을 가지고 난다."라 하였다. **색은** 장읍은 말하였다. "유(蜼)는 미후(獼猴)와 비슷한데 코가 들렸고 꼬리가 길다. 확(玃)은 미후(獼猴)와 비슷한데 크다. 비류(飛鸓)는 날다람쥐이다. 모양은 토끼와 비슷한데 머리는 쥐이며 그 수염을 가지고 난다." 곽박은 말하였다. "뇌(鸓)는 날다람쥐이다. 털은 자줏빛이다. 날면서 사는데 일명 비생(飛生)이라고도 한다. 蜼의 음은 유(遺)이다. 鸓의 음은 뇌(誄)이다. 현원(玄猿)은 수원숭이의 색이다. 소자(素雌)는 암원숭이의 색이다." 玃의 음은 곽(钁)이다. 유(蜼)는 원숭이와 비슷한데 꼬리의 끝이 두 갈래이며 비가 오면 꼬

蛭蜩蠼蝚[272]	질과 조, 탁과 유,
蟖胡豰蛫[273]	참호와 혹, 궤가
棲息乎其閒	그 사이에서 서식합니다.
長嘯哀鳴	길게 휘파람을 불고 슬피 울기도 하며
翩幡互經[274]	나는 듯 서로 지나가고

리로 두 콧구멍을 막는다. 곽박은 말하였다. "확(玃)의 색은 흑색이며 사람을 움켜잡을 수 있으므로 확(玃)이라고 한다."

272 집해 서광은 말하였다. "蛭의 음은 질(質)이다." 『한서음의』에서는 "『산해경』에서는 말하였다. '불함지산(不咸之山)에 비질(飛蛭)이 있는데 날개가 네 개다.'라 하였다. 곽박은 '탁유(蠼蝚)는 미후(獮猴)와 비슷한데 노랗다. 조(蜩)는 들어보지 못하였다.'라 하였다."라 하였다. 색은 질조곽유(蛭蜩蠼蝚)이다. 사마표는 말하였다. "『산해경』에서는 '불함지산(不咸之山)에 비질(飛蛭)이 있는데 날개가 네 개다.'라 하였다." 조(蜩)는 매미이다. 곽유(蠼蝚)는 미후(獮猴)이다. 곽박은 말하였다. "질조(蛭蜩)는 들어보지 못하였다." 여순은 말하였다. "蛭의 음은 질(質)이다." 고씨(顧氏)는 말하였다. "玃의 음은 닥[塗卓反]이다. 『산해경』에서는 '고도산(皋塗山) 아래에는 동물이 있는데 사슴과 비슷하며 말의 다리에 사람의 머리를 하고 있으며 뿔이 네 개인데 이름을 확(玃)이라 한다.'라 하였다. 확유(玃猱)는 곧 이것이다. 글자는 '확(玃)'으로 되어 있다. 곽박은 확(玃)은 틀렸다고 하였다. 앞에 이미 유확(蜼玃)이 있어서 여기서는 중복되어 나타나지 않아야 한다. 또한 『신이경(神異經)』에서는 '서방(西方)의 깊은 산에 동물이 있는데 털의 색은 원숭이 같으며 높은 나무를 잘 기어오르는데 그 이름을 조(蜩)라 한다.'라 하였다. 『자림(字林)』에서는 蠗의 음은 적(狄)이고, 蛭의 음은 질(質)이며, 질조(蛭蜩)는 두 동물의 이름이다."

273 집해 서광은 말하였다. "蟖의 음은 점[在廉反]이며, 원숭이와 비슷한데 몸이 검다. 豰의 음은 혹[呼谷反]이다. 蛫의 음은 궤(詭)이다." 『한서음의』에서는 "혹(豰)은 흰 여우의 새끼이다."라 하였다. 색은 참호혹궤(蟖胡豰蛫)이다. 장읍은 말하였다. "참호(蟖胡)는 미후(獮猴)와 비슷한데 머리에 긴 털이 있고, 허리 뒤로는 검다." 곽박은 말하였다. "혹(豰)은 날다람쥐와 비슷한데 크며, 허리 뒤로는 노랗고 일명 황요(黃腰)라고도 하며 미후(獮猴)를 잡아먹는다. 혹(豰)은 흰 여우의 새끼이다. 궤(蛫)는 들어보지 못하였다." 요씨(姚氏)는 『산해경』에서는 "즉산(即山)에 동물이 있는데 모양은 거북이 같으며 몸은 희고 머리는 붉으며 이름을 궤(蛫)라 한다."라 하였다. 또한 『설문』에서는 "참호(蟖胡)는 몸이 검으며 허리는 희고 띠 같으며 손에는 긴 흰 털이 있는데 널빤지를 쥔 것 같다."라 하였다.

274 정의 곽(郭)은 말하였다. "호경(互經)은 서로 지나가는 것이다."

夭蟜枝格	긴 가지에 구부정하게 매달려 있기도 하며
偃蹇杪顚[275]	비스듬히 누워 있기도 하고 구부리고 펴기도 합니다.
於是乎隃絕梁[276]	이에 끊어진 다리를 건너뛰는가 하면
騰殊榛[277]	기이한 나무 덤불을 훌쩍 뛰어넘기도 하고
捷垂條[278]	드리운 가지를 가로지르기도 하며
踔稀閒[279]	드문 사이로 뛰기도 하는데,
牢落陸離	떼 지어 달리기도 하고 흩어지기도 하며
爛曼遠遷[280]	흩어져 멀리 옮겨 가기도 합니다.'

若此輩者	'이와 같은 것들이
數千百處	수천 백 곳이나 됩니다.
嬉游往來	노시며 왕래할 때는
宮宿館舍	이궁(離宮)에서 주무시고 관사에서 쉬시는데
庖廚不徙	주방을 옮기시지도 않고
後宮不移[281]	후궁도 옮기지 않으시며

---

275 **정의** 夭의 음은 요(妖)이다. 蟜의 음은 교(矯)이다. 杪의 음은 묘[弭沼反]이다. 곽(郭)은 말하였다. "모두 원숭이가 나무에서 함께 노는 모습이다. 요교(夭蟜)는 구부렸다 폈다 하는 것이다."

276 **정의** 장(張)은 말하였다. "절량(絕梁)은 끊어진 다리이다." 곽(郭)은 말하였다. "량(梁)은 두터운 돌로 물을 끊은 것이다."

277 **정의** 榛의 음은 신[仕斤反]이다. 『광아』에서는 "나무가 총생한 것이 진(榛)이다."라 하였다. 수(殊)는 이(異)의 뜻이다.

278 **정의** 捷의 음은 첩[才業反]이다. 장(張)은 말하였다. "아래로 매달린 사지를 뛰어넘는 것이다."

279 **집해** 곽박은 말하였다. "탁(踔)은 굽으로 매달려 있는 것으로 음은 탁[託釣反]이다." **색은** 탁(踔)은 굽으로 매달려 있는 것이다.

280 **정의** 곽(郭)은 말하였다. "분주하게 뛰어오르는 모양이다." 안(顏)은 말하였다. "모였다 흩어졌다 하는 것이 일정하지 않으며 섞이어 어지러이 옮겨 가는 것을 말한다."

百官備具	백관이 다 갖추어져 있습니다.’
於是乎背秋涉冬	‘이에 가을이 가고 겨울로 옮겨 가면
天子校獵	천자께서는 교렵을 하십니다.
乘鏤象	상아 조각으로 장식한 수레를 타고
六玉虯[282]	여섯 마리 옥 규룡을 몰며
拖蜺旌[283]	무지개 깃발을 끌고
靡雲旗[284]	구름 같은 깃발을 휘두르며
前皮軒	혁거를 앞세우고
後道游[285]	도거와 유거를 뒤에 딸립니다.
孫叔奉轡	손숙이 고삐를 받들고
衛公驂乘[286]	위공이 곁말에 타고

281 **정의** 『설문』에서는 말하였다. “포(庖)는 주방[廚屋]이다.” 정현은 『주례』에 주석을 달고 말하였다. “포(庖)는 싼다는 말이다. 고기를 싸는 것을 포저(苞苴)라고 한다.” 후궁(後宮)은 나인(內人)이다. 궁관(宮館)을 각기 다 갖추고 있다는 말이다.

282 **집해** 서광은 말하였다. “옥으로 꾸민 것이다.” 곽박은 말하기를 “상산(象山)에서 나온 수레를 새기는 것으로 아로새김이 있다는 말이다. 규(虯)는 용속(龍屬)이다. 『한자(韓子)』[『한비자(韓非子)』]에서 말한 ‘황제(黃帝)는 상거(象車)를 타고 여섯 교룡(交龍)을 몬다.’라 한 것이다.”라 하였다.

283 **정의** 拖의 음은 타[徒可反]이다. 장(張)은 말하였다. “깃털을 갈라 오색으로 물들이고 실로 꿰매어 깃발을 만드는데 무지개 기운 비슷한 것이 있는 것이다.”

284 **정의** 장(張)은 말하였다. “기에다 곰과 호랑이를 그렸는데 구름 비슷한 것이다.”

285 **집해** 곽박은 말하였다. “피헌(皮軒)은 혁거(革車)이다. 혹자는 말하기를 곧 「곡례(曲禮)」[『예기(禮記)』]의 ‘앞에는 사사(士師)가 있으니 호랑이 가죽을 실은 것이다.’라 한 것을 말한다. 도(道)는 도거(道車)이고, 유(游)는 유거(游車)인데, 모두 『주례』에 보인다.”

286 **집해** 『한서음의』에서는 말하였다. “손숙(孫叔)은 태복(太僕) 공손하(公孫賀)이다. 위공(衛公)은 위청(衛青)이다. 태복이 어자가 되고 대장군(위청)이 참승(驂乘)하는 것이다.” **색은** 손숙은 정씨(鄭氏)는 태복 공손하라고 하였다. 위공은 대장군 위청이다. 대가(大駕)가 나서는데 태복이 어자가 되고, 대장군이 참승하는 것이다.

扈從橫行	수행하여 가로질러 가며
出乎四校之中[287]	사방이 울타리 쳐진 곳으로 나갑니다.
鼓嚴簿	열병(閱兵)의 북을 크게 울리며
縱獠者[288]	사냥하는 자를 풀어놓으며,
江河爲阹	강하를 우리로 삼고
泰山爲櫓[289]	태산을 망루로 삼으며
車騎雷起	거마가 우레처럼 일어나
隱天動地	온 천지를 진동시킵니다,
先後陸離	앞서거니 뒤서거니 들쭉날쭉하게
離散別追	흩어져 따로 쫓고
淫淫裔裔	우르르 나아가며
緣陵流澤	언덕을 오르기도 하고 못을 따라 흐르기도 하는데
雲布雨施	구름이 깔리고 비가 내리는 것 같습니다.'

生貔豹[290]	'비휴와 표범을 사로잡고
搏豺狼[291]	승냥이와 이리를 때려잡으며

287 집해 곽박은 말하였다. "호종을 임의로 하여 의장대를 생각지 않는 것이다." 색은 진작은 말하였다. "호(扈)는 크다는 뜻이다." 장읍은 말하였다. "호종을 임의로 하여 의장대를 생각지 않는 것이다." 문영은 말하였다. "무릇 오교(五校)인데 지금 넷을 말한 것은 1교(校)는 천자를 따라 수레를 탔기 때문이다."

288 집해 『한서음의』에서는 말하였다. "고엄(鼓嚴)은 위급함을 알리는 북소리이다. 부(簿)는 의장대이다." 수풀이 우거진 곳에서 위급할 때 치는 북을 울린 다음에 밤 사냥을 하는 것이다. 색은 장읍은 말하였다. "고(鼓)는 위급함을 알리는 북소리이다. 부(簿)는 의장대이다. 의장대에서 위급함을 알리는 북을 치는 것이다."

289 집해 곽박은 말하였다. "노(櫓)는 망루(望樓)이다. 산골짜기를 따라 금수(禽獸)를 막아 우리로 삼는 것이며, 음은 거[去車反]이다." 색은 곽박은 말하였다. "산골짜기를 따라 금수(禽獸)를 막아 우리로 삼는 것이다. 노(櫓)는 망루이다."

290 집해 곽박은 말하였다. "비(貔)는 집이(執夷)로 호랑이 속(屬)이며 음은 비(毗)이다."

手熊羆[292]	곰과 말곰을 손으로 쳐 잡고
足野羊[293]	들양을 발로 차서 잡습니다.
蒙鶡蘇[294]	갈새 깃을 꽂은 모자를 쓰고
絝白虎[295]	흰 호랑이(白虎) 무늬 바지를 입으며
被豳文[296]	얼룩무늬 옷을 입고
跨野馬[297]	야생마를 탔습니다.
陵三嵕之危[298]	봉우리가 여럿인 높은 산을 넘고
下磧歷之坻[299]	자갈이 쌓인 모래섬을 내려가며,

291 정의 박(搏)은 치는 것이다. 두림(杜林)은 말하였다. "승냥이[豺]는 맥(貊) 비슷한데 흰색이다." 『설문』에서는 말하였다. "낭조(狼爪)이다."

292 정의 장(張)은 말하였다. "웅(熊)은 개의 몸에 사람의 발을 하고 있는데 검은색이다. 말곰[羆]은 곰보다 크며 황백색(黃白色)이다. 모두 높은 나무를 잡고 기어오를 수 있다. 동지(冬至)에는 굴로 들어가 겨울잠을 자며 봄이 되면 비로소 나온다."

293 집해 곽박은 말하였다. "야양(野羊)은 양 같은데 천 근(斤)이 나간다. 수족(手足)은 (손과 발로) 치고 차서 죽이는 것이다."

294 집해 서광은 말하였다. "소(蘇)는 꼬리이다." 색은 맹강은 말하였다. "갈새[鶡]의 꼬리이다. 소(蘇)는 깃털을 쪼갠 것이다." 장읍은 말하였다. "갈새는 꿩과 비슷한데 싸우다가 죽으면서도 물러나지 않는다." 몽(蒙)은 뒤집어 취하는 것을 이른다. 갈새는 꼬리를 신기하게 생각하므로 특히 그 말을 하여 문장을 이루었을 따름이다. 鶡의 음은 갈(曷)이다. 『결의주(決疑注)』에서는 "새의 꼬리를 소(蘇)라 한다."고 하였다.

295 집해 서광은 말하였다. "絝의 음은 고(袴)이다." 곽박은 "고(絝)는 반락(絆絡)을 이른다."라 하였다. 색은 장읍은 말하였다. "백호(白虎) 무늬가 있는 바지를 입은 것이다." 곽박은 말하였다. "고(絝)는 반락(絆絡)을 이른다."

296 집해 곽박은 말하였다. "얼룩무늬 옷을 입은 것이다." 색은 얼룩무늬 옷을 입은 것이다. 문영은 말하였다. "얼룩무늬가 있는 옷을 입은 것이다. 「여복지(輿服志)」에 '호분(虎賁)의 기마대는 호랑이 무늬 단의(單衣)를 입는다.'는 말이 있는데, 단의는 곧 이 얼룩무늬 옷이다."

297 색은 야마(壄馬)를 타는 것이다. 壄의 음은 야(野)이다. 과(跨)는 타는 것이다.

298 집해 『한서음의』에서는 말하였다. "삼종(三嵕)은 세 번 이루어진 산이다."

299 집해 곽박은 말하였다. "적역(磧歷)은 비탈의 이름이다." 정의 坻의 음은 지(遲)이다. 적력(磧歷)은 얕은 물의 모래와 돌이다. 지(坻)는 물속의 높은 곳이다. 사냥하는 사람들이 이곳을 내려간다는 말이다.

俓陖赴險	가파른 곳을 가로지르고 험한 곳을 가며
越壑厲水	골짜기를 넘고 물을 지납니다.
推蜚廉[300]	비렴을 몽둥이로 때려잡고
弄解豸[301]	해치를 데리고 놀며
格瑕蛤	하합을 쳐서 잡고
鋋猛氏[302]	맹씨를 창으로 찔러 죽이며
罥騕褭	요뇨를 올가미로 잡고
射封豕[303]	봉시를 쏘아죽입니다.
箭不苟害	화살은 적당히 해치지 않고
解脰陷腦[304]	목을 갈라놓고 골을 꺼뜨리며,
弓不虛發	활은 헛되이 쏘지 않고

300 **집해** 곽박은 말하였다. "비렴(飛廉)은 용작(龍雀)으로, 새의 몸에 사슴의 머리이다." **색은** 비렴(蜚廉)을 때려잡는 것이다. 곽박은 말하였다. "비렴(飛廉)은 용작(龍雀)으로, 새의 몸에 사슴의 머리이며, 모양은 평락관(平樂觀)에 있다." 椎의 음은 추[直追反]이다.

301 **집해** 『한서음의』에서는 말하였다. "해치(解豸)는 사슴과 비슷한데 뿔이 하나이다. 임금의 형벌이 공평하면 조정에서 나는데 곧지 못한 자를 들이받는다. 얻어서 가지고 놀 수 있는 것이다." **색은** 장읍은 말하였다. "해치(解豸)는 사슴과 비슷한데 뿔이 하나이다. 임금의 형벌이 공평하면 조정에서 나는데 곧지 못한 자를 들이받는다. 지금 얻어서 가지고 놀 수 있다는 말이다." 解의 음은 해(蟹)이다. 豸의 음은 치[丈姊反]이며, 또한 재[丈介反]라고도 한다.

302 **집해** 『한서음의』에서는 말하였다. "하합(瑕蛤)과 맹씨(猛氏)는 모두 짐승 이름이다." **색은** 하합을 때려잡고 맹씨를 창으로 찔러 잡는 것이다. 맹강은 말하였다. "하합(瑕蛤)과 맹씨(猛氏)는 모두 짐승 이름이다." 진작은 말하였다. "하합궐(蝦蛤闕)이다." 곽박은 말하였다. "지금 촉(蜀)에는 짐승이 있는데 모양은 곰 같은데 작고 털은 얕으면서도 광택이 있는데 맹씨라고 한다." 『설문』에서는 "연(鋋)은 작은 창이다."라 하였다. 음은 선(蟬)이다.

303 **집해** 곽박은 말하였다. "요뇨(騕褭)는 신마(神馬)로 하루에 만 리를 간다. 음은 요뇨(窈嫋)이다. 봉시(封豕)는 큰 돼지이다."

304 **색은** 장읍은 말하였다. "두(脰)는 목이다." 陷의 음은 검[苦念反]이며, 또한 글자 그대로 읽기도 한다.

應聲而倒	소리에 맞추어 쓰러집니다.
於是乎乘輿彌節裴回	이에 수레를 멈추어 배회하고
翺翔往來	날듯이 왔다 갔다 하시며
睨部曲之進退	부(部)와 곡(曲)의 부대가 나아가고 물러남을 흘끗 보시고
覽將率之變態	장수들의 모습을 바꿈을 둘러보십니다.
然後浸潭促節[305]	그런 다음에 (수레를) 점차 빨리하시어
儵敻遠去[306]	순식간에 멀리 가시며
流離輕禽	가벼운 날짐승을 흩으시고
蹴履狡獸	교활한 짐승들을 차고 밟으시며
轊白鹿	흰 사슴을 수레바퀴로 치고
捷狡兔[307]	약삭빠른 토끼를 재빨리 잡습니다.
軼赤電	붉은 번개보다 빠르시고
遺光燿[308]	번쩍이는 빛을 남기시며
追怪物	괴물을 쫓아
出宇宙[309]	우주로 나가십니다.

305 색은 침담(浸潭)은 점염(漸苒)과 같다. 『한서』에는 '침음(浸淫)'으로 되어 있다. '승흥안절(乘輿案節)'로 된 곳도 있다. 潭의 음은 심(尋)이다.

306 집해 곽박은 말하였다. "敻의 음은 형[詡盛反]이다."

307 집해 서광은 말하였다. "轊의 음은 예(銳)이다. '혜(惠)'로 된 곳도 있다." 정의 轊의 음은 위(衛)이다. 『포박자(抱朴子)』에서는 말하였다. "흰 사슴은 수명이 천 년인데 만 5백 년이 되면 순백색이 된다." 『진징상기(晉徵祥記)』에서는 말하였다. "흰 사슴은 색이 서리 같으며 다른 사슴들과는 무리를 이루지 않는다."

308 집해 서광은 말하였다. "붉은 번개를 뛰어넘는 것으로 번개의 빛이 미치지 못하는 것이며, 가는 속도를 말한다."

309 정의 괴물(怪物)은 유효(游梟)와 비거(飛虡)를 이른다. 장읍은 말하였다. "천지사방(天地四方)을 우(宇)라 하고, 왕고래금(往古來今)을 주(宙)라 한다." 허신은 말하였다. "주(宙)는 배와 수레가 다하는 곳이다." 생각건대 허신이 주(宙)에 대하여 말한 것이 옳다.

彎繁弱[310]　번약을 당기고
滿白羽[311]　백우전(白羽箭)을 가득 당겨
射游梟　유효를 쏘고
櫟蜚遽[312]　비거를 나무로 쳐서 떨어뜨립니다.
擇肉後發　쏠 짐승을 택한 다음 쏘시고
先中命處　명중시키기에 앞서 쏠 곳을 명하시며
弦矢分　시위에서 화살이 떠나면
藝殪仆[313]　표적은 쓰러져 죽습니다.'

然後揚節而上浮　'그런 다음에 부절(符節)을 들고 떠오르시니
陵驚風　놀란 바람을 능가하고
歷駭飆[314]　광풍을 지나
乘虛無　하늘을 타고
與神俱[315]　신과 함께하며
轔玄鶴[316]　검은 학을 깔아뭉개고

---

310 정의 앞의 글자는 음이 언[烏繁反]이다. 문영은 말하였다. "만(彎)은 끄는 것이다. 번약(繁弱)은 하후씨(夏后氏)의 좋은 활 이름이다. 『좌전』에 '노공(魯公)에게 하후씨(夏后氏)의 황옥(璜玉)과 봉보(封父)의 번약(繁弱)을 나누어 주었다.'라는 말이 있다."

311 정의 문영은 말하였다. "활을 화살촉이 다 이르도록 가득 당기는 것이다. 흰 깃으로 깃 화살을 만들기 때문에 백우(白羽)라고 하였다."

312 집해 곽박은 말하였다. "효(梟)는 효양(梟羊)이다. 사람과 비슷한데 입술이 길고 뒤꿈치가 거꾸로 되어 있으며 머리를 흩뜨리고 사람을 잡아먹는다. 비거(蜚遽)는 사슴 머리에 용의 몸을 한 신수(神獸)이다. 력(櫟)은 나무 끝이다."

313 집해 서광은 말하였다. "과녁을 쏘는 것을 예(藝)라고 한다. 仆의 음은 부(赴)이다."

314 정의 飆의 음은 표[必遙反]이다. 『이아』에서는 부요(扶搖)의 폭풍은 아래에서 위로 오르기 때문에 표(飆)라 한다 하였다.

315 정의 장읍은 말하였다. "허무(虛無: 하늘)가 아득히 넓어 하늘과 영혼이 통하는 것으로, 그 기운을 탄 것이 높기 때문에 나는 새 위로 나갈 수 있어서 신과 함께한다는 말이다."

亂昆雞	곤계를 어지러이 흩어 놓습니다.
遒孔鸞	공작과 난새에 다가서고
促鵔鸃	준의에 가까이하여 잡으며
拂鷖鳥	예조를 치고
捎鳳皇[317]	봉황을 막대로 쳐서 잡으며
捷鴛雛	원추를 재빨리 잡고
掩焦明[318]	초명을 덮칩니다.'

道盡塗殫	'길이 다해서야
迴車而還	수레를 돌려 돌아옵니다.
招搖乎襄羊[319]	자유로이 소요하다가
降集乎北紘[320]	북굉으로 내려와 모이며

316 집해 서광은 말하였다. "轔의 음은 린(躪)이다." 정의 轔의 음은 린(吝)이다. 학이 2백60세가 되면 옅은 흑색을 띤다.

317 집해 『한서음의』에서는 말하였다. "遒의 음은 주[秦由反]이다. 鷖의 음은 예[烏雞反]이다. 장(張)은 말하기를 '『산해경』에서 말하기를 구의산(九疑山)에는 다섯 가지 색채를 띤 새가 있는데 이름을 예조(鷖鳥)라 한다.'라 하였다." 정의 捎의 음은 소[山交反]이다. (前漢) 경방(京房)의 『역전(易傳)』에서는 말하였다. "봉황(鳳皇)은 앞은 기러기이고 뒤는 기린이며 부리는 닭이고 턱은 제비이며 목은 뱀이고 등은 거북이며 꼬리는 물고기이고 날개는 나란하며 키는 1장 2척이다." 「동산경(東山經)」[『산해경(山海經)』]에서는 말하였다. "그 모양은 학과 같고 오색(五色)의 빛을 띠며 머리에는 무늬가 있는데 경(經)이라 하고, 날개의 무늬는 순(順)이라 하며, 등의 무늬는 의(義)라 하고, 가슴의 무늬는 인(仁)이라 하며, 정강이의 무늬는 신(信)이라 한다. 이 새는 혼자 알아서 노래하고 춤추며, 수컷을 봉이라 하고 암컷을 황이라 한다."

318 집해 초명(焦明)은 봉(鳳)과 비슷하다. 색은 장읍은 말하였다. "초명(焦明)은 봉(鳳)과 비슷하며, 서방의 새이다." 『악협도징(樂叶圖徵)』에서는 말하였다. "초명은 형상이 봉황(鳳皇)과 비슷하다." 송충(宋衷)은 물새라고 하였다. 정의 부리가 길고 날개는 성글며 꼬리는 둥근데, 그윽하고 한가로운 곳이 아니면 모이지 않고 진기한 물건이 아니면 먹지 않는다.

319 색은 소요호양양(消搖乎襄羊)이다. 곽박은 "양양(襄羊)은 방양(仿佯)과 같다."

320 집해 곽박은 말하였다. "굉(紘)은 밧줄[維]이다. 북방의 밧줄[紘]을 위우(委羽)라 한다."

率乎直指	가벼이 곧장 나가시다
闇乎反鄉	갑자기 반대 방향으로 돌아옵니다.
蹶石闕	석관을 밟고
歷封巒	봉만을 지나며
過鳷鵲	지작을 지나고
望露寒[321]	노한을 바라며
下棠梨[322]	당리로 내려가고
息宜春[323]	의춘에서 쉬며
西馳宣曲	서(西)로 선곡으로 달리시고
濯鷁牛首[324]	우수에서 익조를 새긴 배를 띄우시며
登龍臺[325]	용대에 오르고
掩細柳[326]	세류에서 멈추시며
觀士大夫之勤略	사대부들의 노고와 지략을 살피고
鈞獠者之所得獲[327]	사냥꾼들이 잡은 것을 둘러봅니다.
徒車之所轔轢[328]	수레가 친 것과

321 **집해** 서광은 말하였다. "雉의 음은 지(支)이다." 『한서음의』에서는 "모두 감천궁(甘泉宮) 좌우에 있는 누관의 이름이다."라 하였다.

322 **집해** 『한서음의』에서는 말하였다. "궁전 이름으로 운양현(雲陽縣) 동남쪽 30리 지점에 있다."

323 **정의** 『괄지지』에서는 말하였다. "의춘궁(宜春宮)은 옹주(雍州) 만년현(萬年縣) 서남쪽 30리 지점에 있다."

324 **집해** 『한서음의』에서는 말하였다. "선곡(宣曲)은 궁전 이름으로 곤명지(昆明池) 서쪽에 있다. 우수(牛首)는 못 이름으로, 상림원(上林苑) 서쪽 어귀에 있다."

325 **집해** 『한서음의』에서는 말하였다. "누관[觀]의 이름으로, 풍수(豐水) 서북쪽에 있으며 위수(渭水)에 가깝다."

326 **정의** 곽(郭)은 말하였다. "누관[觀]의 이름으로, 곤명(昆明) 남류시(南柳市)에 있다."

327 **집해** 서광은 말하였다. "균(鈞)은 '진(診)'으로 된 곳도 있다."

328 **정의** 린(轔)은 밟는 것이다. 력(轢)은 짓뭉개는 것이다.

乘騎之所蹂若[329]	기마가 짓밟은 것,
人民之所蹈籍	백성들이 밟은 것,
與其窮極倦谻[330]	그리고 극도로 지친 것이며
驚憚讋伏	놀라 두려워 엎드린 것과
不被創刃而死者	도검을 맞지 않고도 죽은 것이
佗佗籍籍	마구 뒤섞여
填阬滿谷	구덩이를 메우고 골짜기에 가득하며
掩平彌澤	평원을 덮고 못에 널려 있습니다.'

於是乎游戲懈怠	'이에 노시는 것이 따분해져서
置酒乎昊天之臺[331]	하늘까지 닿은 누대에 술상을 차리고
張樂乎轇輵之宇[332]	넓고 깊은 집에서 음악을 베풀며,
撞千石之鐘	천 석의 종을 치고
立萬石之鉅	만 석의 큰 악기걸이를 세우며,
建翠華之旗	물총새 장식 깃발을 세우고
樹靈鼉之鼓[333]	영타의 북을 세웁니다.
奏陶唐氏之舞	도당씨의 무곡을 연주하고
聽葛天氏之歌[334]	갈천씨의 노래를 듣는데

329 **집해** 서광은 말하였다. "蹂의 음은 유[人久反]이다."

330 **집해** 서광은 말하였다. "음은 극(劇)이다."

331 **색은** 장읍은 말하였다. "대(臺)의 높이가 위로 하늘까지 닿는다."

332 **집해** 서광은 말하였다. "輵의 음은 갈(葛)이다." **색은** 곽박은 말하였다. "넓고 멀며 깊은 모양이다."

333 **집해** 곽박은 말하였다. "나무가 북의 가운데를 꿰었으며 그 위로는 깃털을 더하였는데 이른바 북을 세우는 것이다."

334 **집해** 『한서음의』에서는 말하였다. "갈천씨(葛天氏)는 옛 제왕의 호칭이다. 『여씨춘추』에서는 '갈천씨의 음악은 세 사람이 소꼬리를 잡고 발로 밟으며 노래하였다.'라 하였다."

千人唱	천 명이 노래하면
萬人和	만 명이 화답하니
山陵爲之震動[335]	산 구릉이 이 때문에 진동하고
川谷爲之蕩波	시내와 골짝이 이 때문에 물결이 출렁입니다.
巴俞宋蔡	파유의 무곡과 송(宋) · 채(蔡)의 음악,
淮南于遮[336]	회남의 우차며
文成顚歌[337]	문성의 전(顚)의 악가가
族擧遞奏[338]	함께 교대로 연주되고
金鼓迭起	종소리와 북소리가 번갈아 일어나니
鏗鎗鐺鼞	쨍그렁쨍그렁 둥둥 하는 소리가

색은 장읍은 말하였다. "갈천씨는 삼황군(三皇君)의 호칭이다. 『여씨춘추』에서는 '그 음악은 세 사람이 소꼬리를 잡고 발로 밟으며 노래한다. 8결이 있는데 첫째는 재인(載人)이고, 둘째는 현조(玄鳥)이며, 셋째는 수초목(遂草木), 넷째는 분오곡(奮五穀), 다섯째는 경천상(敬天常), 여섯째는 건제공(建帝功), 일곱째는 의지덕(依地德), 여덟째는 총금수지극(總禽獸之極)이다.'라 하였다."

335 **집해** 서광은 말하였다. "'훈(勳)'으로 된 곳도 있다."

336 **집해** 곽박은 말하였다. "파(巴)의 서쪽 낭중(閬中)에 유수(俞水)가 있는데 요인(獠人)들이 그 가에 살며 모두 굳세고 씩씩하며 춤을 좋아하여 한나라 고조[漢高]가 불러 모아 삼진(三秦)을 평정하였다. 나중에 악부(樂府)에 익히게 하였으므로 이에 파유무(巴俞舞)라는 이름을 붙였다." 『한서음의』에서는 말하였다. "우차(于遮)는 가곡(歌曲)의 이름이다." **색은** 곽박은 말하였다. "파(巴)의 서쪽 낭중(閬中)에 유수(俞水)가 있는데 요인(獠人)들이 그 가에 살며 춤을 좋아하였다. 처음에 고조가 불러 모아 삼진(三秦)을 평정하고 나중에 악부(樂府)에 익히게 하였으므로 이에 파유무(巴俞舞)라는 이름을 붙였다." 장읍은 말하였다. "『예(禮)』「악기(樂記)」에서는 '송나라 음악은 유약하게 하여 뜻을 잠기게 한다(宋音宴女溺志).'라 하였다. 채(蔡)나라 사람의 노래는 인원이 세 명이다. 『초사(楚詞)』[『초사(楚辭)』]에서는 '오요채구(吳謠蔡謳)'라 하였다. 회남(淮南)의 북은 인원이 네 명이다. 「우차곡(于遮曲)」은 그 뜻이다."

337 **집해** 곽박은 말하였다. "들어보지 못하였다." **색은** 곽박은 말하였다. "들어보지 못하였다." 문영은 말하였다. "문성(文成)은 요서(遼西)의 현 이름이며, 그 현의 사람들은 노래를 잘한다. 전(顚)은 익주(益州)의 전현(顚縣)인데 그 사람들은 서남이(西南夷)의 노래를 잘 지었다. 전(顚)은 곧 전(滇)이다."

338 **집해** 서광은 말하였다. "거(擧)는 '거(居)'로 된 곳도 있다."

洞心駭耳[339]	마음을 활짝 열고 귀를 놀라게 합니다.
荊吳鄭衛之聲	형(荊)·오(吳)·정(鄭)·위(衛)나라의 소리와
韶濩武象之樂	「소(韶)」·「호(濩)」·「무(武)」·「상(象)」의 음악,
陰淫案衍之音	은미하고 음탕하며 낮게 이어지는 소리,
鄢郢繽紛	언(鄢)과 영(郢)의 성하게 섞인 음악,
激楚結風[340]	「격초(激楚)」와 「결풍(結風)」의 음악과
俳優侏儒	광대와 난쟁이,
狄鞮之倡[341]	적제의 배우가
所以娛耳目而樂心意者	눈과 귀를 즐겁게 해주고 마음을 즐겁게 해주는 것들이
麗靡爛漫於前[342]	앞에서는 화려하고 아주 빼어나며
靡曼美色於後[343]	뒤에는 가늘고 윤기 있는 아름다운 여인이 있습니다.'

若夫青琴宓妃之徒[344]	'저 청금과 복비 같은 무리들이

339 집해 곽박은 말하였다. "당답(鏜鞳)은 북소리이다."

340 집해 곽박은 말하였다. "격초(激楚)는 가곡(歌曲)이다. (前漢 劉向의) 『열녀전(列女傳)』에서는 '격초(激楚)의 유풍을 들었다.'고 하였다." 색은 문영은 말하였다. "격(激)은 충격(衝激)이며 급한 바람이다. 결풍(結風)은 회풍(回風)으로, 회 또한 빠른 바람이다. 초나라 땅은 바람의 기운이 절로 떠서 빠르지만 가악(歌樂)은 오히려 다시 격렬하게 맺힌 빠른 바람으로 박자를 삼아 그 음악은 빠르고 슬프고 애절하다."

341 집해 서광은 말하였다. "위소는 적제(狄鞮)는 지명으로 하내(河內)에 있으며 훌륭한 가수가 난다고 하였다."

342 색은 곽박은 말하였다. "마음 내키는 대로 보는 것을 말한다. 『열녀전』에서는 '걸(桀)은 질펀한 음악을 만들었다.'라 하였다."

343 색은 장읍은 말하였다. "미(靡)는 가는 것이며, 만(曼)은 윤택한 것이다. 『한자(韓子)』「양권(揚權)」에 '살결이 매끄럽고 새하얀 치아(曼服皓齒)'라는 말이 있다."

344 집해 『한서음의』에서는 말하였다. "모두 옛날의 신녀(神女) 이름이다." 색은 복엄(伏儼)은 말하였다. "청금(青琴)은 옛 신녀이다." 여순은 말하였다. "복비(宓妃)는 복희(伏羲)의 딸인데 낙수(洛水)에서 물에 빠져 죽어 마침내 낙수의 신이 되었다." 宓의 음은 복이다.

絕殊離俗[345]	아주 빼어나 속세를 떠난 듯하고
姣冶嫺都[346]	예쁘게 단장하여 매우 우아하며
靚莊刻飭	흰 분과 검은 눈썹먹으로 꾸몄고
便嬛綽約[347]	가뿐하니 날씬하며
柔橈嬛嬛[348]	부드럽게 꺾이어 가뿐하고
嫵媚孅嫋[349]	아름다워 휘청거립니다.
抴獨繭之褕袘[350]	명주 홑옷의 가장자리를 끌고
眇閻易以戌削[351]	치렁치렁한 치마 하단이 가지런한 것이 보입니다.
編姺徶循[352]	보행은 차분하고 옷은 나풀거려

345 색은 곽박은 말하였다. "세상에 둘도 없는 것이다."

346 색은 교야한도(姣冶閑都)이다. 곽박은 말하였다. "교(姣)는 예쁜 것이다. 도(都)는 우아한 것이다." 『시(詩)』에서는 말하였다. "예쁜 사람 아름다움이여(姣人嫽兮)." 『방언』에서는 말하였다. "관(關) 동쪽에서 하수와 제수[河濟] 사이에서는 무릇 아름다운 것을 교(姣)라고 한다." 음은 교(絞)이다. 『설문』에서는 말하였다. "한(嫺)은 우아한 것이다." '한(閑)'으로 된 곳도 있다. 「소아(小雅)」에서는 도(都)는 성(盛)한 것이라 하였다.

347 집해 곽박은 말하였다. "정장(靚莊)은 분을 발라 희고 눈썹먹을 칠하여 검은 것이다."

348 집해 서광은 말하였다. "은은 연(娟)이다." 색은 곽박은 말하였다. "유요현현(柔橈嬛嬛)은 모두 몸매가 가냘프고 약하며 길고 고운 모습이다." 『광아』에서는 말하였다. "현현(嬛嬛)은 몸가짐이다." 장읍은 말하였다. "현현(嬛嬛)은 완완(婉婉)과 같다."

349 집해 서광은 말하였다. "姌의 음은 염[乃冉反]이다. 嫋의 음은 약(弱)이다." 색은 무미섬약(嫵媚孅弱)이다. 『비창(埤蒼)』에서는 말하였다. "무미(嫵媚)는 기쁜 것이다." (後漢 服虔의) 『통속문(通俗文)』에서는 말하였다. "협보(頰輔)는 무미(嫵媚)라 한다." 곽박은 말하였다. "섬약(孅弱)은 약한 모습니다." 『비창』에서는 말하였다. "섬약(孅弱)은 용모와 몸매가 섬세하면서도 유약한 것이다."

350 집해 서광은 말하였다. "抴의 음은 예(曳)이다. 첨유(襜褕)이다." 색은 유예(褕袣)이다. 장읍은 말하였다. "유(褕)는 첨유(襜褕)이다. 예(袣)는 소매이다." 곽박은 말하였다. "독견(獨繭)은 하나의 고치실이다." 『비창(埤蒼)』에서는 말하였다. "예(袣)는 옷이 긴 모양이다."

351 집해 서광은 말하였다. "염이(閻易)는 옷이 긴 모양이다. 술삭(戌削)은 새기고 그려서 만든 것 같다는 말이다." 색은 묘염역이휼삭(眇閻易以恤削)이다. 곽박은 말하였다. "염이(閻易)는 옷이 긴 모양이다. 휼삭은 새기고 그려서 만든 것 같다는 말이다."

與世殊服	세상과 복색이 다르며,
芬香漚鬱	향기는 진한데
酷烈淑郁	강렬하면서도 맑게 스며듭니다.
皓齒粲爛	새하얀 이빨은 찬란히 빛나고
宜笑的皪[353]	감미로운 웃음이 선명합니다.
長眉連娟	긴 눈썹은 굽었으면서도 선명하며
微睇綿藐[354]	어슴푸레 뜬 눈은 아름답습니다.
色授魂與	외모와 혼을 주고받으니
心愉於側[355]	임금님 곁에서 마음으로 기뻐합니다.'

於是酒中樂酣	'이에 주연의 즐거움이 무르익어
天子芒然而思	천자께서 망연히 생각하시는데
似若有亡	잃어버린 것이 있는 것 같았습니다.
曰	말씀하시기를
嗟乎	「아아!
此泰奢侈	이는 너무 사치롭다!
朕以覽聽餘閒	짐은 정무를 보고 듣는 남은 시간에
無事棄日	일이 없어 날을 헛되이 버리어

---

352 **집해** 곽박은 말하였다. "의복이 나풀거리는 모양이다." **정의** 媥의 음은 편이다. 姺의 음은 선(先)이다. 襒의 은은 별[白結反]이다. 徶의 음은 설(屑)이다.

353 **색은** 곽박은 말하였다. "선명한 모양이다." 『초사(楚詞)』[『초사(楚辭)』]에서는 말하였다. "미인의 흰 이빨 곱고도 아름답네(美人皓齒嫮以姱)." 또한 말하였다. "예쁜 눈썹 웃으니 선명하네(娥眉笑以的皪)." 皪의 음은 력(礫)이다.

354 **색은** 곽박은 말하였다. "연연(連娟)은 눈썹이 구부러지고 가는 것이다. 면막(綿藐)은 멀리 보는 모양이다." 娟의 음은 연[一全反]이다. 睇의 음은 제[大計反]이다. 藐의 음은 막(邈)이다.

355 **색은** 장읍은 말하였다. "저 외모가 와서 나에게 주고 내 혼이 가서 더불어 접한다." 愉의 음은 유(踰)이며, 간다는 뜻이다. 유(愉)는 기뻐하는 것이다. 두 뜻 다 통한다.

順天道以殺伐	하늘의 도에 순응하여 살육을 하면서
時休息於此	이따금 이곳에서 휴식을 하는데
恐後世靡麗	후세에서 사치롭고 화려해져서
遂往而不反	마침내 가서 돌아오지 않을까 두려우니
非所以爲繼嗣創業垂統也	후세에게 창업하고 정권을 물려주는 까닭이 아니도다.」
於是乃解酒罷獵	이에 곧 주연을 흩고 사냥을 끝내어
而命有司曰	유사에게 명하였다.
地可以墾辟	「(상림의) 땅은 개간하고 개척할 만하니
悉爲農郊	모두 농토로 삼아
以贍萌隸	백성들을 넉넉하게 하고,
隤牆填塹	담을 헐고 구덩이를 메워
使山澤之民得至焉	산과 늪지의 백성들이 이르게끔 하라.
實陂池而勿禁[356]	보와 못에 사람을 채워 금하는 일이 없게 하고
虛宮觀而勿仞[357]	궁관을 비워 차게 하지 말라.
發倉廩以振貧窮	창고를 열어 빈궁한 자들을 진휼하고
補不足	부족한 것을 채워줄 것이며
恤鰥寡	홀아비와 과부를 불쌍히 여기고
存孤獨	고아와 독신자를 보호하라.
出德號	덕이 있는 호령을 내고
省刑罰	형벌은 줄일 것이며
改制度	제도를 고치고

356 **정의** 실(實)은 채우는 것이다. 사람들을 보와 못에 가득 차게 하여 임의로 따고 잡아 취하게 하는 것이다.

357 **정의** 仞의 음은 인(刃)이며, 또한 채우는 것이다. 이궁(離宮)과 별관(別館)에 사람을 거주하지 않게 하여 모두 폐지하는 것을 말한다.

易服色 복색을 바꿀 것이며

更正朔 정삭을 바꾸어

與天下爲始 천하와 함께 시작하라.」'

於是歷吉日以齊戒 '이에 길일을 잡아 재계하고

襲朝衣 조복을 입고

乘法駕 법가를 타고

建華旗 화려한 기를 세우고

鳴玉鸞 옥란을 울리며

游乎六藝之囿[358] 육예의 동산에서 놀고

鶩乎仁義之塗 인의의 길을 달렸으며

覽觀春秋之林[359] 『춘추』의 숲을 달렸습니다.

射貍首 「이수(貍首)」로 사례를 행하고

兼騶虞[360] 「추우(騶虞)」를 겸하며

弋玄鶴 「현학(玄鶴)」을 주살로 잡고

建干戚 방패와 도끼로 춤을 추며

載雲罕[361] 운한을 싣고

---

358 정의 육예(六藝)는 사냥을 끝내고 육예에 두루 노닐며 인의의 도를 빨리 달린다는 것을 말한다.

359 집해 곽박은 말하였다. "『춘추』는 성패를 살피고 선악을 밝히는 것이다."

360 집해 『예(禮)』 「사의(射義)」에서는 말하였다. "천자는 「추우(騶虞)」를 절도로 삼고 제후는 「이수(貍首)」를 절도로 삼는다. 「추우」는 관원이 갖추어졌음을 즐거워하는 것이다. 「이수」는 모임을 즐거워하는 것이다."

361 색은 장읍은 말하였다. "한(罕)은 필성[畢]이다." 문영은 말하였다. "곧 천필(天畢)로 별 이름이다. 앞에는 구류운한(九旒雲罕)의 수레가 있다." 논자들은 운한(雲罕)을 정기(旌旗)라고 하였는데 틀렸다. 또한 『중조로부도(中朝鹵簿圖)』에 의하면 "운한(雲罕)은 사마[駟]를 맨다."고 하여 구류(九旒)를 함께 말하지 않았으며 한거(罕車)는 구류거(九旒車)와 다르다.

揜群雅[362]	여러 「아(雅)」를 덮쳐잡으며
悲伐檀[363]	「벌단(伐檀)」을 슬퍼하고
樂樂胥[364]	낙서의 시구를 즐거워하며
修容乎禮園[365]	예제의 동산에서 용의를 닦고
翶翔乎書圃[366]	『상서(尙書)』의 동산에서 빙빙 돌면서 납니다.
述易道[367]	『역(易)』의 도를 말하고
放怪獸[368]	기괴한 짐승을 놓아주며
登明堂	명당에 올라
坐淸廟[369]	청묘에 앉으시고
恣群臣	돌아가며 신하들에게
奏得失	득실을 아뢰게 하는데
四海之內	사해 안의 것을
靡不受獲[370]	얻지 않음이 없습니다.

---

362 **집해** 『한서음의』에서는 말하였다. "「대아(大雅)」와 「소아(小雅)」이다." **색은** 엄(揜)은 잡는 것이다. 장읍은 말하였다. "『시(詩)』 「소아(小雅)」의 재목은 74인이고 「대아」의 재목은 31인이기 때문에 군아(群雅)라고 한 것이다. 운한(雲罕)을 수레에 실어서 군아(群雅)의 선비를 잡는 것이다."

363 **색은** 장읍은 말하였다. "그 시는 현자가 현명한 군주를 만나지 못하는 것을 풍자하였다."

364 **색은** 『모시(毛詩)』에 "군자님 즐기시니, 하늘의 복 받았다네(君子樂胥, 受天之祜)."라는 구절이 있다. 왕자(王者)가 현명하고 재주 있는 사람을 얻어 지위에 있게 한 것을 즐겼으므로 하늘이 그에게 복록(福祿)을 준 것이다. 胥의 음은 서[先呂反]이다.

365 **정의** 『예』는 스스로 꾸미어 위의를 정리하는 것이다.

366 **정의** 『상서(尙書)』는 제왕과 군신의 도를 밝힌 것이다.

367 **정의** 『역(易)』은 미묘한 것을 깨끗하고 미묘하게 하는 것으로 위에서는 이의(二儀)인 음양을 분변하였고 중간에서는 사람의 일을 알며 아래에서는 지리(地理)를 밝혔다. 사냥은 이에 그만두고 또한 육경의 요점을 두루 섭렵하는 것이다.

368 **정의** 장읍은 말하였다. "원(苑)의 기괴한 짐승을 더 이상 사냥하지 않는 것이다."

369 **정의** 명당(明堂)에는 오제(五帝)의 사당이 있으므로 '청묘(淸廟)'라 하였는데, 왕자(王者)와 제후가 있는 곳이다.

於斯之時	이때
天下大說	천하는 크게 기뻐하여
嚮風而聽	바람을 향하듯 듣고
隨流而化	물결을 따르듯 교화되어
喟然[371]興道而遷義	아아, 도가 일어나고 의가 옮기어 가며
刑錯而不用	형벌은 내려놓고 쓰이지 않으니
德隆乎三皇	덕은 삼황보다 높고
功羨於五帝[372]	공은 오제 때보다 많습니다.
若此	이와 같기 때문에
故獵乃可喜也	사냥이 곧 기뻐할 만한 것입니다.'

若夫終日暴露馳騁	'종일토록 바깥에서 말을 달리며
勞神苦形	정신을 수고롭히고 육신을 괴롭히며
罷車馬之用	수레와 말의 쓰임을 피폐케 하고
抏士卒之精[373]	사졸들의 정기를 닳아 없애며
費府庫之財	부고의 재물을 낭비하고도
而無德厚之恩	인후한 은혜가 없으며
務在獨樂	홀로 즐김에 힘쓰고
不顧衆庶	여러 사람들을 돌보지 않으며
忘國家之政	나라의 정사를 잊고
而貪雉兔之獲	꿩이나 토끼를 잡음을 탐내는 것은
則仁者不由也	어진 자는 말미암지 않습니다.

---

370 정의 천하의 사람들이 은혜를 받지 않음이 없다는 말이다.

371 색은 위(喟)는 『한서』에는 '芔'로 되어 있는데 음은 훼[許貴反]이다.

372 색은 사마표는 말하였다. "선(羨)은 넘치는 것이다." 음은 연[怡戰反]이다.

373 색은 抏의 음은 완[五官反]이다.

從此觀之	이로써 살펴보건대
齊楚之事	제나라와 초나라의 일이
豈不哀哉	어찌 슬프지 않겠습니까!
地方不過千里	땅은 천 리에 지나지 않는데
而囿居九百	원유는 9백 리를 차지하고 있으니
是草木不得墾辟	초목은 개간되지 못하고
而民無所食也	백성들은 먹을 것이 없습니다.
夫以諸侯之細	제후의 구구함으로
而樂萬乘之所侈	만승의 사치로움을 즐겼으니
僕恐百姓之被其尤也	저는 백성이 그 근심을 입을까 두렵습니다.'"

於是二子愀然[374]改容	이에 두 사람은 정색을 하고 안색을 바꾸었는데
超若自失	망연자실한 듯
逡巡避席曰	주춤주춤 물러나 자리를 피하면서 말하였다.
鄙人固陋	"비속한 사람이 고루하여
不知忌諱	거리낌을 알지 못하고
乃今日見教	이에 오늘에야 가르침을 받사와
謹聞命矣	삼가 명을 듣나이다."

賦奏	부(賦)를 지어 아뢰자
天子以爲郎	천자는 낭(郎)으로 삼았다.
無是公言天子上林廣大	무시공은 천자의 상림이 광대함과
山谷水泉萬物	산과 골짜기, 물과 샘 그리고 만물을 이야기하였으며

374 **색은** 곽박은 말하였다. "얼굴빛이 변하는 모습이다." 음은 추[作酉反]이다.

乃子虛言楚雲夢所有甚衆　또한 자허는 초나라 운몽에 있는 것이 매우 많음을 이야기하였는데

侈靡過其實　분에 넘치고 화미하여 그 실질에 지나쳤으며

且非義理所尙　또한 의리가 숭상하는 것이 아니었으므로

故刪取其要　그 요점만 쳐내어 취하였으며

歸正道而論之[375]　정도로 돌아가 논하였다.

相如爲郎數歲　상여가 낭이 되고 몇 년 만에

會唐蒙使略通[376]夜郎西僰中[377]

마침 당몽이 야랑과 서북을 빼앗고 통하게 하여

發巴蜀[378]吏卒千人　파촉의 이졸 천 명을 동원하고

郡又多爲發轉漕萬餘人　군에서도 또한 군량을 운반하는 인원 만여 명을 동원하였는데

用興法[379]誅其渠帥　군법을 발동하여 그 장수들을 죽이니

巴蜀民大驚恐　파촉의 백성들이 크게 놀라고 두려워하였다.

上聞之　임금이 듣고

乃使相如責唐蒙　이에 상여로 하여금 당몽을 꾸짖게 하여

---

375 **색은** 대안(大顏)은 말하였다. "과장되고 넘치며 화미한 이야기는 취하지 않고 다만 종편(終篇)을 취하여 정도로 돌아갔을 따름이다." 소안(小顏)은 말하였다. "산요(刪要)는 그 말을 삭제한 것을 이르는 것이 아니라 논자들이 이 부는 이미 사가(史家)의 덜어내고 깎음을 거쳤다는 것을 이르는데 잘못 본 것이다."

376 **색은** 장읍은 말하였다. "몽(蒙)은 옛 파양령(鄱陽令)으로 지금 낭중(郎中)이 되어 가서 빼앗게 한 것이다."

377 **집해** 서광은 말하였다. "강(羌)의 별종이다. 음은 북[扶逼反]이다." **색은** 야랑(夜郎)과 북중(僰中)이며, 문영은 모두 서남이(西南夷)라고 하였다. 나중에는 야랑(夜郎)을 장가(牂柯)에 속하게 하였고, 북(僰)은 건위(犍爲)에 속하게 하였다. 음은 북[步北反]이다.

378 **색은** 파(巴)와 촉(蜀)은 두 군의 이름이다.

379 **집해** 『한서』에서는 "용군흥법(用軍興法)"이라고 하였다.

因喻告巴蜀民以非上意	이에 파촉의 백성들에게 임금의 뜻이 아님을 깨우쳐 알렸다.
檄曰	격문에서는 말하였다.

告巴蜀太守	파촉 태수에게 고하노라.
蠻夷自擅不討之日久矣	만이가 제멋대로 날뛰는데도 토벌하지 못한 날이 오래되니
時侵犯邊境	수시로 변경을 침범하여
勞士大夫	사대부들을 수고롭혔다.
陛下即位	폐하께서 즉위하시어
存撫天下	천하를 위무하시고
輯安中國	중국을 안무하셨다.
然後興師出兵	그런 다음에 군사를 일으키어 내시어
北征匈奴	북으로 흉노를 정벌하니
單于怖駭	선우가 두려워하고 놀라
交臂受事	손을 맞잡고 일을 받았으며
詘膝請和	무릎을 꿇고 강화를 청하였다.
康居西域	강거와 서역은
重譯請朝	통역을 거듭하여 조공을 청하고
稽首來享	머리를 조아려 와서 공물을 바쳤다.
移師東指	군사를 옮겨 동쪽을 가리키니
閩越相誅	민월이 서로 죽였다.
右弔番禺	오른쪽으로 반우에 이르니
太子入朝[380]	태자가 입조하였다.
南夷之君	남이의 군주와
西僰之長	서북의 우두머리가

常效貢職	늘 공물을 바쳐
不敢怠墮	감히 게을리 하지 않아
延頸擧踵	목을 늘이고 발꿈치를 들어
喁喁然[381]皆爭歸義	벌름벌름하며 모두 다투어 의에 귀의하여
欲爲臣妾	신하가 되고자 하였는데
道里遼遠	길이 아득하고 멀며
山川阻深	산과 내가 험하고 깊어
不能自致	스스로 이를 수가 없었다.
夫不順者已誅	따르지 않은 자는 이미 벌하였지만
而爲善者未賞	선을 행한 자는 아직 상을 주지 못하였기에
故遣中郎將往賓之[382]	중랑장으로 하여금 가서 복종하게 하여
發巴蜀士民各五百人	파촉의 군사와 백성 각 5백 명을 조발하여
以奉幣帛	폐백을 받들게 하고
衛使者不然	사자에게 뜻밖의 일에 대비하여 호위하게 하여
靡有兵革之事	전쟁 같은 일이나
戰鬥之患	전투의 근심이 일어나지 않았다.
今聞其乃發軍興制[383]	지금 듣건대 이에 군사를 내고 법을 일으키어
驚懼子弟	자제들을 놀라고 두렵게 하였고

---

380 **색은** 문영은 말하였다. "반우(番禺)는 남해군(南海郡)의 치소이다. 조(弔)는 이르는 것이다. 동으로 민월(閩越)을 정벌하고 나중에 번우에 이르렀기 때문에 오른쪽에서 이르렀다고 말하였다." 요씨(姚氏)는 조(弔) 자를 본자의 뜻으로 읽었다. 소안(小顏)은 "두 나라가 서로 정벌하여 한나라가 군사를 내어 구원하였는데 번우를 위로하게 하였으므로 태자를 보내어 입조하게 한 것이며, 조(弔)는 이른다는 뜻이 아니다."라 하였다.

381 **정의** 옹(喁)의 음은 옹[五恭反]이며, 입이 위로 향하는 것이다.

382 **색은** 가규(賈逵)는 말하였다. "빈(賓)은 복종하는 것이다."

383 **색은** 장읍은 말하였다. "삼군(三軍)의 무리를 일으킨 것이다. 홍제(興制)는 군의 법제를 발동한 것을 이른다." 당몽(唐蒙)이 사자가 되어 군사를 일으키는 군법을 쓴 것이다.

憂患長老	장로들을 근심케 하였으며
郡又擅爲轉粟運輸	군에서는 또한 멋대로 군량을 (징수하여) 운반하였다 하니
皆非陛下之意也	모두 폐하의 뜻이 아니다.
當行者或亡逃自賊殺	차출되어 간 자들이 도망치기도 하고 스스로 목숨을 끊기도 한다니
亦非人臣之節也	또한 신하의 절개가 아니다.

夫邊郡之士	저 변경의 군사들은
聞烽擧燧燔[384]	봉홧불이 타올랐다는 소식을 들으면
皆攝弓[385]而馳	모두 활을 당기며 달려 나가고
荷兵而走	병기를 메고 달리면서
流汗相屬	땀을 흘리며 서로 이어
唯恐居後	오직 뒤처질까 두려워하고
觸白刃	흰 칼날이 부딪치고
冒流矢	어지러이 날아오는 화살을 무릅쓰면서
義不反顧	돌아서고 뒤돌아보지 않음을 의로 여기고
計不旋踵	발길을 돌리지 않을 생각을 하며
人懷怒心	제각기 분노하는 마음을 품기를

384 **집해** 『한서음의』에서는 말하였다. "봉(烽)은 쌀 조리를 덮어놓은 것 같으며 도르래를 매달아 적이 쳐들어오면 드는 것이다. 수(燧)는 섶을 쌓아놓아 적이 쳐들어오면 불태운다." **색은** 봉수(烽燧)이다. 위소는 말하였다. "봉(烽)은 풀을 묶어 긴 나무의 끝에 두는데 두레박 도르래 같으며 적이 보이면 불을 붙여 올린다. 수(燧)는 섶을 쌓아놓았다가 어려움이 있으면 태우는 것이다. 봉(烽)은 낮에 쓰는 것이고 수(燧)는 밤에 쓰는 것이다." 『자림(字林)』에서는 말하였다. "욱(籅)은 쌀을 치는 조리로 음은 욱[一六反]이다." 또한 『찬요(纂要)』에서는 말하였다. "욱(籅)은 (쌀을) 이는 키이다." 이 주(注)는 맹강의 설이다.

385 **색은** 앞 글자의 음은 섭[奴頰反]이다.

如報私讎	사적인 원수를 갚듯이 하였다.
彼豈樂死惡生	저들이 어찌 죽음을 즐기고 삶을 미워할 것이며,
非編列之民	호적에 편성된 백성이 아니라고
而與巴蜀異主哉	파촉과 임금을 달리하겠는가?
計深慮遠	생각을 심원하게 하여
急國家之難	국가의 위난을 구급하고
而樂盡人臣之道也	신하의 도를 다하는 것을 즐기는 것이다.
故有剖符之封	그러므로 부절을 쪼개어 봉하고
析珪[386]而爵	옥규(玉珪)를 쪼개어 작위를 내리어
位爲通侯	지위는 통후이고
居列東第[387]	동쪽의 저택에 줄지어 거처하였으며
終則遺顯號於後世	종국에는 후세에 드러난 명성을 남겼고
傳土地於子孫	자손에게 토지를 전하였으며
行事甚忠敬	일을 행함에 매우 충성스럽고 공경스러웠고
居位甚安佚	자리에 있음이 매우 편안하였으며
名聲施於無窮	명성은 다하지 않는 곳까지 미쳤고
功烈著而不滅	공렬이 드러나 민멸(泯滅)되지 않았다.
是以賢人君子	그런 까닭에 현인과 군자들은
肝腦塗中原	중원에 간과 뇌를 쏟고
膏液潤野草而不辭也	기름과 피를 가지고 초야를 물들이기를 마다하지 않았다.
今奉幣役至南夷	이제 폐백을 받들고 남이로 부역하러 가서
即自賊殺	자살을 하거나

386 색은 여순은 말하였다. "석(析)은 가운데를 나누는 것이다. 백옥은 천자가 간직하고 청옥은 제후에게 있다."

387 색은 줄지어 선 갑제(甲第)가 제성(帝城)의 동쪽에 있으므로 동제(東第)라고 하였다.

或亡逃抵誅	도망을 쳐서 죽음에 이르기도 하니
身死無名	몸이 죽어도 이름이 없고
謚爲至愚	지극히 어리석다 불리게 되며
恥及父母	치욕이 부모에까지 미치고
爲天下笑	천하의 웃음거리가 되었다.
人之度量相越	사람의 도량이 서로 넘음이
豈不遠哉	어찌 멀지 않겠는가!
然此非獨行者之罪也	그러나 이는 다만 홀로 행한 자의 죄가 아니라
父兄之教不先	부형의 가르침이 선행하지 못하고
子弟之率不謹也	자제들이 따름이 삼가지 않았음이며,
寡廉鮮恥	염치가 적고
而俗不長厚也	풍속이 돈후하지 않아서이다.
其被刑戮	형벌을 받거나 죽임을 당하는 것도
不亦宜乎	또한 마땅하지 않겠는가!

陛下患使者有司之若彼	폐하께서는 사자와 유사가 그와 같이 함을 근심하시고
悼不肖愚民之如此	불초한 백성들이 이와 같음을 슬퍼하시어
故遣信使曉喻百姓以發卒之事	사자를 보내어 백성들에게 군사를 일으킨 일을 알게 하고
因數之以不忠死亡之罪	이어 불충하게 죽은 죄를 낱낱이 들어
讓三老孝弟以不教誨之過	삼로효제에게 가르쳐 인도하지 못한 죄를 꾸짖게 하였다.
方今田時	바야흐로 지금은 농번기라
重煩百姓[388]	백성들을 번거롭게 하기는 어렵다.

已親見近縣	이미 가까운 현에서는 친히 알겠지만
恐遠所谿谷山澤之民不遍聞	먼 곳의 계곡과 산택의 백성들이 두루 알지 못할까 두려우니
檄到	격문이 이르면
亟下縣道[389]	빨리 현도에 내려 보내어
使咸知陛下之意	모두 폐하의 뜻을 알게 함에
唯毋忽也	오직 소홀함이 없도록 하라.

相如還報	상여는 돌아가 알렸다.
唐蒙已略通夜郎	당몽은 이미 야랑을 빼앗아 통하게 하였으며
因通西南夷道	이어서 서남이의 길을 통하여
發巴蜀廣漢卒	파와 촉, 광한의 군사와
作者數萬人	역부(役夫) 수만 명을 동원하였다.
治道二歲	2년간 길을 닦았으나
道不成	길은 완성되지 않았고
士卒多物故	사졸들 가운데 죽은 자가 많았으며
費以巨萬計[390]	비용은 거만을 헤아렸다.
蜀民及漢用事者[391]多言其不便	촉군(蜀郡)의 백성 및 한나라의 권력자들이 그 불리함을 많이 언급하였다.

---

388 **색은** 중(重)은 난(難)과 같은 뜻이다.

389 **집해** 『한서(漢書)』「백관표(百官表)」에서는 말하였다. "현(縣)에 만이(蠻夷)가 있는 것을 도(道)라 한다." **색은** 亟의 음은 극[紀力反]이다. 극(亟)은 '급히'라는 뜻이다.

390 **색은** 거만(巨萬)은 만만(萬萬)과 같다. 수(數)에는 대소(大小)의 두 법이 있다. 장읍은 "산법(算法)에 만만(萬萬)은 억(億)이다."라 하였는데 이는 대수(大數)이다. 『육자(鬻子)』에서는 "십만이 억이다."라 하였는데 이는 소수(小數)이다.

391 **색은** 공손홍(公孫弘)을 이른다.

是時邛筰之君長[392]聞南夷與漢通

이때 공착의 군장들이 남이가 한나라와 통교하여

得賞賜多 상을 매우 많이 얻었다는 것을 듣고

多欲願爲內臣妾 거의 신료가 되기를 바라고자 하여

請吏 관리를 청하여

比南夷[393] 남이와 나란히 하였다.

天子問相如 천자가 상여에게 묻자

相如曰 상여가 대답하였다.

邛筰冉駹者近蜀 "공과 작, 염, 방은 촉군(蜀郡)과 가깝고

道亦易通 길도 쉽게 통하여

秦時嘗通爲郡縣 진나라 때 일찍이 통하여 군현으로 삼았었는데

至漢興而罷 한나라가 일어서서 없어졌습니다.

今誠復通 지금 실로 다시 통하여

爲置郡縣 군현을 설치한다면

愈於南夷[394] 남이보다 나을 것입니다."

天子以爲然 천자는 그럴듯하게 생각하여

乃拜相如爲中郎將[395] 이에 상여를 중랑장에 임명하여

---

392 색은 공착(邛筰)의 군장(君長)이다. 문영은 말하였다. "공(邛)은 지금의 공도현(邛都縣)이고, 착(筰)은 지금의 정착현(定筰縣)인데, 모두 월수군(越巂郡)에 속한다."

393 색은 한나라 관리를 두어 남이와 비례가 되게 할 것을 청한 것을 이른다.

394 색은 장읍은 말하였다. "유(愈)는 차(差)이다." 또 말하였다. "유(愈)는 승(勝)과 같다." 진작은 말하였다. "남이(南夷)에서는 건위(犍爲), 장가(牂柯)라고 한다. 서이(西夷)에서는 월수(越巂), 익주(益州)라고 한다."

395 색은 장읍은 말하였다. "질(秩)4백 석으로 5년 만에 대현(大縣)의 현령으로 승진하여 보해졌다."

建節往使	부절을 지니고 사신으로 가게 하였다.
副使王然于壺充國[396]呂越人馳四乘之傳	
	부사인 왕연우와 호충국, 여월인은 네 마리 말이 끄는 역거(驛車)를 달려
因巴蜀吏幣物以賂西夷	파촉의 관리를 통하여 폐물을 서이에게 주었다.
至蜀	촉군(蜀郡)에 이르자
蜀太守以下郊迎	촉군에서는 태수 이하가 교외에서 맞았으며
縣令負弩矢先驅[397]	현령은 궁시를 지고 먼저 달렸는데
蜀人以爲寵[398]	촉군 사람들은 영광으로 생각하였다.
於是卓王孫臨邛諸公皆因門下獻牛酒以交驩	
	이에 탁왕손과 임공의 여러 공들은 문하를 통하여 소와 술을 바치며 교유를 맺어 환심을 사려 했다.
卓王孫喟然而歎	탁왕손은 아아 하며 탄식을 하고
自以得使女尙司馬長卿晩[399]	스스로 딸이 사마장경의 배필이 되게 한 것이 늦었다 생각하여

---

396 색은 『한서』「공경표(公卿表)」에 의하면 태초(太初) 원년(B.C. 104)에 홍려경(鴻臚卿)이 되었다.

397 색은 정리(亭吏)는 두 사람이며 노(弩)와 화살을 정장이 지게 하며, 현령으로 하여금 스스로 화살을 지게 하였으니 정장은 마땅히 노(弩)를 지어야 한다. 또한 노(弩)를 지는 것은 또한 지방 장관은 정해져 있지 않으며, 혹은 경중(輕重)을 따를 따름이다. 곽거병(霍去病)이 흉노를 치러 나가자 하동 태수(河東太守)가 교외에서 노(弩)를 지고 맞았다. 또한 위공자(魏公子)가 조(趙)나라를 구원하여 진(秦)나라를 쳐서 진나라 군은 포위를 풀고 떠나자 평원군(平原君)은 전동의 화살을 지고 경계에서 공자를 맞았다.

398 색은 촉군(蜀郡)에서 총애한다고 생각한 것이다. 『화양국지(華陽國志)』에서는 말하였다. "촉군 대성(大城) 북쪽 10리 지점에 승선교(升仙橋)가 있고 송객관(送客觀)이 있다. 사마상여가 처음으로 장안으로 들어갈 때 그 문에다 '붉은 사두마차를 타지 않으면 이 밑으로 지나가지 않으리라.'라 적어 놓았다."

399 색은 소안(小顔)은 말하였다. "상(尙)은 배(配)와 같다." 본(本)은 '당(當)'으로 된 곳도 있다.

而厚分與其女財　　그 딸에게 재산을 두터이 나누어 주어

與男等同　　아들과 동등하게 하였다.

司馬長卿便略定西夷　　사마장경이 곧 서이를 안정시키니

邛筰冉駹斯榆[400]之君皆請爲內臣　　공과 작 · 염 · 방 · 사유의 군장이 모두 내신이 되기를 청하였다.

除邊關　　변경의 관문을 없애고

關益斥[401]　　관문을 더욱 넓히어

西至沬若水[402]　　서(西)로는 매(沬)와 약수에까지 이르렀고

南至牂柯爲徼[403]　　남(南)으로는 장가(牂柯)까지를 변경으로 삼아

通零關道[404]　　영관의 길을 텄고

橋孫水[405]以通邛都[406]　　손수에 다리를 놓아 공도까지 텄다.

---

400 색은 斯 자는 정씨(鄭氏)는 음이 예(曳)라고 하였다. 장읍은 "사유(斯榆)는 나라이다."라 하였다. 지금은 사(斯) 자를 글자 그대로 읽는데 익군(益郡)의 「기구전(耆舊傳)」에서는 '사유(斯臾)'라고 한다. 『화양국지』에서는 공도현(邛都縣)에는 4부(部)가 있다고 하였는데, 사유(斯臾)가 하나이다.

401 색은 장읍은 말하였다. "척(斥)은 넓힌다는 뜻이다."

402 색은 장읍은 말하였다. "수수(沬水)는 촉군(蜀郡) 광평(廣平)의 새외(塞外)에서 나와 청의수(青衣水)와 합류한다. 약수(若水)는 모우(旄牛)의 새외에서 나와 북도(僰道)에 이르러 장강[江]으로 든다." 『화양국지』에서는 한가현(漢嘉縣)에 매수(沬水)가 있다고 하였다. 음은 매(妹)이며, 또한 말(末)이라고도 한다.

403 색은 장읍은 말하였다. "교(徼)는 변새[塞]이다. 물에다 목책을 쳐서 만이(蠻夷)의 경계로 삼았다."

404 집해 서광은 말하였다. "월수(越巂)에 영관현(零關縣)이 있다."

405 집해 위소는 말하였다. "손수(孫水)에 다리를 놓아주었다."

406 색은 손수(孫水)에 다리를 놓아 작(筰)과 통하게 하였다. 위소는 말하였다. "손수(孫水)에 다리를 놓아주었다." 『화양국지』에 의하면 "사마상여는 마침내 북도(僰道)를 열어 남이(南夷)와 통하게 하고 월수군(越巂郡)을 두었다. 한열(韓說)은 익주(益州)를 열고 당몽(唐蒙)은 장가(牂柯)를 열었는데, 작왕(筰王)의 머리를 베고 장가군(牂柯郡)을 두었다."라 하였다.

還報天子	돌아가 천자에게 보고하니
天子大說	천자가 크게 기뻐하였다.

相如使時	상여가 사행하였을 때
蜀長老多言通西南夷不爲用	촉군(蜀郡)의 장로들이 서남이와 통하는 것이 소용없다고 많이 말하였고
唯大臣亦以爲然	대신들 또한 그렇게 생각하였다.
相如欲諫	상여는 간하려 하였지만
業已建之[407]	본래 이미 건의하였으므로
不敢	감히 하지 못하고
乃著書	이에 글을 지어
籍以蜀父老爲辭	촉군 부로가 한 말을 빙자하여
而己詰難之	스스로 힐난하여
以風天子	천자를 풍간하였으며
且因宣其使指	또한 이에 천자의 명령을 펴서
令百姓知天子之意	백성들로 하여금 천자의 뜻을 알게 하였다.
其辭曰	그 글에서는 말하였다.

漢興七十有八載[408]	한나라가 선 지 78년에
德茂存乎六世[409]	덕은 6세에 무성하였으며
威武紛紜	위무가 번성하여

---

407 색은 업(業)은 본(本)과 같은 뜻이다. 본래 사마상여로 말미암아 이 일을 세웠다는 것을 이른다.

408 집해 서광은 말하였다. "원광(元光) 6년(B.C. 129)이다."

409 정의 고조(高祖)와 혜제(惠帝), 고후(高后), 효문(孝文), 효경(孝景) 그리고 효무(孝武)이다.

湛恩[410]汪濊	깊은 은혜가 넓고 깊이 미쳐
群生澍濡	뭇 백성이 무젖고
洋溢乎方外	역외에까지 가득 넘쳤다.
於是乃命使西征	이에 서쪽을 정벌하게끔 명하시니
隨流而攘[411]	(강의) 흐름을 따라 물리치고
風之所被	바람이 덮는 곳이
罔不披靡	(초목이) 쓰러지지 않음이 없는 듯하였다.
因朝冉從駹	이에 염을 조회하게 하고 방을 따르게 하였으며
定筰存邛	작을 평정하고 공을 존속시켰으며
略斯榆	사유를 공략하고
舉苞滿[412]	포만을 점령하여
結軼[413]還轅	수레바퀴를 굽히고 수레를 돌려
東鄉將報	동으로 향해 보고하려고 하여
至于蜀都	촉의 도읍까지 이르렀다.

耆老大夫薦紳先生之徒二十有七人

	연로한 대부와 진신 사대부의 무리 27명이
儼然造焉	의젓하게 찾아갔다.
辭畢	인사말이 끝나자
因進曰	이어서 나아가 말하였다.
蓋聞天子之於夷狄也	“대체로 듣자 하니 천자께서 이적(夷狄)을 대하실 때

---

410 **색은** 위소는 말하였다. “앞의 글자는 음이 침(沈)이다.”

411 **색은** 攘은 물리친다는 뜻으로 음은 양[汝羊反]이다.

412 **색은** 복건은 말하였다. “오랑캐의 종족이다.” ‘만(滿)’ 자는 ‘포(蒲)’로 된 곳도 있다.

413 **색은** 아래의 글자는 음이 철(轍)이다. 『한서』에는 ‘궤(軌)’로 되어 있다. 장읍은 “결(結)은 굽히는 것이다.”

其義羈縻[414]勿絕而已	그 뜻이 고삐를 매어 끊어지지 않게 할 따름이라 하였습니다.
今罷三郡之士	지금 세 군의 군사들을 피로하게 하여
通夜郎之塗	야랑의 길을 개통하려 한 지
三年於茲	이에 3년이 되었으나
而功不竟	일은 끝나지 않았고
士卒勞倦	사졸들은 피로하고 지쳤으며
萬民不贍	만민을 구휼하지 못하는 데다가
今又接以西夷	이제 또한 서남이와 접촉을 하니
百姓力屈	백성들이 힘이 다하여
恐不能卒業	일을 마칠 수 없을까 두려우니
此亦使者之累也	이 또한 사자의 누가 될 것인지라
竊爲左右患之	가만히 좌우가 걱정됩니다.
且夫邛 · 筰 · 西僰之與中國並也	또한 공과 작, 서북이 중국과 나란히 한 지가
歷年茲多	해가 지난 지 이에 오래되어
不可記已	기록할 수 없을 따름입니다.
仁者不以德來	어진 자는 덕으로 오게 할 수 없고
彊者不以力并	강한 자는 힘으로 합칠 수 없으니
意者其殆不可乎	생각건대 아마 할 수 없었을 것입니다!
今割齊民以附夷狄	지금 평민들을 잘라내어 이적에 붙고
弊所恃以事無用	믿는 것을 피폐케 하여 쓸모없는 것을 일삼으니
鄙人固陋	비천한 사람들이 고루하여

414 색은 기(羈)는 말의 고삐이다. 미(縻)는 소의 고삐이다. (後漢 應劭의) 『한관의(漢官儀)』에서는 "말은 기(羈)라 하고, 소는 미(縻)라 한다."라 하였다. 사방의 오랑캐를 통제함이 소와 말이 고삐를 받게 하는 것과 같이 한다는 말이다.

不識所謂	말할 바를 모르겠습니다."
使者曰	사자가 말하였다.
烏謂此邪	"어찌 이렇게 말하십니까?
必若所云	필시 말한 대로라면
則是蜀不變服而巴不化俗也	촉은 복식을 바꾸지 않았고 파는 풍속이 교화되지 않았을 것입니다.
余尙惡聞若說[415]	저는 오히려 이런 말을 듣기 싫어했습니다.
然斯事體大	그러나 이 일은 몸통이 커서
固非觀者之所覯也	실로 구경하는 사람이 어쩌다 이룰 만한 것이 아닙니다.
余之行急	제가 온 것이 급하여
其詳不可得聞已	자세한 것은 들을 수 없었을 따름이나
請爲大夫粗陳其略	청컨대 대부들께 거칠게나마 그 대략을 말씀드리겠습니다.
蓋世必有非常之人	'대체로 세상에는 반드시 비범한 사람이 있고
然後有非常之事	그런 다음이라야 비범한 일이 있게 되며,
有非常之事	비범한 일이 있고
然後有非常之功	그런 다음이라야 비범한 공이 있게 되는 것입니다.
非常者	비범한 것은
固常人之所異也[416]	실로 범인이 다르게 여기는 것입니다.
故曰非常之原	그러므로 말하기를 비범함의 근원은

415 **색은** 장읍은 말하였다. "그대들의 말을 듣기 싫다는 것이다." 포개(包愷)는 음을 오[一故反]라고 하였다. 또한 음이 오(烏)이다. 오(烏)는 '어찌'라는 뜻이다.

416 **색은** 보통 사람이 보고는 다르게 생각한 것이다.

黎民懼焉[417]	백성들이 두렵게 여기고,
及臻厥成	그 일이 이루어지게 되어서야
天下晏如也	천하에서는 편안히 여깁니다.'

昔者鴻水浡出	'옛날에 큰물이 쏟아져 나와
氾濫衍溢	범람하여 넘쳐
民人登降移徙	백성들은 오르락내리락 옮겨 다니느라
崎嶇而不安	팔자가 기구하여 불안하였습니다.
夏后氏戚之	하후씨가 이를 불쌍히 여겨
乃堙鴻水	이에 홍수를 막아
決江疏河	강을 터뜨리고 하천을 터서
漉沈贍菑[418]	깊은 물길을 흩고 재난을 구휼하여
東歸之於海	동으로 바다로 돌리니
而天下永寧	천하는 길이 평안해졌습니다.
當斯之勤	이렇게 부지런할 때
豈唯民哉[419]	어찌 다만 백성들이었겠습니까.
心煩於慮而身親其勞	마음은 근심으로 괴롭고 몸소 수고를 하여
躬胝無胈	몸에는 못이 박이고 발꿈치가 닳아 없어졌으며

417 **색은** 장읍은 말하였다. "보통의 일이 아니어서 그 근본을 알기가 어려워 뭇 사람들이 두려워하는 것이다."

418 **집해** 서광은 말하였다. "록(漉)은 '쇄(灑)'로 된 곳도 있다." **색은** 녹침담치(漉沈澹菑)이다. 漉의 음은 록(鹿)이다. 菑의 음은 재(災)이다. 『한서』에는 "시침담재(澌沈澹灾)"로 되어 있으며, 주해자는 말하기를 "시(澌)는 '쇄(灑)'가 되어야 하며, 쇄(灑)는 나눈다는 뜻으로 음은 쇄[所綺反]이다. 담(澹)은 편안하다는 뜻이고, 침(沈)은 깊다는 뜻이다. 澹의 음은 담[徒暫反]이다."라 하였다.

419 **색은** 다만 사람들만 수고하였을 뿐만 아니라 우(禹) 또한 친히 수고하였음을 이른다.

膚不生毛[420] 살갗에는 털이 나지 않았습니다.
故休烈顯乎無窮 그래서 아름다운 공로가 무궁하게 드러났으며
聲稱浹乎于茲 명성이 이에 두루 미치게 되었습니다.'

且夫賢君之踐位也 '또한 어진 임금이 즉위하였습니다.
豈特委瑣握齪[421] 어찌 다만 잔단 일에 얽매이고
拘文牽俗 글에 구속되고 세속에 끌리어
循誦習傳 외는 것만 따르고 전해진 것만 익혀
當世取說云爾哉 당세에 기쁨만 취한다 할 따름이겠습니까!
必將崇論閎議 반드시 숭고한 의논과 광대한 논의를 가지고
創業垂統 기업을 열어 후세에 드리워
爲萬世規 만세의 법도가 되어야 할 것입니다.
故馳騖乎兼容并包 그러므로 아울러 수용하고 함께 포용하는 데 치달리고
而勤思乎參天貳地[422] 하늘과 땅을 함께하는 일에 생각을 부지런히 해야 합니다.
且詩不云乎 또한 『시(詩)』에서는 말하지 않았습니까?
普天之下 「온 하늘 아래

---

420 집해 서광은 말하였다. "胝의 음은 지[竹移反]이다. 발(胈)은 발꿈치이다. '주(腠)'로 된 곳도 있는데 음은 주(湊)이다. 부(膚)는 살결이다. 胈의 음은 발(魃)이다." 색은 몸에 굳은살이 박이고 솜털이 없어진 것이다. 장읍은 말하였다. "주(奏)는 '척(戚)'이 되어야 한다. 궁(躬)은 몸이다. 척(戚)은 살결이다." 위소는 말하였다. "발(胈)은 그 안의 잔털이다." 胝의 음은 지[丁私反]이다. 『장자(莊子)』에서는 "우(禹)는 장딴지에 잔털이 없었고, 정강이에는 털이 나지 않았다."라 하였다. 이이(李頤)는 "발(胈)은 흰 살로 음은 발[蒲末反]"이다.

421 색은 공문상은 말하였다. "위소(委瑣)는 잔단 것이다. 악착(握齪)은 국촉(局促)이다."

422 색은 천자가 땅과 덕이 비견되는 것이 이지(貳地)이다. 몸이 하늘과 함께 셋이 되는데 이것이 삼천(參天)이다. 그러므로 『예(禮)』에서 말하기를 "천자는 천지와 더불어 셋이다."라 하였다.

莫非王土　왕의 땅이 아닌 곳이 없고,

率土之濱　온 땅의 물가까지

莫非王臣[423]　왕의 신하가 아닌 사람이 없다.」라고.

是以六合之內　그런 까닭에 육합의 안과

八方之外　팔방의 바깥에까지

浸潯[424]衍溢　스미어 넘쳤으며

懷生之物有不浸潤於澤者　생물 가운데 은택이 스며들지 않음이 있는 것을

賢君恥之　어진 임금은 부끄러워하였습니다.

今封疆之內　지금 강역 안에는

冠帶之倫　관과 띠를 갖춘 무리들이

咸獲嘉祉　모두 아름다운 복을 얻어

靡有闕遺矣　빠뜨린 것이 없습니다.

而夷狄殊俗之國　그러나 이적의 풍속이 다른 나라와

遼絕異黨之地　까마득히 떨어져 무리를 달리하는 땅은

舟輿不通　배와 수레가 통하지 않고

人跡罕至　사람의 자취가 거의 이르지 않았으며

政教未加　정치와 교화가 더하여지지 않아

流風猶微　전대에서 내려온 풍기가 오히려 약해졌습니다.

內之則犯義侵禮於邊境　안으로는 변경에서 의와 예를 침범하고

外之則邪行橫作　밖으로는 사악한 행위를 멋대로 일삼아

放弒其上　윗사람을 쫓아내고 죽입니다.

君臣易位　임금과 신하가 자리를 바꾸고

尊卑失序　존귀와 비천함이 질서를 잃었으며

---

423 집해 『모시전(毛詩傳)』에서는 말하였다. "빈(濱)은 물가이다."

424 색은 침음(浸淫)이다. 침음(浸淫)은 잠침(漸浸)과 같다.

父兄不辜	부형은 무고하게 죄를 받고
幼孤爲奴	어린아이들은 노예가 되었으며
係纍號泣	구속된 자들은 울부짖으며
內嚮而怨	안을 향하여 원망하여
曰蓋聞中國有至仁焉	말하기를 「대체로 듣자 하니 중국에는 지극한 인이 있어
德洋而恩普	덕이 넘치고 은혜가 퍼져
物靡不得其所	사물이 제자리를 얻지 못함이 없다는데
今獨曷爲遺己	지금 유독 어찌하여 우리만 버려두는가?」라고 합니다.
擧踵思慕	발꿈치를 들고 사모하기를
若枯旱之望雨	메마른 가뭄에 비를 바라듯 합니다.
盭夫爲之垂涕[425]	흉악한 자도 그것 때문에 눈물을 흘리거늘
況乎上聖	하물며 지극한 성인이
又惡能已	또한 어찌 그만둘 수 있겠습니까?
故北出師以討彊胡	그러므로 북으로 군사를 내어 강한 오랑캐를 토벌하였고
南馳使以誚勁越	남으로 달려 군센 월나라를 꾸짖게 하였습니다.
四面風德	사방이 덕화되고
二方之君[426]鱗集仰流	두 곳의 군주가 물고기가 모여 물결을 바라듯
願得受號者以億計	이름이 불리게 되기를 바라는 자가 억(億)을 헤아립니다.
故乃關沫 · 若[427]	그러므로 곧 매수와 약수를 관문으로 삼고
徼牂柯	장가를 변새로 삼으며

425 **집해** 서광은 말하였다. "盭의 음은 려(戾)이다." **색은** 장읍은 말하였다. "매우 사나운 사람이다." 혹 '려(戾)'라고도 한다. 려(盭)는 옛 '려(戾)' 자이다.

426 **색은** 서이(西夷)인 공(邛)과 북(僰), 남이(南夷)는 장가(牂柯)와 야랑(夜郎)을 이른다.

427 **집해** 『한서음의』에서는 말하였다. "매(沫)와 약수(若水)를 관문으로 삼는 것이다."

鏤零山	영산을 소통시켰으며
梁孫原	손원에 다리를 놓았습니다.
創道德之塗	도덕의 길을 열고
垂仁義之統	인의의 도통을 드리웠습니다.
將博恩廣施	장차 은혜를 널리 베풀고
遠撫長駕	멀리 위무하고 길이 길을 나서
使疏逖不閉[428]	소원한 곳은 문을 닫지 않게 하고
阻深闇昧[429]得耀乎光明	험하고 깊으며 어두운 곳은 광명으로 빛나게 하여
以偃甲兵於此	이쪽에서는 갑병을 쉬게 하고
而息誅伐於彼	저곳에서는 정벌을 쉬게 할 것입니다.
遐邇一體	멀고 가까운 곳이 하나가 되고
中外提福[430]	안팎이 평안하고 복을 받게 될 것이니
不亦康乎	또한 편안하지 않겠습니까?
夫拯民於沈溺	(고난에) 빠진 백성들을 건지고
奉至尊之休德	지극히 존귀한 아름다운 덕을 받들며
反衰世之陵遲	쇠락한 세상이 무너짐을 되돌리고
繼周氏之絕業	주나라의 끊어진 왕업을 잇는 것이
斯乃天子之急務也	곧 천자의 급선무입니다.
百姓雖勞	백성들이 비록 수고를 한다 해도
又惡可以已哉	또한 어찌 그만둘 수 있겠습니까?'

428 색은 적(逖)은 먼 것이다. 그 소원한 자가 닫히어 단절되지 않음을 말한다.

429 색은 물상암매(曶爽闇昧)이다. 『삼창(三蒼)』에서는 말하였다. "물상(曶爽)은 이른 아침이다. 曶의 음은 매(昧)이다." 『자림(字林)』에서는 또한 음이 홀(忽)이라고 하였다.

430 집해 서광은 말하였다. "提는 '禔'로 된 판본도 있는데 음은 지(支)이다." 색은 지복(禔福)이다. 『설문』에서는 말하였다. "지(禔)는 편안한 것이다." 음은 시[市支反]이다.

且夫王事固未有不始於憂勤	‘또한 왕사는 실로 우려와 수고로움에서 시작하지 않고
而終於佚樂者也	편안하고 즐거움에서 끝나지 않은 적이 없습니다.
然則受命之符	그러니 (한나라가) 천명을 받은 부절이
合在於此矣[431]	이곳에서 합하여지는 것입니다.
方將增泰山之封	바야흐로 태산의 봉선을 더하고
加梁父之事	양보의 일을 더하려 하여
鳴和鸞	수레의 방울을 울리고
揚樂頌	송악을 연주하며
上咸五	위로는 오제 (중의 하나)를 덜어내고
下登三[432]	아래로는 삼왕을 오르려 합니다.
觀者未睹指	구경하는 자들은 가리키는 것을 보지 못했고
聽者未聞音	듣는 자들은 소리를 듣지 못하였으니
猶鷦明已翔乎寥廓	초명이 이미 넓은 하늘을 빙빙 날고 있는데도
而羅者猶視乎藪澤	그물을 든 자는 여전히 수풀이 우거진 늪지를 보는 것과 같습니다.
悲夫	슬프도다!’”

於是諸大夫芒然喪其所懷來而失厥所以進

이에 여러 대부들은 망연히 품고 왔던 것을 잃고 그

---

431 색은 장읍은 말하였다. “근심과 부지런함, 편안함과 즐거움 가운데 있는 것이다.”

432 집해 서광은 말하였다. “함(咸)은 ‘함(函)’으로 된 곳도 있다.” 위소는 말하기를 “모두 오제(五帝)와 같고 삼왕의 위로 오르는 것이다.”라 하였다. 색은 위는 감오(減五)이고, 아래는 등삼(登三)이다. 이기(李奇)는 말하였다. “오제의 덕은 한나라에 비하여 줄었고, 삼왕의 덕은 한나라가 그 위로 나왔으므로 ‘감도등삼(減五登三)’이라 하였다.” 우희(虞憙)의 『지림(志林)』에서는 말하였다. “사마상여는 오제 중 하나를 빼고 한나라로 채우려 한 것이다. 그러니 한나라를 오제의 수로 하면 자연히 삼왕의 위에 오르는 것이다.” 지금 판본에는 ‘감(減)’이 ‘함(咸)’으로 된 곳도 있는데, 이는 위소의 설이다.

	진언하려던 것을 잃고
喟然並稱曰	아아 하고 탄식하여 말하였다.
允哉漢德	"미쁘도다, 한나라의 덕이여!
此鄙人之所願聞也	이야말로 비루한 사람이 듣고자 했던 것입니다.
百姓雖怠	백성들이 비록 게으르나
請以身先之	이 몸이 앞장서기를 청합니다."
敞罔靡徙[433]	허둥지둥 어찌할 바를 모르고
因遷延而辭避	이에 어정대다가 인사를 하고는 물러났다.

其後人有上書言相如使時受金

	그 후 어떤 사람이 글을 올려 상여가 사자로 갔을 때 금을 받았다고 말하여
失官	관직을 잃었다.
居歲餘	몇 년여 만에
復召爲郎	다시 불리어 낭이 되었다.

相如口吃而善著書	상여는 말을 더듬었지만 글을 잘 지었다.
常有消渴疾	늘 당뇨병을 앓았다.
與卓氏婚	탁씨와 혼인을 하여
饒於財	재물이 넉넉해졌다.
其進仕宦	벼슬길에 나아갔을 때는
未嘗肯與公卿國家之事	기꺼이 공경들과 나라의 일을 논의한 적이 없고
稱病閒居	병을 대고 한가로이 지내며
不慕官爵	관작을 흠모하지 않았다.

433 **색은** 창망(敞罔)은 신색(神色)을 잃은 것이다. 미사(靡徙)는 올바름을 잃은 것이다.

常從上至長楊獵[434]	일찍이 임금을 따라 장양궁까지 가서 사냥을 한 적이 있었는데
是時天子方好自擊熊彘	이때 천자는 바야흐로 직접 곰과 돼지를 잡는 것을 좋아하여
馳逐野獸	말을 달리며 들짐승을 쫓아
相如上疏諫之	상여는 상소하여 간하였다.
其辭曰	그 글에서는 말하였다.

臣聞物有同類而殊能者	신이 듣건대 만물에는 종류는 같아도 능력이 다른 것이 있기 때문에
故力稱烏獲[435]	힘은 오획을 일컫고
捷言慶忌[436]	민첩하기로는 경기를 말하며
勇期賁育[437]	용맹함은 맹분과 하육을 기약합니다.
臣之愚	신의 어리석음으로
竊以爲人誠有之	가만히 생각건대 사람도 실로 그러하고
獸亦宜然	짐승도 또한 마땅히 그러합니다.
今陛下好陵阻險	지금 폐하께서는 험난한 곳을 뛰어넘어
射猛獸	맹수를 쏘는 것을 좋아하시는데

434 **정의** 『괄지지』에서는 말하였다. "진(秦)나라 장양궁(長楊宮)은 옹주(雍州) 주질현(盩厔縣) 동남쪽 3리 지점에 있다. 임금이 궁(宮)을 세우고 안에 큰 버드나무[長楊樹]를 심었으므로 궁전의 이름으로 삼았다."

435 **색은** 장읍은 말하였다. "진무왕(秦武王)은 역사(力士)로 용의 무늬가 있는 정[龍文鼎]을 든 자이다."

436 **색은** 장읍은 말하였다. "오왕(吳王) 료(僚)의 아들이다."

437 **정의** 賁의 음은 분(奔)이다. 맹분(孟賁)은 옛날의 용사(勇士)로 물길에서 교룡을 피하지 않았으며 뭍길에서는 시랑(豺狼)을 피하지 않고 노기를 토하여 내고 목소리는 하늘을 움직였다. 하육(夏育) 또한 옛날의 맹사(猛士)이다.

卒然[438]遇軼材之獸	갑자기 무리를 뛰어넘는 짐승을 만나고
駭不存之地[439]	위험한 곳에서 놀라기도 하여
犯屬車之淸塵[440]	따르는 수레의 맑은 먼지를 범하기라도 한다면
輿不及還轅	수레는 미처 돌리지도 못할 것이고
人不暇施巧	사람들은 솜씨를 쓸 겨를도 없을 것이니
雖有烏獲·逢蒙之伎	비록 오획과 봉몽의 재주가 있다 하여도
力不得用[441]	힘을 쓰지 못하게 될 것이니
枯木朽株盡爲害矣	마른 나무나 썩은 그루터기라 할지라도 모두 해가 될 것입니다.
是胡越起於轂下	이는 호(胡)와 월(越)이 수레바퀴 아래서 일어서는 것과 같고
而羌夷接軫也	강(羌)과 이(夷)가 수레 뒤턱에 바짝 붙는 것과 같으니
豈不殆哉	어찌 위태롭지 않겠습니까!
雖萬全無患	비록 만전을 기하여 근심이 없게 하려 하나
然本非天子之所宜近也	애당초 천자께서 가까이하실 것이 아닙니다.

且夫淸道而後行	또한 길을 깨끗이 청소한 후에 가면서
中路而後馳	길 한가운데서 뒤에 가더라도

438 색은 갑자기. 『광아』에서는 말하였다. "졸(猝)은 갑자기[暴]라는 뜻이며, 음은 졸[倉兀反]이다."

439 색은 생각지도 못한 곳에서 맹수가 놀라 뛰쳐나오는 것을 말한다.

440 집해 채옹(蔡邕)은 말하였다. "옛날에 제후들은 부거[貳車]에 9승(乘)을 두었는데, 진(秦)나라가 9국(國)을 멸하여 그 수레와 복식을 아울렀으므로 대가(大駕)의 부거는 91승이 되었다."

441 집해 『오월춘추(吳越春秋)』에서는 말하였다. "예(羿)는 봉몽(逢蒙)에게 활쏘기를 전수하였다." 색은 『맹자(孟子)』에서는 말하기를 "봉몽은 예에게서 활쏘기를 배워 예의 도(道)를 모두 익혔다."라 하였다.

猶時有銜橛之變[442] 오히려 이따금 말의 재갈이 끊어지는 변고가 생기는데

而況涉乎蓬蒿 하물며 쑥대를 건너고

馳乎丘墳 무덤 같은 언덕을 달리면서

前有利獸之樂而內無存變之意
앞에는 짐승을 잡는 즐거움만 있고 안으로는 변고가 생긴다는 마음이 없으시니

其爲禍也不亦難矣 그 화가 또한 어렵지 않겠습니까!

夫輕萬乘之重不以爲安 대체로 만승의 중하심을 가벼이 여겨 안전은 생각지 않으시고

而樂出於萬有一危之塗以爲娛 기꺼이 만에 하나 위태로운 길로 즐거움을 생각하여 나가시니

臣竊爲陛下不取也 신은 가만히 폐하께서 취하시지 않으셔야 한다고 생각합니다.

蓋明者遠見於未萌而智者避危於無形
대체로 현명한 자는 싹트기 전에 멀리서 알고 지혜로운 자는 형체를 나타내기 전에 위험을 피하며,

禍固多藏於隱微而發於人之所忽者也
화는 실로 은미한 가운데 많이 숨어 있고 사람이 소홀히 하는 데서 일어납니다.

故鄙諺曰家累千金 그러므로 속담에서 말하기를 "집에 천금을 쌓아둔 사람은

---

442 **집해** 서광은 말하였다. "橛의 음은 궐[巨月反]이다. 재갈을 궐(橛)이라 한다." **색은** 함궐지변(銜橛之變)이다. 장읍은 말하였다. "함(銜)은 말굴레의 재갈이다. 궐(橛)은 곁말의 입에 있는 재갈이다." 주천(周遷)의 『여복지(輿服志)』에서는 말하였다. "재갈의 위에 있는 것이 궐(橛)이다. 궐(橛)은 재갈 안에 있으며 쇠로 만들고 크기는 계란만 하다." (前漢 桓寬의) 『염철론(鹽鐵論)』에서는 말하였다. "재갈이 없이 사나운 말을 막는다." 橛의 음은 궐[巨月反]이다.

坐不垂堂[443]	대청의 가장자리에 앉지 않는다."라 하였습니다.
此言雖小	이 말은 비록 작지만
可以喻大	큰 것을 비유할 수 있습니다.
臣願陛下之留意幸察	신은 원컨대 폐하께서는 유의하시어 밝게 살피시옵소서.

上善之	임금은 좋게 여겼다.
還過宜春宮[444]	돌아오는 길에 의춘궁을 지나게 되었는데
相如奏賦以哀二世行失也	상여가 부(賦)를 아뢰어 2세의 실책을 슬퍼하였다.
其辭曰	그 글에서는 말하였다.

登陂陁[445]之長阪兮	비탈진 긴 고개 오름이여
坌入[446]曾宮之嵯峨	함께 층진 궁전 높은 곳에 든다네.
臨曲江之隑州兮[447]	곡강의 긴 모래섬 내려다봄이여

443 색은 장읍은 말하였다. "처마의 기와가 떨어져 사람을 맞힐까 두려워하는 것이다." 악산(樂產)은 말하였다. "수(垂)는 가[邊]이다. (기와가) 떨어질까 두려워하는 것이다."

444 정의 『괄지지』에서는 말하였다. "진(秦)나라 의춘궁(宜春宮)은 옹주(雍州) 만년현(萬年縣) 서남쪽 30리 지점에 있다. 의춘원(宜春苑)은 궁(宮)의 동쪽, 두현(杜縣)의 남쪽에 있다. 「시황본기(始皇本紀)」에서는 2세를 두현의 남쪽 의춘원에 장사 지냈다고 하였다." 지금의 의춘궁(宜春宮)에는 2세의 능이 보이기 때문에 부를 지어서 슬퍼한 것이다.

445 색은 비탈진 고개를 오르는 것이다. 陂의 음은 파[普何反]이다. 陀의 음은 타[徒何反]이다.

446 집해 『한서음의』에서는 말하였다. "분(坌)은 함께[並]라는 뜻이다." 색은 앞의 글자는 음이 오[音步反]이다.

447 집해 『한서음의』에서는 말하였다. "기(隑)는 길다는 뜻이다. 원(苑)에 굽은 강의 형상이 있고 샘에 긴 모래톱이 있는 것이다." 색은 隑의 음은 기(祈)이다. 기(隑)는 곧 기(碕)로 굽은 물가를 말한다. 장읍은 말하였다. "기(隑)는 길다는 뜻이다. 원(苑)에 굽은 강의 형상이 있고 그 가운데 긴 모래톱이 있으며, 또한 궁전으로 난 길이 있는데 곡강(曲江)이라 하며,

望南山之參差	남산 들쭉날쭉함 바라본다네.
巖巖深山之谾谾兮[448]	높디높은 깊은 산 휑함이여
通谷豁兮谽谺[449]	트인 골짜기 훤하게 뚫렸다네.
汩淢噏[450]習以永逝兮	콸콸 흐르며 가벼이 튀어 올라 영원히 흘러감이여
注平皋之廣衍	평평한 언덕의 낮고 너른 곳으로 흐른다네.
觀衆樹之塕薆兮[451]	뭇 나무들 무성하게 우거짐 봄이여
覽竹林之榛榛	대나무 숲 빽빽이 우거짐 둘러본다네.
東馳土山兮	동으로 흙산 달림이여
北揭石瀨[452]	북으로 돌 여울 건넌다네.
彌節容與兮[453]	깃발 멈추고 서성임이여
歷弔二世	2세의 무덤 지나며 조상한다네.
持身不謹兮	몸가짐 삼가지 못함이여
亡國失埶	나라 망치고 권세 잃었다네.
信讒不寤兮	참소 믿고 깨닫지 못함이여
宗廟滅絕	종묘 멸하여 끊겼다네.
嗚呼哀哉	아아, 슬프도다!

두릉(杜陵) 서북쪽 5리 지점에 있다." 또한 『삼보구사(三輔舊事)』에서 바로 "낙유원(樂游原)은 북쪽에 있다."라 한 것이다.

448 **집해** 서광은 말하였다. "谾의 음은 롱[力工反]이다." **색은** 谾의 음은 강[苦江反]이다. 진작은 말하였다. "음은 롱(籠)이며, 옛 '롱(豅)' 자이다." 소해(蕭該)는 말하였다. "롱(谾)은 '롱(豅)'으로 된 곳도 있으며, 길고 큰 모양이다."

449 **색은** 두 글자의 음은 함하[呼含呼加二反]이다.

450 **색은** 앞 글자의 음은 일[于筆反]이다. 淢의 음은 역(域)으로, 빠른 모습이다. 噏의 음은 흡[許及反]이다. 『한서』에는 '삽(靸)'으로 되어 있으며, 삽(靸)은 가볍게 든다는 뜻이다.

451 **색은** 薆의 음은 애(薆)이며, 숨은 것을 이른다.

452 **색은** 『설문』에서는 말하였다. "뢰(瀨)는 물이 모래 위로 흐르는 것이다."

453 **색은** 용여(容與)는 유희(游戲)하는 모양이다.

操行之不得兮	품행 옳지 못하여
墳墓蕪穢而不脩兮	분묘 풀 우거져도 돌보지 못함이여
魂無歸而不食	혼 돌아갈 곳 없고 제사 받아먹지 못한다네.
敻邈絕而不齊兮	아득히 멀리 떨어져 나란하지 못함이여
彌久遠而愈佅	오래고 멀어질수록 더 어두워진다네.
精罔閬而飛揚兮	정신 황홀해져 날아오름이여
拾九天而永逝[454]	구천 밟고 올라 영원히 갔다네.
嗚呼哀哉	아아, 슬프도다!

相如拜爲孝文園令[455]	상여는 효문원령에 임명되었다.
天子既美子虛之事	천자는 이미 「자허부(子虛賦)」를 훌륭하게 여겼는데
相如見上好僊道	상여는 임금이 신선의 도를 좋아하는 것을 보고
因曰	이에 말하였다.
上林之事未足美也	“상림의 일은 훌륭하게 여길 만한 것이 못되며
尙有靡者	오히려 더 화미한 것이 있습니다.
臣嘗爲大人賦	신이 일찍이 「대인부(大人賦)」를 짓다가
未就	아직 완성시키지 못하였는데
請具而奏之	청컨대 제대로 지어 아뢰도록 하겠습니다.”

454 **정의** (前漢 揚雄의) 『태현경(太玄經)』에서는 말하였다. “구천(九天)은 첫 번째는 중천(中天)이며, 두 번째는 선천(羨天)이고, 세 번째는 종천(從天), 네 번째는 경천(更天), 다섯 번째는 수천(睟天), 여섯 번째는 확천(廓天), 일곱 번째는 감천(減天), 여덟 번째는 침천(沈天), 그리고 아홉 번째는 성천(成天)이다.”

455 **색은** 「백관지(百官志)」에서는 “능원령(陵園令)은 6백 석(六百石)으로 순시할 때 청소하는 것을 관장한다.”라 하였다.

相如以爲列僊之傳居山澤閒[456]
사마상여는 여러 신선들의 전기에는 산이며 못 사이에 거처하여

形容甚臞[457]
형상과 모습이 매우 야위었다 하였는데

此非帝王之僊意也
이는 제왕 모습을 한 신선을 의미하는 것이 아니라고 생각하여

乃遂就大人賦
이에 마침내 「대인부」를 완성하였다.

其辭曰
그 글에서는 말하였다.

世有大人[458]兮
세상에 대인 있음이여

在于中州
중주(中州)에 있다네.

宅彌萬里兮
집 만 리에 두루 미침이여

曾不足以少留
일찍이 조금이라도 머물 만하다고 생각지 않았다네.

悲世俗之迫隘兮[459]
세속 좁음 슬퍼함이여

朅輕舉而遠遊
떠나 가벼이 날아올라 멀리서 논다네.

垂絳幡之素蜺兮
흰 무지개로 꾸민 붉은 기 드리움이여

---

456 색은 여러 신선들이 산택(山澤)에 산다고 전해지는 것이다. 전(傳)은 전하는 바에 의하면 여러 신선들은 산택 사이에서 산다고 전하는 것으로, 음은 전[持全反]이다. 소안(小顏) 및 유씨(劉氏)는 모두 '유(儒)'라 하였다. 유(儒)는 음이 유(柔)이며, 술사(術士)를 일컫는 것이며, 틀렸다.

457 집해 서광은 말하였다. "구(臞)는 여윈 것이다." 색은 위소는 말하였다. "구(臞)는 여윈 것이다." 사인(舍人)은 말하였다. "구(臞)는 여윈 것이다." 『문자(文子)』에서는 말하였다. "요(堯)는 마르고 여위었다." 음은 구[巨俱反]이다.

458 색은 장읍은 말하였다. "천자를 비유한다." 상수(向秀)는 말하였다. "성인이 왕위에 있는 것을 일러 대인(大人)이라 한다." 장화(張華)는 말하였다. "상여(相如)가 「원유(遠遊)」[『초사(楚辭)』]의 문체로 지었는데 대안(大人)을 읊었다."

459 색은 여순은 말하였다. "무제(武帝)는 '실로 황제(黃帝)처럼 될 수만 있다면 처자를 버리기를 신발을 벗어던지듯 하겠다.'라 하였는데 이는 세속이 핍박함을 슬퍼한 것이다."

載雲氣而上浮	구름 싣고 올라간다네.
建格澤之長竿兮	격택의 긴 장대 세움이여
總光耀之采旄[460]	빛 번쩍이는 채색 깃대 묶는다네.
垂旬始以爲幓兮	순시 드리워 수레의 휘장 삼음이여
抴彗星而爲髾[461]	혜성 끌어다 수술로 삼고
掉指橋以偃蹇兮[462]	흔들리어 바람 따라 이리저리 쓸리고
又旖旎以招搖	또한 펄럭펄럭 흔들린다네.
攬欃槍以爲旌兮[463]	참창(欃槍) 잡고 깃발로 삼음이여
靡屈虹而爲綢[464]	끊긴 무지개 가지고 깃대 집으로 삼는다네.
紅杳渺以眩湣兮[465]	붉은빛 아득하여 아찔하게 섞임이여

460 **집해** 『한서음의』에서는 말하였다. "격택(格澤)의 기운은 불꽃의 모양과 같고 황백색이며, 땅 위에서 올라 하늘에 이르는데 이 기운을 깃대로 삼는 것이다. 모(旄)는 깃발이고, 총(總)은 묶는 것이다. 빛을 내는 기운을 긴 장대에 매어 깃발로 삼는 것이다."

461 **집해** 『한서음의』에서는 말하였다. "순시(旬始)의 기운은 수탉과 같아 깃털 장식의 아래에 매달아 깃발로 삼는다. 소(髾)는 제비꼬리 깃발이다. 설혜성(抴彗星)은 깃발을 이어 붙여 제비꼬리 깃발로 삼는 것이다."

462 **집해** 『한서음의』에서는 말하였다. "지교(指橋)는 바람 따라 쓸리는 것이다." **색은** 棹의 음은 도[徒弔反]이다. 指의 음은 걸[居桀反]이다. 橋의 음은 교(矯)이다. 장읍은 말하였다. "지교(指矯)는 바람 따라 쓸리는 것이다. 언건(偃蹇)은 높은 모양이다." 응소는 말하였다. "깃발이 펄럭이는 모양이다."

463 **정의** 「천관서(天官書)」에서는 말하였다. "천참(天欃)은 길이가 네(四) 길이며, 끝이 날카롭다. 천창(天槍)은 길이가 여러 길인데, 양쪽 끝이 날카로우며 그 모양이 혜성과 비슷하다."

464 **집해** 『한서음의』에서는 말하였다. "도(綢)는 도(韜)와 같다. 끊어진 무지개로 깃대의 집을 삼는 것이다." **색은** 綢의 음은 주(籌)이고 혹은 도(韜)라고도 한다. 굴홍(屈虹)은 끊어진 무지개이다.

465 **집해** 『한서음의』에서는 말하였다. "순시(旬始)는 굴홍(屈虹)으로 기색(氣色)이다. 홍묘묘(紅杳渺)와 현혼(眩湣)은 어두워서 빛이 없는 것이다." **색은** 붉은빛이 아득하여 아찔하게 빛나는 것이다. 소림은 말하였다. "泫의 음은 현(炫)이다. 湣의 음은 여(好)이다." 진작은 말하였다. "홍(紅)은 붉은색의 모양이다. 묘묘(杳眇)는 깊고 먼 것이며, 현혼(泫湣)은 한데 섞인 것이다." 홍(紅)은 '홍(虹)'으로 된 곳도 있다.

猋風涌而雲浮	회오리바람 오르고 구름 떠다닌다네.
駕應龍象輿之蠖略逶麗兮	응룡 상여에 매어 나갔다 멈추었다 구불구불함이여
驂赤螭青虯之蜩蟉蜿蜒	붉은 이무기 푸른 규룡 곁말 삼으니 꿈틀꿈틀한다네.
低卬夭蟜据以驕驁兮[466]	들었다 숙였다 굽혔다 폈다 고개 곧게 하여 마음껏 달림이여
詘折隆窮蠼以連卷[467]	구부렸다가 높이 들었다가 구부정하기도 한다네.
沛艾赳螑仡以佁儗兮[468]	고개를 흔들며 목을 낮추었다 쳐들었다 하며 나아가지 못함이여
放散畔岸驤以孱顏[469]	흩어져서 제멋대로 달리어 들쭉날쭉하기도 하네.
跮踱輵螛容以委麗兮	내달리다 물러서기도 하며 서성댐이여
綢繆偃蹇怵臭以梁倚[470]	굽혔다 폈다 빨리 달리며 서로 의지하기도 하네.

466 색은 장읍은 말하였다. "거(据)는 목을 곧게 하는 것이다. 교오(驕驁)는 방자한 것이다." 据의 음은 거(據)이다. 驕의 음은 교[居召反]이다. 驁의 음은 오[五到反]이다.

467 색은 곽이연권(蠼以連卷)이다. 위소는 말하였다. "용의 형체 모습이다." 蠼의 음은 곽[起碧反]이다. 連卷의 음은 연권(輦卷)이다.

468 집해 『한서음의』에서는 말하였다. "규후(赳螑)는 목을 펴서 숙였다가 쳐들었다 하는 것이다. 이의(佁儗)는 나아가지 않는 것이다." 색은 맹강은 말하였다. "규후(赳螑)는 목을 펴서 숙였다가 쳐들었다 하는 것이다." 장읍은 말하였다. "규후(赳螑)는 뛰는 것이다." 赳의 음은 규[居幼反]이다. 螑의 음은 후[許救反]이다. 장읍은 말하였다. "흘(仡)은 머리를 드는 것이다. 이의(佁儗)는 나아가지 않는 것이다." 佁의 음은 치[敕吏反]이다. 儗의 음은 이[魚吏反]이다.

469 색은 복건은 말하였다. "말이 고개를 쳐들고 그 입은 벌어졌으며 들쭉날쭉 가지런하지 못한 것이다." 위소는 말하였다. "顏의 음은 안[吾板反]이다." 『시(詩)』에서는 "두 복마 말 앞서네(兩服上驤)."라 하였는데, 주(注)에서는 "양(驤)은 말이다."라 하였다.

470 집해 서광은 말하였다. "치탁(跮踱)은 앞으로 가는 듯하다가 물러서는 것이다. 跮의 음은 출[丑栗反]이다. 踱의 음은 착[敕略反]이다. 輵의 음은 알[烏葛反]이다. 螛의 음은 갈(曷)이다. 주(綢)는 '조(雕)'로 된 곳도 있다. 臭의 음은 탁[他略反]이다." 『한서음의』에서는 "출착(怵臭)은 달리는 것이다. 양의(梁倚)는 서로 붙어 있는 것이다."라 하였다. 색은 치탁갈할(跮踱輵磍)이다. 장읍은 말하였다. "치탁(跮踱)은 빨리 달리는 모양이다. 갈할(輵磍)은 나갔다가 물러서는 것이다." 跮의 음은 줄[褚栗反]이다. 踱의 음은 작[褚略反]이다. 輵의 음은 알[烏葛反]이다. 磍의 음은 갈(曷)이다. 조료언건(蜩蟉偃蹇)이다. 蜩의 음은 도[徒弔反]이다. 蟉의

糾蓼叫奡蹋以艐路兮[471]	서로 얽히어 높이 들리어 길에 이름이여
蔑蒙踊躍騰而狂趡[472]	날아오르고 뛰어올라 미친 듯 달린다네.
莅颯卉翕熛至電過兮	재빨리 호흡하는 것이 불똥 이르고 번개 지나듯 함이여
煥然霧除	환하게 안개 걷히고
霍然雲消	획 하더니 구름 사라진다네.

邪絕少陽而登太陰兮	소양 비스듬히 오르고 태음 오름이여
與真人乎相求[473]	진인과 함께 서로 찾는다네.
互折窈窕以右轉兮	깊숙한 곳 번갈아 꺾어 오른쪽으로 돎이여,
橫厲飛泉以正東[474]	비천 가로질러 똑바로 동으로 향하네.
悉徵靈圉而選之兮	모든 신선 다 불러 가려 뽑음이여
部乘衆神於瑤光[475]	요광에서 뭇 신선들 수레에 태운다네.

음은 조[敕弔反]이다. 장읍은 말하였다. "언건(偃蹇)은 물러나 떨어지는 것이다." 『광아』에서는 말하였다. "언건(偃蹇)은 굽혔다 펴는 모양이다." 장읍은 말하였다. "출착(怵臭)은 빨리 달리는 것이다. 양의(梁倚)는 서로 기대는 것이다." 위소는 말하였다. "臭의 음은 탁[笞略反]이다. 「상여전(相如傳)」에서는 '숙착원거(倏臭遠去)'라 하였는데, 착(臭)은 보는 것이다."

471 **집해** 서광은 말하였다. "艐의 음은 개(介)이며, 이른다는 뜻이다." **색은** 蓼의 음은 료(了)이다. 奡의 음은 오[五到反]이다. 소안(小顏)은 말하였다. "규오(叫奡)는 높이 들리는 모양이다." 踏의 음은 답[徒答反]이다. 艐의 음은 계(届)이다. 『삼창(三倉)』에서는 말하였다. "답(踏)은 땅을 딛는 것이다." 손염(孫炎)은 말하였다. "종(艐)은 옛 '계(界)' 자이다."

472 **집해** 『한서음의』에서는 말하였다. "멸몽(蔑蒙)은 날아오르는 것이다. 유(趡)는 달리는 것이다." **색은** 멸몽(篾蒙)이다. 장읍은 말하였다. "멸몽(篾蒙)은 날아오르는 것이다. 유(趡)는 달리는 모습이다."

473 **집해** 『한서음의』에서는 말하였다. "소양(少陽)은 동극(東極)이고, 태음(太陰)은 북극(北極)이다. 사도(邪度)는 동극에서 북극으로 올라가는 것이다."

474 **정의** 려(厲)는 건너는 것이다. 장(張)은 말하였다. "비천(飛泉)은 골짜기로 곤륜산(崑崙山) 서남쪽에 있다."

475 **집해** 『한서음의』에서는 말하였다. "요광(搖光)은 북두성의 자루에서 첫 번째 별이다."

使五帝先導兮[476]	오제에게 앞에서 끌게 함이여
反太一而從陵陽[477]	태일로 돌아가 능양 따르게 한다네.
左玄冥而右含雷兮[478]	왼쪽에는 현명이요 오른쪽에는 함뢰여
前陸離而後潏湟[479]	앞은 육리이고 뒤는 휼황이라네.
厮征伯僑而役羨門兮[480]	정백교 종 삼고 선문 부림이여
屬岐伯使尙方[481]	기백에게 방약(方藥) 주관하게 하네.
祝融驚而蹕御兮[482]	축융이 경호하고 벽제함이여
淸雰氣而後行	더러운 기운 깨끗하게 한 뒤에 간다네.
屯余車其萬乘兮	내 수레 모으니 만 대는 됨이여
綷雲蓋而樹華旗[483]	채색 구름 모아 일산 삼고 화려한 기 꽂는다네.

476 **정의** 준(遵)은 이끄는 것이다. 응(應)은 "오제(五帝)는 오치(五畤)로 제태호(帝太皓) 등속이다."라 하였다.

477 **집해** 『한서음의』에서는 말하였다. "신선 능양자명(陵陽子明)이다." **정의** 「천관서(天官書)」에서는 말하였다. "중관(中官)은 천극성(天極星)으로 그중 첫 번째 밝은 것은 태일(太一)이 늘 차지한다." 『열선전(列仙傳)』에서는 말하였다. "자명(子明)은 패질현(沛銍縣) 선계(旋溪)에서 흰 용을 낚아 올렸는데 놓아주었으며 나중에 흰 용이 와서 자명을 맞아 떠나 능양산(陵陽山) 위에서 백여 년을 머물다가 마침내 신선이 되게 되었다."

478 **집해** 『한서음의』에서는 말하였다. "함뢰(含雷)는 검영(黔嬴)으로, 천상의 조화신(造化神)의 이름이다. 수신(水神)이라고도 한다."

479 **집해** 『한서음의』에서는 말하였다. "모두 신의 이름이다."

480 **집해** 서광은 말하였다. "연(燕)나라 사람으로 육신과 분리되어 신선이 되었다." **색은** 응소는 말하였다. "총(冢)은 역(役)이다." 장읍은 말하였다. "왕자 교(王子喬)이다." 『한서(漢書)』「교사지(郊祀志)」에는 "정백교(正伯僑)"로 되어 있는데, 이는 다른 사람일 것이며 아마 왕자 교(王子喬)가 아닐 것이다.

정의 장(張)은 말하였다. "선문(羨門)은 갈석산(碣石山)위의 신선 선문고(羨門高)이다."

481 **집해** 서광은 말하였다. "기백(岐伯)은 황제(黃帝)의 신하이다." 『한서음의』에서는 "상(尙)은 주관하는 것이다. 기백(岐伯)은 황제(黃帝)의 태의(太醫)로 방약(方藥)을 주관하게 하였다."

482 **정의** 장(張)은 말했다. "축융(祝融)은 남방의 염제(炎帝)를 돕는 자이다. 짐승의 몸에 사람 얼굴을 하고 두 마리 용을 타며 화정(火正)에 응한다. 화정은 축융이 벽제할 때 먼지 등을 깨끗하게 하는 것이다."

使句芒其將行兮[484]	구망으로 하여금 종자 거느리게 함이여,
吾欲往乎南嬉	내 남쪽으로 가서 즐기려 하네.

歷唐堯於崇山兮	숭산에서 당요 찾음이여
過虞舜於九疑[485]	구의산에서 우순에게 들른다네.
紛湛湛[486]其差錯兮	어지러이 빽빽이 모여 뒤섞임이여
雜遝膠葛[487]以方馳	번다하게 말 몰아 막 달리려 하네.
騷擾衝蓯[488]其相紛挐兮	시끌벅적 부딪쳐 서로 어지러이 섞임이여
滂濞泱軋灑以林離	끝없이 많아 시원하게 끊어지지 않는다네.
鑽羅列聚叢以蘢茸兮	줄줄이 모아놓아 바글바글함이여
衍曼流爛壇以陸離[489]	면면히 퍼져 평평하게 흩어진다네.
徑入雷室之砰磷鬱律兮	뇌실 우르릉 쾅쾅 소리 나는 곳 빠르게 들어감이여
洞出鬼谷之崫礨嵬磈[490]	귀곡 울퉁불퉁한 곧 뚫고 나온다네.

---

483 **색은** 綷의 음은 최[祖內反]이다. 여순은 말하였다. "최(綷)는 합하는 것이다. 오색의 채색 구름을 합하여 덮개로 삼은 것이다."

484 **정의** 장(張)은 말하였다. "구망(句芒)은 동방 청제(青帝)를 보좌하는 자이다. 새의 몸에 사람 얼굴을 하였으며 용 두 마리를 타고 다닌다." 안(顏)은 말하였다. "장행(將行)은 종자(從者)를 거느리는 것이다."

485 **정의** 장(張)은 말하였다. "숭산(崇山)은 적산(狄山)이다. 「해외경(海外經)」에서는 '적산(狄山)은 남쪽에 제요(帝堯)를 장사 지냈다.'라 하였다. 구의산(九疑山)은 영릉(零陵) 영도현(營道縣)에 있으며 순(舜)을 장사 지낸 곳이다."

486 **색은** 음은 담[徒感反]이다.

487 **색은** 교갈(膠轕)이다. 『광아』에서는 말하였다. "교갈(膠轕)은 말을 몰아 달리는 것이다."

488 **색은** 앞의 글자는 음이 총[昌勇反]이고, 아래의 글자는 음이 송[息宂反]이다.

489 **집해** 서광은 말하였다. "壇의 음은 탄(坦)이다."

490 **집해** 『한서음의』에서는 말하였다. "귀곡(鬼谷)은 북신(北辰) 아래에 있으며, 귀신들이 모이는 곳이다. 『초사(楚詞)』[『초사(楚辭)』]에서는 '귀신 북신에 모인다(贅鬼谷于北辰).'라 하였다." **정의** 崫의 음은 굴[口骨反]이다. 礨의 음은 뢰[力罪反]이다. 嵬의 음은 외[烏逥反]이다. 磈의 음은 회(回)이다. 장(張)은 말하였다. "굴뢰외괴(崫礨嵬磈)는 고르지 않은 것이다."

遍覽八紘而觀四荒兮	팔방의 끝 두루 둘러보고 사방의 끝까지 구경함이여
朅渡九江而越五河[491]	떠나 아홉 강 건너고 다섯 색깔 하천 넘는다네.
經營炎火而浮弱水兮[492]	염화산 왕래하고 약수에 배 띄움이여
杭絕浮渚而涉流沙[493]	배로 모래섬 가로지르고 유사 건넌다네.
奄息總極氾濫水嬉兮[494]	총극에서 쉬고 넘치는 물에서 즐거워함이여
使靈媧鼓瑟而舞馮夷[495]	여와(女媧) 슬(瑟) 타게 하고 빙이(馮夷) 춤추게 하네.
時若薆薆將混濁兮	마침 어둑어둑 흐릿해지려 함이여
召屛翳誅風伯而刑雨師[496]	병예 부르고 풍백 벌주며 우사에게 형벌 내린다네.
西望崑崙[497]之軋沕洸忽兮	서쪽으로 곤륜산 어렴풋하면서 황홀함 바라봄이여

491 **정의** 안(顏)은 말하였다. "오색(五色)의 하천이다. 『선경(仙經)』에서는 자(紫)와 벽(碧), 강(絳), 청(青), 황(黃)색의 하천이라고 하였다."

492 **정의** 요승(姚丞)은 말하였다. "「대황서경(大荒西經)」[『산해경(山海經)』]에서는 곤륜구[崑崙之丘] 바깥에 염화산[炎火之山]이 있는데 물건을 던지면 즉시 타버린다고 하였다." 『괄지지』에서는 말하였다. "약수(弱水)에는 수원(水源)이 둘 있는데 모두 여국(女國)의 북쪽 아녹달산(阿傉達山)에서 나오며 남으로 흘러 나라의 북쪽에서 만나며, 또한 남으로 나라 북쪽을 거쳐 동으로 1리를 가는데, 깊이는 한 길 남짓이고 너비는 60보(步)인데 배를 타고 건널 수 없는 것이 아니며 바다로 흘러 들어간다. 아눅달산은 일명 곤륜산이라고 하는데 그 산은 천주(天柱)이며, 옹주(雍州) 서남쪽 1만 5천3백70리 지점에 있다." 또한 말하였다. "약수(弱水)는 감주(甘州) 장액현(張掖縣) 남산(南山) 아래에 있다."

493 **집해** 『한서음의』에서는 말하였다. "항(杭)은 배이다. 절(絕)은 건너는 것이다. 부저(浮渚)는 유사(流沙)의 모래섬이다."

494 **집해** 『한서음의』에서는 말하였다. "총극(總極)은 총령산(蔥領山)으로 서역(西域)에 있다."

495 **집해** 서광은 말하였다. "와(媧)는 '이(貽)'로 된 판본도 있다." 『한서음의』에서는 "영와(靈媧)는 여와(女媧)이다. 빙이(馮夷)는 하백(河伯)의 자이다. 『회남자』에서는 '빙이는 득도하여 큰 내에 잠긴다.'라 하였다."라 하였다. **정의** 성은 빙(馮)이고 이름은 이(夷)이며, 경일(庚日)에 물에 빠져 죽었다. 황하는 항상 경일에 익사한 사람을 좋아한다.

496 **정의** 응(應)은 말하였다. "병예(屛翳)는 천신의 심부름꾼이다." 위(韋)는 말하였다. "뇌사(雷師)이다."

정의 장(張)은 말했다. "풍백(風伯)의 자는 비렴(飛廉)이다."

정의 사주(沙州)에 우사사(雨師祠)가 있다.

直徑馳乎三危[498]	삼위 곧장 내달린다네.
排閶闔而入帝宮兮[499]	창합문 밀쳐 천제의 궁전에 들어감이여
載玉女而與之歸[500]	옥녀 태우고 함께 돌아온다네.
舒閬風而搖集兮[501]	낭풍산에서 편히 쉬다가 멀리서 모임이여

497 정의 장(張)은 말하였다. "「해내경(海內經)」[『산해경(山海經)』]에서는 곤륜(崑崙)은 중국과 5만 리 떨어져 있으며 천제의 하계(下界)의 도읍이다. 그 산은 너비가 백 리이며 높이는 8만 길에 아홉 겹의 성을 쌓았으며 아홉 개의 우물이 있고, 옥으로 난간을 만들었으며 곁에는 문 다섯 개가 있는데 개명수(開明獸)가 지킨다고 하였다." 『괄지지』에서는 말하였다. "곤륜(崑崙)은 숙주(肅州) 주천현(酒泉縣) 남쪽 80리 지점에 있다. 『십육국춘추(十六國春秋)』에 의하면 후위(後魏) 소성제(昭成帝) 건국(建國) 10년에 양장준주천(涼張駿酒泉) 태수 마급(馬岌)이 상주하였다. '주천의 남산은 곧 곤륜의 몸통으로 주목왕(周穆王)이 서왕모(西王母)를 만나 즐거워하여 돌아갈 것을 잊었는데 곧 이 산이라고 하였습니다. 석실(石室)이 있으며 왕모당(王母堂)은 구슬을 새겨 꾸미어 신궁(神宮)처럼 빛이 납니다.' 또한 산단(刪丹)의 서쪽 하천은 약수(弱水)라고 하는데, 「우공(禹貢)」[『상서(尙書)』]에서는 곤륜은 임강(臨羌)의 서쪽에 있다고 하였는데 곧 이곳임이 분명하다." 『괄지지』에서는 말하였다. "또한 아녹달산(阿傉達山)은 건말달산(建末達山)이라고도 하고 곤륜산(崑崙山)이라고도 한다. 항하(恆河)는 그 남쪽 토사자구(吐師子口)에서 나와 천축(天竺)을 거쳐 달산(達山)으로 들어간다. 규수(嬀水)는 지금은 호해(滸海)라고 하는데 곤륜의 서북쪽 모퉁이 토마구(吐馬口)에서 나와 안식(安息)과 대하국(大夏國)을 거쳐 서해로 들어간다. 황하(黃河)는 동북쪽 모퉁이 토우구(吐牛口)에서 나와 동북쪽으로 흘러 남택(濫澤)을 거쳐 대적석산(大積石山) 밑으로 나와 화산(華山) 북쪽에 이르러 동으로 바다에 들어간다. 그 세 하천이 산을 떠나 바다로 각각 3만 리 들어간다. 이를 대곤륜(大崑崙)이라 하며 숙주(肅州)는 소곤륜(小崑崙)이라 한다. 「우본기(禹本紀)」에서는 '황하[河]는 곤륜산(崑崙山)에서 2천5백여 리 나와 해와 달이 서로 숨고 피하여 광명이 되는 곳이다.'라 하였다."

498 집해 삼위(三危)는 산 이름이다. 정의 『괄지지』에서는 말하였다. "삼위산은 사주(沙州) 동남쪽 30리 지점에 있다."

499 정의 위소는 말하였다. "창합(閶闔)은 천문(天門)이다. 『회남자』에서는 '서방을 서극지산(西極之山)이라 하는데 창합지문(閶闔之門)이다.'라 하였다."

500 정의 장(張)은 말하였다. "옥녀(玉女)는 청요(青要)와 승익(乘弋) 등이다."

501 정의 장(張)은 말하였다. "낭풍(閬風)은 곤륜(崑崙)의 창합(閶闔) 안에 있다. 『초사(楚詞)』[『초사(楚辭)』]에서는 '낭풍에 올라 말고삐 맨다네.'라 하였다."

亢烏騰而一止[502]	높이 날아오른 까마귀 한번 쉰다네.
低回陰山翔以紆曲兮[503]	음산 배회하며 빙빙 돎이여
吾乃今目睹西王母曤然白首[504]	내 이에 지금 서왕모 흰 머리 환함 본다네.
載勝而穴處兮[505]	옥승 꽂고 동굴에 있음이여
亦幸有三足烏爲之使[506]	또한 다행히 삼족오 부린다네.
必長生若此而不死兮	반드시 이렇게 장수하여 죽지 않음이여
雖濟萬世不足以喜	만세를 건너더라도 기뻐할 만하지 않네.

回車朅來兮	수레 돌려 돌아옴이여
絕道不周[507]	부주산에서 길 끊기어
會食幽都	유도에서 모여 먹는다네.
呼吸沆瀣兮餐朝霞	이슬 들이켜고 아침놀 먹으며
噍咀芝英兮嘰瓊華[508]	영지 꽃 씹고 옥나무 꽃 조금씩 먹는다네.
嬐侵潯[509]而高縱兮	고개 들고 차츰차츰 높이 오름이여

502 **집해** 『한서음의』에서는 말하였다. "까마득히 높이 나는 것이 새가 날아오르는 것 같다."

503 **정의** 장(張)은 말하였다. "음산(陰山)은 대곤륜(大崑崙) 서쪽 2천7백 리 지점에 있다."

504 **집해** 서광은 말하였다. "曤의 음은 확[下沃反]이다." **색은** 曤의 음은 학(鶴)이다. **정의** 장(張)은 말하였다. "서왕모(西王母)는 모습이 사람과 같은데 표범의 꼬리에 호랑이 이빨을 하고 있으며 쑥대 같은 살쩍에 환한 흰 머리카락을 하고 있다. 돌로 쌓은 성의 굼으로 된 구멍에서 산다."

505 **집해** 곽박은 말하였다. "승(勝)은 옥승(玉勝)이다." **정의** 안(顔)은 말하였다. "승(勝)은 부인의 머리 장식으로 한나라 때에는 화승(華勝)이라 하였다."

506 **정의** 장(張)은 말하였다. "삼족오(三足烏)는 청오(青烏)이다. 주로 서왕모(西王母)에 의해 길러지고, 곤허(昆墟)의 북쪽에 있다."

507 **집해** 『한서음의』에서는 말하였다. "부주산(不周山)은 곤륜(崑崙) 동남쪽에 있다."

508 **집해** 서광은 말하였다. "嘰의 음은 기(祈)이며, 조금만 먹는 것이다." 위소는 "경화(瓊華)는 옥영(玉英)이다."라 하였다.

509 **집해** 서광은 말하였다. "嬐의 음은 섬(孅)이다." **색은** 『한서』에는 '섬(嬐)'이 '금(僸)'으로 되어 있다. 금(僸)은 우러르는 것이며, 음은 금(襟)이다. 嬐의 음은 음[魚錦反]이다.

紛鴻涌而上厲	어지러이 훌쩍 뛰어올라 위로 빨리 나른다네.
貫列缺之倒景兮[510]	번쩍이는 번개 거꾸로 선 해 뚫음이여
涉豐隆之滂沛[511]	풍륭 뭉게뭉게 이는 곳 건넌다네.
馳游道而脩降兮[512]	유거와 도거 달려 길이 내려감이여
騖遺霧而遠逝	달리어 안개 남기며 멀리 간다네.
迫區中之隘陝兮	인간 세상 좁음이여
舒節出乎北垠	깃발 펼치어 북쪽 끝으로 나간다네.
遺屯騎於玄闕兮	따르는 기병 현궐에 남겨둠이여
軼先驅於寒門[513]	수레 한문(寒門)으로 먼저 몬다네.
下峥嵘而無地兮	아래로 가팔라 땅 없음이여
上寥廓而無天	위로 넓어 하늘 없다네.
視眩眠而無見兮	봐도 흐릿하여 보이지 않음이여
聽惝恍而無聞	들어도 황홀하여 들리지 않는다네.
乘虛無而上假兮	허공을 타고 올라 이름이여
超無友而獨存[514]	허무한 곳 넘어 홀로 남는다네.

相如既奏大人之頌	상여가 「대인지송(大人之頌)」을 아뢰니

---

510 집해 『한서음의』에서는 말하였다. "열결(列缺)은 하늘에서 섬광이 이는 것이다. 도경(倒景)은 해가 아래에 있는 것이다."

511 정의 장(張)은 말하였다. "풍숭(豐崇)은 운사(雲師)이며, 『회남자』에서는 '계춘(季春) 3월에 풍숭이 비를 가지고 나온다.'라 하였다." 풍숭은 구름과 비를 부리므로 '방패(滂沛)'라 하였다.

512 정의 유(游)는 유거(游車)이다. 도(道)는 도거(道車)이다. 수(脩)는 길다는 뜻이다. 강(降)은 내려오는 것이다.

513 집해 『한서음의』에서는 말하였다. "현궐(玄闕)은 북극(北極)의 산이다. 한문(寒門)은 하늘의 북문이다."

514 집해 서광은 말하였다. "假의 음은 가[古下反]이며, 이르는 것이다."

天子大說	천자가 크게 기뻐하여
飄飄有淩雲之氣	표표히 구름에 오르는 기운이 있었는데
似游天地之閒意	천지 사이를 노는 듯한 뜻이었다.

相如既病免	상여는 병으로 관직에서 물러나
家居茂陵	무릉의 집에서 머물렀다.
天子曰	천자가 말하였다.
司馬相如病甚	"사마상여가 병이 심하니
可往從悉取其書	가서 그의 책을 모두 가져올 것이니,
若不然	그렇게 하지 않으면
後失之矣	나중에는 모두 잃게 될 것이다."
使所忠[515]往	소충더러 가게 하였는데
而相如已死	상여는 이미 죽고
家無書	집에는 책이 없었다.
問其妻	그 아내에게 물었더니
對曰	대답하였다.
長卿固未嘗有書也	"장경은 실로 책이 있었던 적이 없습니다.
時時著書	때때로 책을 지어도
人又取去	사람들이 또 가져가 버려
即空居	책이 없어지게 되었습니다.
長卿未死時	장경이 아직 죽지 않았을 적에
爲一卷書	책 한 권을 짓고는

515 색은 장읍은 말하였다. "사자(使者)의 성명으로 「식화지(食貨志)」에 보인다." 정의 성은 소(所)이고 이름은 충(忠)이다. 『풍속통(風俗通)』「성씨(姓氏)」에서는 말하였다. "『한서』에 간대부(諫大夫) 소충씨(所忠氏)가 있다."

曰有使者來求書	사자가 와서 책을 구하면
奏之	그에게 주라고 하였습니다.
無他書	다른 글은 없습니다.”
其遺札書言封禪事	그 유작은 봉선에 관한 일을 말하였으며
奏所忠	소충에게 주었다.
忠奏其書	소충이 그 책을 올렸더니
天子異之	천자가 기이하게 생각하였다.
其書曰	그 책에서는 말하였다.

伊上古之初肇	저 상고시대가 처음 비롯되어
自昊穹兮生民	하늘이 백성을 낳은 이래
歷撰[516]列辟	역대의 군주를 두루 거쳐
以迄于秦	진나라에까지 이르렀다.
率邇者踵武[517]	가까운 자로부터는 자취를 이었고
逖聽者風聲[518]	먼 자로부터는 유풍(遺風)을 들을 수 있었다.
紛綸葳蕤[519]	어지러이 수도 없이 일어나
堙滅而不稱者	민멸되어 일컬어지지 않는 자가

516 **집해** 서광은 말하였다. “찬(撰)은 ‘선(選)’으로 된 곳도 있다.” **색은** 역선(歷選)이다. 문영은 말하였다. “선(選)은 헤아리는 것이다.”

517 **집해** 서광은 말하였다. “솔(率)은 따르는 것이다. 이(邇)는 가까운 것이다. 무(武)는 자취이다. 근세의 남긴 자취를 따라서 살피는 것이다.” **색은** 솔(率)은 따르는 것이다. 이(邇)는 가까운 것이다. 근대의 일을 따라서 둘러보면 자취를 이음을 알 수 있는 것이다.

518 **집해** 서광은 말하였다. “적(逖)은 먼 것이다. 먼 옛날의 풍성(風聲)을 잘 듣고 살피는 것이다.” **색은** 풍성(風聲)은 풍아(風雅)의 소리이다. 먼 옛날의 일을 들으면 풍아의 소리에서 드러난다는 것을 말하였다.

519 **색은** 분륜위유(紛綸威蕤)이다. 호광(胡廣)은 말하였다. “분(紛)은 어지러운 것이다. 륜(綸)은 가라앉는 것이다. 위유(威蕤)는 위둔(委頓)이다.” 장읍은 말하였다. “어지러운 모양이다.”

不可勝數也	이루 헤아릴 수 없다.
續昭夏	밝고 큰 것을 잇고
崇號謚	이름을 높일 만한 자들로
略可道者七十有二君[520]	대략이나마 말할 만한 사람은 72임금이다.
罔若淑而不昌	온순하고 선량한데도 창성하지 않은 적은 없었으니
疇逆失而能存[521]	누가 패역하여 이치를 잃고도 살아남을 수 있었던가?

軒轅之前	헌원 이전은
遐哉邈乎	멀고 아득해서
其詳不可得聞也	상세한 것을 얻어들을 수 없었다.
五三六經[522]載籍之傳	오제와 삼왕의 육경에서 기록하여 전한 것은
維見可觀也	다만 볼 만하다는 것을 알았다.
書曰元首明哉	『서(書)』에서는 말하기를 "임금님이 밝으시니
股肱良哉	신하들도 훌륭하네."라 하였다.
因斯以談	이로써 말하건대
君莫盛於唐堯	임금으로는 당요보다 성한 이가 없고
臣莫賢於后稷	신하로는 후직보다 현명한 이가 없다.
后稷創業於唐	후직은 당에서 창업하였고

520 **집해** 『한서음의』에서는 말하였다. "소(昭)는 밝은 것이다. 하(夏)는 큰 것이다. 덕이 밝고 커서 태산에서 봉선을 서로 이은 자가 72명이다." **색은** 72명의 임금은 『한시외전』 및 「봉선서」도 모두 그렇다.

521 **집해** 서광은 말하였다. "약(若)은 순(順)이다." 위소는 말하기를 "주(疇)는 수(誰)의 뜻이다. 선(善)한 도를 따르면 반드시 창성하고 거스르고 (이치를) 잃으면 반드시 망한다는 것을 말하였다."라 하였다.

522 **색은** 호광은 말하였다. "오(五)는 오제(五帝)이다. 삼(三)은 삼왕(三王)이다. 육(六)은 육경(六經)이다." 〈육경(六經)〉은 『시(詩)』와 『서(書)』, 『예(禮)』, 『악(樂)』, 『역(易)』, 그리고 『춘추(春秋)』이다.

公劉發跡於西戎	공류는 서융에서 흥기하였으며,
文王改制	문왕이 제도를 고치자
爰周郅隆[523]	이에 주나라는 크게 융성하게 되어
大行越成[524]	큰 도가 완성되었는데,
而後陵夷衰微	나중에 언덕이 평평해지듯 (주나라의 덕이) 쇠미해졌는데도
千載無聲[525]	천 년 동안 나쁜 소리가 나오지 않았으니
豈不善始善終哉	어찌 처음도 좋고 끝도 좋은 것이 아니겠는가?
然無異端	그것은 이단이 없었으며
愼所由於前	앞에서 말미암은 바에 신중하고
謹遺教於後耳	후세에 교훈을 남김에 삼갔기 때문일 따름이다.
故軌跡夷易	그러므로 남긴 자취가 평이해서
易遵也	따르기가 쉬웠으며,
湛恩濛涌	깊은 은혜가 넓고 커서

523 집해 서광은 말하였다. "'질(郅)' 자는 오자일 것이다. 황보밀(皇甫謐)은 '왕계(王季)는 영(郢)으로 천도하였다.'라 하였다. 그러므로 『주서(周書)』에서는 '왕계만이 영을 집으로 삼았다.'라 하였다. 『맹자』에서는 '문왕(文王)은 필영(畢郢)에서 죽었다.'라 하였다. 혹 '질(郅)' 자는 '영(郢)' 자가 되어야 하는 것이 아닌가? 아니면 '치(胵)' 자가 되든지, 북지(北地)에 욱질현(郁郅縣)이 있다. 胵는 크다는 뜻으로 음은 질(質)이다." 『한서음의』에서는 "질(郅)은 이르는[至] 것이다."라 하였다. 색은 원(爰)은 어(於), 급(及)의 뜻이다. 질(郅)은 큰 것이다. 융(隆)은 성한 것이다. 응소는 "질(郅)은 이르는 것이다."라 하였다. 번광(樊光)은 "질(郅)은 볼 만한 것 가운데 큰 것이다."라 하였다. 서광 및 황보밀의 설은 모두 틀렸다. 문왕이 제도를 고쳐서 주나라에 이르러 크게 성하였다는 것이다.

524 집해 『한서음의』에서는 말하였다. "행(行)은 도(道)이다. 문왕(文王)이 비로소 왕업을 열고 정삭(正朔)을 고치고 복색을 바꾸어 태평한 도가 이에 완성된 것이다." 색은 행(行)은 도(道)이다. 월(越)은 어(於)이다. 도덕이 크게 행하여져 이에 완성된 것이다.

525 집해 서광은 말하였다. "주나라가 사해(四海)를 다스린 지 천 년 후에 성교(聲教)가 끊기게 되었다." 위소는 말하기를 "악성(惡聲)이 없었다."라 하였다.

易豐也	풍요로워지기가 쉬웠고,
憲度著明	법도가 밝게 드러나
易則也	본받기가 쉬웠으며,
垂統理順	법통을 드리우고 도리가 순하여
易繼也	계승하기가 쉬웠다.
是以業隆於繈褓而崇冠于二后[526]	
	그런 까닭에 왕업이 포대기에 싸여 있을 때보다 융성했고 두 임금보다 높았다.
揆厥所元	그 처음과
終都攸卒[527]	마칠 때까지를 헤아려 보면
未有殊尤絕跡可考于今者也	지금까지 상고할 만한 특히 빼어난 자취는 없었다.
然猶躡梁父	그래도 오히려 양보를 밟고 올라
登泰山	태산에 올랐으며
建顯號	드러난 봉호를 세웠고
施尊名	존귀한 명성을 베풀었다.
大漢之德	대한의 덕은
逢涌原泉[528]	용솟음치는 샘의 근원을 만나
沕潏漫衍	질펀하게 넘쳐흘러
旁魄四塞	사방을 두루 가득 채우고

526 **집해** 『한서음의』에서는 말하였다. "강보(繈褓)는 성왕(成王)을 이른다. 이후(二后)는 문왕(文王)과 무왕(武王)을 이른다. 주공(周公)이 성왕(成王)을 보좌하여 태평을 이루어 공덕이 문왕과 무왕보다 으뜸인 것은 법에 따라 다스렸기 때문이다."

527 **집해** 『한서음의』에서는 말하였다. "도(都)는 어(於)의 뜻이며, 졸(卒)은 종(終)의 뜻이다."

528 **집해** 위소는 말하였다. "한나라의 덕이 성하기가 샘의 근원을 만난 것 같은 것이다." **색은** 샘의 근원을 만난 것이다. 장읍은 말하였다. "봉(逢)은 만나는 것이다. 그 덕이 성하기가 샘물의 근원이 흐르는 것을 만난 것 같다는 비유이다." 또한 '봉(峰)'으로도 되어 있는데, 봉(烽)으로 읽는다. 호광은 말하였다. "이 아래로는 한나라 왕실의 덕을 논하였다."

雲尃霧散[529]	구름이 퍼지고 안개가 흩어지듯
上暢九垓	위로는 구해(九垓)에까지 이르고
下泝八埏[530]	아래로는 팔방[八埏]의 끝까지 흘렀다.
懷生之類霑濡浸潤	생기를 품고 있는 무리는 (그 은혜에) 무젖어
協氣橫流	화해로운 기운이 온 데 흐르고
武節飄逝	무덕은 빠르게 멀리 퍼져
邇陜游原	가까이는 그 근원에서 놀고
迥闊泳沫[531]	멀리는 거품처럼 떠다녔다.
首惡湮沒	악행을 처음 저지른 자는 사라지고
闇昧昭晢[532]	어둡고 우매한 자들은 밝아져
昆蟲凱澤	곤충까지도 즐거워하여
回首面內[533]	고개를 돌려 안으로 향하였다.
然後囿騶虞之珍群	그런 다음에 추우 같은 진귀한 동물을 가두고 길렀으며
徼麋鹿之怪獸[534]	미록 같은 기괴한 짐승을 막아서 잡고

529 **집해** 서광은 말하였다. "尃의 음은 포(布)이다."

530 **집해** 서광은 말하였다. "음은 연(衍)이다." 『한서음의』에서는 "창(暢)은 이르는 것이고, 해(垓)는 겹[重]이다. 소(泝)는 흐르는 것이다. 埏의 음은 연(延)이며 땅의 끝이다. 그 덕이 위로는 구중의 하늘까지 이르고 아래로는 땅의 팔방 끝까지 흐른다는 것을 말한다."라 하였다.

531 **집해** 『한서음의』에서는 말하였다. "이(邇)는 가까운 것이며 원(原)은 근본이다. 형(迥)은 먼 것이며 활(闊)은 넓은 것이다. 영(泳)은 떠다니는 것이다. 은덕은 물에다 비유하여 가까운 것은 그 근원에서 놀고 먼 것은 거품이 되어 (바다에서) 떠다닌다는 것이다."

532 **집해** 『한서음의』에서는 말하였다. "처음으로 악행을 저지른 자가 모두 없어지는 것이다. 암매(闇昧)는 이적(夷狄)이 모두 교화됨을 비유한다."

533 **집해** 위소는 말하였다. "면(面)은 향하는 것이다."

534 **집해** 『한서음의』에서는 말하였다. "요(徼)는 막는 것이다. 미록(麋鹿) 가운데 기괴한 것을 잡았다는 것으로 흰 기린을 잡은 것을 말한다."

導一莖六穗於庖[535]	주방에서 한 줄기에 이삭이 여섯인 벼를 골라내었으며
犧雙觡共抵之獸[536]	한 뿌리에서 두 갈래로 뿔이 난 짐승을 희생으로 바쳤고
獲周餘珍收龜于岐[537]	주나라에서 남긴 보기(寶器)를 얻고 기수(岐水)에서 거북을 거두었으며
招翠黃乘龍於沼[538]	못에서 푸른 승황을 불러 용을 탔다.
鬼神接靈圉	귀신이 영어(靈圉)와 만나
賓於閒館[539]	한가한 집에 손님으로 모셨다.
奇物譎詭	기이한 사물은 변화무쌍하여
俶儻窮變	비범하여 변화가 끝이 없다.

535 집해 서광은 말하였다. "도(導)는 상서로운 벼이다." 『한서음의』에서는 "가화(嘉禾)의 쌀을 말하며, 주방에서 제사를 올리는 것이다." 색은 도(導)는 하나의 줄기에 이삭이 여섯인 것이다. 정현은 말하였다. "도(導)는 가리는 것이다." 『설문』에서는 말하였다. "가화(嘉禾)를 일명 도(導)라고 한다." 『자림(字林)』에서는 말하였다. "한 줄기에 이삭이 여섯인 벼를 도(導)라고 한다."

536 집해 서광은 말하였다. "抵의 음은 저(底)이다." 『한서음의』에서는 "희(犧)는 생(牲)이다. 격(觡)은 뿔이다. 저(底)는 뿌리이다. 무제(武帝)가 흰 기린을 잡았는데, 두 뿔이 뿌리가 같았으므로 이에 희생으로 바쳤다."라 하였다.

537 집해 서광은 말하였다. "'방귀(放龜)'로 된 판본도 있다." 『한서음의』에서는 "여진(餘珍)은 주나라의 정(鼎)을 얻은 것이다. 기(岐)는 물 이름이다."라 하였다. 색은 여진(餘珍)은 생각건대 주나라의 정을 얻은 것을 이른다.

538 집해 『한서음의』에서는 말하였다. "취황(翠黃)은 승황(乘黃)이다. 용의 날개에 말의 몸을 가졌으며 황제(黃帝)가 타고 신선이 되어 올라갔다. 승황(乘黃)을 보고 불렀다는 것을 말한다. 「예악지(禮樂志)」에서는 '승황이 어찌하여 내려오지 않았는지 생각하였다.'라 하였다. 여오(余吾)의 악와수(渥洼水)에서 신마(神馬)가 나왔기 때문에 못에서 용을 탔다고 한 것이다." 색은 복건은 "용이 비취빛이다."라 하였다. 또한 말하기를 "곧 승황(乘黃)이다. 네 용을 탄 것이다."라 하였다. 『주서(周書)』에서는 "승황(乘黃)은 여우와 비슷하며, 등에는 뿔이 두 개 있다."라 하였다.

539 집해 서광은 말하였다. "지극한 덕이 신명과 통하여 사귀므로 영어(靈圉)가 한가한 집에 손님이 된 것이다." 곽박은 말하였다. "영어(靈圉)는 신선의 이름이다."

欽哉	경탄스럽도다!
符瑞臻茲	상서로운 조짐이 여기에 모였는데
猶以爲薄	오히려 박하다 생각하여
不敢道封禪	감히 봉선을 말하지 못한다.
蓋周躍魚隕杭	대체로 주나라는 물고기가 뛰어올라 배에 떨어져
休之以燎[540]	아름답게 여기어 요제(燎祭)를 지냈으며
微夫斯之爲符也	하찮은 것인데도 이를 (상서로운) 표시로 생각하여
以登介丘	큰 산에 올랐으니
不亦恧乎[541]	또한 부끄럽지 않은가!
進讓之道	나아가 올리고 겸양하는 도가
其何爽與[542]	그 어찌 다른가?

於是大司馬進曰	이에 대사마가 나아가 말하였다.
陛下仁育群生	"폐하께서는 인덕으로 백성들을 기르시고
義征不憓[543]	의로 순종치 않는 이들을 정벌하시어
諸夏樂貢	여러 제후국이 즐거이 조공을 바치고

540 **색은** 항(杭)은 배이다. 호광은 말하였다. "무왕(武王)이 황하를 건너는데 흰 물고기가 왕의 배로 들어와 숙이어 집어 요제(燎祭)를 지냈다. 떨어뜨리자 배 안에 떨어졌다."

541 **집해** 『한서음의』에서는 말하였다. "대(介)는 큰 것이며, 구(丘)는 산(山)이다. 주나라가 흰 물고기를 서물로 생각하여 태산에 올라 봉선제를 올렸는데 또한 부끄럽지 않은가라는 말이다."

542 **집해** 서광은 말하였다. "상(爽)은 차이(差異)이다." 『한서음의』에서는 "바친 것은 주나라이다. 사양한 것은 한나라이다. 주나라는 봉선제를 올리면 안 되는데 올렸고 한나라는 봉선제를 올려도 되는데 겸양하였다는 말이다." **색은** 하기상여(何其爽與)이다. 상(爽)은 차(差)와 같다. 주나라는 봉선을 올리면 안 되는데 봉선을 올렸고 한나라는 봉선을 올려야 하는데 올리지 않았으니 올림과 사양함의 도가 모두 어긋났다는 말이다.

543 **집해** 『한서음의』에서는 말하였다. "대사마(大司馬)는 상공(上公)이므로 먼저 나아가 논의하였다. 憓의 음은 혜(惠)로 순(順)과 같은 말이다."

百蠻執贄	모든 오랑캐가 폐백을 들고 오니
德侔往初	덕은 지난 옛날과 같고
功無與二	공은 더불어 짝할 만한 이가 없으며
休烈浹洽	아름다운 공은 두루 무젖고
符瑞衆變	상서로운 징조는 많이 변화하여
期應紹至	때가 되면 응하여 이어지니
不特創見[544]	다만 처음 보이는 것이 아니었습니다.
意者泰山梁父設壇場望幸[545]	생각건대 태산과 양보에 제단 터를 설치하여 행차하기를 바라는 것이니
蓋號以況榮[546]	대체로 (봉선의) 호칭은 영광을 드러내는 것으로

---

544 **집해** 서광은 말하였다. "다만 처음에 상서로운 조짐이 드러나지 않을 뿐만 아니라 장차 봉선의 일로 마치게 될 것이라는 것을 이른다." **색은** 문영은 말하였다. "다만 하나의 사물이 잠깐 만에 보인 것뿐이 아니다." 호광은 말하였다. "상서로운 조짐이 매우 많아 마땅히 서로 이어 이르는 것을 기약하는 것이다."

545 **색은** 제단 터를 설치하여 화개(華蓋)의 행차를 바라다. 여러 판본에 혹 '망화개(望華蓋)'로 된 것이 있다. 화개(華蓋)는 별자리 이름으로 자미(紫微)와 태제(太帝)의 위에 있다. 지금은 화개와 태제를 바란다는 것을 말할 따름이다. 또한 제단 터를 설치하여 행차를 기다린다고도 하는데 성제(聖帝)가 행차하여 임해 주기를 바란다는 것이며 둘 다 뜻이 통한다. 그런데 맹강과 복건이 주석을 단 판본에서는 모두 '망행(望幸)' 아래에 '화(華)' 자가 있다고 하였는데, 지우(摯虞: ?~311?, 西晉)의 『유별집(流別集)』[『문장유별집(文章流別集)』]에서는 다만 '망행(望幸)'이라고만 하였는데 옳을 것이며, 의미상 쉽게 통한다. 다만 후인들은 '행(幸)' 자 아래 '개(蓋)' 자가 있는 것만 보고 또한 '행(幸)' 자가 '화(華)' 자와 비슷하기 때문에 이로 인해 의혹을 가져 마침내 '화(華)' 자로 정하여 오해하게끔 한 것이다.

546 **집해** 서광은 말하였다. "이로써 곧 하늘의 영광을 받아 명호(名號)로 삼는 것이다." **색은** 문영은 "개(蓋)는 합(合)의 뜻이다. 전대의 임금을 고찰하여 종합하고 그 영광을 헤아려 서로 비교하여 호칭으로 삼는다는 것을 말한다."라 하였다. 대안(大顔)은 "개(蓋)는 어조사이다. 대체로 공을 기록하고 호칭을 세우고자 하는 것으로 곧 하늘의 영광스런 명예를 내려 주는 것을 말하는 것이다."라 하였다. 의미상 흡족하다. 그러나 그 글에서는 '개(蓋)'라 하였는데 말의 뜻을 저당 잡혔으며 또한 위의 '행(幸)' 자와 문장이 이어져 마침내 '화개(華蓋)'라는 오류가 있게 되었다.

上帝垂恩儲祉	상제가 은혜를 드리우고 복을 쌓아
將以薦成[547]	장차 이룸을 드리려는 것인데
陛下謙讓而弗發也	폐하께서는 겸양하시어 오르시지 않았습니다.
挈三神之驩[548]	삼신의 즐거움을 단절시키고
缺王道之儀	왕도의 예의를 이지러지게 한 것이니
群臣恧焉	뭇 신하들이 부끄러워합니다.
或謂且天爲質闇	어떤 사람은 또한 하늘은 질박하고 어둡다 하여
珍符固不可辭[549]	진기한 조짐을 실로 사양할 수 없다고 하며,
若然辭之	만약 사양한다면
是泰山靡記而梁父靡幾也[550]	이는 태산은 기록할 것이 없고 양보는 바랄 것이 없는 것입니다.
亦各並時而榮	또한 각기 때와 함께 영예를 누리다
咸濟世而屈[551]	모두 세대를 지나 끊어졌다면

547 집해 서광은 말하였다. "뭇 서물(瑞物)들이 처음으로 봉선(封禪)을 지내는 곳에 이르면 하늘[上天]에 올리어 공을 이름을 알린다." 색은 천(薦)은 『한서』에는 '경(慶)'으로 되어 있는데, 뜻이 또한 통한다.

548 집해 서광은 말하였다. "설(挈)은 드리운다는 말과 같다." 위소는 말하기를 "설(挈)은 결(缺)의 뜻이다. 삼신(三神)은 상제(上帝)와 태산(泰山), 양보(梁父)이다."라 하였다. 색은 서씨(徐氏)는 "설(挈)은 수(垂)와 같다."라 하였는데, 틀렸다. 응소는 "절(絕)이다."라 하였으며, 이기(李奇)와 위소는 '궐(闕)'이라 하였는데, 뜻은 또한 멀지 않다. 삼신은 위소는 상제(上帝)와 태산(太山), 양보(梁父)라 하였고, 여순은 지기(地祇)와 천신(天神), 산악(山岳)이라고 하였다.

549 집해 『한서음의』에서는 말하였다. "하늘의 도가 질박하고 어두워 길상의 징조가 뜻을 보이면 사양할 수 없다는 말이다." 색은 맹강은 말하였다. "'하늘의 도가 질박하고 어두워 길상의 징조가 뜻을 보이면 사양할 수 없다는 말이다."

550 집해 『한서음의』에서는 말하였다. "태산(太山)의 위에 표기할 것이 없고 양보(梁父)의 제단 터에는 바랄 것이 없는 것이다." 색은 幾의 음은 기(冀)이다.

551 집해 『한서음의』에서는 말하였다. "굴(屈)은 단절시키는 것이다. 옛 제왕이 다만 일시의 영광만 누렸다면 대가 끝나며 끊어졌을 것이라는 말이다." 색은 예로부터 봉선제를 올

說者尙何稱於後[552]	말하는 자들이 오히려 어떻게 후세에 일컬어
而云七十二君乎	일흔두 임금을 이르겠습니까?
夫修德以錫符	저 덕을 닦아 하늘이 조짐을 내리고
奉符以行事	조짐을 받들어 일을 행함은
不爲進越[553]	나아가 넘어서는 안 되기 때문에
故聖王弗替	성스런 왕은 그것을 바꾸지 못하며
而修禮地祇	땅의 신에게 예를 닦고
謁款天神[554]	하늘의 신에게 정성을 아뢰며
勒功中嶽	중악에 공을 새기어
以彰至尊	지극히 높음을 드러내고
舒盛德	성한 덕을 펴며
發號榮	영광스런 호칭을 발하고
受厚福	두터운 복을 받아
以浸黎民也	백성들에게 배어들게 합니다.
皇皇哉斯事	밝게 빛나도다, 이 일이여!
天下之壯觀	천하의 장관과
王者之丕業	왕자의 큰 사업이니
不可貶也	물리칠 수 없습니다.

린 제왕은 각기 그 당시에 영광스럽고 귀해져서 모두 제세(濟世)의 공이 있음을 말하였으며, 굴(屈)은 눌리고 굽혀져서 모두 봉선제를 지내지 못하여 말하는 자로 하여금 오히려 어떻게 후대에 칭술(稱述)하게 되어 위에서 말한 것 같은 "일흔두 임금"같은 것이 있겠는가라는 것을 이른다.

552 **집해** 서광은 말하였다. "봉선의 남은 자취가 없었더라면 영광은 당시에 다하였을 것이고 여러 대를 거친 후에는 사람들이 무엇을 말하겠는가?"

553 **색은** 문영은 말하였다. "월(越)은 넘는 것이다. 실로 나아가 예를 넘지 않는다는 것이다."

554 **집해** 『한서음의』에서는 말하였다. "관(款)은 정성이라는 말이다. 아뢰어 알림이 정성된 것이다."

願陛下全之 원컨대 폐하께서는 이를 온전히 하십시오.

而後因雜薦紳先生之略術 그런 다음에 진신(搢紳, 縉紳) 사대부의 책략을 섞어

使獲燿日月之末光絕炎 해와 달의 남은 빛과 빼어난 불꽃을 빛나게 하시어

以展采錯事[555] 관직을 펴고 일을 두시고

猶兼正列其義 또한 그 의로움을 아울러 바로 늘어놓고

校飭厥文 빠진 문장을 정리하시어

作春秋一藝[556] 『춘추』 같은 경전을 하나 지어

將襲舊六爲七[557] 육경(六經)을 이어 칠경(七經)이 되게 하여

攄之無窮[558] 이를 펴서 끝이 없게 하실 것이며,

俾萬世得激清流 만세로 하여금 맑은 물이 흐르고

揚微波 여파를 일으키며

蜚英聲 아름다운 명성을 날리고

騰茂實[559] 무성한 덕업이 일어나게 하십시오.

前聖之所以永保鴻名而常爲稱首者用此[560]

이전의 성인들이 영원히 큰 이름을 길이 보전하고

---

555 집해 서광은 말하였다. "錯의 음은 조(厝)이다." 『한서음의』에서는 "채(采)는 관직이다. 여러 선비들로 하여금 공을 기록하고 업적을 드러내게 하여 해와 달의 남은 빛의 특출한 쓰임을 보게 하여 그 관직을 펴고 그 사업을 설치하게 하는 것이다."라 하였다.

556 집해 서광은 말하였다. "교(校)는 '불(祓)'로 된 판본도 있다. 불(祓)은 불(拂)과 같으며 음은 폐(廢)이다." 『한서음의』에서는 "『춘추』는 천시를 바로 하고 사람의 일을 늘어놓아 여서 유자(儒者)들이 이미 사업을 펼칠 수가 있어 이에 천시를 아울러 바르게 하고 사람의 일을 늘어놓아 대의(大義)를 서술하여 하나의 경을 만드는 것이다."라 하였다.

557 집해 위소는 말하였다. "지금 한나라에서 책을 하나 더하여 이에 옛 6(《육경》)을 7로 한다는 것이다."

558 집해 서광은 말하였다. "터(攄)는 '려(臚)'로 된 곳도 있다. 려(臚)는 펴는 것이다." 색은 『광아』에서는 말하였다. "터(攄)는 활짝 펼치는 것이다."

559 색은 호광은 말하였다. "영화(英華)로운 명성을 드날리고 성하고 아름다운 덕업을 높이 달리게 하는 것이다."

560 색은 이것을 가지고 봉선제를 지냄을 이른다.

	항상 으뜸으로 일컬어졌던 것은 이것 때문이오니
宜命掌故悉奏其義而覽焉[561]	장고에게 명하여 그 의식을 다 아뢰게 하여 보셔야 합니다.”

於是天子沛然改容	이에 천자께서 감격하시어 얼굴빛을 고치고
曰	말하였다.
愉乎	“기쁘도다,
朕其試哉	짐이 시험해 보리라!”
乃遷思回慮	이에 원래의 생각을 바꾸시어
總公卿之議	공경의 의론을 종합하여
詢封禪之事	봉선의 일을 물으시고
詩大澤之博	큰 은택이 널리 미침을 시로 노래하고
廣符瑞之富[562]	상서로운 조짐이 풍부함을 넓히셨다.
乃作頌曰	이에 송가(頌歌)를 지어 말하였다.

自我天覆	우리 하늘이 덮어
雲之油油[563]	구름 뭉게뭉게 이네.
甘露時雨	감미로운 이슬 때맞춰 내리어
厥壤可游	그 땅 놀 만하다네.

561 **집해** 『한서음의』에서는 말하였다. “장고(掌故)는 태사(太史)의 속관으로 고사(故事)를 주관한다.”

562 **집해** 『한서음의』에서는 말하였다. “시(詩)는 공덕을 노래하여 읊은 것으로 아래 4장(章)의 송(頌)이다. 대택지박(大澤之博)은 ‘우리 하늘이 덮어, 구름 뭉게뭉게 이네.’라 한 것이다. 광부서지부(廣符瑞之富)는 ‘무늬 아름다운 짐승(斑斑之獸)’ 이하 3장을 이르는데, 상서로운 조짐이 확대되어 부요해지는 것을 말한다.”

563 **집해** 『한서음의』에서는 말하였다. “유유(油油)는 구름이 가는 모양이다. 『맹자』에서는 ‘뭉게뭉게 구름이 일어 좍좍 비가 내린다(油然作雲, 沛然下雨).’라 하였다.”

滋液滲漉[564]	스미는 물 아래 적셔주니
何生不育	어떤 생물인들 길러주지 않을 것이며,
嘉穀六穗	좋은 곡식 이삭 많이 맺으니
我穡曷蓄[565]	우리 곡식 어찌 쌓이지 않으리.

非唯雨之	다만 비 내릴 뿐 아니라
又潤澤之	또한 윤택하게 적셔준다네.
非唯濡之	다만 (나만) 적셔줄 뿐 아니라
氾尃濩之[566]	널리 두루 퍼지고,
萬物熙熙	만물이 즐거워하며
懷而慕思	품고 사모한다네.
名山顯位	명산의 높은 곳
望君之來[567]	임금 오시기를 바란다네.
君乎君乎	임금이여, 임금이여,
侯不邁哉[568]	어찌 순행하지 않는가!

般般之獸[569]	무늬 찬란한 짐승

564 **집해** 서광은 말하였다. "滲의 음은 삼[色蔭反]이다." **색은** 『설문』에서는 "삼록(滲漉)은 물이 아래로 흐르는 모양이다."라 하였다.

565 **집해** 서광은 말하였다. "어찌 쌓아주지 않겠는가? 훌륭한 곡식을 쌓는 것이다."

566 **집해** 서광은 말하였다. "옛 '포(布)' 자는 '부(尃)'라 하였다." **색은** 호광은 말하였다. "범(氾)은 두루라는 뜻이다. 비의 은택이 나한테만 치우치는 것이 아니라 널리 뿌려주어 퍼지지 않는 곳이 없다는 말이다."

567 **집해** 위소는 말하였다. "명산(名山)은 큰 산이다. 현위(顯位)는 봉선(封禪)이다."

568 **색은** 이기(李奇)는 말하였다. "후(侯)는 어찌이다. 임금이 어찌 봉선의 일을 행하지 않는가라는 말이다." 매(邁)는 간다는 뜻이다. 여순은 "후(侯)는 유(維)이다."라 하였다.

569 **색은** 반반(般般)은 문채(文彩)가 있는 모양으로 음은 반(班)이다. 호광은 "추우(騶虞)를 이른다."라 하였다.

樂我君囿	우리 임금의 동산에서 즐거워하는데,
白質黑章	흰 바탕에 검은 무늬
其儀可喜	그 위의 기뻐할 만하니,
旼旼睦睦	화순하고 공경함
君子之能[570]	군자의 자태라네.
蓋聞其聲	아마 그 명성 들었으리니
今觀其來	지금 그 옴 본다네.
厥塗靡蹤	그 길 자취 없으니
天瑞之徵[571]	하늘의 상서로운 징조로다.
茲亦於舜	이 또한 순(舜) 때의 일로
虞氏以興[572]	추우(騶虞)도 일어났다네.

濯濯之麟[573]	즐거이 노는 기린
游彼靈畤[574]	저 영치에서 논다네.
孟冬十月	초겨울 10월에
君俎郊祀	임금 교외에서 제사 올리셨네.
馳我君輿	우리 임금 수레 달려

570 **집해** 서광은 말하였다. "旼의 음은 민(旻)으로 어울리는 모양이다. 능(能)은 '태(態)'로 된 곳도 있다." 『한서음의』에서는 "민(旻)은 화(和)의 뜻이고 목(穆)은 경(敬)의 뜻으로, 화순하고 공경하다는 말이며 군자와 비슷한 것이 있다." **색은** 旼의 음은 민(旻)이다.

571 **집해** 서광은 말하였다. "그 길을 옴이 자취가 없으니 아마 하늘에서 서기(瑞氣)가 내려가지 않아도 이르는 것이다."

572 **색은** 문영은 말하였다. "순(舜)의 온갖 짐승이 따르며 춤추는데 추우(騶虞) 또한 그 안에 있을 따름이다."

573 **색은** 시인(詩人)은 "우록탁탁(麀鹿濯濯)"이라 하였는데, 주(注)에서는 "탁탁(濯濯)은 즐거이 노는 모양이다."라 하였다.

574 **집해** 『한서음의』에서는 말하였다. "무제(武帝)는 오제를 제사 지냈는데 흰 기린을 잡았으므로 영치(靈畤)에서 놀았음을 말한다."

帝以享祉	천제 이로써 복 누렸다네.
三代之前	삼대의 전에는
蓋未嘗有	아마 일찍이 있지 않았으리.

宛宛黃龍[575]	황룡 구불구불
興德而升	덕 일으키어 오르고,
采色炫燿	채색 번쩍번쩍
熿炳煇煌[576]	휘황한 빛 내도다.
正陽顯見[577]	정남쪽 보며 모습 드러내어
覺寤黎烝	백성들 깨우치시도다.
於傳載之	전적의 기록에
云受命所乘[578]	천명 받은 자 타는 것이라 하였네.

厥之有章	거기 (덕) 밝힘 있으니
不必諄諄[579]	조곤조곤 일러줄 필요 없다네.
依類託寓	비슷한 것에 의거하여 기탁하나니
諭以封巒[580]	산에 봉선 올림 알린다네.

---

575 색은 호광은 말하였다. "굽혔다 펴는 것이다."

576 집해 서광은 말하였다. "熿의 음은 황(晃)이다. 煇의 음은 혼(魂)이다."

577 색은 문영은 말하였다. "양(陽)은 밝은 것이다. 남면(南面)하여 조회를 받는 것이다."

578 색은 여순은 말하였다. "책에 전해지는 기록에 그 비슷한 유를 헤아리면 한나라는 토덕(土德)으로 황룡이 거기에 응하여 성기(成紀)에서 모습을 드러냈으므로 천명을 받은 자가 타는 것이라고 하였다."

579 집해 서광은 말하였다. "諄의 음은 준[止純反]이다. 간절하게 일러주는 것이다." 『한서음의』에서는 "하늘이 명한 것을 상서로운 조짐으로 나타내니 그 덕이 창명하여 말을 많이 하여 정성스레 말해 줄 필요가 없는 것이다."

580 집해 『한서음의』에서는 말하였다. "우(寓)는 부치는 것이다. 만(巒)은 산이다. 비슷한 일에 의하여 뜻을 기탁하여 봉선을 깨우쳐 주는 것을 말한다."

披藝觀之	책 펼치어 살펴보니
天人之際已交	하늘과 사람의 관계는 이미 맺어졌고
上下相發允答	아래위가 서로 발하여 실로 답하였다.
聖王之德	성왕의 덕은
兢兢翼翼也	조심하여 삼가고 공경하였다.
故曰興必慮衰	그러므로 말하기를 "흥하면 반드시 쇠함 걱정하고
安必思危	편안하면 반드시 위태로움을 생각해야 한다."라 하였다.
是以湯武至尊嚴	그런 까닭에 탕과 무왕은 지극히 존엄하여
不失肅祗	공경함을 잃지 않았고,
舜在假典[581]	순(舜)이 큰 전적에 있는 것은
顧省厥遺	그 잃은 것을 돌아보아 살핀 것이니,
此之謂也	이를 이르는 것이다.

司馬相如既卒[582]五歲	사마상여가 죽은 지 5년 만에
天子始祭后土	천자는 비로소 후토에게 제사를 지냈다.
八年而遂先禮中嶽[583]	8년째 되던 해에는 마침내 먼저 중악에 제사를 지내고
封于太山[584]	태산에서 제사를 지냈으며
至梁父禪肅然[585]	양보(梁父)에 이르러 숙연에서 제사를 지냈다.

581 집해 서광은 말하였다. "가(假)는 큰 것이다."

582 집해 서광은 말하였다. "원수(元狩) 5년(B.C. 118)이다."

583 정의 숭고(嵩高)로, 낙주(洛州) 양성현(陽城縣) 서북쪽 25리 지점에 있다.

584 정의 연주(兗州) 박성현(博城縣) 서북쪽 30리 지점에 있다.

585 집해 서광은 말하였다. "작은 산으로 태산(泰山) 아래쪽 기슭의 동북쪽에 있다."

相如他所著 상여의 다른 저작인

若遺平陵侯[586]書與五公子相難草木書篇不采 「유평릉후서(遺平陵侯書)」와 「여오공자상난(與五公子相難)」, 「초목서(草木書)」 등 편(篇)은 채록하지 않고

采其尤著公卿者云 공경 사이에 더욱 알려진 것만 채록하였다.

太史公曰 태사공은 말한다.

春秋推見至隱[587] 『춘추』는 드러난 것을 미루어 은미한 데까지 이르렀으며

易本隱之以顯[588] 『역(易)』은 은미한데 근본을 두고 드러내었고

大雅言王公大人而德逮黎庶[589] 「대아(大雅)」는 왕공대인을 말하여 덕이 백성들

---

586 집해 서광은 말하였다. "소건(蘇建)이다."

587 집해 위소는 말하였다. "드러난 일을 미루어 숨기어 꺼리는 것에 이르렀다는 것으로 진문공(晉文公)이 천자를 부른 것을 경(經)에서 '하양(河陽)으로 겨울 사냥을 나갔다.'라 한 것 같은 따위를 이른다." 색은 이기(李奇)는 말하였다. "은(隱)은 미(微)와 같다. 옳은 것은 드러내되 문장에서는 숨기는 것을 말하며, 은공(隱公)이 시해를 당한 것 같은 것을 경에서 기록하지 않고 꺼린 것 같은 것이다." 위소는 말하였다. "그러난 일을 미루어 숨기고 꺼리는 데 이르는 것으로, 진문공(晉文公)이 천자를 부른 것을 경(經)에서 '하양(河陽)으로 겨울 사냥을 나갔다.'라 한 것 같은 따위를 이른다."

588 집해 위소는 말하였다. "『역』은 은미하고 미묘한 데 근본을 두고 나가서 인사(人事)가 되니 곧 드러나는 것이다." 색은 위소는 말하였다. "『역』은 음양의 미묘함에 근본을 두고 인사로 나타나는 것이니 곧 더욱 밝게 드러나는 것이다." 우희(虞喜)의 『지림(志林)』에서는 말하였다. "『춘추』는 인사(人事)를 가지고 천토(天道)를 통하게 하는 것으로 이는 드러난 것을 미루어 은미한 데 이르는 것이다. 『역』은 천도(天道)를 가지고 인사(人事)를 접하는데 이는 은미한 데 근본을 두고 드러난 것을 밝히는 것이다."

589 집해 위소는 말하였다. "먼저 왕공과 대인의 덕을 말하고 그런 다음에 백성들에게 미친 것이다." 색은 문영은 말하였다. "「대아(大雅)」는 먼저 대인과 왕공의 덕을 말하고 그런 다음에 백성들에게 미친 것이다."

	에게 미쳤으며
小雅譏小己之得失	「소아(小雅)」는 작은 자기의 득실을 기롱하여
其流及上[590]	그 흐름이 위에까지 미쳤다.
所以言雖外殊	그러므로 말한 것이 비록 겉은 다르지만
其合德一也	그 덕에 합치하는 것은 마찬가지이다.
相如雖多虛辭濫說	상여는 비록 빈말과 지나친 말이 많기는 하지만
然其要歸引之節儉	그 요점은 절검으로 이끄는 것에 귀결되니
此與詩之風諫何異	이것이 『시』의 풍간과 무엇이 다르겠는가?
楊雄以爲靡麗之賦	양웅은 사치롭고 화미한 부(賦)로
勸百風一	백 가지를 권유하면서 풍간하는 것은 하나라 생각하여
猶馳騁鄭衛之聲	정나라와 위나라의 성악을 십분 연주하다가
曲終而奏雅	곡이 끝난 뒤에 아악을 연주하는 것과 같은 것이니
不已虧乎	이미 이지러진 것이 아니겠는가?라 하였다.
余采其語可論者著于篇	나는 그 말 가운데 논할 만한 것을 채록하여 이 편(篇)에 저록(著錄)하였다.

590 **집해** 위소는 말하였다. "「소아(小雅)」를 지은 사람은 뜻이 협소하여 먼저 자기의 근심과 고통을 말하였으며 그 끝에 가서 흐름이 위로 정치의 득실에 미쳤다." **색은** 문영은 말하였다. "「소아」를 지은 사람은 뜻이 협소하여 먼저 자기의 근심과 고통을 말하였으며 그 끝에 가서 흐름이 위로 정치의 득실에 미쳤다. 그러므로 『예위(禮緯)』에서 말하기를 「소아」는 자기의 득실을 기롱하여 위에까지 미쳤다고 한 것이다."

58 회남·형산 열전 淮南衡山列傳

淮南厲王長者	회남여왕 유장(劉長)은
高祖少子也	고조의 작은 아들로
其母故趙王張敖美人	그 모친은 옛 조왕 장오의 미인이다.
高祖八年	고조 8년(B.C. 199)에
從東垣過趙[1]	동원에서 조나라를 지나게 되었는데
趙王獻之美人	조왕이 미인을 바쳤다.
厲王母得幸焉	여왕(厲王)의 모친은 총애를 얻어
有身	회임하였다.
趙王敖弗敢內宮	조왕 장오는 감히 궁에 들이지 않고
爲築外宮而舍之	외궁을 지어 주어 그곳에 살게 하였다.
及貫高等謀反柏人事發覺	관고 등이 백인(柏人)에서 모반한 일이 발각되자
并逮治王	왕도 함께 체포되어 치죄를 당하였으며
盡收捕王母兄弟美人	왕의 모친과 형제, 미인도 모두 잡혀
繫之河內	하내에 구금되었다.
厲王母亦繫	여왕의 모친도 구금되었는데
告吏曰	옥리에게 일러 말하였다.
得幸上	"황상의 총애를 받아

1 정의 조(趙)는 장이(張耳)가 도읍한 곳으로 지금의 형주(邢州)이다.

有身	애를 가졌습니다.”
吏以聞上	옥리가 그대로 임금에게 알렸는데
上方怒趙王	임금은 바야흐로 조왕에게 노하여
未理厲王母	여왕의 모친을 처리하지 않았다.
厲王母弟趙兼因辟陽侯言呂后	여왕의 모친의 동생 조겸이 벽양후를 통하여 여후에게 말하니
呂后妒	여후는 시기하여
弗肯白	그 사실을 말하려 하지 않았으므로
辟陽侯不彊爭	벽양후는 억지로 쟁론하지 않았다.
及厲王母已生厲王	여왕의 모친은 여왕을 낳고
恚	성이 나
即自殺	곧 자살하였다.
吏奉厲王詣上	관리가 여왕을 안고 임금에게 이르니
上悔[2]	임금이 뉘우치고
令呂后母之	여후에게 어미 노릇을 하게 하고
而葬厲王母真定	여왕의 모친을 진정(真定)에 장사 지냈다.
真定	진정은
厲王母之家在焉	여왕의 모친의 집이 있는 곳으로
父世縣也[3]	부친이 대대로 살아온 현이다.

高祖十一年七月	고조 11년(B.C. 196) 7월에

2 정의 여왕(厲王)의 모친을 제대로 처리하지 않은 것을 뉘우친 것이다.

3 색은 『한서(漢書)』에서는 “모친의 집이 있는 현(母家縣)”이라 하였다. 부조(父祖)가 대대로 진정(真定)에 거처하였다는 것을 이른다.

淮南王黥布反	회남왕 경포가 모반하자
立子長爲淮南王	아들 유장을 회남왕으로 세우고
王黥布故地	경포의 옛 땅을 다스리게 하였는데
凡四郡[4]	모두 네 군(郡)이었다.
上自將兵擊滅布	임금은 직접 군사를 거느리고 경포를 쳐서 멸하였으며
厲王遂即位	여왕이 마침내 즉위하였다.
厲王蚤失母	여왕은 일찍 모친을 여의고
常附呂后	늘 여후에 붙어
孝惠呂后時以故得幸無患害	효혜제와 여후 때 이 때문에 다행히 화를 입지 않게 되었으며
而常心怨辟陽侯	늘 마음속으로 벽양후에게 원한을 품고 있었으나
弗敢發	감히 드러내지는 않았다.
及孝文帝初即位	효문제가 막 즉위하였을 때
淮南王自以爲最親	회남왕은 스스로 가장 가깝다고 여기어
驕蹇	교만하게 굴고
數不奉法	수차례나 법을 따르지 않았다.
上以親故	임금은 가깝다고 하여
常寬赦之	늘 관대하게 용서하여 주었다.
三年	3년(B.C. 177)에
入朝	입조하였다.
甚橫	아주 제멋대로 굴었다.
從上入苑囿獵	임금을 따라 원유로 들어가 사냥을 하였는데

4 집해 서광(徐廣)은 말하였다. "구강(九江)과 여강(廬江), 형산(衡山), 그리고 예장(豫章)이다."

與上同車	임금과 같은 수레를 타고
常謂上大兄	늘 임금을 '큰형'이라 하였다.
厲王有材力	여왕은 용력이 있어서
力能扛鼎	힘이 정을 들 수 있었으며
乃往請辟陽侯	이에 가서 벽양후를 청하였다.
辟陽侯出見之	벽양후가 나가서 그를 만나자
即自袖鐵椎椎辟陽侯[5]	곧장 소매에서 철퇴를 꺼내어 벽양후를 쳤으며
令從者魏敬剄之[6]	종자 위경에게 그를 찌르게 하였다.
厲王乃馳走闕下	여왕은 이에 대궐로 달려가
肉袒謝曰	웃도리를 벗어 맨몸을 드러내어 사죄하여 말하였다.
臣母不當坐趙事	"신의 모친이 부당하게 조나라 일에 연루되었는데
其時辟陽侯力能得之呂后	당시 벽양후는 여후를 설득할 힘이 있었는데도
弗爭	쟁론하지 않았으니
罪一也	첫 번째 죄입니다.
趙王如意子母無罪	조왕 여의는 모자간에 죄가 없는데도
呂后殺之	여후가 죽였는데
辟陽侯弗爭	벽양후가 쟁론하지 않았으니
罪二也	두 번째 죄입니다.
呂后王諸呂	여후가 여씨들을 왕에 앉힌 것은
欲以危劉氏	유씨를 위해하고자 한 것이었는데

5 **색은** 『한서』에서는 "철퇴를 품고 쳤다."고 하였다. 위공자(魏公子) 무기(無忌)는 주해(朱亥)로 하여금 소매에 40근짜리 철퇴를 감추었다가 치게 하였다.

6 **정의** 경(剄)은 목을 찌르는 것이다.

辟陽侯弗爭	벽양후가 쟁론하지 않았으니
罪三也	세 번째 죄입니다.
臣謹爲天下誅賊臣辟陽侯	신은 삼가 천하를 위하여 적신 벽양후를 죽이고
報母之仇	모친의 원수를 갚았으니
謹伏闕下請罪	삼가 대궐에 엎디어 죄를 청하나이다.”
孝文傷其志	효문제는 그 뜻을 가슴 아프게 여기고
爲親故	가깝다는 이유로
弗治	치죄하지 않고
赦厲王	여왕을 용서하였다.
當是時	이때
薄太后及太子諸大臣皆憚厲王	박태후 및 태자와 대신들이 모두 여왕을 꺼렸으므로
厲王以此歸國益驕恣	여왕은 이 때문에 귀국하여 더욱 교만 방자해졌으며
不用漢法	한나라의 법을 쓰지 않고
出入稱警蹕	출입할 때는 벽제를 하게 하고
稱制	(명령을) 제(制)라 하여
自爲法令	스스로 법령을 만드니
擬於天子	황제에 비길 만하였다.

六年	6년(B.C. 174)에
令男子但等七十人與棘蒲侯柴武太子奇謀	남자 단(但) 등 70명으로 하여금 극포후 시무의 태자 기(奇)와 모의하게 하여

以輂車四十乘[7]反谷口[8]	큰 수레 40승을 가지고 곡구에서 반기를 들게 하고
令人使閩越匈奴	사람을 민월과 흉노에 사자로 보냈다.
事覺	일이 발각되어
治之	치죄하고자
使使召淮南王	사자를 보내어 회남왕을 불렀다.
淮南王至長安	회남왕은 장안에 이르렀다.

丞相臣張倉典客臣馮敬行御史大夫事宗正臣逸廷尉臣賀備盜賊中尉臣福昧死言 "승상 신(臣) 장창과 전객 신 풍경, 행어사대부사종정 신 일(逸), 정위 신 하(賀), 비도적중위 신 복(福)은 죽음을 무릅쓰고 아뢰나이다.

淮南王長廢先帝法	회남왕 유장은 선제의 법을 폐하고
不聽天子詔	천자의 명령을 듣지 않고
居處無度	처함이 무도하여
爲黃屋蓋乘輿	노란 덮개를 씌운 (황제의) 수레를 만들어
出入擬於天子	드나듦에 천자와 비길 정도이고
擅爲法令	멋대로 법령을 만들어
不用漢法	한나라의 법을 쓰지 않습니다.
及所置吏	그가 둔 관리는
以其郎中春爲丞相	낭중인 춘(春)을 승상으로 삼아
聚收漢諸侯人及有罪亡者	한나라 제후의 사람 및 죄를 지어 도망친 자를

7 집해 서광은 말하였다. "큰 수레에 말을 맨 것을 국(輂)이라고 한다. 음은 곡[己足反]이다."

8 집해 『한서음의(漢書音義)』에서는 말하였다. "곡구(谷口)는 장안(長安) 북쪽에 있으며 옛 현으로 매우 험한 곳에 처하여 있다." 정의 『괄지지(括地志)』에서는 말하였다. "곡구의 옛 성은 옹주(雍州) 예천현(醴泉縣) 동북쪽 40리 지점에 있으며, 한나라 곡구현(谷口縣)이다."

	모아들여
匿與居	몰래 살게 해주고
爲治家室	집도 지어주었으며
賜其財物爵祿田宅	재물과 작록, 전택을 내려
爵或至關內侯	작위가 혹 관내후에 이르기도 하고
奉以二千石[9]	2천 석의 봉록을 내리기도 하니
所不當得[10]	해서는 안 되는 것으로
欲以有爲	일을 꾸미고자 합입니다.
大夫但[11]士五開章等七十八[12]與棘蒲侯太子奇謀反[13]	
	대부 단(但)과 사오 개장 등 70명이 극포후의 태자 기(奇)와 모반하여
欲以危宗廟社稷	종묘사직을 위태롭게 하고자 합니다.
使開章陰告長	개장으로 하여금 유장에게 몰래 알리게 하여
與謀使閩越及匈奴發其兵	모의에 참여하여 민월 및 흉노가 그 군사를 일으키게 하였습니다.
開章之淮南見長	개장은 회남으로 가서 유장을 만났는데

---

9 **집해** 여순(如淳)은 말하였다. "도망쳐 온 자에게 내린 것이 그 나라에서 2천 석을 내린 것과 같은 것이다." 찬(瓚)은 말하였다. "2천 석의 질록(秩祿)을 봉록으로 내린 것이다."

10 **색은** 죄를 지은 사람은 관내후 및 2천 석이 될 수 없다는 것을 이른다.

11 **집해** 여순은 말하였다. "율(律)에서 '죄를 지어 관작(官爵)을 잃은 것을 사오(士五)라 한다.'는 것이다. 개장(開章)은 이름이다."

12 **집해** 장안(張晏)은 말하였다. "대부(大夫)는 성이다. 위에서 '남자(男子) 단(但)'이라고 하여 그 성이 대부임을 밝혔다." 찬(瓚)은 말하였다. "관직이 대부이고 이름이 단(但)인 자이다." **색은** 장읍(張揖)은 대부가 성이라는 것은 틀렸다. 위에서는 '남자 단(男子但)'이라 하고 여기서는 '대부 단(大夫但)'및 '사오 개장(士伍開章)'이라 하였으니 대부가 관직임을 알겠다.

13 **집해** 서광은 말하였다. "극포후(棘蒲侯) 시무(柴武)는 문제(文帝) 후원(後元) 연간에 죽었는데 시호가 강(剛)이다. 사자(嗣子)가 모반하여 뒤를 이을 수 없었으며 나라가 없어졌다."

長數與坐語飮食	유장은 몇 번씩이나 함께 앉아 이야기하고 음식을 먹었으며
爲家室娶婦	집을 지어주고 아내를 얻어주었으며
以二千石俸奉之	2천 석의 봉록을 그에게 주었습니다.
開章使人告但	개장은 사람을 시켜 단에게 알리어
已言之王	이미 왕에게 말하였다고 하였습니다.
春使使報但等	춘(春)은 사자를 보내어 단(但) 등에게 알렸습니다.
吏覺知	관리가 알아채고
使長安尉奇等往捕開章	장안위 기(奇) 등으로 하여금 가서 개장을 체포하게 하였습니다.
長匿不予	유장은 숨기어 내주지 않고
與故中尉蕑忌[14]謀	옛 중위 간기와 모의하여
殺以閉口[15]	죽여서 입을 막았습니다.
爲棺槨衣衾	관곽과 수의 홑이불을 만들어
葬之肥陵邑[16]	비릉읍에서 장사를 지내고
謾吏曰[17]不知安在[18]	관리를 속여 말하기를 '어디 있는지 모른다.'고 하였습니다.
又詳聚土	또한 거짓으로 흙을 쌓아
樹表其上	그 위에다 나무를 심어 표시하여

14 색은 간(蕑)은 성으로 음은 간(姦)이다. 「엄조전(嚴助傳)」에는 '간기(閒忌)'로 되어 있는데 또한 음은 같이 간(姦)이다.

15 정의 개장(開章)을 모살(謀殺)하여 모반자의 입을 봉한 것이다.

16 정의 『괄지지』에서는 말하였다. "비릉(肥陵)의 옛 현은 수주(壽州) 안풍현(安豐縣) 동쪽 60리 지점에 있는데, 옛 육성(六城)의 동북쪽 백여 리 지점에 있다."

17 색은 앞 글자의 음은 만(慢)이다. 만(慢)은 속이는 것이다.

18 색은 실제로는 비릉(肥陵)에다 장사 지내고 장소를 모른다고 거짓말한 것이다. 비릉은 지명으로 비수(肥水)의 가에 있다.

曰開章死	말하기를 '개장이 죽어
埋此下	이 아래 묻다.'라 하였습니다.
及長身自賊殺無罪者一人	유장은 몸소 죄 없는 사람을 죽인 것이 한 명이고,
令吏論殺無罪者六人	관리로 하여금 죄 없는 사람을 논하여 죽인 것이 여섯 명이며,
爲亡命棄市罪詐捕命者以除罪[19]	도망쳐 기시의 죄를 진 자를 위하여 멀쩡한 사람을 거짓으로 체포하여 죄를 면제하였고,
擅罪人	멋대로 사람에게 죄를 주고도
罪人無告劾	사람을 죄준 것을 알리지도 않았으며
繫治城旦舂以上十四人	축성의 노역형이나 곡식을 찧는 형벌 이상으로 구금하여 다스린 자가 14명이고,
赦免罪人	죄인을 사면하였는데
死罪十八人	사형에 해당하는 자가 18명이었으며
城旦舂以下五十八人	노역형이나 곡식을 찧는 형벌 이하로 한 것이 58명이었고,
賜人爵關內侯以下九十四人	사람에게 작위를 내려 관내후 이하인 자가 94명이었습니다.
前日長病	지난날 유장이 병이 들어
陛下憂苦之	폐하께서 근심하고 괴로워하여
使使者賜書棗脯	사자로 하여금 책과 말린 대추를 내리게 하였습니다.
長不欲受賜	유장은 내리신 것을 받고자 하지 않아
不肯見拜使者	사자를 접견하려고도 하지 않았습니다.

19 **집해** 진작(晉灼)은 말하였다. "도망친 자는 기시(棄市)형에 처해야 하는데 왕이 숨겨놓고 거짓으로 도망치지 않은 자를 체포하여 도망친 자라 하여 도망친 자의 죄를 벗겨준 것이다."

南海民處廬江界中者反	남해의 백성들로 여강의 경계에 사는 자들이 반기를 들자
淮南吏卒擊之	회남의 이졸들이 그들을 쳤습니다.
陛下以淮南民貧苦	폐하께서는 회남의 백성들이 가난하고 어렵다고 생각하시어
遣使者賜長帛五千匹	사자를 보내어 유장에게 비단 5천 필을 내리어
以賜吏卒勞苦者	노고가 있는 이졸들에게 내리게 하였습니다.
長不欲受賜	유장은 내리신 것을 받고자 하지 않아
謾言曰無勞苦者	거짓말로 '노고한 자가 없다.'고 하였습니다.
南海民王織上書獻璧皇帝	남해의 백성인 왕직이 황제께 글을 올리고 벽옥을 바쳤는데
忌擅燔其書	간기가 제멋대로 그 글을 불태워
不以聞[20]	알리지 않았습니다.
吏請召治忌	관리가 간기를 불러 치죄할 것을 청하였는데도
長不遣	유장은 보내지 않고
謾言曰忌病	'간기가 병들었다.'고 거짓말을 하였습니다.
春又請長	춘(春)이 또 유장에게 청하여
願入見	들어가 조현할 것을 청하였으나
長怒曰女欲離我自附漢	유장은 노하여 '네 나를 떠나 한나라에 붙으려느냐.'라 하였습니다.
長當棄市	유장은 기시의 죄에 해당하오니
臣請論如法	신은 청컨대 법대로 논하소서."
制曰	영을 내려 말하였다.

20 **집해** 문영(文穎)은 말하였다. "기(忌)는 간기(蕑忌)이다."

朕不忍致法於王
“짐은 차마 왕을 법대로 다스리지 못하겠으니

其與列侯二千石議
열후 및 2천 석의 관리들과 논의하라.”

臣倉臣敬臣逸臣福臣賀昧死言
“신 창(倉)과 신 경(敬), 신 일(逸), 신 복(福), 신 하(賀)는 죽음을 무릅쓰고 아뢰나이다.

臣謹與列侯吏二千石臣嬰等四十三人議
신들은 삼가 열후와 2천 석 관리, 신 영(嬰) 등 43인과 의논하였는데

皆曰長不奉法度
모두 말하기를 ‘유장은 법도를 받들지 않았으며

不聽天子詔
천자의 명령을 듣지 않았고

乃陰聚徒黨及謀反者
이에 몰래 도당 및 모반자들을 모았으며

厚養亡命
망명자들을 후대하여 양성하여

欲以有爲
일을 저지르려 하였다.’라 하였습니다.

臣等議論如法
신 등은 법대로 하기로 의논하였습니다.”

制曰
영을 내려 말하였다.

朕不忍致法於王
“짐은 차마 왕을 법대로 다스리지 못하겠으니

其赦長死罪
유장의 죽을죄를 용서하고

廢勿王
왕의 지위를 폐하도록 하라.”

臣倉等昧死言
“신 창(倉) 등은 죽음을 무릅쓰고 아뢰나이다.

長有大死罪
유장은 크게 죽을죄를 지었는데

陛下不忍致法
폐하께서 차마 법대로 하지 못하여

幸赦
용서하고

廢勿王	왕의 지위를 폐하기를 바라십니다.
臣請處蜀郡嚴道邛郵[21]	신은 청컨대 촉군(蜀郡) 엄도현 공(邛)의 우정(郵亭)에 처하게 하고
遣其子母從居[22]	그 아들과 어미를 보내어 함께 살게 하되
縣爲築蓋家室	현에서는 집을 지어주게 하고
皆廩食給薪菜鹽豉炊食器席蓐	모두에게 먹을 것과 땔나무, 채소, 소금과 장, 취사 식기와 자리를 주게 하십시오.
臣等昧死請	신 등이 죽음을 무릅쓰고 청하와
請布告天下	천하에 포고하기를 청합니다."

制曰	영을 내려 말하였다.
計食長給肉日五斤	"먹을 것을 계산하여 유장에게 고기는 하루 다섯 근
酒二斗	술 두 말을 주도록 하라.
令故美人才人得幸者十人從居	예전의 미인과 재인 중 총애를 받던 열 명에게 함께 살도록 하라.
他可[23]	다른 것은 행해도 좋다."

盡誅所與謀者	모반에 참여한 자는 모두 죽였다.

---

21 집해 서광은 말하였다. "엄도(嚴道)에는 공북(邛僰)의 아홉 구비 비탈길이 있으며, 또한 우정(郵亭)도 두었다." 장안은 "엄도는 촉군(蜀郡)의 현이다."라 하였다. 색은 엄도는 촉군의 현이다. 현에는 만이(蠻夷)가 도(道)라고 하는 것이 있다. 엄도에는 공래산(邛萊山)이 있으며 우정이 있기 때문에 "엄북공우(嚴道邛郵)"라고 하였다.

22 색은 악산(樂產)은 "잉첩 가운데 아들이 있는 자를 따라가게 한 것이다."라 하였다.

23 색은 다른 일은 법대로 해도 좋다는 말이다.

於是乃遣淮南王	이에 곧 회남왕을 보냈는데
載以輜車	덮개가 있는 수레에 태워
令縣以次傳	현으로 하여금 차례로 전하게 하였다.
是時袁盎諫上曰	이때 원앙이 임금에게 간하여 말하였다.
上素驕淮南王	"임금께서는 평소에 회남왕을 총애하시어
弗爲置嚴傅相	엄한 사부와 승상을 설치해 주지 않아서
以故至此	여기까지 이른 것입니다.
且淮南王爲人剛	또한 회남왕은 사람됨이 강한데
今暴摧折之	지금 갑자기 꺾어버렸습니다.
臣恐卒逢霧露病死	신은 마침내 안개와 이슬을 만나 병으로 죽어
陛下爲有殺弟之名	폐하께서 그 때문에 아우를 죽였다는 오명을 얻을까 두려우니
柰何	어쩌시겠습니까!"
上曰	임금이 말하였다.
吾特苦之耳	"내 다만 고생만 좀 시키려는 것일 뿐
今復之	이제 복귀시킬 것이오."
縣傳淮南王者皆不敢發車封[24]	현의 회남왕을 이송하는 자들은 모두 감히 함거의 봉인을 뜯지 못하였다.
淮南王乃謂侍者曰	회남왕이 이에 따르는 사람에게 말하였다.
誰謂乃公勇者[25]	"누가 내공더러 용감하다고 하더냐?
吾安能勇	내 어찌 용맹할 수 있겠는가!
吾以驕故不聞吾過至此	내 교만해서 나의 잘못을 듣지 않아 이 지경에 이르렀다.

24 집해 『한서음의』에서는 말하였다. "함거(檻車)에는 함봉(檻封)이 있다."

25 색은 내(乃)는 여(汝)이다. 여공(汝公)은 회남왕이 스스로 이른 것이다.

人生一世間	사람이 이 세상에 나서
安能邑邑如此	어찌 이렇게 우울하고 즐겁지 않을 수 있겠는가!"
乃不食死	이에 음식을 먹지 않고 죽었다.
至雍[26]	옹현에 이르렀을 때
雍令發封	옹현의 현령이 봉한 것을 열어보고
以死聞	부음을 알렸다.
上哭甚悲	임금은 곡을 하며 매우 슬퍼하여
謂袁盎曰	원앙에게 일러 말하였다.
吾不聽公言	"내 그대의 말을 듣지 않아
卒亡淮南王	마침내 회남왕을 잃었소."
盎曰	원앙이 말하였다.
不可柰何	"어찌할 수 없으니
願陛下自寬	원컨대 폐하께옵서는 스스로 너그러이 위로하소서."
上曰	임금이 말하였다.
爲之柰何	"이를 어떻게 하라는 것이오?"
盎曰	원앙이 말하였다.
獨斬丞相御史以謝天下乃可[27]	"다만 승상과 어사를 참하여 천하에 사죄하면 됩니다."
上即令丞相御史逮考諸縣傳送淮南王不發封餽侍者	임금은 즉시 승상과 어사로 하여금 여러 현의 회남왕을 이송하면서 봉인을 뜯어 음식을 보내지 않고 모신 자들을
皆棄市	모두 기시하였다.

26 정의 지금의 기주(岐州) 옹현(雍縣)이다.

27 색은 유씨(劉氏)는 "원앙의 이 말 또한 큰 과실이다."라 하였다.

乃以列侯葬淮南王於雍	이에 열후로 회남왕을 옹현(雍縣)에서 장사 지내고
守冢三十戶	30호로 무덤을 지키게 하였다.

孝文八年	효문제 8년(B.C. 172)에
上憐淮南王	임금이 회남왕을 불쌍히 여겼다.
淮南王有子四人	회남왕에게는 아들 넷이 있었는데
皆七八歲	모두 7~8세였다.
乃封子安爲阜陵侯	이에 아들 안(安)을 부릉후에 봉하였고,
子勃爲安陽侯	아들 발(勃)은 안양후에,
子賜爲陽周侯	아들 사(賜)는 양주후에,
子良爲東成侯	아들 양(良)은 동성후에 봉하였다.

孝文十二年	효문제 12년(B.C. 168)에
民有作歌歌淮南厲王曰	민간에서 노래를 지어 회남왕 여(厲)를 노래하여 말하였다.
一尺布	"베 한 자로도
尙可縫	오히려 꿰맬 수 있으며,
一斗粟	곡식 한 말도
尙可舂	오히려 찧을 수 있다.
兄弟二人不能相容[28]	형제 두 사람이 서로를 용납할 수 없구나."
上聞之	임금이 듣고

28 **집해** 『한서음의』에서는 말하였다. "베 한 자와 곡식 한 말도 오히려 아직 버리지 않았는데, 하물며 형제가 서로 쫓는 것이라 하였다." 찬은 말하였다. "베 한 자도 오히려 꿰매어 옷을 짓는 데 보태줄 수 있고, 조 한 말도 아직 찧어서 양식에 보탤 수 있거늘 하물며 천하가 넓어서 서로를 용납할 수 없음이겠는가?"

乃歎曰	이에 탄식하여 말하였다.
堯舜放逐骨肉[29]	"요(堯)와 순(舜)은 골육을 쫓아내었고
周公殺管蔡	주공은 관숙과 채숙을 죽였는데도
天下稱聖	세상에서 성군이라고 한다.
何者	어째서인가?
不以私害公	사적인 마음으로 공리를 해치지 않아서이다.
天下豈以我爲貪淮南王地邪	천하에서 어찌 내가 회남왕의 땅을 탐하였다고 생각하는가?"
乃徙城陽王王淮南故地[30]	이에 성양왕을 회남의 옛 땅으로 옮겨 왕으로 삼고
而追尊謚淮南王爲厲王[31]	추존하여 회남왕의 시호를 여왕(厲王)이라 하였으며
置園復如諸侯儀	원묘를 두어 다시 제후의 예의(禮儀)대로 하였다.

孝文十六年	효문왕 16년(B.C. 164)에
徙淮南王喜[32]復故城陽	회남왕 희(喜)를 옛 성양으로 복귀시켰다.
上憐淮南厲王廢法不軌	임금은 회남여왕이 법을 폐지하고 지키지 않아
自使失國蚤死	스스로 나라를 잃고 일찍 죽게 한 것을 불쌍히 여겨

29 **정의** 『제계(帝系)』에서는 요(堯)는 황제(黃帝)의 후예라 하였으며, 순(舜)은 전욱(顓頊)의 후예라고 하였다. 사흉(四凶)에 황제와 전욱을 이은 자가 있어서 요와 순이 그들을 달아나게 한 것이 골육을 내쫓은 것일 따름이다. 사흉은 공공(共工)과 삼묘(三苗), 백곤(伯鯀) 및 환두(驩兜)인데 모두 요 · 순과 같은 성씨이므로 동성이라고 한 것이다.

30 **집해** 서광은 말하였다. "경왕장(景王章)의 아들이다."

31 **정의** 『시법(謚法)』에서는 말하였다. "포악하고 오만하며 친함이 없는 것을 여라고 한다(暴慢無親曰厲)."

32 **색은** 옛 성양(城陽) 경왕(景王)의 아들이다.

乃立其三子	이에 그 세 아들을 세웠으니,
阜陵侯安爲淮南王	부릉후 안(安)을 회남왕으로 삼았고
安陽侯勃爲衡山王	안양후 발(勃)은 형산왕으로 삼았으며
陽周侯賜爲廬江王	양주후 사(賜)는 여강왕으로 삼았는데
皆復得厲王時地	모두 여왕 때의 땅을 다시 얻어
參分之	삼등분하였다.
東城侯良前薨	동성후는 오래전에 죽어서
無後也	후사가 없었다.
孝景三年	효경제 3년(B.C. 154)에
吳楚七國反	오 · 초의 일곱 나라가 반기를 들었는데
吳使者至淮南	오나라의 사자가 회남에 이르니
淮南王欲發兵應之	회남왕은 군사를 일으켜 향응하려 하였다.
其相曰	그 승상이 말하였다.
大王必欲發兵應吳	"대왕께서 반드시 군사를 일으켜 오나라에 향응하려 하신다면
臣願爲將	신은 원컨대 장수가 되겠습니다."
王乃屬相兵	왕은 이에 승상에게 군사를 맡겼다.
淮南相已將兵	회남왕의 승상은 이미 군사를 거느리게 되자
因城守	그대로 성을 지키면서
不聽王而爲漢	왕을 따르지 않고 한나라를 위하였으며,
漢亦使曲城侯[33]將兵救淮南	한나라 또한 곡성후로 하여금 군사를 거느리고 회남을 구원하게 하였다.

33 집해 서광은 말하였다. "곡성후(曲城侯)의 성은 충(蟲)이고 이름은 첩(捷)이며, 그 부친의 이름은 봉(逢)인데 고조(高祖)의 공신이다."

淮南以故得完	회남은 이 때문에 보존되었다.
吳使者至廬江	오나라 사자가 여강에 이르렀는데
廬江王弗應	여강왕이 응하지 않자
而往來使越	왕래하며 월에 사자를 보냈다.
吳使者至衡山	오나라 사자가 형산에 이르렀는데
衡山王堅守無二心	형산왕은 굳게 지켜 두 마음을 품지 않았다.
孝景四年	효경 4년(B.C. 153)에
吳楚已破	오와 초나라는 이미 격파되었고
衡山王朝	형산왕이 조현하니
上以爲貞信	임금이 곧고 믿음이 있다고 생각하여
乃勞苦之曰	곧 노고를 치하하고 말하기를
南方卑溼	"남방은 낮고 습하다."라 하고
徙衡山王王濟北	형산왕을 제북왕으로 옮겼는데
所以褒之	그를 기렸기 때문이었다.
及薨	죽자
遂賜諡爲貞王	마침내 정왕이라는 시호를 내렸다.
廬江王邊越	여강왕은 월나라와 접하여
數使使相交	여러 차례 사신을 서로 교왕케 하여
故徙爲衡山王	형산왕으로 옮기고
王江北	강북왕으로 삼았다.
淮南王如故	회남왕은 예전과 같았다.

淮南王安爲人好讀書鼓琴	회남왕 안(安)은 사람됨이 책을 읽고 금을 타기를 좋아하였고
不喜弋獵狗馬馳騁	사냥하느라 개와 말을 달리게 하는 것을 싫어

	하였으며
亦欲以行陰德拊循百姓	또한 몰래 덕을 행하여 백성들을 어루만져
流譽天下	명예를 퍼뜨리려 하였다.
時時怨望厲王死	때때로 여왕의 죽음을 원망하여
時欲畔逆	이따금 반기를 들고자 하였지만
未有因也	기회가 따라주지 않았다.
及建元二年	건원 2년(B.C. 139)에
淮南王入朝	회남왕이 입조하였다.
素善武安侯	평소에 무안후와 친하게 지냈는데
武安侯時爲太尉	무안군은 당시 태위였으며
乃逆王霸上	이에 패상에서 왕을 맞아
與王語曰	왕에게 말하였다.
方今上無太子	"지금 임금께는 태자가 없고
大王親高皇帝孫[34]	대왕은 고황제의 친손으로
行仁義	인의를 행하는 것은
天下莫不聞	천하에서 알지 못하는 사람이 없습니다.
即宮車一日晏駕	황제께서 하루아침에 돌아가시기라도 한다면
非大王當誰立者	대왕이 아니면 누가 즉위하겠습니까!"
淮南王大喜	회남왕이 크게 기뻐하여
厚遺武安侯金財物	무안군에게 금과 재물을 두둑이 내렸다.
陰結賓客[35]	몰래 빈객들과 사귀고

34 정의 『한서』에서는 말하였다. "무제(武帝)는 안(安)을 제부(諸父)로 삼게 했다."

35 색은 『회남요략(淮南要略)』에서는 유안은 선비 수천을 양성하였는데 재주가 뛰어난 사람이 여덟 명으로 소비(蘇非)와 이상(李尚)·좌오(左吳)·진유(陳由)·오피(伍被)·모주(毛周)·뇌피(雷被), 그리고 진창(晉昌)이었는데 '팔공(八公)'이라 불렀다라 하였다.

拊循百姓	백성들을 위무하며
爲畔逆事	반역의 일을 꾸몄다.
建元六年	건원 6년(B.C. 135)에
彗星見	혜성이 보이자
淮南王心怪之	회남왕은 마음속으로 괴이히 여겼다.
或說王曰	혹자가 왕에게 말하였다.
先吳軍起時	"먼저 오나라 군사가 일어섰을 때
彗星出長數尺	혜성이 여러 자나 되도록 길게 나타났지만
然尚流血千里	오히려 피만 천 리에 흘렸습니다.
今彗星長竟天	지금 혜성이 하늘가까지 길게 뻗어 있으니
天下兵當大起	천하에 군사가 크게 일어날 것입니다."
王心以爲上無太子	왕은 마음속으로 임금이 태자가 없어서
天下有變	천하에 변란이 일어나면
諸侯並爭	제후들이 함께 다툴 것이라 생각하여
愈益治器械攻戰具	기계와 전쟁의 공격용 병기를 더욱 잘 수리하고
積金錢賂遺郡國諸侯游士奇材	돈을 쌓아 군국의 제후의 유사와 기이한 인재들에게 뇌물을 주었다.
諸辨士爲方略者	여러 변사들로 방략을 일삼는 자들이
妄作妖言	함부로 요망한 말을 하여
諂諛王	왕에게 아첨하니
王喜	왕은 기뻐하여
多賜金錢	금전을 많이 내리고
而謀反滋甚	반역을 꾀하는 마음이 더욱 심하여졌다.

淮南王有女陵	회남왕에게는 딸 능(陵)이 있었는데
慧	총명하고
有口辯	말재주가 있었다.
王愛陵	왕은 능을 사랑하여
常多予金錢	늘 돈을 듬뿍 주어
中詗[36]長安	장안을 염탐하게 하고
約結上左右	임금의 좌우와 교유를 맺게 하였다.
元朔三年	원삭 3년(B.C. 126)에
上賜淮南王几杖	임금이 회남왕에게 궤안과 지팡이를 내렸는데
不朝	조현하지 않았다.
淮南王王后荼	회남왕의 왕후는 도(荼)인데
王愛幸之	왕이 총애하였다.
王后生太子遷	왕후는 태자 천(遷)을 낳았는데
遷取王皇太后外孫修成君女爲妃[37]	천은 왕황태후의 외손 수성군의 딸을 취하여 비로 삼았다.
王謀爲反具	왕은 반란에 쓸 도구를 만들 것을 모의하였는데
畏太子妃知而內泄事	태자비가 알고 안으로 일을 누설할까 두려워하여

36 **집해** 서광은 말하였다. "형(詗)은 정탐하여 살피는 것을 이른다. 안평후(安平侯) 악천추(鄂千秋)의 현손(玄孫) 백(伯)과 회남왕(淮南王)의 딸 능(陵)은 통하다가 중간에 끊어지자 또한 회남왕의 편지를 주고 신하라 일컬으며 힘을 다하였으므로 기시(棄市)하였다." **색은** 등전(鄧展)은 말하였다. "형(詗)은 사로잡는 것[捕]이다." 서광은 말하였다. "정탐하여 살피는 것을 이른다." 우강(孟康)은 말하였다. "詗은 정(偵)의 뜻으로 읽는다. 서방의 사람들은 반간(反間)을 정(偵)이라 한다." 유씨(劉氏) 및 포개(包愷)는 모두 음을 정[丑政反]이라 하였다. 복건(服虔)은 말하였다. "정(偵)은 살피는 것이다."

37 **집해** 응소(應劭)는 말하였다. "왕태후는 먼저 금씨(金氏)의 딸에게 갔다."

乃與太子謀	이에 태자와 모의하여
令詐弗愛	거짓으로 사랑하지 않는다 하고
三月不同席	석 달 동안 자리를 함께하지 않았다.
王乃詳爲怒太子	왕은 또한 거짓으로 태자에게 노한 척하여
閉太子使與妃同內三月	태자를 유폐시켜 비와 석 달 동안 한 방을 쓰게 하였는데
太子終不近妃	태자는 끝내 비를 가까이하지 않았다.
妃求去	비가 떠날 것을 청하자
王乃上書謝歸去之	왕은 이에 글을 써서 사과하고 돌려보냈다.
王后荼 · 太子遷及女陵得愛幸王	왕후 도와 태자 천 및 딸 능은 왕의 총애를 받아
擅國權	나라에서 전권을 휘둘러
侵奪民田宅	백성의 전택을 침탈하고
妄致繫人	함부로 사람들을 구금하기에 이르렀다.

元朔五年	원삭 5년(B.C. 124)에
太子學用劍	태자가 칼 쓰는 법을 배웠는데
自以爲人莫及	스스로 남들이 미칠 수 없다고 생각하였으며
聞郎中雷被巧[39]	낭중 뇌피가 솜씨가 있다고 듣자
乃召與戲	이에 불러서 함께 겨루려 하였다.
被一再辭讓[40]	뇌피는 거듭 사양하였지만

38 **집해** 서광은 말하였다. "어떤 판본에는 '때렸다(毆擊)'고 되어 있다."

39 **색은** 교(巧)는 칼을 잘 쓴다는 말이다.

40 **색은** 악산은 말하였다. "처음에 한번 사양하고 두 번째도 사양하였으나 나중에 마침내 거절하지 못하였으므로 한 번 두 번 사양을 하다가 잘못하여 맞추었다고 한 것이다."

誤中太子	잘못하여 태자를 맞혔다.
太子怒	태자는 노하였고
被恐	뇌피는 두려워하였다.
此時有欲從軍者輒詣京師	이때 종군하려는 자가 있으면 바로 경사에 이르게 하였는데
被即願奮擊匈奴	뇌피는 곧장 힘껏 흉노를 칠 것을 원하였다.
太子遷數惡被於王	태자 천은 왕에게 뇌피를 여러 차례나 험담하여
王使郎中令斥免	왕은 낭중령을 물리쳐 면직시키게 하고
欲以禁後[41]	나중에도 금하게끔 하고자 하였다.
被遂亡至長安	뇌피는 마침내 장안으로 도망쳐
上書自明	글을 올려 스스로 밝혔다.
詔下其事廷尉河南[42]	그 일을 정위와 하남에게 내려 보내게 하였다.
河南治	하남에서 다스리려고
逮淮南太子[43]	회남 태자를 체포하려 하였지만
王王后計欲無遣太子	왕과 왕후는 계책을 세워 태자를 보내지 않고
遂發兵反	결국 군사를 내어 반란을 일으키려 하였는데
計猶豫	계획이 미루어져
十餘日未定	열흘여가 되도록 결정을 내리지 못하였다.
會有詔	마침 조서가 내려
即訊太子[44]	가서 태자를 심문하려 했다.

41 정의 낭중령의 관직을 없애어 후인으로 하여금 감히 본받지 못하게 한 것을 말한다.

42 정의 뇌피가 발고한 글을 정위 및 하남에 내려 보내 함께 다스리게 한 것이다.

43 정의 체(逮)는 하남에 쫓아가게 한 것을 이른다.

44 색은 악산은 "즉(即)은 나아가는 것이다. 신(訊)은 묻는 것이다. 회남으로 가서 재판을 하고 하남에는 이르지 않는 것이다."라 하였다.

當是時	이때
淮南相怒壽春丞留太子逮不遣[45]	
	회남 승상은 수춘(壽春)의 승(丞)이 태자를 머무르게 하고 체포하여 보내지 않은 것에 노하여
劾不敬	불경죄를 탄핵하였다.
王以請相	왕이 이를 승상에게 청하였으나
相弗聽	승상은 들어주지 않았다.
王使人上書告相	왕이 사람을 시켜 글을 올려 승상을 고발하게 하니
事下廷尉治	일을 정위에게 내려 다스리도록 하였다.
蹤跡連王	자취와 흔적이 왕에게까지 이어지자
王使人候伺漢公卿	왕은 사람으로 하여금 한나라의 공경을 염탐하게 하였으며
公卿請逮捕治王	공경은 왕을 체포하여 다스릴 것을 청하였다.
王恐事發	왕이 일이 발각될까 두려워하자
太子遷謀曰	태자 천이 모의하여 말하였다.
漢使即逮王	"한나라에서 왕을 체포하려 하면
王令人衣衛士衣	왕께서는 사람으로 하여금 위나라 군사의 옷을 입고
持戟居庭中	극을 들고 궁정에 있게 하여
王旁有非是	왕의 곁에서 시비가 생기면
則刺殺之	그를 찔러 죽이시고
臣亦使人刺殺淮南中尉	저도 사람을 시켜 회남 중위를 찔러 죽여
乃舉兵	이에 군사를 일으키면

45 **집해** 여순은 말하였다. "승(丞)은 형옥과 죄수의 일을 주관하는데 승이 왕의 뜻을 따라 태자가 명령서에 따르지 않게 한 것이다."

未晚	늦지 않을 것입니다.”
是時上不許公卿請	이때 임금은 공경의 청을 허락하지 않았으며
而遣漢中尉宏[46]即訊驗王	한나라 중위 굉(宏)을 보내어 가서 왕을 떠보게 하였다.
王聞漢使來	왕은 한나라 사자가 온다는 말을 듣고
即如太子謀計	바로 태자에게 가서 계책을 논하였다.
漢中尉至	한나라 중위가 이르렀을 때
王視其顏色和	왕은 그 안색이 온화하고
訊王以斥雷被事耳	왕을 신문하는 것도 뇌피를 파면한 일 뿐인 것을 보고
王自度無何[47]	왕은 스스로 별다른 일이 없을 것으로 헤아려
不發	군사를 일으키지 않았다.
中尉還	중위는 돌아와
以聞	그대로 알려 주었다.
公卿治者曰	공경들 가운데 치죄하려던 자들이 말하였다.
淮南王安擁閼奮擊匈奴者雷被等	“회남왕 안은 힘껏 흉노를 치려던 자인 뇌피 등을 막아
廢格明詔[48]	영명한 조서를 버려두고 폐하였으니
當棄市	기시에 처해야 합니다.”
詔弗許	어명으로 허락하지 않았다.

46 색은 「백관표(百官表)」에 의하면 성은 은(殷)이다.

47 집해 여순은 말하였다. “아무 죄도 없는 것이다.”

48 색은 최호(崔浩)는 말하였다. “조서로 흉노를 칠 사람을 모집하였는데 응모자를 막았으니 한나라 법에서 이른바 버려두고 폐한 것이다.” 여순은 「양효왕전(梁孝王傳)」에 주석을 달고 “버티어 버려두고 행하지 않은 것이다. 음은 각(各)이다.”라 하였다.

公卿請廢勿王	공경들이 왕위를 폐할 것을 청하였으나
詔弗許	어명으로 허락하지 않았다.
公卿請削五縣	공경이 다섯 현을 깎을 것을 청하니
詔削二縣	어명으로 두 현을 깎았다.
使中尉宏赦淮南王罪	중위 굉으로 하여금 회남왕의 죄를 용서하게 하고
罰以削地	벌로 땅을 깎았다.
中尉入淮南界	중위는 회남의 경계로 들어가
宣言赦王	왕을 용서한다는 선언을 하였다.
王初聞漢公卿請誅之	왕은 처음에 한나라의 공경들이 죽이기를 청한다는 말은 들었으나
未知得削地	땅을 깎는다는 말은 아직 알지 못하여
聞漢使來	한나라 사자가 온다는 말을 듣고
恐其捕之	그가 체포할까 두려워하여
乃與太子謀刺之如前計	이에 태자와 함께 전의 계획대로 찔러 죽일 모의를 했다.
及中尉至	중위가 이르러
即賀王	곧 왕(이 용서받은 것)을 축하하자
王以故不發	왕은 그제야 손을 쓰지 않았다.
其後自傷曰	그 후에 스스로 애통해하여 말하였다.
吾行仁義見削	"내 인의를 행하였는데도 깎였으니
甚恥之	심히 부끄럽구나."
然淮南王削地之後	그러나 회남왕은 땅을 깎인 후에도
其爲反謀益甚	모반을 획책함이 더욱 심하였다.
諸使道從長安來[49]	여러 사자들이 장안에서 돌아와

爲妄妖言	망령되어 요망한 말을 하여
言上無男	임금에게 아들이 없어
漢不治	한나라가 다스려지지 않는다고 하면
即喜	곧 기뻐하였고,
即言漢廷治	한나라 조정이 잘 다스려지고
有男	아들이 있다고 하면
王怒	왕은 노하여
以爲妄言	망령된 말이라 하고는
非也	틀렸다고 하였다.

王日夜與伍被[50]左吳等案輿地圖[51]

	왕은 날로 오피, 좌오 등과 함께 여지도를 살피며
部署兵所從入	부서의 군사를 어디로 들일까를 논의했다.
王曰	왕이 말하였다.
上無太子	"임금은 태자가 없으니
宮車即晏駕	임금께서 돌아가시면
廷臣必徵膠東王	조정의 신하들은 반드시 교동왕을 부르거나
不即常山王[52]	아니면 상산왕을 즉위시킬 것이며

49 색은 장안에서 오는 것이다. 여순은 말하였다. "도(道) 자는 로(路)라는 말과 같다. 장안에서 오는 것이다." 요승(姚承)은 말하였다. "도(道)는 '종(從)'으로 된 판본도 있다."

50 집해 『한서』에서는 말하였다. "오피(伍被)는 초(楚)나라 사람이다. 혹자는 그 선조는 오자서(伍子胥)의 후손이라고 한다."

51 집해 소림(蘇林)은 말하였다. "여(輿)는 모두 수록하였다는 말과 같다." 색은 『지림(志林)』에서는 "여지도(輿地圖)는 한나라 왕실에서 그린 것으로 먼 옛날에 나온 것이 아니다."라 하였다.

52 집해 서광은 말하였다. "모두 경제(景帝)의 아들이다."

諸侯並爭	제후들이 함께 다툴 것이니
吾可以無備乎	내가 어찌 대비하지 않겠는가!
且吾高祖孫	또한 나는 고조의 손자로
親行仁義	친히 인의를 행하여
陛下遇我厚	폐하께서 나를 후대하니
吾能忍之	내 어찌 참을 수 있을 것이며,
萬世之後	임금이 돌아가신 후에는
吾寧能北面臣事豎子乎	내 어찌 북쪽을 보고 어린아이를 섬길 수 있겠는가!"

王坐東宮	왕이 동궁에 앉아
召伍被與謀	오피를 불러 함께 모의하여
曰	말하였다.
將軍上	"장군은 올라오라."
被悵然曰	오피는 슬피 말하였다.
上寬赦大王	"임금께서 대왕을 너그러이 용서하셨는데
王復安得此亡國之語乎	왕께서 다시 어찌 이런 나라를 망하게 할 말을 하십니까!
臣聞子胥諫吳王	신이 듣건대 오자서가 오왕에게 간언하였는데
吳王不用	오왕이 쓰지 않아
乃曰臣今見麋鹿游姑蘇之臺也	이에 말하기를 '신은 지금 곧 미록이 고소대에서 노는 것을 볼 것입니다.'라 하였습니다.
今臣亦見宮中生荊棘	지금 신 또한 궁중에 가시나무가 나고
露霑衣也	이슬이 옷을 적심을 볼 것입니다."

王怒	왕은 노하여
繫伍被父母	오피의 부모를 포박하여
囚之三月	석 달을 가두고
復召曰	다시 불러서 말하였다.
將軍許寡人乎	"장군은 과인을 따르겠는가?"
被曰	오피가 말하였다.
不	"아닙니다.
直來爲大王畫耳	다만 대왕께 계획을 세워드리고자 왔을 뿐입니다.
臣聞聰者聽於無聲	신이 듣건대 귀가 밝은 자는 소리가 없는 데서 듣고
明者見於未形	눈이 밝은 자는 형체를 이루기 전에 본다고 하였으므로
故聖人萬舉萬全	성인은 만 번을 행하면 만 번을 성공하는 것입니다.
昔文王一動而功顯于千世	옛날 문왕은 한번 움직여 공이 천세에 드러나
列爲三代	삼대에 들었으니
此所謂因天心以動作者也	이것이 이른바 하늘의 마음으로 움직였다는 것이므로
故海內不期而隨	천하에서 기약도 하지 않았는데 따랐습니다.
此千歲之可見者	이는 천 년 뒤에 볼 수 있는 것입니다.
夫百年之秦	백 년 된 진나라와
近世之吳楚	근세의 오나라와 초나라로도
亦足以喻國家之存亡矣	또한 국가의 존망을 알 수 있습니다.
臣不敢避子胥之誅	신은 감히 오자서의 죽음을 피하지 않을 것이니
願大王毋爲吳王之聽	원컨대 대왕께서는 오왕이 들은 것을 하지 마십시오.

昔秦絕聖人之道	옛날에 진나라는 성인의 도를 끊었으며
殺術士	유생을 죽이고
燔詩書	『시경』과 『서경』을 태웠으며,
棄禮義	예의를 버리고
尙詐力	속임수와 힘을 숭상하였으며
任刑罰	형벌을 쓰고
轉負海之粟致之西河	바다를 업고 있는 곳의 곡식을 서하로 옮겼습니다.
當是之時	이때
男子疾耕不足於糟糠	남자들은 힘껏 밭을 갈아도 술지게미도 부족하였으며
女子紡績不足於蓋形	여자들은 길쌈을 해도 몸을 덮기에도 부족하였습니다.
遣蒙恬築長城	몽염을 보내어 장성을 쌓게 하였는데
東西數千里	동서로 수천 리나 되었으며
暴兵露師常數十萬	햇빛과 이슬에 노출된 병사들이 늘 10만을 헤아렸고
死者不可勝數	죽은 자는 이루 헤아릴 수 없었으며
僵尸千里	시체가 천 리에 널렸고
流血頃畝	흐르는 피는 백 이랑을 이루었으며
百姓力竭	백성들은 힘이 고갈되어
欲爲亂者十家而五	난을 일으키려는 자가 열 집에서 다섯이었습니다.
又使徐福入海求神異物	또한 서복으로 하여금 바다로 들어가 신기한 물건을 찾게 하니
還爲僞辭曰	돌아와 거짓으로 말하기를
臣見海中大神	'신은 바다에서 큰 신을 보았는데

言曰	말하기를
汝西皇之使邪	「너는 서쪽 황제의 사신이렷다?」라 하였습니다.
臣答曰	신은 답하였습니다.
然	「그렇습니다.」
汝何求	「너는 무엇을 찾느냐?」
曰	말하였습니다.
願請延年益壽藥	「바라건대 수명을 연장해 주는 약을 청합니다.」
神曰	신이 말하였습니다.
汝秦王之禮薄	「네 진왕은 예가 박하여
得觀而不得取	볼 수는 있으되 가질 수는 없다.」
即從臣東南至蓬萊山	즉시 신을 동남쪽으로 봉래산으로 따르게 하였는데
見芝成宮闕	영지로 지은 궁궐이 보였으며
有使者銅色而龍形	사자가 있었는데 구릿빛에 용의 형상이었으며
光上照天	빛이 위로 하늘을 비추었습니다.
於是臣再拜問曰	이에 신이 두 번 절하고 물었습니다.
宜何資以獻	「어떤 물건을 바쳐야 합니까?」
海神曰	해신이 말하였습니다.
以令名男子若振女[53]與百工之事	「명문가의 동정 남녀와 백공의 일이라면
即得之矣	곧 얻게 될 것이다.」'라 하였습니다.
秦皇帝大說	진황제는 크게 기뻐하며

53 **집해** 서광은 말하였다. "(後漢 張衡의) 「서경부(西京賦)」에서는 '동정남녀가 만무(萬舞)를 춘다(振子萬童).'고 하였다." 내[駰]가 생각건대 설종(薛綜)은 "진자(振子)는 동정 남녀이다."라 하였다.

遣振男女三千人	동정남녀 3천 명을 보내고
資之五穀種種百工而行	오곡의 각종 씨앗과 백공을 주어 가게 하였습니다.
徐福得平原廣澤	서복은 평평한 들과 느른 소택지를 얻자
止王不來[54]	머물러 왕이 되고 돌아오지 않았습니다.
於是百姓悲痛相思	이에 백성들은 비통해하며 서로 그리워하여
欲爲亂者十家而六	난을 일으키려는 자가 열 집 가운데 여섯은 되었습니다.
又使尉佗踰五嶺攻百越	또한 위타로 하여금 오령을 넘어 백월을 공격하게 하였습니다.
尉佗知中國勞極	위타는 중국의 피로가 극에 달하였음을 알고
止王不來	머물러 왕이 되어 오지 않았으며
使人上書	사람을 시켜 글을 올리게 하여
求女無夫家者三萬人	남편이 없는 여인 3만 명을 구하여
以爲士卒衣補	사졸의 옷을 꿰매게 하려고 했습니다.
秦皇帝可其萬五千人	진황제는 1만 5천 명을 허락하였습니다.
於是百姓離心瓦解	이에 백성들은 마음이 떠나고 와해되어
欲爲亂者十家而七	난을 일으키려는 자가 열 명에 일곱은 되었습니다.
客謂高皇帝曰	빈객이 고황제에게 일러 말하기를
時可矣	'때가 된 것 같습니다.'라 하였습니다.
高皇帝曰	고황제가 말하였습니다.

54 정의 『괄지지』에서는 말하였다. "단주(亶州)는 동해(東海)에 있다, 진시황이 서복을 보내어 동정남녀를 거느리게 하였는데 마침에 이 주(州)에 머물게 하였다. 그 후에 다시 여러 섬에 만가(萬家)가 있게 되었는데 그 상인(上人)은 회계(會稽)의 저자에서 장사를 하는 사람도 있었다." 문장이 빠졌다.

待之 ‘기다리면

聖人當起東南閒 성인이 동남쪽 사이에서 일어날 것이다.’

不一年 1년이 되지 않아

陳勝吳廣發矣 진승과 오광이 일어났습니다.

高皇始於豐沛 고황제가 비로소 풍읍의 패현에서

一倡天下不期而響應者不可勝數也
한번 창의하니 천하에서 기약도 하지 않았는데 메아리처럼 응한 자가 이루 헤아릴 수가 없었습니다.

此所謂蹈瑕候閒 이것이 이른바 옥의 티를 밟고 틈을 기다리는 것이니

因秦之亡而動者也 진나라가 망할 때를 틈타 움직인 것입니다.

百姓願之 백성들이 바라는 것이

若旱之望雨 가뭄에 비를 바라는 것과 같았으므로

故起於行陳之中而立爲天子 행오와 군진에서 일어나 천자로 즉위하신 것이니

功高三王 공은 삼왕보다 높고

德傳無窮 덕은 무궁히 전하여졌습니다.

今大王見高皇帝得天下之易也
지금 대왕께서는 고황제가 천하를 얻음이 쉬웠다는 것만 보시고

獨不觀近世之吳楚乎 단지 근세의 오와 초는 살피지 않으십니까?

夫吳王賜號爲劉氏祭酒[55] 저 오왕은 호를 하사받아 유씨의 좨주가 되어

復不朝 더 이상 조현하지 않았으며

---

55 **집해** 응소는 말하였다. “『예(禮)』에서는 ‘술을 마실 때는 반드시 제사를 지내니 선조가 있음을 보여주는 것이다(飮酒必祭, 示有先也).’라 하였으므로 좨주(祭酒)라 칭하는데 높다는 뜻이다.”

王四郡之衆	네 군의 무리를 다스렸고
地方數千里	땅은 사방 천 리에 달하였으며
內鑄消銅以爲錢	안으로는 동전을 주조하여 돈으로 삼았고
東煮海水以爲鹽	동으로는 바닷물을 끓여 소금을 만들었으며
上取江陵木以爲船	위로는 강릉의 나무를 취하여 배를 만들었고
一船之載當中國數十兩車	배 한 척에 싣는 것이 중국의 수레 수십 량에 해당되었으며
國富民衆	나라는 부유하고 백성은 많았습니다.
行珠玉金帛賂諸侯宗室大臣	주옥과 금, 비단으로 제후와 종실의 대신들에게 뇌물을 돌렸는데
獨竇氏不與	두씨(竇氏)에게만은 주지 않았습니다.
計定謀成	계책이 정하여지고 모반이 이루어지자
舉兵而西	군사를 일으켜 서쪽으로 향하였습니다.
破於大梁	대량에서 깨지고
敗於狐父[56]	호보에서 패하여
奔走而東	달아나 동쪽으로 갔는데
至於丹徒	단도에 이르자
越人禽之	월나라 사람이 그를 사로잡아
身死絕祀	몸은 죽고 제사는 끊어져
爲天下笑	천하의 웃음거리가 되었습니다.
夫以吳越之衆不能成功者何	대체로 오 · 월이 많은 무리로도 성공할 수 없었던 것은 어째서입니까?
誠逆天道而不知時也	바로 하늘의 도를 거스르고 때를 알지 못하였기 때문입니다.

56 **집해** 서광은 말하였다. "양(梁)과 탕(碭)의 사이에 있다."

方今大王之兵衆不能十分吳楚之一	지금 대왕의 군사와 백성은 오 · 초의 10분의 1도 될 수 없고
天下安寧有萬倍於秦之時	천하의 안정은 진나라 때보다 만 배는 되니
願大王從臣之計	원컨대 대왕께서는 신의 계책을 따르소서.
大王不從臣之計	대왕께서 신의 계책을 따르지 않으시면
今見大王事必不成而語先泄也	이제 대왕의 일은 필시 이루지도 못하고 말이 먼저 누설될 것입니다.
臣聞微子過故國而悲	신이 듣건대 미자(微子)는 옛 나라를 지나다가 슬퍼하여
於是作麥秀之歌	이에 「맥수지가(麥秀之歌)」를 지었는데
是痛紂之不用王子比干也	이는 주(紂)임금이 왕자 비간을 쓰지 않았음을 가슴 아파한 것입니다.
故孟子曰紂貴爲天子	그러므로 맹자는 '주(紂)는 귀하여 천자가 되었는데
死曾不若匹夫	죽어서는 필부만도 못하였었다.'라 하였습니다.
是紂先自絕於天下久矣	이는 주가 먼저 스스로 천하와 (관계를) 끊은 지가 오래여서이지
非死之日而天下去之	죽은 날 천하가 그를 버려서가 아닙니다.
今臣亦竊悲大王棄千乘之君	지금 신 또한 가만히 대왕께서 천승의 임금을 버린 것을 슬퍼하니
必且賜絕命之書	반드시 또한 목숨을 끊으라는 글을 내리실 것이니
爲群臣先	뭇 신하들보다 먼저
死於東宮也[57]	동궁에서 죽겠습니다."

57 **집해** 여순은 말하였다. "왕이 당시 거처하던 곳이다."

於是氣怨結而不揚　이에 (왕은) 성이 나서 쌓여 맺히어 발산할 수가 없어

涕滿匡而橫流　눈물이 눈자위에 가득하여 가로 흘러

即起　바로 일어나

歷階而去　계단을 지나 떠났다.

王有孼子不害　왕에게는 서자[庶子: 얼자(孼子)] 불해가 있었는데

最長　가장 연장자였지만

王弗愛　왕은 그를 사랑하지 않았고

王·王后·太子皆不以爲子兄數[58]　왕과 왕후, 태자가 모두 자식과 형으로 치지 않았다.

不害有子建　불해에게는 아들 건(建)이 있었는데

材高有氣　재주가 높고 지기(志氣)가 있었으며

常怨望太子不省其父[59]　늘 태자가 그 부친을 보살피지 않는 것을 원망하였으며,

又怨時諸侯皆得分子弟爲侯　또한 당시 제후들이 모두 자제들에게 후(侯)를 나누어 주는데

而淮南獨二子　회남은 아들이 둘뿐인데도

一爲太子　하나는 태자가 되고

建父獨不得爲侯　건의 부친만 후가 되지 못하게 된 데 원망을 품었다.

建陰結交　건은 몰래 몰래 사귐을 맺어

欲告敗太子　태자를 무너뜨리고

58 **집해** 여순은 말하였다. "아들과 형의 녹봉의 수로 생각하지 않은 것이다."

59 **집해** 복건은 말하였다. "형제의 수에 기록하여 드러냄을 살피지 않은 것이다."

以其父代之	그 아비를 대신하게 하려고 했다.
太子知之	태자가 알고
數捕繫而榜笞建	몇 번이나 묶어서 건을 매질하였다.
建具知太子之謀欲殺漢中尉	건은 태자가 한나라 중위를 죽이려고 계략을 꾸미는 것을 다 알고
即使所善壽春莊芷[60]以元朔六年上書於天子曰	
	즉시 친한 수춘의 장지로 하여금 원삭 6년(B.C. 123)에 천자에게 글을 올리게 하여 말하였다.
毒藥苦於口利於病	"독한 약은 입에는 쓰나 병에 이롭고
忠言逆於耳利於行	충성스런 말은 귀에는 거슬리나 행실에는 이롭습니다.
今淮南王孫建	지금 회남왕의 손자 건은
材能高	재능은 높으나
淮南王王后荼荼子太子遷常疾害建	
	회남왕의 왕후 도(荼)와 도의 아들인 태자 천이 늘 건을 미워하여 해코지합니다.
建父不害無罪	건의 부친 불해는 죄가 없는데도
擅數捕繫	제멋대로 수차례나 체포하고 구속하여
欲殺之	죽이려 하고 있습니다.
今建在	지금 건이 있사오니
可徵問	불러 물어보시면
具知淮南陰事	회남에서 몰래 꾸미는 일을 모두 알 수 있을 것입니다."
書聞	글이 보고되자
上以其事下廷尉	임금은 그 일을 정위에게 내려 보내었으며

60 색은 『한서』에는 '엄정(嚴正)'으로 되어 있다.

廷尉下河南治	정위는 하남으로 내려가 다스렸다.
是時故辟陽侯孫審卿善丞相公孫弘	이때 옛 벽양후의 손자인 심경이 승상 공손홍과 친하였는데
怨淮南厲王殺其大父	회남의 여왕이 그 조부를 죽인 것을 원망하여
乃深購淮南事於弘	이에 공손홍에게 회남왕의 일을 아주 과장하여 말하니
弘乃疑淮南有畔逆計謀	공손홍이 이에 회남국이 반역할 계략을 꾸민다고 의심하여
深窮治其獄	그 옥사를 깊이 추궁하여 다스렸다.
河南治建	하남에서는 건을 다스리면서
辭引淮南太子及黨與	회남의 태자 및 가담한 당파를 송사에 끌어들였다.
淮南王患之	회남왕은 두려워하여
欲發	(군사를) 일으키려 하여
問伍被曰	오피에게 물어보았다.
漢廷治亂	"한나라 조정은 잘 다스려지고 있는가?"
伍被曰	오피가 말하였다.
天下治	"천하가 잘 다스려지고 있습니다."
王意不說	왕은 내심 기뻐하지 않고
謂伍被曰	오피에게 일러 말하였다.
公何以言天下治也	"공은 어째서 천하가 잘 다스려지고 있다고 말하는가?"
被曰	오피가 말하였다.
被竊觀朝廷之政	"제가 조정의 정치를 가만히 살피건대
君臣之義	군신 간의 의리와

父子之親	부자간의 친밀함,
夫婦之別	부부간의 구별,
長幼之序	장유의 순서가
皆得其理	모두 그 도리를 얻었고
上之擧錯遵古之道	임금의 거동은 옛 도를 따르며
風俗紀綱未有所缺也	풍속과 기강에 흠결됨이 없습니다.
重裝富賈	물건을 잔뜩 실은 부유한 장사치들이
周流天下	천하를 두루 다니어
道無不通	길이 통하지 않음이 없으므로
故交易之道行	교역의 도가 행하여집니다.
南越賓服	남월이 귀순하여 복종하였으며
羌僰入獻	강(羌)과 북(僰)은 들어와 조공을 바쳤고
東甌入降	동구는 들어와 항복하였으며
廣長楡[61]	장유를 넓히고
開朔方	삭방을 개척하니
匈奴折翅傷翼	흉노는 날개가 꺾이고 다쳐
失援不振	고립무원하여졌으니
雖未及古太平之時	비록 옛날의 태평성세에는 미치지 못한다 하지만
然猶爲治也	그래도 잘 다스려지고 있습니다.”
王怒	왕이 노하자
被謝死罪	오피는 죽을죄를 지었다고 사죄하였다.
王又謂被曰	왕이 또한 오피에게 말하였다.
山東即有兵	“산동에서 군사반란이 일어난다면

61 집해 여순은 말하였다. “광(廣)은 넓히어 크게 하는 것이다. 장유(長楡)는 요새 이름으로 왕회(王恢)가 이른바 ‘느릅나무를 심어서 요새로 삼았다.’ 한 것이다.”

漢必使大將軍將而制山東	한나라는 반드시 대장군으로 하여금 거느리고 산동을 통제할 것이니
公以爲大將軍何如人也	공은 대장군이 어떤 사람이라 생각하오?”
被曰	오피가 말하였다.
被所善者黃義	“저와 친한 황의가
從大將軍擊匈奴	대장군을 따라 흉노를 치고는
還	돌아와
告被曰	저에게 일러주었습니다.
大將軍遇士大夫有禮	‘대장군은 사대부를 예우하고
於士卒有恩	사졸에게는 은혜를 베풀어
衆皆樂爲之用	무리들이 모두 그에게 쓰임을 즐거워한다.
騎上下山若蜚	말을 타고 산을 내려오는 것이 나는 듯하며
材幹絕人	재간은 남보다 빼어나다.’
被以爲材能如此	재가 생각건대 재능이 이와 같고
數將習兵	여러 장수가 군사를 조련시키면
未易當也	쉽게 당해 내지 못할 것입니다.
及謁者曹梁使長安來	알자인 조량이 장안으로 출사하였다가 와서
言大將軍號令明	대장군은 호령이 분명하며
當敵勇敢	적에 맞섬이 용감하여
常爲士卒先	늘 사졸의 앞장을 선다고 하였습니다.
休舍	휴식할 때
穿井未通	우물을 파서 뚫리지 않으면
須士卒盡得水	반드시 사졸들이 물을 다 얻은 뒤에야
乃敢飲	이에 감히 마십니다.
軍罷	군대가 돌아올 때면

卒盡已度河	사졸들이 강을 다 건너야
乃度	건넙니다.
皇太后所賜金帛	황태후가 내린 금과 비단은
盡以賜軍吏	모두 그대로 군리들에게 내렸습니다.
雖古名將弗過也	비록 옛 장수라 하더라도 그보다 낫지는 못합니다."
王默然	왕은 잠자코 있었다.

淮南王見建已徵治	회남왕은 건이 이미 불리어 가 심문당하는 것을 보고
恐國陰事且覺	나라에서 음모를 꾸민 일이 곧 발각될까 두려워하여
欲發	군사를 일으키려 하였는데
被又以爲難	오피가 또 어렵다고 생각하자
乃復問被曰	이에 다시 오피에게 물어보았다.
公以爲吳興兵是邪非也	"공은 오나라가 군사를 일으킨 것이 옳다고 생각하오 그르다고 생각하오?"
被曰	오피가 말하였다.
以爲非也	"그르다고 생각합니다.
吳王至富貴也	오나라 왕은 지극히 부유하고 현귀하였는데
擧事不當	일을 일으킴이 타당치 못하여
身死丹徒	몸은 단도에서 죽고
頭足異處	머리와 다리가 다른 곳에 있게 되었으며
子孫無遺[62]類	자손은 남아 있는 자가 없었습니다.

62 집해 서광은 말하였다. "어떤 판본에는 '噍'로 되어 있는데, 음은 초[寂笑反]이다."

臣聞吳王悔之甚	신이 듣자 하니 오왕은 그것을 매우 후회하였다고 합니다.
願王孰慮之	원컨대 왕께서는 그 점을 숙고하시어
無爲吳王之所悔	오왕이 후회한 것을 하지 않았으면 합니다."
王曰	왕이 말하였다.
男子之所死者一言耳[63]	"남자가 죽는 것은 한마디 말일 따름이오.
且吳何知反[64]	또한 오왕이 어찌 반란을 일으킬 줄 알았겠소?
漢將一日過成皋者四十餘人[65]	한나라 장수로 하루에 성고를 지나는 자는 40여 인이오.
今我令樓緩[66]先要成皋之口[67]	지금 내 누완으로 하여금 성고의 요새 입구를 먼저 차지하게 하고
周被下潁川兵塞轘轅 · 伊闕之道[68]	주피로 하여금 영천의 군사를 거느리고 환원과 이궐의 길을 막게 하며
陳定發南陽兵守武關[69]	진정으로 하여금 남양의 군사를 보내어 무관을 지키게 할 것이오.

63 **집해** 서광은 말하였다. "어떤 판본에는 이 '언(言)' 자가 없다." 장안은 "성공하지 못하면 죽는 것도 하나의 계책일 따름이다."라 하였다. 찬(瓚)은 말하기를 "혹 한마디 사귐이 있어서 죽음으로 갚는 것이다."라 하였다.

64 **집해** 찬(瓚)은 말하였다. "오왕(吳王)이 거병하여 모반할 줄을 모른다는 것이다." **색은** 지(知)는 해(解)와 같다.

65 **집해** 여순은 말하였다. "오나라가 성고의 입구를 막지 않아 한나라 장수가 나갈 수 있게 한 것이다."

66 **집해** 『한서』에는 다만 '완(緩)'이라고만 하고 '누(樓)' 자는 없다. 누완은 곧 육국(六國) 때의 사람으로 이는 후인이 추가한 것일 것이다. 이기(李奇)는 말하였다. "완(緩)은 사람의 성명인 것 같다." 위소(韋昭)는 말하였다. "회남(淮南)의 신하 이름이다."

67 **정의** 성고(成皋)의 옛 성은 하남(河南) 사수현(汜水縣) 동남쪽 2리 지점에 있다.

68 **정의** 환원(轘轅)의 옛 관문은 하남(河南) 구지현(緱氏縣) 남서쪽 10리 지점에 있다. 이궐(伊闕)의 옛 관문은 하남현(河南縣) 남쪽 19리 지점에 있다.

河南太守獨有雒陽耳 　하남 태수만이 낙양을 다스릴 따름이니

何足憂 　무엇을 걱정할 것이 있겠소?

然此北尚有臨晉關 · 河東 · 上黨與河內 · 趙國 　그러나 이 북쪽으로는 오히려 임진관과 하동, 상당과 하내, 조국(趙國)이 있소.

人言曰絕成皋之口 　사람들이 말하기를 '성고의 입구만 막으면

天下不通 　천하는 통하지 않는다.'라 하였소.

據三川之險[70] 　삼천의 험함에 의지하고

招山東之兵 　산동의 군사를 부르는 것이니

舉事如此 　거사를 이렇게 한다면

公以爲何如 　공은 어떻게 생각하오?"

被曰 　오피가 말하였다.

臣見其禍 　"신은 화만 보일 뿐

未見其福也 　복은 보이지 않습니다."

王曰 　왕이 말하였다.

左吳趙賢朱驕如皆以爲有福 　"좌오와 조현, 주교여는 모두 복이 있다고 생각하며

什事九成 　일이 9할은 성공할 것이라 하는데

公獨以爲有禍無福 　공만 화만 있고 복은 없다고 하니

何也 　어째서요?"

被曰 　오피가 말하였다.

大王之群臣近幸素能使衆者 　"대왕의 뭇 신하로 가까이 총애하던 자들 가운

---

69 **정의** 옛 무관(武關)은 상주(商州) 상락현(商洛縣) 동쪽 90리 지점에 있다. 춘추(春秋) 때. 궐문(闕文).

70 **정의** 곧 성고(成皋)의 관문이다.

	데 평소에 무리를 잘 부리는 자들은
皆前繫詔獄	모두 전에 붙잡혀 하옥되어 있으며
餘無可用者	나머지는 쓸 만한 자가 없습니다."
王曰	왕이 말하였다.
陳勝·吳廣無立錐之地	"진승과 오광은 송곳을 세울 땅도 없었는데
千人之聚	천 명의 무리를 모아
起於大澤	대택에서 일어나
奮臂大呼而天下響應	팔을 휘두르며 크게 소리치자 천하에서 향응하여
西至於戱而兵百二十萬	서(西)로 오희(於戱)에 이르러서는 군사가 백20만이나 되었소.
今吾國雖小	지금 우리나라가 비록 작다 하나
然而勝兵者可得十餘萬	무기를 들 만한 자 10여만은 얻을 수 있고
非直適戍之衆	다만 (진승, 오광의 무리처럼) 죄를 지어 수자리를 서거나
鐖鑿[71]棘矜也	낫이나 끌, 창자루를 쥔 것도 아닌데
公何以言有禍無福	공은 어째서 화만 있고 복은 없다고 하오?"
被曰	오피가 말하였다.
往者秦爲無道	"지난날 진나라는 무도하여
殘賊天下	천하에 해를 끼쳤습니다.
興萬乘之駕	만승의 수레를 일으키고
作阿房之宮	아방궁을 지었으며

71 **집해** 서광은 말하였다. "큰 낫[大鐮]은 개(剴)라고 하며, 음은 애[五哀反]이다. 아마 낫이 아닐까 한다." **색은** 유씨(劉氏)는 위의 글자는 음이 이[吾裏反]라 하였고, 아래 글자는 작[自洛反]이라고 하였다. 또한 낫[鐖]으로, 추(鄒)씨는 음이 기(機)라고 하였다. 주에서는 "'大鐮'을 '剴'라고 한다."라 하였는데, 鐮의 음은 렴(廉)이고, 剴의 음은 애[五哀反]이다.

收太半之賦	태반을 부세로 거두고
發閭左之戍[72]	여항 왼쪽의 백성을 징발하여 수자리를 서게 하였으며
父不寧子	아비는 자식을 안녕치 못하게 하였고
兄不便弟	형은 아우를 불편하게 하였으며
政苛刑峻	정치는 가혹하고 형벌은 준엄하였으며
天下熬然若焦[73]	천하를 들들 볶아 그을린 듯하여
民皆引領而望	백성들은 목을 빼고 바랐으며
傾耳而聽	귀를 기울여 들었고
悲號仰天	슬피 울부짖으며 하늘을 우러렀으며
叩心而怨上	가슴을 치며 위를 원망하였기 때문에
故陳勝大呼	진승이 크게 고함치자
天下響應	천하가 향응하였습니다.
當今陛下臨制天下	지금 폐하께서는 천하에 임하여 다스리시어
一齊海內	해내를 통일시켜
汎愛蒸庶	널리 백성들을 사랑하며
布德施惠	덕을 펴고 은혜를 베푸십니다.
口雖未言	입으로 말씀은 하지 않으시지만
聲疾雷霆	소리는 빠르기가 우레와 천둥 같으며
令雖未出	명령을 내지는 않으셔도
化馳如神	교화의 빠르기가 신과 같아
心有所懷	마음에 품은 바가 있으면
威動萬里	위세가 만 리에 진동하며

72 정의 여항 왼쪽의 부역을 하지 않는 백성들을 진(秦)나라는 부역을 시켰다.

73 색은 초(燋) 자와 같다. 음은 초[即消反]이다.

下之應上 아래에서 위에 응하는 것이

猶影響也 빛과 메아리 같습니다.

而大將軍材能不特章邯·楊熊也

그리고 대장군의 재능은 다만 장한과 양웅 정도가 아닙니다.

大王以陳勝·吳廣諭之 대왕께서는 진승과 오광으로 비유하시는데

被以爲過矣 저는 그르다고 생각합니다."

王曰 왕이 말하였다.

苟如公言 "실로 그대의 말대로라면

不可徼幸邪 뜻밖의 승리도 바랄 수 없는가?"

被曰 오피가 말하였다.

被有愚計 "제게 어리석은 계책이 있습니다."

王曰 왕이 말하였다.

柰何 "어떠한가?"

被曰 오피가 말하였다.

當今諸侯無異心 "지금 제후들은 다른 마음은 없고

百姓無怨氣 백성들도 원망하는 기색이 없습니다.

朔方之郡田地廣 삭방군의 토지는 광활하고

水草美 수초는 아름다우나

民徙者不足以實其地 옮긴 백성으로 그 땅을 채우기에는 부족합니다.

臣之愚計 신의 어리석은 계책으로는

可僞爲丞相御史請書 거짓으로 승상과 어사의 청하는 문서를 만들어

徙郡國豪桀任俠及有耐罪以上[74]

군국의 호걸과 임협 및 수염을 깎이는 죄 이상을 지은 자를

赦令除其罪 용서하여 그 죄를 면하게 하고

產五十萬以上者 재산이 50만 이상인 자들은

皆徙其家屬朔方之郡 모두 그 가솔들을 삭방의 군으로 옮기고

益發甲卒 더욱 갑병을 징발하고

急其會日 그 모이는 날을 재촉합니다.

又僞爲左右都司空上林中都官詔獄書
또한 거짓으로 좌우의 도사공과 상림중도관의 칙령으로 옥사를 다스리는 문서를 만들어

逮諸侯太子幸臣[75] 제후의 태자와 총신들을 체포합니다.

如此則民怨 이렇게 하면 백성들은 원망하고

諸侯懼 제후들은 두려할 것이니

即使辯武[76]隨而說之 즉시 변사로 하여금 따라서 이야기하게 하면

儻可徼幸什得一乎 혹 요행으로 열 가지 중 하나는 얻지 않을까 합니다."

王曰 왕이 말하였다.

此可也 "그것 좋구료.

雖然 비록 그렇지만

---

74 집해 응소는 말하였다. "가벼운 죄로 곤(髡: 머리를 깎는 죄)에까지는 이르지 않아 그 구레나룻을 완전히 하기 때문에 내(耏)라고 한다. 옛 '내(耏)' 자는 '彡'을 따르며, 발부(髮膚)라는 뜻이다. 두림(杜林)은 법도(法度)로 쓰이는 자는 모두 '촌(寸)' 자를 따른다고 하여 나중에 모두 이렇게 고쳤다. 耐의 음은 능(能)과 같다." 여순은 말하였다. "법률에서는 '내(耐)는 사구(司寇)이며, 내(耐)는 귀신(鬼薪: 땔나무를 해서 종묘에 바치는 형벌)과 백찬(白粲: 쌀을 찧어 바치는 형벌)이다.'라 하였다. 내(耐)는 임(任)과 같다." 소림은 말하였다. "1년은 벌작(罰作)이고, 2년 형 이상은 내(耐)이다. 내(耐)는 그 죄를 견딜 수 있는 것이다."

75 집해 진작은 말하였다. "「백관표(百官表)」에는 조정(宗正)에 좌우도사공(左右都司空)이 있으며, 상림(上林)에 수사공(水司空)이 있는데 모두 죄수를 주관하는 관직이다."

76 집해 서광은 말하였다. "회남(淮南) 사람들은 사(士)를 무(武)라 한다."

吾以爲不至若此	내 이렇게까지는 이르지 않을 것이라 생각하오."
於是王乃令官奴入宮	이에 왕은 관노에게 궁에 들어가
作皇帝璽	황제의 옥새와
丞相御史大將軍軍吏中二千石都官令丞印	
	승상, 어사, 대장군, 군리, 중이천석, 도관령 승상의 인장 및
及旁近郡太守都尉印	인근 군의 태수와 도위의 인장,
漢使節法冠[77]	한나라 사절의 법관을 만들게 하여
欲如伍被計	오피의 계책대로 하려고 했다.
使人僞得罪而西[78]	사람을 보내어 거짓으로 죄를 지어 서쪽으로 가서
事大將軍丞相	대장군과 승상을 섬기게 하였으며,
一日發兵[79]	하루아침에 군사를 일으키면
使人即刺殺大將軍青	사람으로 하여금 즉시 대장군 위청을 찔러 죽이고
而說丞相下之	승상을 항복시키게 하려는 것이었는데
如發蒙耳[80]	먼지를 터는 것처럼 여길 따름이었다.

77 집해 채옹(蔡邕)이 말하였다. "법관(法冠)은 초나라 왕의 관(冠)이다. 진(秦)나라가 초나라를 멸하면서 그 임금의 관을 어사에게 내렸다." 색은 최호는 말하였다. "일명 해치관(獬廌冠)이라고도 한다." 채옹이 말한 "초나라 왕의 관이다. 진나라가 초나라를 멸하면서 그 임금의 관을 어사에게 내렸다."라 한 것이다.

78 집해 소림은 말하였다. "거짓으로 죄인을 만들어서 서쪽으로 가게 한 것이다."

79 집해 여순은 말하였다. "회남(淮南)의 군사를 일으키는 것이다." 색은 최호는 말하였다. "일일(一日)은 일조(一朝)와 같으며, 갑작스러워 정해진 때가 없는 것이다."

80 집해 여순은 말하였다. "물건을 그 머리에 씌워서 벗겨버리는 것인데 그 사람이 하고자 할 따름이다." 위소는 말하였다. "몽건(蒙巾)과 같으며 벗기기가 매우 쉽다."

王欲發國中兵	왕은 나라 안의 군사를 일으키려 하였는데
恐其相·二千石不聽	승상과 2천 석이 듣지 않을까 걱정되었다.
王乃與伍被謀	왕은 이에 오피와 모의하여
先殺相·二千石	먼저 승상과 2천 석을 죽이려 하였으며,
僞失火宮中	궁중의 실화(失火)를 가장하여
相二千石救火	승상과 2천 석이 불을 끄려고
至卽殺之	이르면 즉시 죽이기로 하였다.
計未決	계획이 결정되지 않았는데
又欲令人衣求盜衣[81]	또한 사람에게 포졸의 옷을 입히고
持羽檄[82]	우격을 지니고
從東方來	동쪽에서 와
呼曰南越兵入界	"남월의 군사가 경계를 들어왔다."라 소리 지르게 하여
欲因以發兵	이것으로 군사를 일으키게 하려고 했다.
乃使人至廬江·會稽爲求盜	이에 사람을 시켜 여강과 회계에 이르러 도둑질을 하게 하였는데
未發	군사를 일으키지는 않았다.
王問伍被曰	왕이 오피에게 물었다.
吾擧兵西鄕	"내가 군사를 일으켜 서쪽으로 향하면
諸侯必有應我者	제후들이 반드시 내게 응해야 할 것인데,
卽無應	응하지 않는다면
柰何	어떡해야 하오?"

81 집해 『한서음의』에서는 말하였다. "포졸의 옷이다."

82 우격(羽檄)은 군사상 급하게 전하던 격문(檄文). 위급한 일이 있을 때에 나무 판에 쓴 격문에 날아가듯 빨리 가라는 뜻으로 닭 깃을 꽂아 보냈던 데서 유래한다. – 옮긴이.

被曰	오피가 말하였다.
南收衡山以擊廬江	"남으로 형산을 거두어 여강을 쳐서
有尋陽之船	심양의 배를 차지하여
守下雉之城[83]	하치의 성을 지키고
結九江之浦	구강의 포구를 잇고
絕豫章之口[84]	예장의 입구를 끊고
彊弩臨江而守	강노로 강을 굽어보고 지키게 하며
以禁南郡之下	남군이 내려오는 것을 금하고
東收江都 · 會稽[85]	동으로 강도와 회계를 거두며
南通勁越	남으로 굳센 월과 통하며
屈彊江淮閒	강한 강회(江淮) 사이를 굴복시키면
猶可得延歲月之壽	오히려 세월을 늘일 수 있습니다."
王曰	왕이 말하였다.
善	"좋소,
無以易此	이보다 쉬운 것은 없소.
急則走越耳	급하면 월나라로 달아나면 그만이오."

於是廷尉以王孫建辭連淮南王太子遷聞

이에 정위는 왕의 손자 건이 회남왕의 태자 천이 연루되었다고 한 말을 알렸다.

上遣廷尉監因拜淮南中尉	임금은 정위감을 보내어 이에 회남 중위를 만나보게 하는 김에

83 **집해** 서광은 말하였다. "강하(江夏)에 있다." 소림은 "하치(下雉)는 현 이름이다."라 하였다. **색은** 雉의 음은 시[徐爾反]이다. 현 이름으로 강하(江夏)에 있다.

84 **정의** 곧 팽려호(彭蠡湖) 어귀로 북으로 흘러 장강으로 나가는 것이다.

85 **정의** 강도(江都)는 양주(揚州)이다. 회계(會稽)는 소주(蘇州)이다.

逮捕太子	태자를 체포하게 하였다.
至淮南	회남에 이르자
淮南王聞	회남왕이 듣고
與太子謀召相 · 二千石	태자와 모의하여 승상과 2천 석을 불러
欲殺而發兵	죽이고 군사를 일으키려 하였다.
召相	승상을 부르자
相至	승상이 이르렀으며,
內史以出爲解	내사는 외출하였다는 핑계를 대었다.
中尉曰	중위가 말하였다.
臣受詔使	"신은 임금의 사신을 받아서
不得見王	왕을 뵙지 못합니다."
王念獨殺相而內史中尉不來	왕은 승상만 죽이고 내사와 중위가 오지 않으면
無益也	도움이 되지 않을 것이라 생각하여
即罷相	곧 승상을 놓아주었다.
王猶豫	왕은 미적거리면서
計未決	계책을 결정하지 못하였다.
太子念所坐者謀刺漢中尉	태자는 연좌된 것이 한나라 중위를 찔러 죽이려 한 계책 때문이라 생각하여
所與謀者已死	함께 모의한 자가 이미 죽어
以爲口絕	입을 막으려 생각하여
乃謂王曰	이에 왕에게 말하였다.
群臣可用者皆前繫	"신하들 가운데 쓸모가 있는 자는 모두 전에 체포되고
今無足與舉事者	지금은 더불어 일을 일으킬 만한 자가 없습니다.
王以非時發	왕께서는 때가 아닌데 군사를 일으키면서

恐無功	공이 없을까 걱정하시니
臣願會逮	신은 체포되기를 바랍니다."
王亦偷欲休[86]	왕 또한 구차하게 그만두려 하였으므로
即許太子	태자에게 허락하였다.
太子即自剄	태자는 즉시 스스로 목을 쳤으나
不殊[87]	죽지는 않았다.
伍被自詣吏	오피는 스스로 관리에게 이르러
因告與淮南王謀反	이에 회남왕과 모반한 것을 일러바치고
反蹤跡具如此	모반의 종적이 이와 같았음을 모두 말하였다.

吏因捕太子・王后	관리는 이에 태자와 왕후를 체포하고
圍王宮	왕궁을 에워싸
盡求捕王所與謀反賓客在國中者	나라에 있는 왕과 함께 모반한 빈객을 모두 찾아 체포하고
索得反具以聞	모반의 도구를 찾아내어 보고하였다.
上下公卿治	임금은 공경에게 보내어 다스리게 하고
所連引與淮南王謀反列侯二千石豪傑數千人	관련된 회남왕과 모반한 열후와 2천 석, 호걸 수천 명은
皆以罪輕重受誅	모두 죄의 경중에 따라 처벌을 받았다.
衡山王賜	형산왕 사(賜)는
淮南王弟也	회남왕의 아우로

86 집해 서광은 말하였다. "투(偷)는 구차(苟且)한 것이다."

87 집해 진작은 말하였다. "불수(不殊)는 죽지 않은 것이다."

當坐收　연좌되어 체포되어야 했으므로

有司請逮捕衡山王　유사가 형산왕을 체포할 것을 청하였다.

天子曰　천자가 말하였다.

諸侯各以其國爲本　"제후들은 각자 그 나라를 근본으로 삼으니

不當相坐　서로 연좌되어서는 안 된다.

與諸侯王列侯會肄丞相諸侯議[88]

제후왕, 열후와 함께 승상과 제후와 만나 의논하라."

趙王彭祖 · 列侯臣讓等四十三人議

조왕 팽조와 열후 신 양(讓) 등 43명이 의논하고

皆曰　모두 말하였다.

淮南王安甚大逆無道　"회남왕 안(安)은 매우 대역무도하여

謀反明白　모반이 명백하므로

當伏誅　사형에 처하여야 합니다."

膠西王臣端議曰　교서왕 신하 단(端)이 의논하여 말하였다.

淮南王安廢法行邪　"회남왕 안(安)은 (조정의) 법을 폐지하고 사악한 일을 행하였으며

懷詐僞心　속이고 거짓된 마음을 품어

以亂天下　천하를 어지럽혔으며

熒惑百姓　백성들을 현혹하였고

倍畔宗廟　종묘를 배반하였으며

妄作妖言　함부로 요사한 말을 지어내었습니다.

春秋曰臣無將　『춘추』에서는 말하기를 '신하는 (부하를) 거느리지 않아야 하며

88 **집해** 서광은 말하였다. "도좌[都座: 정사당(政事堂)]에 이르러 승상에게 가서 함께 의논하는 것이다." **색은** 만나서 승상과 의논하는 것이다. 이(肄)는 익힌다는 뜻이다.

將而誅 거느리면 죽인다.'라 하였습니다.

安罪重於將 안(安)의 죄는 거느리는 것보다 중하고

謀反形已定 모반은 실체는 이미 정하여졌습니다.

臣端所見其書節印圖及他逆無道事驗明白

신 단(端)이 그 글과 부절, 인장 및 다른 반역하여 무도한 일을 보건대 증거가 명백하고

甚大逆無道 매우 대역무도하니

當伏其法 마땅히 그를 법대로 죽여야 합니다.

而論國吏二百石以上及比者[89] 나라의 관리 2백10석 이상 및 비등한 자,

宗室近幸臣不在法中者 종실의 가깝고 총애 받는 신하로 법의 적용을 받지 않는 자로

不能相教 서로 가르칠 수 없으면

當皆免官削爵爲士伍 모두 삭탈관직(削奪官職)하여 사오로 삼고

毋得宦爲吏 벼슬하여 관리가 되지 못하도록 하여야 합니다.

其非吏 관리가 아닌 자들은

他贖死金二斤八兩[90] 금 두 근 여덟 냥으로 사죄를 속죄하게 하여야 합니다.

以章臣安之罪 신 안(安)의 죄를 밝힘으로써

使天下明知臣子之道 천하로 하여금 신하의 도리를 알게 하여

毋敢復有邪僻倍畔之意 감히 다시는 사벽한 배반의 뜻을 갖지 않도록 하여야 합니다."

丞相弘·廷尉湯等以聞 승상 공손홍과 정위 장탕 등이 그대로 아뢰니

天子使宗正以符節治王 천자는 종정으로 하여금 부절로 왕을 다스리게 하였다.

---

89 **집해** 서광은 말하였다. "관리와 비등하면서 진짜가 아닌 것이다."

90 **집해** 소림은 말하였다. "관리가 아니므로 타(他)라고 하였다."

未至
채 이르지 않아

淮南王安自剄殺[91]
회남왕 안(安)은 스스로 목을 쳐 자살하였다.

王后荼太子遷諸所與謀反者皆族
왕후 도와 태자 천 등 모반에 참여한 자들은 모두 멸족시켰다.

天子以伍被雅辭多引漢之美
천자는 오피가 바른 말로 한나라의 훌륭함을 여러 번 인용하였다 하여

欲勿誅
죽이지 말도록 하고자 했다.

廷尉湯曰
정위 탕이 말하였다.

被首爲王畫反謀
"오피가 제일 먼저 왕을 위해 모반을 획책하였으니

被罪無赦
오피의 죄를 용서하지 마십시오."

遂誅被
마침내 오피를 죽였다.

國除爲九江郡[92]
나라를 폐지하고 구강군(九江郡)으로 만들었다.

衡山王賜
형산왕 사(賜)는

王后乘舒[93]生子三人
왕후 승서가 아들 셋을 낳았는데

長男爽爲太子
장남 상(爽)이 태자였고

次男孝
차남은 효(孝),

次女無采
차녀는 무채였다.

又姬徐來生子男女四人
또한 희첩인 서래가 1남 4녀를 낳았으며,

美人厥姬生子二人
미인 궐희가 아들 둘을 낳았다.

---

91 집해 서광은 말하였다. "즉위 연수는 모두 42년이며, 원수(元狩) 원년(B.C. 122) 10월에 죽었다."

92 집해 서광은 말하였다. "또한 육안국(六安國)을 만들고 진현(陳縣)을 도읍으로 삼았다."

93 정의 형산왕후(衡山王后)의 이름이다.

衡山王·淮南王兄弟相責望禮節	형산왕과 회남왕 형제는 예절을 서로 책망하여
間不相能	틈이 벌어져 서로 용납할 수 없었다.
衡山王聞淮南王作爲畔逆反具	형산왕은 회남왕이 반역할 반역의 도구를 만든다는 말을 듣고
亦心結賓客以應之	또한 내심 빈객들과 결탁하여 대응하고자 하였는데
恐爲所并	병합되는 것을 걱정하여서였다.
元光六年	원광 6년(B.C. 129)에
衡山王入朝	형산왕이 입조하였는데
其謁者衛慶有方術	그 알자인 위경에게 방술이 있어
欲上書事天子	글을 올려 천자를 섬기려고 하자
王怒	왕이 노하여
故劾慶死罪	일부러 위경의 죽을죄를 씌우고 탄핵하여
彊榜服之	강제로 매질하여 승복하게 하였다.
衡山內史以爲非是	형산의 내사는 옳지 않다고 생각하여
卻其獄	옥사를 기각시켰다.
王使人上書告內史	왕은 사람을 시켜 글을 올려 내사를 고발하게 하였는데
內史治	내사는 치죄를 당하면서
言王不直	왕이 정직하지 못하다고 말하였다.
王又數侵奪人田	왕은 또한 여러 차례나 남의 전지(田地)를 빼앗았으며
壞人冢以爲田	남의 무덤을 허물어 전답(田畓)으로 삼았다.

有司請逮治衡山王	유사가 형산왕을 체포하여 다스릴 것을 청하였으나
天子不許	천자는 허락지 않고
爲置吏二百石以上[94]	2백 석 이상의 관리를 두었다.
衡山王以此恚	형산왕은 이 때문에 화를 내어
與奚慈張廣昌謀	해자, 장광창과 모의하여
求能爲兵法候星氣者	병법에 능하고 점성술을 살피는 자를 구하였으며
日夜從容王密謀反事[95]	밤낮으로 왕이 몰래 모반할 일을 종용하였다.

王后乘舒死	왕후 승서가 죽자
立徐來爲王后	서래를 왕후로 세웠다.
厥姬俱幸	궐희도 총애를 받았다.
兩人相妒	두 사람은 서로 시기하여
厥姬乃惡王后徐來於太子曰	궐희가 이에 왕후 서래를 태자에게 헐뜯어 말하였다.
徐來使婢蠱道殺太子母	"서래가 종을 시켜 고술(蠱術)로 태자의 모친을 죽였습니다."
太子心怨徐來	태자는 마음속으로 서래를 원망하였다.
徐來兄至衡山	서래의 오빠가 형산에 이르자
太子與飮	태자는 함께 술을 마시다가
以刃刺傷王后兄	칼로 왕후의 오빠를 찔러 상처를 입혔다.
王后怨怒	왕후는 원한을 품고 분노하여

94 집해 여순은 말하였다. "『한의주(漢儀注)』에서 4백 석 이하의 관리는 스스로 나라에 두고 없애기도 하는데 지금 왕이 악하므로 천자가 모두 둔 것이다."

95 집해 서광은 말하였다. "밀(密)은 미리 계교(計校)를 꾸민 것이다."

數毁惡太子於王	여러 차례나 왕에게 태자를 헐뜯고 험담하였다.
太子女弟無采	태자의 여동생 무채는
嫁棄歸	시집갔다가 버림을 받고 돌아와
與奴姦	종과 간통하였으며
又與客姦	또한 빈객과 간통하였다.
太子數讓無采	태자는 여러 번 무채를 꾸짖었고
無采怒	무채는 화가 나
不與太子通	태자와는 왕래를 하지 않았다.
王后聞之	왕후가 듣고
即善遇無采	곧 무채를 잘 대해 주었다.
無采及中兄孝少失母	무채 및 가운데 오빠 효는 어려서 모친을 잃고
附王后	왕후에게 붙었는데
王后以計愛之	왕후는 계략적으로 그들을 사랑하여
與共毁太子	함께 태자를 헐뜯으니
王以故數擊笞太子	왕은 이 때문에 여러 차례나 태자를 매질하였다.
元朔四年中	원삭 4년(B.C. 125) 중에
人有賊傷王后假母者[96]	어떤 사람이 왕후의 계모를 해쳐 상해를 입히자
王疑太子使人傷之	왕은 태자가 사람을 시켜 상해를 입힌 것으로 의심하여
笞太子	태자를 매질하였다.
後王病	나중에 왕이 병이 들자
太子時稱病不侍	태자는 그때 병을 핑계로 모시지 않았다.
孝 · 王后 · 無采惡太子	효와 왕후, 무채는 태자를 험담하였다.

96 **집해** 『한서음의』에서는 말하였다. "보모 따위이다."

太子實不病	"태자는 실상 병이 들지 않았으며
自言病	스스로는 병이라 하지만
有喜色	기뻐하는 기색이 있습니다."
王大怒	왕은 크게 노하여
欲廢太子	태자를 폐하고
立其弟孝	그 아우 효(孝)를 세우려고 하였다.
王后知王決廢太子	왕후는 왕이 태자를 폐하려 결단한 것을 알고
又欲并廢孝	또한 아울러 효도 폐하려 하였다.
王后有侍者	왕후에게는 시녀가 있었는데
善舞	춤을 잘 추어
王幸之	왕이 총애하자
王后欲令侍者與孝亂以汙之	왕후는 시녀를 효와 난잡하게 하여 더럽히려고 하였고
欲并廢兄弟而立其子廣代太子	형제를 함께 폐하여 그 아들 광대를 태자로 세우려 하였다.
太子爽知之	태자 상(爽)이 이를 알았지만
念后數惡己無已時	왕후가 여러 차례나 자기를 험담하여 때가 없음을 생각하여
欲與亂以止其口	더불어 음란한 일을 하여 그 입을 막으려 하였다.
王后飮	왕후가 술을 마시자
太子前爲壽	태자가 축수를 해주고
因據王后股	내친김에 왕후의 허벅지를 어루만지며
求與王后臥	왕후와 잠을 잘 것을 청하였다.
王后怒	왕후는 노하여

以告王	그대로 왕에게 일러바쳤다.
王乃召	왕이 이에 불러서
欲縛而笞之	결박하여 매를 때리려고 하였다.
太子知王常欲廢己立其弟孝	태자는 왕이 늘 자기를 폐하고 아우인 효를 세우려 함을 알고
乃謂王曰	이에 왕에게 일러 말하였다.
孝與王御者姦	"효는 왕의 시녀와 간통하고
無采與奴姦	무채는 종과 간통하니
王彊食	왕께서는 식사나 잘 하시길 바라며
請上書	저는 청컨대 글을 올릴 것입니다."
即倍王去	즉시 왕을 등지고 떠났다.
王使人止之	왕이 사람을 시켜 말리려 하였으나
莫能禁	아무도 금할 수가 없어
乃自駕追捕太子	이에 직접 수레를 타고 태자를 잡았다.
太子妄惡言	태자는 함부로 악담을 하였으며
王械繫太子宮中	왕은 궁중에서 태자를 형틀에 묶어두었다.
孝日益親幸	효는 날로 가까이 총애를 받았다.
王奇孝材能	왕은 효의 재능을 기특하게 여기어
乃佩之王印	이에 왕의 인장을 차게 해주었고
號曰將軍	장군이라고 불렀으며
令居外宅	궁궐 밖의 집에서 거처하게 하였고
多給金錢	돈을 듬뿍 주어
招致賓客	빈객을 불러서 이르게 하였다.
賓客來者	빈객으로 온 자들은
微知淮南·衡山有逆計	은연중에 회남과 형산이 모반할 계획이 있음을

알고

日夜從容勸之 밤낮으로 종용하여 권하였다.

王乃使孝客江都人救赫[97]陳喜作輣車鏃矢[98]

왕은 이에 효의 빈객인 강도 사람 구혁과 진희에게 병거와 화살촉을 만들고

刻天子璽 천자의 옥새와

將相軍吏印 장군과 승상, 군리의 도장을 새기게 하였다.

王日夜求壯士如周丘等 왕은 밤낮으로 주구 등과 같은 장사를 구하였으며

數稱引吳楚反時計畫 여러 번 오와 초가 반란하였을 때의 계획을 칭찬하고 끌어다

以約束 이로써 약속하였다.

衡山王非敢效淮南王求即天子位

형산왕은 감히 회남왕이 천자로 즉위하려 한 것을 본받은 것은 아니라

畏淮南起并其國 회남이 군사를 일으켜 그 나라를 합병하는 것을 두려워하였으며

以爲淮南已西 회남이 이미 서쪽으로 가면

發兵定江淮之間而有之 군사를 일으켜 강·회 사이를 평정하여 차지하려고 했으니

望如是 바람은 이와 같았다.

元朔五年秋 원삭 5년(B.C. 124) 가을에

---

97 **색은** 구(救)는 『한서』에는 '매(枚)'로 되어 있다. 유향(劉向)의 『별록(別錄)』에서는 "『역(易)』을 연구하는 자에게 구씨(救氏)의 주가 있다."라 하였다.

98 **집해** 서광은 말하였다. "팽거(輣車)는 전차(戰車)이다."

衡山王當朝	형산왕은 조현을 해야 했으며
過淮南	(6년에) 회남을 지날 때
淮南王乃昆弟語	회남왕은 이에 형제로 말하여
除前卻	앞의 틈새를 없애고
約束反具	함께 반란을 일으키기로 약속하였다.
衡山王即上書謝病	형산왕은 즉시 글을 올려 병 핑계를 댔고
上賜書不朝	임금은 조현하지 말라는 글을 내렸다.

元朔六年中	원삭 6년(B.C. 123) 중에
衡山王使人上書請廢太子爽	형산왕은 사람을 시켜 글을 올려 태자 상을 폐하고
立孝爲太子	효를 태자로 세울 것을 청하였다.
爽聞	상이 듣고
即使所善白嬴[99]之長安上書	즉시 친한 백영으로 하여 장안에 가서 글을 올리어
言孝作輣車鏃矢	효가 병거와 화살촉을 만들고
與王御者姦	왕의 시녀와 간통하였다고 말하게 하여
欲以敗孝	효를 무너뜨리려 하였다.
白嬴至長安	백영이 장안에 이르러
未及上書	미처 글을 올리지 못하였는데
吏捕嬴	관리가 백영을 체포하여
以淮南事繫	회남의 일로 구금시켰다.
王聞爽使白嬴上書	왕은 상이 백영으로 하여금 글을 올리게 하였다는 말을 듣고

99 **색은** 음은 영(盈)이며, 사람의 성명이다.

恐言國陰事	나라에서 음모를 꾸민 일을 말할까 걱정하여
即上書反告太子爽所爲不道棄市罪事	
	즉시 글을 올려 오히려 태자 상이 무도하여 기시해야 할 일을 꾸몄다고 일렀다.
事下沛郡治	일을 패군에게 내려 보내 다스리게 하였다.
元狩元年冬	원수 원년(B.C. 122) 겨울에
有司公卿下沛郡求捕所與淮南謀反者未得	
	유사와 공경이 패군으로 내려가 회남과 함께 모반한 자를 찾아서 체포하려 하였으나 잡지 못하였고
得陳喜於衡山王子孝家	형산왕의 아들 효의 집에서 진희(陳喜)를 잡았다.
吏劾孝首匿喜	관리는 효를 희(喜)를 숨긴 주모자로 다스렸다.
孝以爲陳喜雅數與王計謀反	효는 진희가 그동안 몇 번씩이나 왕과 모반을 꾀하였다고 생각하여
恐其發之	그가 발설할까 두려워하였으며
聞律先自告除其罪	법에 먼저 자백하면 죄를 면해 준다는 것을 듣고
又疑太子使白嬴上書發其事	또한 태자가 백영에게 글을 올려 그 일을 밝히게 하였다고 의심하여
即先自告	곧 먼저 자백하여
告所與謀反者救赫 · 陳喜等	함께 모반한 자들인 구혁과 진희 등을 고발하였다.
廷尉治驗	정위는 심문하여 사실을 캐냈으며
公卿請逮捕衡山王治之	공경들은 형산왕을 체포하여 다스릴 것을 청하였다.
天子曰	천자는 말하기를
勿捕	"체포하지 말라."라 하였다.

遣中尉安[100]大行息[101]即問王	중위 안과 대행 식을 보내 즉시 왕을 심문하니
王具以情實對	왕은 모두 사실대로 대답하였다.
吏皆圍王宮而守之	관리들은 모두 왕궁을 에워싸고 지켰다.
中尉大行還	중위와 대행이 돌아와
以聞	그대로 알리자
公卿請遣宗正大行與沛郡雜治王	공경들은 종정과 대행을 보내어 패군과 함께 왕을 다스릴 것을 청하였다.
王聞	왕은 듣고
即自剄殺	즉시 목을 찔러 자살하였다.
孝先自告反	효는 먼저 모반을 자백하여
除其罪	그 죄를 면제 받았으나,
坐與王御婢姦	왕의 시녀와 간통한 일에 연루되어
棄市	기시되었다.
王后徐來亦坐蠱殺前王后乘舒	왕후 서래 또한 전 왕후 승서를 고살한 데 연루되었고
及太子爽坐王告不孝	아울러 태자 상은 왕이 불효로 고발한 데 연루되어
皆棄市	모두 기시되었다.
諸與衡山王謀反者皆族	형산왕과 함께 모반한 자들은 모두 멸족되었다.
國除爲衡山郡	나라는 없어져서 형산군(衡山郡)이 되었다.
太史公曰	태사공은 말한다.

100 **색은** 『한서(漢書)』「표(表)」에 의하면 사마안(司馬安)이다.

101 **색은** 『한서(漢書)』「표(表)」에 의하면 이식(李息)이다.

詩之所謂	『시경』에서 이르기를
戎狄是膺	"융적 응징하고
荊舒是懲[102]	형서 징계하도다."라 하였는데
信哉是言也	이 말은 확실히 그렇다.
淮南衡山親爲骨肉	회남과 형산은 골육지친으로
疆土千里	강토가 천 리이며
列爲諸侯	제후의 반열에 올랐는데도
不務遵蕃臣職以承輔天子	번신의 직무를 따라 천자를 보좌하는 데는 힘쓰지 않고
而專挾邪僻之計	오로지 사벽한 계책을 끼고
謀爲畔逆	반역만 획책하여
仍父子再亡國	이에 부자가 거듭 나라를 망하게 하고
各不終其身	각기 제 명을 다하지 못하여
爲天下笑	천하의 웃음거리가 되었다.
此非獨王過也	이는 다만 왕의 과실만이 아니라
亦其俗薄	또한 그 풍속이 두텁지 않아
臣下漸靡使然也	신하들이 조금씩 은연중에 그렇게 되도록 한 것이다.
夫荊楚僄勇輕悍	형(荊)·초(楚)는 사람들이 날래고 용감하며 가볍고 사나워
好作亂	난을 일으키기를 좋아하였으니
乃自古記之矣	이에 예로부터 그렇게 기록하여 왔다.

102 「노송·비궁(魯頌·閟宮)」[『시경(詩經)』]에 나오는 말. – 옮긴이.

59 순리 열전 循吏列傳[1]

太史公曰	태사공은 말한다.
法令所以導民也	법령은 백성을 이끄는 것이고,
刑罰所以禁姦也	형벌은 사악함을 금하는 것이다.
文武不備	문덕와 무공이 갖추어지지 않았을 때
良民懼然身修者	선량한 백성이 두려워하면서 몸을 닦으면
官未曾亂也	관직이 어지러워진 적이 없다.
奉職循理	직무를 잘 받들고 이치를 따르면
亦可以爲治	또한 잘 다스려질 것이니
何必威嚴哉	왜 꼭 위엄을 내세워야겠는가?

孫叔敖者[2]	손숙오는

---

1 **색은** 법을 준수하고 이치대로 따르는 관리이다.

2 **정의** 『설원(說苑)』[권10 「경신(敬愼)」]에서는 말하였다. "손숙오(孫叔敖)가 영윤(令尹)이 되자 온 나라의 관리와 백성들이 모두 와서 축하하였다. 어떤 한 늙은이가 거친 옷을 입고 흰 모자를 쓰고 나중에 와서 조문(弔問)하여 말하였다. '몸이 귀해졌다고 남들에게 교만하게 굴면 백성이 그를 버리고, 지위가 높아졌다고 전권을 행사하면 임금이 싫어하며, 녹봉이 두터워졌다고 만족한 것을 모르면 환란에 처하게 됩니다.' 손숙오가 두 번 절하고 공손하게 명을 받아들이고 나머지 가르침을 듣기를 청하였다. 늙은이가 말하였다. '지위가 높아졌을수록 뜻을 더 낮추며, 관직이 클수록 마음은 더욱 작게 가지고 녹봉이 후할수록 삼가 가지지 않습니다. 그대가 이 세 가지만 삼가 지키면 충분히 초나라를 다스릴 것입니다.'"

楚之處士也	초나라의 처사이다.
虞丘相進之於楚莊王	우구 승상이 초장왕에게 추천하여
以自代也	자신을 대신하게 하였다.
三月爲楚相	석 달 만에 초나라 승상이 되었는데
施教導民	교육을 베풀고 백성을 이끌어
上下和合	상하가 화목해지고
世俗盛美	풍속이 아름다워졌으며
政緩禁止	정치에 금령이 완화되었고
吏無姦邪	관리들은 간사함이 없어졌으며
盜賊不起	도적들이 일어나지 않았다.
秋冬則勸民山採	가을과 겨울에는 백성들에게 산에서 벌목할 것을 권하였으며
春夏以水[3]	봄과 여름에는 물이 많을 때를 이용하게 하였으니
各得其所便	각기 편리함을 얻어
民皆樂其生	백성들이 모두 그 생활을 즐겼다.

莊王以爲幣輕	장왕이 화폐가 가볍다고 여겨
更以小爲大	작은 것을 크게 바꾸자
百姓不便	백성들이 불편하게 여겨
皆去其業	모두 그 직업을 버렸다.
市令言之相曰	시령이 재상에게 말하였다.
市亂	“시장이 어지러워
民莫安其處	백성들은 안정을 취할 곳이 없고

3 **집해** 서광(徐廣)은 말하였다. “물이 많을 때를 틈타 재목과 대나무를 내는 것이다.”

次行不定	질서가 정하여지지 않습니다.”
相曰	승상이 말하였다.
如此幾何頃乎	“이리 된 것이 얼마나 되오?”
市令曰	시령이 말하였다.
三月頃	“석 달쯤 됩니다.”
相曰	승상이 말하였다.
罷	“돌아가시오.
吾今令之復矣	내 지금 되돌리게 하겠소.”
後五日	닷새 후에
朝	조회가 열렸는데
相言之王曰	승상이 왕에게 말하였다.
前日更幣	“전날 화폐를 바꾼 것은
以爲輕	가볍다고 여겨서입니다.
今市令來言曰‘市亂	지금 시령이 와서 하는 말이 ‘시장이 어지러워
民莫安其處	백성들은 안정을 취할 곳이 없고
次行之不定	질서가 정하여지지 않습니다.’라고 합니다.
臣請遂令復如故	신은 청컨대 옛날처럼 회복시키도록 하였으면 합니다.”
王許之	왕이 허락하여
下令三日而市復如故	명령을 내린 지 사흘 만에 시장이 옛날처럼 회복되었다.
楚民俗好庳車[4]	초나라 백성의 풍속은 낮은 수레를 좋아하였는데

4 색은 庳는 낮다는 뜻이며, 음은 비(婢)이다.

王以爲庳車不便馬 왕이 낮은 수레는 말에게 불편하다 하여

欲下令使高之 명을 내려 높이게 하였다.

相曰 승상이 말하였다.

令數下 "명을 자주 내리면

民不知所從 백성들은 따를 줄을 모르니

不可 옳지 않사옵니다.

王必欲高車 왕께서 수레를 높이시려면

臣請教閭里使高其梱[5] 신은 청컨대 평민들에게 그 문지방을 높이게 하십시오.

乘車者皆君子 수레를 타는 사람은 모두 군자들로

君子不能數下車 군자는 자주 수레에서 내릴 수 없습니다."

王許之 왕이 허락하였다.

居半歲 반년 만에

民悉自高其車 백성들은 모두 알아서 그 수레를 높였다.

此不教而民從其化 이는 시키지 않아도 백성들이 그 교화를 따르는 것으로,

近者視而效之 가까이 있는 자는 보고 배우며

遠者四面望而法之 멀리 있는 자는 사방에서 바라고 본받는 것이다.

故三得相而不喜 그러므로 세 번 승상이 되었으나 기뻐하지 않았으니

知其材自得之也 그 재능이 스스로 얻을 만함을 알아서였고,

三去相而不悔 세 번 재상에서 물러났으나 유감을 표하지 않았으니

---

5 **색은** 음은 곤[口本反]이다. 곤(梱)은 문지방[門限]이다.

知非己之罪也[6]	자신의 죄가 아님을 알았기 때문이다.

子產者	자산은
鄭之列大夫也	정나라의 열대부이다.
鄭昭君之時	정소군 때
以所愛徐摯爲相[7]	아끼는 서지를 승상으로 삼았는데
國亂	나라가 어지러워져
上下不親	상하가 친하지 못하였고
父子不和	부자간에 화목하지 못하였다.
大宮子期言之君	대궁자기가 임금에게 말하여
以子產爲相[8]	자산을 승상으로 삼았다.
爲相一年	승상이 된 지 1년이 되자
豎子不戲狎	조무래기들은 장난을 치지 않았고
斑白不提挈	반백의 늙은이들은 손에 물건을 들지 않았으며
僮子不犁畔	동자들은 밭을 갈며 두둑을 넘지 않았다.

---

6 **집해** 『황람(皇覽)』에서는 말하였다. "손숙오의 무덤은 남군(南郡) 강릉(江陵) 옛 성의 백토리(白土里)에 있다. 백성들이 손숙오에게 전하여 말하기를 '우리 여강(廬江)의 비탈에 장사 지내면 나중에 만 호(萬戶)의 읍이 될 것이다.'라 하였다. 옛 초나라의 도읍 영성(郢城) 북쪽 30리 떨어진 곳이다. 혹자는 말하기를 손숙오가 저수(沮水)를 막아 운몽(雲夢)의 대택지[大澤之池]를 만들었다고 한다."

7 **색은** 『정계가(鄭系家)』에 의하면 자산(子產)은 정성공(鄭成公)의 작은 아들이다. 간공(簡公)과 정공(定公)을 섬겼다. 간공은 자산을 여섯 개 읍으로 봉하였는데 자산은 그 반만 받았다. 자산은 소군(昭君)을 섬기지 않았으며 또한 서지(徐摯)를 재상으로 삼는 일도 하지 않았다. 아마 달리 나온 출처가 있을 것이며 태사(太史)의 기록이 다를 뿐이다.

8 **색은** 자기(子期) 또한 정나라의 공자이다. 『좌전(左傳)』과 『국어(國語)』에도 그 설이 없다. 생각건대 『계가(系家)』에 의하면 정나라 승상 자사(子駟)와 자공(子孔) 그리고 자산(子產)은 동시대인이며 아마 또한 자기(子期)의 형제일 것이다.

二年	2년이 되자
市不豫賈[9]	시장에서는 값을 미리 정하지 않았다.
三年	3년이 되니
門不夜關[10]	문을 밤에도 잠그지 않았으며
道不拾遺	길에서는 떨어진 것을 줍지 않았다.
四年	4년이 되자
田器不歸	농기구를 집에 가져가지 않았다.
五年	5년 만에
士無尺籍[11]	백성들은 호적이 필요 없어졌고
喪期不令而治	상기(喪期)를 시키지 않아도 다스려졌다.
治鄭二十六年而死	정나라를 다스린 지 26년 만에 죽으니
丁壯號哭	장정들은 울부짖었고
老人兒啼	노인들은 아이처럼 울며
曰	말하였다.
子產去我死乎	"자산이 우리를 떠나 죽었단 말인가!
民將安歸[12]	백성들은 어디로 돌아갈꼬?"

9 **색은** 아래 글자의 음은 가(價)이다. 임시로 그 (가격의) 귀천을 평가하여 미리 정하지 않았음을 이른다.

10 **집해** 서광은 말하였다. "어떤 판본에는 '폐(閉)' 자로 되어 있다."

11 **정의** 사민(士民)들이 가로 세로 한 자 되는 판(문서)에 기록되지 않았음을 말한다. 십오(什伍)로 십(什: 10인)과 오(伍: 5인)이 서로 지켜주는 것이다.

12 **집해** 『황람(皇覽)』에서는 말하였다. "자산의 무덤은 하남(河南) 신정(新鄭)에 있는데, 바로 성 밖의 큰 무덤이다." **색은** 생각건대 『좌전』「소공(昭公) 20년」 및 『계가(系家)』에서는 자산이 죽자 공자(孔子)가 눈물을 흘리며 말하기를 "자산은 옛 인애(仁愛)의 유풍(遺風)을 가졌다."라고 하였다 한다. 또한 『한시(韓詩)』에서는 자산이 죽자 정나라 사람들은 밭을 가는 자들은 밭 가는 일을 그만두었고 부인들은 패옥을 버렸다고 한다.

公儀休者	공의휴는
魯博士也	노나라 박사이다.
以高弟爲魯相[13]	우수한 학업 성적으로 노나라 승상이 되었다.
奉法循理	법령을 받들고 이치를 따라
無所變更	고치는 것이 없어도
百官自正	백관이 스스로 바르게 되었다.
使食祿者不得與下民爭利	봉록을 받아먹는 자들에게 백성들과 이익을 다투지 않게 하고
受大者不得取小	큰 것을 받는 자들에게는 작은 것을 취하지 않게 하였다.

客有遺相魚者	승상에게 생선을 준 손님이 있었는데
相不受	승상은 받지 않았다.
客曰	손님이 말하였다.
聞君嗜魚	"그대가 생선을 좋아한다고 들어서
遺君魚	그대에게 생선을 주는 것인데
何故不受也	어째서 받지 않는 것입니까?"
相曰	승상이 말하였다.
以嗜魚	"생선을 좋아하기 때문에
故不受也	받지 않는 것입니다.
今爲相	지금 승상으로
能自給魚	스스로 생선을 댈 수 있는데,
今受魚而免	지금 생선을 받아서 면직된다면
誰復給我魚者	누가 다시 내게 생선을 주겠습니까?

13 고제(高弟): 고제(高第)와 같다. 성적이 우수한 것을 말한다.

吾故不受也	내 그래서 받지 않는 것입니다.”

食茹而美	(자기 밭에서 경작한) 채소를 먹다가 맛있으면
拔其園葵而棄之	그 밭의 채소를 뽑아서 버렸다.
見其家織布好	집에서 짠 베가 훌륭한 것을 보면
而疾出其家婦	즉시 집의 부인을 내보내고
燔其機	베틀을 불태우면서
云欲令農士工女安所讎[14]其貨乎	말하기를 “농부들과 베 짜는 여인들에게 어디에다 그 물건을 팔게 하겠느냐?”라 하였다.

石奢者	석사는
楚昭王相也	초소왕의 승상이다.
堅直廉正	강직하고 청렴하고 정직하여
無所阿避	굽히고 회피하는 것이 없었다.
行縣	현을 순행하다가
道有殺人者	길에 사람을 죽인 자가 있었는데
相追之	승상이 쫓아가 보았더니
乃其父也	곧 그 아비였다.
縱其父而還自繫焉	그 아비를 풀어주고는 돌아와 스스로 구금하였다.
使人言之王曰	사람을 시켜 왕에게 말하게 하였다.
殺人者	“사람을 죽인 자는
臣之父也	신의 아비입니다.

14 색은 음은 수(售)이다.

夫以父立政	대체로 아비를 가지고 정령을 세우는 것은
不孝也	효가 아니며,
廢法縱罪	법을 폐하고 죄인을 풀어주는 것은
非忠也	충성이 아니니
臣罪當死	신의 죄는 죽어 마땅합니다.”
王曰	왕이 말하였다.
追而不及	“쫓았는데도 미치지 못한 것은
不當伏罪	죄로 인정할 수 없으니
子其治事矣	그대는 일을 보라.”
石奢曰	석사가 말하였다.
不私其父	“그 아비를 사사로이 사랑하지 않으면
非孝子也	효자가 아니며,
不奉主法	임금의 법을 받들지 않으면
非忠臣也	충신이 아닙니다.
王赦其罪	왕께서 그 죄를 용서해 주시는 것은
上惠也	임금의 은혜이며,
伏誅而死	처형되어 죽는 것은
臣職也	신의 직무입니다.”
遂不受令	마침내 영을 받아들이지 않고
自刎[15]而死	스스로 목을 쳐서 죽었다.
李離者	이리는
晉文公之理也[16]	진문공의 옥관이다.

---

15 **색은** 음은 문[亡粉反]이다.

過聽殺人	잘못 듣고 사람을 죽였는데
自拘當死	스스로 구금하여 사형을 내렸다.
文公曰	문공이 말하였다.
官有貴賤	"관직에는 귀천이 있고
罰有輕重	벌에는 경중이 있소.
下吏有過	하급 관리에게 잘못이 있지
非子之罪也	그대의 죄가 아니오."
李離曰	이리가 말하였다.
臣居官爲長	"신이 장관으로 있을 때
不與吏讓位	관리에게 자리를 양보하지 않았으며,
受祿爲多	봉록을 많이 받으면서
不與下分利	아랫사람에게 이익을 나누어 주지 않았습니다.
今過聽殺人	지금 잘못 듣고 사람을 죽여
傅其罪下吏	그 죄를 하급 관리에게 갖다 붙이는 것은
非所聞也	들은 것이 없습니다."
辭不受令	사양하고 영을 받지 않았다.
文公曰	문공이 말하였다.
子則自以爲有罪	"그대는 스스로 죄가 있다고 생각하니
寡人亦有罪邪	과인도 죄가 있는 것 아니겠는가?"
李離曰	이리가 말하였다.
理有法	"법관에게는 법도가 있으니
失刑則刑	잘못 형을 내리면 형을 받아야 하고
失死則死	잘못 죽이면 죽어야 합니다.

16 **정의** 이(理)는 옥관(獄官)이다.

公以臣能聽微決疑[17]	임금께서는 신이 작은 것을 듣고도 의심을 해결할 수 있다고 생각하시어
故使爲理	옥관으로 삼으신 것입니다.
今過聽殺人	지금 잘못 듣고 사람을 죽였으니
罪當死	죄가 사형에 해당됩니다."
遂不受令	마침내 영을 받아들이지 않고
伏劍而死	검에 엎어져서 죽었다.

太史公曰	태사공은 말한다.
孫叔敖出一言	손숙오가 한마디 말을 꺼내자
郢市復	영(郢)의 시장이 회복되었다.
子產病死	자산이 병으로 죽자
鄭民號哭	정나라 백성들이 통곡하였다.
公儀子見好布而家婦逐	공의자(公儀子)는 좋은 베를 보고 부인을 쫓아내었다.
石奢縱父而死	석사가 아비를 풀어주고 죽으니
楚昭名立	초소왕의 명예가 섰다.
李離過殺而伏劍	이리가 잘못 (사람을) 죽이고 검에 엎어져 죽자
晉文以正國法	진문공은 이로써 나라의 법을 바르게 하였다.

17 **색은** 미묘한 도리를 잘 살피어 들어 의심스런 옥사를 해결한다는 말이다. 그러므로 『주례(周禮)』에서 사구(司寇)는 다섯 가지로 옥사를 살피어 듣고 기색과 이목을 말한다고 하였다. 또한 『상서(尙書)』「강고(康誥)」에서 말한 "대엿새 동안 가슴속에 두고 생각하며, 열흘이나 한 철에 이른다(服念五六日, 至于旬時)."는 것이 바로 이를 말한다.

60 급·정 열전 汲鄭列傳

汲黯字長孺	급암은 자가 장유로
濮陽人也	복양 사람이다.
其先有寵於古之衛君[1]	그 선조는 옛 위(衛)나라 임금의 총애를 받았다.
至黯七世	급암에 이르기까지 7세 동안
世爲卿大夫	대대로 경대부가 되었다.
黯以父任	급암은 부친 때문에 임용되어
孝景時爲太子洗馬	효경제 때 태자선마(太子洗馬)가 되었는데
以莊見憚[2]	위엄이 있어서 꺼림을 받았다.
孝景帝崩	효경제가 죽고
太子即位	태자가 즉위하자
黯爲謁者	급암은 알자가 되었다.
東越相攻	동월이 공격해 오자
上使黯往視之	임금이 급암으로 하여금 가서 살펴보게 했다.
不至	이르지도 않고
至吳而還	오나라까지 이르러서는 돌아와
報曰	보고하여 말하였다.

1 집해 문영(文穎)은 말하였다. "육국(六國) 때 위(衛)나라는 다만 군(君)으로 일컬어졌다."

2 색은 장(莊)은 엄(嚴)이라는 뜻인데, 위엄(嚴威)이 있다는 말이다. 한명제(漢明帝)의 휘가 장(莊)이므로 이후로는 '장(莊)'을 모두 '엄(嚴)'이라 하였다.

越人相攻	“월나라 사람의 공격은
固其俗然	실로 습속이 그러하니
不足以辱天子之使	천자의 사자를 욕보일 만하지 못합니다.”
河內失火	하내에 실화가 발생하여
延燒千餘家	줄잡아 천여 채의 집이 불타
上使黯往視之	임금이 급암에게 가서 살펴보게 하였더니
還報曰	돌아와 보고하였다.
家人失火	“백성의 집에서 실화하여
屋比[3]延燒	집이 붙어 있어 불길이 번진 것이니
不足憂也	근심거리가 못 됩니다.
臣過河南	신이 (지나는 길에) 하남에 들르게 되었는데
河南貧人傷水旱萬餘家	하남의 빈민들 만여 가구가 수재와 가뭄으로 상해를 당하여
或父子相食	부자간에 서로 잡아먹기도 하여
臣謹以便宜	신이 삼가 편의를 행하여
持節發河南倉粟以振貧民	부절을 가지고 하남 창고의 곡식을 풀어 빈민들을 구휼하였습니다.
臣請歸節	신은 부절을 돌려드릴 것을 청하오니
伏矯制之罪	어명을 가탁한 죄를 받겠습니다.”
上賢而釋之	임금이 현명하게 여겨 풀어주고
遷爲滎陽令	형양령으로 옮겼다.
黯恥爲令	급암은 현령이 된 것이 부끄러워
病歸田里	병을 칭탁하고 고향으로 돌아갔다.
上聞	임금이 듣고

3 색은 음은 비(鼻)이다.

乃召拜爲中大夫	곧 불러서 중대부에 임명했다.
以數切諫	여러 차례 극간해서
不得久留內	궁궐에 오래 머무르지 못하게 되어
遷爲東海太守	동해 태수로 옮겼다.
黯學黃老之言	급암은 황로의 학설을 배워
治官理民	관리를 다스리고 백성을 다스림에
好清靜	맑고 깨끗한 것을 좋아하여
擇丞史而任之[4]	승(丞)과 사(史)를 뽑아 그에게 맡겼다.
其治	그 다스림은
責大指而已	대요(大要)만 요구할 뿐
不苛小	작은 일은 엄하(게 처리하)지 않았다.
黯多病	급암은 병이 많아
臥閨閤內不出	내실에 누워 외출을 하지 않았다.
歲餘	한 해 남짓 만에
東海大治	동해는 아주 잘 다스려졌다.
稱之	(현지인들이) 그를 칭송하였다.
上聞	임금이 듣고
召以爲主爵都尉	불러서 주작도위로 삼았으며
列於九卿	구경(九卿)의 반열에 올랐다.
治務在無爲而已	업무를 다스림은 인위적으로 하지 않음을 힘썼을 뿐

4 **집해** 여순(如淳)은 말하였다. "율(律)에 의하면 태수(太守)와 도위(都尉), 제후(諸侯)는 내사사(內史史)가 각 1인이며, 졸사서좌(卒史書佐)가 각 10인이다. 지금 '승사(丞史)'라고 함께 말한 것은 아마 군승(郡丞) 및 사사(史使)를 가려 뽑아 맡긴 것 같다. 정당시(鄭當時)가 대농이었을 때 승사(丞史)의 관속을 추천한 것 또한 이와 같은 유이다."

弘大體	대체만 크게 파악하였으며
不拘文法	법조문에 구애되지 않았다.

黯爲人性倨	급암의 사람됨은 성품이 거만하고
少禮	예의를 잘 차리지 않았으며
面折	면전에서 결점을 지적하여
不能容人之過	남의 잘못을 용인할 수 없었다.
合己者善待之	자기와 뜻이 맞는 자는 우대해 주었으며
不合己者不能忍見	자기와 뜻이 맞지 않는 자는 차마 보려고 하지를 않아
士亦以此不附焉	관리들 또한 이 때문에 그에게 붙지 않았다.
然好學	그러나 배우기를 좋아하고
游俠	의협심이 있었으며
任氣節	절개 있는 행동을 하고
內行脩絜	안으로 깨끗하게 수양을 하였으며
好直諫	직간을 좋아하여
數犯主之顏色	수차례나 임금의 안색을 범하였으며
常慕傅柏袁盎之爲人也[5]	늘 부백과 원앙의 사람됨을 흠모했다.
善灌夫鄭當時及宗正劉棄[6]	관부와 정당시 및 종정 유기와 친하였다.
亦以數直諫	또한 수차례 직간하여
不得久居位	직위에 오래 머무르지 못했다.

5 **집해** 응소(應劭)는 말하였다. "부백(傅柏)은 양(梁)나라 사람으로 효왕(孝王)의 장수였으며 평소에 강직하였다." **색은** 傅의 음은 부(付)이며 성(姓)이다. 백(柏)은 이름이다. 양(梁)나라 장수이다.

6 **집해** 서광(徐廣)은 말하였다. "이름을 기질(棄疾)이라고도 한다." **색은** 『한서(漢書)』에는 이름이 기질로 되어 있다.

當是時	이때
太后弟武安侯蚡爲丞相	태후의 동생 무안후 전분(田蚡)이 승상이었는데
中二千石來拜謁	중2천 석이 와서 찾아뵈어도
蚡不爲禮	전분은 예의를 갖추지 않았다.
然黯見蚡未嘗拜	그러나 급암은 전분을 뵐 때 절을 한 적이 없으며
常揖之	늘 읍만 하였다.
天子方招文學儒者	천자가 바야흐로 문학하는 유생들을 불렀는데
上曰吾欲云云[7]	천자가 내 어찌어찌하고자 한다 하니
黯對曰	급암이 대답하여 말하였다.
陛下內多欲而外施仁義	"폐하께서는 내심 욕심이 많으시어 겉으로만 인의를 베푸시거늘
柰何欲效唐虞之治乎	어찌 당우의 다스림을 본받으려 하십니까!"
上默然	임금은 잠자코 있다가
怒	노하여
變色而罷朝	안색이 변하여 조회를 파했다.
公卿皆爲黯懼	공경이 모두 급암 때문에 두려워하였다.
上退	임금이 물러나면서
謂左右曰	좌우에 일러 말하였다.
甚矣	"심하도다,
汲黯之戇也[8]	급암의 고지식함이!"
群臣或數黯	신하들이 혹 급암에게 따지기라도 하면
黯曰	급암은 말하였다.
天子置公卿輔弼之臣	"천자가 공경과 보필하는 신하를 둔 것이

7 **집해** 장안(張晏)은 말하였다. "말하고자 한 것이 인의를 베풀려는 것이었다."

8 **색은** 당(戇)은 어리석은 것이다.

寧令從諛承意	어찌 비위나 맞추고 뜻을 받들어
陷主於不義乎	임금을 불의에 빠뜨리게 하는 것이겠는가?
且已在其位	또한 이미 직위에 있으면서
縱愛身	몸을 아끼기만 한다면
柰辱朝廷何	조정을 욕되게 함은 어찌하겠는가!"

黯多病	급암은 병이 많았는데
病且滿三月	병이 들어 3개월이 되어 가면
上常賜告者數[9]	임금은 늘 관직을 그만두고 집에 있게 한 것이 여러 번이었으나
終不愈	끝내 낫지 않았다.
最後病	마지막으로 병이 들자
莊助爲請告[10]	장조가 병가를 청하여 주었다.
上曰	임금이 말하였다.
汲黯何如人哉	"급암은 어떤 사람인가?"
助曰	장조가 말하였다.
使黯任職居官	"급암에게 직책을 맡겨 관직에 있게 하면
無以踰人[11]	남보다 나을 것이라고는 없을 것입니다.

---

9 **집해** 여순은 말하였다. "두흠(杜欽)이 이른바 '병으로 사고(賜告)의 기간이 차자 임금이 은혜를 베푼 것이다.'라 한 것이다. 삭(數)은 한번이 아니라는 것이다. 혹자는 말하기를 사고(賜告)는 관직을 떠나 집으로 돌아갈 수 있게 된 것이며, 여고(與告)는 관직에 머무르면서 일을 보지 않는 것이라고 하였다." **색은** 數의 음은 삭[所角反]이다. 주(注)에서 "사고(賜告)는 관직을 떠나 집으로 돌아갈 수 있게 된 것이며, 여고(與告)는 관직에 머무르면서 일을 보지 않는 것이라고 하였다."라 한 것이다.

10 **집해** 서광은 말하였다. "최(最) 자는 '그 기(其)' 자로 된 판본도 있다."

11 **색은** 踰의 음은 유(庾)이다. 『한서』에는 '유(瘉)'로 되어 있으며, 유(瘉)는 낫다는 말과 같다. 여기에서는 '유(踰)'로 되어 있는데, 유(踰)는 남을 뛰어넘는 것을 말한다.

然至其輔少主	그러나 어린 임금을 보좌하고
守城深堅	수성을 아주 굳건히 하는 데 있어서는
招之不來	부른다고 오지 않고
麾之不去	내저어 물리친다고 해도 떠나지 않을 것이니
雖自謂賁育亦不能奪之矣	자칭 맹분과 하육이라고 하더라도 빼앗을 수 없을 것입니다."
上曰	임금이 말하였다.
然	"그렇소.
古有社稷之臣	옛날에는 사직의 신하가 있었는데
至如黯	급암 같은 사람이라면
近之矣	그에 가까울 것이오."

大將軍靑侍中	대장군 위청이 궁중에서 시립하면
上踞廁而視之[12]	임금은 (침상) 곁에서 그를 보았다.
丞相弘燕見	승상 공손홍이 (임금이) 한가할 때 뵈면
上或時不冠	임금은 때로 관을 쓰지 않을 때도 있었다.
至如黯見	급암이 뵐 때는
上不冠不見也	임금은 관을 쓰지 않고는 만나지 않았다.
上嘗坐武帳中[13]	임금이 일찍이 무장에 앉아 있을 때
黯前奏事	급암이 일을 아뢰러 나갔는데
上不冠	임금은 관을 쓰지 않고 있어서

12 **집해** 여순은 말하였다. "廁의 음은 측(側)이며, 침상의 가장자리를 말하며 침상에 걸터앉아 보는 것이다. 또한 혼측(溷廁: 변소)이라고도 한다. 측(廁)은 침상의 가장자리이다."

13 **집해** 응소는 말하였다. "무장(武帳)은 무사(武士)의 상(象)을 짠 것이다." 맹강(孟康)은 말하였다. "지금의 어무장(御武帳)으로 장막 안에 병란(兵蘭)과 오병(五兵)을 둔 것이다." 위소(韋昭)는 말하였다. "무(武)로 명명한 것은 위세를 보이는 것이다."

望見黯 급암을 바라보고는

避帳中 장막 안으로 피하고

使人可其奏 사람을 시켜 일을 아뢰어도 된다고 하였다.

其見敬禮如此 존경과 예우를 받음이 이와 같았다.

張湯方以更定律令爲廷尉 장탕이 막 율령을 개정한 것으로 정위가 되었는데

黯數質責湯於上前 급암이 수차례나 임금 앞에서 장탕을 질책하여

曰 말하였다.

公爲正卿 "공은 정경으로

上不能褒先帝之功業 위로는 선제의 공업을 기릴 수 없었고

下不能抑天下之邪心 아래로는 천하의 사악한 마음을 억누를 수 없었으니

安國富民 나라를 편안하게 하고 백성을 부유하게 하며

使囹圄空虛 감옥을 비게 하는 것

二者無一焉 두 가지 중 어느 하나도 이루지 못하였소.

非苦就行 비난하고 괴롭히는 것으로 행하고

放析就功 (법령을) 어지럽히는 것으로 공을 취하니

何乃取高皇帝約束紛更之爲[14] 어찌하여 곧 고황제의 약속을 어지럽히고 고치는 것이오?

公以此無種矣 공은 이 때문에 대가 끊길 것이오."

黯時與湯論議 급암은 수시로 장탕과 논쟁을 벌였는데

湯辯常在文深小苛 장탕의 변론은 늘 깊은 법조문과 미세하고 번다한 일에 있었고

14 **집해** 여순은 말하였다. "분(紛)은 어지러운 것이다."

黯伉厲守高不能屈	급암은 강직하고 높은 자세를 지켜 (장탕을) 굴복시킬 수가 없자
忿發罵曰	분(忿)을 발하여 꾸짖어 말하였다.
天下謂刀筆吏不可以爲公卿	"천하에서 말하기를 도필리는 공경이 되어서는 안 된다 하더니
果然	과연 그렇구나.
必湯也	필시 장탕은
令天下重足而立	천하로 하여금 발을 포개어 서게 하고
側目而視矣	곁눈질로 보게 할 것이다!"

是時	이때
漢方征匈奴	한나라는 바야흐로 흉노를 정벌하고
招懷四夷	사방의 오랑캐를 불러 회유하는 중이었다.
黯務少事	급암은 일을 적게 하였으며
乘上閒	임금이 한가한 틈을 타서
常言與胡和親	늘 오랑캐와 화친하여야 하며
無起兵	군사를 일으키지 않아야 한다고 말하였다.
上方向儒術	임금은 바야흐로 유술을 지향하여
尊公孫弘	공손홍을 높였다.
及事益多	일이 갈수록 많아지자
吏民巧弄[15]	관리와 백성들은 교묘하게 속였다.
上分別文法	임금은 법령을 획분(劃分)하였고
湯等數奏決讞[16]以幸	장탕 등은 수차례나 법을 적용하는 것을 아뢰

15 색은 음은 롱[路洞反]이다.

16 색은 음은 얼[魚列反]이다.

	어 총애를 받았다.
而黯常毀儒	급암은 늘 유가를 헐뜯어
面觸弘等徒懷詐飾智以阿人主取容	
	공손홍 등은 한낮 속임수를 품고 지혜를 꾸며서 임금에게 아부하여 환심을 산다고 면전에서 꾸짖었으며
而刀筆吏專深文巧詆[17]	도필리가 멋대로 법령을 깊이하고 교묘히 꾸짖어
陷人於罪	사람들을 죄에 빠뜨리고
使不得反其眞	진실을 되돌릴 수 없게 하여
以勝爲功	이기는 것을 공으로 생각한다고 하였다.
上愈益貴弘湯	임금은 갈수록 더 공손홍과 장탕을 귀하게 여겼고
弘湯深心疾黯	공손홍과 장탕은 마음 깊이 급암을 미워하였으며
唯天子亦不說也	천자까지 또한 좋아하지 않아
欲誅之以事	일을 꾸며 죽이려고 하였다.
弘爲丞相	공손홍이 승상이 되어
乃言上曰	임금께 말하였다.
右內史界部中多貴人宗室	"우내사의 경계에 귀인과 종실이 많아
難治	다스리기 어렵사와
非素重臣不能任	평소에 중신이 아니면 맡을 수가 없으니
請徙黯爲右內史	청컨대 급암을 우내사로 옮기십시오."
爲右內史數歲	우내사가 된 지 수년이 되어도
官事不廢	공사는 폐하여지지 않았다.

17 색은 음은 저[丁禮反]이다.

大將軍靑既益尊	대장군 위청은 이미 (지위가) 더 높아졌고
姊爲皇后	누이가 황후였지만
然黯與亢禮	급암은 동등한 예로 대하였다.
人或說黯曰	사람들이 혹 급암에게 말하였다.
自天子欲群臣下大將軍	“천자부터 신하들이 대장군에게 낮추었으면 하고
大將軍尊重益貴	대장군은 존중되고 더욱 귀하여졌으니
君不可以不拜	그대도 절을 하지 않을 수 없소.”
黯曰	급암이 말하였다.
夫以大將軍有揖客	“대체로 대장군에게 읍을 하는 객이 있다는 것이
反不重邪	오히려 중히 여기는 것 아니겠는가?”
大將軍聞	대장군은 듣고
愈賢黯	급암을 더욱 현명하게 여겨
數請問國家朝廷所疑	수차례나 국가와 조정에서 의심하는 것을 물어보았으며
遇黯過於平生	급암을 대함이 평소보다 나았다.

淮南王謀反	회남왕은 모반하면서
憚黯	급암을 꺼려
曰	말하였다.
好直諫	“직간을 좋아하고
守節死義	절개를 지키고 의를 위해 죽으며
難惑以非	그릇된 것으로 혹하게 하기 어렵다.
至如說丞相弘	승상 공손홍을 설득시키는 것 같은 것은
如發蒙振落耳	덮개를 열고 잎을 떨어뜨리는 것 같을 따름이다.”

天子既數征匈奴有功	천자는 이미 수차례나 흉노를 정벌하여 공을 세운 터라
黯之言益不用	급암의 말은 더욱 쓰이지 않았다.

始黯列爲九卿	처음에 급암이 구경(九卿)의 반열에 올랐을 때
而公孫弘張湯爲小吏	공손홍과 장탕은 소리(小吏)였다.
及弘湯稍益貴	공손홍과 장탕이 조금씩 자꾸 귀하여져
與黯同位	급암과 지위가 동등해지자
黯又非毁弘湯等	급암은 또한 공손홍과 장탕 등을 비난하고 헐뜯었다.
已而弘至丞相	얼마 후 공손홍은 승상에 이르고
封爲侯	후에 봉하여졌으며,
湯至御史大夫	장탕은 어사대부에 이르렀고,
故黯時丞相史皆與黯同列	옛날 급암 당시의 승상부 소리들이 모두 급암과 동열에 올랐고
或尊用過之	혹 존귀함이 그를 뛰어넘기도 하였다.
黯褊心	급암은 마음이 편협하여
不能無少望	적으나마 원망이 없을 수가 없어
見上	임금을 뵙고
前言曰	나아가 말하였다.
陛下用群臣如積薪耳	"폐하께서 신하들을 쓰심은 장작을 쌓는 것 같은 따름으로
後來者居上	나중에 온 것이 윗자리를 차지합니다."
上默然	임금은 잠자코 있었다.
有閒黯罷	조금 있다가 급암이 물러나자

上曰	임금이 말하였다.
人果不可以無學	"사람은 과연 배우지 않을 수가 없으니
觀黯之言也日益甚	급암의 말을 살펴보건대 날로 더 심해지고 있도다."
居無何	얼마 있지 않아
匈奴渾邪王率衆來降	흉노의 혼야왕이 무리를 거느리고 와서 항복하자
漢發車二萬乘	한나라에서는 수레 2만 대를 보내려고 하였다.
縣官無錢	조정에서는 돈이 없어
從民貰馬[18]	백성에게 말을 빌렸다.
民或匿馬	백성들이 혹 말을 숨기기도 하여
馬不具	말을 갖추지 못하였다.
上怒	임금은 노하여
欲斬長安令	장안령을 참하려고 하였다.
黯曰	급암이 말하였다.
長安令無罪	"장안령은 죄가 없으니
獨斬黯	저만 참하면
民乃肯出馬	백성들이 말을 내놓으려 할 것입니다.
且匈奴畔其主而降漢	또한 흉노가 그 임금을 배반하고 한나라에 항복을 하였으니
漢徐以縣次傳之	한나라에서는 천천히 현에서 현으로 차례로 넘겨줄 것이지
何至令天下騷動	어째서 천하를 떠들썩하게 하여

18 **색은** 세(貰)는 빌리는 것이다.

罷獘中國而以事夷狄之人乎	중국을 피폐시키면서 이적(夷狄)의 사람을 섬기겠습니까!"
上默然	임금은 잠자코 있었다.
及渾邪至	혼야왕이 이르자
賈人與市者	장사치와 상인으로
坐當死者五百餘人	연좌되어 사형 판결을 받은 사람이 5백여 명이나 되었다.
黯請閒	급암은 한가한 틈을 타서
見高門[19]	고문전에서 (임금을) 뵙고
曰	말하였다.
夫匈奴攻當路塞	"저 흉노는 요로의 요새를 공격하고
絕和親	화친을 끊어
中國興兵誅之	중국에서 군사를 일으켜 토벌하여
死傷者不可勝計	사상자가 이루 셀 수 없었으며
而費以巨萬百數	비용이 거만금을 백 단위로 헤아렸습니다.
臣愚以爲陛下得胡人	신의 어리석은 생각으로는 폐하께서 오랑캐 사람들을 잡으면
皆以爲奴婢以賜從軍死事者家	모두 노비로 삼아 종군하여 전사한 자들의 집에 내리시고,
所鹵獲	노획물도
因予之	그대로 그들에게 주리라고 생각하였사온데
以謝天下之苦	천하의 노고에 보답하고
塞百姓之心	백성들의 마음을 채워주는 것이라 여겨서입니다.

19 **집해** 여순은 말하였다. "『황도(黃圖)』에서는 미앙궁(未央宮)에 고문전(高門殿)이 있다고 하였다."

今縱不能	지금 그렇게 하실 수는 없더라도
渾邪率數萬之衆來降	혼야왕이 수만의 무리를 거느리고 항복해 오자
虛府庫賞賜	국고를 비워 상을 내리고
發良民侍養	양민을 보내어 봉양하게 하니
譬若奉驕子	비유컨대 사랑하는 자식을 받드는 것과 같습니다.

愚民安知市買長安中物而文吏繩以爲闌出財物于邊關乎[20]

어리석은 백성들이 장안의 물건을 사면서 법관들이 법으로 변경에서 함부로 재물을 내는 것이라 생각함을 어찌 알겠습니까?

陛下縱不能得匈奴之資以謝天下

폐하께서 흉노의 물자를 얻어 천하에 보답은 하실 수 없을지언정

又以微文殺無知者五百餘人	또한 미묘한 법조문으로 무지한 자 5백여 인을 죽이려 하시니
是所謂庇其葉而傷其枝者也	이것이 이른바 '잎을 보호하려고 가지를 상하게 하는 것'이니
臣竊爲陛下不取也	신은 가만히 폐하께서 취하시지 않으셔야 한다고 생각합니다."
上默然	임금은 잠자코 있으며
不許	허락하지 않고
曰	말하였다.
吾久不聞汲黯之言	"내 오래도록 급암의 말을 듣지 않았는데
今又復妄發矣	오늘 또다시 함부로 말을 하는구나."

20 **집해** 응소는 말하였다. "란(闌)은 함부로라는 뜻이다. 율(律)에 오랑캐와 교역을 할 때는 병기를 지니고 관문을 나설 수 없었다. 비록 경사에서 사고팔더라도 그 법은 매한가지였다." 찬(瓚)은 말하였다. "관문의 출입을 함부로 하지 않는 것이다."라 하였다.

後數月	몇 달 뒤
黯坐小法	급암은 작은 죄에 연루되었는데
會赦免官	사면을 받고 면직되었다.
於是黯隱於田園	이에 급암은 고향에서 은거하였다.

居數年	수년 뒤
會更五銖錢[21]	마침 오수전으로 바꾸어
民多盜鑄錢	백성들이 많이 위조 화폐를 주조하였으며
楚地尤甚	초(楚) 땅에서 더욱 심하였다.
上以爲淮陽	임금은 회양이
楚地之郊	초(楚) 땅의 교외라 생각하여
乃召拜黯爲淮陽太守	이에 급암을 회양 태수로 임명했다.
黯伏謝不受印	급암은 땅에 엎드려 사양하고 인장을 받지 않아
詔數彊予	어명으로 몇 차례나 억지로 주어
然後奉詔	그런 다음에야 어명을 받들었다.
詔召見黯	어명으로 급암을 불러 만나보니
黯爲上泣曰	급암은 임금에게 눈물을 흘리며 말하였다.
臣自以爲填溝壑	"신은 스스로 생각하기에 (죽어서) 도랑과 골짜기를 메울 때까지
不復見陛下	다시는 폐하를 뵙지 못할 줄 알았사온데
不意陛下復收用之	뜻밖에도 폐하께서 다시 거두어 써주셨습니다.
臣常有狗馬病	신은 늘 천한 몸에 병이 있어
力不能任郡事	힘이 군(郡)의 일을 맡을 수 없사오니

21 **집해** 서광은 말하였다. "원수(元狩) 5년(B.C. 118)에 오수전을 발행했다."

臣願爲中郎	신은 원컨대 중랑이 되어
出入禁闥	궁궐의 문이나 드나들었으면 하고
補過拾遺	과실을 보충하고 빠뜨린 것이나 주워드리는 것이
臣之願也	신의 바람입니다."
上曰	임금이 말하였다.
君薄淮陽邪	"그대는 회양을 깔보는 것인가?
吾今召君矣[22]	내 곧 그대를 부르겠노라.
顧淮陽吏民不相得	회양의 관리와 백성들이 서로 어쩌지를 못하여
吾徒得君之重	내 다만 그대의 중망을 얻는 것이니
臥而治之	누워서라도 그곳을 다스려 주게나."
黯旣辭行	급암이 작별하고 떠나
過大行李息	대행 이식에게 들르게 되었는데
曰	말하였다.
黯棄居郡	"나는 버려져 군에 있게 되어
不得與朝廷議也	조정의 의논에 참여할 수 없게 되었소.
然御史大夫張湯智足以拒諫	그러나 어사대부 장탕은 지혜는 족히 간언을 막을 만하고
詐足以飾非	사술(詐術)은 족히 잘못을 덮을 수 있으며
務巧佞之語	교묘하고 아첨하는 말과
辯數之辭	변론으로 질책하는 말에 힘쓰며
非肯正爲天下言	천하에 올바른 말은 하려 하지 않고
專阿主意	오로지 임금의 뜻에 아부만 하고 있소.
主意所不欲	임금의 뜻이 하고 싶어 하지 않는 것은

22 **색은** 금(今)은 즉금(卽今)이다. 금일 이후 곧 그대를 부르겠다는 말이다.

因而毁之	덩달아 헐뜯고,
主意所欲	임금의 뜻이 하고자 하는 것은
因而譽之	덩달아 추켜올리오.
好興事	일을 일으키기를 좋아하고
舞文法[23]	문자와 법률을 곡해하며
內懷詐以御主心	안으로는 사술을 품고 임금의 마음을 부리고
外挾賊吏以爲威重	밖으로는 혹리(酷吏)들을 끼고 위세를 떨치고 있소.
公列九卿	그대는 구경(九卿)의 반열에 있는데
不早言之	일찍 말하지 않으면
公與之俱受其僇矣	그대도 그와 함께 죽임을 당할 것이오."
息畏湯	이식은 장탕을 두려워하여
終不敢言	끝내 감히 말하지 않았다.
黯居郡如故治	급암은 군(郡)에서 옛날과 같이 다스렸으며
淮陽政淸	회양의 정치는 청명해졌다.
後張湯果敗	나중에 장탕은 과연 쫓겨났으며
上聞黯與息言	임금은 급암이 이식과 말을 하였다는 것을 듣고
抵息罪	이식을 처벌하였다.
令黯以諸侯相秩居淮陽[24]	급암은 제후와 승상의 봉록으로 회양에 머물게 하였다.
七歲而卒[25]	7년 만에 죽었다.

23 **집해** 여순은 말하였다. "무(舞)는 농(弄)과 같다."

24 **집해** 여순은 말하였다. "제후왕의 승상은 군수 위에 있으며 봉록이 진(眞)2천 석이다. 법률에 진(眞)2천 석의 녹봉은 월 2만이며 2천 석은 월 1만 6천이다."

25 **집해** 서광은 말하였다. "원정(元鼎) 5년(B.C. 112)이다."

卒後 죽은 후에

上以黯故 임금은 급암 때문에

官其弟汲仁至九卿 그의 아우 급인(汲仁)의 관직을 구경에 이르게 하고

子汲偃至諸侯相 아들 급언(汲偃)은 제후의 승상에 이르게 하였다.

黯姑姊子司馬安亦少與黯爲太子洗馬

급암의 고종 형제 사마안 또한 젊어서 급암과 함께 태자선마가 되었다.

安文深巧善宦 사마안은 법률에 뛰어났고 관직 생활에 교묘하고 뛰어나

官四至九卿 관직이 네 차례나 구경에 올랐으며

以河南太守卒 하남 태수로 죽었다.

昆弟以安故 형제들은 사마안 때문에

同時至二千石者十人 동시에 2천 석에 이른 자가 열 명이었다.

濮陽段宏[26]始事蓋侯信[27] 복양의 단굉은 처음에는 갑후 왕신을 섬겼는데

信任宏 왕신이 단굉을 신임하여

宏亦再至九卿 단굉 또한 두 차례 구경에 올랐다.

然衛人仕者皆嚴憚汲黯 그러나 위(衛) 땅의 사람으로 벼슬한 자들은 모두 급암을 꺼리어

出其下 한참 못 미쳤다.

鄭當時者 정당시(鄭當時)는

字莊 자는 장(莊)이며

陳人也 진현 사람이다.

---

26 **색은** 단객(段客)이다. 『한서』에는 '단굉(段宏)'으로 되어 있다.

27 **집해** 서광은 말하였다. "태후(太后)의 오빠 왕신(王信)이다."

其先鄭君[28]嘗爲項籍將 　그 선조 정군(鄭君)은 항적의 장수가 된 적이 있었는데,

籍死 　항적이 죽자

已而屬漢 　얼마 후 한나라에 귀순하였다.

高祖令諸故項籍臣名籍[29] 　고조는 옛 항적의 신하들에게 항적의 이름을 부르게 하였는데

鄭君獨不奉詔 　정군(鄭君)만이 어명을 받들지 않았다.

詔盡拜名籍者爲大夫 　어명으로 항적의 이름을 부른 자들을 모두 대부에 임명하였고

而逐鄭君 　정군은 쫓아내었다.

鄭君死孝文時 　정군은 효문제 때 죽었다.

鄭莊以任俠自喜 　정장(鄭莊)은 임협을 스스로 좋아하여

脫張羽於戹[30] 　장우를 곤경에서 벗어나게 하여

聲聞梁楚之閒 　양(梁) · 초(楚)나라 사이에서 명성이 자자하였다.

孝景時 　효경제 때

爲太子舍人 　태자사인이 되었다.

每五日洗沐 　닷새마다 목욕을 하였는데

常置驛馬長安諸郊[31] 　늘 장안의 교외에다 역마를 배치하여 두고

---

28 **집해** 『한서음의(漢書音義)』에서는 말하였다. "정당시의 부친이다."

29 이는 항우의 이름을 부름으로써 항우를 욕보이고 항우를 배반하였음을 드러내려는 것이다. – 옮긴이.

30 **집해** 복건(服虔)은 말하였다. "양효왕(梁孝王)의 장수로 초(楚)나라 승상의 아우이다."

31 **집해** 여순은 말하였다. "교통이 사통팔달한 곳으로 빈객을 청하기에 편하다." 찬(瓚)은 말하였다. "제교(諸郊)는 장안(長安) 사면의 교사(郊祀)를 지내던 곳으로 한적하고 조용하여 빈객을 청할 수 있다." **색은** 치(置)는 곧 역(驛)이며, 마(馬)는 말을 비치해 두는 것이다. 사면의 교외이다.

存諸故人	여러 친구들을 머물게도 하였으며
請謝賓客	빈객들을 청하기도 하고 맞기도 하여
夜以繼日	밤으로 낮을 이었지만
至其明旦	이튿날 아침이 되면
常恐不遍	늘 두루 (살피지) 못함을 걱정하였다.
莊好黃老之言	정장은 황로(黃老)의 말을 좋아하였으며
其慕長者如恐不見	장자를 흠모하여 뵙지 못할까 걱정하듯이 했다.
年少官薄	나이도 젊고 관직도 낮았지만
然其游知交皆其大父行	알고 교유하는 자들은 모두 어른의 항렬이었으며
天下有名之士也	천하의 유명한 인사들이었다.
武帝立	무제가 즉위하자
莊稍遷爲魯中尉 · 濟南太守 · 江都相	정장은 조금씩 노(魯) 중위와 제남 태수, 강도(江都) 승상으로 승진하여
至九卿爲右內史	구경에 이르러 우내사가 되었다.
以武安侯魏其時議	무안후와 위기후가 당시 논쟁을 하여
貶秩爲詹事	첨사로 벼슬이 깎였다가
遷爲大農令	대농령으로 승진하였다.

莊爲太史	정장은 태사가 되자
誡門下	문하의 사람을 경계하였다.
客至	"객이 이르면
無貴賤無留門者	귀천을 막론하고 문에서 기다리게 하지 말라."
執賓主之禮	빈주의 예를 가지고

以其貴下人	귀한 지위로 남들에게 낮추었다.
莊廉	정장은 청렴하였고
又不治其產業	또한 자신의 산업을 다스리지 않고
仰奉賜以給諸公	봉록이나 하사품을 받으면 여러 사람들에게 나누어 주었다.
然其餽遺人	그러나 그가 사람들에게 주는 것이라고는
不過算器食[32]	대 밥그릇의 음식에 지나지 않았다.
每朝	조회할 때마다
候上之閒	임금이 한가한 때를 기다렸다가
說未嘗不言天下之長者	천하의 장자에 대하여 말하지 않은 적이 없었다.
其推轂士及官屬丞史	그가 사대부 및 관속의 승사들을 천거할 때는
誠有味其言之也	실로 말을 맛깔스럽게 하면
常引以爲賢於己	늘 이끌어 자기보다 현명하다고 생각하였다.
未嘗名吏	속리의 이름을 부른 적이 없으며
與官屬言	관속과 말할 때는
若恐傷之	늘 다치게 할까 걱정하는 듯하였다.
聞人之善言	사람들의 좋은 말을 듣고
進之上	임금에게 올릴 때는
唯恐後	오로지 늦었을까 걱정하였다.
山東士諸公以此翕然稱鄭莊	산동의 선비와 여러 인사들은 이 때문에 일시에 정장을 칭찬하였다.

鄭莊使視決河	정장은 황하의 둑이 터진 것을 시찰하러 가게

32 **집해** 서광은 말하였다. "산(算)은 죽기(竹器)이다." **색은** 죽기(竹器)라 한 것은 동기(銅器)나 칠기(漆器)가 없다는 것을 말한다. 『한서』에는 "그릇의 음식을 갖추었다(具器食)."로 되어 있다.

	되었는데
自請治行五日[33]	닷새 동안 행장을 꾸릴 것을 자청하였다.
上曰	임금이 말하였다.
吾聞鄭莊行	"내가 듣자 하니 '정장은 길을 떠날 때
千里不齎糧	천 리 길에도 식량을 지니지 않는다.'라 하였는데
請治行者何也	행장을 꾸리기를 청하니 어찌된 것인가?"
然鄭莊在朝	그러나 정장은 조정에서
常趨和承意	늘 부화하여 (임금의) 뜻을 받들어
不敢甚引當否	감히 명확하게 옳고 그름을 따지지 않았다.
及晩節	만년에
漢征匈奴	한나라는 흉노를 정벌하고
招四夷	사이(四夷)를 회유하느라
天下費多	천하의 비용이 많이 들었고
財用益匱	물자는 더욱 바닥났다.
莊任人賓客爲大農僦人[34]	정장이 추천한 빈객으로 대사농에게 보증을 선 사람이

33 집해 여순은 말하였다. "치행(治行)은 행장이 장엄한 것을 말한다."

34 집해 서광은 말하였다. "어떤 판본에는 '들 입(入)' 자로 되어 있다. 어떤 사람은 빈객이 대농이 고용한 사람이 되었는데 고용한 사람이 아마 이익을 낸 것 같다고 하였는데 지금 타당한 것 같다." 진작(晉灼)은 말하기를 "정당시는 대농(大農)으로, 그 빈객으로 하여금 고각(辜較)을 시키게 한 것 같다."라 하였다. 찬(瓚)은 말하기를 "임인(任人)은 추천한 사람이 천거된 것을 이른다."라 하였다. 색은 僦의 음은 취[即就反]이다. 辜較의 음은 고각(姑角)이다. 정당시가 대농(大農)이 되어 빈객에게 남들의 품삯을 거두는 것을 맡긴 것이다. 혹자는 물건을 세내어 관청에 응하여 썼으므로 아래에서 "체납한 빚이 많았다."고 하였다 했다. '고각(辜較)'은 또한 '고각(酤榷)'이라고도 한다. 각(榷)는 독(獨)이라는 뜻이다. 국가에서 각고(榷酤: 주류 전매제도)를 독점하는 것이다. 여기서 '고각(辜較)'이라고 한 것은 또한 빈객 가운데 추천한 사람으로 하여금 그 이익을 독점하게 한 것을 이르며, 그러므로 고각(辜較)이라고 하였다.

多逋負	체납한 빚이 많았다.
司馬安爲淮陽太守	사마안은 회양 태수로
發其事	그 일을 밝혀
莊以此陷罪	정장은 이 때문에 치죄되었으며
贖爲庶人	속량하여 서인이 되었다.
頃之	얼마 후에
守長史[35]	잠시 장사를 맡았다.
上以爲老	임금은 늙었다고 생각하여
以莊爲汝南太守	정장을 여남 태수로 삼았다.
數歲	몇 년 만에
以官卒	관직에서 죽었다.

鄭莊汲黯始列爲九卿	정장과 급암이 처음에 구경의 반열에 올랐을 때
廉	청렴하여
內行脩絜	평상시 수양을 깨끗하게 하였다.
此兩人中廢	이 두 사람이 중도에 (관직에서) 버려지자
家貧	집이 가난하여
賓客益落[36]	빈객이 더욱 흩어졌다.
及居郡	군(郡)에 거처하고
卒後家無餘貲財	죽었을 때는 집에 남은 재산이라고는 없었다.
莊兄弟子孫以莊故	정장의 형제와 자손들은 정장 때문에
至二千石六七人焉	2천 석에 이른 자가 6~7인이 되었다.

35 집해 여순은 말하였다. "승상(丞相)의 장사(長史)이다."

36 색은 낙(落)은 영락(零落)과 같으며, 흩어지는 것이다.

太史公曰	태사공은 말한다.
夫以汲鄭之賢	급암과 정당시의 현명함으로도
有勢則賓客十倍	권세가 있으면 빈객이 열 배가 되고
無勢則否	권세가 없으면 그렇지 않으니
況衆人乎	하물며 뭇사람이겠는가!
下邽[37]翟公有言	하규의 적공이 말한 적이 있다.
始翟公爲廷尉	처음에 적공이 정위가 되자
賓客闐門	빈객들이 문을 가득 채웠으며,
及廢	폐하여지자
門外可設雀羅	문밖에 참새 잡는 그물을 설치할 정도였다.
翟公復爲廷尉	적공이 다시 정위가 되자
賓客欲往	빈객들이 가고자 하니
翟公乃大署其門曰	적공이 이에 그 문에 크게 써놓았다.
一死一生	"한번 죽고 한번 사는 것으로
乃知交情	우정을 알 수 있다.
一貧一富	한번 가난해지고 한번 부자가 되는 것으로
乃知交態	세태를 알 수 있다.
一貴一賤	한번 귀하여지고 한번 천해지는 것으로
交情乃見	우정이 드러난다."
汲鄭亦云	급암과 정당시 또한 그렇다 하니
悲夫	슬프도다!

37 **집해** 서광은 말하였다. "邽는 '비(邳)'로 된 판본도 있다." **색은** 邽의 음은 규(圭)로, 현 이름이며 경조(京兆)에 속한다. 서광은 말하였다. "하규(下邽)는 '하비(下邳)'로 되어 있다."

61 유림 열전 儒林列傳[1]

太史公曰	태사공은 말한다.
余讀功令[2]	내가 공령을 읽다가
至於廣厲學官之路	학관을 널리 장려하는 길에 이르러
未嘗不廢書而歎也	책을 내려놓고 탄식하지 않은 적이 없었다.
曰	말한다.
嗟乎	아아!
夫周室衰而關雎作	대체로 주나라 왕실이 쇠퇴하자 「관저(關雎)」가 지어졌는데
幽厲微而禮樂壞	유왕(幽王)과 여왕(厲王)이 쇠미해지자 예악이 무너졌으니
諸侯恣行	제후는 행실이 제멋대로였고
政由彊國	정치는 강국(彊國)에게서 말미암았다.
故孔子閔王路廢而邪道興	그러므로 공자께서는 왕도가 폐하여지고 사도가 흥한 것을 걱정하여
於是論次詩書	이에 『시』와 『서』를 논하여 편차하고
修起禮樂	예악을 닦아 일으켰다.

1 **정의** 요승(姚承)은 말하였다. "유(儒)는 박사(博士)를 말하는데, 유아(儒雅)의 숲을 이루어 고문(古文)을 종합적으로 다스리며 옛 경전을 펴서 밝히고 유자들을 모두 격려하여 왕의 교화를 이룬 자들이다."

2 **색은** 학자의 과공(課功)을 법령으로 드러낸 것으로, 바로 지금의 학령(學令)이다.

適齊聞韶	제나라에 가서 「소(韶)」의 음악을 듣고
三月不知肉味	석 달 동안 고기 맛을 알지 못하였다.
自衛返魯	위나라에서 노나라로 돌아온
然後樂正	다음에 음악이 바로잡혔고
雅頌各得其所[3]	「아(雅)」와 「송(頌)」이 각기 제자리를 잡았다.
世以混濁莫能用	세상이 혼탁해서 아무도 그를 쓸 수가 없어
是以仲尼干七十餘君[4]無所遇	이 때문에 중니는 70여 임금에게 뵙기를 청하였으나 알아줌이 없어서
曰苟有用我者	말하기를 "나를 써주는 사람이 있다면
期月而已矣	1년만 하더라도 괜찮을 것이다."라고 하였다.
西狩獲麟	서쪽에서 사냥을 하다가 기린을 잡자
曰吾道窮矣	말하기를 "나의 도는 다하였다."라 하였다.
故因史記作春秋	그러므로 (노나라) 역사에 의거하여 『춘추』를 지어
以當王法	왕법으로 삼았는데
其辭微而指博	그 말은 은미하나 가리키는 뜻은 넓어서
後世學者多錄焉[5]	후세의 학자들이 많이 인용하였다.

自孔子卒後	공자가 죽은 후에

---

3 정의 정현(鄭玄)은 말하였다. "노애공(魯哀公) 11년(B.C. 484)이다. 이때 도가 쇠미해지고 악이 폐하여져 공자가 돌아와 고쳐서 바로잡았기 때문에 「아(雅)」와 「송(頌)」이 각기 제자리를 잡았다."

4 색은 나중의 기록자들의 말은 일실되었다. 『가어(家語)』[『공자가어(孔子家語)』] 등의 설에 의하면 공자는 여러 나라를 두루 빙문(聘問)하였는데 등용이 되지 못하였으며, 이들 나라는 주(周)와 정(鄭), 제(齊), 송(宋), 조(曹), 위(衛), 진(陳), 초(楚), 기(杞), 거(莒), 광(匡) 등이다. 작은 나라까지 다 들렀다 하더라도 또한 70여 나라가 되지 않는다.

5 집해 서광(徐廣)은 말하였다. "록(錄)은 '무(繆)'로 된 판본도 있다."

七十子之徒散游諸侯	70제자의 무리가 흩어져 제후들을 유세하여
大者爲師傅卿相[6]	(관직이) 크게는 사부와 경상이 되었고
小者友教士大夫	작게는 사대부들을 벗으로 가르쳤으며
或隱而不見	혹은 숨어서 드러내지 않았다.
故子路居衛[7]	그래서 자로는 위나라에 있었고
子張居陳[8]	자장은 진나라에 있었으며
澹臺子羽居楚[9]	담대자우는 초나라에 있었고
子夏居西河[10]	자하는 서하에 있었으며
子貢終於齊[11]	자공은 제나라에서 죽었다.
如田子方段干木吳起禽滑釐之屬	전자방과 단간목, 오기, 금활리 같은 무리들은
皆受業於子夏之倫	모두 자하의 무리에게서 학업을 배웠으며
爲王者師	왕의 스승이 되었다.
是時獨魏文侯好學	이때는 다만 위문후(魏文侯)만이 (유가의) 학문을 좋아하였다.
後陵遲以至于始皇	나중에는 점차 쇠퇴하여 진시황에 이르러서는
天下並爭於戰國	전국시대에 천하가 한꺼번에 다투어

6 **색은** 자하(子夏)는 위문후(魏文侯)의 스승이 되었다. 자공(子貢)은 제(齊)나라와 노(魯)나라를 위해 오(吳)나라와 월(越)나라를 방문하였으니 아마 또한 경(卿)이었을 것이다. 그리고 재여(宰予) 또한 제나라에서 벼슬하여 경이 되었다. 나머지는 알려지지 않았다.

7 **집해** 「중니 제자 열전(仲尼弟子列傳)」에 의하면 자로(子路)는 위(衛)나라에서 죽었으며, 당시 공자는 아직 살아 있었다.

8 **정의** 지금의 진주(陳州)이다.

9 **정의** 지금의 소주(蘇州) 성 남쪽 5리에 담대호(澹臺湖)가 있으며, 호수 북쪽에 담대(澹臺)가 있다.

10 **정의** 지금의 분주(汾州)이다.

11 **정의** 지금의 청주(青州)이다.

儒術旣絀焉 유가의 학문은 이미 배척되었지만
然齊魯之閒 제나라와 노나라 사이에서는
學者獨不廢也 학자들이 유독 없어지지 않았다.
於威宣之際 (제나라) 위왕(威王)과 선왕(宣王) 때에
孟子荀卿之列 맹자와 순경의 무리가
咸遵夫子之業而潤色之[12] 모두 부자의 학업을 따르고 윤색하여
以學顯於當世 학문이 당세에 드러났다.

及至秦之季世 진나라 말년에 이르러
焚詩書 『시』와 『서』를 불태우고
阬術士[13] 유사(儒士)를 갱형에 처하니
六藝從此缺焉 〈육경(六經)〉이 이로부터 이지러졌다.
陳涉之王也 진섭이 왕을 칭하자
而魯諸儒持孔氏之禮器往歸陳王
노나라의 유자(儒者)들은 공씨의 예기를 가지고 가서 진왕에게 귀순하였다.

---

12 부자(夫子)는 원래 유가에서 공자(孔子)를 높여 이르는 말이었는데, 한나라에서 유가를 높인 이래 공자를 이르는 말로 통용되어 쓰이게 되었다. – 옮긴이.

13 정의 안(顔)은 말하였다. "지금 신풍현(新豐縣)의 온천이 있는 곳은 민유향(愍儒鄕)이라 불린다. 온천의 서남쪽 3리 지점에는 마곡(馬谷)이 있으며, 골짜기의 서쪽 기슭에는 구덩이가 있는데, 옛날에 전하여 오기를 진(秦)나라가 유자들을 갱형(阬刑)에 처한 곳이라 한다. 위굉(衛宏)의 「조정고문상서서(詔定古文尚書序)」에서는 '진나라는 이미 책을 태우고 천하에서 고친 법령을 따르지 않을까 걱정하여 이른 유생들은 낭(郎)에 임명하였는데 전후로 7백 명이었다. 이에 몰래 여산(驪山) 골짜기의 따뜻한 곳에 오이를 심어놓고 오이의 열매가 익자 조칙으로 박사와 유생들에게 말하게 하였다. 사람들의 말이 같지 않자 이에 가서 보게 하였다. 기계장치를 숨겨놓고 여러 현명한 유생들이 모두 그곳에 이르러 바야흐로 서로 결론이 나지 않자 이에 기계의 방아쇠를 당겨 죽이고 위에서 흙으로 메워 모두 눌러 끝내 소리가 나지 않았다.'고 하였다."

於是孔甲爲陳涉博士[14]	이에 공갑은 진섭의 박사가 되어
卒與涉俱死	마침내 진섭과 함께 죽었다.
陳涉起匹夫	진섭은 필부로 일어나
驅瓦合適戍[15]	변경으로 유배되어 수자리 서는 사람들을 기와 모으듯 몰아
旬月以王楚	한 달 만에 초나라의 왕이 되었고
不滿半歲竟滅亡	반년이 되지 않아 결국 멸망당하였는데,
其事至微淺	그가 한 일은 지극히 미천하지만
然而縉紳先生之徒負孔子禮器往委質爲臣者	진신(縉紳) 선생의 무리가 공자의 예기를 지고 가서 폐백을 바치고 신하가 된 것은
何也	어째서인가?
以秦焚其業	진나라가 그들의 사업을 불태워
積怨而發憤于陳王也	원한이 쌓여 진왕에게 분을 발하게 한 것이다.

及高皇帝誅項籍	고황제가 항적을 죽이고
舉兵圍魯	군사를 일으켜 노나라를 에워쌌는데도
魯中諸儒尙講誦習禮樂	노나라의 유생들은 여전히 예악을 강습하고
弦歌之音不絕	현가의 소리가 끊이지 않았으니
豈非聖人之遺化	어찌 성인이 남긴 교화로
好禮樂之國哉	예의를 좋아하는 나라가 아니겠는가?
故孔子在陳	그러므로 공자는 진나라에 있을 때
曰歸與歸與	말하기를 "돌아가자, 돌아가자!

14 집해 서광은 말하였다. "공자의 8세손으로 이름은 부(鮒)이고 자는 갑(甲)이다."

15 색은 앞 글자의 음은 적[丁革反]이다.

吾黨之小子狂簡	우리 무리의 소자들이 뜻은 크나 일에는 소략하여
斐然成章	찬란하게 문장(文章)을 이루었을 뿐이요
不知所以裁之[16]	그것을 마름질할 줄을 모르는구나."라 하였다.
夫齊魯之閒於文學	대체로 제나라와 노나라 사이에서는 문학에 있어서
自古以來	예로부터
其天性也	아마 천성이었을 것이다.
故漢興	그러므로 한나라가 흥한
然後諸儒始得脩其經蓺	연후에 유자들이 비로소 그 경서를 닦고
講習大射鄉飮之禮	대사례와 향음례를 강습하였다.
叔孫通作漢禮儀	숙손통은 한나라에 예의를 지어주어
因爲太常	이 때문에 태상이 되었으며,
諸生弟子共定者	제생과 제자로 함께 제정한 자들도
咸爲選首	모두 우선적으로 선발되어
於是喟然歎興於學	이에 학문이 흥기하였다고 감탄하였다.
然尙有干戈	그러나 여전히 전쟁이 있어
平定四海[17]	사해를 평정하느라
亦未暇遑庠序之事也	또한 학교의 일을 서두를 겨를이 없었다.
孝惠 · 呂后時	효혜제와 여후 때는
公卿皆武力有功之臣	공경이 모두 무력으로 공을 세운 신하들이었다.
孝文時頗徵用[18]	효문제 때는 자못 불리어 쓰이기도 하였지만

16 『논어』「공야장(公冶長)」편에 나오는 말. – 옮긴이.

17 정의 안(顏)은 말하였다. "진희(陳豨)와 노관(盧綰), 한신(韓信), 경포(黥布)의 무리가 차례로 반란을 일으켜 가서 토벌하였다."

18 정의 효문제(孝文帝)는 문학지사(文學之士)를 자리에 적게 썼다는 것을 말한다.

然孝文帝本好刑名之言	효문제는 애초에 형명의 말을 좋아하였다.
及至孝景	효경제에 이르러서는
不任儒者	유자를 임용하지 않았으며
而竇太后又好黃老之術	두태후(竇太后) 또한 황로의 학술을 좋아하였으므로
故諸博士具官待問	박사들은 관직의 자리나 채우고 질문을 기다렸으며
未有進者	승진한 자가 없었다.

及今上即位	지금의 임금이 즉위하자
趙綰王臧之屬明儒學	조관과 왕장 같은 무리가 유학을 밝혔으며
而上亦鄉之	임금 또한 그것을 지향하여
於是招方正賢良文學之士	이에 방정과 현량의 문학지사를 불렀다.
自是之後	이 이후로
言詩於魯則申培公[19]	『시』를 말하는 것은 노나라에서는 신배공이 있었고
於齊則轅固生[20]	제나라에서는 원고생,
於燕則韓太傅[21]	연나라에서는 한태부가 있었다.
言尙書自濟南伏生[22]	『상서』를 말하는 것은 제남의 복생에게서 비롯

19 **집해** 서광은 말하였다. "어떤 판본에는 '배(陪)'로 되어 있다." 위소(韋昭)는 말하였다. "배(培)는 신공(申公)의 이름으로 음은 부[音扶尤]이다." **색은** 서광은 "培는 '陪'로 된 곳도 있으며 음은 배(裴)이다."라 하였다. 위소는 "培는 신공의 이름이며 음은 부(浮)이다."라 하였다. 추씨(鄒氏)는 음이 배[普來反]라고 하였다.

20 **정의** 신(申)과 원(轅)은 성이며, 배(培)와 고(固)는 이름이고, 공(公)과 생(生)은 호칭이다.

21 **색은** 한영(韓嬰)이다. 상산왕(常山王)의 태부(太傅)이다.

22 **색은** 장화(張華)는 이름이 승(勝)이라 하였고, 『한기(漢紀)』에서는 자가 자천(子賤)이라 하였다.

	되었다.
言禮自魯高堂生[23]	『예』를 말하는 것은 노나라의 고당생에게서 비롯되었다.
言易自菑川田生	『역』을 말하는 것은 치천의 전생에게서 비롯되었다.
言春秋於齊魯自胡毋生[24]	『춘추』를 말하는 것은 제와 노나라에서는 호무생에게서
於趙自董仲舒	조나라에서는 동중서에게서 비롯되었다.
及竇太后崩	두태후가 죽고
武安侯田蚡爲丞相	무안후 전분이 승상이 되자
絀黃老刑名百家之言	황로와 형명의 백가의 학설을 배척하고
延文學儒者數百人	유학을 배운 자 수백 명을 맞아들였는데
而公孫弘以春秋白衣爲天子三公[25]	공손홍은 『춘추』로 평민에서 천자의 삼공이 되었으며
封以平津侯	평진후로 봉하여졌다.
天下之學士靡然鄉風矣	천하의 학사들은 바람에 쓰러지듯 하였다.

公孫弘爲學官	공손홍은 학관이 되어
悼道之鬱滯	도가 침체된 것을 슬퍼하여
乃請曰	이에 청하여 말하였다.

---

23 색은 사승(謝承)이 "진(秦)나라 말기에 노(魯)나라 사람에 고당백(高堂伯)이 있다."라 하였으니 '백(伯)'은 그 자이다. '생(生)'이라 한 것은 한(漢)나라 이래로 유자들을 모두 '생(生)'이라 하였으며, 또한 '선생(先生)'을 줄여서 부른 것일 따름이다.

24 색은 毋의 음은 무(無)이다. 호무(胡毋)는 성이다. 자는 자도(子都)이다.

25 집해 서광은 말하였다. "'제(齊)나라에서 천자의 삼공이 되었다.'로 된 곳도 있다."

丞相御史言[26]	“승상과 어사가 말씀드립니다.
制曰蓋聞導民以禮	조령을 내려 말하기를 ‘대체로 듣자 하니 예로 백성을 이끌고
風之以樂	음악으로 교화한다고 하였다.
婚姻者	혼인이라는 것은
居屋之大倫也	집안의 큰 윤리이다.
今禮廢樂崩	지금 예가 허물어지고 음악이 붕괴되어
朕甚愍焉	짐은 매우 근심스럽다.
故詳延天下方正博聞之士	그러므로 천하의 방정하고 학식이 많은 선비를 모두 맞아
咸登諸朝	다 조정에 등용하였다.
其令禮官勸學	예관으로 하여금 학문을 권장하게 하는 것은
講議洽聞興禮	강의로 학식을 넓히고 예를 일으켜
以爲天下先	천하의 급선무로 삼고자 해서이다.
太常議	태상도 논의하여
與博士弟子	박사에게 제자를 주어
崇鄉里之化	향리의 교화를 높이어
以廣賢材焉	현명한 인재를 널리 배양하라.’라 하셨습니다.
謹與太常臧[27]博士平等議曰	삼가 태상 장(臧) · 박사 평(平) 등과 논의하여 말하였습니다.
聞三代之道	듣건대 삼대의 도는
鄉里有教	향리에 교육기관을 두었다고 하는데
夏曰校[28]	하나라에서는 교(校)라 하였고,

26 정의 이 이하는 모두 공손홍이 주청한 말이다.

27 집해 『한서(漢書)』「백관표(百官表)」의 공장(孔臧)이라 하였다.

殷曰序[29]	은나라에서는 서(序)라 하였으며,
周曰庠[30]	주나라에서는 상(庠)이라 하였습니다.
其勸善也	선행을 권해서
顯之朝廷	조정에서 드러내고,
其懲惡也	악행을 징벌해서
加之刑罰	형벌을 가하였습니다.
故教化之行也	그러므로 교화의 실행을
建首善自京師始	수도에 세워 서울에서 시작하여
由內及外	안에서 밖으로 미치게 하였습니다.
今陛下昭至德	지금 폐하께서는 지극한 덕을 밝히고
開大明	큰 밝음을 열어
配天地	천지와 짝하고
本人倫	인륜에 근본하여
勸學脩禮	학문을 권하고 예를 닦아
崇化厲賢	교화를 높이고 현명한 이를 권하여
以風四方	사방을 교화하는 것이
太平之原也	태평의 근원입니다.
古者政教未洽	옛날에는 정교(政教)가 미흡하고
不備其禮	그 예를 갖추지 못하면
請因舊官而興焉	옛 학관에 인하여 일으킬 것을 청하였습니다.
爲博士官置弟子五十人	박사관에 제자 50명을 두고
復其身	부세를 면제시켜 주십시오.

28 정의 교(校)는 가르치는 것[教]이다. 도와 예(藝: 경서)를 가르칠 만하다는 것이다.

29 정의 서(序)는 펴는 것[舒]이다. 예교(禮教)를 펴는 것을 말한다.

30 정의 상(庠)은 상세히 하는 것[詳]이다. 경전을 상세히 살피는 것을 말한다.

太常擇民年十八已上	태상은 나이 80세 이상의 백성 중
儀狀端正者	거동과 외모가 단정한 자를 뽑아서
補博士弟子	박사의 제자를 보충하십시오.
郡國縣道邑有好文學	군국의 현과 도, 읍에 문학을 좋아하고
敬長上	어른을 공경하며
肅政教	정교를 잘 따르고
順鄕里	향리의 질서에 잘 따르며
出入不悖所聞者	드나듦에 들은 곳을 어기지 않는 자가 있으면
令相長丞上屬所二千石[31]	현령과 후상(侯相), 현장, 현승이 위로 2천 석에 보고하며
二千石謹察可者	2천 석은 가망이 있는 자를 삼가 살피어
當與計偕	계리(計吏)와 함께
詣太常[32]	태상에게 이르게 하여
得受業如弟子	제자처럼 학업을 배우게 해야 합니다.
一歲皆輒試	매해마다 시험을 보게 하여
能通一蓺以上	한 가지 재주 이상에 능통하면
補文學掌故缺	문학 장고의 빠진 자리를 채우게 하고,
其高弟可以爲郎中者	학업 성적이 좋아 낭중이 될 만한 자는
太常籍奏	태상이 문서로 아뢰립니다.
即有秀才異等	수재로 남다른 재능이 있으면
輒以名聞	즉시 이름을 알립니다.

31 색은 앞의 글자는 음이 상[時兩反]이다. 屬의 음은 촉(燭)이다. 촉(屬)은 맡기는 것이다. 소이천석(所二千石)은 관할 군의 태수와 승상을 이른다.

32 색은 계(計)는 계리(計吏)이다. 해(偕)는 '함께'라는 뜻이다. 현령이 계리와 함께 태상이 있는 곳에 이르는 것을 말한다.

其不事學若下材及不能通一蓺	
	학문을 좋아하지 않아 하급 재주와 같아 한 가지 재주에도 능통할 수 없다면
輒罷之	바로 그만두게 하고
而請諸不稱者罰	어울리지 않는 자들을 청한 자는 벌주십시오.
臣謹案詔書律令下者	신들이 삼가 조서와 율령을 내린 것을 살펴보건대
明天人分際	하늘과 사람의 경계가 분명하였고
通古今之義	고금의 뜻에 통하였으며
文章爾雅	문장은 올바름에 가까웠고
訓辭深厚[33]	훈령의 말은 깊고 도타웠으며
恩施甚美	은혜를 베풂은 매우 훌륭하였습니다.
小吏淺聞	소리(小吏)는 견식이 얕아
不能究宣	철저히 이해할 수 없으며
無以明布諭下	밝게 펴서 가르침을 하달하지도 못합니다.
治禮次治掌故[34]	치례 다음에는 장고를 두는데
以文學禮義爲官	문학과 예의로 관리가 되었지만
遷留滯	승진은 지체됩니다.
請選擇其秩比二百石以上	청컨대 봉록이 비(比)2백 석 이상과
及吏百石通一蓺以上	백 석의 관리로 한 가지 재주 이상에 통한 자를 가려 뽑아
補左右內史[35]大行卒史	좌우 내사 및 대행의 졸사로 보충하며,

33 색은 조서(詔書)의 문장이 아정(雅正)하고 훈령이 의미심장하고 도타웠다는 말이다.

34 집해 서광은 말하였다. "어떤 판본에는 '다음에는 예학장고를 두었다(次治禮學掌故).'로 되어 있다."

35 정의 좌우내사는 나중에 좌풍익(左馮翊)과 우부풍(右扶風)으로 바뀌었다.

比百石已下	비(比)2백 석 이하는
補郡太守卒史	군(郡) 태수의 졸사로 보충합니다.
皆各二人	모두 각 2인을 두고
邊郡一人	변방의 군(郡)에는 1인을 둡니다.
先用誦多者	(경서를) 많이 암송하는 자를 우선 등용하고
若不足	모자라면
乃擇掌故補中二千石屬[36]	이에 장고에서 택하여 중(中)2천 석의 속관으로 보충하고
文學掌故補郡屬[37]	문학 장고를 택하여 군(郡)의 속관으로 보충하여
備員	인원을 갖추십시오.
請著功令	공령에 기록하시기를 청합니다.
佗如律令	다른 것은 율령대로 하십시오."
制曰	조령으로 말하기를
可	"옳다."라 하였다.
自此以來	이로부터
則公卿大夫士吏斌斌多文學之士矣[38]	공경 · 대부 · 사(士) · 리(吏)는 (文質이) 빈빈한 문학지사가 많아졌다.

36 색은 소림(蘇林)은 말하였다. "속(屬) 또한 조리(曹吏)이며, 지금의 현관(縣官)의 문서에서는 '모갑(某甲)에 속하였다.'라 풀이하였다."

37 색은 여순(如淳)은 말하였다. "『한의(漢儀)』에서는 제자(弟子)들이 사책(射策: 고시의 한 가지 방법)하여 갑과의 백 명은 낭중(郎中)에 보하고 을과의 2백 명은 태자사인(太子舍人)에 보하였는데, 모두 봉록이 비(比)2백 석이었으며, 다음은 군국(郡國)의 문학으로 봉록이 백 석이었다."

38 빈빈(斌斌)은 '빈빈(彬彬)'이라고도 하며, 외양[文]과 내용[質]이 적절하게 어우러져 조화를 이룬 상태를 말한다. 『논어』「옹야(雍也)」편에 "공자께서 말씀하셨다. '내용이 외양을 이기면 촌스럽고, 외양이 내용을 이기면 겉치레만 번듯하니, 외양과 내용이 적절히 어우러진 다음이라야 군자이다(子曰, 質勝文則野, 文勝質則史, 文質彬彬然後君子).'"라는 말이 있다. – 옮긴이.

申公者	신공(申公)은
魯人也	노나라 사람이다.
高祖過魯	고조가 노나라에 들렀을 때

申公以弟子從師入見[39]高祖于魯南宮[40]

신공은 제자로 스승을 따라 노나라 남궁으로 들어가 고조를 알현하였다.

呂太后時	여태후 때
申公游學長安	신공은 장안에서 유학하면서
與劉郢同師[41]	유영과 함께 같은 스승을 섬겼다.
已而郢爲楚王	얼마 후 유영이 초왕이 되자
令申公傅其太子戊[42]	신공을 그 태자 무(戊)의 스승으로 삼았다.
戊不好學	무(戊)는 학문을 좋아하지 않아
疾申公	신공을 미워했다.
及王郢卒	초왕 유영이 죽자
戊立爲楚王	무(戊)는 초왕으로 즉위하여
胥靡申公[43]	신공에게 부형(腐刑)을 가했다.
申公恥之	신공은 이를 부끄럽게 여겨

---

39 색은 『한서』에서는 "신공(申公)은 젊어서 초원왕(楚元王)과 함께 제나라 사람 부구백(浮丘伯)을 섬기면서 『시(詩)』를 배웠다."라 하였다.

40 정의 『괄지지(括地志)』에서는 말하였다. "반궁(泮宮)은 연주(兗州) 곡부현(曲阜縣) 서남쪽 2백 리 지점의 노성(魯城) 내궁 안에 있다. 정(鄭)은 말하기를 반(泮)이라는 말은 반(半)을 말하는데 그 법도가 천자의 벽옹(璧雍)에 반이기 때문이라고 하였다."

41 색은 『한서』에서는 "여태후 때 부구백(浮丘伯)은 장안(長安)에 있었으며 신공은 원왕영객(元王郢客)과 함께 학업을 마쳤다."라 하였다.

42 집해 서광은 말하였다. "초원왕(楚元王) 유교(劉交)는 문제(文帝) 원년에 죽었으며, 아들인 이왕영(夷王郢)이 즉위하였는데 4년 뒤에 죽고 아들인 무(戊)가 즉위하였다. 영(郢)은 여후(呂后) 2년에 상군후(上邽侯)로 봉하여졌고, 문제(文帝) 원년에 초왕으로 즉위하였다."

43 집해 서광은 말하였다. "부형(腐刑)이다."

歸魯 노나라로 돌아와

退居家教 물러나 머물며 집에서 가르치며

終身不出門 죽을 때까지 문을 나오지 않았고

復謝絕賓客 게다가 빈객마저 끊고

獨王命召之乃往[44] 왕명으로 부를 때만 갔다.

弟子自遠方至受業者百餘人 제자들로 먼 곳에서 이르러 학업을 배운 자가 백여 명이었다.

申公獨以詩經爲訓以教 신공은 다만 『시경』의 훈(訓)만 지어서 가르쳤고

無傳 (의심스런 자구에 대한) 전(傳: 주석)은 없었으며

疑者則闕不傳[45] 의심스런 것은 빼버리고 전하지 않았다.

蘭陵王臧既受詩 난릉의 왕장은 『시』를 배우고

以事孝景帝爲太子少傅 효경제를 섬겨 태자소부가 되었는데

免去 면직되었다.

今上初即位 지금의 임금이 막 즉위하였을 때

臧迺上書宿衛上 왕장은 글을 올려 숙위가 되었다가

累遷 누차 승진하여

一歲中爲郎中令 1년 만에 낭중령이 되었다.

及代趙綰亦嘗受詩申公 대군(代郡)의 조관 또한 일찍이 신공에게서 시를 배웠는데

綰爲御史大夫 조관은 어사대부가 되었다.

綰臧請天子 조관과 왕장은 천자에게 청하여

---

44 **집해** 서광은 말하였다. "노공왕(魯恭王)이다."

45 **색은** 신공이 『시』의 전을 만들지 않고 다만 교수만 하였으며 의심스런 것이 있으면 빼뜨렸을 따름이라는 말이다.

欲立明堂以朝諸侯	명당을 세워 제후의 조회를 받게 하고자 하였으나
不能就其事	그 일을 이룰 수 없자
乃言師申公	이에 스승 신공을 추천했다.
於是天子使使束帛加璧安車駟馬迎申公	이에 천자는 사자로 하여금 비단 묶음에 벽옥을 더하여 사두마차의 안거를 보내어 신공을 맞게 하였으며
弟子二人乘軺傳從[46]	제자 두 사람이 역마차를 타고 따랐다.
至	이르러
見天子	천자를 뵈었다.
天子問治亂之事	천자가 어지러움을 다스리는 일을 물었는데
申公時已八十餘	신공은 당시 이미 80여 세나 되어
老	늙었으며
對曰	대답하였다.
爲治者不在多言	"(나라를) 다스리는 것은 말이 많은데 있지 않고
顧力行何如耳	다만 힘을 쓰는 것이 어떠한가 하는 것일 따름입니다."
是時天子方好文詞	이때 천자는 바야흐로 꾸민 말을 좋아하였으므로
見申公對	신공이 대답하는 것을 보고는
默然	잠자코 있었다.
然已招致	그러나 이미 초빙하여 이르게 하였으므로
則以爲太中大夫	태중대부로 삼아

46 집해 서광은 말하였다. "마차(馬車)이다."

舍魯邸	노왕(魯王)의 저택에 묵게 하고
議明堂事	명당의 일을 논의하게 하였다.
太皇竇太后好老子言	태황 두태후는 노자의 말을 좋아하고
不說儒術	유가의 학술을 좋아하지 않아
得趙綰王臧之過以讓上	조관과 왕장의 과실을 찾아내어 임금을 책망하니
上因廢明堂事	임금이 이에 명당의 일을 폐하고
盡下趙綰王臧吏	조관과 왕장을 모두 옥리에게 넘기어
後皆自殺	나중에 모두 자살하였다.
申公亦疾免以歸	신공 또한 병으로 면직되어 돌아가
數年卒	몇 년 만에 죽었다.

弟子爲博士者十餘人	제자 가운데 박사가 된 자가 10여 명이다.
孔安國至臨淮太守[47]	공안국은 임회 태수에 이르렀고,
周霸至膠西內史	주패는 교서 내사에 이르렀으며,
夏寬至城陽內史	하관은 성양 내사에 이르렀고,
碭魯賜至東海太守	탕로사는 동해 태수에 이르렀으며,
蘭陵繆生[48]至長沙內史	난릉의 무생은 장사 내사에 이르렀고,
徐偃爲膠西中尉	서언은 교서 중위에 이르렀으며,
鄒人闕門慶忌[49]爲膠東內史	추(鄒) 사람 궐문경기는 교동 내사가 되었다.
其治官民皆有廉節	그 관리와 백성을 다스림은 모두 청렴하고 절

47 집해 서광은 말하였다. "공부(孔鮒)의 제자 양(襄)은 혜제(惠帝)의 박사가 되었으며, 장사(長沙) 태부로 승진하였는데, 충(忠)을 낳았고, 충은 무(武)와 안국(安國)을 낳았다. 안국은 박사(博士)로 임해(臨淮) 태수이다."

48 색은 繆의 음은 무[亡救反]이다. 무씨(繆氏)는 난릉(蘭陵)에서 났다. 또한 음을 목(穆)이라고도 한다. 이른바 목생(穆生)은 초원왕(楚元王)의 예우를 받았다.

49 집해 『한서음의』에서는 말하였다. "성은 궐문(闕門)이고 이름은 경기(慶忌)이다."

	개가 있었으며
稱其好學	학문을 좋아한다고 일컬어졌다.
學官弟子行雖不備	학관의 제자로 행실은 갖추어지지 못하였지만
而至於大夫郎中掌故以百數	대부와 낭중, 장고에 이른 자가 백을 헤아렸다.
言詩雖殊	『시』를 말하는 것이 비록 다르기는 하였지만
多本於申公	거의 신공에 근본을 두었다.

淸河王太傅轅固生者	청하왕의 태부 원고생은
齊人也	제나라 사람이다.
以治詩	『시』를 연구하여
孝景時爲博士	효경제 때 박사가 되었다.
與黃生爭論景帝前	황생과 경제의 면전에서 논쟁하였다.
黃生曰	황생이 말하였다.
湯武非受命	"탕(湯)임금과 무왕(武王)은 천명을 받은 것이 아니라
乃弑也	시해한 것입니다."
轅固生曰	원고생이 말하였다.
不然	"그렇지 않습니다.
夫桀紂虐亂	대체로 걸(桀)과 주(紂)는 포학하고 황음(荒淫)해서
天下之心皆歸湯武	천하의 마음이 모두 탕임금과 무왕에게로 돌아가
湯武與天下之心而誅桀紂	탕임금과 무왕은 천하의 마음과 함께 걸과 주를 토벌한 것으로
桀紂之民不爲之使而歸湯武	걸과 주의 백성은 그 부림을 받지 않고 탕임금과 무왕에게 돌아갔으니
湯武不得已而立	탕임금과 무왕은 어쩔 수 없이 즉위한 것으로

非受命爲何	천명을 받은 것이 아니면 무엇이겠습니까?”
黃生曰	황생이 말하였다.
冠雖敝	“모자는 해져도
必加於首	반드시 머리에 쓰고,
履雖新	신발은 새것이라 해도
必關於足	반드시 발에다 신습니다.
何者	어째서일까요?
上下之分也	아래위의 구분이 있기 때문입니다.
今桀紂雖失道	지금 걸과 주가 아무리 도를 잃었다 하지만
然君上也	그래도 왕이고,
湯武雖聖	탕임금과 무왕이 아무리 성스럽다 해도
臣下也	신하입니다.
夫主有失行	임금에게 잘못된 행위가 있다면
臣下不能正言匡過以尊天子	신하가 바른 말로 잘못을 바로잡아 천자를 높이지는 못하고
反因過而誅之	오히려 잘못 때문에 죽여서
代立踐南面	대신 즉위하여 남면을 하니
非弑而何也	죽인 것이 아니고 무엇입니까?”
轅固生曰	원고생이 대답하였다.
必若所云	“반드시 말한 대로라면
是高帝代秦即天子之位	고제가 진나라를 대신하여 천자의 지위에 오른 것은
非邪	잘못된 것이오?”
於是景帝曰	이에 경제가 말하였다.
食肉不食馬肝[50]	“고기를 먹음에 말의 간을 먹지 않아도

不爲不知味	맛을 알지 못한다고는 하지 못하며,
言學者無言湯武受命	학자가 탕임금과 무왕이 천명을 받았다는 말을 하지 않는다고
不爲愚	어리석다고는 하지 못하오.”
遂罷	마침내 (논쟁을) 끝냈다.
是後學者莫敢明受命放殺者	이후로 학자들은 감히 천명을 받음과 추방하고 살해하였음을 밝히려 하지 않았다.

竇太后好老子書	두태후는 『노자』 책을 좋아하여
召轅固生問老子書	원고생을 불러다가 『노자』 책에 대하여 물어보았다.
固曰	원고(轅固)가 말하였다.
此是家人言耳[51]	“이는 평민의 말일 뿐입니다.”
太后怒曰	태후가 노하여 말하였다.
安得司空城旦書乎[52]	“어디서 사공의 형법서를 찾겠는가?”
乃使固入圈刺豕	이에 원고에게 우리에 들어가 돼지를 찔러 죽이게 하였다.
景帝知太后怒而固直言無罪	경제는 태후의 노여움과 원고의 직언이 죄가 없음을 알고

---

50 **정의** 『논형(論衡)』「언독(言毒)」에서는 말하였다. “기운이 뜨겁고 독이 성(盛)하므로 말의 간을 먹으면 사람이 죽는다. 또한 한여름에는 말이 길을 가다가 목이 말라서 많이 죽는데 살기(殺氣)가 독이 되어서이다.”

51 **색은** 이는 가인(家人: 평민)의 말일 따름이다. 복건(服虔)은 말하였다. “가인의 말과 같은 것이다.” 『노자도덕편(老子道德篇)』을 가까이하여 살펴보면 나라를 다스리고 사람을 다스리는 것을 따름이기 때문에 이는 가인의 말이라고 한 것이다.

52 **집해** 서광은 말하였다. “사공(司空)은 죄수를 관장하는 관리이다.” 『한서음의』에서는 “도가(道家)는 유가의 법을 급(急)하다고 생각하여, 율령(律令)에 비하였다.”라 하였다.

乃假固利兵	이에 원고에게 날카로운 무기를 주어
下圈刺豕	우리로 내려가 돼지를 찌르게 하였는데
正中其心	정확하게 심장을 명중시키니
一刺	한 번의 찌름으로
豕應手而倒	돼지는 손을 대는 대로 쓰러졌다.
太后默然	태후는 잠자코 있다가
無以復罪	다시 죄를 줄 수가 없자
罷之	그만두게 하였다
居頃之	얼마 있다가
景帝以固爲廉直	경제는 원고가 청렴하고 정직하다 하여
拜爲淸河王太傅[53]	청하왕의 태부로 임명하였다.
久之	한참 있다가
病免	병으로 면직되었다.

今上初即位	지금의 임금이 막 즉위하였을 때
復以賢良徵固	다시 현량으로 원고를 불렀다.
諸諛儒多疾毁固	아첨하는 유생들이 원고를 몹시 미워하고 헐뜯어
曰固老	"원고는 늙었다."고 하여
罷歸之	면직하고 돌려보냈다.
時固已九十餘矣	당시 원고는 이미 90여 세였다.
固之徵也	원고가 불렸을 때
薛人公孫弘亦徵[54]	설현의 공손홍 또한 불리었는데
側目而視固	곁눈질로 원고를 보았다.

53 **집해** 서광은 말하였다. "애왕승(哀王乘)이다."

54 **집해** 서광은 말하였다. "설현(薛縣)은 치천(菑川)에 있다."

固曰	원고가 말하였다.
公孫子	"공손 선생은
務正學以言	올바른 학문에 힘써서 말하고
無曲學以阿世	왜곡된 학문으로 세상에 아부하지 마시오!"
自是之後	이 이후로
齊言詩皆本轅固生也	제나라에서 『시』를 말할 때는 모두 원고생의 설에 근본을 두었다.
諸齊人以詩顯貴	여러 제나라 사람들이 『시』로 현귀해졌는데
皆固之弟子也	모두 원고의 제자들이었다.

韓生者[55]	한생은
燕人也	연나라 사람이다.
孝文帝時爲博士	효문제 때 박사가 되었으며
景帝時爲常山王太傅[56]	경제 때는 상산왕의 태부가 되었다.
韓生推詩之意而爲內外傳數萬言	
	한생은 『시』의 뜻을 미루어 『내·외전』 수만 언(言)을 지었는데
其語頗與齊魯閒殊	그 말이 제나라 노나라 일대의 것과는 자못 달랐지만
然其歸一也	그 귀결되는 곳은 한가지였다.
淮南賁生[57]受之	회남의 비생이 그것(『시』)을 배웠다.
自是之後	이 이후로
而燕趙閒言詩者由韓生	연나라 조나라 일대에서 『시』를 말하는 자는

55 **집해** 『한서』에서는 말하였다. "이름은 영(嬰)이다."

56 **집해** 서광은 말하였다. "헌왕순(憲王舜)이다."

57 **색은** 賁의 음은 비(肥)이다.

한생에게서 나왔다.

韓生孫商爲今上博士　한생의 손자 상(商)은 지금 임금의 박사가 되었다.

伏生者[58]　복생은

濟南人也　제남 사람이다.

故爲秦博士　옛 진나라의 박사였다.

孝文帝時　효문제 때

欲求能治尙書者　『상서』의 연구에 뛰어난 자를 찾았으나

天下無有　천하에 없었는데

乃聞伏生能治　이에 복생의 연구가 뛰어나다는 말을 듣고

欲召之　부르려 하였다.

是時伏生年九十餘　이때 복생의 나이는 90여 세로

老　늙어서

不能行　갈 수가 없어

於是乃詔太常使掌故朝錯往受之
이에 곧 태상에게 영하여 장고 조조를 보내 가서 배워오게 하였다.

秦時焚書　진나라 때 책을 불태웠는데

伏生壁藏之　복생은 벽에 숨겨두었다.

其後兵大起　그 후 병란이 크게 일어나

流亡　떠돌며 도망 다니다가

漢定　한나라가 평정하자

伏生求其書　복생은 그 책을 찾았는데

---

58 **집해** 장안(張晏)은 말하였다. "복생(伏生)의 이름은 승(勝)이라고 복씨(伏氏)의 비(碑)에서 말하였다."

亡數十篇	수십 편을 잃고
獨得二十九篇	29편만 얻었으며
即以教于齊魯之閒	곧 이것을 가지고 제나라와 노나라 일대에서 가르쳤다.
學者由是頗能言尙書	학자들은 이로 말미암아 자못 『상서』를 말할 수 있게 되었고
諸山東大師無不涉尙書以教矣	산동의 대사들은 『상서』를 섭렵하지 않고서는 가르치지 못하게 되었다.

伏生教濟南張生及歐陽生[59]	복생은 제남의 장생 및 구양생을 가르쳤으며
歐陽生教千乘兒寬	구양생은 천승현의 예관을 가르쳤다.
兒寬既通尙書	예관이 『상서』에 통달하자
以文學應郡擧	문학으로 군(郡)의 천거에 응하여
詣博士受業	박사에게로 가서 학업을 배웠으며
受業孔安國	공안국에게서 학업을 배웠다.
兒寬貧無資用	예관은 가난하여 (공부할) 비용이 없어서
常爲弟子都養[60]	늘 (동료) 제자들에게 밥을 해주고
及時時閒行傭賃	아울러 남몰래 날품도 팔고 해서
以給衣食	의식을 대었다.
行常帶經	다닐 때는 늘 경서를 지녔으며
止息則誦習之	머물러 쉴 때면 외고 익혔다.

---

59 **집해** 『한서』에서는 말하였다. "자는 화백(和伯)이며, 천승현(千乘縣) 사람이다."

60 **색은** 예관(倪寬)이 집이 가난하여 (박사관의) 제자들에게 밥을 지어준 것이다. 하휴(何休)의 『공양전(公羊傳)』 주에서는 "굽고 삶는 것을 양(養)이라 한다."라 하였다. 생각건대 시역(廝役, 廝養)하는 병졸이 있어서 말을 먹이고 관장하며 밥도 지어준다.

以試第次	등급 시험으로
補廷尉史	정위사에 보해졌다.
是時張湯方鄕學	이때 장탕이 바야흐로 유학을 지향하여
以爲奏讞掾	옥안에 대해 의견을 말하는 아전으로 삼았으며
以古法議決疑大獄	옛 법으로 의심스런 큰 옥사를 의결하자
而愛幸寬	예관을 총애하였다.
寬爲人溫良	예관은 사람됨이 온화하고 선량하였으며
有廉智	청렴하고 지혜로웠으며
自持	극기심이 있었고
而善著書 · 書奏	글을 짓고 상주문(上奏文)을 쓰는 데 뛰어났으며
敏於文	문장을 잘 지었으나
口不能發明也	입으로는 잘 표현하지를 못했다.
湯以爲長者	장탕이 장자로 생각하여
數稱譽之	자주 그를 칭찬하여 기렸다.
及湯爲御史大夫	장탕은 어사대부가 되자
以兒寬爲掾	예관을 속관으로 삼아
薦之天子	천자에게 천거하였다.
天子見問	천자가 접견하여 물어보고는
說之	기뻐하였다.
張湯死後六年	장탕이 죽고 6년 뒤에
兒寬位至御史大夫[61]	예관은 어사대부에 이르렀다.
九年而以官卒	9년 만에 관직을 지닌 채 죽었다.
寬在三公位	예관은 삼공의 지위에 있으면서도

61 집해 서광은 말하였다. "원봉(元封) 원년(B.C. 110)이다."

以和良承意從容得久	온화하고 선량함으로 뜻을 받들어 조용히 오래 지킬 수 있었지만
然無有所匡諫	바로잡는 간언은 없었다.
於官	관직에서는
官屬易之	관속들이 쉽게 여겨
不爲盡力	힘을 다하지 못하였다.
張生亦爲博士	장생 또한 박사가 되었다.
而伏生孫以治尙書徵	그리고 복생의 손자도 『상서』를 연구하여 부름을 받았지만
不能明也	아주 밝지는 않았다.

自此之後	이 이후로
魯周霸 · 孔安國	노나라의 주패와 공안국,
雒陽賈嘉	낙양의 가가(賈嘉)가
頗能言尙書事	『상서』의 일을 자못 잘 말하였다.
孔氏有古文尙書	공씨는 고문(古文)으로 된 『상서』를 가지고 있었는데
而安國以今文讀之	공안국이 금문(今文)으로 그것을 읽어
因以起其家	이로써 그 집을 일으켰다.
逸書[62]得十餘篇	일실(逸失)된 『상서』 10여 편을 얻었는데

62 **색은** 공장(孔臧)은 공안국(孔安國)에게 보낸 글에서 "옛 『서(書)』는 벽실(壁室)에 숨겨져 있었는데 갑자기 다시 나와 옛 뜻이 다시 펴졌다. 듣자 하니 『상서』 28편은 28수(宿)의 상에서 취하였다고 하는데 무슨 의도로 백 편이 있게 되었는가? 곧 지금 것으로 옛것을 비교하고 예서(隸書)와 전서(篆書)로 과두(科斗)를 미루어 짐작하여 50여 편으로 정하였음을 알겠으니 함께 그것을 전하라."고 하였다. 「예문지(藝文志)」에서는 29편이라 하여 얻은 것이 16편이 많았다. 일으켰다[起]는 것은 계발하여 내었다는 것을 이른다.

蓋尙書滋多於是矣	대체로 『상서』는 이 때문에 더 많아지게 되었다.
諸學者多言禮	학자들 가운데에는 『예』를 말한 사람이 많은데
而魯高堂生最本	노나라의 고당생이 최초이다.
禮固自孔子時而其經不具	『예』는 본래 공자 때부터 경이 갖추어지지 않았는데
及至秦焚書	진나라의 분서에 이르러
書散亡益多	책이 흩어져 없어진 것이 더욱 많아졌으며
於今獨有士禮	지금은 『사례(士禮)』만 있는데
高堂生能言之	고당생이 가장 잘 말하였다.
而魯徐生善爲容[63]	노나라 서생(徐生)은 의용(儀容)에 뛰어났다.
孝文帝時	효문제 때
徐生以容爲禮官大夫	서생은 의용으로 예관대부가 되었다.
傳子至孫徐延徐襄	아들에게 전하고 손자인 서연(徐延)과 서양(徐襄)에까지 이르렀다.
襄	서양(徐襄)은
其天姿善爲容	타고난 자질이 의용에 뛰어났지만
不能通禮經	『예경(禮經)』에 통달하지는 못하였으며,
延頗能	서연(徐孫)은 자못 능통하였지만
未善也	뛰어나지는 못하였다.
襄以容爲漢禮官大夫	서양(徐襄)은 의용으로 한나라 예관대부가 되었으며
至廣陵內史	광릉 내사에 이르렀다.

63 **색은** 『한서』에는 '頌'으로 되어 있는데, 또한 음이 용(容)이다.

延及徐氏弟子公戶滿意[64]桓生單次[65]	
	서연(徐延) 및 서씨의 제자 공호만의와 환생, 선차는
皆嘗爲漢禮官大夫	모두 일찍이 한나라 예관대부가 되었었다.
而瑕丘蕭奮[66]以禮爲淮陽太守	
	그리고 하구의 소분은 『예』로 회양 태수가 되었다.
是後能言禮爲容者	이 뒤의 『예』를 잘 말하고 의용에 뛰어난 자들은
由徐氏焉	서씨로부터 그렇게 된 것이다.

自魯商瞿受易孔子[67]	노나라 상구가 공자에게서 『역(易)』을 배우고부터
孔子卒	공자가 죽자
商瞿傳易	상구는 『역』을 전하였으며
六世至齊人田何	6대가 지나 제나라 사람 전하(田何)에 이르게 되었는데
字子莊[68]	자는 자장이었으며
而漢興	한나라가 흥하였을 때이다.

64 색은 공호(公戶)는 성이고, 만의(滿意)는 이름이다. 등전(鄧展)은 두 사람의 성과 자라고 하였는데 틀렸다.

65 색은 앞 글자의 음은 선(善)이다. 선(單)은 성이고, 차(次)는 이름이다.

66 집해 서광은 말하였다. "산양(山陽)에 속한다."

67 색은 상(商)은 성이고 구(瞿)는 이름이며, 자는 자목(子木)이다.

68 색은 『한서』에서는 "상구(商瞿)는 동로(東魯)의 교비(橋庇) 자용(子庸)에게 전수하였고, 자용은 강동(江東)의 간비(馯臂) 자궁(子弓)에게 전수하였으며, 자궁은 연(燕)나라의 주추(周醜) 자가(子家)에게 전수하였으며, 자가는 동무(東武)의 손우(孫虞) 자승(子乘)에게 전수하였다."라 하였다. 「중니제자전(仲尼弟子傳)」에는 "순우(淳于) 사람 광우(光羽) 자승(子乘)"으로 되어 있어 다르다. 자승이 전하(田何) 자장(子裝)에게 전수한 것이 6대손이다.

田何傳東武人王同子仲	전하는 동무 사람 왕동 자중에게 전하였고
子仲傳菑川人楊何[69]	자중은 치천 사람 양하에게 전하였다.
何以易	양하는 『역』으로
元光元年徵	원광 원년(B.C. 134)에 부름을 받아
官至中大夫	벼슬이 중대부에 이르렀다.
齊人即墨成以易至城陽相	제나라 사람 즉묵성은 『역』으로 성양의 승상이 되었다.
廣川人孟但以易爲太子門大夫	광천 사람 맹단은 『역』으로 태자의 문대부가 되었다.
魯人周霸	노나라 사람 주패와
莒人衡胡[70]	거현 사람 형호,
臨菑人主父偃	임치 사람 주보언은
皆以易至二千石	모두 『역』으로 2천 석에 이르렀다.
然要言易者本於楊何之家	그러나 『역』의 지극한 이치는 양하의 집에 근본을 두었다.

董仲舒	동중서는
廣川人也	광천 사람이다.
以治春秋	『춘추』를 연구하여
孝景時爲博士	효경제 때 박사가 되었다.
下帷講誦	휘장을 드리우고 그 안에서 강독하여

69 **색은** 전하(田何)는 동무(東武)의 왕동(王同)에게 전하였고, 왕동은 치천(菑川)의 양하(楊何)에게 전하였다.

70 **집해** 서광은 말하였다. "거(莒)는 '려(呂)'로 된 판본도 있다."

弟子傳以久次相受業	제자들이 전하여 오래된 순서대로 학업을 전하니
或莫見其面	어떤 사람은 얼굴도 보지 못하였으며
蓋三年董仲舒不觀於舍園	거의 3년이나 동중서는 집의 정원을 구경하지 않았으니
其精如此	그 정진함이 이러하였다.
進退容止	나아가고 물러남, 행동거지가
非禮不行	예가 아니면 행하지를 않았고
學士皆師尊之	학사들이 모두 스승으로 삼아 높였다.
今上即位	지금 임금이 즉위하자
爲江都相[71]	강도(江都)의 승상이 되었다.
以春秋災異之變推陰陽所以錯行	『춘추』의 재이(災異)의 변화로 음양이 착란을 일으키는 것을 미루어 알았기 때문에
故求雨閉諸陽	비를 구할 때는 모든 양기를 닫고
縱諸陰	모든 음기를 풀어놓았으며
其止雨反是	비를 멈추게 할 때는 이와 반대로 하였다.
行之一國	나라에 행하여
未嘗不得所欲	의도한 바를 얻지 못한 적이 없었다.
中廢爲中大夫	중도에 폐하여져 중대부가 되었는데
居舍	집에 머물며
著災異之記	『재이지기(災異之記)』를 지었다.
是時遼東高廟災	이때 요동의 고묘에 불이 났는데
主父偃疾之	주보언이 그를 미워하여

71 **색은** 동중서는 역왕(易王)을 섬겼다. 왕은 무제(武帝)의 형이다.

取其書奏之天子[72]	그 책을 훔쳐 천자에게 아뢰었다.
天子召諸生示其書	천자가 여러 유생들을 불러 그 책을 보여주었더니
有刺譏	풍자하고 놀리는 것이 있었다.
董仲舒弟子呂步舒[73]不知其師書	동중서의 제자 여보서는 그 스승의 책인 줄도 모르고
以爲下愚	가장 어리석다고 생각하였다.
於是下董仲舒吏	이에 동중서를 옥리에게 넘겨
當死	사형을 당하게 되었는데
詔赦之	조칙으로 사면되었다.
於是董仲舒竟不敢復言災異	이에 동중서는 마침내 감히 다시는 재이에 대하여 말하지 않았다.

董仲舒爲人廉直	동중서는 사람됨이 청렴하고 정직하였다.
是時方外攘四夷	이때 바야흐로 밖으로 사이(四夷)를 물리치는 중이어서
公孫弘治春秋不如董仲舒	공손홍은 『춘추』의 연구가 동중서만 못하였지만
而弘希世用事	공손홍은 시속에 영합하여 일을 하였으므로,
位至公卿	지위가 공경에 이르렀다.
董仲舒以弘爲從諛	동중서는 공손홍이 비위를 잘 맞춘다고 생각하였다.

72 **집해** 서광은 말하였다. "건원(建元) 6년(B.C. 135)이다." **색은** 『한서』에서는 요동(遼東)의 고묘(高廟) 및 장릉(長陵)의 동산과 전각에 불이 났다고 하였다. 동중서(童仲舒)는 『재이기(災異記)』를 지었는데, 초고만 지어놓고 아뢰지를 않았는데 주보언이 훔쳐서 아뢴 것이다.

73 **집해** 서광은 말하였다. "어떤 판본에는 '荼'로 되어 있는데, 또한 음이 서(舒)이다."

弘疾之	공손홍이 그를 미워하여
乃言上曰	이에 임금에게 말하였다.
獨董仲舒可使相膠西王	"동중서만이 교서왕의 승상이 될 수 있습니다."
膠西王素聞董仲舒有行	교서왕은 평소에 동중서가 덕행이 있다는 것을 듣고
亦善待之	또한 잘 대하여 주었다.
董仲舒恐久獲罪	동중서는 오래 있다가는 죄를 얻게 될까 두려워하여
疾免居家	병으로 물러나 집에 머물렀다.
至卒	죽을 때까지
終不治產業	끝내 생산하는 일은 하지 않고
以脩學著書爲事	몸을 수양하고 책 짓는 것을 일삼았다.
故漢興至于五世之閒	그러므로 한나라가 흥하여 5대가 되도록
唯董仲舒名爲明於春秋	동중서만이 『춘추』에 밝다는 명성을 얻었는데
其傳公羊氏也	그가 전한 것은 공양씨였다.

胡毋生[74]	호무생은
齊人也	제나라 사람이다.
孝景時爲博士	효경제 때 박사가 되었으며
以老歸教授	늙어서 귀향하여 교수하였다.
齊之言春秋者多受胡毋生	제나라에서 『춘추』를 말하는 자들은 거의 호무생에게서 배웠으며
公孫弘亦頗受焉	공손홍 또한 자못 많이 배웠다.

74 **집해** 『한서』에서는 말하였다. "자는 자도(子都)이다."

瑕丘江生爲穀梁春秋	하구현의 강생은 곡량(穀梁) 『춘추』를 연구하였다.
自公孫弘得用	공손홍에게 쓰이게 되자
嘗集比其義	일찍이 그 뜻을 모아서 비교하고
卒用董仲舒	마침내 동중서를 썼다.

仲舒弟子遂者	동중서의 제자로 (성공을) 이룬 자들로는
蘭陵褚大	난릉의 저대와
廣川殷忠[75]	광천의 은충,
溫呂步舒	온(溫)의 여보서(呂步舒)가 있다.
褚大至梁相	저대는 양나라 승상에 이르렀다.
步舒至長史	여보서는 장사(長史)에 이르렀고
持節使決淮南獄	부절을 지니고 회남의 옥사를 판결하게 하였는데
於諸侯擅專斷	제후국에서 혼자 알아서 판단을 하고
不報	(임금에게) 알리지 않은 것을
以春秋之義正之	『춘추』의 뜻을 가지고 바로잡으니
天子皆以爲是	천자는 모두 옳게 생각하였다.
弟子通者	제자 가운데 달통한 자들은
至於命大夫	대부에 명하여지기에 이르렀다.
爲郎謁者掌故者以百數	낭과 알자, 장고가 된 자들은 백을 헤아렸다.
而董仲舒子及孫皆以學至大官	동중서의 아들 및 손자들은 모두 유학으로 고관에 이르렀다.

75 **집해** 서광은 말하였다. "은(殷)은 '단(段)'으로 된 판본도 있고, 또한 '하(瑕)'로 된 곳도 있다."

62 —— 혹리 열전 酷吏列傳

孔子曰	공자가 말하였다.
導之以政	“정치로 끌어주고
齊之以刑	형벌(刑罰)로 똑같게 해준다면
民免而無恥[1]	백성들이 (형벌을) 면할 수는 있으나 부끄러워함은 없을 것이다.
導之以德	덕으로 이끌어주고
齊之以禮	예로 똑같이 해준다면
有恥且格[2]	부끄러워함이 있고 또한 바르게 될 것이다.”
老氏稱	노자는 말하였다.
上德不德	“위의 덕은 덕스럽지 않으니
是以有德	그런 까닭에 덕이 있고,
下德不失德	아래의 덕은 덕을 잃지 않으니
是以無德	그런 까닭에 덕이 없다.
法令滋章	법령이 많아질수록
盜賊多有	도적은 더 많아진다.”
太史公曰	태사공은 말한다.
信哉是言也	진실되도다, 이 말이여!

1 집해 공안국(孔安國)이 말하였다. “면(免)은 가까스로 면하는 것이다.”

2 집해 하안(何晏)이 말하였다. “격(格)은 바른 것이다.”

法令者治之具	법령이라는 것은 다스림의 도구이지
而非制治淸濁之源也	청탁을 통치하는 근원은 아니다.
昔天下之網嘗密矣[3]	옛날에 천하의 법망은 촘촘했었지만
然姦僞萌起	간사함과 거짓이 싹 터
其極也	그 극에 이르러서는
上下相遁	상하가 서로 숨어
至於不振	떨쳐지지 않기에 이르렀다.
當是之時	이때
吏治若救火揚沸[4]	관리가 다스리는 것이 불을 끄고 끓는 물을 식히는 것과 같았으니
非武健嚴酷	용감하고 강건하며 준엄하고 혹독하지 않았다면
惡能勝其任而愉快乎	어찌 그 소임을 이기어 뜻을 흔쾌히 할 수 있었겠는가!
言道德者	도덕을 말하는 자들도
溺其職矣	직책을 다하지 못하였다.
故曰聽訟	그러므로 말하기를 "송사를 들음은
吾猶人也	나도 남들과 같겠지만
必也使無訟乎	반드시 송사가 없도록 할 것이다."라 하였고,
下士聞道大笑之	"하사(下士)들은 도를 들으면 크게 웃을 것이다."라 하였으니,
非虛言也	빈말은 아니다.
漢興	한나라가 흥하자

3 색은 옛날에는 천하의 법망이 조밀했었다는 것이다. 『염철론(鹽鐵論)』에서는 "진(秦)나라의 법은 엉긴 기름보다 빽빽했다."라 하였다.

4 색은 근본이 해졌는데도 없애지 않으면 그 끝을 멈추기가 어렵다는 말이다.

破觚而爲圜[5] 모난 것을 깨뜨려 둥글게 만들고

斲雕而爲朴[6] 아로새긴 것을 깎아 소박하게 하였으며

網漏於呑舟之魚 그물은 배를 삼키는 물고기도 새나갈 정도였지만

而吏治烝烝 관리의 다스림이 순일하고 너그러워

不至於姦 간사함에 이르지 않았고

黎民艾安 백성들은 태평하고 안정되었다.

由是觀之 이로써 살펴보건대

在彼不在此[7] 저곳에 있지 여기에는 있지 않다.

高后時 고후(高后: 여태후) 때는

酷吏獨有侯封 혹리가 후봉밖에 없었는데

刻轢宗室 종실을 여지없이 꺾었으며

侵辱功臣 공신들을 능욕했다.

呂氏已敗 여씨가 패하자

遂夷侯封之家 마침내 후봉의 집안을 멸족시켰다.

孝景時 효경제 때

鼂錯以刻深頗用術輔其資 조조(鼂錯)가 가혹함으로 자못 통치술을 써서 그 바탕을 보좌하여

而七國之亂 7국의 난이 일어나

---

5 **집해** 『한서음의(漢書音義)』에서는 말하였다. "고(觚)는 모난 것이다." **색은** 응소(應劭)는 말하였다. "고(觚)는 8각형으로 모서리가 있는 것이다. 고조(高祖)가 진(秦)나라의 정치를 되돌리어 모난 것을 깨어 둥글게 만들었다는 것은 엄한 법령을 없애고 약삼장(約三章)을 시행하였다는 것을 말할 따름이다."

6 **색은** 응소는 말하였다. "깎고 다듬어 박옥[璞]을 만든 것이다." 진작(晉灼)은 말하였다. "조(凋)는 해진 것이다. 해지고 시든 풍속을 깎고 다듬어서 질박함으로 돌아가게 한 것이다."

7 **집해** 위소(韋昭)는 말하였다. "도덕(道德)에 있고 엄혹(嚴酷)함에 있지 않다."

發怒於錯	조조에게 노기를 발하여
錯卒以被戮	조조는 결국 이 때문에 피살되었다.
其後有郅都寧成之屬	그 후로 질도와 영성 등이 있었다.

郅都者[8]	질도는
楊人也[9]	양현 사람이다.
以郎事孝文帝	낭으로 효문제를 섬겼다.
孝景時	효경제 때
都爲中郎將	질도는 중랑장이 되어
敢直諫	감히 직간을 함으로써
面折大臣於朝	조정에서 대신을 면전에서 꺾었다.
嘗從入上林	일찍이 (임금을) 수행하여 상림에 들어갔는데
賈姬[10]如廁	가희가 변소에 가자
野彘卒入廁	멧돼지가 갑자기 변소로 뛰어들었다.
上目都	임금이 질도에게 눈짓을 했는데
都不行	질도는 가지 않았다.
上欲自持兵救賈姬	임금이 직접 무기를 들고 가희를 구하려 하자

8 **색은** 郅의 음은 질(質)이다.

9 **집해** 서광(徐廣)은 말하였다. "하동(河東)에 속한다." **색은** 『한서(漢書)』에서는 "하동 태양(大陽) 사람"이라고 하였다. **정의** 『괄지지(括地志)』에서는 말하였다. "옛 양성(楊城)은 본래 진(秦)나라 때 양국(楊國)으로, 한양(漢楊)의 현성이다, 지금의 진주(晉州) 홍동현(洪洞縣)이다. 수(隋)나라에 이르러 양(楊)이 되었으며, 당(唐)나라 초기에 홍동으로 고쳤는데, 옛 홍동진(洪洞鎭)을 가지고 이름을 삼은 것이다. 진나라 및 한나라 때 모두 하동군에 속하였다. 질도의 묘는 홍동현 동남쪽 20리 지점에 있다." 『한서』에서는 "질도는 하동 태양(大陽) 사람이다."라 하였으니, 반고(班固)의 실수가 크다. 태양은 지금의 섬서(陝州) 하북현(河北縣)이며 또한 하동군에 속한다.

10 **색은** 가희는 조왕 팽조(趙王彭祖)에게서 났다.

都伏上前曰	질도는 임금 앞에서 엎드려 말하였다.
亡一姬復一姬進	"여인 하나를 잃으면 다시 여인 하나를 들이면 되오니
天下所少寧賈姬等乎	천하에 적은 것이 어찌 가희 같은 여인이겠습니까?
陛下縱自輕	폐하께서 스스로 가벼이 여기신다면
柰宗廟太后何	종묘와 태후는 어떡하시겠습니까!"
上還	임금이 돌아오자
彘亦去	멧돼지도 또한 떠났다.
太后聞之	태후가 듣고서는
賜都金百斤	질도에게 금 백 근을 내렸으며
由此重郅都	이로 말미암아 질도는 중용되었다.

濟南瞯氏[11]宗人三百餘家	하남의 한씨(瞯氏)는 종인이 3백여 가(家)였으며
豪猾	억세고 교활하여
二千石莫能制	2천 석도 통제할 수 없었다,
於是景帝乃拜都爲濟南太守	이에 경제는 곧 질도를 제남 태수에 임명했다.
至則族滅瞯氏首惡	이르자마자 한씨의 원흉을 멸족시켜 버리니
餘皆股栗[12]	나머지는 모두 다리를 덜덜 떨었다.
居歲餘	한 해 남짓 만에
郡中不拾遺	군(郡)에서는 (길에) 떨어진 것을 줍지 않았다.
旁十餘郡守畏都如大府	곁의 10여 군의 군수들은 질도를 대부처럼 두려워했다.

11 집해 『한서음의』에서는 말하였다. "瞯의 음은 한(閒)이다, 소아(小兒)의 간질병이다." 색은 순열(荀悅)은 음이 한(閑)이라고 하였으며, 추씨(鄒氏)와 유씨(劉氏)도 음이 모두 같다고 하였다.

12 집해 서광은 말하였다. "허벅지가 덜덜 떨리는 것이다."

都爲人勇	질도는 사람됨이 용감하였고
有氣力	기력이 있었으며
公廉	공정하고 청렴하였으며
不發私書	사적인 글은 펴보지 않았고
問遺無所受	뇌물은 받음이 없었고
請寄無所聽	청탁은 듣지 않았다.
常自稱曰	늘 스스로 면려하여 말하였다.
已倍親而仕	"이미 어버이를 떠나 벼슬한다면
身固當奉職死節官下	몸이 실로 마땅히 봉직하여 관직을 위해 순절해야 하며
終不顧妻子矣	끝내 처자를 돌보지 않아야 한다."

郅都遷爲中尉	질도는 중위로 승진하였다.
丞相條侯至貴倨也	승상 조후는 매우 현귀하고 거만하였는데
而都揖丞相	질도는 승상에게 읍만 하였다.
是時民朴	이때는 민풍이 순박하여
畏罪自重	죄를 지을까 두려워하고 자중하였는데
而都獨先嚴酷	질도만이 앞장서서 (법을) 엄격히 하여
致行法不避貴戚	법을 시행함에 귀척을 피하지 않아
列侯宗室見都側目而視	열후와 종실이 질도를 보면 곁눈질을 하여 보며
號曰蒼鷹[13]	"창응"이라 불렀다.

臨江王徵詣中尉府對簿	임강왕이 소환되어 중위부에 이르러 조서를 꾸

13 창응(蒼鷹)은 송골매, 또는 보라매를 말한다. 매가 사납다는 데서 비유하여 조금도 변통이 없는 모진 관리를 일컫는 말. – 옮긴이.

	미게 되어
臨江王欲得刀筆爲書謝上	임강왕은 도필을 얻어 글을 써서 임금에게 사죄하려 하였는데
而都禁吏不予	질도는 관리들에게 주는 것을 금하였다.
魏其侯使人以閒與臨江王	위기후가 사람을 시켜 몰래 임강왕에게 갖다 주게 하자
臨江王旣爲書謝上	임강왕은 글을 써서 임금에게 사죄하고
因自殺	이어서 자살하였다.
竇太后聞之	두태후가 듣고
怒	노하여
以危法中都[14]	엄한 법으로 질도를 중상하여
都免歸家	질도는 파면되어 집으로 돌아갔다.
孝景帝乃使使持節拜都爲鴈門太守	효경제는 이에 사자에게 부절을 지니게 하여 질도를 안문 태수에 임명하고
而便道之官	(조정에 들르지 않고) 바로 관직에 임하게 하여
得以便宜從事	편의대로 일을 처리하게 하였다.
匈奴素聞郅都節	흉노는 평소에 질도의 절의를 듣고
居邊	변경에 거처하다가
爲引兵去	이 때문에 군사를 끌고 떠나
竟郅都死不近鴈門	질도가 죽을 때까지 안문을 가까이하지 않았다.
匈奴至爲偶人象郅都[15]	흉노는 심지어 질도와 닮은 목우(木偶)를 만들어
令騎馳射莫能中	기마병에게 쏘도록 하였으나 아무도 맞히지 못

---

14 **색은** 중(中)은 본 글자의 뜻대로 쓰였다. 법으로 다치게 하는 것을 이른다.

15 **색은** 『한서』에는 '우인상(寓人象)'으로 되어 있다. 우(寓)는 곧 우(偶)로, 나무를 새겨 인형을 만든 것을 말한다. 어떤 사람은 나무에 인형을 기탁한 것이라 하였다.

	할 정도였으니
見憚如此	꺼려하는 것이 이와 같았다.
匈奴患之	흉노가 두려워하였다.
竇太后乃竟中都以漢法	두태후는 이에 끝내 질도를 한나라의 법으로 중상하였다.
景帝曰	경제가 말하였다.
都忠臣	"질도는 충신입니다."
欲釋之	풀어주려 하였다.
竇太后曰	두태후가 말하였다.
臨江王獨非忠臣邪	"임강왕은 충신이 아니었단 말이오?"
於是遂斬郅都	이에 마침내 질도를 참하였다.

寧成者[16]	영성은
穰人也[17]	양현 사람이다.
以郎謁者事景帝	낭과 알자로 경제를 섬겼다.
好氣	혈기 쓰는 일을 좋아하였으며
爲人小吏	남의 소리(小吏)가 되면
必陵其長吏	반드시 상관을 능멸하였으며,
爲人上	남의 상관이 되면
操下[18]如束溼薪[19]	아랫사람 다루기를 젖은 장작을 묶듯이 하였다.
滑賊任威	교활하고 잔인하였으며 멋대로 위세를 부렸다.

16 **집해** 서광은 말하였다. "녕(寧)은 어떤 판본에는 '녕(甯)'으로 되어 있다."

17 **집해** 서광은 말하였다. "남양(南陽)에 속한다."

18 **색은** 操의 음은 조[七刀反]이다. 조(操)는 잡는 것[執]이다.

19 **집해** 서광은 말하였다. "어떤 판본에는 이 글자가 없다." 위소는 "위급하다는 말이다."라 하였다.

稍遷至濟南都尉[20]	차츰 승진하여 제남 도위까지 이르렀는데
而郅都爲守	질도가 태수였다.
始前數都尉[21]皆步入府	처음에 전의 여러 도위들은 모두 걸어서 태수부로 들어가
因吏謁守如縣令	현령처럼 부(府)의 관리를 통하여 태수를 뵈었으니
其畏郅都如此	질도를 두려워한 것이 이 정도였다.
及成往	영성이 가자
直陵都出其上	곧장 질도를 넘어 그 위에 있었다.
都素聞其聲	질도는 평소에 그 명성을 들어서
於是善遇	이에 잘 대해 주어
與結驩	좋은 관계를 맺었다.
久之	한참 있다가
郅都死	질도가 죽자
後長安左右宗室多暴犯法	나중에 장안의 측근의 종실이 거의 마구 범법 행위를 일삼게 되자
於是上召寧成爲中尉[22]	이에 임금은 영성을 불러 중위로 삼았다.
其治效郅都	그 다스림은 질도를 본받았는데

20 정의 「백관표(百官表)」에서는 말하였다. "군위(郡尉)는 진(秦)나라의 관직으로 군수를 보좌하여 무직(武職)과 갑졸(甲卒)을 관장하였으며, 녹봉은 비2천 석(比二千石)이었고, 승(丞)을 두었는데 녹봉이 6백 석이었으며, 경제(景帝) 중(中) 2년(B.C. 148)에 이름을 도위(都尉)로 고쳤다." 주(周)나라의 사마(司馬)와 같다.

21 색은 數의 음은 수[所注反]이다.

22 정의 「백관표(百官表)」에서는 말하였다. "중위(中尉)는 진(秦)나라의 관직으로 경사(京師)를 순찰하는 일을 맡았으며, 무제(武帝) 태초(太初) 원년(B.C. 104)에 이름을 집금오(執金吾)로 고쳤다." 안[顏師古]은 말하였다. "금오(金吾)는 새 이름이며, 좋지 못한 일을 피한다. 천자가 출행할 때 선도하는 것을 맡으며 비상시를 대비하므로 이 새의 형상을 잡았는데 이로 인해 관직의 이름으로 삼았다."

其廉弗如	그 청렴함은 그만 못하였지만
然宗室豪桀皆人人惴恐	종실의 호걸들은 모두 사람마다 두려워하였다.
武帝即位	무제가 즉위하자
徙爲內史	내사로 옮겼다.
外戚多毁成之短	외척들이 영성의 단점을 많이 헐뜯어
抵罪髡鉗	죄에 저촉되어 머리를 깎이고 칼을 썼다.
是時九卿罪死即死	이때 구경(九卿)은 사형의 죄를 받으면 즉시 죽었고
少被刑	형을 받는 경우는 적었는데
而成極刑	영성은 혹형을 언도받아
自以爲不復收	스스로 다시 거두어지지 못하게 될 것이라 생각하여
於是解脫[23]	이에 칼을 벗자
詐刻傳出關歸家	거짓으로 통행증을 만들어 관문을 나가 고향으로 돌아갔다.
稱曰	큰소리치며 말하였다.
仕不至二千石	"벼슬을 해서 2천 석에 이르지 못하고
賈不至千萬	장사를 해서 천만금을 벌지 못하면
安可比人乎	어찌 남들과 비교할 수 있겠는가!"
乃貰貸[24]買陂田千餘頃	이에 돈을 빌려 산비탈의 밭 천여 이랑을 사서
假貧民	빈민들에게 세를 주어
役使數千家	수천 가구를 노역으로 부렸다.

23 색은 (목에 쓴) 칼을 벗기는 것을 말한다.

24 색은 앞 글자의 음은 세[食夜反]이다. 세(貰)는 세를 내는 것이다. 또한 음을 세(勢)라고도 한다. 아래 글자의 음은 측[天得反]이다.

數年	몇 년 만에
會赦	사면되었다.
致產數千金	재산이 수천 금에 달하였고
爲任俠	임협의 일을 행하여
持吏長短	관리들의 장단점을 파악하였으며
出從數十騎	외출할 때는 수십 기를 딸렸다.
其使民威重於郡守	백성을 부릴 때는 위세가 군수를 능가했다.

周陽由者	주양유는
其父趙兼以淮南王舅父侯周陽	
	그 부친 조겸이 회남왕의 외숙으로 주양후에 봉하여졌으므로
故因姓周陽氏[25]	이에 성을 주양씨라 하였다.
由以宗家任爲郎[26]	주양유는 종실의 친척이어서 낭에 임명되었으며
事孝文及景帝	효문제와 경제를 섬겼다.
景帝時	경제 때
由爲郡守	주양유는 군수가 되었다.
武帝即位	무제가 즉위했을 때는
吏治尚循謹甚	관리의 다스림이 그래도 법을 따름에 매우 삼갔지만
然由居二千石中	주양유는 2천 석의 관리들 중에서
最爲暴酷驕恣	가장 포학하고 혹독하였으며 교만 방자하였다.

---

25 집해 서광은 말하였다. "후(侯)가 된 지 5년 만인 효문제(孝文帝) 6년에 나라가 없어졌다."
정의 주양(周陽)의 옛 성은 강주(絳州) 문희현(聞喜縣) 동쪽 29리 지점에 있다.

26 색은 나라와 외가 쪽 인척이어서 종실에 비견되었으므로 '종가(宗家)'라 한 것이다.

所愛者	아끼는 자는
撓法活之	법을 굽혀서 살려주었고,
所憎者	미워하는 자는
曲法誅滅之	법을 왜곡시켜 가면서까지 죽였다.
所居郡	거처하는 군에서는
必夷其豪	반드시 호족들을 없애버렸다.
爲守	태수가 되어서는
視都尉如令	도위를 현령 보듯 하였다.
爲都尉	도위가 되어서는
必陵太守	반드시 태수를 능멸하였으며
奪之治	그 다스림을 빼앗았다.
與汲黯俱爲忮[27]	급암과 함께 강퍅하였고
司馬安之文惡[28]	사마안과 같이 법률의 조문으로 (남들을) 해쳤으며,
俱在二千石列	모두 2천 석의 반열에 있었으나
同車未嘗敢均茵伏[29]	함께 수레를 타면 감히 깔개나 가로막대를 같이한 적이 없었다.

由後爲河東都尉	주양유가 하동 도위였을 때
時與其守勝屠公[30]爭權	당시 그곳 태수 승도공과 권력을 다투어

27 집해 『한서음의』에서는 말하였다. "강퍅한 것이다."

28 집해 『한서음의』에서는 말하였다. "문법(文法)으로 사람을 해치는 것이다."

29 집해 서광은 말하였다. "『한서』에는 '빙(馮)'으로 되어 있다. 복(伏)은 식(軾: 수레 앞턱 가로나무)이다." 색은 균(均)은 같은 것이다. 인(茵)은 수레의 깔개이다. 복(伏)은 수레의 앞턱 가로나무이다. 두 사람이 주양유와 한 수레에 함께 타더라도 오히려 감히 그들과 함께 깔개와 가로막대를 함께하지 않는다는 말로 아랫사람으로 여기는 것을 이른다. 『한서』에는 '복(伏)'이 '빙(憑)'으로 되어 있다.

相告言罪　서로 죄를 고발하였다.
勝屠公當抵罪　승도공은 유죄 판결을 받자
義不受刑　의를 내세워 형을 받지 않고
自殺　자살하였으며
而由棄市　주양유는 기시되었다.

自寧成周陽由之後　영성과 주양후 뒤로
事益多　일이 더욱 많아졌고
民巧法　백성들은 법을 교묘히 이용하였으며
大抵吏之治類多成由等矣　대체로 관리들의 다스림은 영성과 주양유와 비슷하여졌다.

趙禹者　조우는
斄人[31]　태현 사람이다.
以佐史補中都官[32]　좌사로 중도관에 보(補)하여졌으며
用廉爲令史　청렴함으로 영사가 되어
事太尉亞夫　태위 주아부를 섬겼다.
亞夫爲丞相　주아부가 승상이 되고
禹爲丞相史　조우가 승상사가 되자
府中皆稱其廉平　승상부의 사람들은 모두 청렴하고 공평함을

---

30 **색은** 『풍속통(風俗通)』에서는 말하였다. "승도(勝屠)는 곧 신도(申屠)이다."

31 **집해** 서광은 말하였다. "부풍(扶風)에 속하며 음은 태(台)이다." **색은** 음은 태(胎)이다. 태현(斄縣)은 부풍(扶風)에 속한다. **정의** 음은 태(胎)이다. 옛 태성(斄城)은 옹(雍)의 무공현(武功縣) 서남쪽 22리 지점에 있다. 옛 태국(邰國)으로 후직(后稷)이 봉하여졌으며, 한나라 태현(斄縣)이다.

32 **색은** 경사(京師)의 여러 관부(官府)의 관리를 말한다. **정의** 경도부사(京都府史)와 같다.

	칭찬하였다.
然亞夫弗任	그러나 주아부는 그것을 믿지 않고
曰	말하였다.
極知禹無害[33]	"조우가 해악을 저지르지 않으리라는 것은 확실히 알지만
然文深[34]	법률의 적용이 심각하여
不可以居大府	대부에 머무를 수 없다."
今上時	지금 임금 때
禹以刀筆吏積勞	조우는 도필리로 공적을 쌓아
稍遷爲御史	조금씩 승진하여 어사가 되었다.
上以爲能	임금이 능력이 있다고 생각하여
至太中大夫	태중대부에 이르렀다.
與張湯論定諸律令[35]	장탕과 함께 여러 가지 율령을 논정하여
作見知	견지법을 만들어
吏傳得相監司	관리들이 서로 감시하게 하였다.
用法益刻	법의 적용이 더욱 각박해진 것은
蓋自此始	아마 이때부터 비롯되었을 것이다.

張湯者	장탕은
杜人也[36]	두현(杜縣) 사람이다.

33 색은 소림(蘇林)은 말하였다. "견줄 데가 없는 것 같다는 것으로 아마 그 공평함을 이르는 것일 것이다."

34 집해 『한서음의』에서는 말하였다. "조우가 법조문을 심각하게 적용하는 것이다."

35 집해 서광은 말하였다. "논(論)은 어떤 판본에는 '편(編)'으로 되어 있다."

36 집해 서광은 말하였다. "그때는 아직 능(陵)이 되지 않았다."

其父爲長安丞	그 부친이 장안승이었을 때
出	외출하자
湯爲兒守舍	장탕은 아이로 집을 지켰다.
還而鼠盜肉	돌아오니 쥐가 고기를 훔쳐
其父怒	그 부친이 노하여
笞湯	장탕을 매질하였다.
湯掘窟得盜鼠及餘肉	장탕은 도둑질한 쥐와 남은 고기를 파내어
劾鼠掠治	쥐의 훔친 죄를 심리하여
傳爰書	죄수를 심리한 문서를 만들고
訊鞫論報[37]	고문하고 국문하여 논하여 알리고
并取鼠與肉	쥐와 고기를 함께 가져다가
具獄磔堂下[38]	죄목을 갖추어 대청 아래서 책형에 처하였다.
其父見之	그 아버지가 보게 되었는데
視其文辭如老獄吏	그 문사가 노련한 옥리와 같음을 보고
大驚	매우 놀라
遂使書獄[39]	마침내 옥사를 판결하는 문서를 배우게 하였다.

37 집해 소림은 말하였다. "죄수를 전하는 것을 이른다. 원(爰)은 바꾸는 것이다. 이 글로 그 소송하는 곳을 바꾸는 것이다. 국(鞫)은 추궁하는 것이다." 장안(張晏)은 말하였다. "전(傳)은 고찰하여 증험하는 것이다. 원서(爰書)는 이 말과 같지 않다는 것을 스스로 입증하여 오히려 그 죄를 받아 사흘 동안 취조하고 다시 묻고 하여 전의 소송장과 같은지 아닌지를 알게 하는 것이다. 국(鞫)은 한 관리가 소장을 읽으면 그 행실을 알릴 지를 논하는 것이다." 색은 위소는 말하였다. "원(爰)은 바꾸는 것[換]이다. 옛날에는 중형(重刑)은 (피고를) 아끼는지 미워하는지 혐의가 있기 때문에 송장(訟狀)을 바꾸어 다른 관리에게 사실을 캐도록 하는 것이다. 그러므로 '송장을 전하여 바꾼다(傳爰書).'고 한다."

38 집해 등전(鄧展)은 말하였다. "죄목을 갖춘 것이다."책형(磔刑)은 사지를 찢어 죽이는 형벌이다. – 옮긴이.

39 집해 여순(如淳)은 말하였다. "옥사를 판결하는 문서로 법령을 말한다."

父死後	아버지가 죽은 후에
湯爲長安吏	장탕은 장안의 관리가 되어
久之	오래도록 있었다.

周陽侯始爲諸卿時[40]	주양후가 막 제경이 되었을 때
嘗繫長安	일찍이 장안에서 체포된 적이 있는데
湯傾身爲之[41]	장탕은 온몸을 기울여 그를 위하였다.
及出爲侯	후(侯)가 되어 나갔을 때
大與湯交	장탕과 크게 교유를 맺어
遍見湯貴人	장탕을 귀인들에게 두루 소개해 주었다.
湯給事內史	장탕은 내사부에서 임직할 때
爲寧成掾	영성의 아전이 되었는데
以湯爲無害	장탕이 (공평하게 다스려) 해를 끼치지 않는다고 생각하여
言大府	공부에 말하여
調爲茂陵尉	무릉위로 조발하였는데
治方中[42]	(무제의) 능을 만드는 일을 주관했다.

40 **집해** 서광은 말하였다. "전승(田勝)이다. 무제(武帝)의 모친 왕태후(王太后)의 동복아우이다. 무제가 갓 즉위했을 때 주양후(周陽侯)로 봉하였다."

41 **집해** 위소는 말하였다. "그를 위해 도와준 것이다."

42 **집해** 『한서음의』에서는 말하였다. "방중(方中)은 능(陵) 위의 흙을 반듯하게 하는 것이다. 장탕이 주관한 것이다." 소림은 말하였다. "천자가 즉위하면 능을 미리 만드는데 (능이라 말하는 것을) 꺼려 '방중'이라 한 것이다." 여순은 말하였다. "태부(大府)는 막부(幕府)이다. 무릉위(茂陵尉)는 능을 만드는 것을 주관하는 위(尉)이다." 위소는 말하였다. "태부(太府)는 공부(公府: 삼공의 관부)이다."

武安侯爲丞相	무안후가 승상이 되자
徵湯爲史	장탕을 불러 장사(長史)로 삼았으며
時薦言之天子	때때로 천자에게 천거하여
補御史	어사에 보하였으며
使案事	안건을 처리하게 하였다.
治陳皇后蠱獄	진황후가 무고(巫蠱)한 사건을 맡아 다스렸는데
深竟黨與	같은 당파들을 깊이 끝까지 파헤쳤다.
於是上以爲能	이에 황제는 능력이 있다고 생각하여
稍遷至太中大夫	조금씩 승진하여 태중대부에 이르렀다.
與趙禹共定諸律令	조우와 함께 여러 가지 율령을 제정하였는데
務在深文	율법의 조문(條文)을 세밀하고 엄격하게 하여
拘守職之吏[43]	직책을 충실히 지키는 관리들을 얽어매었다.
已而趙禹遷爲中尉	얼마 후 조우가 중위로 승진하여
徙爲少府	소부로 옮겨 가자
而張湯爲廷尉	장탕이 정위가 되었는데
兩人交驩	두 사람은 서로 좋아하여
而兄事禹	형처럼 조우를 섬겼다.
禹爲人廉倨	조우는 사람됨이 청렴하면서도 거만하였다.
爲吏以來	관리가 된 이래로
舍毋食客	집에는 식객이라고는 없었다.
公卿相造請禹	공경들이 조우를 가서 찾아보면
禹終不報謝	조우는 끝내 보답하지 않았으며
務在絕知友賓客之請	잘 아는 벗과 빈객의 청을 거절하는 데 힘썼으며

43 **집해** 소림은 말하였다. "직책을 잘 지키는 관리를 각박하게 얽어맨 것이다."

孤立行一意而已	홀로 서서 한결같은 뜻을 행할 따름이었다.
見文法輒取	법조문을 보면 그때그때 바로 취하였으며
亦不覆案	또한 깊이 조사하는 일도 없이
求官屬陰罪	관속들의 알려지지 않은 죄(를 밝히는 일에)만 추구하였다.
湯爲人多詐	장탕은 사람됨이 잘 속였으며
舞智以御人[44]	얄팍한 지식에 기대어 사람을 통제하였다.
始爲小吏	처음에 소리(小吏)가 되었을 때는
乾沒[45]	이익을 도모하여
與長安富賈田甲魚翁叔之屬交私[46]	장안의 부상(富商)인 전갑, 어옹숙 등속과 몰래 결탁하였다.
及列九卿	구경의 반열에 이르자
收接天下名士大夫	천하의 이름난 사대부들을 거두어 사귀었으며
己心內雖不合	스스로 내심 비록 합치되지 않더라도
然陽浮慕之	겉으로는 앙모하는 척하였다.

是時上方鄉文學	이때 임금은 바야흐로 유가의 학설을 지향하였는데

---

44 **집해** 위소는 말하였다. "사람을 제어하는 것이다."

45 **집해** 서광은 말하였다. "형세에 따라 부침(浮沈)하는 것이다." 복건(服虔)은 "성패(成敗)를 거는 것이다."라 하였다. 여순은 "이익을 얻는 것을 건(乾)이라 하고, 이익을 잃는 것을 몰(沒)이라 한다."라 하였다. **색은** 여순은 말하였다. "이익을 얻는 것을 건(乾)이라 하고, 이익을 잃는 것을 몰(沒)이라 한다." **정의** 이 두 설은 틀렸다. 건몰(乾沒)은 윤택이 미치지 않으며 타인에게서 빼앗는 것이다. 또한 겉으로 앙모하는 것을 건(乾)이라 하고, 내심(心內) 합치되지 않는 것이 몰(沒)이다.

46 **집해** 서광은 말하였다. "성은 어(魚)이다."

湯決大獄 장탕은 중대한 안건을 판결할 때

欲傅古義[47] 옛 뜻에 부합하고자 하여

乃請博士弟子治尙書春秋補廷尉史

이에 박사의 제자들 가운데 『상서』와 『춘추』를 연구한 자들을 청하여 정위사에 보하여

亭疑法[48] 의심이 가는 법을 공평하게 처리하도록 하였다.

奏讞疑事 의심스런 사안을 아뢰어 평의할 때는

必豫先爲上分別其原 반드시 먼저 임금에게 그 근원을 분별해 주었으며

上所是 임금이 옳다고 한 것을

受而著讞決法廷尉 받아서 판결을 적어 정위에게 따르게 하고

絜令[49]揚主之明 널빤지에 적은 법령으로 임금의 현명함을 드러내었다.

奏事即譴 일을 아뢰다 꾸지람을 당하면

湯應謝[50] 장탕은 잘못을 시인하고

鄕上意所便 임금의 뜻에 유리한 대로 지향하여

必引正監掾史賢者[51] 반드시 정(正)과 감(監), 연사(掾史)들 가운데 현명한 자를 끌어다가

---

47 색은 傅의 음은 부(附)이다.

48 집해 이기(李奇)는 말하였다. "정(亭)은 공평한 것이며, 고른 것이다." 색은 정사(廷史)는 정위(廷尉)의 관리이다. 정(亭)은 공평한 것이다. 의심스런 일을 공평하게 하는 것이다.

49 집해 위소는 말하였다. "법령을 널빤지에 기록하여 놓은 것이다." 정의 율령을 이른다. 옛날에는 널빤지에 썼다. 임금이 옳게 여기는 것을 옥사(獄事)를 바로잡았다고 기록하여 정위의 법령으로 공평하게 판결하였다고 하여 임금의 밝은 판단력을 칭찬한 것이다.

50 집해 서광은 말하였다. "응(應)은 어떤 판본에는 '권(權)'으로 되어 있다."

51 정의 「백관표(百官表)」에서는 말하였다. "정위(廷尉)는 진(秦)나라의 관직이다. 정(正)·좌(左)·우감(右監)이 있는데 모두 봉록이 천석이다." 임금이 꾸짖으면 장탕은 임금의 뜻대로 응대하고 사죄하여 반드시 정(正)과 감(監) 등 현명한 자가 본래 자신에게 건의한 것이 임금의 뜻과 같았는데 자신이 쓰지 않아 우매하여 따르지 않아서 여기까지 이른 것이라고 하는 말이다.

曰	말하였다.
固爲臣議	"실로 신에게 청한 것이
如上責臣	임금님께서 신을 꾸짖은 것과 같았으나
臣弗用	신이 그것을 쓰지 않았으니
愚抵於此[52]	어리석음이 여기까지 이르렀습니다."
罪常釋	죄를 지어도 항상 풀려났다.
(聞)[53][間]即奏事	간혹 일을 아뢰면
上善之	임금이 훌륭하게 여겼는데,
曰	그러면 말하였다.
臣非知爲此奏	"신은 이렇게 아뢸 줄을 모르오며
乃正監掾史某爲之	곧 정과 감, 연사 아무개가 작성한 것입니다."
其欲薦吏	그 관리를 천거하고
揚人之善蔽人之過如此	남의 장점을 칭찬하고 남의 과실을 덮어주려는 것이 이와 같았다.
所治即上意所欲罪	다스리는 것이 임금의 뜻이 죄를 주고 싶어 하는 것이면
予監史深禍者	감사 가운데 엄격하고 모진 자에게 넘겨주었으며,
即上意所欲釋	임금의 뜻이 풀어주고 싶은 것이라면
與監史輕平者	감사 가운데 가볍고 공평한 자에게 넘겨주었다.
所治即豪	다스리는 자가 호족이라면
必舞文巧詆	반드시 법령을 교묘히 적용하여 죄에 빠뜨렸고,
即下戶羸弱	빈민에 나약한 자라면

52 **집해** 소림은 말하였다. "여러 아전들의 말을 쓰지 않았기 때문에 여기에 이른 것이다."

53 **집해** 서광은 말하였다. "조(詔)는 답문(答聞)이며, 지금은 제(制)를 '문(聞)'이라고 한다." 찬(瓚)은 말하였다. "늘 근본을 보는 것을 이른다."

時口言	때때로 구두로 말하여
雖文致法	법령에 걸리기는 하지만
上財察[54]	임금께 재량껏 살피라고 하였다.
於是往往釋湯所言[55]	이에 왕왕 장탕이 말한 대로 풀어주었다.
湯至於大吏	장탕은 고위 관리에 이르렀지만
內行脩也	안으로 품행이 방정했다.
通賓客飮食	빈객이 먹는 음식과 같았다.
於故人子弟爲吏及貧昆弟	옛 친구의 자제로 관리가 된 자 및 가난한 형제들은
調護之尤厚	더욱 두터이 보살펴주었다.
其造請諸公	여러 공들을 찾아볼 때는
不避寒暑	추위와 더위를 피하지 않았다.
是以湯雖文深意忌不專平	이 때문에 장탕이 비록 법의 적용이 가혹하고 시기심이 있어 공평하다고만은 할 수 없었지만
然得此聲譽	이런 명성과 영예를 얻게 되었다.
而刻深吏多爲爪牙用者	가혹한 관리로 거의 한편이 되어 힘을 써준 자들은
依於文學之士	유학을 하는 선비들이었다.
丞相弘數稱其美	승상 공손홍은 수차례나 그의 훌륭함을 칭찬하였다.
及治淮南衡山江都反獄	회남과 형산, 강도의 모반 사건을 처리할 때는
皆窮根本	모두 근본을 끝까지 파헤쳤다.
嚴助及伍被	엄조 및 오피를

54 **집해** 이기(李奇)는 말하였다. "먼저 임금을 뵙고 구두로 말하여 관대하고 공평 타당하게 하려 하는 것이다."

55 **집해** 이기(李奇)는 말하였다. "장탕이 구두로 먼저 말한 것은 모두 원래의 해석에 보인다."

上欲釋之	임금은 풀어주려 하였다.
湯爭曰	장탕이 다투어 말하였다.
伍被本畫反謀	"오피는 본래 모반을 획책하였고
而助親幸出入禁闥爪牙臣	엄조는 총애를 받아 궁궐 문을 드나들던 심복으로
乃交私諸侯如此	곧 제후들과 이렇게 몰래 결탁하였으니
弗誅	그를 죽이지 않으면
後不可治	나중에는 다스릴 수 없습니다."
於是上可論之	이에 임금은 논한 것을 옳게 여겼다.
其治獄所排大臣自爲功	옥사를 다스릴 때는 대신을 배척한 것을 스스로 공으로 삼았으며
多此類	이와 비슷한 일이 많았다.
於是湯益尊任	이에 장탕은 더욱 중용되어
遷爲御史大夫[56]	어사대부로 승진하였다.

會渾邪等降	이때 마침 혼야왕 등이 항복하여
漢大興兵伐匈奴	한나라는 크게 군사를 일으켜 흉노를 쳤는데
山東水旱	산동에 홍수와 가뭄이 발생하여
貧民流徙	빈민들이 유리하여 옮겨 다니고
皆仰給縣官	모두들 관가에 의지하였으므로
縣官空虛	관가도 텅 비게 되었다.
於是丞上指	이에 (장탕은) 임금의 뜻을 받들어
請造白金及五銖錢	백금 및 오수전의 주조를 청하고
籠天下鹽鐵	천하의 소금과 쇠를 농단하여

56 집해 서광은 말하였다. "원수(元狩) 2년(B.C. 121)이다."

排富商大賈	부유한 상인과 큰 상인들을 배제하였으며
出告緡令[57]	고민령을 내어
鉏豪彊并兼之家	세력이 강한 호족과 겸병한 가문을 없애고
舞文巧詆以輔法	법령을 교묘히 하여 죄에 빠뜨려 법을 보좌하였다.
湯每朝奏事	장탕은 조정에서 일을 아뢸 때마다
語國家用	나라에서 해야 할 일을 말하느라
日晏	해가 저물었으며
天子忘食	천자도 식사를 잊을 정도였다.
丞相取充位[58]	승상은 자리만 채우고 있었으며
天下事皆決於湯	천하의 일은 모두 장탕에게서 결정되었다.
百姓不安其生	백성들은 삶이 불안정하여
騷動	소요를 일으켰고
縣官所興	관가에서 일으킨 사업은
未獲其利	그 이익을 얻지 못하였으며
姦吏並侵漁	간사한 관리들이 일거에 침탈하니
於是痛繩以罪	이에 엄격하게 죄를 다스렸다.
則自公卿以下	공경 이하

57 **정의** 緡의 음은 민(岷)이며 돈꿰미이다. 무제(武帝)는 사이(四夷)를 정벌하면서 국가의 경비가 부족하였으므로 백성들의 전택(田宅), 선승(船乘), 가축, 노비 등에 세금을 매겼는데 모두 큰 단위로 돈을 헤아려 천 전(錢)마다 1산(算)씩으로 하여 균일하게 내게 하였고, 장사치들은 갑절로 하였다. 만약 숨기어 세금을 내지 않아서 고발하는 사람이 있으면 반은 고발한 사람에게 주고 나머지 반은 관부에 넣었는데 이것을 일러 민(緡)이라고 하였다. 이 법령을 내고 호족과 부상(富商), 대고(大賈: 큰 장사치)의 집을 없애어 겸병하였다. 1산(算)은 백20문(文)이다.

58 **집해** 서광은 말하였다. "당시 이채(李蔡)와 장청적(莊青翟)이 승상이었다."

至於庶人	서민에 이르기까지
咸指湯	모두 장탕을 손가락질하였다.
湯嘗病	장탕이 병이 난 적이 있는데
天子至自視病	천자가 몸소 문병을 가기에 이를 정도였으니
其隆貴如此	그 존귀하기가 이와 같았다.

匈奴來請和親	흉노가 와서 화친을 청하자
群臣議上前	신하들이 임금 앞에서 논의를 하였다.
博士狄山曰	박사 적산이 말하였다.
和親便	"화친이 유리합니다."
上問其便	임금이 그 유리한 점을 묻자
山曰	적산이 말하였다.
兵者凶器	"무기는 흉기이므로
未易數動	가벼이 자주 움직이지 못합니다.
高帝欲伐匈奴	고제는 흉노를 치려다가
大困平城	평성에서 큰 곤경에 처하여
乃遂結和親	이에 마침내 화친을 맺었습니다.
孝惠·高后時	효혜제와 고후 때는
天下安樂	천하가 안락하였습니다.
及孝文帝欲事匈奴	효문제가 흉노를 치려 할 때
北邊蕭然苦兵矣	북방이 떠들썩하여 병사들이 괴로움을 당하였습니다.
孝景時	효경제 때는
吳楚七國反	오초칠국(吳楚七國)이 반란을 일으켜
景帝往來兩宮閒	경제가 두 궁전 사이를 왕래하면서

寒心者數月	부심한 지가 몇 달이나 되었습니다.
吳楚已破	오나라와 초나라가 이미 격파되자
竟景帝不言兵	끝내 경제는 군사 일을 말하지 않았고
天下富實	천하는 부유하고 충실해졌습니다.
今自陛下擧兵擊匈奴	지금 폐하께서 군사를 일으켜 흉노를 치고부터
中國以空虛	중국은 (나라 안이) 텅 비고
邊民大困貧	변방의 백성들은 큰 곤란을 겪고 가난해졌습니다.
由此觀之	이로써 살펴보건대
不如和親	화친함만 못합니다."
上問湯	임금이 장탕에게 묻자
湯曰	장탕이 말하였다.
此愚儒	"저 우매한 유자(儒者)는
無知	무지합니다."
狄山曰	적산이 말하였다.
臣固愚忠	"신은 실로 어리석으나 충성스러운데
若御史大夫湯乃詐忠	어사대부 장탕 같은 사람은 곧 거짓으로 충성합니다.
若湯之治淮南·江都	장탕이 회남과 강도를 다스린 것 같은 것은
以深文痛詆諸侯	법의 적용을 깊고 꼼꼼하게 하여 통렬하게 제후들을 꾸짖어
別疏骨肉	골육 간에 헤어져 멀어지게 하였고
使蕃臣不自安	번신들로 하여금 스스로 불안하게 하였습니다.
臣固知湯之爲詐忠	신은 실로 장탕이 거짓으로 충성하고 있음을 압니다."
於是上作色曰	이에 임금이 노기를 띠고 말하였다.

吾使生居一郡	"내가 그대를 한 군(郡)의 태수로 앉힌다면
能無使虜入盜乎	오랑캐가 들어가 노략질을 못하게 할 수 있겠는가?"
曰	말하였다.
不能	"할 수 없습니다."
曰	말하였다.
居一縣	"한 현(縣)에 앉힌다면?"
對曰	대답하였다.
不能	"할 수 없습니다."
復曰	다시 말하였다.
居一障閒[59]	"(요새의) 보루(堡壘)에 둔다면?"
山自度辯窮且下吏	적산은 스스로 끝까지 대꾸를 하다가는 하옥될 것이라 생각하여
曰	말하였다.
能	"할 수 있습니다."
於是上遣山乘鄣	이에 임금은 적산을 보루로 보냈다.
至月餘	이른 지 달포 남짓에
匈奴斬山頭而去	흉노는 적산의 머리를 베어 가지고 떠났다.
自是以後	이 이후로
群臣震慴	신하들은 놀라서 벌벌 떨었다.

湯之客田甲	장탕의 빈객 전갑은
雖賈人	장사치이기는 하였지만

59 **정의** 장(障)은 변새의 중요하고 험한 곳에 따로 성을 쌓아 군관과 군사를 두어 지키게 하여 외적을 막는 것을 말한다.

有賢操 현명하고 지조가 있었다.

始湯爲小吏時 처음에 장탕이 소리(小吏)였을 때

與錢通[60] 돈을 가지고 교통하였으며,

及湯爲大吏 장탕이 고관이 되자

甲所以責湯行義過失 전갑은 장탕의 품행에 과실이 있으면 꾸짖었으니

亦有烈士風 또한 열사의 풍도가 있었다.

湯爲御史大夫七歲 장탕은 어사대부가 된 지 7년째 되던 해에

敗 폐출되었다.

河東人李文嘗與湯有卻 하동 사람 이문은 장탕과 틈이 있었는데

已而爲御史中丞 얼마 후 어사중승(어사대부의 속관)이 되자

恚 성을 내어

數從中文書事有可以傷湯者 몇 번이나 궁중의 문서에서 장탕을 해칠 수 있는 것을 찾았으나

不能爲地 근거를 찾을 수가 없었다.

湯有所愛史魯謁居 장탕에게는 아끼던 사(史) 노알거가 있었는데

知湯不平 장탕이 불평이 있다는 것을 알고

使人上蜚變告文姦事 사람을 시켜 변고를 고발하는 문서를 올리게 하여 이문의 간사한 일을 아뢰었으며

事下湯 사건이 장탕에게 내려오자

湯治論殺文 장탕은 논죄하여 이문을 사형시켰으며,

而湯心知謁居爲之 장탕은 마음속으로 노알거가 그렇게 하였다는 것을 알고 있었다.

---

60 집해 서광은 말하였다. "이익으로 사귀는 것이다."

上問曰	임금이 물어 말하였다.
言變事縱跡安起	"변고를 말하는 단서가 어디서 나왔소?"
湯詳驚曰	장탕은 거짓으로 놀라 말하였다.
此殆文故人怨之	"이는 아마 이문의 지인이 원한을 품은 것일 것입니다."
謁居病臥閭里主人	노알거가 마을의 집에 병져 눕자
湯自往視疾	장탕은 직접 가서 병문안을 하고
爲謁居摩足	노알거의 다리를 주물러 주었다.
趙國以冶鑄爲業	조나라는 야철(冶鐵)을 주된 산업으로 삼았으며
王數訟鐵官事	(조나라) 왕은 수차례나 철(鐵) 관련 송사를 걸었는데
湯常排趙王	장탕은 늘 조왕을 배척하였다.
趙王求湯陰事	조왕은 장탕의 숨은 일을 찾았다.
謁居嘗案趙王	노알거가 일찍이 조왕을 심리한 적이 있어
趙王怨之	조왕은 이를 원망하여
并上書告	한꺼번에 글을 올려 고발하였다.
湯	"장탕은
大臣也	대신인데도
史謁居有病	사인 알거가 병이 나자
湯至爲摩足	장탕이 이르러 발을 주물러 주었으니
疑與爲大姦	함께 크게 간사한 일을 꾸미는 것 같습니다."
事下廷尉	사건은 정위에게 내려갔다.
謁居病死	노알거는 병으로 죽고
事連其弟	사건에 그 아우가 연좌되어
弟繫導官[61]	아우가 도관의 관청에 연행되었다.

湯亦治他囚導官	장탕 또한 도관의 다른 수인들을 다스리다가
見謁居弟	노알거의 아우를 보고
欲陰爲之	몰래 그를 도와주려고 하였지만
而詳不省	거짓으로 살피지 않는 척했다.
謁居弟弗知	노알거의 아우는 그 사실을 알지 못하고
怨湯	장탕을 원망하여
使人上書告湯與謁居謀	사람을 시켜 글을 올려 장탕과 노알거가 모의하여
共變告李文	함께 이문이 변고를 일으키고자 한다고 고발하였다고 하였다.
事下減宣	사건은 감선에게 내려갔다.
宣嘗與湯有卻	감선은 일찍이 장탕과 틈이 있어
及得此事	이 일을 맡게 되자
窮竟其事	그 일을 끝까지 다 파헤쳤으나
未奏也	아직 상주하지는 않았다.
會人有盜發孝文園瘞錢[62]	마침 어떤 사람이 효문왕릉의 동산에서 묻어둔 돈을 파헤쳤는데
丞相青翟朝	승상 청적은 조회하고
與湯約俱謝	장탕과 함께 사죄할 약속을 하고
至前	앞에 이르러
湯念獨丞相以四時行園	장탕은 승상만이 사철 (왕릉의) 동산을 순행하였으니
當謝	마땅히 사죄해야 하며

61 **집해** 여순은 말하였다. "태관(太官)의 별관으로, 술을 주관하였다."

62 **집해** 여순은 말하였다. "원릉(園陵)에 돈을 묻어 송장(送葬)한 것이다."

湯無與也	장탕은 상관이 없었으므로
不謝	사죄하지 않았다.
丞相謝	승상이 사죄하자
上使御史案其事	임금은 어사에게 그 일을 처리하게 하였다.
湯欲致其文丞相見知[63]	장탕은 승상에게 견지법의 법령을 적용시키려 하였으며
丞相患之	승상은 이를 근심하였다.
三長史皆害湯	세 장사가 모두 장탕을 해롭게 여겨
欲陷之	그를 죄에 빠뜨리고자 하였다.

始長史朱買臣	처음에 장사 주매신은
會稽人也[64]	회계 사람이었다.
讀春秋	『춘추』를 연구하였다.
莊助使人言買臣	장조가 사람을 시켜 주매신을 추천하였는데
買臣以楚辭與助俱幸	주매신은 『초사(楚辭)』로 장조와 함께 총애를 받았으며
侍中	궁중에서 모시다가
爲太中大夫	태사대부가 되어
用事	권력을 잡았으며,
而湯乃爲小吏	장탕은 곧 소리(小吏)로
跪伏使買臣等前	주매신 등의 앞에서 꿇어 엎드렸다.
已而湯爲廷尉	얼마 후 장탕은 정위가 되어

63 **집해** 장안은 말하였다. "견지법(見知法)으로 옛 자취를 추적하여 죄에 따라 벌을 주는 것이다."

64 **정의** 주매신(朱買臣)은 오(吳) 사람인데, 이때 소주(蘇州)는 회계군(會稽郡)이었다.

治淮南獄	회남의 옥사를 처리하였는데
排擠莊助	장조를 밀어내어
買臣固心望	주매신은 실로 마음속으로 원망하였다.
及湯爲御史大夫	장탕이 어사대부가 되자
買臣以會稽守爲主爵都尉	주매신은 회계 군수(郡守)로 주부도위가 되어
列於九卿	구경의 반열에 올랐다.
數年	몇 년 만에
坐法廢	법에 연좌되어
守長史	임시로 장사가 되어
見湯	장탕을 만났는데
湯坐床上	장탕은 침상 위에 앉아
丞史遇買臣弗爲禮	승사로 주매신을 대우하여 그를 예우하지 않았다.
買臣楚士[65]	주매신은 초나라의 명사로
深怨	깊은 원한을 품어
常欲死之	늘 그를 죽이고자 하였다.
王朝	왕조는
齊人也	제나라 사람이다.
以術至右內史	술수(術數)로 우내사에 이르렀다.
邊通	변통은
學長短[66]	장단술을 배웠으며

65 **정의** 주(周)나라 말기에 월왕(越王) 구천(句踐)이 오나라를 멸하였고, 초위왕(楚威王)이 월나라를 멸하여 오나라 땅이 항상 초나라에 속하였으므로 주매신을 초사(楚士)라 한 것이다.

66 **집해** 『한서음의』에서는 말하였다. "장단술(長短術)은 육국(六國) 때 일어났다. 장점은 행하고 단점은 넣었으며 그 말은 잘못된 것을 숨기어 이로써 서로 격노하게 하였다."

剛暴彊人也	굳세고 사나운 사람으로
官再至濟南相	관직은 거듭 제남 승상에 이르렀다.
故皆居湯右	옛날에는 모두 장탕보다 지위가 높았으나
已而失官	얼마 후 관직을 잃고
守長史	임시로 장사가 되어
詘體於湯	장탕에게 몸을 굽혔다.
湯數行丞相事	장탕은 수차례나 승상의 일을 행하여
知此三長史素貴	이 세 장사(長史)가 평소에 귀한 것을 알고
常凌折之	늘 그들을 능멸하여 꺾었다.
以故三長史合謀曰	그런 까닭에 세 장사가 모여서 모의하여 말하였다.
始湯約與君謝	"처음에 장탕은 승상과 함께 사죄하기로 약속하였다가
已而賣君	얼마 후에는 승상을 농락하였고,
今欲劾君以宗廟事	지금은 종묘의 일로 승상을 탄핵하려 하는데
此欲代君耳	이는 승상을 대신하려는 것일 따름입니다.
吾知湯陰事	나는 장탕의 몰래 저지른 일을 알고 있습니다."
使吏捕案湯左田信等[67]	관리에게 장탕과 부정한 관계를 맺은 전신 등을 잡아 조사하게 하고
曰湯且欲奏請	장탕이 (임금에게) 주청을 하려 하면
信輒先知之	전신이 문득 먼저 그것을 알아
居物致富	물건을 매점하고 치부하여

67 **집해** 『한서음의』에서는 말하였다. "좌(左)는 부정(不正, 左)을 증명하는 것이다." **정의** 장탕이 전신(田信)과 옳지 못한 교유를 하고 있는 것을 말하기 때문에 "전신 등의 부정을 증명한다."고 하였다.

與湯分之	장탕과 나누었고
及他姦事	아울러 다른 간사한 일도 하였다고 하였다.
事辭頗聞	이 일에 대한 말이 자못 소문이 났다.
上問湯曰	임금이 장탕에게 말하였다.
吾所爲	"내가 하는 것을
賈人輒先知之	장사치들이 문득 먼저 알아
益居其物	그 물건을 더욱 매점하였으니
是類有以吾謀告之者	이는 누가 나의 계획을 일러주는 자가 있는 것 같소."
湯不謝	장탕은 사죄하지 않았다.
湯又詳驚曰	장탕은 또한 놀라는 척하면서 말하였다.
固宜有	"실로 있을 것입니다."
減宣亦奏謁居等事	감선 또한 노알거 등의 일을 아뢰었다.
天子果以湯懷詐面欺	천자는 과연 장탕이 속과 겉으로 다 속인다고 생각하여
使使八輩簿責湯[68]	여덟 무리의 사자를 보내어 장부를 대조하며 장탕을 문책하였다.
湯具自道無此	장탕은 모두 스스로 이런 일이 없었다고 말하며
不服	불복하였다.
於是上使趙禹責湯	이에 임금은 조우(趙禹)에게 장탕을 문책하게 하였다.
禹至	조우는 이르러
讓湯曰	장탕을 꾸짖어 말하였다.
君何不知分也	"그대는 어찌 분수를 모르는가?

68 **집해** 소림(蘇林)은 말하였다. "簿의 음은 '주부(主簿)'의 '부(簿)'로, 모두 꾸짖는 것이다."

君所治夷滅者幾何人矣	그대가 다스려 멸족시킨 자가 얼마나 되는가?
今人言君皆有狀	지금 사람들은 그대에 대해 모두 증거가 있다고 하며
天子重致君獄	천자께서 다시 그대의 옥사를 다루어
欲令君自爲計	그대로 하여금 스스로 계책을 세우게 하시는데
何多以對簿爲	문서에 대답하는 것이 어찌 그리 많소?”
湯乃爲書謝曰	장탕은 이에 글을 써서 사죄하여 말하였다.
湯無尺寸功	“저는 한 자 한 치의 공도 없는
起刀筆吏	도필리 출신인데
陛下幸致爲三公	폐하께서 다행히 삼공에 이르게 하였으니
無以塞責	질책을 메울 길이 없습니다.
然謀陷湯罪者	그러나 장탕의 죄를 모함한 자들은
三長史也	세 장사입니다.”
遂自殺	마침내 자살하였다.

湯死	장탕이 죽었을 때
家產直不過五百金	가산은 고작 5백금에 지나지 않았는데
皆所得奉賜	모두 하사받아 얻은 것이었고
無他業	다른 가업은 없었다.
昆弟諸子欲厚葬湯	형제와 자식들이 장탕을 후히 장사 지내주려 하자
湯母曰	장탕의 어미가 말하였다.
湯爲天子大臣	“탕(湯)은 천자의 대신으로
被汙惡言而死	더러운 중상하는 말을 쓰고 죽었는데
何厚葬乎	어찌 장례를 두터이 하려느냐!”

載以牛車	소가 끄는 수레에 실었는데
有棺無槨	관은 있었지만 덧널[곽(槨)]은 없었다.
天子聞之	천자가 듣고
曰	말하였다.
非此母不能生此子	"이런 어미가 아니면 이런 자식을 낳을 수 없다."
乃盡案誅三長史	이에 세 장사를 모두 죄를 밝혀 죽였다.
丞相青翟自殺	승상 청적은 자살하였다.
出田信	전신은 축출되었다.
上惜湯	임금은 장탕을 애석히 여겨
稍遷其子安世	그 아들 안세를 조금씩 승진시켰다.

趙禹中廢	조우는 중도에 폐하여졌는데
已而爲廷尉	조금 있다가 정위가 되었다.
始條侯以爲禹賊深	처음에 조후(條侯)는 조우가 가혹하다고 생각하여
弗任	그를 신임하지 않았다.
及禹爲少府	조우는 소부가 되어
比九卿	구경과 나란하였다.
禹酷急	조우는 엄혹하고 성격이 급하였다.
至晩節	만년에 이르러
事益多	일이 더욱 많아졌는데
吏務爲嚴峻	관리들은 엄준한 것을 힘썼으나
而禹治加緩	조우의 다스림은 더욱 너그러워져
而名爲平	공평하다는 명성을 떨쳤다.
王溫舒等後起	왕온서 등이 나중에 나타나

治酷於禹 조우보다 혹독하게 다스렸다.

禹以老 조우는 늙어서

徙爲燕相 연나라 승상으로 옮겼다.

數歲 몇 해 만에

亂悖有罪 정신착란으로 죄를 짓자

免歸 면직되어 돌아갔다.

後湯十餘年 장탕(이 죽은) 뒤 10여 년 만에

以壽卒于家 집에서 천수를 누리다 죽었다.

義縱者 의종은

河東人也 하동 사람이다.

爲少年時 나이가 젊었을 때

嘗與張次公俱攻剽[69]爲群盜 장차공과 함께 (남을) 공격하고 찔러 도적 떼가 된 적이 있다.

縱有姊姁[70] 의종에게는 누이인 의후가 있었는데

以醫幸王太后 의술로 왕태후의 총애를 받았다.

王太后問 왕태후가 물었다.

有子兄弟爲官者乎 "자식이나 형제 중에 관직을 할 만한 자가 있느냐?"

姊曰 누이가 말하였다.

有弟無行 "동생이 있사온데 행실이 나빠

不可 안 됩니다."

太后乃告上 태후가 즉시 임금에게 일러

---

69 **집해** 서광은 말하였다. "剽의 음은 보[扶召反]이다." **색은** 『설문(說文)』에서는 말하였다. "표(剽)는 찌르는 것이다." 표겁(剽劫)이라고도 하며, 또한 음을 표[敷妙反]라고도 한다.

70 **색은** 이기(李奇)는 음이 우(吁)라 하였고, 맹강(孟康)은 음이 후(詡)라고 하였다.

拜義姁弟縱爲中郎[71]	의후의 동생 의종을 중랑에 임명하고
補上黨郡中令[72]	상당군의 현령에 보하였다.
治敢行	다스리는 데 과감히 행하였으며
少蘊藉[73]	너그럽고 도타움이 적어
縣無逋事	현 내에 체류된 일이 없었으므로
舉爲第一	(군에서) 1등으로 뽑혔다.
遷爲長陵及長安令	장릉 및 장안령으로 승진하였는데
直法行治	법대로 다스림을 행하였으며
不避貴戚	귀척을 피하지 않았다.
以捕案太后外孫脩成君子仲[74]	태후의 외손인 수성군의 아들 중(仲)을 체포하여 다스리자
上以爲能	임금은 유능하다고 생각하여
遷爲河內都尉	하내 도위로 승진시켰다.
至則族滅其豪穰氏之屬	이르자마자 그 호족인 양씨의 족속을 멸족시키니
河內道不拾遺	하내에서는 길에서 (떨어진 것을) 줍지 않을 정도였다.
而張次公亦爲郎	그리고 장차공 또한 낭이 되어
以勇悍從軍	용맹하고 사나움으로 종군하여
敢深入	과감하게 깊숙이 침투하여
有功	공을 세워

71 **집해** 『한서음의』에서는 말하였다. "姁의 음은 후(煦)로, 의종의 누이 이름이다."

72 **색은** 상당군(上黨郡)의 현령으로 보하여진 것인데 사관이 현의 이름을 빠뜨렸다.

73 **집해** 『한서음의』에서는 말하였다. "폭정을 감행하고 너그러움이 적은 것이다." **색은** 蘊의 음은 온(慍)이다. 藉의 음은 자[才夜反]이다. 장안은 말하였다. "사람됨이 꺼리는 것이 없었으므로 빌리는 것이 적은 것이다."

74 **색은** 왕태후(王太后)의 딸을 수성군(脩成君)이라 하였으며, 그 아들의 이름이 중(仲)이다.

爲岸頭侯[75]	안두후가 되었다.
寧成家居	영성은 집에서 한거(閑居)하였는데
上欲以爲郡守	임금이 군수로 삼고자 하였다.
御史大夫弘曰	어사대부 공손홍이 말하였다.
臣居山東爲小吏時	“신이 산동에 살면서 소리(小吏)가 되었을 때
寧成爲濟南都尉	영성이 제남 도위가 되었는데
其治如狼牧羊	그 다스림이 마치 이리가 양을 치는 것 같았습니다.
成不可使治民	영성은 백성을 다스리게 할 수 없습니다.”
上乃拜成爲關都尉	임금은 이에 영성은 관도위에 임명하였다.
歲餘	한 해 남짓 만에
關東吏隸郡國出入關者[76]	관동에서 군국의 관리로 검열하면서 함곡관을 드나드는 자들은
號曰寧見乳虎	“차라리 어미 호랑이를 만날지언정,
無值寧成之怒	영성의 화는 만나지 말라.”고 하였다.
義縱自河內遷爲南陽太守	의종이 하내에서 남양 태수로 승진하여
聞寧成家居南陽	영성이 남양의 집에 머물러 있다는 말을 들었는데
及縱至關	의종이 관에 이르자
寧成側行送迎	영성이 몸을 곁으로 돌려 걸으며 보내고 맞았지만
然縱氣盛	의종은 기고만장하여

75 집해 서광은 말하였다. “봉하여진 지 5년 만에 회남왕(淮南王)의 딸 능(淩)과 간통하고 재물을 받아서 나라가 없어졌다.”

76 집해 『한서음의』에서는 말하였다. “예(隸)는 검열하는 것이다.”

弗爲禮	그를 예우하지 않았다.
至郡	군(郡)에 이르자
遂案寧氏	마침내 영씨(寧氏)를 조사하기 시작하여
盡破碎其家	그 집안을 있는 대로 파멸시켰다.
成坐有罪	영성은 죄에 연루되어
及孔暴之屬皆奔亡[77]	공(孔)·포씨(暴氏)의 족속과 함께 모두 달아나
南陽吏民重足一跡	남양의 관리와 백성들은 발을 포개어 옴짝달싹 할 수가 없었다.
而平氏朱彊杜衍杜周爲縱牙爪之吏	그리고 평지현(平氏縣)의 주강(朱彊)과 두연현(杜衍縣)의 두주(杜周)는 의종을 보좌하는 심복 관리로
任用	임용되어
遷爲廷史	정사로 승진되었다.
軍數出定襄	(한나라) 군사가 자주 정양을 나서니
定襄吏民亂敗	정양의 관리와 백성들이 혼란하게 되어
於是徙縱爲定襄太守	이에 의종을 정양 태수로 옮겼다.
縱至	의종이 이르자
掩定襄獄中重罪輕繫二百餘人	정양군의 옥에 있는 중한 죄와 가벼운 죄를 지은 2백여 명 및
及賓客昆弟私入相視亦二百餘人	빈객과 형제로 사사로이 들어가 만난 사람들 또한 2백여 명을 잡아들였다.
縱一捕鞠	의종은 일일이 잡아 취조하고

77 **집해** 서광은 말하였다. "공(孔)과 포(暴)는 두 성으로 대족이다."

曰爲死罪解脫[78] “죽을죄를 지은 자(의 형구)를 벗겨주었다.”라 하였다.

是日皆報殺四百餘人 이날 모두 (죄의) 경중에 따라 4백여 명을 죽였다.

其後郡中不寒而栗 그 후 군에서는 춥지도 않은데 벌벌 떨고

猾民佐吏爲治[79] 약삭빠른 백성들은 관리를 도와 다스렸다.

是時趙禹張湯以深刻爲九卿矣 이때 조우와 장탕은 엄혹 각박한 법 집행으로 구경이 되었지만

然其治尚寬 그 다스림은 그래도 (후대보다) 너그러워

輔法而行 법에 의거하여 행하였지만

而縱以鷹擊毛摯爲治[80] 의종은 매가 작은 새를 치듯이 다스렸다.

後會五銖錢白金起 나중에 마침 오수전과 백금을 사용하기 시작하자

民爲姦 백성들이 위조하였으며

京師尤甚 경사에서 더욱 심하여

乃以縱爲右內史 이에 의종을 우내사로 삼고

王溫舒爲中尉 왕온서를 중위로 삼았다.

溫舒至惡 왕온서는 극악하여

其所爲不先言縱 하는 일을 의종에게 먼저 말하지 않았으며

縱必以氣淩之 의종은 반드시 힘으로 그를 올라타

---

78 **집해** 『한서음의』에서는 말하였다. “한꺼번에 모두 체포하는 것이다. 법률에 의하면 죄수들이 가만히 수갑과 차꼬, 칼 등을 벗어던지면 죄를 한 등급 더하며, 남의 형구를 벗겨주는 것은 죄가 같다. 의종이 먹을 것을 갖다 준 자 2백 명을 심문하여 형구를 벗겨준 죄인 사형의 죄로 다스려 모두 죽인 것이다.”

79 **색은** 교활한 사람들이 관리들이 다스리는데 간여한 것을 말하므로 “관리를 도와 다스렸다.”고 하였다.

80 **집해** 서광은 말하였다. “맹금[鷙鳥]은 공격하려 할 때 반드시 깃털을 펼친다.”

敗壞其功	그의 공을 허물어뜨렸다.
其治	그 다스림은
所誅殺甚多	죽이는 것이 매우 많았지만
然取爲小治	취하는 것은 작게 다스려짐이었고
姦益不勝	간악함을 더욱 이기지 못하여
直指始出矣	직지사자(直旨使者)가 처음으로 나왔다.
吏之治以斬殺縛束爲務	관리의 다스림은 참살하고 구속하는 것을 업무로 삼았으니
閻奉以惡用矣	염봉은 악랄함으로 등용되었다.
縱廉	의종은 청렴하였으며
其治放郅都	그 다스림은 질도를 본받았다.
上幸鼎湖	임금이 정호에 행차하여
病久	병을 오래 앓다가
已而卒起幸甘泉[81]	얼마 후 갑자기 회복되어 감천궁에 행차하였는데
道多不治	도로가 거의 닦여져 있지 않아
上怒曰	임금이 노하여 말하였다.
縱以我爲不復行此道乎	"의종은 내가 이 길로 다시 가지 않으리라 생각한 것인가?"
嗛之[82]	그를 싫어하였다.
至冬	겨울이 되자
楊可方受告緡[83]	양가(楊可)는 바야흐로 고민을 받고 있었는데

81 색은 卒의 음은 졸[七忽反]이다.

82 집해 서광은 말하였다. "嗛의 음은 함(銜)이다."

83 집해 위소는 말하였다. "사람들이 민을 내지 않는다고 고발하면 양가가 받아낸 것이다." 색은 민은 돈꿰미이다. 한나라 때는 고민령(告緡令)이 있었는데 양가가 주관하였다. 민전(緡錢)의 출납에 돈을 계산하지 않은 것이 나오면 고발하도록 한 것이다.

縱以爲此亂民	의종은 이것이 백성을 어지럽힌다 생각하여
部吏捕其爲可使者[84]	관리들에게 양가의 사자들을 체포하게 하였다.
天子聞	천자가 듣고서
使杜式治	두식에게 다스리게 하였는데
以爲廢格沮事[85]	(법령을) 버려두고 시행하지 않으며 일을 방해한다 하여
棄縱市	의종을 기시하였다.
後一歲	1년 뒤
張湯亦死	장탕 또한 죽었다.

王溫舒者	왕온서는
陽陵人也[86]	양릉 사람이다.
少時椎埋爲姦[87]	젊었을 때 사람을 때려죽여 파묻는 간악한 일을 하였는데
已而試補縣亭長	얼마 후 현의 정장에 보해지기도 하였으나
數廢	여러 번 폐출되었다.
爲吏	관리가 되자
以治獄至廷史	옥사를 다스림으로 정사(廷史)에 이르렀다.
事張湯	장탕을 섬겨

84 색은 양가가 부리는 자들을 찾도록 한 것을 이른다.

85 집해 『한서음의』에서는 말하였다. "무제가 양가에게 고민(告緡)을 주관하게 하여 그 재산을 몰수하여 들였는데 의종이 양가가 부리는 자들을 체포하였으니 이것이 조서를 시행하지 않고 이미 이루어진 일을 방해한 일이다." 색은 응소는 말하였다. "이미 이루어진 일을 저지하고 그르친 것이다. 格의 음은 각(閣)이다."

86 집해 서광은 말하였다. "풍익(馮翊)에 속한다."

87 집해 서광은 말하였다. "몽둥이로 사람을 죽이고 매장한 것이다. 혹자는 무덤을 파헤친 것이라 하였다."

遷爲御史	어사로 승진하였다.
督盜賊	도적을 책벌하게 되었는데
殺傷甚多	살상한 것이 매우 많았으며
稍遷至廣平都尉	조금씩 승진하여 광평 도위까지 이르렀다.
擇郡中豪敢任吏十餘人	군에서 호쾌하고 과감하여 관리를 맡을 만한 사람 10여 명을 뽑아
以爲爪牙	심복으로 삼았는데
皆把其陰重罪	그 몰래 지은 중죄를 모두 파악하여
而縱使督盜賊	마음껏 도적을 잡게 하여
快其意所欲得	얻고자 하는 뜻을 만족시켰다.
此人雖有百罪	이 사람들이 비록 백 가지 죄를 지어도
弗法	그들을 처벌하지 않았으며,
即有避	회피를 하거나 하면
因其事夷之	그 일로 그를 죽였고
亦滅宗	또한 종족까지 멸하였다.
以其故齊趙之郊盜賊不敢近廣平	그런 까닭에 조(趙)와 제(齊)나라의 근교에는 도적이 감히 광평에 가까이하지 않았으며
廣平聲爲道不拾遺	광평은 길에서 떨어진 것을 줍지 않는다는 명성을 떨쳤다.
上聞	임금이 듣고
遷爲河內太守	하내 태수로 승진시켰다.

素居廣平時	평소 광평에 있을 때
皆知河內豪姦之家	하내의 강포하고 간사한 집을 잘 알고 있었는데

及往	가게 되어
九月而至	9월에 이르렀다.
令郡具私馬五十匹	군(郡)에 개인의 말 50필을 갖추게 하여
爲驛自河內至長安	하내에서 장안까지 역을 만들어
部吏如居廣平時方略	속리(屬吏)들에게 광평에 있을 때와 같은 방법으로
捕郡中豪猾	강포하고 교활한 사람들을 체포하였는데
郡中豪猾相連坐千餘家	군의 강포하고 교활한 자 1천여 가구가 연좌되었다.
上書請	글을 올려 청하여
大者至族	중한 자는 멸족을 시켰고
小者乃死	가벼운 자는 사형을 시켰으며
家盡沒入償臧	가산은 모두 보상 장물로 몰수하여 들였다.
奏行不過二三日	상소한 지 2~3일이 지나지 않아
得可事	일에 대한 허가를 얻었다.
論報	죄를 확정하여 판결하자
至流血十餘里	흐르는 피가 10여 리에 이르렀다.
河內皆怪其奏	하내에서는 모두 그가 상주한 것을 이상하게 여겨
以爲神速	귀신처럼 빠르다고 생각하였다.
盡十二月	12월이 다 지나가자
郡中毋聲	군에서는 아무 소리가 없게 되었고
毋敢夜行	감히 밤에 돌아다니지 않게 되었으며
野無犬吠之盜	들에는 개를 짖게 하는 도둑이 없어졌다.
其頗不得失	그 가운데 자못 처리를 하지 못하였는데

之旁郡國	이웃한 군국으로 가서
黎來[88]	잡아올 무렵
會春	(형 집행이 정지되는) 봄이 되자
溫舒頓足歎曰	왕온서는 발을 구르며 탄식하여 말하였다.
嗟乎	"아뿔싸
令冬月益展一月	겨울 달을 한 달만 더 늘렸더라면
足吾事矣	내 일을 (충분히) 끝냈을 텐데!"
其好殺伐行威不愛人如此	그 살육을 좋아하고 위세를 행하여 백성을 아끼지 않음이 이와 같았다.
天子聞之	천자가 듣고
以爲能	유능하다고 생각하여
遷爲中尉	중위로 승진시켰다.
其治復放河內	그 다스림은 다시 하내의 것을 본받아
徙諸名禍猾吏[89]與從事	잔인하고 교활한 관리들을 옮겨 함께 일을 도모하였으니
河內則楊皆麻戊[90]	하내에서는 (부른 자는) 양개와 마무였고
關中楊贛成信等	관중에서는 양공과 성신 등이었다.
義縱爲內史	의종이 내사였을 때
憚未敢恣治	꺼리어 감히 마음대로 다스리지 못하였다.

---

88 색은 黎의 음은 리(犁)이다. 리(黎)는 나란한 것이다.

89 집해 서광은 말하였다. "잔인하고 각박하다는 평가가 있는 것이다." 색은 다만 잔인한 명성과 교활한 평판이 있는 관리를 청한 것이다. 『한서』에는 "다만 악랄하고 잔인한 관리를 부를 것을 청하였다(徒請召猜禍吏)."라 되어 있다. 복건은 말하였다. "도(徒)는 다만이라는 뜻이다. 시(猜)는 악랄한 것이다." 응소는 "시(猜)는 의심하는 것이다. 관리 가운데 남의 의심을 잘하고 화를 일으켜 몰락시킨다는 평가가 있는 자를 취하여 부린 것이다."라 하였다.

90 집해 서광은 말하였다. "어떤 판본에는 '마성(麻成)'으로 되어 있다."

及縱死	의종이 죽고
張湯敗後	장탕이 몰락한 뒤에
徙爲廷尉	정위로 옮겼으며
而尹齊爲中尉	윤제는 중위가 되었다.

尹齊者	윤제는
東郡茌平人[91]	동군 치평 사람이다.
以刀筆稍遷至御史	도필리로 조금씩 승진하여 어사가 되었다.
事張湯	장탕을 섬겼는데
張湯數稱以爲廉武	장탕은 수차례나 그를 청렴하고 용감하다고 칭찬하여
使督盜賊	도적을 다스리게 하였는데
所斬伐不避貴戚	참수하고 벰에 귀척을 피하지 않았다.
遷爲關內都尉	관내도위로 승진하였는데
聲甚於寧成	명성이 영성을 능가하였다.
上以爲能	임금이 유능하다고 여겨
遷爲中尉	중위로 승진시켰는데
吏民益凋敝	관리와 백성들이 갈수록 곤핍해졌다.
尹齊木彊少文	윤제는 강직하나 문재는 적었으며
豪惡吏伏匿而善吏不能爲治	강포하고 흉악한 관리는 몸을 숨겼고 양리(良吏)는 잘 다스릴 수가 없어
以故事多廢	이 때문에 일이 많이 폐하여졌고
抵罪	죄를 짓게 되었다.
上復徙溫舒爲中尉	임금은 다시 왕온서를 중위로 삼았으며

91 색은 茌의 음은 치[仕疑反]이다.

而楊僕以嚴酷爲主爵都尉	양복은 엄혹함으로 주작도위가 되었다.
楊僕者	양복은
宜陽人也	의양 사람이다.
以千夫爲吏[92]	천부로 관리가 되었다.
河南守案擧以爲能	하남 태수가 고과를 평가하면서 유능하다고 천거하여
遷爲御史	어사로 천거하여
使督盜賊關東	관동의 도적을 다스리게 하였다.
治放尹齊	다스림은 윤제를 본받아
以爲敢摯行	과감하고 사나움으로 행하여졌다.
稍遷至主爵都尉	조금씩 승진하여 주작도위에 이르렀으며
列九卿	구경의 반열에 올랐다.
天子以爲能	천자는 유능하다고 여겼다.
南越反	남월이 반란을 일으키자
拜爲樓船將軍	누선장군에 임명되었으며
有功	공을 세워
封將梁侯	장량후에 봉하여졌다.
爲荀彘所縛[93]	순치에게 체포되었다.
居久之	한참 있다가
病死	병으로 죽었다.

92 집해 『한서음의』에서는 말하였다. "천부(千夫)는 오대부(五大夫)와 같다. 무제는 군비(軍備)가 부족하자 백성들에게 돈과 곡식을 내게 하여 군비로 삼았다."

93 집해 서광은 말하였다. "봉하여진 지 4년 만에 조선(朝鮮)을 원정하고 돌아와 서인으로 속량되었다." 색은 『한서』에서는 "좌장군(左將軍) 순체(荀彘)와 함께 조선을 쳤는데 순체에게 체포되었다. 돌아와 면직되어 서인이 되었다가 병으로 죽었다."

而溫舒復爲中尉	그리고 왕온서는 다시 중위가 되었다.
爲人少文	사람됨이 문재가 적어
居廷惛惛[94]不辯	관아에서는 어리석어 분별력이 없었는데
至於中尉則心開	중위에 이르러서는 마음이 열렸다.
督盜賊	도적을 다스렸는데
素習關中俗	관중의 풍속에 익숙하여
知豪惡吏	강포하고 흉악한 관리를 잘 알아
豪惡吏盡復爲用	강포하고 흉악한 관리를 모두 다시 임용하여
爲方略	다스리는 방법으로 삼았다.
吏苛察	관리들은 가혹하게 관찰하여
盜賊惡少年投銗[95]購告言姦	도적과 못된 소년들을 투서함으로 돈을 주고 간사함을 고발하게 하고
置伯格長[96]以牧司姦盜賊	천맥의 촌락에 장(長)을 설치하여 간사한 도적을 감독하고 들추었다.
溫舒爲人諂	왕온서는 아첨을 잘하여
善事有埶者	권세가 있는 자는 잘 섬겼고,
即無埶者	권세가 없는 자는
視之如奴	종처럼 여겼다.
有埶家	권세가 있는 집은

94 **색은** 음은 혼(昏)이다.

95 **집해** 서광은 말하였다. "음은 항(項)으로 기물의 이름이며, 지금의 투서함이다." **색은** 銗의 음은 항(項)으로 기물 이름이다. 투서함을 주어 들어오면 나갈 수 없었다. 『삼창(三倉)』에서 음은 항[胡江反]이라 하였다.

96 **집해** 서광은 말하였다. "어떤 판본에는 '락(落)'으로 되어 있다. 옛 '촌락(村落)'은 또한 '격(格)'이라고도 하였다. 거리와 촌락에 모두 독장(督長)을 설치한 것이다." **색은** 伯의 음은 맥(陌)이고, 格의 음은 촌락(村落)이다. 천맥(阡陌)과 촌락(村落)에 모두 장을 설치한 것이다.

雖有姦如山	간악함이 산과 같아도
弗犯	건드리지 않았으며,
無埶者	권세가 없는 자는
貴戚必侵辱	귀척이라도 반드시 능욕하였다.
舞文巧詆下戶之猾	법을 멋대로 적용하여 교묘하게 빈민의 교활함을 들추어내었고
以焄大豪[97]	이로써 큰 호족들을 위협하였다.
其治中尉如此	그 중위로 다스림이 이와 같았다.
姦猾窮治	간사하고 교활한 자는 끝까지 다스렸는데
大抵盡靡爛獄中	거의 모두 옥중에서 몸이 너덜너덜해졌으며
行論無出者	형이 확정되면 나오는 자가 없었다.
其爪牙吏虎而冠	그의 심복 관리들은 호랑이에다 모자를 씌운 격이었다.
於是中尉部中中猾以下皆伏	이에 중위의 관할에서 교활한 자들은 모두 몸을 숨겼고
有勢者爲游聲譽	권세 있는 자들은 명성을 높여주어
稱治	잘 다스린다고 칭찬하였다.
治數歲	몇 년을 다스리는 동안
其吏多以權富	그 관리들은 거의가 권세를 내세워 치부하였다.
溫舒擊東越還[98]	왕온서는 동월을 치고 돌아와
議有不中意者	논의가 (임금의) 뜻에 맞지 않아

97 **집해** 焄의 음은 훈(熏)이다. **색은** 큰 호족을 볶아댄 것이다. 훈(熏)은 훈자(熏炙)한 것과 같다. 하층민 가운데 간사하고 교활한 사람이 있으면 심리하게 하여 크게 간사한 사람을 압박한 것이다.

98 **집해** 서광은 말하였다. "원정(元鼎) 6년(B.C. 111) 회계(會稽)로 나가 동월을 격파하였다."

坐小法抵罪免	작은 범법 행위에 걸려 죄를 지어 면직되었다.
是時天子方欲作通天臺[99]而未有人	이때 천자는 바야흐로 통천대를 지으려 했으나 사람이 없었으며
溫舒請覆中尉脫卒	왕온서가 중위의 도망친 군사를 조사하기를 청하여
得數萬人作	수만 명을 얻어 지었다.
上說	임금은 기뻐하여
拜爲少府	소부에 임명하였다.
徙爲右內史	우내사로 옮겨
治如其故	옛날처럼 다스렸는데
姦邪少禁	간사함을 조금 금하였다.
坐法失官	범법 행위를 하여 관직을 잃었다.
復爲右輔	다시 우보가 되어
行中尉事	중위의 일을 행하였다.
如故操	옛날처럼 (일을) 견지하였다.

歲餘	한 해 남짓 만에
會宛軍發[100]	마침 대원(大宛)을 치는 군사를 내면서
詔徵豪吏	조칙으로 강포한 관리를 불렀는데
溫舒匿其吏華成	왕온서는 그의 관리 화성을 숨겼으며,
及人有變告溫舒受員騎錢	어떤 사람이 왕온서가 기병으로 충당될 인원의 돈을 받은 것과

99 **정의** 『한서』에 의하면 원봉(元封) 3년(B.C. 108)이다. 『삼보구사(三輔舊事)』에서는 말하였다. "감천궁(甘泉宮)의 통천대를 지었는데 높이가 50길[丈]이었다."

100 **집해** 『한서음의』에서는 말하였다. "군사를 일으켜 대원(大宛)을 친 것이다."

他姦利事	그가 불법으로 이익을 취한 사실을 고발하여
罪至族	죄가 멸족에 이르러
自殺	자살하였다.
其時兩弟及兩婚家亦各自坐他罪而族	
	그때 두 아우 및 두 사돈의 집 또한 각기 그의 죄에 연좌되어 멸족되었다.
光祿徐自爲曰	광록 서자위가 말하였다.
悲夫	"슬프도다,
夫古有三族	대체로 예로부터 3족을 멸한 일은 있었지만
而王溫舒罪至同時而五族乎	왕온서의 죄는 동시에 5족을 멸함에 이르렀도다!"

溫舒死	왕온서가 죽었을 때
家直累千金	가산이 누천금에 달하였다.
後數歲	몇 년 후
尹齊亦以淮陽都尉病死	윤제 또한 회양 도위로 병사하였는데
家直不滿五十金	가산이 50금이 되지 않았다.
所誅滅淮陽甚多	주멸한 회양의 사람이 매우 많아
及死	죽었을 때
仇家欲燒其尸	원수의 집 사람들이 그의 시신에 불을 지르려 해
尸亡去歸葬[101]	시신을 도피시켜 돌아가 장사를 지냈다.

自溫舒等以惡爲治	왕온서 등이 악랄하게 다스린 이래로

101 집해 서광은 말하였다. "윤제(尹齊)가 죽어 미처 염을 하지 않았을 때 원수의 집안에서 불을 지르려 할까 두려워하였으며 시신 또한 나는 듯이 그곳을 떠났다."

而郡守都尉諸侯二千石欲爲治者	
	군수와 도위, 제후와 2천 석으로 다스리려 하는 자들은
其治大抵盡放溫舒	그 다스림이 대체로 모두 왕온서를 본받았으며
而吏民益輕犯法	관리와 백성들은 더욱 가벼이 범죄를 행하였고
盜賊滋起	도적은 더 많이 일어났다.
南陽有梅免白政	남양에는 매면과 백정이 있고,
楚有殷中 · [102]杜少	초나라에는 은중과 두소가 있었으며,
齊有徐勃	제나라에는 서발이 있었고,
燕趙之閒有堅盧 · 范生之屬	연나라와 조나라 일대에는 견로와 범생 같은 무리가 있었다.
大群至數千人	큰 무리는 수천 명에 이르렀으며
擅自號	제멋대로 스스로 이름을 지어 부르고
攻城邑	성읍을 공격하였으며
取庫兵	무기고의 병기를 탈취하고
釋死罪	사형수를 풀어주었으며
縛辱郡太守 · 都尉	군의 태수와 도위를 결박하여 모욕하였고
殺二千石	2천 석을 살해하였으며
爲檄告縣趣具食	격문을 지어 현에 알리어 양식을 갖추라고 독촉하였다.
小群以百數	작은 (도적) 무리는 백 단위를 헤아렸으며
掠鹵鄉里者	향리를 노략질한 것을
不可勝數也	이루 헤아릴 수 없었다.

102 **집해** 서중(徐中)은 말하였다. "은(殷)은 어떤 판본에는 '가(假)'로 되어 있다. 사람 가운데 또한 성이 가(假)인 자가 있다."

於是天子始使御史中丞丞相長史督之

	이에 천자는 비로소 어사중승과 승상장사에게 그들을 다스리게 하였다.
猶弗能禁也	그래도 그들을 금할 수 없게 되자

乃使光祿大夫范昆諸輔都尉及故九卿張德等衣繡衣

	곧 광록대부 범곤과 여러 보도위 및 옛 구경이었던 장덕 등에게 비단옷을 입히고
持節	부절을 들려
虎符發兵以興擊	호부로 군사를 내어 치게 하였는데
斬首大部或至萬餘級	참수한 자가 많을 때는 혹 만여 급에 이르기도 하였으며,
及以法誅通飲食	아울러 법으로 (도적들에게) 음식을 통해 준 자를 죽였는데
坐連諸郡	여러 군에 연좌되었으며
甚者數千人	심한 경우 수천 명이나 되었다.
數歲	여러 해 만에
乃頗得其渠率	이에 그 우두머리들을 거의 잡게 되었다.
散卒失亡	흩어진 졸개들로 망실되었다가
復聚黨阻山川者	다시 모여 당파를 이루어 산천에 근거지를 둔 자들이
往往而群居	왕왕 떼를 지어 사니
無可柰何	어찌할 수가 없었다.
於是作沈命法[103]	이에 '침명법'을 제정하여

---

103 **집해** 『한서음의』에서는 말하였다. "침(沈)은 숨는 것이다. 명(命)은 도망치는 것이다." **색은** 복건은 말하였다. "숨기어 발각되지 않는 법이다." 위소는 말하였다. "침(沈)은 몰(沒)과 같은 뜻이다."

曰群盜起不發覺	도적 떼가 발생하였는데 적발해 내지 못하거나
發覺而捕弗滿品者	적발하였는데 인원수를 꽉 채워 체포하지 못하는 자는
二千石以下至小吏主者皆死	2천 석 이하 소리로 주관하는 자는 모두 사형에 처한다고 하였다.
其後小吏畏誅	그 후 소리들은 사형당하는 것이 두려워
雖有盜不敢發	비록 도적이 있어도 감히 적발하지 않았는데,
恐不能得	잡을 수 없으면
坐課累府	죄가 여러 부(府)에 연좌될까 봐 두려워하여서였으며
府亦使其不言	부에도 그것을 말하지 못하게 하였다.
故盜賊寖多	그래서 도적은 점점 많아지게 되었으며
上下相爲匿	아래위에서 서로 숨겨주고
以文辭避法焉[104]	문사로 법을 피하게 되었다.

減宣者	감선은
楊人也	양현 사람이다.
以佐史無害給事河東守府	좌사로 일처리에 실수가 없어 하동 태수의 관부에서 일을 하였다.
衛將軍青使買馬河東	장군 위청이 하동에서 말을 사게 하였는데
見宣無害	감선이 일을 실수 없이 처리하는 것을 보고
言上	임금에게 말하여
徵爲大廄丞[105]	불러서 대구승(大廄丞)으로 삼았다.

---

104 집해 서광은 말하였다. "거짓으로 허위문서를 만들어 도적이 없다고 말한 것이다."

105 정의 「백관표(百官表)」에서는 태복(太僕)의 속관에 대구(大廄)가 있는데, 한 현에 각기 5승(丞)을 두었다고 하였다.

官事辨	관청의 일처리가 분명하여
稍遷至御史及中丞	조금씩 승진하여 어사 및 중승에 이르렀다.
使治主父偃及治淮南反獄	주보언 및 회남의 모반한 옥사를 다스리게 하였는데
所以微文深詆	세세한 법조문으로 깊이 들추어내어
殺者甚眾	죽인 자가 매우 많아
稱爲敢決疑	의혹을 판결하는 데 과감하다고 일컬어졌다.
數廢數起	몇 차례나 폐하여졌다가 몇 차례나 재기를 하여
爲御史及中丞者幾二十歲	어사중승이 된 것이 거의 20년이었다.
王溫舒免中尉	왕온서가 중위에서 면직되었을 때
而宣爲左內史	감선은 좌내사가 되었다.
其治米鹽	그 다스림은 쌀과 소금 같은 잘고 잡다한 것도
事大小皆關其手	일의 대소를 모두 그의 손을 거쳐야 했으며,
自部署縣名曹實物	부서에 속한 현의 각 부서의 실제로 쓰는 물건까지 직접 다스려
官吏令丞不得擅搖	관리인 현령과 현승은 마음대로 다스릴 수가 없었으며
痛以重法繩之	(어길 경우) 철저하게 중법으로 다스렸다.
居官數年	관직에 있은 지 수년 만에
一切郡中爲小治辨	모든 군에서는 자그마한 일을 변별하였지만
然獨宣以小致大	유독 감선만은 작은 것으로 큰 것을 이루었으며
能因力行之	힘에 따라 행할 수 있는 것은
難以爲經	보편적인 것으로 보기에는 어렵다고 생각하였다.
中廢	중도에 그만두었다.
爲右扶風	우부풍이 되었으며

坐怨成信[106]	성신을 원망하게 되었는데
信亡藏上林中	성신이 상림원에 숨자
宣使郿令[107]格殺信	감선은 미현 현령으로 하여금 성신을 쳐 죽이게 하였으며
吏卒格信時	이졸들이 성신을 쳐 죽일 때
射中上林苑門	화살이 상림원의 문에 맞는 바람에
宣下吏詆罪	감선은 하옥되어 죄의 판결을 받았는데
以爲大逆	대역죄가 되어
當族	멸족의 판결을 받고
自殺	자살하였다.
而杜周任用	그리고 두주가 임용되었다.

杜周者[108]	두주(杜周)는
南陽杜衍人	남양(南陽) 두연(杜衍) 사람이다.
義縱爲南陽守	의종이 남양 군수(郡守)일 때
以爲爪牙	심복이 되어
擧爲廷尉史	정위사로 천거되었다.
事張湯	장탕을 섬겼는데
湯數言其無害	장탕이 몇 번이나 일처리에 실수가 없다고 하여
至御史	어사에 이르렀다.
使案邊失亡[109]	변경의 망실된 것을 조사하게 하였는데

106 집해 『한서』에서는 말하였다. "성신(成信)은 감선의 관리이다."

107 정의 미령(郿令)은 지금의 기주(岐州) 기현(岐縣) 북쪽이며, 당시에는 우부풍(右扶風)에 속하였다.

108 색은 지명이다. 정의 『두씨보(杜氏譜)』에서는 자는 장유(長孺)라고 하였다.

所論殺甚衆	사형 언도를 받은 자가 매우 많았다.
奏事中上意	아뢴 일이 임금의 뜻에 들어맞아
任用	임용되어
與減宣相編	감선과 서로 이어서
更爲中丞十餘歲	번갈아 중승이 된 것이 10여 년이었다.

其治與宣相放	그 다스림은 감선을 서로 본받았지만
然重遲	진중하여 (판결이) 늦었으며
外寬	겉으로는 너그러웠지만
內深次骨[110]	안으로는 혹독하기가 뼈에 사무칠 정도였다.
宣爲左內史	감선은 좌내사가 되었고
周爲廷尉	두주는 정위가 되었는데
其治大放張湯而善候伺	그 통치는 장탕을 크게 본받았고 (임금의) 의중을 잘 살폈다.
上所欲擠者	임금이 배척하려는 자는
因而陷之	즉시 모함하였으며,
上所欲釋者	임금이 풀어주려는 자는
久繫待問而微見其冤狀	오래 가두었다가 물으면 은연중에 원통한 상황을 드러내었다.
客有讓周曰	빈객 가운데 누가 두주를 꾸짖어 말하였다.
君爲天子決平	"그대는 천자를 위해 공평하게 판결해야 하거늘

109 **집해** 문영(文穎)은 말하였다. "변방의 졸개들이 많이 도망간 것이다. 혹자는 말하기를 군 · 현의 책임을 견지하는데 망실(亡失)된 것이 있는 것이다."

110 **집해** 이기(李奇)는 말하였다. "그 죄에 대한 판결이 매우 각박하여 뼈에 사무치는 것이다." **색은** 차(次)는 이르는 것이다. 이기(李奇)는 말하였다. "그 형법을 운용함이 각박하여 뼈에 사무치는 것이다."

不循三尺法[111]	삼척법을 따르지 않고
專以人主意指爲獄	오로지 임금의 의중을 가지고 송사를 결정합니다.
獄者固如是乎	판결이 이래도 됩니까?"
周曰	두주가 말하였다.
三尺安出哉	"삼척법이 어디서 나왔소?
前主所是著爲律	전대의 임금이 옳다고 여기는 것을 법률로 기록하고
後主所是疏爲令	후대의 임금이 옳다고 여기는 것을 법령으로 기록하니
當時爲是	그 당시의 것이 옳은 것이지
何古之法乎	어찌 옛 법이겠소!"

至周爲廷尉	두주가 정위가 되자
詔獄亦益多矣	어명으로 처리한 안건이 더욱 많아졌다.
二千石繫者新故相因	2천 석으로 체포된 사람이 신임과 구임이 서로 잇따라
不減百餘人	백여 명에 모자라지 않았다.
郡吏大府擧之廷尉[112]	군수의 속관이나 공부에서도 체포되면 정위에게 보내어졌는데
一歲至千餘章	1년에 천여 건에 이르렀다.
章大者連逮證案數百	안건이 큰 경우 증인으로 연행된 자가 수백 명이었고
小者數十人	작은 경우에는 수십 명이었으며,

111 집해 『한서음의』에서는 말하였다. "삼척(三尺)의 죽간(竹簡)에 법률을 쓴 것이다."

112 집해 여순은 말하였다. "군리(郡吏)는 군의 태수이다." 맹강은 말하였다. "검거하여 정위에게 가게 하여 사안을 정위에게 다스리도록 맡기는 것이다."

遠者數千	멀리서 온 자는 수천 리였고
近者數百里	가까운 자는 수백 리였다.
會獄	판결을 내릴 때는
吏因責如章告劾	관리가 고발장에서 탄핵한 대로 꾸짖으며
不服	불복하면
以笞掠定之	태형을 가하여 형을 확정하였다.
於是聞有逮皆亡匿	이에 체포될 것이라는 말을 들으면 도망쳐 숨었다.
獄久者至更數赦[113]十有餘歲而相告言	옥사가 오래되면 여러 차례 사면되어 10여 년 만에 고발을 받았고
大抵盡詆以不道[114]以上	대부분 모두 부도(不道) 이상의 판결을 받았다.
廷尉及中都官詔獄逮至六七萬人	정위 및 중도관이 어명으로 투옥한 자가 6~7만 명이었고
吏所增加十萬餘人	관리들이 더 잡아넣은 자가 10만여 명이었다.

周中廢	두주는 중도에 파직 당하였다가
後爲執金吾	나중에 집금오가 되어
逐盜	도적을 쫓았는데
捕治桑弘羊衛皇后昆弟子刻深	상홍양과 위황후의 형제들을 체포하여 다스림에 매우 가혹하였다.

113 **집해** 장안은 말하였다. "조서(詔書)로 사면을 하여도 이 명을 따르지 않는 경우도 있다는 것이다."

114 **색은** 대부분[大氐] 모두 부도의 죄에 해당된 것이다. 대지(大氐)는 대부분[大都]과 같은 말이다.

天子以爲盡力無私　천자는 힘껏 사심이 없이 처리한다 여겨
遷爲御史大夫[115]　어사대부로 승진시켰다.
家兩子　집의 두 아들은
夾河爲守　황하를 끼고 태수가 되었다.
其治暴酷皆甚於王溫舒等矣　그 다스림은 잔포(殘暴)하고 혹독하기가 모두 왕온서 등보다 심하였다.
杜周初徵爲廷史　두주가 처음에 정사로 불리었을 때
有一馬　말이 한 마리 있었는데
且不全　마구(馬具)조차 제대로 갖추지 못하였으나,
及身久任事　몸이 오래 (관직의) 일을 맡자
至三公列　삼공의 반열에 이르렀으며
子孫尊官　자손들의 관직이 높아져
家訾累數巨萬矣　가산이 여러 거만금이나 되었다.

太史公曰　태사공은 말한다.
自郅都·杜周十人者　질도로부터 두주까지 10여 명은
此皆以酷烈爲聲　모두 잔혹 맹렬함으로 명성을 떨쳤다.
然郅都伉直　그러나 질도는 강직하였고
引是非　끌어들인 것은 시비였고
爭天下大體　다툰 것은 천하의 대체였다.
張湯以知陰陽　장탕은 음양을 잘 알아
人主與俱上下　임금과 부침을 함께하였으며
時數辯當否　이따금 타당성의 여부를 변론하여

115 **집해** 서광은 말하였다. "천한(天漢) 3년(B.C. 98)에 어사대부가 되었고 4년 만인 태시(太始) 3년(B.C. 94)에 죽었다."

國家賴其便	국가가 그 유리한 데 의거하였다.
趙禹時據法守正	조우는 이따금 법에 의거하여 올바름을 지켰다.
杜周從諛	두주는 좇아 아첨을 하였지만
以少言爲重	말을 적게 하여 신중하였다.
自張湯死後	장탕이 죽은 후로
網密	법망이 촘촘해져서
多詆嚴	많이 엄격해졌으며
官事寖以秏廢	관서의 일은 점차 쇠퇴해졌다.
九卿碌碌奉其官	구경은 이리저리 쏠리며 그 관직을 받들어
救過不贍	잘못을 구제하고자 하였어도 제대로 되지 못하였으니
何暇論繩墨之外乎	어찌 법률 이외의 것을 논할 겨를이 있었겠는가!
然此十人中	그러나 이 열 사람 가운데
其廉者足以爲儀表	청렴한 자들은 의표로 삼을 만했고
其污者足以爲戒[116]	더러운 자들은 경계로 삼을 만하였으며,
方略教導	방법과 책략, 가르침과 이끎은
禁姦止邪	간사함을 금하고 사악함을 그치게 하여
一切亦皆彬彬質有其文武焉	모든 면에서 또한 모두 번쩍번쩍하는 바탕에 문무를 겸하였다.
雖慘酷	비록 참혹하다 하더라도
斯稱其位矣	이는 그 직위에 걸맞은 것이었다.
至若蜀守馮當暴挫	촉군(蜀郡) 태수 풍당 같은 사람은 포악하여 (남을) 꺾었고,
廣漢李貞擅磔人	광한의 이정은 제멋대로 사람을 찢어 죽였으며

116 **집해** 서광은 말하였다. "어떤 판본에는 이 네[四] 자가 없다."

東郡彌僕[117]鋸項	동군의 미복은 톱으로 목을 잘랐고,
天水駱璧推咸[118]	천수의 낙벽은 몽둥이찜질로 자백을 받아내었으며,
河東褚廣妄殺	하동의 저광은 함부로 죽였고,
京兆無忌馮翊殷周蝮鷙[119]	경조의 무기와 풍익의 은주는 독사와 맹금 같았으며,
水衡閻奉朴擊賣請	수형의 염봉은 사람을 때려죽이고 뇌물로 청탁을 받았으니
何足數哉	어찌 이루 세겠는가!
何足數哉	어찌 이루 세겠는가!

117 색은 미(彌)는 성이고, 복(僕)은 이름이다.

118 집해 서광은 말하였다. "어떤 판본에는 '성(成)'으로 되어 있다." 색은 앞 글자의 음은 추[直追反]이고, 아래 글자의 음은 감(減)이다. 어떤 판본에는 '성(成)'으로 되어 있는데 옳다. 몽둥이찜질로 옥사를 이루는 것이다.

119 색은 음은 복사(蝮蛇)의 복이며, 지응(鷙鷹)의 지이다. 그 잔혹하기가 독사나 낚아채는 매에 비견할 만하다는 것이다.

63 대원 열전 大宛列傳

大宛[1]之跡[2]	대원(大宛)의 자취는
見自張騫	장건에게서 발견되었다.
張騫	장건은
漢中人[3]	한중 사람이다.
建元中爲郎	건원 연간에 낭이 되었다.
是時天子問匈奴降者	이때 천자가 항복한 흉노에게 물어보았더니
皆言匈奴破月氏王[4]	모두들 말하기를 흉노가 월지 왕을 격파하고
以其頭爲飮器[5]	그 두개골로 술통을 만들자

1 **색은** 음은 완(蜿)이고, 또한 원[於袁反]이라고도 한다,

2 **정의** 『한서(漢書)』에서는 말하였다. "대원국은 장안(長安)에서 1만 2천5백 리 떨어져 있으며, 동으로는 도호(都護)의 치소까지 이르고, 서남쪽으로는 대월지(大月氏)까지 이르며, 남쪽으로도 대월지까지 이르고, 북으로는 강거(康居)까지 이른다." 『괄지지(括地志)』에서는 말하였다. "솔도사나국(率都沙那國)은 또한 소대사나국(蘇對沙那國)이라고도 하며 본래 한나라 대원국이다."

3 **색은** (西晋) 진수(陳壽)의 『익부기구전(益部耆舊傳)』에서는 말했다. "장건은 한중(漢中) 성고(成固) 사람이다."

4 **정의** 氏의 음은 지(支)이다. 양(涼)과 감(甘), 숙(肅), 과(瓜), 사(沙) 등의 주는 본래 월지국의 땅이다. 『한서』에서 "본래 돈황(敦煌)과 기련(祈連) 사이에서 거처했다."한 것이 바로 이를 말한다.

5 **집해** 위소(韋昭)는 말했다. "음기(飮器)는 술통[椑榼]이다. 선우가 월지국 왕의 두개골로 술통을 만든 것이다." 진작(晉灼)은 말하였다. "음기는 호자(虎子: 소변기) 따위이다. 혹자는 술을 마시는 기물이라고도 한다." **색은** 椑의 음은 비[白迷反]이다. 榼의 음은 갑[苦盍反]이다.

月氏遁逃而常怨仇匈奴	월지는 도망쳐 숨어 항상 흉노를 원수로 여겼으나
無與共擊之	함께 공격할 나라가 없다고 하였다.
漢方欲事滅胡	한나라는 바야흐로 오랑캐를 멸하려 하던 터라
聞此言	이 말을 듣고
因欲通使	이에 사자를 보내고자 하였다.
道必更匈奴中[6]	사행 길이 반드시 흉노 땅을 지나야 했으므로
乃募能使者	이에 사자로 갈 수 있는 사람을 모집했다.
騫以郎應募	장건은 낭으로 모집에 응하여
使月氏	월지에 사자로 가게 되었는데
與堂邑氏(故)胡奴甘父[7]俱出隴西	당읍씨의 (옛) 오랑캐의 노예 감보와 함께 농서로 나섰다.
經匈奴[8]	흉노를 지나는 길에
匈奴得之	흉노가 그들을 잡아
傳詣單于	선우에게 보냈다.
單于留之	선우가 그를 억류해 두고

지금의 편합(偏榼)을 이른다. **정의** 『한서』「흉노전(匈奴傳)」에서는 말하였다. "원제(元帝)는 거기도위(車騎都尉) 한창(韓昌)과 광록대부(光祿大夫) 장맹(張猛)을 보내어 흉노와 맹약을 맺게 하였는데, 노상선우(老上單于)가 격파한 월지국 왕의 두개골로 만든 술통을 가지고 함께 술을 마셔 혈맹 관계를 맺었다."

6 **색은** 更은 경(經)의 뜻이다. 음은 갱(羹)이다.

7 **집해** 『한서음의(漢書音義)』에서는 말하였다. "당읍씨(堂邑氏)는 성이며, 호노감보(胡奴甘父)는 자이다." **색은** 당읍현 사람의 집에 있는 오랑캐 노예의 이름이 감보이다. 아래에서 '당읍보(堂邑父)'라 한 것은 아마 후세의 사가(史家)들이 따라서 줄여 다만 '당읍보(堂邑父)'라고만 하여 '감(甘)' 자를 생략한 것일 따름이다. 감(甘)은 아마 그 성을 부르는 것일 것이다.

8 **색은** 지나는 길이 흉노를 경유하는 것을 이른다.

曰	말하였다.
月氏在吾北	“월지는 우리 북쪽에 있는데
漢何以得往使	한나라가 어떻게 사자를 보내겠는가?
吾欲使越	우리가 월나라에 사자를 보내려 한다면
漢肯聽我乎	한나라가 우리의 청을 기꺼이 들어주겠는가?”
留騫十餘歲	장건을 10여 년 억류시키고
與妻	아내를 주어
有子	자식을 가졌지만
然騫持漢節不失	장건은 한나라에 대한 절개를 잃지 않았다.

居匈奴中	흉노에 있는 동안
益寬	(감시가) 갈수록 느슨해지자
騫因與其屬亡鄕月氏	장건은 이에 그 부하와 함께 도망쳐 월지로 향하여
西走數十日至大宛	서쪽으로 수십 일을 달아나 대원에 이르렀다.
大宛聞漢之饒財	대원은 한나라가 재물이 풍부하다는 것을 듣고
欲通不得	교통하려 했으나 이루지 못하였으므로
見騫	장건을 보자
喜	기뻐하여
問曰	물었다.
若欲何之	“그대들은 어디로 가려는가?”
騫曰	장건이 말하였다.
爲漢使月氏	“한나라를 위하여 월지로 사행하다가
而爲匈奴所閉道	흉노에게 길이 막혔습니다.
今亡	지금 도망쳤으니

唯王使人導送我	왕께서 사람을 시켜 우리를 인도해 주십시오.
誠得至	실로 이르게 되어
反漢	한나라로 돌아간다면
漢之賂遺王財物不可勝言	한나라에서 왕에게 주는 재물은 이루 말할 수 없을 것입니다.”
大宛以爲然	대원은 그럴듯하게 여겨
遣騫[9]	장건을 보내어
爲發導繹	인도자와 통역을 보내주어
抵康居[10]	강거에 이르렀으며
康居傳致大月氏[11]	강거는 대월지에 이르게 해주었다.
大月氏王已爲胡所殺	대월지의 왕은 이미 오랑캐에게 살해되었으며
立其太子爲王[12]	그 태자가 왕으로 즉위하였다.
既臣大夏而居[13]	이미 대하(大夏)를 신하로 삼아 거처하였는데
地肥饒	땅이 비옥하고 풍요로웠으며

9 색은 대원이 장건을 서쪽으로 보낸 것이다.

10 색은 발도(發道)의 역을 만들어 강거에 이르게 한 것이다. 발도(發道)는 역말을 보내고 사람으로 하여금 인도하여 강거에 이르게 한 것이다. 導의 음은 도(道)이다. 저(抵)는 이르는 것이다. 居의 음은 거(渠)이다. 정의 저(抵)는 이르는 것이다. 居의 음은 거[其居反]이다. 『괄지지』에서는 말하였다. “강거국(康居國)은 서울에서 서쪽으로 1만 6백 리 떨어져 있다. 그 서북쪽 2천 리 됨 직한 곳에 엄채(奄蔡)가 있는데 술이 나는 나라이다.”

11 정의 이 대월지는 대원의 서남쪽에 있는데, 규수(嬀水) 북쪽을 왕정(王庭)으로 삼았다. 『한서』에서는 장안과 천6백 리 떨어져 있다고 하였다.

12 집해 서광(徐廣)은 말하였다. “어떤 판본에는 ‘부인이 왕이 되었다.’라 하였는데, 이적(夷狄)의 나라에서는 또한 혹 여자가 왕이 되기도 하였다.” 색은 『한서』「장건전(張騫傳)」에서는 “그 부인을 왕으로 세웠다.”라 하였다.

13 색은 이미 대하국(大夏國)을 신하로 삼아 그들의 임금이 된 것이다. 월지국이 대하국을 신하로 삼아 그들의 임금이 된 것이다. 정의 기(既)는 다하였다는 뜻이다. 대하국은 규수(嬀水)의 남쪽에 있다.

少寇	약탈당하는 일이 적어
志安樂	뜻이 편안하였으며,
又自以遠漢	또한 저절로 한나라와 멀어졌고
殊無報胡之心	딱히 오랑캐에 보복하려는 마음도 없었다.
騫從月氏至大夏	장건은 월지에서 대하까지 이르렀지만
竟不能得月氏要領[14]	끝내 월지와의 맹약을 얻어낼 수 없었다.

留歲餘	한 해 남짓 머무르다
還	돌아가게 되어
並南山[15]	남산을 따라
欲從羌中歸[16]	강(羌)으로 돌아오고자 하였는데
復爲匈奴所得	다시 흉노에게 붙잡혔다.
留歲餘	한 해 남짓 머물다가
單于死[17]	선우가 죽고

---

14 **집해** 『한서음의』에서는 말하였다. "요령(要領)은 요계(要契: 계약, 맹약)이다." **색은** 이기(李奇)는 "요령(要領)은 요계(要契)이다."라 하였다. 소안(小顏)은 옷에 요령(要領)이 있는 것으로 생각했다. 유씨(劉氏)는 "그 요해(要害)를 얻지 못했다."라고 하였는데, 그 뜻은 자못 옳지만 문자상으로는 소략하다.

15 **정의** 並의 음은 방[白浪反]이다. 남산(南山)은 곧 종남산(終南山)까지 이어져 있으며, 서울 남동쪽에서 화산(華山)에 이르러 황하[河]를 지나 동북쪽으로 이어져 바다에까지 늘어지는데, 곧 중조산(中條山)이다. 서울 남쪽에서 총령(蔥嶺)까지 만여 리에 연접해 있으므로 "남산을 따라(並南山)"라고 하였다. 「서역전(西域傳)」에서는 "그 남산(南山)은 동으로 금성(金城)에서 나와 한남산(漢南山)과 붙어 있다."라 하였다.

16 **정의** 『설문(說文)』에서는 말하였다. "강(羌)족은 서쪽의 양을 치는 민족이다. 남방의 만·민(蠻·閩)은 '벌레 충(虫)' 부(部)이고, 북방의 적(狄)은 '개 견(犬)' 부(部), 동방의 맥(貊)은 '발 없는 벌레 치(豸)' 부(部), 서방의 강(羌)은 '양 양(羊)' 부(部)이다."

17 **집해** 서광은 말하였다. "원삭(元朔) 3년(B.C. 126)이다."

左谷蠡王攻其太子自立	좌곡려의 왕이 그 태자를 공격하여 스스로 즉위하니
國內亂	국내가 혼란해졌다.
騫與胡妻及堂邑父俱亡歸漢	장건은 오랑캐의 처 및 당읍보와 함께 도망쳐 한나라로 돌아왔다.
漢拜騫爲太中大夫	한나라는 장건을 태중대부에 명하였고
堂邑父爲奉使君[18]	당읍보는 봉사군이 되었다.

騫爲人彊力	장건은 사람이 굳세고 의지가 강하며
寬大信人	너그럽고 남에게 신용이 있어서
蠻夷愛之	만이의 오랑캐도 그를 좋아하였다.
堂邑父故胡人	당읍보는 옛 오랑캐 사람으로
善射	활을 잘 쏘아
窮急射禽獸給食	궁하고 급박하였을 때 짐승을 쏘아 먹을 것을 댔다.
初	처음에
騫行時百餘人	장건이 갈 때는 백여 명이었는데
去十三歲	13년이 지나자
唯二人得還	두 사람만 돌아오게 되었다.

騫身所至者大宛大月氏大夏康居	장건의 몸이 이른 곳은 대원과 대월지, 대하, 강거였으며
而傳聞其旁大國五六	그 이웃에 큰 나라 대여섯이 있다고 전해 들었는데

18 **색은** 당읍보(堂邑父)의 관호(官號)이다.

具爲天子言之	모두 천자에게 말해 주었다.
曰	말하였다.

大宛在匈奴西南	대원은 흉노의 서남쪽에 있으며
在漢正西	한나라의 정(正) 서쪽에 있는데
去漢可萬里	한나라와는 만 리쯤 떨어져 있습니다.
其俗土著	그 풍속은 한곳에 정착하여
耕田	농사를 지으며
田稻麥	벼와 보리를 심습니다.
有蒲陶酒	포도주가 있습니다.
多善馬[19]	훌륭한 말이 많은데
馬汗血	말은 피 같은 땀을 흘리고
其先天馬子也[20]	그 선조는 천마의 새끼라고 합니다.
有城郭屋室	성곽과 가옥이 있습니다.
其屬邑大小七十餘城	그 속읍은 대소 70여 성이며
衆可數十萬	무리는 수십만쯤 됩니다.
其兵弓矛騎射	그들의 무기는 활과 찌르는 창이고 말을 달리며 활을 쏩니다.
其北則康居	그 북쪽은 강거이고,
西則大月氏	서쪽은 대월지이며,
西南則大夏	서남쪽은 대하,

19 **색은** 『외국전(外國傳)』에서는 "외국에서는 천하에는 세 가지 많은 것이 있다고 하는데, 중국에는 사람이 많고, 대진(大秦)에는 보물이 많으며, 월지에는 말이 많다고 하였다."라 하였다.

20 **집해** 『한서음의』에서는 말하였다. "대원국에는 높은 산이 있고 그 위에는 말이 있는데 잡을 수가 없어서 이에 오색의 암말을 잡아 그 아래에 두어 교배하여 피 같은 땀을 흘리는 망아지를 낳았으므로 이에 천마의 새끼라고 부른다."

東北則烏孫	동북쪽은 오손,
東則扜罙[21] · 于窴[22]	동쪽은 우미와 우전입니다.
于窴之西	우전의 서쪽은
則水皆西流	물이 모두 서쪽으로 흘러
注西海	서해로 흘러들고,
其東水東流	그 동쪽 물은 동으로 흘러
注鹽澤[23]	염택으로 흘러듭니다.
鹽澤潛行地下	염택은 땅 아래로 잠기어 흐르며
其南則河源出焉[24]	그 남쪽은 황하의 근원이 나옵니다.

---

21 **집해** 서광은 말하였다. "『한기(漢紀)』에서는 구이국(拘彌國)은 우전(于窴)과 3백 리 떨어져 있다고 하였다." **색은** 우미(扜罙)는 나라 이름으로, 음은 우미(汙彌)이다. 『한기』는 순열(荀悅)이 지은 『한기(漢紀)』이다. 拘의 음은 구(俱)이며, 彌는 곧 미(罙)이니 구미(拘彌)와 우미(扜罙)는 마찬가지이다.

22 **색은** 음은 전(殿)이다.

23 **색은** 염수(鹽水)이다. 『태강지기(太康地記)』에서는 "황하[河]의 북쪽에서는 물을 얻어 하천이 되고, 새외(塞外)에서는 물을 얻어 바다가 된다."라 하였다. **정의** 『한서』에서는 말하였다. "염택(鹽澤)은 옥문관(玉門關)과 양관(陽關)에서 3백여 리 떨어져 있으며, 너비와 길이가 3~4백 리이다. 그 물은 모두 지하로 잠행하다가 남으로 적석산(積石山)으로 나와 중국의 황하가 된다." 『괄지지』에서는 말하였다. "포창해(蒲昌海)는 일명 유택(泑澤)이라고도 하고 일명 염택(鹽澤)이라고도 하며, 또한 보일해(輔日海), 또한 천란(穿蘭), 또한 임해(臨海)라고도 하는데 사주(沙州) 서남쪽에 있다. 옥문관(玉門關)은 사주(沙州) 수창현(壽昌縣) 서쪽 6리 지점에 있다."

24 **색은** 『한서』「서역전(西域傳)」에서는 "황하에는 두 근원이 있는데 하나는 총령(蔥嶺)에서 나오고, 하나는 우전(于窴)에서 나온다."라 하였다. 『산해경(山海經)』에서는 말하였다. "황하는 곤륜산(崑崙山) 동북쪽 모서리에서 나온다."라 하였다. 곽박(郭璞)은 말하였다. "황하는 곤륜(崑崙)에서 나오는데, 지하로 잠행하다가 총령산(蔥嶺山)의 우전국(于窴國)에 이르러 다시 흐름이 나누어져 갈라 나오는데, 합쳐져서 동으로 유택(泑澤)으로 흐르고, 얼마 후 다시 적석(積石)으로 가서 중국의 황하가 된다." 유택(泑澤)은 곧 염택(鹽澤)이며, 일명 포창해(蒲昌海)라고도 한다. 「서역전(西域傳)」에서는 "한번 우전(于闐)의 남산(南山) 아래를 나온다."라 하여 곽박(郭璞)의 『산해경주(山海經注)』와는 다르다. 『광지(廣志)』에서는 "포창현(蒲昌海)은 포류해(蒲類海) 동쪽에 있다."라 하였다.

多玉石	옥석이 많으며
河注中國	황하가 중국으로 물을 댑니다.
而樓蘭姑師[25]邑有城郭	누란과 고사읍에는 성곽이 있는데
臨鹽澤	염택을 굽어봅니다.
鹽澤去長安可五千里	염택은 장안과 5천 리 정도 떨어져 있습니다.
匈奴右方居鹽澤以東	흉노의 오른쪽은 바야흐로 염택 동쪽에 있으며
至隴西長城	농서의 장성에 이르고
南接羌	남으로는 강과 맞닿아 있으며
鬲漢道焉	한(漢)으로 통하는 길을 끊어 놓았습니다.

烏孫在大宛東北可二千里	오손은 대원의 동북쪽으로 2천 리쯤 되는 곳에 있는데
行國[26]	유목 국가로
隨畜	(물과 풀을) 따라 목축을 하여
與匈奴同俗	흉노와 풍속이 같습니다.
控弦者數萬	활을 당기는 자가 수만 명이나 되고
敢戰	전투에서는 용감합니다.
故服匈奴	원래 흉노에 복속되었으나
及盛	강성해지자
取其羈屬	그 얽매여 있는 무리들을 취하여
不肯往朝會焉	조회를 가려고 하지 않았습니다.

康居在大宛西北可二千里	강거는 대원의 서북쪽 3천 리쯤 되는 곳에 있으며
行國	유목 국가로

---

25 정의 두 나라 이름이다. 고사(姑師)는 곧 거사(車師)이다.

26 집해 서광은 말하였다. "땅에 정착하지 않는 것이다."

與月氏大同俗	월지와 풍속이 거의 같습니다.
控弦者八九萬人	활시위를 당길 만한 자가 8~9만 명입니다.
與大宛鄰國	대원과 이웃한 나라입니다.
國小	나라가 작아
南羈事月氏	남쪽으로는 월지의 제한을 받아 섬기고
東羈事匈奴	동쪽으로는 흉노의 제한을 받아 섬깁니다.

奄蔡[27]在康居西北可二千里	엄채는 강거의 서북쪽 2천 리쯤 되는 곳에 있는데
行國	유목 국가로
與康居大同俗	강거와 풍속이 거의 같습니다.
控弦者十餘萬	활시위를 당기는 자가 10여만입니다.
臨大澤	큰 못에 임하여
無崖	끝이 없는데
蓋乃北海云	아마 곧 북해일 것이라 합니다.

大月氏[28]在大宛西可二三千里	대월지는 대원 서쪽 2~3천 리쯤에 있으며
居媯水北	규수(媯水) 북쪽에 거처합니다.

---

27 **정의** 『한서해고(漢書解詁)』에서는 말하였다. "엄채(奄蔡)는 곧 합소(闔蘇)이다." (西晉 魚豢의) 『위략(魏略)』에서는 말하였다. "서(西)로는 대진(大秦)과 통하고, 동남쪽으로는 강거(康居)에 닿아 있다. 그 나라에는 담비가 많아 수초를 가지고 목축하였으므로 당시 강거(康居)에 얽매어 속해 있었다."

28 **정의** 만진(萬震)의 『남주지(南州志)』에서는 말하였다. "천축(天竺) 북쪽 7천 리쯤에 있는데 지대가 높고 건조하며 멀다. 국왕을 '천자(天子)'라 하며, 나라에 탈 수 있는 말이 늘 수십 만 필이 있고, 성곽과 궁전은 대진국(大秦國)과 같다. 백성들은 적백색을 띠고 있으며 궁술과 기마에 익숙하다. 토지에서 나는 것에서 기이한 옥과 진귀한 물건이며 피복이 매우 좋아 천축이 미치지 못한다." 강태[康泰: 삼국시대 동오(東吳)]의 『외국전(外國傳)』에서는 말하였다. "중국 외의 나라에서 천하를 일컫는 말 가운데 세 가지 많다는 것[三眾]이 있는데, 중국(中國)은 사람이 많고[人眾], 진(秦)나라는 보물이 많으며[寶眾], 월지(月氏)는 말이 많다[馬眾]고 한다."

其南則大夏	그 남쪽은 대하이고
西則安息	서쪽은 안식이며
北則康居	북쪽은 강거입니다.
行國也	유목 국가로
隨畜移徙	짐승을 따라 옮기어 가며
與匈奴同俗	흉노와 풍속이 같습니다.
控弦者可一二十萬	활시위를 당기는 자가 10~20만쯤 됩니다.
故時彊	옛날 강하였을 때는
輕匈奴	흉노를 가벼이 여겼는데
及冒頓立	묵특(冒頓)이 즉위하자
攻破月氏	월지를 공격하여 깨뜨렸으며,
至匈奴老上單于	흉노 노상 선우에 이르러서는
殺月氏王	월지 왕을 죽여
以其頭爲飮器	그 두개골을 가지고 술통을 만들었습니다.
始月氏居敦煌 · 祁連閒[29]	처음에 월지는 돈황과 기련 사이에 거처하였는데
及爲匈奴所敗	흉노에게 패하자
乃遠去	이에 멀리 떠나
過宛	원(宛)을 지나
西擊大夏而臣之	서쪽으로 대하를 쳐서 신하로 삼고
遂都嬀水北	마침내 위수 북쪽에 도읍을 세우고
爲王庭	왕정으로 삼았습니다.
其餘小衆不能去者	그 나머지 작은 무리로 떠날 수 없던 자들은
保南山羌	남산강(南山羌)을 지키며

29 정의 처음에 월지는 돈황(敦煌) 동쪽, 기련산(祁連山) 서쪽에 거처하였다. 돈황군은 지금의 사주(沙州)이다. 기련산은 감주(甘州) 서남쪽에 있다.

號小月氏	소월지라고 부릅니다.
安息[30]在大月氏西可數千里	안식은 대월지 서쪽 수천 리쯤에 있습니다.
其俗土著	그 풍속은 정착 생활을 하고
耕田	농사를 지으며
田稻麥	벼와 보리를 경작하고
蒲陶酒	포도주를 만듭니다.
城邑如大宛	성읍은 대원과 같습니다.
其屬小大數百城	속한 크고 작은 수백 개의 성은
地方數千里	땅이 사방 수천 리이며
最爲大國	가장 큰 나라입니다.
臨嬀水	규수에 임하여 있고
有市	시장이 있으며
民商賈用車及船	백성들은 수레 및 배를 가지고 장사를 하는데
行旁國或數千里	이웃 나라로 혹 수천 리를 다니기도 합니다.
以銀爲錢	은을 가지고 돈을 만드는데
錢如其王面[31]	돈은 그 왕의 얼굴과 같이 만들고

---

30 **정의** 「지리지(地理志)」에서는 말하였다. "안식국(安息國)은 서울의 서쪽 1만 2천 리 지점에 있다. 서관(西關) 서쪽에서 3천4백 리를 가면 아만국(阿蠻國)에 이르며, 서쪽으로 3천6백 리를 가면 사빈국(斯賓國)에 이르며, 사빈남에서 강을 건너고 또 서남쪽으로 가면 우라국(于羅國) 9백60리에 이르는데 안식국의 서쪽 경계 끝이다. 이곳에서 남쪽으로 바다를 건너면 대진국과 통한다." 『한서』에서는 말하였다. "북쪽은 강거(康居)이고, 동쪽은 오익산리(烏弋山離)이며, 서쪽은 조지(條枝)이다. 나라는 규수(嬀水)에 임하여 있다. 정착하여 산다. 은으로 돈을 만드는데 그 왕의 얼굴과 같이 만들며 왕이 죽으면 그 즉시 돈을 바꾸고 왕의 얼굴을 따른다."

31 **색은** 『한서』에서는 말하였다. "앞면은 왕의 얼굴로 하며, 만(幕)은 부인의 얼굴로 한다."순열은 말하였다. "幕의 음은 만(漫)이며, 무늬가 없는 면이다." 장안(張晏)은 말하였다. "동전의 앞면은 사람이 말을 타는 무늬를 넣고, 동전의 만(幕)에는 사람의 얼굴 형태를 만든다." 위소는 말하였다. "幕은 동전의 뒷면으로 음은 만(漫)이다." 포계(包愷)는 음이 만(慢)이라 하였다.

王死輒更錢	왕이 죽으면 돈을 바꾸어
效王面焉	왕의 얼굴을 그대로 본뜹니다.
畫革旁行以爲書記[32]	가죽에다 가로 행으로 기록을 합니다.
其西則條枝	그 서쪽은 조지(條枝)이고
北有奄蔡·黎軒[33]	북쪽에는 엄채(奄蔡)와 여건(黎軒)이 있습니다.

---

32 **집해** 『한서음의』에서는 말하였다. "가로쓰기를 한다." **색은** 畫의 음은 획(獲)이다. 소안(小顏)은 말하였다. "혁(革)은 가죽으로 부드럽지 않은 것이다." 위소는 말하였다. "바깥의 오랑캐는 글씨를 모두 가로 행으로 쓰며, 지금의 부남(扶南)은 중국과 같아 세로로 쓴다."

33 **색은** 『한서』에는 "이사(犂靳)"로 되어 있다. 『속한서(續漢書)』에서는 일명 "대진(大秦)"이라고도 하였다. 세 나라가 모두 서해에 임하여 있고, 『후한서(後漢書)』에서는 "서해가 그 나라를 두르고, 오직 서북쪽으로 뭍의 길과 통한다."라 하였다. 그러나 한나라 사자가 조익(烏弋)에서 돌아온 이래로는 조지(條枝)에 이른 자가 아무도 없다. **정의** 앞 글자의 음은 려[力奚反]이고, 뒷 글자의 음은 건[巨言反], 또는 건[巨連反]이다. 『후한서』에서는 말하였다. "대진(大秦)은 여건(犂鞬)이라고도 하며, 서해 서쪽에 있는데 동서남북이 각각 수천 리이다. 4백여 개의 성이 있다. 금과 은 같은 기이한 보물이 많이 나며 야광벽(夜光璧)과 명월주(明月珠), 해계서(駭雞犀), 화완포(火浣布), 산호(珊瑚), 호박(琥珀), 유리(琉璃), 낭간(瑯玕), 주단(朱丹), 청벽(青碧) 등 진귀한 물건들이 있는데 거의 대진에서 난다." 강태(康泰)의 『외국전(外國傳)』에서는 말하였다. "그 나라의 성곽은 모두 푸른 수정으로 주춧돌을 만들고 오색의 수정(水精)으로 벽을 만든다. 백성들은 솜씨가 좋아 은으로 금을 만들 수 있다. 나라에서 사고파는 것은 모두 금과 은으로 된 돈이다." 만진(萬震)의 『남주지(南州志)』에서는 말하였다. "궁궐의 집은 산호(珊瑚)를 가지고 기둥을 만들었고 유리(琉璃)로 담과 벽을 만들었으며 수정으로 주춧돌을 만들었다. 바다의 사조주(斯調洲)에는 나무가 있는데 겨울에는 가서 그 껍질을 벗겨 실을 자아 베를 만들며 매우 가늘어 손을 닦는 베 여러 필이 나오는데, 마초포(麻焦布)와 다르지 않으며 색은 약한 청흑색으로 때가 묻어 더러워져서 빨려고 할 때 불 속에 넣으면 다시 깨끗하여지는데, 세상에서는 화완포(火浣布)라고 한다. 진(秦)나라에서는 정중하게 그 나무껍질에 대하여 물어보았다고 한다." 『괄지지』에서는 말하였다. "화산국(火山國)은 부풍(扶風) 남동쪽 큰 바다 같은 호수에 있다. 그 나라의 산은 모두 불이지만 불에 흰 쥐 가죽 및 나무껍질이 있는데 길쌈을 해서 화완포(火浣布)를 만든다. 『위략(魏略)』에서는 대진은 안식과 조지(條枝)의 서쪽, 대해의 서쪽에 있기 때문에 세속에서는 해서(海西)라고 한다. 안식국의 경계에서 배를 타고 곧장 해서(海西)로 가는데, 순조로운 바람을 만나면 석 달이면 이르며, 바람이 늦으면 어쩌다가 1~2년이 걸리기도 한다. 공적이고 사적인 궁실은 겹으로 된 집이며 우역정(郵驛亭)을 설치한 것은 중국과 같다. 안식에서 바다 북쪽을 싸고

條枝在安息西數千里	조지(條枝)는 안식의 서쪽 수천 리에 있으며
臨西海	서해에 임하여 있습니다.
暑溼	덥고 습합니다.
耕田	농사를 짓는데
田稻	벼농사를 합니다.
有大鳥	큰 새가 있는데
卵如甕[34]	알이 단지만 합니다.
人衆甚多	백성이 매우 많으며
往往有小君長	왕왕 소규모의 군장이 있는데
而安息役屬之	안식은 노예로 복속시켜 부리며
以爲外國	바깥 나라로 생각하고 있습니다.
國善眩[35]	그 나라는 마술에 뛰어납니다.

뭍으로 그 나라에 이르는데 백성들이 서로 이어져 있어 10리마다 하나의 정자가 있고, 30리마다 하나씩 설치한다. 도적이 없다. 그곳 사람들은 키가 크고 평정(平正)하여 중국 사람들과 비슷한데 오랑캐 복장을 하였다. 송응(宋膺)의 『이물지(異物志)』에서는 진(秦)나라 북쪽의 위성 소읍에는 땅에 양과 흑양이 야생하고 있는데 싹이 나려 하면 담을 쌓아 두르는데 짐승이 먹을 것을 두려워해서이다. 그 배꼽이 땅과 닿으면 끊어져 죽는다. 물건을 두드려 놀라게 하면 놀라 우는데 곧 배꼽이 떨어지게 되며 물과 풀을 좇아 무리를 이루어 산다. 또한 대진(大秦)의 금 2매(枚)는 모두 크기가 오이만 하며 심으면 불어나 끝이 없는데 보고 쓰면 진짜 금이다." 『괄지지』에서는 말하였다. "소인국(小人國)은 대진(大秦)의 남쪽에 있으며 사람의 키는 고작 3척(尺)이다. 농사를 지을 때는 학이 쪼아 먹는 것을 두려워한다. 대진(大秦)이 지켜주고 도와준다. 곧 초요국(焦僥國)인데, 그 백성들은 혈거(穴居)를 한다."

34 **정의** 『한서』에서는 말하였다. "조지(條支)에서는 사자와 무소, 공작, 대작(大雀)이 나는데 그 알이 단지만 하다. 화제(和帝) 영원(永元) 13년에 안식왕 만굴(滿屈)이 사자와 큰 새를 바쳤는데 세상에서는 '안식작(安息雀)'이라고 하였다." 『광지(廣志)』에서는 말하였다. "새는 솔개의 몸에 낙타의 굽을 하고 있으며, 색은 검푸른 빛을 띠고 있는데 머리를 8~9척 들고 날개를 펴면 한 길 남짓 되며 대맥(大麥)을 먹고 알은 옹기만 하다."

35 **집해** 응소(應劭)는 말하였다. "현(眩)은 속여서 혹하게 하는 것이다." **정의** 안(顏)은 말하였다. "지금의 칼을 삼키고 불을 토하며 오이를 자라게 하고 나무를 심으며 사람을 자르고 말을 끊는 기술이 모두 이것이다."

安息長老傳聞條枝有弱水西王母	
	안식의 장로가 전하기로는 조지(條枝)에 약수와 서왕모가 있다는데
而未嘗見[36]	본 적은 없다고 합니다.

大夏在大宛西南二千餘里嬀水南	
	대하는 대원 서남쪽 2천여 리 규수의 남쪽에 있습니다.
其俗土著	그 풍속은 정착하여 살고
有城屋	성과 집이 있으며
與大宛同俗	대원과 풍속이 같습니다.

---

36 **색은** 『위략(魏略)』에서는 말하였다. "약수(弱水)는 대진(大秦)의 서쪽에 있다."(晉 郭璞의) 『현중기(玄中記)』에서는 말하였다. "천하에서 약한 것으로는 곤륜(崑崙)의 약수가 있는데 기러기 털도 띄울 수 없다." 『산해경』에서는 말하였다. "옥산(玉山)은 서왕모(西王母)가 거처하는 곳이다." 『목천자전(穆天子傳)』에서는 말하였다. "천자가 서왕모의 요지(瑤池) 위에서 술을 마셨다." 『괄지도(括地圖)』에서는 말하였다. "곤륜의 약수는 용을 타고 이르지 못하는 곳이 아니다. 발이 셋인 신조(神鳥)가 있는데 왕모(王母)에게 먹이를 물어다 준다." **정의** 이 약수와 서왕모는 안식(安息)의 장로에게서 전하여 들은 것일 뿐 일찍이 본 적이 없고, 『후한서』에서는 환제(桓帝) 때 대진국(大秦國) 왕 안돈(安敦)이 일남(日南)의 요새 바깥에서 사신을 보내어 물건을 바쳤는데 혹자는 말하기를 그 나라 서쪽에 약수(弱水)와 유사(流沙)가 있는데 서왕모가 사는 곳과 가까우며 아마 해가 지는 곳일 것이라고 한다. 그러나 선유(先儒)들이 많이 인용하는 「대황서경(大荒西經)」에서는 약수에는 발원지가 둘 있는데 모두 여국(女國)의 북쪽 아누달산(阿耨達山)에서 나오며, 남으로 흘러 여국의 동쪽에서 만나며 나라에서 1리(里) 떨어진 곳에서는 깊이가 한 길여, 너비가 60보쯤 되는데 깃털 배가 아니면 건널 수가 없으며 남으로 흘러 바다에 들어간다고 하였다. 아누달산은 곧 곤륜산으로 「대황서경(大荒西經)」과 합치된다. 그러나 대진국은 서해의 섬에 있으며 안식의 서쪽 경계에서 바다를 지나면 순풍에 석 달을 가야 이를 수 있으며 약수는 또한 그 나라 서쪽에 있다. 곤륜산 약수는 여국 북쪽을 흐르고 있으며 곤륜산 남쪽으로 나온다. 여국은 우전국(于寘國) 남쪽 2천7백 리 지점에 있다. 우전은 서울과 모두 9천6백70리 떨어져 있다. 대진국과 대곤륜산의 거리를 계산하여 보면 거의 4~5만 리는 될 것인데 논급할 것이 아니며 전현이 잘못 본 것이다. 여기서는 모두 한(漢)나라의 괄지(括地)에 의거하여 논하였으며 제대로 살피지 못하였을 수도 있지만 약수(弱水)의 두 곳에 관한 설은 모두 있다.

無大君長	대군장이 없으며
往往城邑置小長	왕왕 성읍에 소장(小長)을 둡니다.
其兵弱	그 군사는 약해서
畏戰	싸움을 두려워합니다.
善賈市	상업에 뛰어납니다.
及大月氏西徙	대월지가 서쪽으로 옮겨 가
攻敗之	그들을 공격하여 패배시켜
皆臣畜大夏	모두 신하로 삼아 대하를 다스렸습니다.
大夏民多	대하의 백성은 많아
可百餘萬	백여만은 될 것입니다.
其都曰藍市城	그 도읍은 남시성이라 하며
有市販賈諸物	여러 가지 물건을 판매하는 시장이 있습니다.
其東南有身毒國[37]	그 동남쪽에는 건독국(身毒國)이 있습니다.

37 **집해** 서광은 말하였다. "身은 '건(乾)'으로 된 곳도 있고 또한 '흘(訖)'로 된 곳도 있다." **색은** 身의 음은 건(乾)이며, 毒의 음은 독(篤)이다. 맹강(孟康)은 말하였다. "곧 천축(天竺)이며, 이른바 부도호(浮圖胡)이다." **정의** 일명 건독(身毒)이라고도 하며, 월지(月氏) 동남쪽 수천 리 지점에 있다. 풍속은 월지와 같은데 지대가 낮고 습하며 무덥다. 그 나라는 큰 하천에 임하여 있으며 코끼리를 타고 전쟁을 한다. 그곳 백성들은 월지보다 약하다. 부도(浮圖)의 도를 닦으며 살생을 하지 않아 마침내 풍속이 되었다. 그곳에서는 코끼리와 물소, 대모(玳瑁), 금과 은, 철, 주석, 납 등이 난다. 서로 대진과 교통하여 대진의 진귀한 물건을 가지고 있다. 명제(明帝)가 꿈에 큰 금인(金人)을 보았는데 정수리에 광명이 있어서 신하들에게 물어보았다. 혹자는 말하였다. "서방에 신이 있는데 '부처[佛]'라고 하며, 형상은 크기가 1장 6척이며 황금색입니다." 명제는 이에 천축에 사신을 보내어 불도의 법을 물어보게 하여 마침내 중국에 이르게 되었는데 그 형상을 그려놓았다. 만진(萬震)의 『남주지(南州志)』에서는 말하였다. "땅은 사방 3만 리이며 불도(佛道)가 나온 곳이다. 그 국왕은 성곽에서 거처하며 전각은 모두 무늬를 아로새겨 놓았다. 거리의 골목에는 각기 행렬이 있다. 좌우의 큰 나라들은 모두 16국인데 모두 그 나라를 받들며 천지의 중심으로 여긴다." 부도(浮屠)의 경전에서는 말하였다. "임아국왕(臨兒國王)은 은도태자(隱屠太子)를 낳았다. 부친은 도두야(屠頭邪)이고 모친은 막야도(莫邪屠)이다. 몸 색깔은 황색이고 머리카락은 푸른 실 같

고 젖은 푸른색이며 손톱은 붉은데 구리 같다. 처음에 막야(莫邪)가 흰 코끼리 꿈을 꾸고 임신을 하였는데 낳을 때는 어머니의 오른쪽 옆구리에서 나왔다. 나면서부터 머리카락이 있었고 땅에 떨어지면서 일곱 걸음을 걸을 수 있었다." 또한 말하였다. "태자가 태어났을 때 어떤 용왕(龍王) 둘이 좌우에서 끼고 물을 토해 내었는데 한 용의 물은 따뜻했고 한 용의 물은 차가워 마침내 두 못을 이루었는데 지금도 하나는 차고 하나는 따뜻하다. 처음에 일곱 걸음을 걸은 곳은 유리 위에 태자의 발자국 자취가 보인다. 태어난 곳의 이름은 지원정사(祇洹精舍)라 하는데 사위국(舍衛國) 남쪽 4리 지점에 있으며, 장자(長者) 수달(須達)이 일어난 곳이다. 또한 아수가(阿輸迦) 나무가 있는데 부인이 기어올라 태자를 낳은 나무이다." 『괄지지』에서는 말하였다. "사지대국(沙祇大國)은 곧 사위국(舍衛國)이다, 월지의 남쪽 만 리 지점에 있으니 곧 파사(波斯)의 익왕(匿王)이 다스리는 곳이다. 이 나라는 모두 90종이 있다. 죽고 난 뒤의 일을 알았다. 성에는 지수급고원(祇樹給孤園)이 있다." 또한 말하였다. "천축국에는 동 · 서 · 남 · 북 · 중앙의 천축국이 있는데 나라는 사방 3만 리이며 월지와 70리 떨어져 있다. 예속된 큰 나라가 모두 21나라이다. 천축은 곤륜산 남쪽에 있는 대국이다. 다스리는 성은 항수(恆水)에 임하여 있다." 또한 말하였다. "아누달산(阿耨達山)은 또한 건미달산(建末達山)이라고도 하고 또한 곤륜산(崑崙山)이라고도 한다. 물이 나오는데 일명 발호리수(拔扈利水)라고도 하고, 일명 항여하(恆伽河)라고도 하는데 곧 경(經)에서 일컫는 항하(恆河)라는 것이다. 곤륜산 이남으로는 거의 평지로 땅이 낮고 습하다. 땅은 비옥하고 벼의 품종이 많으며 1년에 네 번 익는데 낙타와 말을 부리며 쌀의 낟알 또한 매우 크다." 또한 말하였다. "부처는 도리천(忉利天)에 올라 모친을 위하여 90일간 설법을 하였다. 파사(波斯)의 익왕(匿王)이 욕처를 보고 싶은 생각이 들어 즉시 우두전단(牛頭旃檀)의 상을 정사(精舍) 안의 부처의 자리에 설치하였다. 이 상이 뭇 불상의 시초로 후인들이 본받은 것이다. 부처가 하늘로 오른 청제(靑梯)는 지금은 변하여 돌이 되었으며 땅속으로 빠져들어 열두 칸만 남았는데 한 칸 사이가 두 자[尺] 남짓 된다. 그곳의 늙은이 말로는 사다리가 땅으로 완전히 들어가자 불법(佛法)이 없어졌다고 한다." 또한 말하였다. "왕사국(王舍國)은 호어(胡語)로 죄열지국(罪悅祇國)이라고 한다. 그 나라의 영취산(靈鷲山)은 호어로 기도굴산(耆闍崛山)이라고 한다. 산은 청석(靑石)으로 되어 있으며 바위 꼭대기는 수리[鷲] 같다. 새 이름이 기도(耆闍)인데 수리이다. 굴(崛)은 산석(山石)이다. 산은 둘레가 40리인데 바깥으로는 물이 에워싸고 있으며 부처가 이곳에서 좌선을 하였으며 아난(阿難) 등과 함께 모두 이곳에 앉아 있었다." 또한 말하였다. "소고석(小孤石)은 바위 위에 석실(石室)이 있는 것으로 부처가 그 가운데 앉아 있으며 천제가 풀어서 42가지 일을 부처에게 물었더니 부처가 일일이 손가락으로 바위에 그림을 그렸는데 그 자취가 아직 남아 있다. 또한 산 위에 탑을 세웠는데 부처가 옛날에 아난(阿難)을 데리고 이곳 산 위에서 사방을 바라보니 복전(福田)의 경계가 보였으며 이에 이곳에서 옷을 일곱 갈래로 자르는 법을 만들었는데 바로 지금의 가사(袈裟) 옷이다."

騫曰	장건이 말하였다.
臣在大夏時	"신이 대하에 있을 때
見邛竹杖蜀布[38]	공(邛)의 대나무 지팡이와 촉(蜀)의 베를 보았습니다.
問曰	묻기를
安得此	'어디서 이것을 구하였소?'라 하였더니
大夏國人曰	대하국 사람들이 말하였습니다.
吾賈人往市之身毒	'우리 상인들이 건독국에 가서 샀습니다.
身毒在大夏東南可數千里	건독국은 대하 동남쪽 수천 리쯤 되는 곳에 있습니다.
其俗土著	그 풍속은 정착을 하여
大與大夏同	거의 대하와 같습니다,
而卑溼暑熱云	그러나 땅이 낮고 습하며 매우 덥다고 합니다.
其人民乘象以戰	그 백성들은 코끼리를 타고 싸웁니다.
其國臨大水焉[39]	그 나라는 큰 강에 임하여 있습니다.'
以騫度之	제가 헤아려 보건대
大夏去漢萬二千里	대하는 한나라와 1만 2천 리 떨어져 있으며
居漢西南	한나라의 서남쪽에서 삽니다.
今身毒國又居大夏東南數千里	지금 건독국은 또한 대하의 동남쪽 수천 리에서 살고 있는데
有蜀物	촉나라의 물건이 있으니

---

38 **정의** 공도(邛都)와 공산(邛山)에서 이 대나무가 나기 때문에 '공죽(邛竹)'이라 한 것이다. 마디가 높고 속이 찼으며 기생(寄生)하기도 하여 지팡이를 만들 수 있다. 포(布)는 갈대로 짠 베이다.

39 **정의** 대수(大水)는 하(河)이다.

此其去蜀不遠矣	이는 그들이 촉나라에서 멀리 떨어져 있지 않다는 것입니다.
今使大夏	지금 대하로 사행하면
從羌中	강족(羌族)이 사는 곳으로 가야 하는데
險	험하고
羌人惡之	강족 사람들이 싫어하며,
少北	조금 북쪽은
則爲匈奴所得	흉노에게 붙잡히게 되며,
從蜀宜徑[40]	촉에서 질러간다면
又無寇	또한 도적이 없을 것입니다."
天子旣聞大宛及大夏安息之屬皆大國	천자는 대원 및 대하 · 안식국 등이 모두 대국인 데다
多奇物	기이한 물건이 많고
土著	정착하여 살며
頗與中國同業	자못 중국과 생업이 같으며
而兵弱	군사는 약하고
貴漢財物	한나라의 재물을 귀하게 여기고,
其北有大月氏 · 康居之屬	그 북쪽에는 대월지와 강거 등의 나라가 있으며
兵彊	군사가 강하여
可以賂遺設利朝也	재물을 보내주고 이익을 주면 조회할 수 있다는 것을 들었다.
且誠得而以義屬之	또한 실로 얻어서 의(義)로 복속시키면
則廣地萬里	만 리의 땅을 넓힐 것이며

40 **집해** 여순(如淳)은 말하였다. "경(徑)은 빠른 것이다. 혹자는 경(徑)은 곧다는 것이라 하였다."

重九譯[41]	여러 차례의 통역을 통하여
致殊俗	다른 풍속을 이르게 하면
威德遍於四海	위엄 있는 덕이 사방에 두루 펼쳐질 것으로 보았다.
天子欣然	천자는 기뻐하여
以騫言爲然	장건의 말을 옳게 여기고
乃令騫因蜀犍爲[42]發閒使	이에 장건으로 하여금 촉의 건위를 통하여 밀사를 보내어
四道並出	네 가지 길로 함께 나가게 하였으니,
出駹	방(駹)으로 나서고
出冉[43]	염(冉)으로 나섰으며
出徙[44]	사(徙)로 나서고
出邛·僰[45]	공(邛)과 북(僰)으로 나서게 하였는데
皆各行一二千里	모두 각기 1~2천 리를 갔다.
其北方閉氐筰[46]	그 북방은 저(氐)와 작(筰)에 막히고

41 정의 거듭거듭 아홉 번 통역을 해서 이르는 것을 말한다.

42 정의 犍의 음은 건[其連反]이다. 건위군(犍爲郡)은 지금의 융주(戎州)이며 익주(益州) 남쪽 1천여 리 지점에 있다.

43 정의 무주(茂州)와 향주(向州) 등이다. 염 · 방(冉 · 駹)의 땅은 융주(戎州) 서북쪽에 있다.

44 집해 서광은 말하였다. "한가(漢嘉)에 속한다." 색은 이기(李奇)는 말하였다. "徙의 음은 사(斯)이다. 촉군(蜀郡)에 사현(徙縣)이 있다."

45 정의 僰의 음은 북[蒲北反]이다. 사(徙)는 가주(嘉州)에 있고, 공(邛)은 지금의 공주(邛州)이며, 북(僰)은 지금의 아주(雅州)인데, 모두 융주(戎州)의 서남쪽에 있다.

46 집해 복건(服虔)은 말하였다. "모두 오랑캐 이름으로 한나라 사자가 오랑캐에게 막힌 곳이다." 색은 위소는 말했다. "작현(筰縣)은 월휴(越嶲)에 있으며 음은 작(昨)이다." 남월(南越)이 격파된 뒤에 작후(筰侯)를 죽여서 작의 도읍을 침려군(沈黎郡)으로 삼았으며 또한 정작현(定筰縣)이 있다. 정의 저(氐)는 지금의 성주(成州) 및 무(武) 등의 주이다. 작(筰)은 백구강(白狗羌)이다. 모두 융주(戎州) 서북쪽에 있다.

南方閉巂昆明[47]	남방은 휴(巂)와 곤명(昆明)에 막혔다.
昆明之屬無君長	곤명의 무리는 군장이 없고
善寇盜	노략질을 잘하여
輒殺略漢使	걸핏하면 한나라 사신을 죽여버리니
終莫得通	끝내 통하게 되지 않았다.
然聞其西可千餘里有乘象國	그러나 서쪽 천여 리에 코끼리를 타는 나라가 있는데
名曰滇越[48]	전월(滇越)이라 하며
而蜀賈姦出物者或至焉	촉의 장사치가 몰래 빼낸 물건이 이르기도 한다는 말을 듣고
於是漢以求大夏道始通滇國	이에 한나라는 대하의 길을 구하여 처음으로 전국과 교통하였다.
初	처음에
漢欲通西南夷	한나라는 서남이와 교통하고자 하였으나
費多	비용이 많이 들고
道不通	길이 통하지 않아
罷之	그만두었다.
及張騫言可以通大夏	장건이 대하와 통할 수 있다고 말하자
乃復事西南夷	이에 다시 서남이의 일을 도모하였다.

騫以校尉從大將軍擊匈奴	장건은 교위로 대장군을 따라 흉노를 쳤는데
知水草處	물과 풀이 있는 곳을 알아

47 **정의** 휴주(巂州) 및 남 곤명(昆明)의 오랑캐로 모두 융주 서남쪽에 있다.

48 **집해** 서광은 말하였다. "'성(城)'으로 된 판본도 있다." **정의** 곤(昆)과 낭(郎) 등의 주는 모두 전국(滇國)이다. 그 서남쪽의 전월(滇越)과 월휴(越巂)는 통칭하여 월(越)이라 하며, 세분하여 휴(巂)와 전(滇) 등의 명칭이 있게 되었다.

軍得以不乏	군대가 부족함을 겪지 않게 되어
乃封騫爲博望侯[49]	이에 장건을 박망후에 봉하였다.
是歲元朔六年也	이해가 원삭 6년(B.C. 123)이다.
其明年	그 이듬해에
騫爲衛尉	장건은 위위(衛尉)가 되어
與李將軍俱出右北平擊匈奴	이(李) 장군과 함께 우북평으로 나가 흉노를 쳤다.
匈奴圍李將軍	흉노가 이(李) 장군을 에워싸
軍失亡多	군대에 손실이 많았다.
而騫後期當斬	장건은 나중에 참형에 해당되었으나
贖爲庶人	서인으로 속량되었다.
是歲漢遣驃騎破匈奴西域數萬人	
	이해에 한나라에서는 표기장군을 보내어 흉노 서역의 수만 명을 깨뜨리고
至祁連山	기련산에 이르렀다.
其明年	그 이듬해에
渾邪王率其民降漢	혼야왕이 그 백성들을 거느리고 한나라에 항복하여
而金城 · 河西西並南山至鹽澤空無匈奴	
	금성과 하서 서쪽 및 남산에서 염택에 이르기까지 비어서 흉노가 없어졌다.
匈奴時有候者到	흉노에서는 이따금 척후병이 이르렀으나
而希矣	드물었다.
其後二年	2년 후

49 **색은** 장건의 봉호일 뿐 지명은 아니다. 소안(小顔)이 "그 널리 넓히고 멀리 바라볼 수 있다는 뜻을 취한 것이다."라 한 것이다. 얼마 후 무제는 박망원(博望苑)을 설치하였는데 또한 이 뜻을 취한 것이다. **정의** 「지리지(地理志)」의 남양(南陽) 박망현(博望縣)이다.

漢擊走單于於幕北	한나라는 사막 북쪽에서 선우를 쳐서 쫓았다.
是後天子數問騫大夏之屬	이후 천자는 여러 차례 장건에게 대하의 무리에 대하여 물었다.
騫既失侯	장건은 이미 후(侯)의 작위를 상실하여
因言曰	이에 말하였다.
臣居匈奴中	"신이 흉노에 있을 때
聞烏孫王號昆莫	오손왕을 곤모라고 부르며
昆莫之父	곤모의 부친은
匈奴西邊小國也	흉노 서쪽의 작은 나라 왕이라고 들었습니다.
匈奴攻殺其父[50]	흉노가 그 아비를 공격하여 죽이고
而昆莫生棄於野	곤모는 들판에 산 채로 버려졌습니다.
烏嗛肉蜚其上[51]	까마귀가 고기를 물어 와서 그 위를 날고
狼往乳之	이리가 가서 젖을 물렸습니다.
單于怪以爲神	선우는 신기하게 여기어
而收長之	거두어 길렀습니다.
及壯	자라서
使將兵	군대를 거느리게 하였더니
數有功	수차례나 공을 세워
單于復以其父之民予昆莫	선우는 다시 그 아비의 백성을 곤모에게 주었으며

50 **색은** 『한서』에 따르면 아비의 이름은 난두미(難兜靡)인데 대월지(大月氏)에게 살해되었다.

51 **집해** 서광은 말하였다. "'함(嗛)'은 '함(銜)'과 같이 읽는다. 「혹리전(酷吏傳)」에 '의종(義縱)은 도리로 다스리지 않아 임금이 분노를 머금었다(上忿銜之).'라 하였는데, 『사기』에는 또한 '함(嗛)' 자로 되어 있다." **색은** 嗛의 음은 함(銜)이다. 비(蜚)는 또한 '비(飛)' 자이다.

令長守於西域	오랫동안 서역을 지키게 하였습니다.
昆莫收養其民	곤모는 그 백성을 거두어 길러
攻旁小邑	이웃한 작은 부락을 공격하였는데
控弦數萬	활을 당기는 자가 수만 명이었고
習攻戰	공격전에 익숙하였습니다.
單于死	선우가 죽자
昆莫乃率其眾遠徙	곤모는 곧 그 무리를 거느리고 멀리 가서
中立	중립을 지키며
不肯朝會匈奴	흉노에게 조회하지 않으려 하였습니다.
匈奴遣奇兵擊	흉노가 기병을 보내 습격하였지만
不勝	이기지 못하여
以爲神而遠之	신기하게 여기고 그들을 멀리하여
因羈屬之	이에 기휘주(羈縻州)로 삼아
不大攻	크게 공격하지 않았습니다.
今單于新困於漢	지금 선우는 막 한나라의 곤경에 처해
而故渾邪地空無人	그런 까닭에 혼야왕의 땅은 비어 사람이 없습니다.
蠻夷俗貪漢財物	만이의 풍속은 한나라의 재물을 탐하니
今誠以此時而厚幣賂烏孫	지금 실로 이때 오손에게 두터운 재물을 주어
招以益東	더 동쪽으로 불러
居故渾邪之地	옛 혼야왕의 땅에 거처하게 하여
與漢結昆弟	한나라와 형제의 의를 맺으면
其勢宜聽	형세상 따르게 될 것이고
聽則是斷匈奴右臂也	따르면 이는 흉노의 오른팔을 자르는 것이 됩니다.

既連烏孫	오손과 연합하기만 하면
自其西大夏之屬皆可招來而爲外臣	
	그 서쪽 대하 등속은 모두 외신으로 불러올 수 있을 것입니다."
天子以爲然	천자는 그럴듯하게 여겨
拜騫爲中郎將	장건을 중랑장으로 삼아
將三百人	3백 명을 거느리게 하고
馬各二匹	말 각기 두 필과
牛羊以萬數	만 두(頭)를 헤아리는 소와 양과
齎金幣帛直數千巨萬	천 억을 헤아리는 금과 폐백을 지니게 하여
多持節副使	많은 부절을 지닌 부사와
道可使	중도에서 부릴 수 있으면
使遺之他旁國	다른 이웃 나라에 파견하게 하였다.

騫既至烏孫	장건이 오손에 이르자
烏孫王昆莫見漢使如單于禮	오손왕 곤모는 선우의 예로 한나라 사신을 보았는데
騫大慚	장건은 크게 부끄러워하였으며
知蠻夷貪	만이가 (한나라의 재물을) 탐내는 것을 알고
乃曰	이에 말하였다.
天子致賜	"천자가 하사하였는데
王不拜則還賜	왕이 절을 하지 않으면 하사한 것을 돌려보냅니다."
昆莫起拜賜	곤모는 일어나 하사품에 절을 하였으며
其他如故	나머지는 옛날 그대로였다.

騫諭使指曰	장건은 사행한 뜻을 밝히어 말하였다.
烏孫能東居渾邪地	"오손이 동쪽으로 가서 혼야의 땅을 차지할 수 있다면
則漢遣翁主爲昆莫夫人	한나라에서는 옹주를 보내어 곤모의 부인으로 삼을 것이오."
烏孫國分	오손은 나라가 분열되고
王老	왕은 늙었으며
而遠漢	한나라와 멀어
未知其大小	그 크기를 모르는 데다
素服屬匈奴日久矣	평소에 흉노에 복속한 날이 오래되었는데
且又近之	또한 흉노와 가까웠으므로
其大臣皆畏胡	대신들이 모두 오랑캐를 두려워하여
不欲移徙	옮겨 가지 않으려 하여
王不能專制	왕은 멋대로 강제할 수가 없었다.
騫不得其要領	장건은 맹약을 얻어내지 못하였다.
昆莫有十餘子	곤모에게는 아들 10여 명이 있었으며
其中子曰大祿	그 가운데 아들을 대록이라 하였는데
彊	강하였고
善將衆	무리를 잘 통솔하여
將衆別居萬餘騎	무리를 거느리고 만여 기와 따로 살았다.
大祿兄爲太子	대록의 형은 태자였으며
太子有子曰岑娶	태자에게는 잠취라는 아들이 있었는데
而太子蚤死	태자는 일찍 죽었다.
臨死謂其父昆莫曰	죽을 즈음에 그 아비 곤모에게 일러 말하였다.
必以岑娶爲太子	"반드시 잠취를 태자로 삼아

無令他人代之	다른 사람이 대신하지 못하게 하십시오.”
昆莫哀而許之	곤모는 슬퍼하며 이를 허락하여
卒以岑娶爲太子	마침내 잠취를 태자로 삼았다.
大祿怒其不得代太子也	대록은 그가 태자를 대신하지 못하게 되자 노하여
乃收其諸昆弟	이에 형제들을 거두어
將其衆畔	그 무리를 거느리고 반기를 들고
謀攻岑娶及昆莫	잠취 및 곤모를 공격할 계책을 꾸몄다.
昆莫老	곤모는 늙어서
常恐大祿殺岑娶	늘 대록이 잠취를 죽일까 두려워하여
予岑娶萬餘騎別居	잠취에게 만여 기를 주어 따로 살게 하고
而昆莫有萬餘騎自備	곤모도 만여 기를 가지고 스스로 대비하여
國衆分爲三	나라와 백성은 셋으로 나누어져
而其大總取羈屬昆莫	그 대부분은 곤모에게 귀속되었다 하지만
昆莫亦以此不敢專約於騫	곤모 또한 이 때문에 감히 임의로 장건과 맹약을 맺지 못했다.

騫因分遣副使使大宛康居大月氏大夏安息身毒于寘扜罙及諸旁國

	장건은 이에 부사를 대원과 · 대하 · 안식 · 건독 · 우전 · 우미 및 여러 이웃 나라들로 나누어 파견하였다.
烏孫發導譯送騫還	오손은 인도자와 통역을 보내어 장건을 돌려보내면서
騫與烏孫遣使數十人	장건을 오손이 파견한 사자 수십 명 및
馬數十匹報謝	말 수십 필과 함께 보답하게 하였는데,
因令窺漢	이에 한나라를 살피어
知其廣大	그 광대함을 알게 하였다.

騫還到	장건은 돌아와서
拜爲大行	대행에 임명되었고
列於九卿	구경의 반열에 올랐다.
歲餘	한 해 남짓 만에
卒	죽었다.

烏孫使既見漢人衆富厚	오손이 이미 한나라에 사람이 많고 매우 부유함을 알았고
歸報其國	그 나라에 돌아가 알리니
其國乃益重漢	그 나라는 이에 한나라를 더욱 중시하였다.
其後歲餘	그 후 한 해 남짓에
騫所遣使通大夏之屬者皆頗與其人俱來[52]	장건이 파견하여 대하 등의 나라와 통하게 한 자들이 모두 자못 그 나라 사람들과 함께 와서
於是西北國始通於漢矣	이에 서북방의 나라들이 처음으로 한나라와 교통하게 되었다.
然張騫鑿空[53]	그러나 장건이 길을 내어 통하게 하여
其後使往者皆稱博望侯	그 후의 사자로 가는 자들은 모두 박망후를 대면
以爲質於外國[54]	외국에서 신임한다고 생각하였으며
外國由此信之	외국에서도 이로 말미암아 믿게 되었다.

52 **집해** 진작은 말하였다. "그 나라 사람들이다."

53 **집해** 소림(蘇林)은 말하였다. "착(鑿)은 여는 것이고, 공(空)은 통하는 것이다. 장건이 서역의 길을 개통한 것이다." **색은** 서역은 험하고 좁아 본래 길이 없었는데 지금 길을 내어 통하게 한 것을 말한다.

54 **집해** 여순은 말하였다. "질(質)은 진실하고 성실한 것이다. 박망후(博望侯)는 진실하고 성실하여 나중의 사신들이 그 뜻을 가지고 외국을 믿게 한 것이다." 이기(李奇)는 말하였다. "질(質)은 믿는 것이다."

自博望侯騫死後	박망후 장건이 죽은 뒤
匈奴聞漢通烏孫	흉노는 한나라가 오손과 교통한다는 말을 듣고
怒	노하여
欲擊之	그들을 치려고 하였다.
及漢使烏孫	한나라는 오손에 사자를 보낼 때
若[55]出其南	그 남쪽으로도 나가
抵大宛·大月氏相屬	대원과 대월지에 이르러 서로 접속하니
烏孫乃恐	오손이 이에 두려워하여
使使獻馬	사자를 보내어 말을 바치게 하고
願得尙漢女翁主爲昆弟	한나라 옹주의 배필이 되어 형제가 되게 되기를 바랐다.
天子問群臣議計	천자가 신하들에게 계책을 물어보니
皆曰必先納聘	모두 말하기를 "반드시 먼저 납폐를 하고
然後乃遣女'	그런 다음에 옹주를 보내야 합니다."라 하였다.
初	처음에
天子發書易[56]	천자가 『역경』을 꺼내 보았더니
云神馬當從西北來	"신마가 서북쪽에서 올 것이다."라 하였다.
得烏孫馬好	오손의 양마(良馬)를 얻고는
名曰天馬	이름을 '천마(天馬)'라 하였다.
及得大宛汗血馬	대원의 한혈마(汗血馬)를 얻게 되자
益壯	더욱 씩씩하여
更名烏孫馬曰西極	오손의 말 이름을 '서극(西極)'으로 고치고
名大宛馬曰天馬云	대원의 말 이름을 '천마'라 하였다고 한다.

55 집해 서광은 말하였다. "『한서』에는 '급(及)' 자로 되어 있으며, 그 뜻은 또한 미치는 것이다."

56 집해 『한서음의』에서는 말하였다. "『주역』을 펼쳐 점을 본 것이다."

而漢始築令居以西[57]	한나라는 영거 서쪽에 비로소 성을 쌓고
初置酒泉郡以通西北國	처음으로 주천군을 설치하여 서북방의 나라와 교통하였다.
因益發使抵安息奄蔡黎軒條枝身毒國	이에 안식과 엄채, 여건(黎軒), 조지(條枝), 건독국에 더욱더 사신을 보내어 이르게 하였다.
而天子好宛馬	천자는 대원의 말을 좋아하여
使者相望於道	사자(使者)들이 길에서 서로 바라볼 정도였다.
諸使外國一輩大者數百	외국으로 사행하는 무리들은 크게는 수백에
少者百餘人	적게는 백여 명이었으며
人所齎操大放博望侯時	사람들이 지니는 재물은 박망후 때의 것을 크게 본받았다.
其後益習而衰少焉	그 후 익숙해지면서 조금씩 적어졌다.
漢率一歲中使多者十餘	한나라가 대략 연중 보내는 사신은 많게는 10여 무리였고
少者五六輩	적게는 대여섯 무리였으며,
遠者八九歲	멀게는 8~9년이 걸렸고
近者數歲而反	가까이는 수년 만에 돌아왔다.

是時漢既滅越	이때 한나라가 이미 월나라를 멸하자
而蜀 · 西南夷皆震	촉과 서남이는 모두 두려움에 떨면서
請吏入朝	관리를 입조하게끔 청하였다.
於是置益州越巂牂柯沈黎汶山郡	이에 익주와 월휴, 장가, 침려, 문산군을 설치하여

57 집해 서광은 말하였다. "금성(金城)에 속한다."

欲地接以前通大夏[58]

땅을 붙여서 앞으로 대하와 통하게 하고자 하였다.

乃遣使柏始昌呂越人等歲十餘輩

이에 백시창과 여월인 등 해마다 10여 무리를 사신으로 보내어

出此初郡[59]抵大夏

이 처음에 군이 된 곳을 나서 대하에 이르게 하였는데

皆復閉昆明

모두 다시 곤명에 막혀

爲所殺

살해되고

奪幣財

폐백과 재물을 빼앗겨

終莫能通至大夏焉

끝내 대하와 통하여 이를 수 없게 되었다.

於是漢發三輔罪人

이에 한나라는 삼보의 죄인들을 조발하고

因巴蜀士數萬人

파촉의 군사 수만 명을 더하여

遣兩將軍郭昌衛廣等往擊昆明之遮漢使者[60]

두 장군인 곽창과 위광 등을 보내어 가서 곤명의 한나라 사자를 막은 자를 치게 하여

斬首虜數萬人而去

포로 수만 명을 참수하고 떠났다.

其後遣使

그 후 사신을 보냈는데

昆明復爲寇

곤명이 다시 도적이 되어

竟莫能得通

결국 통하지 못하게 되었다.

而北道酒泉抵大夏

그러나 북쪽의 주천에서 대하로 이르는 길은

使者既多

사자가 너무 많아

---

58 집해 이기(李奇)는 말하였다. "경계를 서로 붙여서 대하에 이르게 하려 한 것이다."

59 색은 월휴(越巂)와 문산(汶山) 등의 군(郡)을 말한다. "처음"이라 한 것은 나중에 배반하여 모두 폐(廢)하였기 때문이다.

60 집해 서광은 말하였다. "원봉(元封) 2년(B.C. 109)이다."

而外國益厭漢幣	외국에서 한나라의 폐백을 더욱 싫어하여
不貴其物	그 물건을 귀하게 여기지 않았다.

自博望侯開外國道以尊貴	박망후가 외국의 길을 열어 존귀하게 된 이래
其後從吏卒皆爭上書言外國奇怪利害	
	그후로 따르던 관리와 병사들이 모두 다투어 글을 올려 외국의 기괴함과 이해를 말하여
求使	사신이 되기를 구하였다.
天子爲其絕遠	천자는 그곳이 매우 멀리 떨어진 곳으로
非人所樂往	사람들이 즐겨 가려는 곳이 아니라 생각하여
聽其言	그 말을 듣고
予節	부절을 주어
募吏民毋問所從來	관리와 백성을 모집하여 출신도 묻지 않고
爲具備人眾遣之	사람들을 갖추어 주어 파견하여
以廣其道	그 길을 넓혔다.
來還不能毋侵盜幣物	왕래하면서 침입하여 폐물을 훔치고
及使失指	아울러 사신으로 본뜻을 잃지 않을 수가 없어서
天子爲其習之	천자가 그것이 버릇이 될 것이라 생각하여
輒覆案致重罪	문득 철저히 조사하여 중죄로 다스리고
以激怒令贖	분발하여 속죄케 하니
復求使	다시 사신이 되기를 구하였다.
使端無窮	사신으로 나갈 일은 끝이 없었지만
而輕犯法	가벼이 법을 어겼다.
其吏卒亦輒復盛推外國所有	그 이졸들 또한 문득 다시 외국이 가진 것을 한껏 추켜올렸으며

言大者予節	크게 말한 자는 부절이 주어졌고
言小者爲副	작게 말한 자는 부사(副使)가 되었으므로
故妄言無行之徒皆爭效之	함부로 말하고 행실이 단정치 못한 무리들이 모두 다투어 본받았다.
其使皆貧人子	그 사자들은 모두 가난한 집 사람들의 아들이라
私縣官齎物	조정의 재물을 사유하여
欲賤市以私其利外國	싼값에 팔아 외국에서 사리를 채우려 했다.
外國亦厭漢使人人有言輕重[61]	외국 또한 한나라 사신들이 사람마다 말에 차이가 있음을 싫어하여
度漢兵遠不能至	한나라 군사가 멀어 이를 수 없음을 헤아려
而禁其食物以苦漢使	그들에게 음식물을 금하여 한나라 사신을 괴롭혔다.
漢使乏絕積怨	한나라 사신들은 먹을 것이 부족하여 떨어지고 원망이 쌓이자
至相攻擊	서로 공격하기에 이르렀다.
而樓蘭姑師小國耳[62]	그런데 누란과 고사는 작은 나라일 따름이지만
當空道	길이 통하는 곳에 처해 있어
攻劫漢使王恢等尤甚[63]	한나라 사신 왕회 등을 공격하고 약탈함이 더욱 심하였다.
而匈奴奇兵時時遮擊使西國者	그리고 흉노의 기병이 때때로 서쪽 나라로 가는 사신을 막고 습격했다.

61 집해 복건은 말하였다. "한나라 사신이 외국에서 말하는 것이 사람마다 경중의 차이가 있어 사실과 다름을 말한다." 여순은 말하였다. "외국에서 사람마다 스스로 말하기를 자주 한나라 사신에게 침탈당하였다고 한 것이다."

62 집해 서광은 말하였다. "곧 거사(車師)이다."

63 집해 서광은 말하였다. "회(恢)는 어떤 판본에는 '괴(怪)'로 되어 있다."

使者爭遍言外國災害	사자들은 다투어 외국의 재해를 두루 말하였으며
皆有城邑	모두 성읍을 가지고 있으나
兵弱易擊	군사가 약하여 치기 쉽다고 하였다.
於是天子以故遣從驃侯破奴將屬國騎及郡兵數萬	이에 천자는 그런 까닭으로 종표후 조파노를 보내어 속국의 기병 및 군의 병사 수만을 거느리고
至匈河水	흉하수에 이르러
欲以擊胡	오랑캐를 치고자 하니
胡皆去	오랑캐는 모두 떠났다.
其明年	그 이듬해에
擊姑師	고사를 치니
破奴與輕騎七百餘先至	조파노가 경기병 7백여 기와 함께 먼저 이르러
虜樓蘭王	누란왕을 사로잡았으며
遂破姑師	마침내 고사를 깨뜨렸다.
因擧兵威以困烏孫·大宛之屬	이에 군대의 위세를 들어 오손과 대원 등을 곤경에 빠뜨렸다.
還	돌아오자
封破奴爲浞野侯[64]	조파노를 착야후에 봉하였다.
王恢[65]數使	왕회는 여러 차례 사신으로 나갔다가
爲樓蘭所苦	누란에게 고초를 당하였는데
言天子	천자에게 말하니
天子發兵令恢佐破奴擊破之	천자는 군사를 내어 왕회에게 흉노를 도와 그들을 격파하게 하였고

64 집해 서광은 말하였다. "원봉(元封) 3년(B.C. 108)이다."

65 집해 서광은 말하였다. "중랑장(中郎將)이다."

封恢爲浩侯[66]	왕회를 호후에 봉하였다.
於是酒泉列亭鄣至玉門矣[67]	이에 주천의 이어진 초소는 옥문에까지 이르게 되었다.

烏孫以千匹馬聘漢女	오손이 말 천 필로 한나라 여인을 맞이하려 하자
漢遣宗室女江都翁主[68]往妻烏孫	한나라에서는 종실 여인 강도옹주를 오손의 처로 시집보내었으며
烏孫王昆莫以爲右夫人	오손왕 혼모는 우부인으로 삼았다.
匈奴亦遣女妻昆莫	흉노 또한 여인을 보내어 혼모의 아내로 삼으니
昆莫以爲左夫人	혼모는 좌부인으로 삼았다.
昆莫曰'我老'	혼모가 말하기를 "나는 늙었다."라 하며
乃令其孫岑娶妻翁主	이에 그 손자 잠취에게 옹주를 아내로 맞게 했다.
烏孫多馬	오손에는 말이 많았으며
其富人至有四五千匹馬	부유한 자는 말을 4~5천 필까지 가지고 있었다.

初	처음에
漢使至安息	한나라 사신이 안식에 이르자
安息王令將二萬騎迎於東界	안식왕은 2만 기를 거느리고 동쪽 경계에서 맞게 하였다.

---

66 **집해** 서광은 말하였다. "거사왕(車師王)을 사로잡아 원봉(元封) 4년(B.C. 113)에 호후(浩侯)에 봉하여졌다."

67 **집해** 위소는 말하였다. "옥문관(玉門關)은 용륵(龍勒)의 경계에 있다." **색은** 위소는 말하였다. "옥문(玉門)은 현 이름으로 주천(酒泉)에 있다. 또한 옥관(玉關)이 있는데 용륵에 있다." **정의** 『괄지지』에서는 말하였다. "사주(沙州) 용륵산(龍勒山)은 현 남쪽 백65리 지점에 있다. 옥문관은 현 서북쪽 백18리 지점에 있다."

68 **집해** 『한서』에서는 말하였다. "강도왕(江都王) 건(建)의 딸이다."

東界去王都數千里 동쪽 경계는 왕도에서 수천 리 떨어져 있었다.

行比至 행렬이 이르도록

過數十城 수십 개의 성을 지나게 되었는데

人民相屬甚多 백성들이 서로 이어져 매우 많았다.

漢使還 한나라 사신이 돌아가자

而後發使隨漢使來觀漢廣大 나중에 사신을 보내어 한나라 사신을 따라와 한나라의 광대함을 보고

以大鳥卵及黎軒善眩人[69]獻于漢 큰 새의 알과 여건(黎軒)의 마술사를 한나라에 바쳤다.

及宛西小國驩潛大益 이어서 원(宛)의 서쪽 나라들인 환잠과 대익,

宛東姑師扜罙蘇薤之屬 원(宛)의 동쪽 나라들은 고사와 한미, 소해 등의 나라도

皆隨漢使獻見天子 모두 한나라 사신을 따라 공물을 바치고 천자를 조현하였다.

天子大悅 천자는 크게 기뻐하였다.

而漢使窮河源 그런데 한나라 사신은 황하의 발원지를 캐내었는데

河源出于窴 황하는 전(窴)에서 발원하였으며

其山多玉石 그 산에는 옥석이 많아

采來[70] 캐어 왔는데

69 **색은** 위소는 말하였다. "변화로 사람을 혹하게 하는 것이다." 『위략(魏略)』에서는 "이근(犂靳)에는 기이한 환술(幻術)이 많은데 입으로 불을 뿜고 스스로 결박하여 스스로 푸는 것 등이다."라 하였다. 소안(小顏) 또한 오이를 심는 것 등이라고 생각하였다.

70 **집해** 찬(瓚)은 말하였다. "한나라 사신이 캐어서 취하여 가지고 한나라로 온 것이다."

天子案古圖書	천자는 옛 도서에 의거하여
名河所出山曰崑崙云	황하가 발원하는 산을 곤륜이라고 하였다.

是時上方數巡狩海上	이때 임금은 바야흐로 자주 바닷가를 순수(巡狩)하였는데
乃悉從外國客	곧 외국의 빈객들을 모두 따르게 하여
大都多人則過之	큰 도읍에 사람이 많으면 그곳을 지나며
散財帛以賞賜	재물과 비단을 흩어서 상으로 주고
厚具以饒給之	두터이 갖추어 넉넉하게 줌으로써
以覽示漢富厚焉	한나라가 그렇게 부유하다는 것을 보여주었다.
於是大觳抵	이에 각저(角抵: 씨름)의 놀이를 크게 거행하고
出奇戲諸怪物	신기한 놀이와 여러 가지 기이한 물건을 내어
多聚觀者	구경꾼들을 크게 모으고
行賞賜	상을 내렸으며
酒池肉林	술로 못을 만들고 고기로 숲을 만들어
令外國客遍觀各倉庫府藏之積	외국의 빈객들로 하여금 각 창고에 쌓인 부장품을 두루 보게 하고
見漢之廣大	한나라의 넓고 큼을 드러내어
傾駭之	깜짝 놀라게 하였다.
及加其眩者之工	거기에 마술사의 솜씨를 더하고
而觳抵奇戲歲增變	각저와 기이한 놀이가 해마다 더욱 변하여
甚盛益興	매우 성하여 더욱 흥해진 것은
自此始	이로부터 비롯되었다.

西北外國使	서북쪽에서 온 외국의 사신들은
更來更去	더 많이 오고 더 많이 갔다.
宛以西	원(宛) 서쪽으로는
皆自以遠	모두 스스로 멀다고 생각하여
尙驕恣晏然	여전히 교만한 태도로 편안히 여겨
未可詘以禮羈縻而使也	굴복시켜 예로 속박하여 부릴 수가 없었다.
自烏孫以西至安息	오손 서쪽에서부터 안식까지는
以近匈奴	흉노에 가까워서
匈奴困月氏也	흉노가 월지를 곤혹스럽게 하여
匈奴使持單于一信	흉노의 사신은 선우의 서신 한 통만 지니면
則國國傳送食	나라마다 먹을 것을 보내주어
不敢留苦	감히 잡아두고 괴롭히지 않았으며,
及至漢使	한나라의 사신이 이르면
非出幣帛不得食	폐백을 꺼내놓지 않으면 먹을 것을 얻지 못하였고
不市畜不得騎用	가축을 사지 않으면 쓸 만한 탈 것을 얻지 못하였다.
所以然者	그렇게 된 까닭은
遠漢	한나라가 멀고
而漢多財物	한나라에 재물이 많기 때문에
故必市乃得所欲	반드시 사야 원하는 것을 얻게 된 것이지만
然以畏匈奴於漢使焉	흉노를 한나라 사신보다 두려워해서였다.
宛左右以蒲陶爲酒	원(宛)의 주변에서는 포도로 술을 담았는데
富人藏酒至萬餘石	부자들은 만여 섬의 술을 저장해 놓았으며
久者數十歲不敗	오래된 것은 수십 년이 되도록 부패하지 않았다.
俗嗜酒	풍속이 술을 좋아하였고

馬嗜苜蓿 말은 거여목[苜蓿: 개자리]을 먹었다.

漢使取其實來 한나라 사신이 그 사실을 가지고 오니

於是天子始種苜蓿蒲陶肥饒地 이에 천자는 비로소 거여목과 포도를 비옥한 땅에 심게 하였다.

及天馬多 천마가 많아지자

外國使來衆 외국의 사신도 많이 왔으니

則離宮別觀旁盡種蒲萄苜蓿極望 이궁과 별관 곁에는 모두 포도와 거여목을 심어 눈에 가득했다.

自大宛以西至安息 대원 서쪽에서 안식까지는

國雖頗異言 나라들이 비록 말은 자못 달랐지만

然大同俗 풍속은 거의 같았으며

相知言 말을 서로 알아들었다.

其人皆深眼 그곳 사람들은 모두 눈이 깊었고

多鬚髯 구레나룻이 많았으며

善市賈 장사에 뛰어나

爭分銖 푼돈을 다투었다.

俗貴女子 풍속이 여자를 귀히 여겼고

女子所言而丈夫乃決正 여자가 말하는 대로 남편은 곧 바르게 결정하였다.

其地皆無絲漆 그 땅에는 직물과 칠기가 하나도 없었고

不知鑄錢器[71] 돈과 무기를 주조할 줄 몰랐다.

及漢使亡卒降 한나라 사신의 도망친 이졸이 투항하여

教鑄作他兵器 그들에게 병기 만드는 법을 가르쳐주었다.

---

71 **집해** 서광은 말하였다. "거의 '전(錢)' 자로 되어 있으며 또한 혹 '철(鐵)' 자로 된 곳도 있다."

得漢黃白金	한나라의 황금이며 백은을 얻으면
輒以爲器	문득 기물을 만들고
不用爲幣	화폐로는 쓰지 않았다.

而漢使者往既多	한나라 사자가 가는 것이 이미 많아지자
其少從率多進熟於天子[72]	어려서부터 따라다닌 자들은 천자에게 농익은 말을 바쳐
言曰	말하였다.
宛有善馬在貳師城	"대원은 훌륭한 말을 보유하여 이사성(貳師城)에 있는데
匿不肯與漢使	숨겨놓고 한나라 사신에게 주려 하지 않습니다."
天子既好宛馬	천자는 이미 대원의 말을 좋아하여
聞之甘心	듣고 달가운 마음이 들어

使壯士車令等持千金及金馬以請宛王貳師城善馬

장사와 거령 등으로 하여금 천금(千金) 및 금말[金馬]을 지니고 대원 왕의 이사성의 양마(良馬)를 청하게 하였다.

宛國饒漢物	대원국에는 한나라 물건이 넉넉하여
相與謀曰	서로 모의하여 말하였다.
漢去我遠	"한나라는 우리와 멀리 떨어져 있어서
而鹽水中數敗[73]	염수에서 많이 죽었고
出其北有胡寇	북으로 나가면 오랑캐의 도적이 있고
出其南乏水草	남쪽으로 나가면 물과 풀이 부족하다.

---

72 **집해** 『한서음의』에서는 말하였다. "소종(少從)은 계책대로 되지 않았다는 것이다. 혹자는 말하기를 수행한 한미한 자라고 하였다. 진숙(進熟)은 말이 아름답기가 잘 익은 것과 같다는 것이다."

又且往往而絕邑 또한 거기에 왕왕 읍과도 멀리 떨어져

乏食者多 먹을 것이 부족함이 많다.

漢使數百人爲輩來 한나라 사신은 수백 명이 무리를 지어 오는데

而常乏食 늘 먹을 것이 부족하여

死者過半 죽는 자가 반이 넘으니

是安能致大軍乎 이 어찌 대군이 이르겠는가?

無柰我何 우리를 어쩌지 못할 것이다.

且貳師馬 또한 이사의 말은

宛寶馬也 우리 대원의 보물 말이다."

遂不肯予漢使 결국 한나라 사신에게 주려고 하지 않았다.

漢使怒 한나라 사신이 노하여

妄言[74] 말을 함부로 하며

椎金馬而去 금말을 망치로 쳐서 부수고 떠났다.

宛貴人怒曰 대원의 귀인들이 노하여 말하였다.

漢使至輕我 "한나라 사신들이 우리를 너무 깔본다!"

---

73 **집해** 복건은 말하였다. "하천 이름으로 바깥에서 안으로 흐르는 것이다." 여순은 말하였다. "길이 끊기어 멀고 곡식과 풀이 없는 것이다." **정의** 공문상(孔文祥)은 말하였다. "연(鹽)은 염택(鹽澤)이다. 물이 넓고 멀어 혹 풍파가 이르기도 하여 여러 번이나 사람이 죽은 것이다."(隋) 배구(裴矩)의 『서역기(西域記)』에서는 말하였다. "서주(西州) 고창현(高昌縣) 동쪽에 있으며, 동남쪽으로 과주(瓜州)와 천3백 리 떨어져 있는데, 모두 모래와 자갈이 많은 땅으로 물이나 풀이 가기가 어려워 사면이 위태롭다. 도로는 정확하게 적기가 어렵고 행인은 오직 사람이나 가축의 해골 및 낙타나 말의 똥을 가지고 표지로 삼을 따름이다. 그 땅에는 험악한 길 때문에 사람과 가축이 곧 간다는 장담을 하지 못하며 일찍이 어떤 사람이 자갈밭에서 이따금 사람이 부르는 소리를 들었는데 모습은 보이지 않았으며 또한 노래하고 곡하는 소리가 들려 여러 번이나 사람을 잃었는데 순식간에 있는 곳을 몰라 이 때문에 여러 번이나 사망하기도 하였다. 아마 허깨비[魑魅魍魎]일 것이다."

74 **집해** 여순은 말하였다. "욕을 하는 것이다."

遣漢使去	한나라 사신을 떠나게 하고
令其東邊郁成遮攻殺漢使	동쪽의 욱성(郁成)에서 한나라 사신을 막고 공격하여 죽이게 하고
取其財物	그 재물을 빼앗았다.
於是天子大怒	이에 한나라 천자는 크게 노하였다.
諸嘗使宛姚定漢等言宛兵弱	대원에 사행했던 요정한 등이 대원의 군사는 약하여
誠以漢兵不過三千人	실로 한나라 군사가 3천 명을 넘지 않아도
彊弩射之	강노로 그들을 쏘면
即盡虜破宛矣	모두 대원을 모두 포로로 잡고 깨뜨릴 것이라고 하였다.
天子已嘗使浞野侯攻樓蘭	천자는 이미 착야후로 하여금 누란을 공격하게 하여
以七百騎先至	7백의 기병이 먼저 이르러
虜其王	그 왕을 사로잡은 적이 있었으므로
以定漢等言爲然	요정한 등의 말이 그럴듯하다고 여겨
而欲侯寵姬李氏	총희 이씨(李氏) 일족을 후(侯)로 봉하고자 하여
拜李廣利爲貳師將軍	이광리를 이사장군에 임명하고
發屬國六千騎	속국의 기병 6천 기와
及郡國惡少年數萬人	군국의 행실이 나쁜 나이 어린 사람 수만을 조발하여
以往伐宛	대원을 치러 가게 하였다.
期至貳師城取善馬	이사성에 이르러 훌륭한 말을 빼앗기를 기대하였으므로
故號貳師將軍	'이사장군'이라 불렀다.
趙始成爲軍正	조시성이 군정이 되었고

故浩侯王恢使導軍[75]	옛 호후 왕회는 군사를 끌게 하였으며
而李哆[76]爲校尉	이차(李哆)는 교위가 되어
制軍事	군중의 일을 통제하였다.
是歲太初元年也	이해는 태초 원년(B.C. 104)이었다.
而關東蝗大起	그런데 관동에서 황충(蝗蟲: 메뚜기)이 크게 일어나
蜚西至敦煌	서쪽으로 돈황까지 날아왔다.

貳師將軍軍既西過鹽水	이사장군의 군대가 이미 서쪽으로 염수를 지나자
當道小國恐	길에 위치한 소국들은 두려워하여
各堅城守	각기 성을 굳게 지키며
不肯給食	먹을 것을 주려고 하지 않았다.
攻之不能下	공격을 해도 함락시킬 수가 없었다.
下者得食	함락시키면 먹을 것을 얻었지만
不下者數日則去	함락시키지 못하면 며칠 만에 떠났다.
比至郁成	욱성에 이르렀을 때는
士至者不過數千	이른 군사가 수천에 지나지 않았고
皆飢罷	모두 주리고 피로했다.
攻郁成	욱성을 공격하였는데
郁成大破之	욱성이 그들을 대파하여
所殺傷甚眾	죽이고 부상을 입힌 것이 매우 많았다.
貳師將軍與哆 · 始成等計	이사장군은 이차 및 조시성과 상의하였다.
至郁成尙不能擧	"욱성조차 오히려 함락시킬 수 없는데

75 집해 서광은 말하였다. "왕회는 먼저 봉작을 받았다가 1년 만에 연좌되어 주천(酒泉)의 제도를 바로잡게 하고 나라가 없어졌다."

76 색은 음은 차[尺奢反], 또는 차[尺者反]이다.

況至其王都乎	하물며 그 왕도이겠는가?”
引兵而還	군대를 끌고 돌아갔다.
往來二歲	왕래하는 데 두 해가 걸렸다.
還至敦煌	돈황까지 돌아와 보니
士不過什一二	군사가 열에 하나둘도 넘지 않아
使使上書言	사자에게 글을 올리게 하여 말하였다.
道遠多乏食	“길은 멀고 먹을 것이 거의 떨어졌으며,
且士卒不患戰	또한 병사들이 싸우는 것은 근심하지 않았는데
患飢	굶주림을 근심하였습니다.
人少	사람이 적어
不足以拔宛	대원을 함락시키기에는 부족합니다.
願且罷兵	바라건대 잠시 군사를 거두고
益發而復往	더 많이 조발하여 다시 가게 하여야 합니다.”
天子聞之	천자가 듣고
大怒	크게 노하여
而使使遮玉門	사신으로 하여금 옥문을 막게 하고
曰軍有敢入者輒斬之	군대가 감히 들어오려고 하면 즉시 참하라고 하였다.
貳師恐	이사는 두려워하여
因留敦煌	그대로 돈황에 남아 있었다.

其夏	그해 여름에
漢亡浞野之兵二萬餘於匈奴[77]	한나라는 착야의 군사 2만여 명을 흉노에서 잃었다.

公卿及議者皆願罷擊宛軍	공경 및 논자들은 모두 대원의 군사를 치는 것은 그만두고
專力攻胡	오랑캐를 공격하는 일에 전력을 다하라고 하였다.
天子已業誅宛	천자는 이미 대원 정벌에 착수하여
宛小國而不能下	대원은 소국인데도 함락시킬 수 없다면
則大夏之屬輕漢	대하 등의 나라가 한나라를 깔보고
而宛善馬絕不來	대원의 훌륭한 말은 절대로 오지 않을 것이며
烏孫侖頭易苦漢使矣[78]	오손과 윤두가 가벼이 한나라 사신을 괴롭힐 것이며
爲外國笑	외국의 웃음거리가 될 것이라 하였다.
乃案言伐宛尤不便者鄧光等	이에 대원을 치는 것이 더욱 불리하다고 말한 등광 등을 조사하고
赦囚徒材官[79]	수감된 재관(材官)을 사면하고
益發惡少年及邊騎	행실이 불량한 나이 어린 사람 및 변방의 기병을 더욱 조발하여
歲餘而出敦煌者六萬人	한 해 남짓에 돈황으로 나간 자가 6만 명이었는데
負私從者不與	사물을 지고 따른 자는 넣지 않았다.
牛十萬	소가 10만 두(頭)였고
馬三萬餘匹	말이 3만여 필에
驢騾橐它以萬數	나귀와 노새, 낙타는 만(萬)을 헤아렸다.
多齎糧	식량을 많이 주었으며

---

77 집해 서광은 말하였다. "태초(太初) 2년(B.C. 103) 조파노(趙破奴)가 준계장군(浚稽將軍)이 되어 2만의 기병으로 흉노를 쳤는데 돌아오지 않았다."

78 집해 진작은 말하였다. "이(易)는 가벼운 것이다."

79 재관(材官)은 여러 가지 뜻이 있으나 여기서는 용감하고 씩씩한 무졸(武卒)이라는 뜻으로 쓰였다. 일종의 진한(秦漢) 때 처음 설치된 지방(地方)의 병과이다. – 옮긴이.

兵弩甚設	병기와 쇠뇌도 많이 준비하느라
天下騷動	천하가 떠들썩할 정도였으며
傳相奉伐宛	대원 치는 일을 전하여 서로 받드느라
凡五十餘校尉	무릇 교위가 50여 명이었다.
宛王城中無井	대원의 성에는 우물이 없어
皆汲城外流水	모두 성 밖의 흐르는 물을 길었는데
於是乃遣水工徙其城下水空以空其城[80]	이에 곧 수공을 보내어 성 아래의 물을 옮겨 비워 그 성을 비우게 하였다.
益發戍甲卒十八萬	수자리 서는 갑졸 18만 명을 더 징발하여
酒泉·張掖北	주천과 장액의 북쪽에
置居延休屠以衛酒泉[81]	거연과 휴도를 설치하여 주천을 지키고
而發天下七科適[82]	천하의 일곱 가지 죄에 해당하는 자들을 징발하여
及載糒給貳師	건량을 실어 이사장군에게 대게 하였다.
轉車人徒相連屬至敦煌	운반 수레와 사람의 무리가 돈황까지 서로 이어졌다.
而拜習馬者二人爲執驅校尉	말에 익숙한 자 두 명을 집구교위에 임명하여

80 **집해** 서광은 말하였다. "공(空)은 '구멍 혈(穴)'로 된 판본도 있다. 대체로 물을 얕게 해서 그 성을 패하게 하는 것일 것이다. '공(空)'이라고 한 것은 성안이 기갈이 들게끔 하는 것이다."

81 **집해** 여순은 말하였다. "두 현을 세워 변방을 지키는 것이다. 혹자는 말하기를 이부도위(二部都尉)를 두어 주천을 지킨 것이라고 한다."

82 **정의** 음은 적(謫)이다. 장안은 말하였다. "관리로 죄를 지은 자가 첫째이며, 망명한 자가 둘째, 데릴사위가 셋째, 인신매매가 넷째, 예전에 장사꾼의 호적에 올랐던 자가 다섯째, 부모가 장사꾼의 호적에 오른 것이 여섯째, 조부모가 장사꾼의 호적에 오른 것이 일곱째이니 무릇 일곱 가지 죄이다. 무제 천한(天漢) 4년(B.C. 97) 천하의 일곱 가지 죄를 지은 자를 징발하여 삭방(朔方)으로 내보냈다."

備破宛擇取其善馬云	대원을 깨뜨리고 그 훌륭한 말을 빼앗을 방비를 갖추었다 하였다.
於是貳師後復行	이에 이사장군은 나중에 다시 갔는데
兵多	군사가 많아
而所至小國莫不迎	이르는 소국에서 맞지 않는 나라가 없었고
出食給軍	먹을 것을 꺼내어 군대에 주었다.
至侖頭	윤두에 이르러
侖頭不下	윤두를 함락시키지 못하자
攻數日	며칠 공격하여
屠之	도륙하였다.
自此而西	여기서부터 서쪽으로는
平行至宛城	편안하게 행군하여 대원의 성에 이르렀으며
漢兵到者三萬人	이른 한나라 군사는 3만 명이었다.
宛兵迎擊漢兵	대원의 군사가 한나라 군사를 맞아 싸웠으나
漢兵射敗之	한나라 군사가 화살을 쏘아 패퇴시키니
宛走入葆乘其城	대원은 달아나 들어가 성을 굳게 지켰다.
貳師兵欲行攻郁成	이사장군의 군사들이 욱성으로 가서 공격하려다가
恐留行而令宛益生詐	행군을 지체하면 대원이 더욱 속임수를 쓰게 할까 두려워
乃先至宛	이에 먼저 대원에 이르러
決其水源	그 수원을 터뜨려
移之	(물길을) 옮기니
則宛固已憂困	대원은 실로 이미 곤경을 걱정하게 되었다.

圍其城	그 성을 에워싸
攻之四十餘日	40여 일을 공격하니
其外城壞	그 외성이 허물어져
虜宛貴人勇將煎靡	대원의 귀족인 용장 전미를 사로잡았다.
宛大恐	대원은 크게 두려워하여
走入中城	성안으로 달아나 들어갔다.
宛貴人相與謀曰	대원의 귀족들이 모의하여 말하였다.
漢所爲攻宛	"한나라가 대원을 공격하려는 것은
以王毋寡匿善馬而殺漢使	왕인 무과(毋寡)가 좋은 말을 숨기고 한나라 사신을 죽여서이다.
今殺王毋寡而出善馬	이제 왕 무과를 죽이고 좋은 말을 꺼내면
漢兵宜解	한나라 군사는 포위를 풀 것이고,
即不解	그래도 풀지 않으면
乃力戰而死	곧 힘껏 싸우다 죽어도
未晩也	늦지 않을 것이다."
宛貴人皆以爲然	대원의 귀족들은 모두 옳다고 여겨
共殺其王毋寡	함께 그 왕 무과를 죽이고
持其頭遣貴人使貳師	그 머리를 들고 귀족을 이사장군에게 사자로 보내어
約曰	약속하여 말하였다.
漢毋攻我	"한나라는 우리를 공격하지 마시오.
我盡出善馬	우리가 좋은 말을 다 내놓을 테니
恣所取	마음껏 가지시고
而給漢軍食	한나라 군사에게는 먹을 것을 대주겠소.
即不聽	듣지 않는다면

我盡殺善馬	우리는 좋은 말을 모조리 죽일 것이며
而康居之救且至	강거의 구원병도 곧 이를 것이오.
至	이르면
我居內	우리는 성안에서
康居居外	강거는 밖에서
與漢軍戰	한나라 군사와 싸울 것이오.
漢軍熟計之	한나라 군사들은 잘 생각해 보고
何從	어느 것을 따를 것이오?"
是時康居候視漢兵	이때 강거는 한나라 군사를 정탐해 보고
漢兵尚盛	한나라 군사가 여전히 (기세가) 성하여
不敢進	감히 진격하지 못하였다.
貳師與趙始成 · 李哆等計	이사장군은 조시성, 이차(李哆) 등과 상의하여 말하였다.
聞宛城中新得秦人	"듣자 하니 대원 성에서 새로 진(秦)나라 사람을 얻어
知穿井	우물을 뚫을 줄 알고
而其內食尚多	안에는 먹을 것도 아직 많다고 한다.
所爲來	우리가 온 까닭은
誅首惡者毋寡	수괴(首魁) 무과의 목을 베는 것이었다.
毋寡頭已至	무과의 머리가 이미 이르렀는데도
如此而不許解兵	이렇게 군사를 풀 것을 허락지 않으면
則堅守	굳게 지킬 것이고
而康居候漢罷而來救宛	강거가 한나라가 지친 것을 살피다가 와서 대원을 구원하면
破漢軍必矣	한나라 군사를 격파하는 것은 필연적이다."

軍吏皆以爲然 군리들은 모두 그렇다고 생각하여

許宛之約 대원의 약정을 허락하였다.

宛乃出其善馬 대원은 이에 좋은 말을 내어

令漢自擇之 한나라로 하여금 스스로 고르도록 하였고

而多出食食給漢軍 먹을 것을 많이 내어 한나라 군을 먹여주었다.

漢軍取其善馬數十匹 한나라 군은 좋은 말 수십 필과

中馬以下牡牝三千餘匹 중급 이하 암수의 말 3천여 필을 취하고

而立宛貴人之故待遇漢使善者名昧蔡[83]以爲宛王

대원의 귀족으로 옛날에 한나라 사자를 잘 대하여 준 말살(昧蔡)이라는 자를 대원의 왕으로 세우고

與盟而罷兵 맹약을 맺고 군사를 철회하기로 하였다.

終不得入中城 끝내 성안으로 들어가지 못했다.

乃罷而引歸 이에 철수하여 군사를 끌고 귀국하였다.

初 처음에

貳師起敦煌西 이사장군이 돈황 서쪽을 나설 때

以爲人多 사람이 많아

道上國不能食 연도의 나라가 먹일 수 없다고 생각하여

乃分爲數軍 이에 여러 군으로 나누어

從南北道 남과 북으로 길을 잡았다.

校尉王申生 · 故鴻臚壺充國等千餘人

교위 왕신생과 옛 홍려 호충국 등 천여 명은

83 **색은** 본래 대원(大宛)의 장수이다. 앞 글자의 음은 말(末)이고 아래 글자의 음은 살[先葛反]이다.

別到郁成	별도로 욱성에 이르렀다.
郁成城守	욱성은 성을 지키며
不肯給食其軍	그 군사에게 먹을 것을 주려 하지 않았다.
王申生去大軍二百里	왕신생은 대군에서 2백 리를 떠나
偩而輕之	(한군의 세력을) 등에 업고
責郁成	욱성에 (물자를) 요구하였다.
郁成食不肯出	욱성에서는 먹을 것을 주려 하지 않았으며
窺知申生軍日少	왕신생의 군사가 날마다 줄어드는 것을 염탐하여 알고
晨用三千人攻	새벽에 3천 명을 가지고 공격하여
戮殺申生等	왕신생 등을 살육하자
軍破	군대는 격파되었다.
數人脫亡	여러 명이 벗어나 도망쳐
走貳師	이사장군에게로 달아났다.
貳師令搜粟都尉上官桀往攻破郁成	이사장군은 수속도위(搜粟都尉) 상관걸에게 가서 욱성을 공격하여 격파하게 하였다.
郁成王亡走康居	욱성왕이 도망쳐 강거로 달아나자
桀追至康居	상관걸은 강거까지 추격하였다.
康居聞漢已破宛	강거에서는 한나라가 이미 대원을 격파하였다는 말을 듣고
乃出郁成王予桀	이에 욱성왕을 상관걸에게 내어주었으며
桀令四騎士縛守詣大將軍[84]	상관걸은 네 기병에게 묶어 지키다가 대장군에게 보내게 하였다.

84 집해 여순은 말하였다. "이때 별장(別將)이 많았으므로 이사장군을 대장군이라고 하였다."

四人相謂曰	네 사람은 서로 일러 말하였다.
郁成王漢國所毒	"욱성왕은 한나라가 원망하는 자인데
今生將去	지금 산 채로 데리고 가다가
卒失大事	마침내 잃기라도 한다면 큰일이다."
欲殺	죽이려고 하였으나
莫敢先擊	아무도 선뜻 먼저 치지 않았다.
上邽騎士趙弟最少	상규의 기병 조제가 가장 어렸는데
拔劍擊之	검을 뽑아 쳐서
斬郁成王	욱성왕을 참하고
齎頭	머리를 가지고 왔다.
弟 · 桀等逐及大將軍	조제와 상관걸 등은 대장군을 쫓아갔다.

初	처음에
貳師後行	이사장군이 나중에 떠날 때
天子使使告烏孫	천자는 사자를 보내어 오손에게 알리고
大發兵并力擊宛	크게 군사를 내어 힘을 합하여 대원을 치자고 하였다.
烏孫發二千騎往	오손은 2천 기를 내어 가게 하고
持兩端	양쪽의 눈치만 살피며
不肯前	나아가려 하지 않았다.
貳師將軍之東	이사장군이 동쪽으로 돌아갈 때
諸所過小國聞宛破	여러 지나치는 길의 소국은 대원이 깨졌다는 것을 듣고
皆使其子弟從軍入獻	모두 그 자제로 하여금 종군하게 하여 들여보내 바쳤는데

見天子	천자를 뵙고
因以爲質焉	이에 인질이 되었다.
貳師之伐宛也	이사장군이 대원을 칠 때
而軍正趙始成力戰	군정 조시성이 힘껏 싸워
功最多	공이 가장 컸으며,
及上官桀敢深入	또한 상관걸은 과감하게 깊이 침투하였고
李哆爲謀計	이차(李哆)는 훌륭한 계책을 세웠는데도
軍入玉門者萬餘人	옥문관으로 들어온 군대가 1만여 명이었고
軍馬千餘匹	군마가 천여 필이었다.
貳師後行	이사장군의 두 번째 행군 때는
軍非乏食	군사가 먹을 것이 부족하지 않아
戰死不能多	전사자가 많을 수 없었는데도
而將吏貪	장수와 군리들이 탐욕스러워
多不愛士卒	사졸들을 거의 아끼지 않았으며
侵牟之	그들의 것을 침해하고 빼앗아
以此物故衆	이 때문에 죽은 자가 많았다.
天子爲萬里而伐宛	천자는 만 리 밖에서 대원을 쳤다 하여
不錄過	과실을 기재하지 않고
封廣利爲海西侯	이광리를 해서후에 봉하였다.
又封身斬郁成王者騎士趙弟爲新畤侯	
	또한 직접 욱성왕을 참한 자인 기사 조제를 신치후에 봉하였다.
軍正趙始成爲光祿大夫	군정 조시성은 광록대부가 되었고
上官桀爲少府	상관걸은 소부가 되었으며
李哆爲上黨太守	이차(李哆)는 상당 태수가 되었다.

軍官吏爲九卿者三人
군리 가운데 구경이 된 자가 셋이며

諸侯相 · 郡守 · 二千石者百餘人
제후의 승상이나 군수, 2천 석이 된 자가 백여 명이었고

千石以下千餘人
천 석 이하는 천여 명이었다.

奮行者官過其望[85]
신속하게 행군한 자들은 관직이 그 바람을 넘었고

以適過行者皆絀其勞[86]
죄수의 신분으로 간 자들은 모두 공로를 깎았다.

士卒賜直四萬金
사졸들에게는 4만 금에 달하는 돈이 내려졌다.

伐宛再反
대원의 정벌은 두 번에 걸쳐 행해졌고

凡四歲而得罷焉
무릇 4년 만에 끝나게 되었다.

漢已伐宛
한나라는 이미 대원을 정벌하고

立昧蔡爲宛王而去
말살을 대원의 왕으로 세우고 떠났다.

歲餘
한 해 남짓 만에

宛貴人以爲昧蔡善諛
대원의 귀족들은 말살이 아첨을 잘하여

使我國遇屠
자기 나라가 도륙질 당하게 되었다고 생각하여

乃相與殺昧蔡
이에 서로 함께 말살을 죽이고

立毋寡昆弟曰蟬封爲宛王
무과(毋寡)의 형제로 선봉(蟬封)이라는 자를 대원의 왕으로 세우고

85 **집해** 『한서음의』에서는 말하였다. "분(奮)은 빠른 것이다. 스스로 기꺼이 들어가 행군한 것이다."

86 **집해** 서광은 말하였다. "신속하게 간 사람들 및 때맞춰 간 자들이 비록 모두 공로가 있었지만 지금 상을 행함에 전에 죄가 있었던 것을 고려하여 내리는 것을 줄였으므로 '공로를 깎았다.'고 하였다. 출(絀)은 깎고 물리는 것이다. 이들은 본래 죄를 짓고 갔으므로 공로가 중하지 않았으며 따라서 깎아서 낮추어 신속하게 행한 자들과 나란히 상을 주지 않게 된 것이다."

而遣其子入質於漢

그 자식을 한나라에 인질로 보냈다.

漢因使使賂賜以鎮撫之

한나라는 이에 사자를 보내 재물을 내리어 그들을 진무하였다.

而漢發使十餘輩至宛西諸外國

그리고 한나라는 10여 무리를 대원 서쪽의 여러 나라에 보내어

求奇物

기이한 물건을 구하였으며

因風覽以伐宛之威德

이어서 대원을 정벌한 위엄과 덕행을 완곡하게 보였다.

而敦煌置[87]酒泉都尉[88]

돈황에 주천도위를 두었으며,

西至鹽水

서쪽으로 염수까지

往往有亭

왕왕 정(亭)을 두었다.

而侖頭有田卒數百人

그리고 윤두에 전지를 가진 군졸이 수백 명이 있었는데

因置使者護田積粟

이에 사자를 두어 전지를 보호하고 곡식을 쌓아

以給使外國者

외국으로 사행하는 자에게 대주었다.

太史公曰

태사공은 말한다.

禹本紀言河出崑崙

「우본기(禹本紀)」에서는 말하기를 "황하는 곤륜산에서 발원한다.

崑崙其高二千五百餘里

곤륜산은 높이가 2천5백여 리이며

---

87 **집해** 서광은 말하였다. "어떤 판본에는 '치(置)' 자가 없다."

88 **집해** 서광은 말하였다. "어떤 판본에서는 '도위를 두었다(置都尉).'라 하였다. 또한 이르기를 돈황(敦煌)에 연천현(淵泉縣)이 있다고도 하였는데, 아마 '주(酒)' 자는 '연(淵)' 자가 되어야 할 것이다."

日月所相避隱爲光明也	해와 달이 서로 빛이 되는 것을 피하여 숨긴다.
其上有醴泉瑤池	그 위에는 예천과 요지가 있다."라 하였다.
今自張騫使大夏之後也	지금 장건이 대하로 사행한 후로부터
窮河源	황하의 근원을 밝혔으니
惡睹本紀所謂崑崙者乎[89]	어찌 「본기(本紀)」에서 이른바 곤륜산이라는 것을 보겠는가?
故言九州山川	그러므로 구주의 산천에 대하여 말한 것은
尙書近之矣	『상서』가 그에 가깝다.
至禹本紀 · 山海經所有怪物	「우본기」와 『산해경』의 모든 괴물에 대해서는
余不敢言之也[90]	내 감히 말하지 않겠다.

89 **집해** 등전(鄧展)은 말하였다. "한나라에서 황하의 발원처를 끝까지 찾았는데 어디에 곤륜산이 보이는가? 『상서(尙書)』[「우공(禹貢)」]에서는 '하수를 인도하되 적석산에서 시작한다(導河積石).'라 하였는데, 이는 황하의 발원은 적석산에서 나온다는 것으로 적석산은 금성(金城) 하궐(河闕)에 있으며 곤륜산에서 나온다고는 하지 않았다." **색은** 어디서 곤륜산이라고 한 것을 보았겠는가? 惡의 음은 오(烏)이다. 오(烏)는 어디에서(於何)라는 뜻이다. 도(睹)는 보는 것이다. 장건이 황하의 발원처를 끝까지 찾아 대하(大夏)와 우천(于窴)에까지 이르렀는데 어디에서 곤륜산이 황하의 발원처가 되는 곳을 보았겠는가? 「우본기(禹本紀)」 및 『산해경(山海經)』은 허망한 것이다. 그러나 『산해경』에 의하면 "황하는 곤륜산의 동북쪽 모퉁이에서 나온다."라 하였다. 「서역전(西域傳)」에서는 "남쪽으로 적석산에서 나와 중국의 황하가 된다."라 하였다. 적석산은 본래 황하의 발원지가 아닌데도 오히려 『상서(尙書)』[「우공(禹貢)」]에서는 "낙수를 인도하는데 웅이산에서 나온다(導洛自熊耳)."라 하였지만 사실은 몽령산(冢嶺山)에서 나오며 곧 동으로 웅이산을 거친다. 지금 이 뜻을 미루어 보면 황하 또한 그럴 것이다. 곧 황하의 발원지는 본래 곤륜산인데 땅속으로 흘러 우전(于闐)에 이르고, 또 동으로 흘러 적석산에 이르러 비로소 중국으로 들어가니 『산해경』 및 「우공(禹貢)」에서 각기 서로 들었을 따름이다.

90 **색은** 내가 감히 말하는 것이다. 『한서』에는 "모든 것을 흉내내겠는가(所有放哉)."라 하였다. 여순은 "방탕하고 우활하여 믿을 수 없다는 말이다."라 하였다. 내가 감히 말한다는 것은 또한 『산해경』을 믿기가 어렵다는 것일 따름이다. 순열은 '효(效)'라고 하였는데 본래 실수가 있다.

64 유협 열전 游俠列傳[1]

韓子曰	한자(韓子)는 말하였다.
儒以文亂法[2]	"유자(儒者)는 문(文)으로 법을 어지럽히고
而俠以武犯禁[3]	유협(游俠)은 무(武)로 금령을 범한다."
二者皆譏[4]	이 두 부류는 모두 비난을 받았지만
而學士多稱於世云	학사들은 세상에서 많이 칭송된다고 한다.
至如以術取宰相卿大夫	유술(儒術)로 재상과 경대부를 취하고
輔翼其世主	임금을 보좌하여
功名俱著於春秋[5]	공명이 모두 역사에 드러난 것 같은 데 이르러서는
固無可言者	실로 말할 만한 것이 없다.

1 집해 순열(荀悅)은 말하였다. "기(氣)를 세워 가지런하게 하며 복과 위엄을 짓고 사적인 교유를 맺어서 세상에 강함을 세우는 것을 유협(游俠)이라 한다."

2 정의 문(文)의 폐단은 소인(小人)이 자잘하게 한다는 말이다. 자잘하게 세분하여 법을 가혹하게 하고 정치를 어지럽힌다는 것을 말한다.

3 『한비자』 「오두(五蠹)」편에 나오는 말. 한자(韓子)는 곧 한비자(韓非子)를 말한다. 당대까지는 한자로 불렸는데 당나라 때부터 한유(韓愈)를 한자로 부르면서 둘을 구분하기 위하여 한비자로 부르게 되었다. – 옮긴이.

4 정의 기(譏)는 비난하는 말이다. 유자들은 법을 어지럽히고 유협은 성하여 금령을 범하여 두 부류는 모두 비난을 받았는데 학사(學士)들은 세상의 칭송을 많이 받으므로 태사공이 『한자(韓子)』를 인용하여 유협의 훌륭한 점을 말하려는 것이다.

5 색은 공명(功名)이 춘추(春秋)에 갖춰져 있다. 춘추는 나라의 역사를 말한다. 신하에게 공명이 있으면 나라의 역사에 기록된다는 것을 말하며 모두 역사에 드러난다는 것이다.

及若季次原憲	계차나 원헌 같은 이는
閭巷人也[6]	여항의 사람으로
讀書懷獨行君子[7]之德	독서를 하면서 홀로 행하는 군자의 덕을 품고
義不苟合當世	의는 실로 당세에 부합하지 않아
當世亦笑之	당세에서 또한 비웃었다.
故季次原憲終身空室蓬戶[8]	그러므로 계차와 원헌은 죽을 때까지 빈집에 쑥대를 엮은 문을 하고
褐衣疏食不厭[9]	거친 베옷을 입었으며 조악한 음식도 실컷 먹지 못했다.
死而已四百餘年	죽고 이미 4백여 년이 되었는데
而弟子志之不倦	제자들은 그들을 향모(向慕)하기를 게을리 하지 않는다.
今游俠	지금 유협은
其行雖不軌於正義	그 행위가 정당한 도리의 법도에서 벗어나긴 하지만
然其言必信	그 말은 반드시 신의가 있고
其行必果	그 행동은 반드시 결과가 있으며
已諾必誠	이미 응락하였으면 반드시 성의를 다하여
不愛其軀	그 몸을 아끼지 않고

6 **집해** 서광(徐廣)은 말하였다. "「중니제자전(仲尼弟子傳)」에서는 공석애(公晳哀)는 자가 계차(季次)인데 벼슬을 한 적이 없으며 공자(孔子)가 칭찬하였다고 하였다."
여항(閭巷)은 여염(閭閻)이라고도 하며 곧 항간(巷間)과 같은 뜻이다. – 옮긴이.

7 **색은** 行의 음은 행[下孟反]이다.

8 **정의** 『장자(莊子)』「양왕(讓王)」에서는 "원헌(原憲)은 사방 1도(堵)인 집에 살았는데 쑥을 엮어 만든 문도 온전치 않았다. 뽕나무로 지도리를 해달았고 항아리로 창을 내었는데 위는 새고 아래는 축축한 데도 홀로 앉아 거문고를 타며 노래하였다."라 하였다.

9 **색은** 불염(不饜)이다. 염(饜)은 실컷이라는 뜻이며, 음은 염[於豔反]이다.

赴士之阨困[10] 선비가 곤경에 처하면 달려가

既已存亡死生矣 이미 죽은 자를 살리고 산 자를 죽여서도

而不矜其能 그 잘하는 것을 자랑하지 않으며

羞伐其德 그 덕을 과시하는 것을 부끄럽게 여기니

蓋亦有足多者焉 아마 또한 칭찬할 만한 것이 있을 것이다.

且緩急 또한 위급한 일은

人之所時有也 사람에게 이따금 발생하는 것이다.

太史公曰 태사공은 말한다.

昔者虞舜窘於井廩 옛날에 우순은 우물과 미곡창에서 곤경에 처하였었고

伊尹負於鼎俎 이윤은 솥과 도마를 진 적이 있었으며

傅說匿於傅險 부열은 부험에 숨었었고

呂尙困於棘津[11] 여상은 극진에서 곤궁해졌었으며

夷吾桎梏 이오는 수갑과 차꼬를 찼고

百里飯牛 백리해는 소를 먹였으며

仲尼畏匡 중니는 광(匡)에서 두려운 일에 처하였고

菜色陳蔡 진(陳)과 채나라에서는 굶주렸다.

此皆學士所謂有道仁人也 이들은 모두 학사들이 이른바 도덕과 인의가 있는 인물들인데도

猶然遭此菑 오히려 이런 재난을 당하였거늘

10 색은 앞의 글자의 음은 액(厄)이다.

11 집해 서광은 말하였다. "광천(廣川)에 있다." 정의 『위료자(尉繚子)』에서는 태공망(太公望)은 나이 70에 극진(棘津)에서 먹을 것을 팔았다 한다. 옛날에는 또한 석제진(石濟津)이라 하였으며 때문에 옛 남진(南津)이다.

況以中材而涉亂世之末流乎	하물며 중간 정도의 재질로 어지러운 세상의 퇴폐한 풍속을 헤쳐 나가는 사람들이겠는가?
其遇害何可勝道哉	그 해를 당함을 어찌 이루 다 말하겠는가!

鄙人有言曰	비속한 사람들의 말에
何知仁義	"인의를 어찌 알겠는가?
已饗其利[12]者爲有德	이미 이익을 누리는 것은 덕이 있는 것이다."라 하였다.
故伯夷醜周	그러므로 백이가 주나라를 싫어하여
餓死首陽山	수양산에서 굶어 죽었는데도
而文武不以其故貶王	문왕과 무왕은 그것 때문에 왕으로서의 명예가 깎이지 않았으며,
跖·蹻暴戾	도척(盜跖)과 장교(莊蹻)는 포악하고 사나웠는데도
其徒誦義無窮	그 무리들은 의를 칭송하기를 그치지 않았다.
由此觀之	이로써 살펴보건대
竊鉤者誅[13]	"걸쇠를 훔치는 자는 죽음을 당하고
竊國者侯	나라를 훔치는 자는 제후에 봉하여지며
侯之門仁義存[14]	제후의 문(門)에 인의가 보존된다."라는 말은
非虛言也	빈말이 아니다.

12 **색은** 已의 음은 이(以)이다. 饗의 음은 향(享)으로 받는 것이다. 이미 그 이익을 받으면 덕이 있는 것이니 하필 인의를 알겠는가라는 말이다.

13 **색은** 작은 것을 훔치면 도둑이 되어 죽임을 당한다는 것을 말한다.

14 **색은** 신하들이 왕의 문하에 폐백을 바치면 인의가 남는다는 말이다. 유협처럼 가볍고 굳센 것 또한 어찌 반드시 인의를 남기려 하겠는가라는 말이다.

今拘學或抱咫尺之義	지금 학문에 얽매이거나 아주 작은 의를 안고
久孤於世[15]	세상에 오래도록 외로이 지내는 것이
豈若卑論儕俗	어찌 논조를 낮추고 세속에 투합하여
與世沈浮而取榮名哉	세상과 함께 부침하면서 영예와 명성을 취함과 같겠는가!
而布衣之徒	그러나 포의의 무리들은
設取予然諾	가령 받고 주며 그러마고 한 것에 대하여서는
千里誦義	천 리에 의를 칭송하여
爲死不顧世	그것을 위해 죽으면서 세상을 돌아보지 않아
此亦有所長	이 또한 장점이 있으니
非苟而已也	구차할 따름이 아니다.
故士窮窘而得委命	그러므로 선비들은 곤궁해도 목숨을 맡기니
此豈非人之所謂賢豪閒者邪	이 어찌 사람들이 이른바 현자와 호걸 사이라는 것이 아니겠는가?
誠使鄉曲之俠	실로 향곡의 유협들을
予季次原憲比權量力	계차와 원헌을 가지고 권력과 영향력 및
效功於當世	당세에 공이 드러나는 것을 가지고 비교한다면
不同日而論矣	같은 날 논하지는 못할 것이다.
要以功見言信	공을 가지고 신의를 말하는 것을 본다면
俠客之義又曷可少哉	협객의 의를 어찌 적다 하겠는가!
古布衣之俠	옛날의 포의의 협객은

15 색은 학문에 구애되어 의를 지키는 선비나 아주 하찮은 일을 안고 마침내 오래도록 당대에서 홀로 나의 뜻을 안고 있는 것이 논조를 낮추고 세속에 투합하여 영예와 총애를 취함만 못하다는 말이다.

靡得而聞已	얻어들은 적이 없다.
近世延陵[16]孟嘗春申平原信陵之徒	근세의 연릉과 맹상군, 춘신군, 평원군, 신릉군의 무리들은
皆因王者親屬	모두 왕의 친속으로
藉於有土卿相之富厚	토지 소유와 경상이라는 부유함에 의지하여
招天下賢者	천하의 현자들을 초치하여
顯名諸侯	제후들에게 이름을 드러내었으니
不可謂不賢者矣	현자가 아니라 할 수 없다.
比如順風而呼	비유하자면 바람을 타고 부르는 것과 같아
聲非加疾	소리가 더 빠른 것이 아니라
其埶激也	그 형세가 격렬하기 때문이다.
至如閭巷之俠	여항의 유협에 이르러서는
脩行砥名	행실을 닦고 명성을 닦아
聲施[17]於天下	천하에 명성이 전하여져서
莫不稱賢	현명함을 칭찬하지 않음이 없으니
是爲難耳	이는 어려운 것일 따름이다.
然儒墨皆排擯不載	그러나 유가와 묵가에서는 모두 배척하여 기록하지 않았다.
自秦以前	진(秦)나라 이전에는
匹夫之俠	필부의 협객이

16 **집해** 서광은 말하였다. "대군(代郡)에도 연릉현(延陵縣)이 있다." 『한자(韓子)』[「십과(十過)」]에서는 "조양자(趙襄子)는 연릉생(延陵生)을 불러 거기(車騎)로 하여금 먼저 진양(晉陽)에 이르게 하였다."라 하였다. 양자 때 조나라는 이미 대(代)를 병합하였으니 연릉이라는 호칭이 있을 수 있지만 이 사람인지에 대해서는 확실치 않다.

17 **색은** 施의 음은 이[以豉反]이다.

湮滅不見　인멸되어 보이지 않으니

余甚恨之　내 매우 유감스럽다.

以余所聞　내가 들은 바에 의하면

漢興有朱家田仲王公劇孟郭解之徒
한나라가 흥하자 주가와 전중, 왕공, 극맹, 곽해의 무리가 있었는데

雖時扞當世之文罔[18]　비록 이따금 당세의 법망을 범하기는 하였지만

然其私義廉絜退讓　개인적인 의리는 청렴결백하며 물리고 겸양하여

有足稱者　칭찬할 만한 것이 있다.

名不虛立　명성은 헛되이 서지 않으며

士不虛附　선비들은 헛되이 붙지 않는다.

至如朋黨宗彊比周　강한 종친들과 붕당을 이루어 세력을 결성하고

設財役貧　재산을 마련하고 가난한 자들을 부리며

豪暴侵淩孤弱　흉포함으로 외롭고 약한 자들을 침탈하고

恣欲自快　하고 싶은 대로 하여 스스로 즐기는 것 따위는

游俠亦醜之　유협이 또한 미워한다.

余悲世俗不察其意　내 세속에서 그 뜻을 살피지 않고,

而猥以朱家郭解等令與暴豪之徒同類而共笑之也
함부로 주가와 곽해 등을 흉포한 무리와 같은 부류로 여기게 하여 함께 비웃음을 슬퍼한다.

魯朱家者　노나라의 주가는

與高祖同時　고조와 동시대인이다.

---

18 색은 한(扞)은 곧 한(捍)이다. 당대의 법망을 어기는 것으로, 법령으로 금하는 것을 범함을 이른다.

魯人皆以儒教	노나라 사람들은 모두 유교를 가지고 가르쳤는데
而朱家用俠聞	주가는 유협으로 알려졌다.
所藏活豪士以百數	숨겨주고 살려준 호방한 선비들은 백을 헤아리고
其餘庸人不可勝言	그 나머지 범용한 인물들은 이루 다 말할 수 없다.
然終不伐其能	그러나 끝내 그 잘하는 것을 자랑하거나
歆其德	그 덕이라고 기뻐하지 않았고,
諸所嘗施	일찍이 (덕을) 베푼 적이 있는 사람들에게는
唯恐見之	오직 그들을 만나게 될까 두려워하였다.
振人不贍	남들이 넉넉지 않음을 진휼(賑恤)할 때면
先從貧賤始	먼저 가난하고 천한 사람들부터 시작하였다.
家無餘財	집에는 남은 재산이라고는 없었으며
衣不完采	옷은 두 가지 색깔을 띤 것이 없었고
食不重味	음식도 두 가지 맛이 없었으며
乘不過軥牛[19]	탈것이라고는 소달구지에 지나지 않았다.
專趨人之急	오직 남의 위급함에 달려감이
甚己之私	자기 개인 일보다 더하였다.
既陰脫季布將軍之阨[20]	몰래 계포 장군의 곤경을 벗어나게 한 뒤에
及布尊貴	계포가 존귀해졌어도
終身不見也	죽을 때까지 만나지 않았다.
自關以東	함곡관 동쪽에서

19 **집해** 서광은 말하였다. "음은 구(軥)이다." 『한서음의(漢書音義)』에서는 '소우(小牛)'라 하였다. **색은** 앞 글자의 음은 구[古豆反]이다. 큰 소는 멍에를 지며, 작은 것은 영구차를 끈다.

20 **색은** 몰래 계장군(季將軍)의 곤액을 벗어나게 한 것이다. 계포(季布)는 한나라의 현상금이 걸렸는데 주가가 계포를 곤겸(髡鉗)의 노비로 만들어 광류거(廣柳車)에 태워 내보내었으며 존귀해져서도 그를 만나지 않았으니 또한 절개가 높고 지극히 의로운 선비이다. 그러나 계포는 끝내 주가의 은혜를 갚지 못하였다.

莫不延頸願交焉	목을 늘이고 그와 교유하기를 바라지 않음이 없었다.
楚田仲以俠聞	초나라의 전중은 유협으로 알려졌는데
喜劍	검술을 좋아하였고
父事朱家	주가를 부친처럼 섬기며
自以爲行弗及	스스로 행실이 그에 못 미친다고 생각하였다.
田仲已死	전중이 죽고 난 뒤
而雒陽有劇孟	낙양에 극맹이 있었다.
周人以商賈爲資	주나라 사람들은 상업을 기반으로 삼았는데
而劇孟以任俠顯諸侯	극맹은 임협으로 제후들에게 드러났다.
吳楚反時	오·초(吳楚)가 반란을 일으켰을 때
條侯爲太尉	조후가 태위가 되어
乘傳車將至河南	역거(驛車)를 타고 하남에 이르려 할 때
得劇孟	극맹을 얻자
喜曰	기뻐 말하였다.
吳楚舉大事而不求孟	"오·초(吳楚)가 대사를 일으키며 극맹을 찾지 않으니
吾知其無能爲已矣	내 그들이 일을 이룰 수 없음을 알겠다."
天下騷動	천하에 소요가 일자
宰相得之若得一敵國云	재상은 그를 얻은 것을 한 필적할 나라를 얻은 듯하였다고 한다.
劇孟行大類朱家	극맹의 행실은 주가와 흡사하였지만
而好博[21]	노름을 좋아하였는데

21 **색은** 육박(六博)의 노름이다.

多少年之戲　거의 젊은이들이 즐기는 것이었다.

然劇孟母死　그러나 극맹의 모친이 죽자

自遠方送喪蓋千乘　먼 곳에서 송장하러 온 수레가 거의 천 대나 되었다.

及劇孟死　극맹이 죽었을 때는

家無餘十金之財　집에는 10금의 재산도 남아 있지 않았다.

而符離人王孟亦以俠稱江淮之間

그리고 부리(符離) 사람 왕맹 또한 유협으로 강회 일대에서 일컬어졌다.

是時濟南瞯氏[22]陳周庸[23]亦以豪聞

이때 제남의 간씨(瞯氏)와 진나라의 주용 또한 호걸로 알려졌는데

景帝聞之　경제가 듣고

使使盡誅此屬　사자를 보내어 이들을 모두 죽이게 하였다.

其後代諸白[24]梁韓無辟[25]陽翟薛兄[26]陝韓孺[27]紛紛復出焉

그 뒤로 대군(代郡)의 백씨(白氏)들과 양(梁)의 한무피(韓無辟), 양책(陽翟)의 설황(薛兄), 섬현(陝縣)의 한유(韓孺)가 분분히 다시 나왔다.

---

22 색은 瞯의 음은 간(閒)이다. 질도(郅都)에게 죽임을 당하엿다.

23 색은 진(陳)나라 사람으로 성은 주(周)이고 이름은 용(庸)이다.

24 색은 대(代)는 대군(代郡)이다. 백씨(白氏)를 가진 사람이 있으며 호협이 한 사람이 아니었으므로 '제(諸)'라고 하였다.

25 색은 양(梁)나라 사람으로 성은 한(韓)이고 이름은 무피(無辟)이다. 辟의 음은 피(避)이다.

26 색은 음은 황(況)이다.

27 집해 서광은 말하였다. "섬(陝)은 '겹(郟)' 자가 되어야 할 것 같으며, 영천(潁川)에 겹현(郟縣)이 있다. 「남월전(南越傳)」에 '겹현의 장사 한천추(郟壯士韓千秋)'라는 말이 있다." 색은 섬(陝)은 '겹(郟)' 자가 되어야 한다. 陝의 음은 염[如冉反]이고, 郟의 음은 겹[紀洽反]이다. 『한서(漢書)』에는 '한유(寒孺)'로 되어 있다.

郭解	곽해는
軹人也[28]	지현 사람으로
字翁伯	자는 옹백이고
善相人者許負外孫也	뛰어난 관상쟁이 허부의 외손자이다.
解父以任俠	곽해의 부친은 임협으로
孝文時誅死	효문제 때 사형을 당하였다.
解爲人短小精悍	곽해는 사람됨이 단신에 정명(精明)하고 용감하였으며
不飮酒	술을 마시지 않았다.
少時陰賊[29]	젊었을 때는 음험하고 잔인하였으며
慨不快意	분개하여 뜻대로 되지 않았을 때는
身所殺甚衆	피살된 사람이 매우 많았다.
以軀借交報仇	목숨을 걸고 벗이 원수를 갚는 것을 도와주었고
藏命[30]作姦剽攻	망명자를 숨겨주고 못된 짓을 하며 약탈을 일삼고
休乃鑄錢掘冢	또한 사사로이 돈을 찍어내고 무덤을 파헤치기도 하는 등
固不可勝數	실로 이루 다 헤아릴 수가 없었다.
適有天幸	마침 천행이 있어서
窘急常得脫	어렵고 다급한 처지에서 늘 용케 벗어나게 되었는데
若遇赦	사면을 받는 따위였다.
及解年長	곽해는 나이가 들면서

28 색은 『한서』에서는 하내(河內)의 지현(軹縣) 사람이라고 하였다.

29 색은 속마음이 잔인하고 해치는 것이다.

30 색은 망명(亡命)을 이른다.

更折節爲儉	(평소의) 태도를 바꾸어 겸손하게 되었는데
以德報怨	덕으로 원수를 갚았으며
厚施而薄望	베풂은 두텁고 바라는 것은 적었다.
然其自喜爲俠[31]益甚	그러나 스스로 유협임을 기뻐함은 더 심해졌다.
旣已振人之命	남의 목숨을 구해 주고도
不矜其功	그 공을 자랑하지 않았으며
其陰賊著於心	음험하고 잔인함은 마음에서 드러내어
卒發於睚眥如故云	끝내 화가 나면 째려보는 일 같은 것은 그대로였다고 한다.
而少年慕其行	그러나 젊은이들은 그 행실을 흠모하여
亦輒爲報仇	또한 문득 원수를 갚아주고는
不使知也	알려지지 않게 하였다.
解姊子負解之勢[32]	곽해의 생질은 곽해의 위세를 등에 업고
與人飮	다른 사람과 술을 마시면
使之嚼[33]	술잔을 다 비우게 하였다.
非其任	감당할 수 없는데도
彊必灌之	억지로 반드시 다 마시게 하였다.
人怒	그 사람은 노하여
拔刀刺殺解姊子	칼을 뽑아 곽해의 생질을 찔러 죽이고
亡去	도망쳐버렸다.
解姊怒曰	곽해의 누이가 노하여 말하였다.

31 **색은** 소림(蘇林)은 말하였다. "본성이 유협임을 기뻐해하였다는 말이다."

32 **색은** 부(負)는 믿는 것이다.

33 **집해** 서광은 말하였다. "음은 조[子妙反]이며, 술을 다 마시는 것이다." **색은** 음은 조[即妙反]이다. 술을 다 마시는 것을 말한다.

以翁伯之義	"옹백의 의리로
人殺吾子	남이 내 아들을 죽였는데도
賊不得	해친 놈을 잡아내지 못하는구나."
棄其尸於道	그 시신을 길에다 버려
弗葬	장례를 치러주지 않음으로써
欲以辱解	곽해를 욕보이려 하였다.
解使人微知賊處	곽해는 사람을 시켜 몰래 해친 자가 있는 곳을 알아내게 하였다.
賊窘自歸	해친 자는 궁지에 몰려 자수하여
具以實告解	모두 사실대로 곽해에게 말하였다.
解曰	곽해가 말하였다.
公殺之固當	"그대가 그를 죽인 것이 실로 마땅하군.
吾兒不直	우리 애가 옳지 못했어."
遂去其賊[34]	마침내 그 해친 자를 떠나게 하고
罪其姊子	그 생질이 잘못하였다 하고는
乃收而葬之	이에 거두어 장사를 지내 주었다.
諸公聞之	여러 사람들이 그 말을 듣고
皆多解之義	모두 곽해의 의리를 칭찬하여
益附焉	더욱더 그에게 붙었다.

解出入	곽해가 드나들면
人皆避之	사람들은 모두 피하였다.
有一人獨箕倨視之	어떤 한 사람이 유독 다리를 쭉 뻗고 앉아 그를 보자

34 **집해** 서광은 말하였다. "떠나게 한 것이다."

解遣人問其名姓	곽해는 사람을 보내어 그 성명을 물었다.
客欲殺之	(곽해의) 빈객이 그를 죽이려 하였다.
解曰	곽해가 말하였다.
居邑屋至不見敬	“사는 고을에서 존경을 받지 못하는 것은
是吾德不脩也	내가 덕을 닦지 못하였기 때문이니
彼何罪	저 사람이 무슨 죄가 있겠소!”
乃陰屬尉史曰	이에 몰래 위사에게 부탁하여 말하였다.
是人	“이 사람은
吾所急也[35]	내가 급히 찾던 사람이니
至踐更時脫之	천경(踐更) 때가 되면 그를 빼주시오.”
每至踐更	천경 때마다
數過	자주 그냥 지나가고
吏弗求[36]	관리가 그를 찾지 않아
怪之	이상하게 여겨
問其故	그 까닭을 물어보았더니
乃解使脫之	곧 곽해가 빼주게 한 것을 알게 되었다.
箕踞者乃肉袒謝罪	다리를 뻗고 앉아 있던 자는 웃통을 벗고 사죄하였다.

35 **색은** 내 심중에서 급히 여긴다는 것은 정이 간절하고 급하다는 것을 이른다. 『한서』에는 ‘중(重)’으로 되어 있다.

36 **집해** 여순(如淳)은 말하였다. “경(更)에는 삼품(三品)이 있는데 졸경(卒更)이 있고 천경(踐更)이 있으며 과경(過更)이 있다. 옛날에는 정졸(正卒)이 정해진 사람이 없었으며 모두 돌아가며 번갈아 했는데 한 달에 한 번 바꾸는 것이 졸경(卒更)이다. 가난한 자들을 돌보고자 하여 돈으로 바꾸려는 자는 차례가 올 때 돈을 내어 돌봤는데 월 2천이었으며 이것이 천경(踐更)이다. 법률에 의하면 졸경과 천경은 현에서 다섯 달이면 바꾸었다. 나중에는 ‘위율(尉律)’을 따라 졸경과 천경은 한 달씩 하고 열한 달은 쉬었다.” **색은** 數의 음은 삭(朔)인데, 자주 면하는 것이다. 또한 음을 수[色主反]라고도 하는데 수 또한 자주라는 뜻이다.

少年聞之　젊은이들이 듣고

愈益慕解之行　더욱더 곽해의 행실을 흠모하였다.

雒陽人有相仇者　낙양에 서로 원수진 자가 있었는데

邑中賢豪居閒者以十數[37]　읍(邑) 중의 현사와 호걸로 중재한 사람이 열을 헤아렸지만

終不聽　끝내 듣지 않았다.

客乃見郭解　빈객이 이에 곽해를 찾아보았다.

解夜見仇家　곽해가 밤에 원수진 집안을 찾아보았더니

仇家曲聽解[38]　원수 집안에서는 굽히어 곽해의 말을 들었다.

解乃謂仇家曰　곽해는 이에 원수 집안에게 말하였다.

吾聞雒陽諸公在此閒　"내가 듣자 하니 낙양의 여러분이 이 일을 중재하였지만

多不聽者　모두 듣지 않았다 하더군요.

今子幸而聽解　지금 그대들이 다행히 제 말을 들으니

解柰何乃從他縣奪人邑中賢大夫權乎
제가 어떻게 곧 다른 현에서 남의 고을의 현대부(賢大夫)의 권력을 빼앗겠소!"

乃夜去　이에 밤에 떠나며

不使人知　남들이 알지 못하게 하고

曰　말하였다.

且無用[39]　"잠시 내 말대로 하지 말고

---

37 색은 음은 수[色具反]이다.

38 색은 구가곡청(仇家曲聽)은 태도를 굽히어 곽해의 말을 듣는 것을 말한다.

39 색은 『한서』에는 '무용(無庸)'으로 되어 있다. 소림은 말하였다. "잠시 내가 한 말을 쓰지 않고 내가 떠나거든 낙양의 호족들에게 중재하게 하라는 것이다."

待我去	내가 떠나거든
令雒陽豪居其間	낙양의 호걸들에게 중재하게 하여
乃聽之	곧 따르도록 하시오."
解執恭敬	곽해는 태도가 공경하여
不敢乘車入其縣廷	감히 수레를 타고 현청에 들어가지 않았다.
之旁郡國	곁에 있는 군국에 가서
爲人請求事	남들의 일을 해줄 때에도
事可出	일을 해결해 줄 수 있으면
出之	해결해 주었고,
不可者	할 수 없는 것은
各厭其意	각자 그 뜻에 만족하게 한
然後乃敢嘗酒食	그런 다음에야 이에 감히 술과 음식을 맛보았다.
諸公以故嚴重之	여러 사람들이 그런 까닭에 그를 매우 중시하여
爭爲用	다투어 (힘을) 써주었다.
邑中少年及旁近縣賢豪	고을의 젊은이들 및 인근 현의 현사와 호걸들이
夜半過門常十餘車	한밤중에 방문하여 늘 수레가 10여 대나 되었는데
請得解客舍養之[40]	곽해의 문객을 머물게 하여 공양하고자 청하려는 것이었다.
及徙豪富茂陵也	호족과 부호들을 무릉으로 이주시킬 때

40 색은 여순은 말하였다. "곽해가 망명한 자들을 많이 숨겨주었으므로 나이가 어려서부터 곽해와 뜻이 같은 자를 기꺼이 섬겼고, 망명자들이 곽해에게 많이 귀의했음을 알기 때문에 많은 장군들이 와서 곽해를 위해 망명자를 맞아 숨겨주려는 것이다."

解家貧	곽해는 집이 가난하여
不中訾[41]	재산이 미달하였지만
吏恐	관리는 (명성을) 두려워하여
不敢不徙	감히 이주를 시키지 않을 수 없었다.
衛將軍爲言	위(衛) 장군이 말하였다.
郭解家貧不中徙	"곽해는 집이 가난하여 이주 조건에 맞지 않습니다."
上曰	임금이 말하였다.
布衣權至使將軍爲言	"포의인데 임의로 장군이 말해 주게 할 정도라면
此其家不貧	이는 그 집이 가난하지 않은 것이오."
解家遂徙	곽해의 집은 결국 이주를 하였다.
諸公送者出千餘萬	여러 공들이 전송하는 자가 천을 넘어 만여 명이 되었다.
軹人楊季主子爲縣掾	지현 사람 양계주의 아들이 현의 아전으로 있었는데
擧徙解	곽해를 이주시켜야 한다고 제기하였다.
解兄子斷楊掾頭	곽해의 조카가 양씨 아전의 목을 잘랐다.
由此楊氏與郭氏爲仇	이로 말미암아 양씨와 곽씨는 원수가 되었다.

解入關	곽해가 관으로 들어서자
關中賢豪知與不知	관중의 현사와 호걸들은 알든 모르든
聞其聲	그 명성을 듣고
爭交驩解	다투어 곽해와 교유를 맺어 환심을 샀다.

41 **색은** 부중자(不中貲)이다. 자산[貲]이 3백 만 이상이 차지 않는 것을 조건이 맞지 않는다고 하는 것이다.

解爲人短小	곽해는 사람됨이 단신인 데다
不飮酒	술을 마시지 않았으며
出未嘗有騎	외출 시에 말을 탄 적이 없었다.
已又殺楊季主	이미 또 (누가) 양계주를 죽였다.
楊季主家上書	양계주의 집안에서 글을 올리려 하자
人又殺之闕下	어떤 사람이 또 그를 대궐 아래서 죽였다.
上聞	임금이 듣고
乃下吏捕解	이에 관리를 보내 곽해를 체포하였다.
解亡	곽해는 도망치면서
置其母家室夏陽[42]	그 모친의 집안을 하양에 두고
身至臨晉[43]	자신은 임진에 이르렀다.
臨晉籍少公素不知解	임진의 적소공은 평소 곽해를 몰랐는데
解冒	곽해가 불쑥 찾아왔고
因求出關	내친김에 관문을 나서게 해줄 것을 청하였다.
籍少公已出解	적소공이 곽해를 내보내자
解轉入太原	곽해는 태원으로 흘러들었는데
所過輒告主人家	들르는 곳마다 문득 주인의 집에 (이름을) 알렸다.
吏逐之	관리들이 그를 쫓아
跡至籍少公	추격하여 적소공에게까지 이르렀다.
少公自殺	적소공은 자살하여
口絕	입을 막았다.
久之	한참이나 있다가

42 **집해** 서광은 말하였다. "풍익(馮翊)에 속한다." **정의** 옛 성은 동주(同州) 한성현(韓城縣) 남쪽 20리 지점에 있으며 한나라 하양(夏陽)이다.

43 **정의** 옛 성은 동주(同州) 풍익현(馮翊縣) 서남쪽 2리 지점에 있다.

乃得解	곽해를 잡게 되었다.
窮治所犯	범죄를 끝까지 다스렸는데
爲解所殺	곽해에게 살해된 것이
皆在赦前	모두 사면하기 전이었다.
軹有儒生侍使者坐	지현의 어떤 유생이 사자를 모시고 앉아 있었는데
客譽郭解	문객이 곽해를 칭찬하자
生曰	유생이 말하였다.
郭解專以姦犯公法	"곽해는 오로지 간사하게 국법을 어기니
何謂賢	어찌 현명하다 하겠는가!"
解客聞	곽해의 문객이 듣고
殺此生	이 유생을 죽이고
斷其舌	그 혀를 잘랐다.
吏以此責解	관리는 이것을 가지고 곽해를 힐문하였지만
解實不知殺者	곽해는 사실 죽인 자를 몰랐다.
殺者亦竟絕	죽인 자도 마침내 행적을 끊어
莫知爲誰	누구인지 아무도 몰랐다.
吏奏解無罪	관리는 곽해가 죄가 없다고 아뢰었다.
御史大夫公孫弘議曰	어사대부 공손홍이 논하여 말하였다.
解布衣爲任俠行權	"곽해는 포의로 임협이 되어 권세를 휘두르고
以睚眥殺人	눈을 부릅뜰 정도의 일로 사람을 죽였는데
解雖弗知	곽해는 비록 그것을 모르지만
此罪甚於解殺之	이 죄는 곽해가 죽인 것보다 더 심합니다.
當大逆無道	대역무도의 판결을 내려야 합니다."
遂族郭解翁伯	마침내 곽해 옹백을 멸족시켰다.

自是之後 이 이후로

爲俠者極衆 유협이 된 자가 매우 많았지만

敖而無足數者[44] 오만하여 칠 만한 자가 없다.

然關中長安樊仲子 그러나 관중 장안의 번중자와

槐里趙王孫 괴리의 조왕손,

長陵高公子 장릉의 고공자,

西河郭公仲 서하의 곽공중,

太原鹵公孺[45] 태원의 노공유,

臨淮兒長卿 임회의 예장경,

東陽田君孺[46] 동양의 전군유는

雖爲俠而逡逡有退讓君子之風

비록 유협이었지만 고분고분 물러나 양보하는 군자의 풍모가 있었다.

至若北道姚氏[47] 북쪽의 요씨와

西道諸杜 서쪽의 제두,

南道仇景 남쪽의 구경,

東道趙他羽公子[48] 동쪽의 조타우 공자,

---

44 **집해** 서광은 말하였다. "오(敖)는 거만한 것이다."

45 **집해** 서광은 말하였다. "안문(鴈門)에 노성(鹵城)이 있다." **색은** 태원(太原)의 노옹(鹵翁)이다. 『한서』에는 '노공유(魯公孺)'로 되어 있다. 노(魯)는 성으로, 서광의 설과 같지 않다.

46 **색은** 『한서』에는 '진군유(陳君孺)'로 되어 있다. 그러나 진(陳)과 전(田)은 소리가 서로 가깝고 또한 본래 같은 성이다. **정의** 그 동양(東陽)이라는 것은 아마 패주(貝州) 역정현(歷亭縣)이라는 것일 듯한데 제(齊)나라에 가깝기 때문이다.

47 **색은** 북쪽의 요씨들[諸姚]이다. 소림은 말하였다. "도(道)는 방(方)과 같다." 여순은 말하였다. "경사(京師)에서 사방으로 길이 나 있는 것이다."

48 **색은** 옛 주해에서는 조타(趙他)와 우공(羽公)을 두 사람으로 보았는데 지금 생각건대 성이 조(趙)이고 이름은 타우(他羽)이며 자가 공자(公子)이다.

南陽趙調之徒	남양의 조조(趙調) 같은 무리에 이르러서는
此盜跖居民間者耳	도척이 민간에 사는 것일 따름이니
曷足道哉	어찌 말할 만하겠는가!
此乃鄕者朱家之羞也	이는 옛날 주가가 부끄러워한 것이다

太史公曰	태사공은 말한다.
吾視郭解	나는 곽해를 본 적이 있는데
狀貌不及中人	외모는 중인에 미치지 못하였고
言語不足採者	언어는 취할 만한 것이 없었지만
然天下無賢與不肖	천하의 현자든 불초한 자든
知與不知	알건 모르건 간에
皆慕其聲	모두 그 명성을 흠모하였으며
言俠者皆引以爲名	유협을 말하는 자들은 모두 끌어다 이름으로 삼았다.
諺曰	속담에서 말하기를
人貌榮名	"사람이 영예로운 이름을 용모로 삼는다면
豈有既乎[49]	어찌 다함이 있겠는가!"
於戲	아아,
惜哉	안타깝도다!

49 집해 서광은 말하였다. "사람이 얼굴과 외모를 모습으로 삼는다면 모습에는 쇠락함이 있을 것이며, 오직 영예로운 이름을 가지고 겉을 꾸민다면 칭찬하고 기림이 끝이 없을 것이다. 기(既)는 다한다는 뜻이다."

65 영행열전 佞幸列傳

諺曰, 力田不如逢年	속담에서 "힘껏 농사를 짓는 것이 풍년을 만남만 못하고
善仕不如遇合[1]	관직 생활을 잘하는 것이 사람을 잘 만남만 못하다."라 하였는데
固無虛言	실로 빈말이 아니다.
非獨女以色媚	여인이 미색으로 아첨하는 것뿐만 아니라
而士宦亦有之	사대부의 벼슬 또한 그렇다.

昔以色幸者多矣	옛날에는 미색으로 총애를 받은 자가 많았다.
至漢興	한나라가 흥함에
高祖至暴抗也[2]	고조는 지극히 거칠고 굳세었지만
然籍孺以佞幸	적유(籍孺)는 아첨하여 총애를 받았고,
孝惠時有閎孺[3]	효혜제 때는 굉유(閎孺)가 있었다.
此兩人非有材能	이 두 사람은 재능이 없는 데도
徒以婉佞貴幸	유순하고 아첨하는 것으로 존귀해지고 총애를 받아

1 집해 서광(徐廣)은 말하였다. "우(遇)는 '짝 우(偶)' 자로 된 판본도 있다."

2 색은 폭항(暴伉)이다. 伉의 음은 강[苦浪反]이다. 사납고 용맹하며 강직하다는 말이다.

3 정의 적(籍)과 굉(閎)은 모두 이름이다. 유(孺)는 나이가 어린 것이다.

與上臥起	임금과 함께 눕고 일어나니
公卿皆因關說[4]	공경들도 모두 (그들을) 통하여 말을 하였다.
故孝惠時郎侍中皆冠鵔鸃	그래서 효혜제 때 낭과 시중들은 모두 준의(鵔鸃) 깃털 모자를 쓰고
貝帶[5]	조개를 단 띠를 하였으며
傅脂粉[6]	연지와 분을 발라야 했는데
化閎籍之屬也	굉유와 적유의 무리가 바꾼 것이다.
兩人徙家安陵[7]	두 사람은 안릉으로 이주하여 살았다.

孝文時中寵臣	효문제 때 궁중의 총신으로는
士人則鄧通	사인으로는 등통이 있었고
宦者則趙同[8]北宮伯子[9]	환관으로는 조동과 북궁백자가 있었다.
北宮伯子以愛人長者	북궁백자는 사람을 사랑하는 장자였으며,

4 **색은** 관(關)은 '통할 통(通)' 자의 뜻으로 풀이한다. 공경(公卿)이 그들을 경유하여 말을 통한다는 말이다. 유씨(劉氏)는 "하는 말이 모두 그들을 거쳐 갔다."라 하였다.

5 **집해** 『한서음의(漢書音義)』에서는 말하였다. "준의(鵔鸃)는 새 이름이다. 깃털로 모자를 장식하고, 조개로 띠를 장식하는 것이다." **색은** 준의(鵔鸃)에 대해 응소(應劭)는 말하였다. "새 이름으로 털은 모자를 장식할 수 있다." 허신(許愼)은 말하였다. "별조(鷩鳥)이다." 『회남자(淮南子)』에서는 말하였다. "조무령왕(趙武靈王)은 조개 장식 띠와 준의 깃털 장식 복장을 하였다." 『한관의(漢官儀)』에서는 말하였다. "진(秦)나라는 조(趙)나라를 깨뜨리고 그 모자를 시중(侍中)에게 내렸다." 『삼창(三倉)』에서는 말하였다. "준의는 신조(神鳥)로 날면 빛이 하늘에 비친다."

6 **색은** 윗 글자의 음은 부(付)이다.

7 **정의** 혜제(惠帝)의 능읍(陵邑)이다.

8 **색은** 『한서(漢書)』에는 '조담(趙談)'으로 되어 있는데, 이곳에는 '동(同)'으로 되어 있는 것은 태사공(太史公)의 부친의 이름을 기휘한 것이다.

9 **정의** 안(顔)은 "성은 북궁(北宮)이고 이름은 백자(伯子)이다."라 하였다. 백자(伯子)는 이름이다. 북궁(北宮)의 환관이다.

而趙同以星氣幸	반면에 조동은 점성술로 총애를 받아
常爲文帝參乘	늘 문제를 위해 함께 수레를 탔고,
鄧通無伎能	등통은 재주가 없었다.
鄧通	등통은
蜀郡南安人也[10]	촉군(蜀郡) 남안 사람으로
以濯船[11]爲黃頭郎[12]	배의 노를 젓는 것으로 황두랑이 되었다.
孝文帝夢欲上天	효문제는 꿈에 하늘에 오르려 하였지만
不能	오를 수 없었는데
有一黃頭郎從後推之上天	어떤 황두랑이 뒤에서 밀어 하늘로 올리기에
顧見其衣裻[13]帶後穿	돌아보았더니 옷의 솔기가 띠 뒤로 터져 있었다.
覺[14]而之漸臺[15]	깨어나 점대에 가서
以夢中陰目求推者郎	꿈대로 몰래 밀어준 낭을 찾아
即見鄧通	곧 등통을 보게 되었는데
其衣後穿	그 옷 뒤가 터진 것이
夢中所見也	꿈에 본 대로였다.

---

10 **집해** 서광은 말하였다. "나중에 건위(犍爲)에 속하였다."

11 **색은** 濯은 棹로 읽는데, 음은 조[遲教反]이다.

12 **집해** 서광은 말하였다. "황모(黃帽)를 쓴 것이다." 『한서음의』에서는 "못에서 노를 잘 저은 것이다. 일설에 의하면 가는 배를 잘 가렸다고도 한다. 토(土)는 수(水)의 어머니이기 때문에 뱃머리에 노란 깃발을 꽂았으며, 이 때문에 그 낭을 황두랑(黃頭郎)이라고 한 것이다."라 하였다.

13 **집해** 서광은 말하였다. "어떤 판본에는 이 글자가 없다." **색은** 독(裻)은 적삼에서 허리를 가로지르는 것이다.

14 **색은** 覺의 음은 교(教)이다.

15 **정의** 『괄지지(括地志)』에서는 말하였다. "점대(漸臺)는 장안(長安)의 옛 성에 있다. 『관중기(關中記)』에서는 미앙궁(未央宮) 서쪽에 창지(蒼池)가 있고, 못 가운데 점대가 있는데, 왕망(王莽)이 이 대에서 죽었다."

召問其名姓	불러서 이름과 성을 물어보았더니
姓鄧氏	성은 등씨이고
名通	이름이 통이었으며
文帝說焉[16]	문제는 그를 좋아하여
尊幸之日異	높이어 총애함이 날로 달라졌다.
通亦愿謹	등통 또한 성실하고 삼가
不好外交	밖에서 교제하기를 좋아하지 않아
雖賜洗沐	휴가를 내려도
不欲出	나가려 하지 않았다.
於是文帝賞賜通巨萬以十數[17]	이에 문제는 상으로 거만금을 10여 차례나 내리고
官至上大夫	관직은 상대부에 이르렀다.
文帝時時如鄧通家遊戲	문제는 때때로 등통의 집에 가서 놀기도 하였다.
然鄧通無他能	그러나 등통은 달리 잘하는 것이 없어서
不能有所薦士	선비를 천거할 수가 없었고
獨自謹其身以媚上而已	다만 그 자신을 삼가 임금에게 아첨만 할 따름이었다.
上使善相者相通	임금이 용한 점쟁이에게 등통의 관상을 보게 하였더니
曰當貧餓死	"가난하여 굶어 죽을 것이다."라 하였다.
文帝曰	문제가 말하였다.
能富通者在我也	"등통을 부유하게 할 수 있는 사람이 나이다.
何謂貧乎	어찌 가난하다 하는가?"

16 색은 『한서』에서는 말하였다. "임금이 '등(鄧)은 등(登)과 같다.'라며 기뻐하였다."

17 정의 등통에게 거만금을 내린 것이 열 번에 이르렀다는 말이다.

於是賜鄧通蜀嚴道銅山[18]	이에 등통에게 촉군(蜀郡) 엄도의 동산을 내려
得自鑄錢	스스로 돈을 주조할 수 있게 되어
鄧氏錢[19]布天下	'등씨전(鄧氏錢)'이 세상에 퍼졌다.
其富如此	그 부(富)가 이와 같았다.

文帝嘗病癰	문제가 일찍이 악창을 앓았는데
鄧通常爲帝唶吮之[20]	등통이 늘 임금을 위해 입으로 빨아주었다.
文帝不樂	문제는 즐거워하지 않고
從容問通曰	넌지시 등통에게 물어보았다.
天下誰最愛我者乎	"천하에서 누가 가장 나를 사랑하는가?"
通曰	등통이 말하였다.
宜莫如太子	"태자만 한 사람이 없을 것입니다."
太子入問病	태자가 문병을 들어왔는데
文帝使唶癰	문제가 입으로 (고름을) 빨게 하였더니
唶癰而色難之	입으로 빨면서도 난처해하는 기색이었다.
已而聞鄧通常爲帝唶吮之	얼마 후 등통이 늘 황제의 (고름을) 빨아주었다는 말을 듣고는
心慚	마음속으로 부끄러워하였으며
由此怨通矣	이로 말미암아 (등통을) 원망하게 되었다.
及文帝崩	문제가 죽고

18 정의 『괄지지』에서는 말하였다. "아주(雅州) 영경현(榮經縣) 북쪽 3리 지점에 동산(銅山)이 있는데, 곧 등통이 동산을 하사받아 돈을 주조하게 되었던 곳이다." 영경(榮經)은 곧 엄도(嚴道)이다.

19 정의 『전보(錢譜)』에서는 말하였다. "문자로는 냥(兩)이라 하며, 한나라의 사주문(四銖文)과 같다."

20 색은 唶의 음은 석[仕格反]이다. 吮의 음은 선[仕兗反]이다.

景帝立	경제가 즉위하자
鄧通免	등통은 파면되었으며
家居	집에서 거처하였다.
居無何	얼마 있지 않아
人有告鄧通盜出徼外鑄錢	어떤 사람이 등통이 국경 밖으로 몰래 주조한 돈을 빼낸다고 고발했다.
下吏驗問	하옥시켜 심문하여
頗有之	그 사실을 자못 파악하였으며
遂竟案	마침내 끝까지 파헤치게 하고
盡沒入鄧通家	등통의 가산을 모두 몰수하여 들여
尚負責數巨萬	오히려 수거만금의 빚을 지게 되었다.
長公主[21]賜鄧通	장공주가 등통에게 재물을 내리자
吏輒隨沒入之[22]	관리가 그 즉시 바로 그것을 몰수하여 들이니
一簪不得著身	비녀 하나 몸에 지니지 못하게 되었다.
於是長公主乃令假衣食[23]	이에 장공주는 곧 의식을 빌려주게 하였다.
竟不得名一錢[24]	결국 자기 명의의 돈을 한 푼도 가지지 못한 채
寄死人家	남의 집에서 더부살이를 하다가 죽었다.

孝景帝時	효경제 때는
中無寵臣	궁중에 총신이 없었으며

---

21 **집해** 위소(韋昭)는 말하였다. "경제(景帝)의 누이이다." **색은** 곧 관도공주(館陶公主)이다.

22 **색은** 관리가 그 즉시 몰수하여 들인 것이다. 장공주가 따로 등통에게 내린 재물이 있었는데 관리가 바로 몰수하여 들여 장물로 채운 것을 말한다.

23 **색은** 공주가 사람을 시켜 의식을 빌려주게 한 것을 이른다.

24 **색은** 처음에는 '등씨전(鄧氏錢)'이라고 하였는데 지금은 모두 몰수되어 마침내 일전(一錢)의 이름도 없게 된 것이다.

然獨郎中令周文仁[25]	다만 낭중령 주문인(周文仁)뿐이었는데
仁寵最過庸[26]	주문인의 총애는 기껏해야 보통을 넘어서는 수준이었고
乃不甚篤	그리 심하게 도탑지도 않았다.

今天子中寵臣	지금 천자의 총신으로는
士人則韓王孫嫣[27]	사인으로는 한왕(韓王)의 손자 언(嫣)이 있고
宦者則李延年	환관으로는 이연년이 있다.
嫣者	한언(韓嫣)은
弓高侯[28]孽孫也	궁고후의 서얼 손자이다.
今上爲膠東王時	지금 왕이 교동왕일 때
嫣與上學書相愛	한언은 왕과 함께 책을 배우며 서로 좋아하였다.
及上爲太子	임금이 태자가 되자
愈益親嫣	더욱 한언과 친하였다.
嫣善騎射	한언은 기마 궁술에 뛰어났으며
善佞	아첨을 잘하였다.
上即位	임금이 즉위하여
欲事伐匈奴	흉노를 정벌하는 일을 하려 하자
而嫣先習胡兵	한언은 먼저 오랑캐의 병법을 익혔으며

---

25 색은 『한서』에서는 "주인(周仁)"이라고 하였는데, 여기서는 "주문(周文)"이라고 하여 지금 '문(文)'을 아울러 썼는데, 아마 후인이 첨가한 것일 따름이다. 주인(仁)의 자는 문(文)이다.

26 색은 총애가 기껏해야 범용함을 넘은 것이다. 용(庸)은 보통이라는 뜻이다. 주문인이 가장 은총을 많이 받았는데 보통 사람보다 나은 정도였으며 아주 두텁지도 않아 한언(韓嫣) 정도와 같았다는 말이다.

27 색은 음은 언(偃)이며, 또한 언[於建反]이라고도 한다.

28 집해 서광은 말하였다. "한왕(韓王) 신(信)의 아들 퇴당(頹當)이다."

以故益尊貴	이 때문에 더욱 존귀해져서
官至上大夫	벼슬이 상대부에 이르렀고
賞賜擬於鄧通	상으로 내려진 것이 등통에 비길 정도였다.
時嫣常與上臥起	당시 한언은 늘 임금과 함께 눕고 일어났다.
江都王入朝	강도왕이 와서 조현하자
有詔得從入獵上林中	따라서 상림으로 들어가 사냥을 하라는 명을 내렸다.
天子車駕蹕道未行	천자의 거가는 벽제를 끝내고 아직 출발을 않고
而先使嫣乘副車	먼저 한언에게 부거(副車)를 타고
從數十百騎	수천 명의 기마를 딸리어
騖馳視獸	달려가 짐승의 현황을 살피게 하였다.
江都王望見	강도왕이 바라보고
以爲天子	천자라 생각하여
辟從者	따르는 자들에게 피하게 하고
伏謁道傍	길옆에서 엎드려 이름을 아뢰었다.
嫣驅不見	한언은 말을 모느라 보지 못하였다.
既過	지나가자
江都王怒	강도왕은 노하여
爲皇太后泣曰	황제에게 울면서 말하였다.
請得歸國入宿衛[29]	"국도로 돌아와 궁중에서 호위를 할 수 있게 되어
比韓嫣	한언처럼 되었으면 합니다."
太后由此嗛嫣[30]	태후는 이로 말미암아 한언에게 한을 품게 되었다.

29 색은 봉작(封爵)지에서 천자에게 돌아와 숙위(宿衛)로 들어올 것을 청한 것이다.

30 집해 서광은 말하였다. "겸(嗛)은 '함(銜)'과 같은 뜻으로 읽으며 『한서』에는 '함(銜)'으로 되어 있다."

嫣侍上	한언은 임금을 모시고
出入永巷不禁	영항을 드나드는 것이 금지되지 않았으며
以姦聞皇太后	간통하여 황태후에게 알려졌다.
皇太后怒	황태후는 노하여
使使賜嫣死	사자를 시켜 한언에게 죽음을 내렸다.
上爲謝	임금이 사죄해 주었지만
終不能得	끝내 답을 얻을 수가 없어서
嫣遂死	한언은 결국 죽었다.
而案道侯韓說[31]	그리고 안도후 한열은
其弟也	그 아우인데
亦佞幸	또한 아첨으로 총애를 받았다.

李延年	이연년은
中山人也	중산 사람이다.
父母及身兄弟及女	부모 및 자신과 형제 그리고 딸까지
皆故倡也	모두 대대로 가수였다.
延年坐法腐	이연년은 범법 행위로 궁형을 받아
給事狗中[32]	궁중에서 사냥개 관리하는 일을 하였다.
而平陽公主言延年女弟善舞	평양공주가 이연년의 누이가 춤을 잘 춘다는 말을 하여
上見	임금이 만나보고
心說之	마음속으로 좋아하여
及入永巷	영항으로 들이게 되었으며

31 색은 음은 열(悅)이다. 한언(韓嫣)의 동생이다.

32 집해 서광은 말하였다. "사냥개를 주관한다." 색은 혹은 견감(犬監)일 것이다.

而召貴延年	이연년을 불러 현귀하게 하였다.
延年善歌	이연년은 노래를 잘하였고
爲變新聲	새로운 음악을 변주해 주었으며
而上方興天地祠	임금이 바야흐로 천지에 제사를 일으켜
欲造樂詩歌弦之	악시(樂詩)를 지어 노래하고 연주하고자 하였다.
延年善承意	이연년은 뜻을 잘 받들어
弦次初詩[33]	새로 지은 시에 악보를 붙였다.
其女弟亦幸	그 누이도 총애를 받아
有子男	아들을 가졌다.
延年佩二千石印	이연년은 2천 석의 인장을 찼으며
號協聲律	협성률(協聲律)로 불렸다.
與上臥起	임금과 함께 눕고 일어났으며
甚貴幸	매우 존귀해지고 총애를 받아
埒如韓嫣也[34]	한언과 같아졌다.
久之	오래되자
寖與中人亂[35]	점점 궁중의 사람들과 난잡하게 놀았고
出入驕恣	드나듦에 교만 방자해졌다.
及其女弟李夫人卒後	그 누이 이부인(李夫人)이 죽은 뒤에
愛弛	사랑이 식어
則禽誅延年昆弟也	이연년과 형제를 잡아 죽였다.

---

33 **색은** 초시(初詩)를 노래하는 것이다. 초시(初詩)는 곧 새로 지은 악장(樂章)이다.

34 **집해** 서광은 말하였다. "날(埒)은 같다는 뜻이며, [진(晉)나라 좌사(左思)의] 「촉도부(蜀都賦)」에 '탁왕손(卓王孫)과 정정(程鄭)은 명성이 동등했다(卓鄭埒名).'라는 말이 있다. 또한 말하기를 날(埒)은 동등한 명예라고 한다."

35 **집해** 서광은 말하였다. "일성에서는 아우인 계(季)가 궁중의 사람과 난잡하게 놀아난 데 연좌된 것이라고 한다."

自是之後	이 이후로
內寵嬖臣大底外戚之家	궁중에서 총애를 받는 신하들은 대부분 외척의 집안이었지만
然不足數也	손꼽기에도 모자랐다.
衛青 · 霍去病亦以外戚貴幸	위청과 곽거병 또한 외척으로 존귀해지고 총애를 받았으나
然頗用材能自進	자못 그 재능으로 스스로 승진하였다.

太史公曰	태사공은 말한다.
甚哉愛憎之時	심하도다, 사랑하고 미워하는 때가!
彌子瑕[36]之行	미자하의 행실은
足以觀後人佞幸矣	후세인들에게 아첨으로 총애 받는 사람을 보여주기에 충분하다.
雖百世可知也	백세라도 알 수가 있다.

36 색은 위령공(衛靈公)의 신하로 (前漢 劉向의) 『설원(說苑)』에 보인다.

66 골계 열전 滑稽列傳

孔子曰	공자가 말하였다.
六蓺於治一也[1]	"육예는 다스리는 데 있어서 한 가지이다.
禮以節人	『예』로써 사람을 절도 있게 하고
樂以發和	『악』으로 조화롭게 하며
書以道事	『서』로 사실을 말해 주고
詩以達意	『시』로 뜻을 이르게 하며
易以神化	『역』으로 변화를 신비롭게 하고
春秋以義	『춘추』로 올바른 뜻을 알려 준다."
太史公曰	태사공은 말한다.
天道恢恢	하늘의 도가 넓고 넓으니
豈不大哉	어찌 크지 않겠는가!
談言微中	말하는 것이 은미(隱微)해도 사리에 맞아
亦可以解紛	또한 분란을 해결할 수 있다.
淳于髡者	순우곤은

1 정의 육예의 글은 비록 다르지만 '예'로 절제하고 '악'으로 조화롭게 하여 백성들을 이끌어 정치를 바로 세우고 천하가 평정되어 그 귀착하는 곳은 한 가지의 법도라는 말이다. 말하는 것이 은미해도 사리에 맞아 또한 분란을 해결하게 되므로 다스리는 것은 마찬가지라는 것이다.

齊之贅婿也[2]	제나라의 데릴사위이다.
長不滿七尺	신장은 7척이 안 되었지만
滑稽多辯	해학이 넘치고 말솜씨가 뛰어나
數使諸侯	여러 차례 제후국의 사신으로 나가서도
未嘗屈辱	굴욕을 당한 적이 없다.
齊威王之時喜隱[3]	제나라 위왕 때는 은어를 좋아하여
好爲淫樂長夜之飮	지나치게 즐기어 밤새도록 술 마시는 것만 잘하여
沈湎不治	푹 빠져 다스리지 않고
委政卿大夫	정치를 경대부에게 맡겼다.
百官荒亂	백관들이 혼란에 빠져
諸侯並侵	제후들이 한꺼번에 쳐들어와
國且危亡	국가의 위망이
在於旦暮	조석 간에 있었으나
左右莫敢諫	좌우에서 아무도 감히 간하지 못하였다.
淳于髡說之以隱曰	순우곤이 은어로 말하였다.
國中有大鳥	"나라에 큰 새가 있는데
止王之庭	임금의 뜰에 머물러
三年不蜚又不鳴	3년 동안 날지도 않고 울지도 않으니
不知此鳥何也	이 새가 어떤지 모르겠습니다."
王曰	왕이 말하였다.
此鳥不飛則已	"이 새는 날지 않으면 그뿐이겠지만
一飛沖天	한번 날았다 하면 하늘로 솟구쳐오를 것이고,

2 **색은** 여자의 남편인데 아들에 비하면 사람의 사마귀나 혹과 같아서 군더더기이다.

3 희(喜)는 여기서 좋아한다는 뜻으로 쓰였다. 은어를 좋아하는 것을 말한다.

不鳴則已	울지 않으면 그뿐이겠으나
一鳴驚人	한번 울었다 하면 사람을 놀라게 할 것이다."
於是乃朝諸縣令長七十二人	이에 곧 여러 현의 현령(縣令)과 현장(縣長) 72명을 불러
賞一人	한 사람을 포상하고
誅一人	한 사람을 죽여서
奮兵而出	군사를 떨쳐나섰다.
諸侯振驚	제후들이 깜짝 놀라
皆還齊侵地	제나라에서 빼앗은 땅을 모두 돌려주었다.
威行三十六年	위세를 떨친 것이 36년이었다.
語在田完世家中	이 말은 「전완세가(田完世家)」에 있다.

威王八年	위왕 8년(B.C. 349)에
楚大發兵加齊	초나라가 크게 군사를 일으켜 제나라를 침략하였다.
齊王使淳于髡之趙請救兵	제나라 왕은 순우곤으로 하여금 조나라에 가서 구원병을 청하게 하면서
齎金百斤	금 백 근과
車馬十駟	네 마리 말이 끄는 마차 열 대를 주었다.
淳于髡仰天大笑	순우곤이 하늘을 우러러 크게 웃으니
冠纓索絕[4]	갓끈이 다 끊어졌다.
王曰	왕이 말하였다.
先生少之乎	"선생은 적다고 그러는 것이오?"

4 색은 색(索)은 진(盡)과 같은 뜻이다. 갓끈이 모두 다 떨어졌음을 말한다. (晋나라 孔衍의) 『춘추후어(春秋後語)』에도 "갓끈이 모두 다 끊어졌다(冠纓盡絕)."라고 하였다.

髡曰	순우곤이 말하였다.
何敢	"어찌 감히 그러겠습니까!"
王曰	왕이 말하였다.
笑豈有說乎	"웃는 데 어찌 말이 있지 않겠소?"
髡曰	순우곤이 말하였다.
今者臣從東方來	"방금 신이 동쪽에서 오다가
見道傍有禳田者[5]	길 곁에서 밭에서 푸닥거리를 하고 있는 사람을 보았사온데
操一豚蹄	돼지발 하나와
酒一盂	술 한 사발을 잡고서는
祝曰	기원하여 말하는 것이었습니다.
甌窶滿篝[6]	'좁고 높은 땅에서 거둔 것은 바구니를 가득 채우고
汙邪滿車[7]	낮은 곳에서 거둔 것은 수레를 가득 채워주십시오.
五穀蕃熟	오곡이 번성하고 잘 익어
穰穰滿家	집안 가득 곡식이 철철 넘치게 해주십시오.'
臣見其所持者狹而所欲者奢	신은 그 가진 것은 적은데 바라는 것은 많은 것을 보았으므로

5 **색은** 양전(禳田)은 밭에 복을 비는 푸닥거리를 말한다. 곧 풍년제를 지내는 것을 말한다. – 옮긴이.

6 **집해** 서광(徐廣)은 말하였다. "구(篝)는 바구니이다." **색은** 구루(甌窶)는 배루(杯樓)와 같다. 구(窶)는 고자(古字)는 적다는 뜻이다. 풍년이 들어 거두어들이는 것이 가득 채울 만할 따름이라는 말이다. **정의** 구(篝)는 바구니이다. 구루(甌樓)는 고지(高地)의 협소한 땅이며, 수확한 것이 바구니를 가득 채우는 것이다.

7 **집해** 사마표는 말하였다. "오사(汙邪)는 아래쪽 땅에 있는 밭이다." **색은** 곧 아래쪽 밭에 섶이 있는데 수레를 가득 채울 만하다는 것이다.

故笑之 그 사람이 생각나서 웃은 것입니다."

於是齊威王乃益齎黃金千溢 이에 제나라 위왕(威王)은 곧 황금 만 일(溢)과

白璧十雙 흰 벽옥 열 쌍

車馬百駟 사두마차 백 대를 더하여 주었다.

髡辭而行 순우곤은 작별을 하고 길을 떠나

至趙 조나라에 이르렀다.

趙王與之精兵十萬 조나라 왕은 정예병 10만과

革車千乘 병거 천승을 주었다.

楚聞之 초나라에서는 그 소식을 듣고

夜引兵而去 밤에 군사를 이끌고 떠났다.

威王大說 위왕이 크게 기뻐하며

置酒後宮 후궁에 술을 차려놓고

召髡賜之酒 순우곤에게 술을 내렸다.

問曰 묻기를

先生能飮幾何而醉 "선생은 얼마나 마시면 취하겠소?"라 하였다.

對曰 대답하였다.

臣飮一斗亦醉 "신은 한 말을 마셔도 취하고

一石亦醉 한 섬을 마셔도 취합니다."

威王曰 위왕이 말하였다.

先生飮一斗而醉 "선생이 한 말을 마시고 취한다면

惡能飮一石哉 어찌 한 섬을 마실 수 있겠소!

其說可得聞乎 무슨 말인지 들을 수 있겠소?"

髡曰 순우곤이 말하였다.

賜酒大王之前 "대왕님 앞에서 술을 내리는데

執法在傍 법을 집행하는 관리가 곁에 있고

御史在後	어사가 뒤에 있으면
髡恐懼俯伏而飮	저는 두려움에 떨며 엎드려서 마시는데
不過一斗徑醉矣	한 말을 마시지도 못하여 즉시 취하게 됩니다.
若親有嚴客	어버이께 귀하신 손님이 계셔
髡帣韝鞠跽[8]	제가 옷깃을 바로 하고 꿇어앉아
侍酒於前	앞에서 술을 대접하는데
時賜餘瀝	이따금 남은 술을 내려 주고
奉觴上壽	술잔을 받들어 축수를 올리느라
數起	자주 일어나게 되면
飮不過二斗徑醉矣	두 말도 못 마시고 곧 취하게 됩니다.
若朋友交遊	만약 사귀던 친구와
久不相見	오랫동안 만나지 못하다가
卒然相睹	갑자기 서로 만나
歡然道故	즐거이 옛일을 이야기하고
私情相語	사적인 마음을 서로 말하면
飮可五六斗徑醉矣	대여섯 말을 마시면 곧 취하게 될 것입니다.
若乃州閭之會	만약 마을의 모임에서
男女雜坐	남녀가 섞여 앉아
行酒稽留	술을 돌리고 잠시 머물면서
六博投壺	윷놀이를 하고 투호를 하느라
相引爲曹	서로 끌어당겨 편을 삼고

8 **집해** 서광은 말하였다. "권(帣)은 옷소매를 여미는 것이다. 수(褏)는 소매이다. 구(韝)는 팔로 막는 것이다. 국(鞠)은 굽은 것이다. 기(䐀)는 또한 '跽'과 같으며 꿇어앉은 것을 말한다." **색은** 권(帣)은 소매를 여미는 것을 말한다. 구(韝)는 팔로 막는 것이다. 국(鞠)은 몸을 굽히는 것이다. 기(䐀)는 '跽'와 음이 같으며 꿇어앉아 있는 것이다.

握手無罰	손을 잡아도 아무런 벌칙이 없으며
目眙不禁[9]	빤히 쳐다보아도 금하지 않습니다.
前有墮珥	앞에서는 귀고리가 떨어지고
後有遺簪	뒤에서는 비녀가 돌아다니면
髡竊樂此	저는 가만히 이를 즐겨
飮可八斗而醉二參[10]	여덟 말을 마시면 2~3할은 취하게 될 것입니다.
日暮酒闌	날이 저물고 술자리가 끝나가
合尊促坐	술통을 모으고 자리가 좁혀져
男女同席	남녀가 합석하고
履舃交錯	신발이 엇섞이며
杯盤狼藉	술잔과 접시가 어지러워지고
堂上燭滅	대청의 불이 꺼지면
主人留髡而送客[11]	주인이 저는 잡고 손님들은 보냅니다.
羅襦襟解	비단 저고리의 옷깃이 풀리면
微聞薌澤	은은한 향기가 풍기는데,
當此之時	이때는
髡心最歡	저의 마음이 아주 기뻐
能飮一石	한 섬도 마실 수 있습니다.
故曰酒極則亂	그러므로 술이 극에 달하면 어지러워지고

9 집해 서광은 말하였다. "'眙'의 음은 등[吐甑反]이며, 똑바로 쳐다보는 모양이다." 색은 '眙'는 음이 '징(瞪)'과 같으며, 똑바로 쳐다보는 것이다. 또한 음을 치[丑二反]라고도 한다.

10 색은 위에서 "5~6말이면 곧 취한다."라 하였으니 이는 매우 즐겁다는 것으로 여덟 말을 마시면 곧 취할 만하다고 하였으므로 "가만히 즐긴다."라 하였다. 이삼(二參)은 2~30%는 취한다는 말이다.

11 집해 서광은 말하였다. "어떤 판본에는 '저는 남게 하여 앉히고 손님들은 일으켜 보냅니다(留髡坐, 起送客).'로 되어 있다."

樂極則悲	즐거움이 극에 달하면 슬퍼진다고 하였으니
萬事盡然	모든 일이 다 그렇사옵니다.”
言不可極	(사물은) 극도에 달하면 안 되며
極之而衰	극도에 달하면 쇠한다고 말하여
以諷諫焉	풍간한 것이다.
齊王曰	제나라 왕이 말하였다.
善	“훌륭하도다.”
乃罷長夜之飮	이에 밤새도록 마시는 일을 그만두고
以髡爲諸侯主客[12]	순우곤을 제후의 주객으로 삼았다.
宗室置酒	종실에서 술자리를 벌이면
髡嘗在側	순우곤이 항상 곁에 있었다.

其後百餘年	그 후 백여 년이 지나
楚有優孟	초나라에 우맹이 있었다.
優孟[13]	우맹은
故楚之樂人也	옛 초나라의 악인이었다.
長八尺	신장이 8척에
多辯	말솜씨가 뛰어나
常以談笑諷諫	늘 담소로 풍간하였다.
楚莊王之時	초나라 장왕 때
有所愛馬	아끼는 말이 있었는데

---

12 **정의** 제후주객(諸侯主客)은 지금의 홍려경(鴻臚卿)이다. 제후의 사절이 오면 접대하는 관직을 말한다.

13 **색은** 우(優)는 창우(倡優)이다. 맹(孟)은 자이다. 우전(優旃)이라고 한 것 또한 마찬가지인데 전(旃)은 그 자일 뿐이다. 우맹은 초나라에 있었고, 전(旃)은 진(秦)나라에 있는 자였다.

衣以文繡	무늬를 수놓은 옷을 입혀
置之華屋之下	화려한 집에다 두었으며
席以露床	대나무를 깐 침대에 자리를 깔고
啗以棗脯	대추와 육포를 먹였다.
馬病肥死	말이 살찌는 병이 걸려서 죽자
使羣臣喪之	뭇 신하들에게 조상케 하고
欲以棺槨大夫禮葬之	관과 곽을 갖추어 대부의 예로 장례를 치러주고자 하였다.
左右爭之	좌우에서는 이에 대해 쟁론하면서
以爲不可	안 된다고 하였다.
王下令曰	왕이 명을 내려서 말하였다.
有敢以馬諫者	“감히 말을 가지고 간쟁하는 자가 있으면
罪至死	죽을죄를 내리겠다.”
優孟聞之	우맹이 이에 대해 듣고
入殿門	궁전 전문으로 들어갔다.
仰天大哭	그리고 하늘을 우러러 크게 곡을 하였다.
王驚而問其故	왕이 놀라 그 까닭을 물었다.
優孟曰	우맹이 말하였다.
馬者王之所愛也	“말은 임금께서 아끼시던 것이온데
以楚國堂堂之大	초나라의 당당하고 큼으로
何求不得	무엇을 구하지 못하겠습니까?
而以大夫禮葬之	대부의 예로 장례를 지내기에는
薄	박하오니
請以人君禮葬之	청컨대 임금의 예로 장례를 치러주십시오.”
王曰	왕이 말하였다.

何如	“어떻게?”
對曰	대답하였다.
臣請以彫玉爲棺	“신은 청컨대 옥을 아로새겨 관을 만들고
文梓爲槨	무늬 있는 가래나무를 가지고 곽을 만들며
楩楓豫章爲題湊[14]	녹나무와 단풍나무 예장나무로 횡대를 만드십시오.
發甲卒爲穿壙	갑사를 동원하여 광중을 파게 하고
老弱負土	늙은이와 어린이는 흙을 져 나르게 하십시오.
齊趙陪位於前	제나라와 조나라의 대표를 앞에서 모시게 하고
韓魏翼衛其後[15]	한나라와 위나라의 대표를 뒤에서 보좌하게 하십시오.
廟食太牢	묘당을 지어 태뢰로 제사를 올리고
奉以萬戶之邑	만 호의 읍으로 받들게 하십시오.
諸侯聞之	제후들이 들으면
皆知大王賤人而貴馬也	모두들 대왕께서 사람은 하찮게 여기고 말은 귀하게 여긴다는 것을 알게 될 것입니다.”
王曰	왕이 말하였다.
寡人之過一至此乎	“과인의 잘못이 이에까지 이르렀던가!
爲之柰何?	어찌하면 되겠는가?”
優孟曰	우맹이 말하였다.
請爲大王畜六葬之[16]	“청컨대 대왕을 위해 육축(六畜)으로 장사 지내

14 집해 소림(蘇林)은 말하였다. “나무를 관 밖에 쌓는데 나무의 끝이 모두 안을 향하므로 제주(題湊)라고 한다.”

15 집해 초장왕 때까지만 해도 아직 조나라와 한나라, 위나라는 없었다. 색은 이는 변설하는 사람들의 말로 후세인들이 덧붙여 꾸민 것이다.

16 육축(六畜)은 소 · 양 · 돼지 · 말 · 닭 · 개를 말한다. – 옮긴이.

	겠습니다.
以壠竈爲槨[17]	부뚜막으로 곽을 삼고
銅歷爲棺[18]	청동 솥으로 관을 삼으며
齎以薑棗[19]	생강과 대추를 갖추어 주고
薦以木蘭	목란을 바치며
祭以糧稻	쌀로 제사를 지내고
衣以火光	불빛을 입혀서
葬之於人腹腸[20]	사람의 창자에 장사 지내십시오."
於是王乃使以馬屬太官	이에 왕은 곧 말을 태관에게 주고는
無令天下久聞也	천하에 더 이상 들리지 않게끔 하였다.
楚相孫叔敖知其賢人也	초나라 재상 손숙오는 그가 현명한 사람이라는 것을 알고
善待之	그를 잘 대해 주었다.
病且死	병이 들어 죽으려 할 때
屬其子曰	그 아들에게 부탁하였다.
我死	"내가 죽고 나면
汝必貧困	너는 반드시 빈곤해질 것이다.
若往見優孟	너는 우맹을 찾아가 보고
言我孫叔敖之子也	나는 손숙오의 아들이라고 말하여라."
居數年	몇 년 만에

17 **색은** 『황람(皇覽)』에서도 이 일을 말하였는데, "농조(壠竈)"를 "농돌(礱突)"이라 하였다.

18 **색은** 력(歷)은 곧 솥[釜鬲]이다.

19 **색은** 옛날에는 고기를 먹을 때 생강과 대추를 썼다. 『예기(禮記)』「내칙(內則)」에서는 "배 속에 대추를 채우고 계피와 생강을 가루를 내어 그 위에 뿌려서 먹는다(實棗於其腹中, 屑桂與薑, 以洒諸其上而食之)."라 하였는데 이를 말한다.

20 **색은** 『황람(皇覽)』에서는 "불을 젓가락 끝에 보내어 배 속에다 장사를 지낸다."라 하였다.

其子窮困負薪	그 아들이 곤궁해져서 땔나무를 지게 되었는데
逢優孟	우맹을 만나자
與言曰	그에게 말하였다.
我	"나는
孫叔敖子也	손숙오의 아들입니다.
父且死時	부친께서 돌아가시려 할 때
屬我貧困往見優孟	제게 빈곤해지면 우맹을 가서 찾아보라고 당부하였습니다."
優孟曰	우맹이 말하였다.
若無遠有所之[21]	"그대는 멀리 가는 일이 없도록 하라."
即爲孫叔敖衣冠	즉시 손숙오의 의관을 하고
抵掌談語[22]	손뼉을 치면서 이야기를 하였다.
歲餘	한 해 남짓 만에
像孫叔敖	손숙오와 비슷해져서
楚王及左右不能別也	초나라 왕 및 좌우에서 구별을 할 수 없었다.
莊王置酒	장왕이 술을 차려내자
優孟前爲壽	우맹이 앞으로 나가서 축수하였다.
莊王大驚	장왕은 크게 놀라
以爲孫叔敖復生也	손숙오가 다시 살아난 것으로 생각하여
欲以爲相	재상으로 삼으려고 하였다.
優孟曰	우맹이 말하였다.

21 **색은** 우맹이 손숙오의 아들에게 "그대는 멀리 가는 일이 없도록 하라. 다른 곳으로 가면 임금이 나중에 너를 찾아내지 못할 것이다."라고 말한 것이다.

22 **집해** 『전국책』에서는 말하였다. "소진(蘇秦)은 조나라 왕의 화려한 집에서 유세하면서 손바닥을 치며 말하였다." 장재(張載)는 말하였다. "말하는 모습이다."

請歸與婦計之	“청컨대 돌아가 아내와 의논하고
三日而爲相	사흘 후에 재상이 되겠습니다.”
莊王許之	장왕은 이를 허락하였다.
三日後	사흘 뒤에
優孟復來	우맹이 다시 왔다.
王曰	왕이 말하였다.
婦言謂何	“아내가 뭐라던가?”
孟曰	우맹이 말하였다.
婦言愼無爲	“아내의 말로는 제발 하지 말라 하였으며
楚相不足爲也	초나라 재상은 할 만한 것이 못된다고 하였습니다.
如孫叔敖之爲楚相	손숙오 같은 이는 초나라의 재상이 되어
盡忠爲廉以治楚	충성을 다하고 청렴하게 초나라를 다스려
楚王得以霸	초나라 왕이 패자가 되게 하였습니다.
今死	이제 죽으니
其子無立錐之地	그 아들은 송곳을 꽂을 땅조차 없고
貧困負薪以自飮食	빈곤하여 땔나무를 지고 스스로 먹고 마실 것을 마련합니다.
必如孫叔敖	필시 손숙오처럼 될 바에야
不如自殺	스스로 목숨을 끊음만 못합니다.”
因歌曰	이어서 노래를 하였다.
山居耕田苦	“산에 살며 밭갈이에 고생해도
難以得食	먹을 것 얻기 어렵네.
起而爲吏	몸 일으켜 관리 되면
身貪鄙者餘財	몸 탐욕스럽고 비루한 자는 재물 남겨

不顧恥辱	치욕 돌아보지 않는다네.
身死家室富	몸 죽고 집안 부유해진대도
又恐受賕枉法	또한 뇌물 받고 국법 어기며
爲姦觸大罪	간사함 저지르고 큰 죄 범하여
身死而家滅	몸 죽고 집 멸족당할까 걱정한다네.
貪吏安可爲也	관리 됨 어찌할 수 있겠는가!
念爲廉吏	청렴한 관리 되려고 하여
奉法守職	법 받들고 직무 지켜
竟死不敢爲非	마침내 죽더라도 감히 잘못 저지르지 않네.
廉吏安可爲也	청렴한 관리 어찌 될 수 있겠는가!
楚相孫叔敖持廉至死	초나라 재상 손숙오는 청렴함 지켜 죽게 되었는데
方今妻子窮困負薪而食	이제 처자는 곤궁해져 땔나무 져서 먹고 사니
不足爲也	할 것이 못 된다네!"
於是莊王謝優孟	이에 장왕은 우맹에게 사과하고
乃召孫叔敖子	곧 손숙오의 아들을 불러
封之寢丘[23]四百戶	침구의 땅 4백 가구를 봉지로 내려
以奉其祀	그 제사를 받들도록 하였다.

23 **집해** 서광이 말하기를 "고시(固始)에 있다."라 하였다. **정의** 지금의 광주(光州) 고시현(固始縣)으로 본래 침구읍(寢丘邑)이다. 『여씨춘추』에서는 말하였다. "초나라의 손숙오는 나라에 공이 있었는데 병으로 죽을 때가 되자 그 아들에게 일러 말하였다. '왕은 여러 차례나 나를 봉하려 하였는데 내가 사절하고 받지 않았다. 내가 죽으면 반드시 너를 봉할 것이다. 너는 좋은 땅은 받지 말 것이며, 형초(荊楚) 사이에 침구라는 곳이 있는데 그 땅은 좋지 않은 데다가 앞에는 투곡(妬谷: 질투하는 골짜기)이 있고 뒤에는 여구(戾丘: 어그러진 언덕)가 있어 그 이름이 나쁘니 오래도록 가질 수 있을 것이다.' 그 아들이 그대로 하였다. 초나라의 공신은 2세만 봉하고 거두어들였는데 침구(寢丘)만은 빼앗지 않았다."

後十世不絕	10세(十世)가 지나도록 끊이지 않았다.
此知可以言時矣	이는 때맞춰 말할 수 있음을 안 것이다.

其後二百餘年	그 후 2백여 년에
秦有優旃	진나라에 우전이 있었다.
優旃者	우전은
秦倡侏儒也	진나라의 창(倡)인데 난쟁이였다.
善爲笑言	우스갯소리를 잘했지만
然合於大道	큰 도에 부합하였다.
秦始皇時	진시황 때
置酒而天雨	주연을 베풀었는데 하늘에서 비가 내려
陛楯者皆沾寒	섬돌에서 방패를 든 호위병들이 모두 젖어서 추위에 떨었다.
優旃見而哀之	우전이 그것을 보고 애처롭게 여겨
謂之曰	그들에게 말하였다.
汝欲休乎?	"너희들 쉬고 싶으냐?"
陛楯者皆曰	호위병들이 모두 말하였다.
幸甚	"(그리 되면) 매우 다행이겠습니다."
優旃曰	우전이 말하였다.
我即呼汝	"내가 너희를 부르면
汝疾應曰諾	너희는 빨리 '예'하고 대답하여라."
居有頃	조금 후
殿上上壽呼萬歲	대전에서 축수를 올리며 만세를 불렀다.
優旃臨檻大呼曰	우전이 난간에서 내려다보며 크게 소리쳤다.
陛楯郎	"호위병!"

郎曰	호위병이 말하였다.
諾	"예."
優旃曰	우전이 말하였다.
汝雖長	"네가 키가 크더라도
何益	무슨 도움이 되겠느냐?
幸雨立	이렇게 빗속에 서 있으니.
我雖短也	나는 키가 작아도
幸休居	다행히 쉬고 있다."
於是始皇使陛楯者得半相代	이에 진시황은 호위병들을 반씩 교대하게 하였다.
始皇嘗議欲大苑囿	진시황은 일찍이 논의하기를 원유를 크게 넓혀서
東至函谷關	동(東)으로는 함곡관에 이르게 하고
西至雍, 陳倉[24]	서(西)로는 옹(雍)과 진창에까지 이르게 하고자 하였다.
優旃曰	우전이 말하였다.
善	"훌륭하십니다.
多縱禽獸於其中	거기에 짐승들을 많이 풀어놓아
寇從東方來	적군이 동쪽에서 오면
令麋鹿觸之足矣	미록으로 하여금 그들을 받아버리게 하면 충분할 것입니다."
始皇以故輟止	진시황이 이 때문에 그만두었다.
二世立	2세가 즉위하자
又欲漆其城	성벽에 옻칠을 하려고 하였다.
優旃曰	우전이 말하였다.
善	"훌륭하십니다.

24 **정의** 지금의 기주(岐州)와 옹현(雍縣) 및 진창현(陳倉縣)이다.

主上雖無言	임금님께서 말씀을 안 하셔도
臣固將請之	신이 실로 청하고자 하였으니,
漆城雖於百姓愁費	성을 옻칠하면 백성들은 비용을 근심하겠으나
然佳哉	훌륭할 것입니다!
漆城蕩蕩	옻칠한 성벽이 커다랗게 서 있으면
寇來不能上	도적이 오르지 못할 것입니다.
即欲就之	곧 그렇게 하고자만 한다면
易爲漆耳	옻칠을 하는 것은 쉬울 따름이나
顧難爲蔭室[25]	음실을 만들기는 어려울 것입니다."
於是二世笑之	이에 2세가 그 말에 웃고는
以其故止	그 때문에 그만두었다.
居無何	오래지 않아
二世殺死	2세가 살해되자
優旃歸漢	우전은 한나라로 귀의하여
數年而卒	몇 년 만에 죽었다.

太史公曰	태사공은 말한다.
淳于髡仰天大笑	순우곤이 하늘을 우러러 크게 웃자
齊威王橫行	제나라 위왕이 두루 행하였다.
優孟搖頭而歌	우맹이 고개를 흔들며 노래하자
負薪者以封	섶을 진 사람이 이로써 봉하여졌다.
優旃臨檻疾呼	우전이 난간에서 내려다보며 크게 소리치자
陛楯得以半更	호위병이 반은 바뀌게 되었다.

25 음실(蔭實)은 햇볕이 비치지 못하는 어두운 집으로 곧 가마[窯洞]나 움집 같은 것을 말한다. – 옮긴이.

豈不亦偉哉	어찌 또한 위대하지 않겠는가!
褚先生曰	저선생(褚先生)은 말한다.
臣幸得以經術爲郎	신은 다행히 경술(經術)로 낭이 되어 있어
而好讀外家傳語[26]	외가에서 전하는 말을 읽기를 좋아하였습니다.
竊不遜讓	가만히 겸양하지 않고
復作故事滑稽之語六章[27]	다시 골계 이야기 6장을 지어
編之於左	아래에 엮습니다.
可以覽觀揚意	열람하여 뜻을 표현할 수 있으며
以示後世好事者讀之	후세의 일을 좋아하는 사람에게 보여주어 읽게 하여
以游心駭耳	마음을 멀리 놀게 하고 귀를 놀라게 할 것이니
以附益上方太史公之三章	이로써 태사공의 3장에 덧붙입니다.
武帝時有所幸倡郭舍人者	무제 때 총애를 받은 창으로 곽사인이란 사람이 있었는데
發言陳辭雖不合大道	말을 꺼내 늘어놓음이 큰 도에는 맞지 않았지만
然令人主和說	임금을 화락하고 기쁘게 하였다.

26 색은 동방삭 또한 외가의 말을 널리 보았으니 외가는 정경(正經)이 아니며 곧 사전(史傳)의 잡설(雜說)의 책이다.

27 색은 『초사(楚辭)』「복거(卜居)」에서는 말하였다. "아니면 둥글둥글 돌아가며 기름이나 가죽처럼 살 것인가!(將突梯滑稽, 如脂如韋)" 최호(崔浩)는 말하였다. "골계는 술을 따르는 그릇이다. 술을 옮기어 따르면 종일토록 그치지 않는다. 말을 입 밖에 끄집어내었다 하면 문장을 이루고 말이 다하는 것이 없는 것이 골계가 술을 따르는 것과 같다. 그러므로 양웅(揚雄)의 「주부(酒賦)」에서는 '술 부대와 술 주전자 배가 항아리만큼 커서 종일 술을 담아 사람들 다시 그걸로 판다네(鴟夷滑稽, 腹大如壺, 盡日盛酒, 人復藉沽).'라 하였는데 옳다." 또한 요찰(姚察)은 말하였다. "골계는 배해(俳諧)와 같다. 활계라고 읽는다. 말이 잘 어울리고 막힘이 없어 그 지혜와 계책이 빨리 나오기 때문에 활계라고 하는 것이다."

武帝少時
무제가 어렸을 때

東武侯母常養帝[28]
동무의 유모 후씨가 늘 무제를 길렀으며

帝壯時
무제가 장성하였을 때는

號之曰'大乳母'
그를 "큰 유모"라 불렀다.

率一月再朝
대체로 한 달에 두 번 입조하였다.

朝奏入
조현하러 들어갈 때마다

有詔使幸臣馬游卿以帛五十匹賜乳母
조서를 내려 총신 마유경으로 하여금 비단 54필을 유모에게 내리게 하였고

又奉飲糒飧養乳母
또한 음식을 갖추어 유모를 봉양하였다.

乳母上書曰
유모는 글을 올려 말하였다.

某所有公田
"아무 곳에 공전이 있사온데

願得假倩之
원컨대 빌려주셨으면 하고 청합니다."

帝曰
무제가 말하였다.

乳母欲得之乎?
"유모는 그것을 얻기를 바라오?"

以賜乳母
유모에게 내려 주었다.

乳母所言
유모가 말한 것을

未嘗不聽
들어주지 않은 적이 없었다.

有詔得令乳母乘車行馳道中
조서를 내려 유모로 하여금 황제가 다니는 길을 수레를 타고 다니게 하기도 하였다.

當此之時
이때는

公卿大臣皆敬重乳母
공경대신들이 모두 유모를 공경하고 존중하였다.

---

28 **색은** 동무(東武)는 현의 이름이며 후(侯)는 유모의 성이다.
정의 「고조공신표(高祖功臣表)」에서는 동무후 곽가는 고조 6년에 봉하여졌다고 하였다. 아들인 타(他)는 효경(孝景) 6년 기시(棄市)되었고 나라는 없어졌다. 아마 그의 어머니가 늘 무제를 길렀기 때문일 것이다.

乳母家子孫奴從者橫暴長安中	유모 집안의 자손들과 종들은 장안에서 횡포를 일삼았는데
當道掣頓人車馬	길을 막고 남들의 수레와 말을 강탈하는가 하면
奪人衣服	남들의 의복을 빼앗기도 하였다.
聞於中	조정 안까지 알려졌으나
不忍致之法	차마 법대로 하지 못하였다.
有司請徙乳母家室	유사가 청하기를 유모의 집을 옮기어
處之於邊	변두리에 살게 하였다.
奏可	상주한 대로 윤허가 내렸다.
乳母當入至前	유모는 당연히 들어가 면전에 이르러
面見辭	뵙고 작별을 하여야 하였다.
乳母先見郭舍人	유모는 먼저 곽사인을 만나보고
爲下泣	눈물을 흘렸다.
舍人曰	곽사인이 말하였다.
即入見辭去	"들어가 뵙고 작별을 하고 떠날 때
疾步數還顧	빠르게 걸으면서 자주 뒤돌아보십시오."
乳母如其言	유모는 그의 말대로 하여
謝去	작별을 하고 떠나면서
疾步數還顧	빠르게 걸으면서 자주 돌아보았다.
郭舍人疾言罵之曰	곽사인이 빠른 말로 그를 꾸짖어 말하였다.
咄	"쯧!
老女子	늙은 여자 같으니라고!
何不疾行	어째서 빨리 가지 않는가!
陛下已壯矣	폐하께서 이미 장성하셨거늘
寧尚須汝乳而活邪	아직도 네 젖을 필요로 하며 살아가시겠는가?

尚何還顧	아직도 무엇 때문에 뒤돌아보는가!"
於是人主憐焉悲之	이에 임금이 가련히 여겨 슬퍼하며
乃下詔止無徙乳母	곧 하명하여 그만두게 하고 유모를 옮기지 않았으며
罰譴譖之者[29]	무고한 자를 벌주어 귀양 보냈다.

武帝時	무제 때
齊人有東方生名朔[30]	제나라 사람으로 동방생이 있었는데 이름은 삭(朔)으로
以好古傳書	예로부터 전해 내려온 책을 좋아하였고
愛經術	경술을 사랑하였으며
多所博觀外家之語	외가의 말을 널리 본 것이 많았다.
朔初入長安	동방삭은 처음 장안으로 들어와
至公車上書[31]	공거로 가서 글을 올렸는데 ,
凡用三千奏牘	무릇 3천 쪽의 간독으로 아뢰었다.
公車令兩人共持擧其書	공거령 두 사람이 함께 그 글을 들어서야
僅然能勝之	겨우 들 수가 있었다.

29 색은 무제가 유모를 무고한 사람을 벌주어 귀양 보낸 것이다.

30 색은 중장통(仲長統)은 사마천은 「골계전」을 지으면서 우전의 일은 말하고 동방삭은 일컫지 않았다고 하였는데 틀렸다. 동박삭이 한 일을 어찌 다만 우전과 우맹에 비교하겠는가? 그리고 환담(桓譚) 또한 사마천이 옳다고 하였는데 또한 틀렸다. 정의 『한서』에서는 "평원(平原)은 염차(厭次) 사람이다."라 하였다. 『여지지(輿地志)』에서는 말하였다. "염차는 부평현(富平縣)의 향취(鄕聚) 이름일 것이다." 『괄지지(括地志)』에서는 말하였다. "부평의 옛 성은 창주(倉州) 양신현(陽信縣) 동남쪽 40리 지점에 있는데 한나라의 현이다."

31 정의 「백관표(百官表)」에서는 위위(衛尉)의 속관에 공거사마(公車司馬)가 있다고 하였다. 『한의주(漢儀注)』에서는 "공거사마는 궁전의 사마문[司馬門: 외문(外門)]을 관장하였으며, 궁궐의 야간 순찰, 천하의 나랏일 및 궐하의 모든 소집하는 일을 모두 총괄한다. 녹봉은 6백 석이다."라 하였다.

人主從上方讀之	임금은 상방에서 그것을 읽었는데
止	그치면
輒乙其處	문득 그곳에 √ 표시를 해두었으며
讀之二月乃盡	두 달이나 읽어서야 끝이 났다.
詔拜以爲郎	조칙으로 낭에 임명되어
常在側侍中	늘 곁에서 모시고 있게 하였다.
數召至前談語	여러 차례 불러 면전에 이르게 하여 말을 나누었는데
人主未嘗不說也	임금이 기뻐하지 않은 적이 없었다.
時詔賜之食於前	이따금 어명으로 어전에서 먹을 것을 내려 주었다.
飯已	다 먹고 나면
盡懷其餘肉持去	남은 고기를 모두 품에 넣어 가지고 가서
衣盡汙	옷이 모두 더러워졌다.
數賜縑帛	여러 차례 비단을 내렸는데
檐揭而去	어깨에 들쳐 메고 나갔다.
徒用所賜錢帛	하사받은 돈과 비단을 헛되이 써서
取少婦於長安中好女	장안의 미녀들 가운데서 젊은 아내를 맞았다.
率取婦一歲所者即弃去	거의 아내를 맞은 지 한 해 남짓 되면 버리고
更取婦	아내를 바꾸어서 들였다.
所賜錢財盡索之於女子	하사받은 돈과 재물을 여자를 찾는 데 탕진하였다.
人主左右諸郎半呼之狂人	임금 곁의 여러 낭들 가운데 반은 그를 '미치광이'라 불렀다.
人主聞之	임금이 그 말을 듣고
曰	말하였다.
令朔在事無爲是行者	"동방삭으로 하여금 일에 있어서 이렇게 하지 않게 한다면
若等安能及之哉	그대들이 그에게 미칠 수 있겠는가!"

朔任其子爲郎	동방삭은 그 아들을 낭이 되게 하였으며,
又爲侍謁者	또 시알자(侍謁者)가 되어
常持節出使	늘 부절을 지니고 사신으로 나갔다.
朔行殿中	동방삭이 궁전을 가는데
郎謂之曰	낭이 그에게 말하기를
人皆以先生爲狂	"사람들이 모두들 선생은 미치광이라고 합니다."라 하였다.
朔曰	동방삭이 말하였다.
如朔等	"저 같은 사람은
所謂避世於朝廷間者也	이른바 조정에서 세상을 피하는 자입니다.
古之人	옛날 사람들은
乃避世於深山中	곧 깊은 산 속에서 세상을 피했습니다."
時坐席中	이따금 자리에서
酒酣	술이 얼근하게 취하여
據地歌曰	땅에 기대어 노래했다.
陸沈於俗[32]	"속세에서 뭍 속으로 가라앉아
避世金馬門	궁중의 금마문에서 세상을 피하네.
宮殿中可以避世全身	궁전에서도 세상 피하고 몸 온전히 할 수 있는데
何必深山之中	왜 꼭 깊은 산속
蒿廬之下	쑥대 오두막 밑이어야 하는가."
金馬門者	금마문이라는 것은
宦者署門也	환자서의 문인데
門傍有銅馬	문 곁에 구리로 만든 말이 있기 때문에
故謂之曰金馬門	그것을 일러 "금마문"이라 하였다.

32 **색은** 사마표(司馬彪)가 말하기를 "물이 없는데 가라앉는 것이다."라 하였다.

時會聚宮下博士諸先生與論議	당시 궁궐에 모인 박사의 여러 선생들이 더불어 논쟁을 벌였는데
共難之曰[33]	모두 그를 비난하여 말하였다.
蘇秦　張儀一當萬乘之主	"소진과 장의는 한번 만승의 임금과 맞닥뜨려
而都卿相之位	모두 경상의 지위에 미쳤고
澤及後世	은택이 후세에까지 미쳤소.
今子大夫修先王之術	지금 선생께서는 선왕의 치술(治術)을 닦고
慕聖人之義	성인의 의리를 흠모하여
諷誦詩書百家之言	『시』와 『서』 백가의 말을 된 것이
不可勝數	이루 헤아릴 수가 없소.
著於竹帛	죽백(竹帛)에 글을 지어
自以爲海內無雙	스스로 천하에 둘도 없다고 여기니
即可謂博聞辯智矣	곧 견문이 넓고 언변이 뛰어나다 하겠습니다.
然悉力盡忠以事聖帝	그러나 힘을 다하고 충성을 다하여 성스런 임금을 섬긴 지
曠日持久	세월이 오래 흘러
積數十年	수십 년이나 되도록
官不過侍郎	벼슬은 시랑에 지나지 않고
位不過執戟	지위는 집극에 지나지 않으니
意者尚有遺行邪	생각건대 잘못된 일이라도 있는 것입니까?
其故何也	그 까닭이 무엇입니까?"
東方生曰	동방삭이 말하였다.
是固非子所能備也	이것이 실로 그대들이 제대로 알 수 없는 것이오.

33 **색은** 동방삭은 글을 지어 대답하였는데, 곧 아래의 글이 비난한 데 대한 답이다.

彼一時也	"그때는 그때고
此一時也	지금은 지금이니
豈可同哉	어찌 같을 수 있겠소!
夫張儀蘇秦之時	저 장의와 소진 때는
周室大壞	주나라 왕실이 크게 허물어져서
諸侯不朝	제후들은 조회하러 오지 않았고
力政爭權	힘껏 정권을 다투어
相禽以兵	무력으로 서로 사로잡아
并爲十二國	열두 나라로 병합되었지만
未有雌雄	아직 우열을 가릴 수가 없었으므로
得士者彊	선비를 얻는 자는 강해지고
失士者亡	선비를 잃는 자는 망하였으므로
故說聽行通	말이 받아들여지고 행실이 통하여
身處尊位	몸은 높은 지위에 처하였고
澤及後世	은택이 후세에까지 미쳤으며
子孫長榮	자손은 길이 영예를 누렸습니다.
今非然也	지금은 그렇지 않소.
聖帝在上	성스러운 임금이 위에 계시고
德流天下	덕이 천하에 유통되며
諸侯賓服	제후들은 복종하고
威振四夷	위엄이 사방의 오랑캐에 떨치며
連四海之外以爲席	사해의 바깥까지 이어서 자리로 삼으니
安於覆盂	사발을 엎어놓은 것보다 안정되었으며
天下平均	천하가 고르게 되어
合爲一家	한 집으로 합쳐졌으며
動發擧事	움직여 일을 거행함이

猶如運之掌中　손바닥에 놓고 움직이는 것과 같습니다.

賢與不肖　현명함과 불초함이

何以異哉　어떻게 다르겠습니까?

方今以天下之大　바야흐로 지금 천하는 크고

士民之衆　사민은 많아

竭精馳說　정성을 다해 유세하고

並進輻湊者　아울러 나아가 폭주하는 자들을

不可勝數　이루 다 헤아릴 수가 없습니다.

悉力慕義　힘을 다해 (천자의) 뜻을 연모하지만

困於衣食　입고 먹는 데 곤란을 겪고

或失門戶　어떨 때는 (관리가 되는) 문을 잃기도 합니다.

使張儀蘇秦與僕並生於今之世　장의와 소진을 나와 같이 지금 시대에 함께 나게 하였다면

曾不能得掌故　일찍이 장고조차 얻을 수 없었겠거늘

安敢望常侍侍郎乎　어찌 감히 상시나 시랑을 바라겠습니까!

傳曰　전하는 말에

天下無害菑　'천하에 재해가 없으면

雖有聖人　비록 성인이 있다고 하더라도

無所施其才　그 재주를 펼칠 곳이 없으며,

上下和同　아래위가 화합하면

雖有賢者　비록 현자가 있다고 하더라도

無所立功　공을 세울 곳이 없다.'고 하였습니다.

故曰時異則事異　그러므로 시대가 다르면 사정도 달라지는 것입니다.

雖然　비록 그렇더라도

安可以不務修身乎　어찌 몸을 닦는 것을 힘쓰지 않을 수 있겠습니까?

詩曰	『시경』에서는 말하였습니다.
鼓鍾于宮	'궁궐에서 종을 치니,
聲聞于外	그 소리 바깥까지 들리네.
鶴鳴九皐	학이 깊은 구덩이에서 우니,
聲聞于天	그 소리 하늘까지 들리네.'
苟能修身	실로 몸을 닦을 수 있다면
何患不榮	어찌 영예롭지 못함을 근심하겠습니까!
太公躬行仁義七十二年	태공은 인의를 72년 동안 몸소 실천하여
逢文王	문왕을 만나
得行其說	그의 말을 실행하게 되었으며
封於齊	제나라에 봉하여져서
七百歲而不絕	7백 년 동안이나 끊이지 않았습니다.
此士之所以日夜孜孜	이것이 선비가 밤낮으로 부지런히 힘써
修學行道	학문을 닦고 도를 행하는 것을
不敢止也	감히 그치지 않아야 하는 까닭입니다.
今世之處士	지금 세상의 처사는
時雖不用	당대에 비록 등용되지 않는다 하더라도
崛然獨立	우뚝하니 홀로 서고
塊然獨處	덩그러니 홀로 처하여,
上觀許由	위로는 허유를 살피고
下察接輿	아래로는 접여를 살피며
策同范蠡	계책은 범려와 같고
忠合子胥	충성심은 오자서에 부합합니다.
天下和平	천하가 화평하여
與義相扶	의로움과 서로 부지하고 있으니
寡偶少徒	짝이 없고 무리가 적은 것은

固其常也	실로 당연한 것입니다.
子何疑於余哉	그대들은 어찌하여 나를 의심합니까!"
於是諸先生默然無以應也	이에 여러 선생들이 잠자코 아무런 대꾸가 없었다.
建章宮後閤重櫟中有物出焉[34]	건장궁 뒷문의 이중 난간에 어떤 동물이 출현했는데
其狀似麋	모양이 순록과 비슷하였다.
以聞	그대로 보고하자
武帝往臨視之	무제가 가서 친히 보았다.
問左右羣臣習事通經術者	좌우의 사리에 밝고 경술에 달통한 신하들에게 물어보았지만
莫能知	아무도 알지 못하였다.
詔東方朔視之	동방삭에게 보이게 하였다.
朔曰	동방삭이 말하였다.
臣知之	"신은 알고 있사옵니다.
願賜美酒粱飯大飱臣	원컨대 신에게 맛있는 술과 기장밥을 내려 실컷 먹게 하면
臣乃言	신이 곧 말씀드리겠습니다."
詔曰	명하기를
可	"좋다."라 하였다.
已又曰	조금 후에 또 말하였다.
某所有公田魚池蒲葦數頃	"모처에 양어장과 부들 갈대가 있는 공전 몇 이랑이 있는데
陛下以賜臣	폐하께서 신에게 내려 주시면
臣朔乃言	신(臣) 삭이 곧 말하겠습니다."

34 정의 장안현(長安縣) 서북쪽 20리 지점의 옛 성안에 있다.
색은 난간 아래에 2중의 난간이 있는 곳이다.

詔曰	명하기를
可	"좋다."라 하였다.
於是朔乃肯言	이에 동방삭이 곧 기꺼이
曰	말하였다.
所謂騶牙[35]者也	"이른바 추아(騶牙)라는 것입니다.
遠方當來歸義	먼 곳에서 귀순하러 올 때면
而騶牙先見	추아가 먼저 나타납니다.
其齒前後若一	그 이빨은 앞뒤가 한결같으며
齊等無牙	고르게 나란하여 송곳니가 없는데
故謂之騶牙	그러므로 그것을 추아라고 하는 것입니다."
其後一歲所	그 후 한 해 남짓 만에
匈奴混邪王果將十萬眾來降漢	
	흉노의 혼야왕이 과연 10만의 무리를 이끌고 와서 한나라에 항복하였다.
乃復賜東方生錢財甚多	이에 다시 동방삭에게 돈과 재물을 더욱 많이 내렸다.
至老	늙어서
朔且死時	동방삭이 곧 죽으려 할 때
諫曰	간언하였다.
詩云營營青蠅	"『시』에서 말하기를 '앵앵 쉬파리,
止于蕃	울타리에 앉았다네.
愷悌君子	화락한 군자여,
無信讒言	참소하는 말 믿지 말라.
讒言罔極	참소하는 말 끝이 없으니,

35 색은 동방삭이 생각대로 스스로 이름을 세웠는데 우연히 맞은 것이다. 아홉 개의 어금니가 가지런히 있으므로 추아라고 하는데 추기(騶騎)와 같다.

交亂四國[36]	온 나라 어지럽히네.'라 하였습니다.
願陛下遠巧佞	원컨대 폐하께서는 간사하고 아첨하는 사람을 멀리하고
退讒言	참소하는 말을 물리십시오."
帝曰	황제가 말하기를
今顧東方朔多善言	"요즘 어찌하여 동방삭이 착한 말을 많이 할까?"하여
怪之	괴이히 여겼다.
居無幾何	얼마 있지 않아
朔果病死	동방삭은 과연 병들어 죽었다.
傳曰	전하는 말에
鳥之將死	"새가 죽으려 할 때는
其鳴也哀	그 우는 소리가 애처롭고,
人之將死	사람이 죽으려 할 때는
其言也善[37]	그 말이 선하다."라 하였으니
此之謂也	이를 두고 이른 말이다.

武帝時	무제 때
大將軍衛青者	대장군 위청은
衛后兄也[38]	위후의 오빠로
封爲長平侯	장평후에 봉하여졌다.
從軍擊匈奴	입대하여 흉노를 쳤는데
至余吾水上而還	여오수까지 이르렀다가 돌아왔으며,
斬首捕虜	목을 베고 포로를 잡아

36 『시경(詩經)』「소아 · 청승(小雅 · 青蠅)」. – 옮긴이.

37 『논어(論語)』「태백(泰伯)」. – 옮긴이.

38 집해 서광이 말하였다. "「위청전(衛青傳)」에서는 자부(子夫)의 동생이라고 하였다."

有功來歸	공을 세우고 돌아오니
詔賜金千斤	금 천 근을 내리게 하였다.
將軍出宮門	장군이 궁문을 나서는데
齊人東郭先生以方士待詔公車	
	방사로 공거에서 발령을 기다리고 있던 제나라 사람 동곽 선생이
當道遮衛將軍車	길에서 위 장군의 수레를 막고
拜謁曰	절을 하면서 말하였다.
願白事[39]	"아뢸 말이 있습니다."
將軍止車前	장군이 수레를 멈추고 오게 하니
東郭先生旁車言曰	동곽 선생이 수레 곁으로 가서 말하였다.
王夫人新得幸於上	"왕부인이 막 임금의 총애를 얻었사오나
家貧	집이 가난합니다.
今將軍得金千斤	지금 장군께서는 천 근을 얻었사온데
誠以其半賜王夫人之親	실로 그 반을 왕부인의 어버이께 내리면
人主聞之必喜	임금님께서 들으시고 반드시 기뻐하실 것입니다.
此所謂奇策便計也	이것이 이른바 기이하고 유리한 계책이라는 것입니다."
衛將軍謝之曰	위 장군이 감사해하며 말하였다.
先生幸告之以便計	"선생께서 다행히 유리한 계책을 일러주셨으니
請奉教	삼가 가르침을 받들도록 하겠습니다."
於是衛將軍乃以五百金爲王夫人之親壽	
	이에 위 장군은 곧 5백금으로 왕부인의 어버이를 축수하였다.
王夫人以聞武帝	왕부인이 그대로 무제에게 알려 주었다.

39 **집해** 서광이 말하였다. "「위청전」에서는 영승(甯乘)이 위청에게 말하여 동해도위(東海都尉)에 임명되었다고 하였다."

帝曰	황제가 말하였다.
大將軍不知爲此	"대장군은 이렇게 할 줄을 모른다."
問之安所受計策	어디서 계책을 얻었는가 물어보았더니
對曰	대답하였다.
受之待詔者東郭先生	"발령을 기다리고 있는 동곽 선생에게서 얻었습니다."
詔召東郭先生	동곽 선생을 부르게 하여
拜以爲郡都尉	군도위에 임명하였다.
東郭先生久待詔公車	동곽 선생은 공거에서 발령을 오래 기다리느라
貧困飢寒	빈곤하여 주리고 추위에 떨었으며
衣敝	옷은 해지고
履不完	신발은 온전치 못하였다.
行雪中	눈 속을 걸어가는데
履有上無下	신발의 윗부분은 있고 바닥은 없어
足盡踐地	발은 땅을 다 밟았다.
道中人笑之	거리의 사람들이 비웃기라도 하면
東郭先生應之曰	동곽 선생은 대꾸하였다.
誰能履行雪中	"누가 신을 신고 눈 속을 걸어가며
令人視之	남들로 하여금 보고
其上履也	위는 신발인데
其履下處乃似人足者乎	신 아래는 곧 사람의 발과 비슷함을 알게 하겠는가?"
及其拜爲二千石	2천 석의 녹봉을 받는 관리에 임명되자
佩青緺出宮門[40]	푸른 인끈을 차고 궁문을 나서
行謝主人	(하숙집) 주인과 작별하러 갔다.
故所以同官待詔者	옛날에 함께 관리의 발령을 기다리던 자들이

40 **집해** 서광이 말하였다. "음은 과(瓜)이며, 또한 나(螺)라고도 하는데, 푸른 인끈이다."

等比祖道於都門外	도성문 밖에 줄지어 서서 전송하였다.
榮華道路	거리에서 영화롭게 여겼고
立名當世[41]	이름을 당세에 세웠다.
此所謂衣褐懷寶者也[42]	이 사람이야말로 이른바 허름한 옷을 입고 보배를 품은 사람이다.
當其貧困時	그가 빈곤할 때는
人莫省視	사람들이 쳐다보지도 않았는데,
至其貴也	귀해지자
乃爭附之	이에 다투어 붙었다.
諺曰	속담에서 말하기를
相馬失之瘦	"말을 볼 때는 야윈 데서 실수를 하고
相士失之貧	사람을 볼 때는 가난한 데서 실수를 한다."라 하였으니
其此之謂邪	아마 이를 이름이 아니겠는가?
王夫人病甚	왕부인의 병이 위독해지자
人主至自往問之曰	임금이 몸소 가서 문안을 하고 말하였다.
子當爲王	"아들은 왕이 될 텐데
欲安所置之	어디다 두었으면 하오?"
對曰	대답하였다.
願居洛陽	"낙양에 살았으면 합니다."
人主曰	임금이 말하였다.
不可	"아니 되오.
洛陽有武庫敖倉	낙양에는 무기고와 오창이 있으며
當關口	함곡관의 입구에 맞닥뜨려 있으니

41 집해 서광이 말하였다. "동곽 선생이다."

42 색은 이는 동곽 선생을 가리킨다. 그가 몸에는 남루한 옷을 입고 품에는 보옥을 가졌음을 말한다.

天下咽喉	천하의 목구멍이오.
自先帝以來	선제 이래로
傳不爲置王	대대로 왕을 두지 않았소.
然關東國莫大於齊	그러나 함곡관 동쪽으로는 제나라보다 큰 곳이 없으니
可以爲齊王	제나라 왕은 될 수 있소."
王夫人以手擊頭	왕부인은 손으로 머리를 치면서
呼幸甚	"매우 다행입니다."라 하였다.
王夫人死	왕부인이 죽자
號曰齊王太后薨	"제나라 왕태후가 훙거하였다."라 하였다.

昔者	옛날에
齊王使淳于髡獻鵠於楚[43]	제나라 왕이 순우곤에게 초나라에 고니를 바치게 하였다.
出邑門	도읍의 성문을 나서자
道飛其鵠	길에서 고니를 날려 보내고
徒揭空籠	빈 새장만 들고
造詐成辭	거짓말을 꾸미어
往見楚王曰	가서 초나라 왕을 뵙고 말하였다.
齊王使臣來獻鵠	"제나라 왕이 신으로 하여금 와서 고니를 바치게 하였는데
過於水上	냇물을 건널 때
不忍鵠之渴	고니가 목말라 하는 것을 참지 못하여

43 **색은** 『한시외전(韓詩外傳)』에는 제나라에서 사람을 시켜 초나라에 고니를 바치게 하였는데 순우곤은 언급하지 않았다. 또한 『설원(說苑)』에서는 위문후(魏文侯)가 사인(舍人)인 무택(無擇)에게 제나라에 기러기를 바치게 하였다고 하였는데 내용은 대략 같으나 일은 다르니 아마 어지러워진 것일 것이다.

出而飮之	꺼내어 물을 마시게 하였더니
去我飛亡	저를 떠나 날아가 도망쳐버렸습니다.
吾欲刺腹絞頸而死	저는 배를 찌르고 목을 매어 죽으려고 했습니다.
恐人之議吾王以鳥獸之故令士自傷殺也	그러나 사람들이 우리 왕이 새 때문에 선비를 스스로 상하고 죽게 하였다고 수군댈 것이 걱정되었습니다.
鵠	고니는
毛物	깃털 달린 동물로
多相類者	비슷한 것이 많아서
吾欲買而代之	사서 대신하려고도 하였습니다만
是不信而欺吾王也	이는 신의가 없고 우리 왕을 속이는 것입니다.
欲赴佗國奔亡	다른 나라로 가서 달아나려고도 하였는데
痛吾兩主使不通	우리 두 임금님 간의 사신이 단절될까 마음이 아팠습니다.
故來服過	그래서 와서 허물을 인정하고
叩頭受罪大王	머리를 조아리어 대왕께 죄지은 벌을 받으려 합니다."
楚王曰	초나라 왕이 말하였다.
善	"훌륭하도다!
齊王有信士若此哉	제나라 임금이 신의 있는 선비를 가짐이 이와 같도다!"
厚賜之	후하게 재물을 내렸는데
財倍鵠在也	재물이 고니가 있었을 경우의 갑절이었다.

武帝時	무제 때
徵北海太守詣行在所[44]	북해 태수를 불러 행재소에 이르게 하였다.

44 **색은** 『한서』에 의하면 선제(宣帝)가 발해태수(渤海太守) 공수(龔遂)를 불렀는데, 무제 때가 아니며 이는 저선생(褚先生)의 기록이 잘못된 것일 따름이다.

有文學卒史王先生者	문서를 관장하는 말단 관리 왕 선생이란 자가
自請與太守俱	태수와 함께하기를 자청하여
吾有益於君	“제가 그대에게 도움이 될 것입니다.”라 하니
君許之	태수가 허락하였다.
諸府掾功曹白云	여러 부의 아전들이 아뢰었다.
王先生嗜酒	“왕 선생은 술을 좋아하고
多言少實	말에는 내실이 적으니
恐不可與俱	함께하실 수 없을 것입니다.”
太守曰	태수가 말하였다.
先生意欲行	“선생이 가고자 하려는 뜻이 있는데
不可逆	거스를 수 없소.”
遂與俱	마침내 함께하였다.
行至宮下	길을 떠나 궁궐에 이르러
待詔宮府門	궁궐의 부문에서 명을 기다렸다.
王先生徒懷錢沽酒	왕 선생은 다만 돈을 품고 술을 사서
與衛卒僕射飮	위졸복야(衛卒僕射)와 함께 마시며
日醉	날마다 취하여
不視其太守	태수는 보지도 않았다.
太守入跪拜	태수가 (궁에) 들어가 무릎을 꿇고 절을 올렸다.
王先生謂戶郎曰	왕 선생이 호랑에게 말하였다.
幸爲我呼吾君至門內遙語	“내게 우리 태수를 불러 문 안에서 멀리 얘기하게 해줬으면 하오.”
戶郎爲呼太守	호랑이 태수를 불러다 주었다.
太守來	태수가 와서
望見王先生	왕 선생을 만나보았다.
王先生曰	왕 선생이 말하였다.

天子即問君何以治北海令無盜賊[45]	
	"천자께서는 그대가 어떻게 북해에 도적이 없도록 다스리는가 물으실 텐데
君對曰何哉	그대는 대답을 어떻게 하시렵니까?"
對曰	대답하였다.
選擇賢材	"어진 인재를 가려 뽑아
各任之以其能	각자 능력에 따라 일을 맡기고
賞異等	상은 등급을 달리하며
罰不肖	불초한 자는 벌을 내려서였다고 하겠소."
王先生曰	왕 선생이 말하였다.
對如是	"이렇게 대답하면
是自譽自伐功	스스로 공을 떠벌여 자랑하는 것이므로
不可也	안 됩니다.
願君對言	원컨대 그대는 대답하실 때
非臣之力	신의 힘이 아니라
盡陛下神靈威武所變化也	모두 폐하의 신령과 위무가 변화시킨 것이라 하십시오."
太守曰	태수가 말하였다.
諾	"좋소."
召入	불리어 들어가
至于殿下	대전에 이르자
有詔問之曰	조칙으로 물었다.
何於治北海	"어떻게 북해를 다스림에
令盜賊不起	도적이 일어나지 않게 하였느냐?"
叩頭對言	머리를 조아리며 대답하여 말하였다.

45 정의 지금의 청주(青州)이다.

非臣之力	"신의 힘이 아니오라
盡陛下神靈威武之所變化也	모두 폐하의 신령과 위무가 변화시킨 것이옵니다."
武帝大笑	무제가 크게 웃으면서
曰	말하였다.
於呼	"아아!
安得長者之語而稱之	어디서 장자의 말을 얻어 그렇게 말하는가!
安所受之	어디서 그 말을 받았는가?"
對曰	대답하였다.
受之文學卒史	"문서 담당 말단 관리에게서 받았사옵니다."
帝曰	황제가 말하였다.
今安在	"지금 어디 있는가?"
對曰	대답하였다.
在宮府門外	"궁의 부문 바깥에 있습니다."
有詔召拜王先生爲水衡丞	조칙으로 왕 선생을 불러 수형승에 명하고
以北海太守爲水衡都尉	북해 태수를 수형도위로 삼았다.
傳曰	전하는 말에
美言可以市	"아름다운 말은 살 수가 있으며
尊行可以加人	높은 행실은 사람에게 (지위를) 더해 줄 수 있다.
君子相送以言	군자는 말로 전송하고
小人相送以財	소인은 재물로 전송한다."라 하였다.

魏文侯時	위문후 때
西門豹爲鄴令[46]	서문표는 업현(鄴縣)의 현령이 되었다.
豹往到鄴	서문표는 업군(鄴郡)에 이르러

46 정의 지금의 상주현(相州縣)이다.

會長老	장로를 만나
問之民所疾苦	백성들이 괴롭게 여기는 것을 물었다.
長老曰	장로가 말하였다.
苦爲河伯娶婦[47]	"하백이 아내를 맞는 것을 괴롭게 여기는데
以故貧	그 때문에 가난합니다."
豹問其故	서문표는 그 까닭을 물었다.
對曰	대답하였다.
鄴三老·廷掾常歲賦斂百姓	"업(鄴)의 삼로와 아전들이 매년 백성들에게 세금을 거두는데
收取其錢得數百萬	그 돈을 거두어 수백만 전이 되면
用其二三十萬爲河伯娶婦	그 가운데 2, 30만 전은 하백이 아내를 맞는 데 쓰고
與祝巫共分其餘錢持歸	무당과 함께 그 나머지 돈을 나누어 가지고 돌아갑니다.
當其時	그때가 되면
巫行視小家女好者	무당이 가난한 집안의 아름다운 여자를 돌아다니며 보고
云是當爲河伯婦	하백의 아내가 될 만하다고 하고는
卽娉取	즉시 빙문을 하고 데려갑니다.
洗沐之	몸을 씻겨서
爲治新繒綺縠衣	새 비단옷을 지어 입히고
閒居齋戒	홀로 거처하게 하여 재계를 하도록 합니다.
爲治齋宮河上	강가에 재궁을 지어서
張緹絳帷[48]	붉은 비단 휘장을 펼쳐놓고

47 정의 하백은 화음(華陰) 동향(潼鄉) 사람으로 성은 풍(馮)씨이고 이름은 이(夷)이다. 황하에서 목욕을 하다가 익사하였는데 마침내 하백이 되었다.

48 정의 음은 체(他禮反)이다. 고야왕(顧野王)이 말하였다. "주황색[黃赤色]이다. 또한 음을 제(啼)라고도 하는데, 두터운 비단이다."

女居其中	여인을 그 안에서 거처하게 합니다.
爲具牛酒飯食	소고기와 술, 밥과 먹을 것을 차려주는데
行十餘日	10여 일을 이렇게 합니다.
共粉飾之	함께 화장을 시키고 꾸미는데
如嫁女床席	시집가는 여자의 침상과 자리같이 하여
令女居其上	여인을 그 위에 앉히고
浮之河中	강에다 띄웁니다.
始浮	처음에는 떠 있는데
行數十里乃沒	10여 리를 가면 가라앉게 됩니다.
其人家有好女者	예쁜 딸이 있는 집에서는
恐大巫祝爲河伯取之	큰무당이 하백을 위해 빼앗을까 두려워하며
以故多持女遠逃亡	이 때문에 거의 딸을 데리고 멀리 도망갑니다.
以故城中益空無人	그런 까닭에 옛 성은 더욱 비어 사람이 없어
又困貧	더욱 빈곤해졌는데
所從來久遠矣	그렇게 된 지가 오래되었습니다.
民人俗語曰即不爲河伯娶婦	사람들이 말하기를 '하백에게 아내를 시집보내지 않으면
水來漂沒	큰물이 몰려와 가라앉히고
溺其人民"云	백성들을 빠뜨려 죽인다.'고 합니다."
西門豹曰	서문표가 말하였다.
至爲河伯娶婦時	"하백에게 아내를 시집보낼 때
願三老巫祝父老送女河上[49]	원컨대 삼로와 무당, 부로들이 강가로 여인을 (시집) 보내는 것을
幸來告語之	와서 알려 주기만 한다면
吾亦往送女	나도 가서 여인을 보내겠다."

49 정의 정삼로(亭三老)이다.

皆曰 모두 말하였다.

諾 "좋습니다."

至其時 그때가 되어

西門豹往會之河上 서문표는 그들을 강가로 가서 만나보았다.

三老官屬豪長者里父老皆會 삼로와 관속, 유지와 마을의 부로가 모두 모였으며

以人民往觀之者三二千人 백성들 가운데 구경하러 간 자가 2, 3천 명은 되었다.

其巫 무당은

老女子也 늙은 여자였는데

已年七十 이미 나이가 일흔이었다.

從弟子女十人所 따르는 제자는 여자 10여 명으로

皆衣繒單衣 모두 비단 홑옷을 입고서

立大巫後 큰무당 뒤에 서 있었다.

西門豹曰 서문표가 말하였다.

呼河伯婦來 "하백의 부인을 불러와서

視其好醜 잘생겼는지 못생겼는지 보자."

即將女出帷中 즉시 여인을 장막에서 나오게 하여

來至前 앞으로 와서 이르게 하였다.

豹視之 서문표가 보더니

顧謂三老巫祝父老曰 삼로와 무당, 부로를 돌아보며 말하였다.

是女子不好 "이 여자는 예쁘지 않으니

煩大巫嫗爲入報河伯 귀찮겠지만 큰무당 할멈이 들어가 하백에게 알리어

得更求好女 다시 예쁜 여자를 구하게 되면

後日送之 훗날 보내주겠다고 하여라."

即使吏卒共抱大巫嫗投之河中
즉시 이졸들더러 함께 큰 무당을 안아다 강물에 던지게 하였다.

有頃	얼마 있다가
曰	말하였다.
巫嫗何久也	"무당 할멈이 왜 이리 오래 걸리지?
弟子趣之	제자에게 재촉하게 하라!"
復以弟子一人投河中	다시 제자 한 사람을 강물에 던졌다.
有頃	얼마 있다가
曰	말하였다.
弟子何久也	"제자가 왜 이리 오래 걸리지?
復使一人趣之	다시 한 사람을 보내 재촉하게 하라!"
復投一弟子河中	다시 한 제자를 강물에 던졌다.
凡投三弟子	모두 세 제자를 던졌다.
西門豹曰	서문표가 말하였다.
巫嫗弟子是女子也	"무당 할멈의 제자가 여자라서
不能白事	일을 아뢸 수 없는 모양이니
煩三老爲入白之	수고롭겠지만 삼로가 들어가서 아뢰게 하라."
復投三老河中	다시 삼로를 강에다 던졌다.
西門豹簪筆磬折[50]	서문표는 깃털 장식 비녀를 꽂고 경쇠처럼 몸을 굽히어
嚮河立待良久	강물을 향해 서서 기다린 지가 오래되었다.
長老　吏傍觀者皆驚恐	장로와 아전들 곁에서 구경하는 자들이 모두 놀라서 두려워했다.
西門豹顧曰	서문표가 돌아보며 말하였다.

50 정의 잠필(簪筆)은 깃털로 비녀의 끝을 장식한 것으로, 길이는 다섯 치이며 관(冠) 앞에다 꽂는데 그것을 붓이라 한 것은 붓을 꽂아 예를 갖추었다는 말이다. 경절(磬折)은 몸을 굽혀 읍을 하는 것이 석경의 형태가 굽은 것과 같다는 말이다. 경은 흑석(黑石)으로 만들며 모두 열두 개로 악기의 틀에 세우고 친다. 그 형태가 모두 가운데가 굽어 양 끝을 아래로 드리운 듯한데, 이는 사람이 허리를 옆으로 기울인 것 비슷하다는 말이다.

巫嫗, 三老不來還	"무당 할멈과 삼로가 돌아오질 않으니
柰之何	어찌된 일인가?"
欲復使廷掾與豪長者一人入趣之	다시 아전과 유지 한 사람을 보내 재촉하게 하려고 하였다.
皆叩頭	모두들 이마를 찧으니
叩頭且破	이마를 찧다가 깨져서
額血流地	이마의 피가 땅까지 흘러
色如死灰	얼굴이 사색이 되었다.
西門豹曰	서문표가 말하였다.
諾	"좋다.
且留待之須臾	조금만 더 기다려 보자."
須臾	잠깐 뒤
豹曰	서문표가 말하였다.
廷掾起矣	"아전들은 일어나라.
狀河伯留客之久	하백이 손님들을 오래 붙들어두는 모양이니
若皆罷去歸矣	너희들은 모두 그만두고 돌아가거라."
鄴吏民大驚恐	업의 아전과 백성들이 크게 놀라 두려워하여
從是以後	이 이후로는
不敢復言爲河伯娶婦	감히 하백에게 시집보낸다는 말을 다시는 꺼내지 않았다.
西門豹即發民鑿十二渠	서문표는 바로 백성들을 동원하여
引河水灌民田[51]	강물을 끌어다 백성들의 밭에 물을 대니

51 정의 『괄지지』에서는 말하였다. "횡거(橫渠)의 첫머리는 장수(漳水)와 붙어 있는데 아마 서문표(西門豹)와 사기(史起)가 판 도랑일 것이다. 「구혁지(溝洫志)」[『한서(漢書)』]에서는 '위 문후 때 서문표는 업현의 현령이 되어 아름다운 이름을 남겼다. 문후(文侯)의 증손 양왕(襄王)에 이르러 신하들과 술을 마시며 축원하기를 「나의 신하가 모두 서문표 같은 신하처럼

田皆溉	밭에 모두 물이 대어졌다.
當其時	그때
民治渠少煩苦	백성들은 도랑을 파는 것이 얼마간 수고롭고 괴로워
不欲也	하려고 하지 않았다.
豹曰	서문표가 말하였다.
民可以樂成	"백성들은 이루어진 것을 즐길 수는 있으나
不可與慮始	함께 시작하는 것을 생각할 수는 없다.
今父老子弟雖患苦我	지금 부로와 자제들은 비록 나를 원망할 것이나
然百歲後期令父老子孫思我言	백 년 뒤에는 반드시 부로의 자손들이 내 말을 생각하게 될 것이다."
至今皆得水利	지금까지도 모두 수리 덕분에
民人以給足富	백성들에게 풍족함을 대주고 있다.
十二渠經絕馳道	열두 개의 도랑이 치도(馳道)를 끊었는데
到漢之立	한나라가 수립되자
而長吏以爲十二渠橋絕馳道	장리가 열두 개 도랑에 놓은 다리가 치도를 끊고
相比近	너무 가깝다 하여
不可	안 된다고 하였다.
欲合渠水	도랑의 물을 합치고

되었으면.」이라 하였다. 사기(史起)가 나아가 말하였다. 「위씨(魏氏)가 농지를 나누어 준 것은 1백 무(畝)였는데 업현은 유독 2백 무였으니 이는 농지가 나빴기 때문입니다. 장수가 곁에 있었는데도 서문표는 쓸 줄을 몰랐는데 이는 지혜롭지 않아서이며, 알았는데도 (수리를) 일으키지 않았다면 이는 어질지 않아서입니다. 어짊과 지혜를 서문표는 하나도 다 제대로 하지 못하였으니 무엇이 본받을 만하겠습니까!」 이에 사기(史起)는 업현의 현령이 되어 마침내 장수(漳水)를 끌어다 업현에 물을 대어 위(魏)나라의 하내를 부유하게 하였다.'라 하였다. 좌사(左思)의 「위도부(魏都賦)」에서는 말하기를 '서문표가 앞에서 물을 대었고, 사기가 뒤에 물을 끌어댔다(西門溉其前, 史起灌其後).'라 하였다."

且至馳道合三渠爲一橋	아울러 치도에 이르러서는 세 도랑을 하나의 다리로 합치려 하였다.
鄴民人父老不肯聽長吏	업의 백성과 부로들은 장리의 명을 들으려 하지 않았는데
以爲西門君所爲也	서문군이 만든 것이라 하여
賢君之法式不可更也	어진 현령의 법식을 바꿀 수가 없다고 하였다.
長吏終聽置之	장리도 끝내 그 말을 듣고 그대로 두었다.
故西門豹爲鄴令	그러므로 서문표가 업의 현령이 되어
名聞天下	이름을 천하에 떨쳤으며
澤流後世	은혜가 후세에까지 미쳤으며
無絕已時	끊어져 그친 때가 없었으니
幾可謂非賢大夫哉	어찌 어진 대부가 아니라 할 수 있겠는가!
傳曰	전하기를
子產治鄭	"자산이 정나라를 다스리니
民不能欺	백성들이 속일 수가 없었고,
子賤治單父	복자천이 선보를 다스리니
民不忍欺	백성들이 차마 속이지를 못했으며,
西門豹治鄴	서문표가 업을 다스리니
民不敢欺	백성들이 감히 속이지를 못했다."라 한다.
三子之才能誰最賢哉	세 사람의 재능은 누가 가장 현명한가?
辨治者當能別之[52]	다스림을 분별하는 자는 구별할 수 있을 것이다.

52 **집해** 위문제(魏文帝)가 신하들에게 물었다. "세 가지 속이지 않은 것 가운데 임금의 덕으로 보면 누가 가장 뛰어난가?" 태위(太尉) 종요(鍾繇)와 사도(司徒) 화흠(華歆), 사공(司空) 왕랑(王朗)이 대답하였다. "신이 생각건대 임금이 덕치를 행한다면 신하가 의리에 감격하여 차마 속이지 않을 것이며, 임금이 감찰에 의한 정치를 행한다면 신하는 두려움을 느껴 속일 수가 없을 것이고, 임금이 형벌에 의하여 다스린다면 신하는 죄를 지을까 두려워하여 감히 속이지 않을 것입니다. 덕치에 의한 의리를 느낌은 덕을 예와 나란히 이끌어 부끄러

움과 격이 있게 이끄는 것과 함께 달리는 것입니다. 감찰에 의한 죄를 두려워함은 정치를 형벌을 면하는 것과 가지런하게 이끌어 부끄러움이 없는 것과 함께 돌아가는 것입니다. 말하기를 '정사를 덕으로 하는 것은 비유하자면 북극성이 제자리에 머물러 있으면 뭇별들이 그에게로 향하는 것과 같다.'라 하였습니다. 이 말로 상고하여 이 의리를 논하건대 신 등은 차마 속이지 못하고 속일 수 없는 것의 우열은 권형에 걸려 있는 것이며 다만 숙였다 들었다 하는 차이가 아닐 뿐만 아니라 곧 하고 생각하며 큰 무게의 차이의 느낌이라고 생각합니다. 또한 전대의 기록에서는 '어진 자는 인을 편안히 여기고 지혜로운 자는 인을 이롭게 여기며 죄를 두려워하는 자는 억지로 인을 행한다.'라 하였습니다. 그 인을 고찰하면 공은 다를 것이 없고, 그 인을 행하는 것을 파헤치면 어쩔 수 없이 다르다. 인을 편안히 여기는 자는 본성이 선한 자이고, 인을 이롭게 여기는 자는 힘껏 행하는 자이며, 억지로 인을 행하는 자는 어쩔 수 없이 하는 자입니다. 세 인(仁)을 서로 비교하면 인을 편안히 여기는 것이 가장 낫습니다. 『역』에서는 '신령스럽게 교화하여 백성들이 마땅하게 하였다.'라 하였습니다. 임금의 교화가 백성을 그렇게 한다는 것과 같습니다. 그러니 인을 편안히 여기는 교화와 억지로 인을 행하는 교화는 그 우열 또한 차이가 현저할 수밖에 없습니다. 그러니 세 신하의 속이지 않는 것은 비록 같지만 속이지 않는 까닭은 다른 것입니다. 곧 순수하게 은의로 높여서 속이지 않음과 위세로 감찰하여 속이지 않게 되는 것은 이미 그 대략을 함께하여 비교할 수 없을 뿐더러 또한 뒤섞어서 위치를 바꿀 수도 없습니다." **색은** 이 세 가지 속이지 않는 것은 옛 전기에서 먼저 공히 칭술하였는데, 지금 저선생(褚先生)이 서문표를 기록하고 칭찬하여 설을 이루었다. 「순리전(循吏傳)」의 기록에 의하면 자산(子產)이 정나라의 재상이 되었는데 어질고 현명하였으므로 속일 수가 없었다. 복자천은 정치를 맑고 깨끗하게 하여 거문고만 타면서 3년 동안 대청을 내려가지 않아도 교화가 되었으니 이는 사람이 생각을 보았으므로 차마 속이지 않은 것이다. 서문표는 위세로 교화하고 풍속을 다스렸으므로 사람들이 감히 속이지 않았다. 그 덕의 우열은 종요와 화흡의 평이 실로 합당하다.

67 일자 열전 日者列傳[1]

自古受命而王 예로부터 천명을 받아야 왕이 되는 것이니

王者之興何嘗不以卜筮決於天命哉

왕자가 일어남에 어찌 일찍이 복서(卜筮)로 천명이 결정되지 않았던 적이 있겠는가!

其於周尤甚 그것은 주나라 때 가장 심하였고

及秦可見 진나라에 이르러서도 볼 수 있었다.

代王之入 대왕이 들어올 때

任於卜者 복자에게 맡겼다.

太卜之起 태복(의 관직)이 시작된 것은

由漢興而有[2] 한나라가 일어나면서부터 있었다.

---

1 집해 『묵자(墨子)』[「귀의(貴義)」]에서는 말하였다. "묵자가 제(齊)나라로 가서 일자(日者)를 만났다. 일자가 말하였다. '임금이 오늘 북쪽에서 흑룡(黑龍)을 죽일 것이며 선생의 안색이 검으니 북쪽은 안 됩니다.' 묵자는 듣지 않고 마침내 북쪽으로 가서 치수(淄水)에 이르렀다. 묵자는 이루지 못하고 돌아왔다. 일자(日者)가 말하였다. '저는 선생이 북쪽으로 가면 안 된다고 하였습니다.'" 그렇다면 옛사람들은 점후(占候)와 복서(卜筮)를 통틀어 '일자(日者)'라고 한 것이다. 『묵자』에서도 말하였으며 다만 『사기(史記)』뿐만이 아니다. 색은 복서(卜筮)를 명명하면서 '일자(日者)'를 묵자(墨子)라 한 것은 시일을 복서와 점후로 점치는 것을 통칭하여 '일자(日者)'라 하였기 때문이다.

2 색은 『주례(周禮)』에 태복(太卜)이란 관명이 있다. 여기서 한나라가 흥기한 이후라고 말한 것은 한나라는 문제(文帝)가 대횡(大橫)을 점친 후로 복관(卜官)이 다시 흥성하였기 때문이다.

司馬季主者	사마계주는
楚人也[3]	초나라 사람으로
卜於長安東市	장안의 동쪽 저자에서 점을 쳤다.

宋忠爲中大夫	송충은 중대부였고
賈誼爲博士	가의는 박사였는데
同日俱出洗沐[4]	같은 날 함께 휴가를 나서
相從論議	서로 좇아 논의하면서
誦易先王聖人之道術	선왕과 성인의 도술을 바꾸어 가며 말하고
究遍人情	인간 세상의 세태까지 두루 궁구하였는데
相視而歎	서로 보며 탄식하였다.
賈誼曰	가의가 말하였다.
吾聞古之聖人	"내 듣건대 옛 성인은
不居朝廷	조정에 있지 않으면
必在卜醫之中	반드시 복자와 의원 가운데 있소.
今吾已見三公九卿朝士大夫	지금 내 이미 삼공과 조정의 구경을 보고
皆可知矣	모두 알게 되었소.
試之卜數中以觀采[5]	시험 삼아 점을 쳐서 관찰하여 고릅시다."
二人即同輿而之市	두 사람은 즉시 수레를 함께 타고 저자로 가서

---

3 **색은** 초(楚)나라 사람이라 하고 태사공은 세계(世系)를 기록하지 않았는데 아마 초나라 승상 사마자기(司馬子期)와 자반(子反)의 후손으로 미(芈)성일 것이다. 계주(季主)는 『열선전(列仙傳)』에 보인다.

4 **정의** 한(漢)나라의 관리들은 닷새에 한 번씩 휴가를 얻어 목욕을 하였다.

5 **색은** 복수(卜數)는 술수(術數)와 같다. 음은 수[所具反]이다. 유씨(劉氏)는 "수(數)는 서(筮)이다."라 하였는데 또한 통한다. 서(筮)는 반드시 『역(易)』의 대연(大衍)의 수를 쓰는 것이다.

游於卜肆中 점집을 돌아다녔다.
天新雨 하늘에서 막 비가 내리기 시작하여
道少人 길에는 사람이 적었다.
司馬季主閒坐 사마계주는 한가로이 앉아 있었는데
弟子三四人侍 제자 서너 사람이 곁에서 모시고
方辯天地之道 바야흐로 천지의 도와
日月之運 일월의 운행,
陰陽吉凶之本 음양과 길흉의 근본에 대해 변론하였다.
二大夫再拜謁 두 대부가 두 번 절하고 뵈었다.
司馬季主視其狀貌 사마계주는 용모를 살펴보더니
如類有知者 지식이 있는 자들이란 것을 아는 듯
即禮之 즉시 예우를 하고
使弟子延之坐 제자들에게 맞아 앉히게 하였다.
坐定 좌정을 하자
司馬季主復理前語 사마계주는 다시 전에 하던 말을 계속하여
分別天地之終始 천지의 끝과 처음,
日月星辰之紀 일월성신의 운행을 분별하고,
差次仁義之際 인의의 관계를 차례대로 분별하였으며
列吉凶之符 길흉의 징조를 열거하였는데
語數千言 수천 마디의 말이
莫不順理 이치를 따르지 않음이 없었다.

宋忠・賈誼瞿然而悟 송충과 가의는 깜짝 놀라 깨닫고는
獵纓正襟[6]危坐[7] 갓끈을 여미고 옷깃을 바르게 한 후 구부리고 앉아
曰 말하였다.

吾望先生之狀	“우리는 선생의 모습을 바라보고
聽先生之辭	선생의 말을 들었는데
小子竊觀於世	저희들이 세상을 가만히 살펴봤으나
未嘗見也	일찍이 뵌 적이 없습니다.
今何居之卑	지금 어째서 거처를 낮추시고
何行之汙[8]	행실을 욕되이 하십니까?”

司馬季主捧腹大笑曰	사마계주는 배를 싸잡고 크게 웃으며 말하였다.
觀大夫類有道術者	“대부들을 보니 학문깨나 있는 것 같은데
今何言之陋也	지금 무슨 말이 그렇게 비루하고
何辭之野也	무슨 말이 그렇게 거치오!
今夫子所賢者何也	지금 선생들이 현명하다고 하는 것이 어떤 것이오?
所高者誰也	높다고 하는 것은 누구요?
今何以卑汙長者	지금 어째서 장자를 낮고 욕되다 하오?”

二君曰	두 사람이 말하였다.
尊官厚祿	“높은 관직과 두터운 봉록은
世之所高也	세상에서 높이는 것으로
賢才處之	재능이 뛰어난 자들이 있어야 합니다.
今所處非其地	지금 있는 곳이 그곳이 아니기 때문에

6 **색은** 엽(獵)은 남(攬)과 같다. 그 갓끈을 여미고 옷깃을 바르게 하는 것으로 자세를 바꾸어 스스로 꾸미는 것이다.

7 **색은** 면좌(免坐)이다. 숙이고 앉아 공경하는 것이다.

8 **색은** 음은 오[烏故反]이다.

故謂之卑	낮다고 한 것입니다.
言不信	신용이 없는 것을 말하고
行不驗	검증되지 않은 것을 행하며
取不當	옳지 않은 것을 취하였으므로
故謂之汙	욕되다고 한 것입니다.
夫卜筮者	저 점을 치는 자들은
世俗之所賤簡也	세속에서 깔보는 것입니다.
世皆言曰	세상에서는 모두 말하기를
夫卜者多言誇嚴以得人情[9]	'점치는 자들은 많은 말과 허풍으로 사람의 마음을 얻으며
虛高人祿命以說人志	헛되이 사람의 녹봉과 수명을 높여서 사람의 뜻을 기쁘게 하며
擅言禍災以傷人心	함부로 재화를 말하여 사람의 마음을 다치게 하고
矯言鬼神以盡人財	거짓으로 귀신을 말하여 남의 재산을 다 빼앗으며
厚求拜謝以私於己	두터이 감사를 요구하여 사욕을 만족시킨다.' 라 합니다.
此吾之所恥	이것은 우리가 부끄럽게 여기는 것이므로
故謂之卑汙也	낮고 욕되다 하는 것입니다."

司馬季主曰	사마계주가 말하였다.
公且安坐	"그대들은 일단 편안히 앉도록 하시오.
公見夫被髮童子乎	그대들은 저 머리를 풀어헤친 아이들을 보았습니까?

9 색은 점쟁이들이 스스로 자랑하고 장엄하게 하며 재화(災禍)를 말하여 남을 속인다는 것을 말한다.

日月照之則行	해와 달이 비추면 다니고
不照則止	비추지 않으면 그만두는데,
問之日月疵瑕吉凶	그들에게 해와 달의 흠집과 길흉을 물으면
則不能理	제대로 대답을 할 수가 없습니다.
由是觀之	이로써 살펴보건대
能知別賢與不肖者寡矣	현명함과 불초함의 구별을 알 수 있는 자는 드뭅니다.

賢之行也	현자가 행하는 것은
直道以正諫	곧은 도로 바르게 간하는 것으로
三諫不聽則退	세 번을 간해도 듣지 않으면 물러납니다.
其譽人也不望其報	남을 칭찬할 때는 보답을 바라지 않고
惡人也不顧其怨	남을 미워할 때는 원망을 돌아보지 않아
以便國家利衆爲務	국가에 도움이 되고 백성을 이롭게 하는 것을 힘씁니다.
故官非其任不處也	그러므로 감당할 관직이 아니면 처하지 않고
祿非其功不受也	공로에 합당한 봉록이 아니면 받지 않으며,
見人不正	남이 바르지 않음을 보면
雖貴不敬也	귀하다 하더라도 공경하지 않으며,
見人有污	남이 더러움이 있는 것을 보면
雖尊不下也	비록 높다고 하더라도 굽히지 않으며,
得不爲喜	얻어도 기뻐하지 않고
去不爲恨	잃어도 유감스러워하지 않으며,
非其罪也	자기의 죄가 아니라면
雖累辱而不愧也	연루되어 욕을 보더라도 부끄러워하지 않습니다.

今公所謂賢者	지금 공들이 이른바 현자들은
皆可爲羞矣	모두 부끄러워할 만합니다.
卑疵[10]而前	한껏 낮추어 나아가고
孅趨[11]而言	지나치게 공손히 말하며,
相引以勢	세력으로 서로 당기고
相導以利	이익으로 서로 이끌며,
比周賓正[12]	무리를 이루어 올바른 사람을 밀쳐내어
以求尊譽	높은 명예를 구하고
以受公奉	봉록을 받으며,
事私利	사사로운 이익을 일삼고
枉主法	임금의 법령을 왜곡시키어
獵農民	농민들을 수탈하며,
以官爲威	관직을 위세로 삼고
以法爲機	법을 기틀로 삼아
求利逆暴	이익을 추구하여 포악한 행동을 일삼으니,
譬無異於操白刃劫人者也	비유컨대 서슬 퍼런 칼을 잡고 사람을 겁주는 것과 다르지 않습니다.
初試官時	처음에 관직에 임용되었을 때는
倍力爲巧詐	힘을 갑절로 하여 교묘하게 속이고
飾虛功執空文以誷主上	거짓 공을 꾸미고 빈 공문을 잡고 임금을 속여
用居上爲右	윗자리를 차지하는 것을 훌륭하게 여기며,

10 **색은** 疵의 음은 자(貲)이다.

11 **색은** 孅의 음은 섬(纖)이다. 섬치(纖趍)는 족공(足恭)과 같다.

12 **집해** 서광(徐廣)은 말하였다. "객려(客旅)는 손님을 말하며, 사람이 장관(長官)을 추구하는 것을 정(正)이라 한다."

試官不讓賢陳功　관직에 임용되면 어진 이에게 양보하지 않고 공적을 늘어놓아

見僞增實　거짓을 보고 사실에 보태며

以無爲有　없는 것을 있는 것으로 여기고

以少爲多　적은 것을 많은 것으로 여기어

以求便勢尊位　유리한 형세와 높은 관위를 구합니다.

食飮驅馳　먹고 마시고 말을 달리며

從姬歌兒　시첩과 가동을 두고도

不顧於親　친척은 돌보지 않고

犯法害民　범법 행위를 하고 백성을 해치며

虛公家　나라를 비우니,

此夫爲盜不操矛弧者也　이는 도둑으로 창과 활을 들지 않은 자요

攻而不用弦刃者也　공격을 하면서 활과 칼을 쓰지 않는 자이며

欺父母未有罪而弑君未伐者也　부모를 속이고도 죄를 짓지 않으며 임금을 죽이고도 주벌당하지 않는 자입니다.

何以爲高賢才乎　어찌 고상하고 어진 인재라 하겠습니까?

盜賊發不能禁　도적이 일어나도 금할 수가 없으며

夷貊不服不能攝　오랑캐들이 복종하지 않아도 통제할 수 없고

姦邪起不能塞　간사한 자들이 일어나도 막을 수 없으며

官秏亂不能治　관리들이 혼란스러워도 다스릴 수 없고

四時不和不能調　사철이 고르지 않아도 조화롭게 할 수 없으며

歲穀不孰不能適[13]　햇곡식이 익지 않아도 조절할 수 없습니다.

13 색은 음은 (釋)이다. 適은 조(調)와 같다.

才賢不爲 재주가 현명한 데도 하지 않는 것은
是不忠也 충성스럽지 않은 것이며,
才不賢而託官位 재주가 현명하지 못한데 벼슬자리에 의탁하여
利上奉 상등의 봉록을 탐하고
妨賢者處 현명한 자가 처하는 것을 방해하는 것은
是竊位也[14] 관위를 훔치는 것이며,
有人者進 봐주는 사람이 있는 자가 나아가고
有財者禮 재산이 있는 자가 예우를 받는 것은
是僞也 거짓입니다.
子獨不見鴟梟之與鳳皇翔乎 그대들은 올빼미가 봉황과 함께 나는 것도 보지 못하였습니까?
蘭芷芎藭棄於廣野 난초와 백지, 궁궁이는 너른 들에 버려져 있고
蒿蕭成林 쑥대가 숲을 이루며
使君子退而不顯衆 군자가 물러나 사람들에게 드러나지 못하게 하니
公等是也 공들 같은 사람이 이러합니다.

述而不作 전술하되 창작하지 않는다는 것은
君子義也 군자들의 주장입니다.
今夫卜者 지금 복자들은
必法天地 반드시 천지를 본받고
象四時 사시를 따르며
順於仁義 인의에 순응하고
分策定卦 귀책(龜策)을 나누고 괘상(卦象)을 전하며

14 **색은** 奉의 음은 봉[扶用反]이다.

旋式正棊[15]	식판(栻板)을 돌리고 서기(筮棊)를 바로 한
然後言天地之利害	다음에야 천지의 이해와
事之成敗	일의 성패를 말합니다.
昔先王之定國家	옛날 선왕이 국가를 정할 때는
必先龜策日月	반드시 귀책으로 일월을 점친
而後乃敢代	다음에야 감히 대신하였고,
正時日	시일을 바로잡은
乃後入家	후에야 집에 들였으며,
產子必先占吉凶	아이를 낳을 때는 반드시 먼저 길흉을 점친
後乃有之[16]	다음에야 가지게 되었습니다.
自伏羲作八卦	복희가 팔괘를 만든 후로
周文王演三百八十四爻而天下治	주문왕은 384효(爻)를 연역해서 천하가 다스려졌습니다.
越王句踐放文王八卦[17]以破敵國	월왕 구천은 문왕의 팔괘를 모방하여 적국을 깨뜨려
霸天下	천하의 패권을 차지하였습니다.
由是言之	이로써 말하건대
卜筮有何負哉	복서에 무슨 저버림이 있습니까!

15 **집해** 서광은 말하였다. "式의 음은 식(栻)이다." **색은** 式은 곧 식(栻)이다. 선(旋)은 도는 것이다. 식(栻)의 형상은 위는 둥글어 하늘을 본받았고, 아래는 모나서 땅을 본받았으며, 그것을 쓰면 천강(天綱)을 돌려서 지지(地支)를 더하므로 선식(旋式)이라고 하는 것이다. 기(棊)는 서(筮)의 모양이다. 정기(正棊)는 점을 쳐서 괘를 만드는 것을 이를 것이다.

16 **색은** 점을 쳤는데 상서롭지 못하면 식(式)을 거두지 않는 것을 이른다. 점이 길한 다음에 있으므로 "있다(有之)."라 한 것이다.

17 **색은** 放의 음은 방[方往反]이다.

且夫卜筮者	또한 복서를 행하는 자들은
埽除設坐	깨끗이 청소를 하고 자리를 설치하여
正其冠帶	의관을 정제한
然後乃言事	다음에야 일을 말하니
此有禮也	이는 예의를 갖춘 것입니다.
言而鬼神或以饗	말로 귀신이 혹 흠향하게 하기도 하고
忠臣以事其上	충신은 임금을 섬기며
孝子以養其親	효자는 그 어버이를 섬기고
慈父以畜其子	인자한 아비는 그 자식을 기르게도 하니
此有德者也	이는 덕이 있는 것입니다.
而以義置數十百錢	명분으로 수십백 전을 주기도 하는데
病者或以愈	병자가 낫기도 하고
且死或以生	죽을 자가 살기도 하며
患或以免	환란을 면하기도 하고
事或以成	일이 이루어지기도 하며
嫁子娶婦或以養生	시집보내고 며느리를 맞아 아이를 낳고 기르기도 하니
此之爲德	이것이 덕이 됨이
豈直數十百錢哉	어찌 다만 수십백 전뿐이겠습니까!
此夫老子所謂上德不德	이는 저 노자가 말한 '최상의 덕은 덕스럽지 않으므로
是以有德	이 때문이 덕이 있는 것이다.'라는 것입니다.
今夫卜筮者利大而謝少	지금 복서를 행하는 자들은 이익을 줌은 큰데 보답은 적으니
老子之云豈異於是乎	노자가 말한 것이 어찌 이와 다르겠습니까?

莊子曰	장자는 말하기를
君子內無飢寒之患	'군자는 안으로는 주림과 추위의 근심이 없고
外無劫奪之憂	밖으로는 겁탈당할 걱정이 없이
居上而敬	위에서는 공경을 받고
居下不爲害	아래에서는 해가 되지 않으니
君子之道也	군자의 도이다.'라 하였습니다.
今夫卜筮者之爲業也	지금 저 복서를 업으로 삼는 것은
積之無委聚	쌓아도 모이는 것이 없고
藏之不用府庫	간직하여도 창고가 필요 없으며
徙之不用輜車	옮길 때도 짐수레가 필요 없고
負裝之不重	등에 져도 무겁지가 않으며
止而用之無盡索之時	머물러 쓰게 되면 다 찾을 때가 없습니다.
持不盡索之物	다 찾지 못하는 것을 가지고
游於無窮之世	다함이 있는 세상에서 노닐면
雖莊氏之行未能增於是也	비록 장자의 행위라 하더라도 여기에 더 보탤 수 없을 것인데
子何故而云不可卜哉	그대들은 무슨 까닭으로 점을 칠 수 없다고 하는 것입니까?
天不足西北	하늘은 서북쪽이 부족하여
星辰西北移	별들이 서북쪽으로 옮겨 갔으며,
地不足東南	땅은 동남쪽이 부족하여
以海爲池	바다를 못으로 삼았고,
日中必移	해가 한가운데 있으면 반드시 옮겨 가고
月滿必虧	달은 차면 반드시 이지러지며,
先王之道	선왕의 도는

乍存乍亡	언뜻 나타났다가는 언뜻 사라집니다.
公責卜者言必信	그대들은 복자들의 말은 반드시 믿음이 있어야 한다고 책망하니
不亦惑乎	또한 의혹스럽지 않습니까!

公見夫談士辯人乎	그대들은 저 말 잘하는 선비와 변사를 보았습니까?
慮事定計	일을 생각하고 계책을 전하는 것은
必是人也	반드시 이 사람들이나
然不能以一言說人主意	한마디 말로 임금의 뜻을 설복시킬 수 없기 때문에
故言必稱先王	말하는 것이 반드시 선왕을 일컫고
語必道上古	말이 반드시 상고시대의 것을 말하며,
慮事定計	일을 생각하고 계책을 결정할 때는
飾先王之成功	선왕이 공을 이룬 것을 꾸미고
語其敗害	그 실패와 해악을 말하여
以恐喜人主之志	임금의 뜻을 두렵게 하고 기쁘게 하여
以求其欲	그 하고자 함을 추구합니다.
多言誇嚴[18]	말이 많고 과장되기로
莫大於此矣	이보다 큰 것은 없습니다.
然欲彊國成功	그러나 나라를 강하게 하고 공을 이루며
盡忠於上	임금에게 충성을 다하는 것은
非此不立	이것이 아니면 서지 않습니다.
今夫卜者	지금 저 복자들은

18 **집해** 서광은 말하였다. "'험(險)'으로 된 판본도 있다."

導惑教愚也	미혹한 자를 이끌고 어리석은 자를 가르치는 것입니다.
夫愚惑之人	저 어리석고 미혹한 사람들이
豈能以一言而知之哉	어찌 한마디 말로 그것을 알 수 있겠습니까!
言不厭多	그래서 말이 많은 것을 싫어하지 않는 것입니다.

故騏驥不能與罷驢爲駟	그러므로 천리마는 지친 나귀와 함께 수레를 끌 수 없고
而鳳皇不與燕雀爲群	봉황은 제비며 참새와 짝을 이룰 수 없으며
而賢者亦不與不肖者同列	현자 또한 불초한 자들과 동렬(同列)이 되지 않습니다.
故君子處卑隱以辟衆	그러므로 군자는 낮고 숨겨진 곳에 처하여 뭇 사람들을 피하고
自匿以辟倫	스스로 몸을 숨겨 무리를 피하며
微見德順以除群害	은연중에 덕이 순한 것을 보고 여러 해를 없애고
以明天性	천성을 밝히며
助上養下	임금을 돕고 백성을 길러
多其功利	그 공리가 많아도
不求尊譽	높은 영예를 바라지 않습니다.
公之等喁喁者也	공 등은 입만 나불거리는 사람들이니
何知長者之道乎	장자의 도를 어떻게 알겠습니까!"

宋忠賈誼忽而自失	송충과 가의는 갑자기 무언가를 잃은 듯
芒乎無色[19]	망연히 낯빛을 잃었으며

19 **색은** 芒의 음은 망[莫郎反]이다.

悵然噤[20]口不能言	낙담하여 입을 다물고 말을 할 수가 없었다.
於是攝衣而起	이에 옷을 여미고 일어나
再拜而辭	두 번 절하고 하직하였다.
行洋洋也	길을 가는데 비틀거렸으며
出門僅能自上車	문을 나서 겨우 수레에 오를 수 있었는데
伏軾低頭	수레의 앞쪽 횡목에 엎드리고 고개를 숙이어
卒不能出氣	끝내 숨을 제대로 쉴 수가 없었다.

居三日	사흘 만에
宋忠見賈誼於殿門外	송충은 전문(殿門) 밖에서 가의를 만났는데
乃相引屛語相謂自歎曰	이에 서로 인적이 없는 곳으로 이끌어 스스로 탄식하여 말하였다.
道高益安	"도는 높아질수록 평안해지고
勢高益危	권세는 높아질수록 위태로워진다.
居赫赫之勢	혁혁한 권세를 차지하게 되면
失身且有日矣	몸을 잃을 날이 얼마 남지 않았다.
夫卜而有不審	대체로 점을 치면 맞지 않아도
不見奪糈[21]	바치는 쌀을 빼앗기지는 않으나,
爲人主計而不審	임금을 위해 계책을 세웠다가 맞지 않게 되면
身無所處[22]	몸을 둘 곳이 없게 된다.

20 **색은** 悵의 음은 창(暢)이다. 噤의 음은 금(禁)이다. 유씨(劉氏)는 음이 금[其錦反]이라 하였다.

21 **집해** 서광은 말하였다. "음은 소(所)이다." (屈原의 『楚辭』) 「이소경(離騷經)」에서는 "산초와 찧은 쌀 품고 맞이하(여 점치게 하)네(懷椒糈而要之)."라는 구절이 있는데, 왕일(王逸)은 "서(糈)는 정미(精米)로 신에게 제향하는 것이다."라 하였다. **색은** 糈의 음은 소(所)이다. 서(糈)는 신에게 점을 쳐서 구하는 쌀이다.

此相去遠矣	이 서로간의 거리는 멀어서
猶天冠地屨也	천양지차와 같다.
此老子之所謂無名者萬物之始也	이것이 노자가 이른바 '이름이 없는 것이 만물의 시작'이라는 것이다.
天地曠曠	천지는 막막하고
物之熙熙	만물은 빽빽하여
或安或危	어떤 것은 평안하고 어떤 것은 위태로워
莫知居之	머무를 곳을 모른다.
我與若	나와 그대가
何足預彼哉	어찌 그의 일에 끼일 만하겠는가!
彼久而愈安	그는 오랠수록 평안해지고
雖曾氏之義[23]未有以異也	비록 증씨(曾氏)의 뜻이라도 달라질 리가 없을 것이다."

久之	한참 있다가
宋忠使匈奴	송충은 흉노에 사행하게 되었는데
不至而還	이르지 못하고 돌아와
抵罪	죄에 걸렸다.
而賈誼爲梁懷王傅	그리고 가의는 양회왕의 태부가 되었는데
王墮馬薨	왕이 말에서 떨어져 죽자
誼不食	가의는 먹지 않고

22 **색은** 점을 쳐서 맞지 않아도 점치는 쌀을 빼앗기지 않는다는 말이다. 만약 임금을 위해 계책을 세웠는데 맞지 않으면 몸이 처할 곳이 없다는 것이다.

23 **집해** 서광은 말하였다. "증(曾)은 '장(莊)' 자로 된 판본도 있다."

毒恨而死	통한하다가 죽었다.
此務華絕根者也[24]	이는 꽃을 피우려 애쓰다 뿌리를 자른 것이다.

太史公曰	태사공은 말한다.
古者卜人所以不載者	옛날에 점쟁이가 기록되지 않은 것은
多不見于篇	책에 많이 보이지 않아서이다.
及至司馬季主	사마계주에 이르러서는
余志而著之	내 기록하여 밝힌다.

褚先生曰	저선생은 말한다.
臣爲郎時	신이 낭이었을 때
游觀長安中	장안을 구경하다가
見卜筮之賢大夫	복서를 하는 현대부들을 보았는데
觀其起居行步	그 기거하는 행보와
坐起自動	앉았다 섰다 스스로 움직이는 것을 관찰하여 보니
誓正其衣冠而當鄉人也	의관을 정제하고 시골 사람을 맞는 등
有君子之風	군자의 풍도가 있었습니다.
見性好解婦來卜	보아하니 성품이 좋았고 부녀자가 와서 점괘를 풀이하면
對之顏色嚴振	대할 때 안색이 엄숙하고 장중하여
未嘗見齒而笑也	일찍이 이를 드러내고 웃었던 적이 없습니다.
從古以來	예로부터
賢者避世	현자는 세상을 피하여

24 색은 송충과 가의는 모두 꽃을 피우려다 그 몸이 죽게 되었으니 이는 그 뿌리를 끊은 것이다.

有居止舞澤者	어떤 이는 늪지에 머물러 살았고
有居民閒閉口不言	어떤 이는 민간에 살면서 입을 다물고 말을 하지 않았으며
有隱居卜筮閒以全身者	어떤 이는 복서 사이에 은거하면서 몸을 온전히 하였습니다.
夫司馬季主者	저 사마계주는
楚賢大夫	초나라의 현명한 대부로
游學長安	장안에서 유학하여
通易經	『역경』에 통달하였으며
術黃帝 · 老子	황제와 노자의 학술을 배웠고
博聞遠見	견문이 넓고 원대하였습니다.
觀其對二大夫貴人之談言	그 두 대부 및 귀인과 담론한 것을 살펴보건대
稱引古明王聖人道	옛 밝은 왕과 성인의 도를 끌어다 말하였으니
固非淺聞小數之能	실로 견문이 얕고 재주가 작은 자가 할 수 있는 것이 아니었습니다.
及卜筮立名聲千里者	복서로 천 리에 명성을 세운 자라면
各往往而在	각지에 왕왕 있습니다.
傳曰	전하는 말에
富爲上	“부가 최상이며
貴次之	귀는 그 다음이고
既貴各各學一伎能立其身	귀하여지면 각기 한 기예를 배워 입신하려 한다.”라 하였습니다.
黃直	황직은
大夫也	대부이며,
陳君夫	진군부는
婦人也	부인인데,

以相馬立名天下	말을 잘 보는 것으로 천하에 이름을 떨쳤습니다.
齊張仲曲成侯以善擊刺學用劍	
	제장중과 곡성후는 저격에 뛰어나 칼 쓰는 법을 배워
立名天下	천하에 이름을 떨쳤습니다.
留長孺以相彘立名	유장유는 돼지를 잘 보는 것으로 이름을 떨쳤습니다.
滎陽褚氏以相牛立名	형양의 저씨는 소를 잘 보는 것으로 이름을 떨쳤습니다.
能以伎能立名者甚多	재능으로 이름을 떨칠 수 있는 자는 매우 많아
皆有高世絕人之風	모두 세상을 뛰어넘고 사람들 가운데 빼어난 풍도를 가지고 있으니
何可勝言	어찌 이루 다 말할 수 있겠습니까?
故曰	그러므로 말하기를
非其地	"그 땅이 아니면
樹之不生	심어도 나지 않으며,
非其意	그 뜻이 아니면
教之不成	가르쳐도 이루지 못한다."고 하는 것입니다.
夫家之教子孫	대체로 집에서 자손을 가르치려면
當視其所以好	그 좋아하는 것을 보아야 하며
好含苟生活之道	살아갈 도를 잘 품고 있으면
因而成之	거기에 따라 이루어 줍니다.
故曰	그러므로 말하기를
制宅命子	"집안을 다스리고 자식에게 명하면
足以觀士	선비를 보기에 충분하고,
子有處所	자식에게 처할 곳이 있으면
可謂賢人	현인이라 할 수 있다."라 하였습니다.

臣爲郎時	신이 낭이었을 때
與太卜待詔爲郎者同署	태복으로 낭에 임명되기를 기다리는 자와 같은 관서에 있었는데
言曰	말하기를
孝武帝時	“효무제 때
聚會占家問之	점쟁이들을 모아놓고 묻기를
某日可取婦乎	아무 날에 며느리를 볼 만한가를 물었습니다.
五行家曰可	오행가는 괜찮다고 하였고
堪輿家曰不可	감여가는 안 된다고 하였으며
建除家曰不吉	건제가는 길하지 않다고 하였고
叢辰家曰大凶	총진가는 아주 흉하다고 하였으며
曆家曰小凶	역가는 조금 흉하다고 하였고
天人家曰小吉	천인가는 조금 길하다고 하였으며
太一家曰大吉	태일가는 크게 길하다고 하였습니다.
辯訟不決	논쟁이 결정되지 않아
以狀聞	상황대로 보고하였습니다.
制曰	조칙으로 말하기를
避諸死忌	‘여러 죽음의 기휘를 피하는 것은
以五行爲主	오행을 주로 하라.’라 하였습니다.”라 하였습니다.
人取於五行者也	이에 사람들은 오행에서 취하게 되었습니다.

68 귀책열전 龜策列傳[1]

太史公曰	태사공은 말한다.
自古聖王將建國受命	예로부터 성왕이 나라를 세우고 천명을 받으며
興動事業	사업을 일으킬 때
何嘗不寶卜筮以助善	어찌 복서로 대사를 도움을 중시하지 않았던 적이 있었겠는가!
唐虞以上[2]	당과 요 이전은
不可記已	기록할 수 없을 따름이다.
自三代之興	삼대가 흥기하였을 때는
各據禎祥	각기 길상의 징조에 의거하였다.
塗山之兆從而夏啟世	도산의 징조를 좇아서 하(夏)나라는 세상을 열었고
飛燕之卜順故殷興	나는 제비의 점괘가 순하여서 은나라가 흥기하였으며

1 **색은** 「귀책전(龜策傳)」에는 기록은 있으나 글이 없어서 저선생(褚先生)이 보충하였다. 그 일을 서술함이 번거롭고 소략해서 취할 만한 것이 없다. **정의** 『사기(史記)』는 원성(元成) 연간까지 10편은 기록은 있는데 글이 없어서 저소손(褚少孫)이 「경제기(景紀)」와 「무제기(武紀)」, 「장상연표(將相年表)」와 「예서(禮書)」, 「악서(樂書)」, 「율서(律書)」, 「삼왕세가(三王世家)」, 「괴성후(蒯成侯)」, 「일자(日者)」와 「귀책열전(龜策列傳)」을 보충하였다. 「일자(日者)」와 「귀책(龜策)」의 언사가 가장 비루한데, 태사공의 본뜻이 아니다.

2 당우(唐虞)는 곧 당요(唐堯)와 우순(虞舜)을 말한다. 요임금의 나라를 당이라 하였고 순임금의 나라를 우라 하였는데 이를 함께 일컬은 것이다. – 옮긴이.

百穀之筮吉故周王	백곡의 복서가 길하여 주나라가 패권을 차지하였다.
王者決定諸疑	왕자가 각종 의심스런 일을 결정할 때
參以卜筮	복서로 참작하고
斷以蓍龜	시귀(蓍龜)로 결단하는 것은
不易之道也	바뀌지 않는 법이다.

蠻夷氐羌雖無君臣之序	만(蠻)과 이(夷), 저(氐), 강(羌)은 비록 군신의 순서가 없지만
亦有決疑之卜	또한 미심쩍은 것을 결정하는 점이 있다.
或以金石	혹자는 금석으로,
或以草[3]木	혹자는 초목으로 하여
國不同俗	나라마다 풍속이 같지 않다.
然皆可以戰伐攻擊	그러나 모두 그것을 가지고 전쟁을 하여 공격하고
推兵求勝	군사를 진군시켜 승리를 구할 수 있었으니
各信其神	각자 그 신을 믿어
以知來事	앞으로의 일을 알게 되었다.

略聞夏殷欲卜者	대략 듣자 하니 하나라와 은나라는 점을 치려 할 때
乃取蓍龜	곧 시초(蓍草)와 귀갑(龜甲)을 취하였으며
已則棄去之	끝이 나면 그것을 버렸다 하는데
以爲龜藏則不靈	귀갑을 보관하면 영험이 없고

3 **집해** 서광(徐廣)은 말하였다. "어떤 판본에는 '혁(革)'으로 되어 있다."

蓍久則不神	시초는 오래되면 신령스럽지 않다고 생각해서이다.
至周室之卜官	주나라 왕실의 복관에 이르러서야
常寶藏蓍龜	늘 보물처럼 시초와 귀갑을 보관하였으며,
又其大小先後	또한 그 대소와 선후는
各有所尙	각기 숭상하는 것이 있었는데
要其歸等耳	요컨대 그 귀결점은 같을 따름이다.
或以爲聖王遭事無不定	혹자는 성왕에게 일어나는 일은 정하여지지 않은 것이 없고
決疑無不見	미심쩍은 것을 결정하는 것이 드러나지 않음이 없다고 생각하여
其設稽神求問之道者	신에게 묻고 물음을 구하는 도를 설치하였으니
以爲後世衰微	후세가 쇠미해지고
愚不師智	어리석은 자가 지혜로운 자를 스승으로 삼지 않으며
人各自安	사람들은 각기 편안하게 여기고
化分爲百室	백가로 나누어지며
道散而無垠	도가 흩어져 끝이 없어진다고 생각하였기 때문에
故推歸之至微	미루어 지극히 정미한 곳에 귀결시키고
要絜於精神也	정신을 잣대로 삼고자 하였다.
或以爲昆蟲之所長	혹자는 곤충(거북)의 장점은
聖人不能與爭	성인도 더불어 다툴 수 없다고 여겼다.
其處吉凶	길흉에 처하고
別然否	가부를 구별함이
多中於人	거의 사람에 맞아떨어진다고 여겼다.

至高祖時　고조 때에 이르러

因秦太卜官　진나라의 태복관을 따랐다.

天下始定　천하가 막 평정되어

兵革未息　전쟁이 그치지 않았다.

及孝惠享國日少　효혜제는 재위 기간이 짧았고

呂后女主　여후는 여제가 되었으며

孝文·孝景因襲掌故　효문제와 효경제는 옛 제도를 그대로 답습하여

未遑講試　강구하거나 시험할 겨를이 없었으며

雖父子疇官　비록 부자간에 세습하는 관직을

世世相傳　대대로 서로 잇기는 하였으나

其精微深妙　그 정묘하고 오묘함을

多所遺失　잃어버린 것이 많았다.

至今上即位　지금의 임금께서 즉위하자

博開藝能之路　기예와 재능의 길을 널리 여시어

悉延百端之學　백가의 학문을 모두 맞아들여

通一伎之士咸得自效　한 가지 재주라도 정통한 선비는 모두 스스로 바치게 하여

絕倫超奇者爲右　무리를 뛰어넘는 출중한 자를 높이어

無所阿私　사사로움에 치우치지 않게 되어

數年之閒　수년 동안

太卜大集　태복이 크게 모였다.

會上欲擊匈奴　마침 임금께서 흉노를 치고

西攘大宛[4]　서(西)로는 대원을 물리치고자 하시며

---

4 **집해** 서광은 말하였다. "양(攘)은 어떤 판본에는 '양(襄)'으로 되어 있다. 양(襄)은 제(除)와 같은 뜻이다."

南收百越	남(南)으로는 백월을 거두고자 하시어
卜筮至預見表象	복서로 앞으로의 징조를 예견하고
先圖其利	그 이로움을 미리 도모하게 하기에 이르렀다.
及猛將推鋒執節	아울러 맹장이 예봉을 꺾고 부절을 잡고
獲勝於彼	적에게 승리를 거둠에
而蓍龜時日亦有力於此	시일을 점치는 데 또한 여기에서 힘을 얻었다.
上尤加意	임금은 더욱 뜻을 더하여
賞賜至或數千萬	상을 내림이 혹 수천만이 되기도 하였다.
如丘子明之屬	구자명 같은 무리는
富溢貴寵	부가 넘치고 현귀하여 총애를 받아
傾於朝廷	조정을 기울일 정도였다.
至以卜筮射蠱道	심지어 복서로 고술(蠱術)을 행하는 것을 점치기도 하였는데
巫蠱時或頗中	고술을 점치면 이따금 자못 적중하였다.
素有眥睚不快	평소에 눈을 흘겨 불쾌한 것이 있으면
因公行誅	공사를 빙자하여 죽이고
恣意所傷	멋대로 상해를 입혀
以破族滅門者	일족을 깨뜨리고 가문을 멸족시킨 것이
不可勝數	이루 헤아릴 수 없었다.
百僚蕩恐	백관들은 흔들리고 두려워
皆曰龜策能言	모두 말하기를 귀갑과 시초가 말을 할 줄 안다고 하였다.
後事覺姦窮	나중에 간악한 일이 다 발각되어
亦誅三族	또한 삼족이 주멸(誅滅)되었다.

夫捀策定數[5]	시초를 받들고 점을 치며
灼龜觀兆	귀갑을 지져 징조를 살피면
變化無窮	변화가 무궁하여
是以擇賢而用占焉	이 때문에 현자를 뽑아 그것을 점치게 하였는데
可謂聖人重事者乎	성인의 중요한 일이라고 할 수 있다!
周公卜三龜	주공이 삼귀로 점을 치니
而武王有瘳	무왕의 병이 나았다.
紂爲暴虐	주(紂)는 포학하였는데
而元龜不占	큰 거북으로 점을 쳤는데 점괘가 나오지 않았다.
晉文將定襄王之位	진문공은 (周)양왕의 복위를 정하려 할 때
卜得黃帝之兆[6]	점을 쳐서 황제의 길조를 얻어
卒受彤弓之命	마침내 붉은활을 내리는 명을 받았다.
獻公貪驪姬之色	헌공은 여희의 미색을 탐하여
卜而兆有口象	점을 쳤는데 징조로 입의 형상을 얻었는데
其禍竟流五世	그 화가 결국 5대에 미쳤다.
楚靈將背周室	초영왕은 주나라 왕실을 배반하려고 하여
卜而龜逆[7]	점을 쳤는데 귀갑이 불길하게 나와
終被乾谿之敗	마침내 건계의 패배를 당하였다.

5 **집해** 서광은 말하였다. "捀의 음은 봉(逢)이다. '달(達)'로 된 판본도 있다." **색은** 서광은 捀의 음은 봉(逢)이라고 하였다. 봉(捀)은 두 손으로 시초를 잡고 나누어 배열하는 것이므로 봉책(捀策)이라고 하였다.

6 **집해** 『좌전(左傳)』에서는 황제(黃帝)가 판천(阪泉)에서 싸우는 징조를 얻었다고 하였다.

7 **집해** 『좌전』[「소공(昭公) 13년」]에서는 말하였다. "영왕이 점을 치면서 말하였다. '내 천하를 얻기를 바란다!' 점괘가 길하지 않았다. 거북을 내던지면서 하늘을 욕하며 고함쳐 말하였다. '이 구구한 것조차 내게 주지 않으니 내 반드시 스스로 차지하고 말 것이다(靈王卜, 曰余尙得天下, 不吉. 投龜詬天而呼曰, 是區區者而不余畀, 余必自取之).'" **색은** 詬의 음은 후[火候反]이다.

兆應信誠於內	징조와 응함이 안에서 믿음직하고 성실하며
而時人明察見之於外	당시 사람들은 그것을 밖에서 분명히 살펴보니
可不謂兩合者哉	둘이 합치된다고 말하지 않을 수 있겠는가!
君子謂夫輕卜筮	군자는 이르기를 "복서를 가볍게 여기고
無神明者	신명이 없는 자는
悖	어그러지며,
背[8]人道	사람의 도를 저버리고
信禎祥者	상서로운 징조를 믿는 자는
鬼神不得其正	귀신이 그 올바름을 얻지 못한다."고 하였다.
故書建稽疑	그러므로 『서(書)』에서는 미심쩍은 것을 상고할 때
五謀而卜筮居其二	다섯 가지를 도모하는데 복서가 그중 둘을 차지하며
五占從其多	다섯 사람이 점을 쳐서 그중 많은 것을 따랐으니
明有而不專之道也	있기는 하지만 오로지 의존하는 도는 아님이 분명하다.

余至江南	내가 강남에 이르러
觀其行事	그 일을 행하는 것을 살펴보고
問其長老	장로에게 물어보았더니
云龜千歲乃遊蓮葉之上[9]	거북이 천 년은 되어야 연꽃 위에서 놀고
著百莖共一根[10]	시초는 백(百) 줄기가 한 뿌리에서 난다고 하였다.

8 색은 앞의 글자[悖]는 음이 배(倍), 아래 글자[背]는 음이 패(佩)이다.

9 집해 서광은 말하였다. "련(蓮)은 '령(領)'으로 된 판본도 있다. 령(領)과 련(蓮)은 소리가 서로 가까워 가차자(假借字)로 쓰이기도 한다."

10 집해 서광은 말하였다. "유향(劉向)은 말하기를 거북은 천 년이 되면 영험해지고 시초[蓍]는 백 년이 되면 한 뿌리에서 백 개의 줄기가 난다고 하였다."

又其所生	또한 그 사는 곳에는
獸無虎狼	짐승 가운데 범이나 이리가 없고
草無毒螫	풀에는 독충이 없다고 하였다.
江傍家人常畜龜飮食之	장강 곁에 사는 사람들은 늘 거북을 길러 잡아먹는데
以爲能導引致氣	혈액 순환을 돕고 원기를 북돋우며
有益於助衰養老	노쇠한 늙은이를 돕고 기르는 데 도움이 된다고 생각하니
豈不信哉	어찌 믿지 않겠는가!

褚先生曰	저선생(褚先生)은 말한다.
臣以通經術	신은 경술에 통달하고
受業博士	박사에게서 학업을 전수하였으며
治春秋	『춘추』를 연구하였는데
以高第爲郎	학업 성적이 좋아 낭이 되었으며
幸得宿衛	요행히 숙위를 하게 되어
出入宮殿中十有餘年	궁전에 드나든 지가 10여 년이 되었습니다.
竊好太史公傳	가만히 「태사공전(太史公傳)」을 좋아하였습니다.
太史公之傳曰	태사공의 「전(傳)」에서는 말하였습니다.
三王不同龜	“삼왕은 귀갑점을 치는 방법이 같지 않았으며
四夷各異卜	사이는 각기 점치는 방식이 달랐지만
然各以決吉凶	각자 그것으로 길흉을 결정하였는데
略闚其要	그 요점을 대략 엿보았으므로
故作龜策列傳	「귀책열전(龜策列傳)」을 짓는다.”
臣往來長安中	신이 장안을 왕래하면서
求龜策列傳不能得	「귀책열전」을 구하였으나 얻을 수 없었으므로

故之大卜官	태복관에게 가서
問掌故文學長老習事者	장고와 문학의 장로로 일에 익숙한 자에게 묻고
寫取龜策卜事	귀책으로 점을 치는 일을 써서 취하여
編于下方	아래에 엮습니다.

聞古五帝三王發動擧事	듣자 하니 오제와 삼왕 때는 일을 거행하려고 할 때는
必先決蓍龜	반드시 먼저 시초와 귀갑으로 결정하였다고 한다.
傳曰[11]	전하는 말에 의하면
下有伏靈	"아래에 복령이 있으면
上有兔絲	위에는 토사가 있고,
上有擣蓍[12]	위에 시초 떨기가 있으면
下有神龜	아래에는 신령한 거북이 있다."라 하였다.
所謂伏靈者	이른바 복령이라는 것은
在兔絲之下	토사의 아래에 있는데
狀似飛鳥之形	모양이 나는 새의 형상과 비슷하다.
新雨已	막 비가 그치어
天淸靜無風	하늘은 맑고 고요하여 바람이 없으면
以夜捎兔絲去之	밤에 토사를 베어내고
旣以篝燭此地[13]燭之	등불로 이곳을 비추어 보고
火滅	불이 꺼지면
卽記其處	곧 그곳에 표시를 하여두고

11 **색은** 이 전(傳)은 곧 태복(太卜)이 얻은 옛 귀갑점을 치는 설이다.

12 **색은** 擣의 음은 조[逐留反]이다. 곧 조밀한 것이다. 조시(擣蓍)는 곧 총시(藂蓍)이며, 조(擣)는 옛 '조(稠)' 자이다.

13 **집해** 서광은 말하였다. "구(篝)는 롱(籠)이다. 불을 피우고 그 위를 바구니로 싸는 것이다. 음은 구(溝)이다. 「진섭세가(陳涉世家)」에서는 '밤에 등불을 붙였다(夜篝火).'라는 말이 있다."

以新布四丈環置之	새 베 네 장(丈)을 가지고 그곳을 둘러쳐 두었다가
明即掘取之	밝으면 그것을 파내어 가지는데,
入四尺至七尺	넉 자에서 일곱 자까지 들어가면
得矣	얻게 되며
過七尺不可得	일곱 자가 넘으면 얻을 수 없다.
伏靈者	복령은
千歲松根也	천 년 된 소나무 뿌리로
食之不死	그것을 먹으면 죽지 않는다.
聞蓍生滿百莖者	듣자 하니 시초 가운데 백 개의 줄기가 가득 난 것은
其下必有神龜守之	그 아래에는 반드시 신귀가 지키고 있고
其上常有青雲覆之	그 위에는 늘 푸른 구름이 덮고 있다고 한다.
傳曰	전하는 말에 의하면
天下和平	"천하가 화평하면
王道得	왕도를 얻고
而蓍莖長丈	시초의 줄기가 1장까지 자라며
其叢生滿百莖	떨기져 나서 백 줄기를 채운다."라 하였다.
方今世取蓍者	지금 세상에서 시초를 취하는 자는
不能中古法度	옛 법도에 맞출 수가 없어서
不能得滿百莖長丈者	줄기가 백 개 가득하고 길이가 1장인 것은 얻을 수 없고
取八十莖已上	80 줄기 이상 되고
蓍長八尺	시초의 길이가 여덟 자 되는 것을 얻으려 해도
即難得也	곧 얻기 어렵다.
人民好用卦者	백성들 가운데 점치기를 좋아하는 자들은
取滿六十莖已上	만 60 줄기 이상 되고
長滿六尺者	길이가 여섯 자에 꽉 차는 것을 취하는 것도

既可用矣	곧 쓸 만하다고 한다.
記曰	기록에서는 말하기를
能得名龜者	"이름난 거북을 얻을 수 있는 자는
財物歸之	재물이 그에게 돌아가며
家必大富至千萬	집이 반드시 크게 부유해져 천만금에 이르게 된다."라 하였다.
一曰北斗龜	첫째는 "북두귀"이며,
二曰南辰龜	둘째는 "남진귀",
三曰五星龜	셋째는 "오성귀",
四曰八風龜	넷째는 "팔풍귀",
五曰二十八宿龜	다섯째는 "이십팔수귀",
六曰日月龜	여섯째는 "일월귀",
七曰九州龜	일곱째는 "구주귀"이고
八曰玉龜	여덟째는 "옥귀"로
凡八名龜	모두 여덟 개의 이름난 거북이다.
龜圖各有文在腹下	거북의 그림에는 각기 문자가 배 아래에 있는데
文云云者	문자로 ……라 한 것은
此某之龜也	이는 어떤 거북이라는 것이다.
略記其大指	큰 뜻만 대략 기록하고
不寫其圖	그 그림은 그리지 않는다.
取此龜不必滿尺二寸	이런 거북을 얻을 때는 반드시 한 자 두 치를 채우지 않아도 되는데
民人得長七八寸	백성들은 길이가 7~8치 되는 것을 얻어도
可寶矣	보배로 삼을 만하다.
今夫珠玉寶器	지금 저 주옥으로 만든 보기(寶器)는
雖有所深藏	비록 깊이 감추어 놓아도

必見其光	반드시 그 빛이 드러나며
必出其神明	반드시 그 신명함이 나오니
其此之謂乎	아마 이것을 이르는 것일 것이다!
故玉處於山而木潤	그러므로 옥이 산에 있으면 나무가 윤기가 있고
淵生珠而岸不枯者[14]	못에서 구슬이 나면 언덕이 마르지 않는 것은
潤澤之所加也	윤택함을 더한 것이다.
明月之珠出於江海	명월주는 강과 바다에서 나오는데
藏於蚌中	조개 안에 감추어져 있으며
蚗龍伏之[15]	교룡이 그 위에 엎드려 있다.
王者得之	왕자가 그것을 얻으면
長有天下	오래도록 천하를 가지며
四夷賓服	사방의 오랑캐가 귀의하여 복종한다.
能得百莖蓍	백 줄기의 시초를 얻고
并得其下龜以卜者	아울러 그 아래의 거북을 얻어 점을 치는 자는
百言百當	말이 백발백중하여
足以決吉凶	충분히 길흉을 결단한다.

神龜出於江水中	신귀는 강수에서 나며
廬江郡常歲時生龜長尺二寸者二十枚輸太卜官	여강군에서는 늘 세시(歲時)에 한 자 두 치짜리 산 거북 20마리를 태복관에게 바치고

14 집해 서광은 말하였다. "어떤 판본에는 '아니 불(不)' 자가 없다. 허씨(許氏)는 『회남(淮南)』에서는 불어난 윤기가 밝은 구슬에 모이면 언덕을 바르게 하기에 이른다고 하였다."

15 집해 서광은 말하였다. "허씨(許氏)는 『회남(淮南)』에서는 결룡(蚗龍)은 용의 무리라고 하였다. 음은 결(決)이다." 색은 결룡(蚗蠪)이 거기에 엎드린 것이다. 결(蚗)은 '교(蛟)'가 되어야 할 것이다. 蠪의 음은 룡(龍)이며, 주(注)에서 음을 결(決)이라 하였는데 틀렸다.

太卜官因以吉日剔取其腹下甲	태복관은 이에 길일 날 그 배 아래의 딱지를 발라내어 취한다.
龜千歲乃滿尺二寸	거북은 천 년이 되면 한 자 두 치가 된다.
王者發軍行將	왕자가 군사를 일으키고 장수를 보낼 때는
必鑽龜廟堂之上	반드시 묘당 위에서 거북을 뚫어
以決吉凶	길흉을 결정한다.
今高廟中有龜室	지금 고묘에는 거북 방이 있는데
藏內以爲神寶	안에 신묘한 보물로 삼은 것을 간직하고 있다.

傳曰	전하는 말에 의하면
取前足臑骨[16]穿佩之	"앞발의 발꿈치 뼈를 취하여 구멍을 뚫어 차고
取龜置室西北隅懸之	거북이를 취하여 방의 서북쪽 모서리에 걸어두고
以入深山大林中	깊은 산과 큰 숲에 들어가면
不惑	방향을 잃지 않는다."라 하였다.
臣爲郎時	내가 낭이었을 때
見萬畢石朱方	『만필석주방(萬畢石朱方)』을 보았는데
傳曰	전하여 말하였다.
有神龜在江南嘉林中[17]	"어떤 신령스런 거북이 강남의 아름다운 숲에 있다.
嘉林者	아름다운 숲이라는 것은
獸無虎狼	짐승 가운데는 범과 이리가 없고
鳥無鴟梟	새 가운데는 올빼미가 없으며
草無毒螫	풀 가운데는 독초가 없고

16 **집해** 서광은 말하였다. "臑의 음은 노[乃毛反]이다. 노(臑)는 팔[臂]이다." **색은** 臑의 음은 노[乃高反]이다. 노(臑)는 팔이다. 또한 음을 노[乃導反]라고도 한다.

17 **색은** 『만필술(萬畢術)』이 있는데, 방(方)에서 아름다운 숲이라고 말하였기 때문에 전(傳)하여 말하기를, 이라고 하였다.

野火不及	들불이 미치지 못하며
斧斤不至	도끼가 이르지 못하는 곳이
是爲嘉林	아름다운 숲이다.
龜在其中	거북이 그 안에 있는데
常巢於芳蓮之上	늘 향기로운 연꽃 위에 보금자리를 잡았다.
左脅書文曰	왼쪽 옆구리에는 다음과 같은 글자가 적혀 있다.
甲子重光[18]	'갑자일에 빛이 거듭 날 때
得我者匹夫爲人君	나를 얻는 사람은 필부가 임금이 되고
有土正[19]	토정을 가지게 될 것이며
諸侯得我爲帝王	제후가 나를 얻으면 제왕이 될 것이다.'
求之於白蛇蟠杅[20]林中者[21]	백사반우림에서 구하는 사람은
齋戒以待	재계하며 기다림에
譺然[22]	엄숙하게
狀如有人來告之	태도를 어떤 사람이 와서 일러주듯 하며
因以醮酒佗髮[23]	이어서 술을 땅에 붓고 머리를 흩뜨리고
求之三宿而得	사흘 동안 구하면 얻는다."
由是觀之	이로써 살펴보건대,
豈不偉哉	어찌 크지 않겠는가!
故龜可不敬與	그러므로 거북은 공경하지 않을 만하겠는가?

---

18 **집해** 서광은 말하였다. "자(子)는 '우(于)'로 된 판본도 있다."

19 **집해** 서광은 말하였다. "정(正)은 장(長)이다. 땅을 가진 관직의 장이 되는 것이다."

20 **집해** 서광은 말하였다. "음은 오[一孤反]이다."

21 **색은** 숲의 이름이 백사반우림(白蛇蟠杅林)인데 거북이 그 안에 숨어 있다. 杅의 음은 오(烏)이다. 백사(白蛇)가 일찍이 이 숲 속에 서렸다는 것이다.

22 **색은** 음은 의(嶷)이다. 거북을 구하는 자가 재계하면서 기다리며 늘 엄숙히 한다는 말이다.

23 **집해** 서광은 말하였다. "타(佗)는 어떤 판본에는 '피(被)'로 되어 있다." **색은** 佗의 음은 타[徒我反]이다. 머리를 흩뜨리는 것이다.

南方老人用龜支床足	남방의 노인이 거북의 다리로 침상의 다리로 삼았는데
行二十餘歲	20여 년이 지나
老人死	노인이 죽어
移床	침상을 옮겼더니
龜尙生不死	거북이 아직 살아서 죽지를 않았다.
龜能行氣導引	거북은 행기와 도인을 잘한다.
問者曰	묻는 자가 말하였다.
龜至神若此	"거북이 지극히 신령스럽기가 이와 같으나
然太卜官得生龜	태복관이 산 거북을 잡으면
何爲輒殺取其甲乎	어찌하여 바로 죽여서 그 등딱지를 취하지 않는가?"
近世江上人有得名龜	근세에 장강 가에 사는 사람으로 명귀를 잡아
畜置之	기른 사람이 있었는데
家因大富	집이 이 때문에 매우 부유해졌다.
與人議	사람들과 논의하여
欲遣去	보내주려고 하였다.
人教殺之勿遣	어떤 사람이 죽여서 보내주지 못하게 하였는데
遣之破人家	보내면 패가할 것이라고 하였다.
龜見夢曰	거북이가 꿈에 나타나 말하였다.
送我水中	"나를 물속으로 보내어
無殺吾也	죽이는 일이 없도록 하십시오."
其家終殺之	그 집에서는 끝내 그 거북을 죽였다.
殺之後	죽인 다음에는
身死	자신도 죽고
家不利	집안은 불길해졌다.
人民與君王者異道	백성과 임금 된 자는 도가 다르다.

人民得名龜	백성이 명귀를 잡으면
其狀類不宜殺也	형편상 죽이지 말아야 할 것이다.
以往古故事言之	지난날의 이야기를 가지고 말한다면
古明王聖主皆殺而用之	명왕과 성주는 모두 죽여서 사용하였다.

宋元王時得龜	송원왕(宋元王) 때 거북을 잡아
亦殺而用之	또한 죽여서 썼다.
謹連其事於左方	삼가 아래에 그 일을 이어서
令好事者觀擇其中焉	호사자들에게 그 가운데서 보고 택하게 하고자 한다.

宋元王二年	송원왕 2년에
江使神龜使於河	장강의 신이 신귀를 황하의 신에게 사행하게 하여
至於泉陽	천양에 이르렀는데
漁者豫且[24]舉網得而囚之	어부인 예저가 그물을 쳐서 그것을 잡았다.
置之籠中	바구니에 넣어두었다.
夜半	한밤중에
龜來見夢於宋元王曰	거북이가 송원왕의 꿈에 나타나서 말하였다.
我爲江使於河	"나는 장강의 신을 위해 황하로 사행하는 길에
而幕網當吾路	그물이 내 갈 길을 막았소.
泉陽豫且得我	천양의 예저가 나를 잡아
我不能去	내 떠날 수가 없소.
身在患中	몸이 환란 중에 있으나
莫可告語	하소연할 말이 없소.

24 **색은** 아래 글자의 음은 저[子余切]이다. 천양(泉陽)사람으로, 그물로 큰 거북을 잡은 자이다.

王有德義	왕께는 덕과 의리가 있으니
故來告訴	와서 하소연하는 것이오."
元王惕然而悟	원왕은 깜짝 놀라 깨어났다.
乃召博士衛平[25]而問之曰	이에 박사 위평을 불러 물어보았다.
今寡人夢見一丈夫	"지금 과인이 꿈에서 한 사나이를 만났는데
延頸而長頭	목을 늘이고 머리를 길게 하여
衣玄繡之衣而乘輜車	검은 수를 놓은 옷을 입고 짐수레를 타고
來見夢於寡人曰	과인의 꿈에 나타나
我爲江使於河	'나는 장강의 신을 위해 황하로 사행하는 길에,
而幕網當吾路	그물이 내 갈 길을 막았소.
泉陽豫且得我	천양의 예저가 나를 잡아
我不能去	내 떠날 수가 없소.
身在患中	몸이 환란 중에 있으나
莫可告語	하소연할 말이 없소.
王有德義	왕께는 덕과 의리가 있으니
故來告訴	와서 하소연하는 것이오.'라 말하는 것이었소.
是何物也	이것이 어떤 것이오?"
衛平乃援式而起[26]	위평이 이에 식(栻: 점치는 나무판)을 잡고 일어나
仰天而視月之光	하늘을 우러러 달빛을 보고
觀斗所指	북두성이 가리키는 것을 살피고는
定日處鄕	해가 있는 곳을 정하였다.
規矩爲輔	그림쇠와 곱자를 보조 기구로 삼고
副以權衡	저울추와 저울대를 따르게 하였다.

25 **색은** 송원군(宋元君)의 신하이다.

26 **집해** 서광은 말하였다. "式의 음은 칙(敕)이다."

四維已定 사유가 정하여지고

八卦相望 팔괘가 서로 바라보았다.

視其吉凶 그 길흉을 보더니

介蟲先見 갑각류임을 예지하였다.

乃對元王曰 이에 원왕에게 대답하여 말하였다.

今昔壬子[27] "어젯밤 임자일은

宿在牽牛 일원이 처한 곳이 견우성에 있었습니다.

河水大會 황하의 물이 크게 모여

鬼神相謀 귀신들이 서로 모의를 합니다.

漢正南北[28] 은하가 정남북향으로 놓이면

江河固期 장강과 하수의 신이 굳이 기약하기를

南風新至 남풍이 막 이르면

江使先來 장강의 사신이 먼저 이르기로 하였습니다.

白雲壅漢 흰 구름이 은하에 막히어

萬物盡留 만물이 모두 오래 머무릅니다.

斗柄指日 북두성의 자루가 해를 가리키는 것은

使者當囚 사자가 갇혔다는 것입니다.

玄服而乘輜車 검은 옷에 짐수레를 탄 것은

其名爲龜 그 이름이 귀입니다.

王急使人問而求之 왕께서는 급히 사람을 보내 묻고 찾도록 하십시오."

王曰 왕이 말하였다.

善 "훌륭하오."

27 **색은** 금석(今昔)은 작야(昨夜)와 같다. 오늘[今日]을 가지고 말한 것으로, 어젯밤[昨夜]을 금석(今昔)이라 한 것이다.

28 **정의** 한(漢)은 천하(天河: 은하수)이다.

於是王乃使人馳而往問泉陽令曰

이에 왕은 곧 사람에게 말을 달려 천양령에게 가서 묻게 하였다.

漁者幾何家	"어부는 몇 집이오?
名誰爲豫且	예저는 누구요?
豫且得龜	예저가 거북을 잡았는데
見夢於王	왕의 꿈에 나타나
王故使我求之	왕이 그 때문에 나에게 찾게 하였소."
泉陽令乃使吏案籍視圖	천양령은 이에 아전에게 호적을 조사하고 지도를 보게 하였는데
水上漁者五十五家	물가의 어부는 쉰다섯 집이었으며
上流之廬	상류의 오두막(에 사는 사람)이
名爲豫且	이름이 예저였다.
泉陽令曰	천양령이 말하였다.
諾	"좋다."
乃與使者馳而問豫且曰	이에 사자와 함께 달려가 예저에게 물었다.
今昔汝漁何得	"어제 저녁 너는 물고기를 잡을 때 무엇을 잡았느냐?"
豫且曰	예저가 말하였다.
夜半時舉網得龜[29]	"한밤중에 그물을 쳐서 거북을 잡았습니다."
使者曰	사자가 말하였다.
今龜安在	"지금 거북은 어디에 있느냐?"
曰	말하였다.
在籠中	"바구니에 있습니다."
使者曰	사자가 말하였다.
王知子得龜	"왕께서 네가 거북을 잡은 것을 알고 있기 때문에

29 **집해** 『장자(莊子)』에서는 흰 거북을 잡았는데 둘레가 다섯 자[尺]였다.

故使我求之	내게 찾도록 하였다.”
豫且曰	예저가 말하였다.
諾	“좋습니다.”
即系龜而出之籠中	바로 거북을 묶어 바구니에서 꺼내어
獻使者	사자에게 바쳤다.

使者載行	사자는 싣고 가면서
出於泉陽之門	천양의 성문을 나섰다.
正晝無見	한낮인데 아무것도 보이지 않고
風雨晦冥	비바람이 치면서 어두워졌다.
雲蓋其上	구름이 그 위를 덮고
五采青黃	청색과 황색 등 오색을 띠었으며,
雷雨並起	우레와 비가 함께 일더니
風將而行	바람이 불려고 했다.
入於端門	단문(端門)으로 들자
見於東箱	동상에서 뵈었다.
身如流水	몸이 흐르는 물과 같았고
潤澤有光	윤택하여 빛이 났다.
望見元王	원왕을 바라보고는
延頸而前	목을 늘이고 나아가
三步而止	세 걸음을 가서 멈추고
縮頸而卻	목을 움츠리고 물러서더니
復其故處	원래 있던 곳으로 돌아갔다.
元王見而怪之	원왕이 보고 괴이히 여겨
問衛平曰	위평에게 물어보았다.
龜見寡人	“거북이가 과인을 보더니

延頸而前　목을 늘이고 나아가서는
以何望也　무엇을 바라보았는가?
縮頸而復　목을 움츠리고 돌아가서는
是何當也　이에 어찌하려는 것인가?"
衛平對曰　위평이 대답하였다.
龜在患中　"거북이 환난 중에 있어서
而終昔囚　어제 종일 갇혀 있었는데
王有德義　왕께는 덕의가 있어서
使人活之　사람에게 살려주라고 하였습니다.
今延頸而前　지금 목을 늘이고 나아간 것은
以當謝也　감사를 하는 것이며,
縮頸而卻　목을 움츠리고 물러서는 것은
欲亟去也　빨리 떠나려는 것입니다."
元王曰　원왕이 말하였다.
善哉　"훌륭하도다!
神至如此乎　신령함이 이런 경지에 이르렀던가!
不可久留　오래 붙들어 둘 수 없도다.
趣駕送龜　빨리 수레에 실어 거북을 보내도록 하되
勿令失期　때를 놓치지 않도록 하라."

衛平對曰　위평이 대답하였다.
龜者是天下之寶也　"거북은 천하의 보배로
先得此龜者爲天子　먼저 이 거북을 얻은 자는 천자가 되며,
且十言十當　또한 열 번 말하면 열 번 옳고
十戰十勝　열 번 싸우면 열 번을 이깁니다.
生於深淵　깊은 연못에서 나서

長於黃土	황토에서 자랐습니다.
知天之道	천하의 도를 알고
明於上古	상고시대에 밝습니다.
游三千歲	3천 년을 노니는 동안
不出其域	그 경역을 떠나지 않았습니다.
安平靜正	편안하고 고르며 조용하고 올발라
動不用力	움직임에 힘이 필요하지 않습니다.
壽蔽天地	수명은 천지를 덮어
莫知其極	아무도 그 끝을 모릅니다.
與物變化	사물과 함께 변화하고
四時變色	사철 색을 바꿉니다.
居而自匿	살면서 스스로 숨고
伏而不食	엎드려 먹지 않습니다.
春倉夏黃	봄에는 푸르며 여름에는 누렇고
秋白冬黑	가을에는 희며 겨울에는 까맣습니다.
明於陰陽	음양에 밝고
審於刑德	형[陰克]과 덕[陽生]을 잘 살핍니다.
先知利害	먼저 이해를 알아
察於禍福	화복을 살피어
以言而當	말을 하면 옳고
以戰而勝	싸우면 이기고
王能寶之	왕이 보배로 삼을 수 있다면
諸侯盡服	제후들이 모두 복종할 것입니다.
王勿遣也	왕께서는 절대 보내지 마시고
以安社稷	사직을 안정시키도록 하십시오.”

元王曰	원왕이 말하였다.
龜甚神靈	"거북은 매우 신령하여
降于上天	하늘에서 내려와
陷於深淵	깊은 못에 빠졌소.
在患難中	환난 중에 있었소.
以我爲賢	나를 현명하다고 생각하였소.
德厚而忠信	덕이 두텁고 충성스럽고 믿음직하여
故來告寡人	와서 과인에게 말린 것이오.
寡人若不遣也	과인이 놓아주지 않는다면
是漁者也	이는 곧 어부인 것이오.
漁者利其肉	어부는 그 고기로 이익을 얻고
寡人貪其力	과인은 그 힘을 탐하여
下爲不仁	아래는 불인하고,
上爲無德	위는 덕이 없소.
君臣無禮	군신 간에 무례하면
何從有福	어디에서 복을 누리겠는가?
寡人不忍	과인은 차마 하지 못하겠으니
柰何勿遣	어찌 보내지 않겠는가!"

衛平對曰	위평이 대답하여 말하였다.
不然	"그렇지 않습니다.
臣聞盛德不報	신이 듣건대 성한 덕은 갚지 않고
重寄不歸	귀중한 것은 맡기면 돌려주지 않으며,
天與不受	하늘이 주었는데 받지 않는다면
天奪之寶	하늘이 그 보화를 빼앗을 것입니다.
今龜周流天下	지금 거북이 천하를 두루 흘러 다니다가

還復其所	그 있던 곳으로 돌아가니
上至蒼天	위로는 푸른 하늘에 가깝고
下薄泥塗	아래로는 진흙에 가깝습니다.
還遍九州	구주를 두루 돌아다니도록
未嘗愧辱	부끄럽고 욕된 적이 없었고
無所稽留	오래도록 잡혀 있음이 없었습니다.
今至泉陽	지금 천양에 이르렀는데
漁者辱而囚之	어부가 욕을 하며 가둔 것입니다.
王雖遣之	왕께서 비록 돌려보낸다 하더라도
江河必怒	장강과 은하는 반드시 노할 것이고
務求報仇	원수 갚기를 구함에 힘을 씁니다.
自以爲侵	스스로 침탈하고자 하여
因神與謀	이에 신과 모의를 합니다.
淫雨不霽	장맛비가 개지 않으면
水不可治	물을 다스릴 수 없습니다.
若爲枯旱	혹독한 가뭄이라면
風而揚埃	바람이 불어 흙먼지를 나르고
蝗蟲暴生	황충(蝗蟲)이 맹렬하게 발생한다면
百姓失時	백성들은 농사철을 놓치게 됩니다.
王行仁義	오행과 인의로 한다면
其罰必來	그 벌이 반드시 올 것입니다.
此無佗故	이는 다른 까닭이 있는 것이 아니라
其祟在龜	그 빌미가 거북에 있기 때문입니다.
後雖悔之	나중에 뉘우친다 한들
豈有及哉	어찌 미치겠습니까!
王勿遣也	왕께서는 보내지 마십시오.”

元王慨然而歎曰	원왕이 감개하여 탄식하며 말하였다.
夫逆人之使	"대체로 남의 사자를 가로막고
絕人之謀	남의 계책을 끊는 것은
是不暴乎	잔인하지 않은가?
取人之有	남이 가진 것을 빼앗아
以自爲寶	자기 보물로 삼는다면
是不彊乎	강포(强暴)한 것이 아닌가?
寡人聞之	과인이 듣자 하니
暴得者必暴亡	힘으로 얻은 것은 반드시 힘으로 잃게 되고
彊取者必後無功	강압적으로 빼앗은 것은 반드시 나중에 공이 없게 된다고 하였소.
桀紂暴彊	걸(桀)과 주(紂)는 힘을 행사하고 강압적이어서
身死國亡	몸은 죽고 나라는 망하였소.
今我聽子	지금 내 그대의 말을 듣건대
是無仁義之名而有暴彊之道	인의의 명분은 없고 강포한 도만 있소.
江河爲湯武	장강과 황하의 신은 탕(湯)임금과 무왕이 될 것이고
我爲桀紂	나는 걸과 주가 될 것이오.
未見其利	그 (신귀의) 좋은 점도 보지 못한 채
恐離其咎	그 허물만 만나게 될 것이오.
寡人狐疑	과인이 의심을 품고 있으니
安事此寶	어찌 이 보물을 섬기겠소?
趣駕送龜	빨리 수레로 거북을 보내어
勿令久留	오래 머물러 두지 마시오."

衛平對曰	위평이 대답하였다.
不然	"그렇지 않사오니

王其無患	왕께서는 근심하지 마십시오.
天地之閒	하늘과 땅 사이에
累石爲山	돌이 쌓여 산이 됩니다.
高而不壞	높아도 무너지지 않고
地得爲安	땅은 편안하게 됩니다.
故云物或危而顧安	그러므로 말하기를 사물이 혹 위태로워 보여도 도리어 편안하고
或輕而不可遷	혹 가벼워 보이는 데도 옮길 수가 없으며,
人或忠信而不如誕謾[30]	사람이 혹 충성스럽고 진실해 보여도 믿을 수 없는 사람보다 못하고
或醜惡而宜大官	혹 추악하더라도 고관에 적합하기도 하며
或美好佳麗而爲眾人患	혹 외모가 아름다운 데도 뭇사람들이 해가 된다고 하였습니다.
非神聖人	신성한 사람이 아니라면
莫能盡言	다 말할 수 없습니다.
春秋冬夏	봄과 여름, 겨울과 가을은
或暑或寒	덥기도 하고 춥기도 합니다.
寒暑不和	추위와 더위가 조화를 이루지 않으면
賊氣相奸	나쁜 기운이 서로 침탈하게 됩니다.
同歲異節	같은 해에 계절이 다른 것은
其時使然	그 때가 그렇게 만든 것입니다.
故令春生夏長	그러므로 봄에는 나고 여름에는 자라며
秋收冬藏	가을에는 거두고 겨울에는 갈무리합니다.

30 **집해** 서광은 말하였다. "탄(誕)은 '訑'로 된 판본도 있는데, 음은 타[吐禾反]이다." **색은** 誕의 음은 탄[田爛反]이며, 謾의 음은 만(漫)이고, 또한 모두 글자대로 읽기도 한다. 訑의 음은 타[吐禾反]이다.

或爲仁義	혹자는 인의를 행하고
或爲暴彊	혹자는 강포합니다.
暴彊有鄉	강포함에도 그럴 만한 상황이 있고
仁義有時	인의에도 때가 있습니다.
萬物盡然	만물이 모두 그러하여
不可勝治	이루 다스릴 수가 없습니다.
大王聽臣	대왕께서 신의 말을 들으신다면
臣請悉言之	신은 청컨대 다 말씀드리겠습니다.
天出五色	하늘에 오색이 나타나면
以辨白黑	그것으로 흑백을 변별합니다.
地生五穀	땅에서 오곡이 나면
以知善惡	그것으로 선악을 압니다.
人民莫知辨也	백성들은 아무도 변별할 줄을 모르니
與禽獸相若	금수와 서로 같습니다.
谷居而穴處	골짜기에 살고 바위 구멍에서 거처하여
不知田作	농사를 지을 줄 모릅니다.
天下禍亂	천하에 화해(禍害)와 변란이 발생하고
陰陽相錯	음양이 서로 어긋납니다.
悤悤疾疾[31]	허둥지둥 바쁘면서
通而不相擇	통교는 하면서도 서로 택하지는 않습니다.
妖孽數見[32]	동식물 가운데 괴상한 것들이 자주 나타나고
傳爲單薄	전하는 것이 미약해집니다.
聖人別其生	성인들이 그 생물을 구별하여

31 **집해** 서광은 말하였다. "'병 병(病)' 자로 된 판본도 있다."

32 **정의** 『설문(說文)』에서는 "의복(衣服)과 가요(歌謠), 초목(草木) 가운데 괴상한 것을 요(妖)라 하고, 금수(禽獸)과 곤충[蟲蝗] 가운데 괴상한 것을 얼(孽)이라 한다."라 하였다.

使無相獲　서로 잡지 못하게 합니다.

禽獸有牝牡　날짐승과 길짐승은 암수가 있는데

置之山原　산과 들판에 놔두며,

鳥有雌雄　새에게도 암컷과 수컷이 있는데

布之林澤　숲과 늪에 널리 퍼지게 하고,

有介之蟲　갑각류의 동물은

置之谿谷　시내와 골짜기에 놔둡니다.

故牧人民　그러므로 백성들을 다스리며

爲之城郭　그들에게 성곽을 지어주고

內經閭術　안으로는 마을의 길을 내며

外爲阡陌　밖으로는 두렁길을 만듭니다.

夫妻男女　부부와 남녀에게는

賦之田宅　전지와 집을 주고

列其室屋　그 집을 열 짓게 했습니다.

爲之圖籍　그들에게 그림과 문서를 만들어주어

別其名族　이름과 종족을 구별합니다.

立官置吏　관직을 만들고 관리를 두어

勸以爵祿　관작과 녹봉으로 권합니다.

衣以桑麻　뽕나무와 베로 옷을 해 입고

養以五穀　오곡으로 양육합니다.

耕之耰之[33]　밭을 갈고 씨앗을 흙으로 덮으며

鉏之耨之[34]　김을 매고 잡초를 제거합니다.

口得所嗜　입은 좋아하는 것을 얻고

---

33 **집해** 서광은 말하였다. "음은 우(憂)이다." **정의** 우(耰)는 씨앗을 흙으로 덮는 것이다. 『설문』에서는 말하였다. "우(耰)는 밭을 가는 농기구이다."

34 **집해** 서광은 말하였다. "누(耨)는 풀을 제거하는 것이다."

目得所美	눈은 아름다운 것을 얻으며
身受其利	몸은 그 이로움을 받습니다.
以是觀之	이로써 살펴보건대
非彊不至	강하지 않으면 이르지 못합니다.
故曰田者不彊	그러므로 농사를 짓는 자가 강하지 않으면
囷倉不盈[35]	창고가 차지 않으며,
商賈不彊	장사치가 강하지 않으면
不得其贏	이윤을 남기지 못하게 되고,
婦女不彊	부녀자가 강하지 않으면
布帛不精	베와 비단이 정미롭지 못하며,
官御不彊	관리가 강하지 못하면
其勢不成	권세를 이룰 수 없고,
大將不彊	대장이 강하지 않으면
卒不使令	사졸들을 부리지 못하며,
侯王不彊	제후왕이 강하지 않으면
沒世無名	죽어도 세상에 이름이 남지 않습니다.
故云彊者	그러므로 말하기를 강함은
事之始也	사물의 시작이요,
分之理也	명분의 이치이며
物之紀也	사물의 벼리라고 하는 것입니다.
所求於彊	강함에서 구하면
無不有也	없는 것이 없습니다.
王以爲不然	왕께서 그렇지 않다고 생각하신다면
王獨不聞玉櫝隻雉[36]	왕께서는 옥함과 꿩은

35 정의 『설문』에서는 말하였다. "둥근 곳집을 균(囷)이라 하고, 모난 곳집을 름(廩)이라 한다."

出於昆山	곤산에서 나며,
明月之珠	명월주는
出於四海	사해에서 나는데,
鑴石拌蚌[37]	돌을 쪼개고 조개를 나누어
傳賣於市	저자에서 전하여 파는데,
聖人得之	성인이 그것을 얻으면
以爲大寶	큰 보물이 된다는 것도 듣지 못하셨습니까?
大寶所在	큰 보물이 있는 곳이
乃爲天子	곧 천자가 되는 곳입니다.
今王自以爲暴	지금 왕께서는 스스로 포학하다 생각하시는데
不如拌蚌於海也	바다에서 조개를 가르는 것만 못하며,
自以爲彊	스스로 강포하다 생각하시는데
不過鑴石於昆山也	곤산의 돌을 새기는 데 지나지 않습니다.
取者無咎	가진 사람은 허물이 없고
寶者無患	보배로 여긴 자는 근심이 없습니다.
今龜使來抵網	지금 거북이 사행을 왔다가 그물에 걸려
而遭漁者得之	어부에게 잡히게 되었고,
見夢自言	꿈에 나타나 스스로 말하였으니
是國之寶也	이는 나라의 보배인데
王何憂焉	왕께서는 무슨 근심을 하십니까?"

元王曰	원왕이 말하였다.
不然	"그렇지 않소.

36 **집해** 서광은 말하였다. "척(隻)은 어떤 판본에는 '쌍(雙)'으로 되어 있다."

37 **집해** 서광은 말하였다. "鑴의 음은 전[子旋反]이다. 拌의 음은 판(判)이다." **색은** 拌의 음은 판(判)이다. 판(判)은 나누는 것이다.

寡人聞之	과인이 듣건대
諫者福也	간언은 복이며
諛者賊也	아첨은 화라 하였소.
人主聽諛	임금이 아첨을 듣는 것은
是愚惑也	어리석고 혹해서요.
雖然	비록 그렇지만
禍不妄至	화는 함부로 이르지 않으며
福不徒來	복은 그냥 오는 것이 아니오.
天地合氣	천지가 기운을 합하여
以生百財	모든 재물을 내는 것이오.
陰陽有分	음과 양은 구분이 있으며
不離四時	네 철을 떠나지 못하고,
十有二月	열두 달이
日至爲期	날이 차면 1년이 되오.
聖人徹焉	성인들은 그것에 투철하여
身乃無災	몸이 곧 재화가 없는 것이오.
明王用之	명철한 왕은 그것을 운용하여
人莫敢欺	감히 속이는 사람이 없소.
故云福之至也	그러므로 말하기를 복이 이르는 것은
人自生之	사람들이 스스로 내는 것이며,
禍之至也	화가 이르는 것은
人自成之	사람이 스스로 이루는 것이라고 하오.
禍與福同	화는 복과 함께하고
刑與德雙	형벌은 덕과 짝이 되오.
聖人察之	성인은 그것을 살펴
以知吉凶	길흉을 아오.

桀紂之時	걸과 주(紂)임금 때는
與天爭功	하늘과 공을 다투고
擁遏鬼神	귀신을 가로막아
使不得通	통하지 못하게 하였소.
是固已無道矣	이것만 해도 실로 이미 무도하였는데
諛臣有衆	아첨하는 신하까지 많았소.
桀有諛臣	걸은 아첨하는 신하가 있었는데
名曰趙梁	이름을 조량이라고 하였소.
教爲無道	무도한 짓을 부추겼고
勸以貪狼	탐욕과 사나운 행위를 권하였소.
繫湯夏臺	탕임금을 하대에서 구금하였고
殺關龍逢	관룡봉을 죽였소.
左右恐死	좌우에서 죽는 것을 두려워하여
偷諛於傍	곁에서 삶을 연명하느라 아첨을 하였소.
國危於累卵	나라가 계란을 포개놓은 것보다 위태로운 데도
皆曰無傷	모두들 말하기를 방해됨이 없다고 하였소.
稱樂萬歲	만세토록 환락을 일컬으며
或曰未央	아직 한창때가 되지 않았다고도 하였소.
蔽其耳目	그 귀와 눈을 가리고
與之詐狂	그와 함께 속이고 미쳐갔소.
湯卒伐桀	탕임금이 마침내 걸을 치니
身死國亡	몸은 죽고 나라는 망하였소.
聽其諛臣	아첨하는 신하의 말을 듣고
身獨受殃	몸은 다만 재앙을 당하였소.
春秋著之	『춘추』에서 그것을 기록하여
至今不忘	지금까지도 잊지 않고 있소.

紂有諛臣　주에게는 아첨하는 신하가 있었는데
名爲左彊　이름이 좌강이었소.
誇而目巧　눈대중하는 것을 자랑하여
教爲象郎[38]　상아로 된 주랑을 짓게 하였소.
將至於天　하늘에까지 이르려 했으며
又有玉床　또한 옥으로 만든 침상을 가졌소.
犀玉之器　무소뿔과 옥으로 만든 기물에
象箸而羹[39]　상아 젓가락으로 국을 먹었소.
聖人剖其心　성인은 그 심장을 갈랐고
壯士斬其胻[40]　장사는 정강이를 베었소.
箕子恐死　기자(箕子)는 죽는 것을 두려워하여
被髮佯狂　머리를 풀어헤치고 미친 척하였소.
殺周太子歷[41]　주(周) 태자 력(歷)을 죽였고
囚文王昌　문왕(文王) 희창(姬昌)을 가두었소.
投之石室　그를 석실에 던져 넣어
將以昔至明　저녁부터 밝을 때까지 가두려 하였소.
陰兢活之[42]　음긍이 그를 살려

38 **집해** 『예기(禮記)』「중니연거(仲尼燕居)」에서는 말하였다. "눈대중으로 지은 집이 있다(目巧之室)." 정현(鄭玄)은 말하였다. "다만 눈대중과 좋은 뜻으로 집을 지어 법도를 따르지 않은 것이다." 허신(許愼)은 말하였다. "상아로 장식한 행랑(象牙郎)이다."

39 **색은** 箸의 음은 저[持慮反]이고 저(箸)는 저(筯)이니, 갱(羹)과 연용되면 아마 저(箸)가 아니라 준(樽)일 것이다. 『예기』「곡례(曲禮) 상(上)」에서는 "국에 나물이 있으면 협을 쓴다(羹之有菜者用梜)."라 하였다. 협(梜)은 젓가락이다.

40 **집해** 胻의 음은 형(衡)이며, 정강이이다. **색은** 소(劭)는 음이 형(衡)이라고 하였으며, 곧 정강이이다.

41 **색은** 생각건대 "주나라 태자 력(歷)을 죽였다."는 글이 "문왕 창(昌)을 가두었다."의 위에 있으면 계력(季歷)에 가깝다. 계력은 주(紂)에게 죽지 않았으니 그 말은 망언에 가까우며 주나라에 별도로 이름이 력(歷)인 태자가 있다는 것은 용인되지 않는다.

與之俱亡	그와 함께 도망쳤소.
入於周地	주나라 땅으로 들어가
得太公望	태공망을 얻었소.
興卒聚兵	군사들을 일으키고 모아
與紂相攻	주(紂)와 서로 공격하였소.
文王病死	문왕이 병으로 죽자
載尸以行	시신을 싣고 나아갔소.
太子發代將	태자 발(發)이 대신 거느렸는데
號爲武王	무왕이라 불렀소.
戰於牧野	목야에서 싸워
破之華山之陽	화산의 남쪽에서 깨뜨렸소.
紂不勝敗而還走	주가 이기지 못하고 패하여 돌아서 달아나자
圍之象郎	상아로 장식한 주랑을 에워쌌소.
自殺宣室[43]	선실에서 자살하였는데
身死不葬	몸이 죽었어도 장사를 치르지 못하였소.
頭懸車軫	목을 수레의 뒤턱나무에 걸고
四馬曳行	네 마리 말이 끌고 다녔소.
寡人念其如此	과인은 이런 일들을 생각하면
腸如涫湯[44]	창자가 끓어지는 것 같소.
是人皆富有天下而貴至天子	이런 사람들은 모두 천하를 가지고 귀함이 천자에 이르렀으나

42 **집해** 서광은 말하였다. "긍(兢)은 '경(竟)'으로 된 판본도 있다." **색은** 음(陰)은 성이고, 긍(兢)은 이름이다.

43 **집해** 서광은 말하였다. "천자(天子)의 거처를 선실(宣室)이라고 한다."

44 **집해** 서광은 말하였다. "涫의 음은 관(館)이다. '끓을 비(沸)' 자로 된 판본도 있다." **색은** 앞의 글자는 음이 관(館)이다. 관(涫)은 끓는 것이다.

然而大傲　너무 오만하였소.
欲無猒時　욕심을 부려 물릴 때가 없었으며
擧事而喜高　일을 벌이고 높은 것을 좋아하였으며
貪很而驕　탐욕스럽고 사나웠으며 교만하였소.
不用忠信　충신을 기용하지 않고
聽其諛臣　아첨하는 신하의 말을 들어
而爲天下笑　천하의 웃음거리가 되었소.
今寡人之邦　지금 과인의 나라는
居諸侯之閒　제후들 사이에 놓여 있으며
曾不如秋毫　일찍이 가을 털만도 못하였었소.
擧事不當　일을 벌임이 옳지 않다면
又安亡逃　또한 어디로 도망을 가겠소!"

衛平對曰　위평이 대답하여 말하였다.
不然　"그렇지 않습니다.
河雖神賢　황하가 비록 신령스럽고 현명하다 하나
不如崑崙之山　곤륜산만 못하며,
江之源理　장강의 원류는
不如四海　사해만 못하나
而人尙奪取其寶　사람들이 오히려 그 보물을 빼앗고
諸侯爭之　제후들끼리 다투어
兵革爲起　전쟁이 그 때문에 일어납니다.
小國見亡　작은 나라는 멸망당하고
大國危殆　큰 나라는 위태로워지며
殺人父兄　남의 부형을 죽이고
虜人妻子　남의 처자를 노략질하며

殘國滅廟	나라를 해치고 종묘를 없애는 것은
以爭此寶	이 보물을 다투기 때문입니다.
戰攻分爭	전쟁을 하고 공격을 하며 나누어 다투는 것은
是暴彊也	강포한 것입니다.
故云取之以暴彊而治以文理	그러므로 말하기를 강포함으로 취하여 문리로 다스리고
無逆四時	사철을 거스르지 않으며
必親賢士	반드시 현사를 가까이하고,
與陰陽化	음양과 더불어 변화하며
鬼神爲使	귀신을 사자로 삼고,
通於天地	천지에 통달하여
與之爲友	그와 더불어 친구가 된다고 하는 것입니다.
諸侯賓服	제후들이 복종하고
民衆殷喜	민중들이 크게 기뻐합니다.
邦家安寧	나라는 안정되고 편안하여
與世更始	세상과 더불어 다시 시작합니다.
湯武行之	탕임금과 무왕이 그대로 행하여
乃取天子	곧 천자를 취하였고,
春秋著之	『춘추』에서 기록하여
以爲經紀	법도로 삼았습니다.
王不自稱湯武	왕께서는 스스로를 탕임금이나 무왕이라 일컫지 않으시고
而自比桀紂	스스로를 걸과 주에 비겼습니다.
桀紂爲暴彊也	걸과 주는 강포하였으며
固以爲常	실로 떳떳하다고 여겼습니다.
桀爲瓦室[45]	걸은 와실을 지었고

紂爲象郎	주는 상랑을 지었습니다.
徵絲灼之[46]	실을 거두어 그것을 때었으며
務以費氓	백성들(의 재산)을 소모하는 데 힘썼습니다.
賦斂無度	세금을 거둠에 한도가 없었고
殺戮無方	살육을 함에 도리가 없었습니다.
殺人六畜	백성의 여섯 가축을 죽여
以韋爲囊	그 가죽으로 자루를 만들었습니다.
囊盛其血	자루에는 그 피를 담아
與人縣而射之	사람들과 함께 달아놓고 쏘아
與天帝爭彊	천제와 강함을 다투었습니다.
逆亂四時	사철(의 질서)을 거스르고 어지럽혔으며
先百鬼嘗	온갖 귀신들보다 먼저 (제수품을) 맛보았습니다.
諫者輒死	간언하는 자가 있으면 그 즉시 죽여 버렸으며
諛者在傍	아첨하는 자를 곁에 두었습니다.
聖人伏匿	성인은 엎드려 숨고
百姓莫行	백성들은 아무도 나다니지 않았습니다.
天數枯旱	하늘에서는 자주 가뭄을 내렸고
國多妖祥	나라에는 요사스런 일이 많았습니다.
螟蟲歲生	명충이 해마다 발생하였고
五穀不成	오곡이 익지 않았습니다.
民不安其處	백성들은 사는 곳을 불안하게 여겼으며

45 **집해** 『세본(世本)』에서는 말하였다. "곤오(昆吾)가 질그릇[陶]을 만들었다." 장화(張華)의 『박물기(博物記)』에서도 "걸(桀)이 기와[瓦]를 만들었다."라 하였다. 아마 곤오를 걸이라 하였을 것이다.

46 **색은** 작(灼)은 태우는 것이다. 실 태우는 것을 땔나무 때는 것으로 삼아 남의 재산을 낭비시키는 데 힘쓴 것이다.

鬼神不享	귀신들은 흠향하지 않았습니다.
飄風日起	회오리바람이 날마다 일었으며
正晝晦冥	한낮에도 어두컴컴하였습니다.
日月並蝕	일식과 월식이 동시에 발생하였으며
滅息無光	불이 꺼진 듯 빛이 없었습니다.
列星奔亂	별들은 어지러이 달리어
皆絕紀綱	기강이 모두 끊이었습니다.
以是觀之	이로써 살펴보건대
安得久長	어찌 오래 살 수 있었겠습니까!
雖無湯武	탕임금이나 무왕이 없었다고 하더라도
時固當亡	때가 되면 반드시 망하였을 것입니다.
故湯伐桀	그러므로 탕임금이 걸을 토벌하고
武王剋紂	무왕이 주를 이긴 것은
其時使然	때가 그렇게 만든 것입니다.
乃爲天子	이에 천자가 되어
子孫續世	자손이 대를 이었으며,
終身無咎	죽을 때까지 허물이 없어
後世稱之	후세에서 칭찬하여
至今不已	지금까지도 끊이지 않습니다.
是皆當時而行	이는 모두 때에 맞추어 행하고
見事而彊	일을 보면 강하게 밀어붙여
乃能成其帝王	이에 제왕을 이룰 수 있었습니다.
今龜	지금 거북은
大寶也	큰 보물로
爲聖人使	성인의 사자가 되어
傳之賢王	현명한 왕에게 (소식을) 전하는 것입니다.

不用手足	손발을 쓰지 않고도
雷電將之	우레와 번개가 돕고,
風雨送之	비바람이 보내주며
流水行之	흐르는 물이 가게 합니다.
侯王有德	후왕이 덕이 있으면
乃得當之	곧 그것을 얻게 되는 것입니다.
今王有德而當此寶	지금 왕께서는 덕이 있어 이 보물을 얻었는데
恐不敢受	감히 받지 않으심이 걱정되며,
王若遣之	왕께서 만약 보내준다면
宋必有咎	송나라는 반드시 허물이 있을 것입니다.
後雖悔之	나중에 뉘우친다고 하더라도
亦無及已	또한 미치지 못할 따름입니다."

元王大悅而喜	원왕은 크게 기뻐하며 좋아하였다.
於是元王向日而謝[47]	이에 원왕은 해를 향해 감사해하고
再拜而受	두 번 절하고 받았다.
擇日齋戒	날을 택하여 재계하였는데
甲乙最良	갑·을일이 가장 좋았다.
乃刑白雉	이에 흰 꿩 및
及與驪羊	검은 양을 잡았으며,
以血灌龜	그 피를 거북에게 부어
於壇中央	제단의 중앙에 두었다.
以刀剝之	칼로 그것을 벗겼는데

47 색은 아마 신령스럽게 여겨 하늘에 감사를 표한 것일 것이다. 하늘은 질박하고 어두운데 일자(日者)는 하늘의 광명이어서 드러나는 것이 지나침이 없는 것이다.

身全不傷	몸은 온전히 하여 다치지 않게 하였다.
脯酒禮之	포와 술로 예를 표하고
橫其腹腸	배의 창자를 갈랐다.
荊支卜之	가시나무 가지로 점을 쳤는데
必制其創[48]	반드시 균열이 드러났다.
理達於理	결이 결까지 이어졌고
文相錯迎	무늬는 서로 교차하여 맞았다.
使工占之	점쟁이에게 점을 치게 하였는데
所言盡當	말한 것이 모두 맞아떨어졌다.
邦福重寶[49]	나라에 소중한 보물을 간직하였음이
聞于傍鄕	이웃 나라에까지 알려졌다.
殺牛取革	소를 죽여 가죽을 취하여
被鄭之桐[50]	정나라의 오동나무에 씌웠다.
草木畢分	초목이 다 갈라져
化爲甲兵	무기로 바뀌었다.
戰勝攻取	전승하고 공격하여 빼앗음이
莫如元王	아무도 원왕만 못하였다.
元王之時	원왕 때
衛平相宋	위평이 송나라의 재상이 되었으며
宋國最彊	송나라는 가장 강하였는데
龜之力也	거북의 힘이었다.

48 **정의** 음은 창(瘡)이다.

49 **집해** 서광은 말하였다. "福의 음은 부(副)로, 간직하는 것이다."

50 **집해** 서광은 말하였다. "쇠가죽을 오동나무에 씌워 북을 만든 것이다." **색은** 서씨(徐氏)는 말하였다. "쇠가죽을 오동나무에 씌워 북을 만든 것이다."

故云神至能見夢於元王	그러므로 말하기를 신령스럽기가 원왕의 꿈에 나타날 수 있었지만
而不能自出漁者之籠	어부의 바구니에서 스스로 벗어날 수 없다고 한 것이다.
身能十言盡當	자신은 열 번 말하여 모두 맞힐 수 있었지만
不能通使於河	황하에 사신으로 가면서
還報於江	장강으로 돌아가 복명할 수 없었으며,
賢能令人戰勝攻取	현능하여 남은 싸움에 이기고 공격하여 취할 수 있게 하였지만
不能自解於刀鋒	스스로 예봉에서 벗어나고
免剝刺之患	몸이 벗겨져 죽는 환난에서는 벗어날 수 없었다.
聖能先知亟見	성명(聖明)은 미리 알고 (꿈에) 빨리 나타날 수 있었지만
而不能令衛平無言	위평으로 하여금 말을 못하게 할 수는 없었다.
言事百全	일을 말함에는 100% 완전하였지만
至身而攣	자신은 걸려들고 말았으며,
當時不利	불리한 때를 만나면
又焉事賢	또한 어찌 현자를 섬기겠는가!
賢者有恆常	현자는 항상성이 있으며
士有適然	선비는 마땅한 것이 있다.
是故明有所不見	그런 까닭에 눈이 밝아도 보이지 않는 것이 있고
聽有所不聞	들어도 들리지 않는 것이 있으며,
人雖賢	사람이 비록 현명하다 하더라도
不能左畫方	왼손으로 네모를 그리면서
右畫圓	오른손으로는 원을 그릴 수가 없고,
日月之明	해와 달의 밝음도
而時蔽於浮雲	이따금 뜬구름이 가린다.

羿名善射	예(羿)는 활을 잘 쏘기로 유명하였지만
不如雄渠 · 蜂門[51]	웅거나 봉문만도 못하였으며,
禹名爲辯智	우(禹)는 변설과 지혜로 이름이 났지만
而不能勝鬼神	귀신을 이길 수는 없었다.
地柱折	땅을 떠받치는 기둥이 꺾이고
天故毋椽	하늘도 원래 서까래가 없는데
又柰何責人於全	또한 어찌 사람에게 완전함을 책망하겠는가?
孔子聞之曰	공자가 듣고 말하였다.
神龜知吉凶	"신귀는 길흉을 알지만
而骨直空枯[52]	뼈는 속이 비었고 말랐다.
日爲德而君於天下	해는 덕성을 행하여 쌓아 천하를 다스리지만
辱於三足之烏	세 발 까마귀에게 욕을 본다.
月爲刑而相佐	달은 형법을 만들어 보좌하나
見食於蝦蟆	두꺼비에게 먹힌다.
蝟辱於鵲[53]	고슴도치는 까치에게 욕을 당하며
騰蛇之神而殆於即且[54]	등사는 신령하나 지네에게 해를 당한다.

51 **집해** (前漢 劉向의) 『신서(新序)』에서는 말하였다. "초(楚)나라 웅거자(雄渠子)는 밤길을 가다가 엎드려 있는 돌이 길을 가로막는 것을 보고 호랑이로 생각하여 쏘았는데 시위를 떠나 깃털 부분까지 박혔다." 『회남자(淮南子)』에서는 말하였다. "쏘는 자는 봉문자(逢門子)의 솜씨처럼 신중하게 한다." (前漢) 유흠(劉歆)의 『칠략(七略)』에 봉문(蜂門)이 활을 쏘는 법이 있다.

52 **정의** 무릇 거북은 뼈가 안이 비었고 말랐다. 직(直)은 발어사인데 지금도 하동(河東)에서는 그렇게 쓴다.

53 **집해** 곽박(郭璞)은 말하였다. "고슴도치는 범을 제압할 수 있으나 까치를 보면 땅을 우러른다." 『회남(淮南)』 「만필(萬畢)」에서는 말하였다. "까치가 고슴도치의 배를 뒤집게 하는 것은 고슴도치가 그 뜻을 미워하여 마음속으로 미워하기 때문이다."

54 **집해** 곽박은 말하였다. "등사(騰蛇)는 용의 속(屬)이다. 질저(蝍蛆)는 황충(蝗蟲)과 비슷하며 배가 크고 뱀의 뇌를 먹는다." **정의** 即의 음은 질[津日反]이다. 且의 음은 저[則餘反]이다. 곧 오공(吳公)으로, 모양은 그리마[蚰蜒]와 같은데 크며 흑색이다.

竹外有節理	대나무 바깥은 마디와 결이 있는데
中直空虛	안은 곧고 텅 비었으며,
松柏爲百木長	소나무와 잣나무는 모든 나무의 우두머리이지만
而守門閭	문려를 지키고 있다.
日辰不全	일진이 완전치 못하여
故有孤虛[55]	고(孤)와 허(虛)가 있다.
黃金有疵	황금에는 흠이 있고
白玉有瑕	옥에는 티가 있다.
事有所疾	일에는 빠른 것도 있고
亦有所徐	느린 것도 있다.
物有所拘	사물에는 얽매이는 것도 있고
亦有所據	의거하는 것도 있다.
罔有所數	그물에는 촘촘한 것도 있고
亦有所疏	성긴 것도 있다.
人有所貴	사람에는 귀한 것도 있고
亦有所不如	남만 못한 것도 있다.
何可而適乎	어떻게 딱 맞을 수 있겠는가?
物安可全乎	사물이 어떻게 완전할 수 있겠는가?

55 **집해** 갑을(甲乙)을 일(日)이라 하고, 자축(子丑)을 진(辰)이라 한다. 육갑(六甲)의 고허법(孤虛法)은 다음과 같다. 갑자(甲子)의 열흘에는 술해(戌亥)가 없어서, 술해는 곧 고(孤)가 되고 진사(辰巳)는 허(虛)가 된다. 갑술(甲戌)의 열흘에는 신유(申酉)가 없어서, 신유는 고가 되고 인묘(寅卯)는 허가 된다. 갑신(甲申)의 열흘에는 오미(午未)가 없어서, 오미가 고가 되고 자축(子丑)이 허가 된다. 갑오(甲午)의 열흘에는 진사(辰巳)가 없어서 진사가 고가 되고 술해(戌亥)는 허가 된다. 갑진(甲辰)의 열흘에는 인묘(寅卯)가 없어서 인묘가 고가 되고 신유가 허가 된다. 갑인(甲寅)의 열흘에는 자축(子丑)이 없어서 자축이 고가 되고 오미는 허가 된다. 유흠의 『칠략(七略)』에는 『풍후고허(風后孤虛)』 20권이 있다. **정의** 세월과 일시의 고허는 모두 위의 법이 제대로 파악하였다.

天尙不全	하늘도 오히려 완전하지 못하여
故世爲屋	세상에서 집을 지을 때
不成三瓦而陳之[56]	기와 석 장을 이루지 않고 나열하여
以應之天	하늘에 응하게 하는 것이다.
天下有階	천하에는 계층이 있으며
物不全[57]乃生也	사물은 완전하지 않은 채로 살아간다."

褚先生曰	저선생은 말한다.
漁者擧網而得神龜	어부가 그물을 쳐서 신귀를 잡자
龜自見夢宋元王	거북은 스스로 송원왕의 꿈에 나타났고
元王召博士衛平告以夢龜狀	원왕은 박사 위평을 불러 거북을 꿈꾼 상황을 알려주었으며,
平運式	위평은 식(栻)을 운용하여
定日月	일월을 정하고
分衡度	형(衡)과 도(度)로 나누어
視吉凶	길흉을 보았는데
占龜與物色同	거북이 물건의 색과 같음을 점쳐
平諫王留神龜以爲國重寶	위평은 왕에게 신귀를 붙들어 나라의 중한 보물로 삼도록 간하였는데
美矣	훌륭하였다.
古者筮必稱龜者	옛날에 점을 칠 때면 반드시 거북을 칭하여

56 **집해** 서광은 말하였다. "어떤 사람은 말하기를 집을 짓는데 기와 석 장을 빼서 용마루[棟]를 삼는다고 하였다." **색은** 유씨(劉氏)는 말하였다. "진(陳)은 거(居)와 같다." 주(注)에는 '棟'으로 되어 있는데, 음은 동[都貢反]이다. **정의** 집을 짓는데 제대로 완성하지 않고 기와 석 장을 빠뜨려 하늘에 응하게 하는데 늘어놓아 두는 것과 같음을 말한다.

57 **정의** 만물 및 일월천지가 모두 완전할 수 없다는 것을 말하며 거북이 완전하지 않다는 것을 비유한다.

以其令名	아름다운 명성을 얻은 것은
所從來久矣	유래가 오래되었다.
余述而爲傳	내 서술하여 전을 짓는다.

三月　二月　正月[58]　十二月　十一月　中關內高外下[59]　四月　首仰[60]　足開　肣開[61]　首俛大[62]　五月　橫吉　首俛大[63]　六月　七月　八月　九月　十月

3월　2월　정월　12월　11월　가운데는 닫히고 안은 높고 밖은 낮다　4월　머리를 쳐든다 다리를 벌린다 오므리고 연다　머리를 크게 숙인다　5월　두루 길하다　머리를 크게 숙인다 6월　7월　8월　9월　10월

卜禁曰	점치는 데 금기 사항은 다음과 같다.
子亥戌不可以卜及殺龜	자시와 해시, 술시에는 점을 치고 거북을 죽일 수 없다.
日中如食已卜	한낮에 일식이 있으면 점을 그만둔다.
暮昏龜之徼也[64]	황혼 무렵에 거북이 어둑하면
不可以卜	점을 칠 수 없다.
庚辛可以殺	경(庚)과 신(辛)의 날에는 (거북을) 죽이는 것 및
及以鑽之	(점칠) 구멍을 뚫을 수 있다.
常以月旦祓龜[65]	늘 달의 첫날 거북의 푸닥거리를 하는데
先以淸水澡之	먼저 맑은 물로 씻고

58 정의 정월과 2월, 3월에 오른쪽으로 돌려서 12월로 끝내는 것은 일월(日月)의 거북이 배 아래에 열두 개의 흑점을 12월로 삼는 것이 28수(宿)의 거북과 같은 것이다.

59 정의 이곳에서 아래의 '수면개(首俛大)'까지는 모두 점을 친 징조의 형상이다.

60 색은 음은 양[魚兩反]이다. 정의 점을 친 징조의 첫머리가 위로 치켜든 것이다.

61 색은 음은 금(琴)이다. 금(肣)은 점을 친 조짐이 다리를 오므리는 것이다.

62 색은 俛의 음은 면(免)이며, 조짐의 첫머리가 엎드린 것이다.

63 정의 俛의 음은 면(免)이다, 조짐의 첫머리가 엎드리고 큰 것을 말한다.

64 색은 徼의 음은 규(叫)이다. 서로 얽히어 밝지 않은 것을 말한다.

65 색은 앞 글자의 음은 폐(廢)이고 또한 불(拂)이라고도 한다. 물로 문지르고 씻어서 계란으로 문지르며 축원한다.

以卵祓之[66]	계란으로 푸닥거리를 하는데
乃持龜而遂之	이에 거북을 가지고 점치는 일을 이루며
若常以爲祖[67]	평상시에 하는 것과 같은 것을 법으로 삼는다.
人若已卜不中	사람이 점을 쳤는데 맞지 않으면
皆祓之以卵	모두 계란을 가지고 푸닥거리를 하는데
東向立	동쪽을 향해 서서
灼以荊若剛木	가시나무나 단단한 나무로 지져서
土[68]卵指之者三[69]	흙으로 만든 계란으로 세 번을 가리키고
持龜以卵周環之	거북을 잡고 계란으로 그 주위를 돌리면서
祝曰	축원하여 말한다.
今日吉	"오늘은 길하니

謹以粱卵𤍠黃[70]祓去玉靈之不祥

삼가 기장과 계란, 나무와 황견으로 신귀의 불길함을 없앱니다."

---

66 정의 평상시에 달마다 아침에 맑은 물로 씻어주고 계란으로 문지르며 축원하는 것이다.

67 집해 서광은 말하였다. "어떤 판본에는 '볼 시(視)' 자로 되어 있다." 색은 조(祖)는 법(法)이다. 상법으로 삼음을 말한다.

68 집해 서광은 말하였다. "어떤 판본에는 '십일(十一)'로 되어 있다." 색은 옛날에 거북을 태울 때는 생 가시나무 가지 및 단단한 생나무를 태워 베어서 끊어 거북을 지진다. '토(土)' 자는 유씨(劉氏)의 설에 부합되므로 아래의 구절과 이어야 할 것이다.

69 정의 점이 맞지 않으면 흙으로 계란을 만들어 세 차례 가리키고 세 차례 태워서 불길함을 누른다는 것을 말한다.

70 색은 양(粱)은 쌀이다. 난(卵)은 계란이다. 제(𤍠)는 거북을 지지는 나무이며, 음은 '차제(次第)'의 '제(第)'이다. 가시나무 가지를 태우고 번갈아 지지기 때문에 제(𤍠)라는 이름이 붙었다. 음을 또한 제(梯)라고도 하는데 조금씩 지져서 계단과 사다리 같은 것이 있기 때문이다. 황(黃)은 황견(黃絹)으로 쌀과 계란을 싸서 거북의 푸닥거리를 하는 것이다. 반드시 노란색으로 하는 것은 방향이 중(中)의 색이고 (오행 중) 토(土)를 주관하며 믿음이 있기 때문에 닭을 쓰는 것이다. 정의 𤍠의 음은 제(題)이다. 제(𤍠)는 그을리는 것이다. 양미(粱米)와 계란으로 거북의 상서롭지 못한 것을 떨어내고 지지게 하여 그을리지 않고 노랗게 하지 않는다. 색이 그을리고 노랗게 되면 점이 맞지 않는 것이다.

玉靈必信以誠	신귀는 반드시 신실하고 성실하게
知萬事之情	만사의 실정을 알고
辯兆皆可占	조짐을 변별해야 모두 점을 칠 수 있다.
不信不誠	신실하고 성실하지 않으면
則燒玉靈	신귀를 태우고
揚其灰	그 재를 날려
以徵後龜	나중에 거북점을 칠 때의 경계로 삼는다.
其卜必北向	점을 칠 때는 반드시 북쪽을 향하며
龜甲必尺二寸	귀갑은 반드시 한 자 두 치로 한다.

卜先以造[71]灼鑽	점을 칠 때는 먼저 지질 곳을 뚫고
鑽中已	가운데를 뚫는 것이 끝나면
又灼龜首	또한 거북의 머리를 지지는데
各三	각각 세 차례씩 하며,
又復灼所鑽中曰正身	또한 다시 가운데를 뚫은 곳을 지지는 것을 정신(正身)이라고 하며
灼首曰正足[72]	머리를 지지는 것을 정족(正足)이라고 하는데
各三	각각 세 차례씩 한다.
即以造三周龜	곧 거북을 세 차례 지지면서
祝曰	축원하여 말한다.
假之玉靈夫子[73]	"옥령부자께 빌립니다.
夫子玉靈	옥령부자시여

---

71 집해 서광은 말하였다. "음은 조(竈)이다." 색은 造의 음은 조(竈)이며, 조(造)는 가시나무를 태우는 곳이다.

72 집해 서광은 말하였다. "어떤 판본에는 '지(止)'로 되어 있다."

73 색은 신귀를 높여서 호를 지어준 것이다.

荊灼而心。	가시나무로 그대의 마음을 지지니
令而先知	그대로 하여금 먼저 알게 해주오.
而上行於天	그대는 위로는 하늘까지 가고
下行於淵	아래로는 못까지 가서
諸靈數箣[74]	모든 신령함으로 점을 치더라도
莫如汝信	그대만큼 믿음직하지 않습니다.
今日良日	오늘은 길일이니
行一良貞[75]	좋은 점을 한번 치겠습니다.
某欲卜某	아무개가 아무 일을 점치니
即得而喜	(길조를) 얻게 되면 기쁘고
不得而悔	얻지 못하면 뉘우칩니다.
即得	얻게 된다면
發鄉我身長大	나에게 몸을 길고 크게 펴고
首足收人皆上偶	머리와 발은 거두어 사람과 모두 위쪽으로 대칭이 되게 하십시오.
不得	얻지 못하게 된다면
發鄉我身挫折	나를 향해 몸을 꺾고
中外不相應	안팎이 상응하지 않게 하며
首足滅去	머리와 발을 사라지게 하십시오.”

靈龜卜祝曰	신령한 거북으로 점을 칠 때는 축원하여 말한다.
假之靈龜	“신령한 거북(의 힘)을 빌려

74 **집해** 서광은 말하였다. “음은 책(策)이다.” **색은** 수책(數箣)이다. 數의 음은 수[所具反]이며, 箣의 음은 책(策)에 가까운데, 혹 箣은 책(策)의 별명이다. 이 복서(筮書)의 글은 그 글자를 또한 고찰할 수 없는데 모두 이를 모방한 것이다.

75 **집해** 서광은 말하였다. “행(行)은 ‘신(身)’으로 된 판본도 있다.”

五巫五靈	다섯 무당의 다섯 신령함도
不如神龜之靈	신귀의 신령만 못하니
知人死	사람이 죽음을 알고
知人生	사람이 삶을 알기 때문입니다.
某身良貞	아무개가 몸소 점을 잘 쳐서
某欲求某物	아무개가 아무 물건을 구하고자 합니다.
即得也	얻게 되면
頭見足發	머리가 보이고 발을 내밀어
內外相應	안팎이 상응하게 하고,
即不得也	얻지 못하게 된다면
頭仰足肣	머리는 쳐들고 발은 오므리어
內外自垂	안팎이 절로 떨어지게 하십시오.
可得占	점을 얻을 수 있습니다."

卜占病者祝曰	병자를 점칠 때는 축원하여 말합니다.
今某病困	"지금 아무개가 병으로 힘듭니다.
死	죽을 것 같으면
首上開	머리를 위로 내밀어
內外交駭	안팎이 서로 놀라
身節折	몸의 마디가 꺾이게 하고,
不死	죽지 않을 것 같으면
首仰足肣	머리를 쳐들고 다리를 오므리게 하십시오."

卜病者祟曰	병자에게 귀신이 씌었는지 점칠 때는 말합니다.
今病有祟無呈	"지금 병자가 귀신이 씌었으면 (징조를) 드러내지 말고
無祟有呈	귀신이 씌지 않았으면 드러내십시오.

兆有中祟有內	징조가 보여 집안에 귀신이 씌었으면 안에 보이고
外祟有外	밖에 귀신이 씌었으면 밖에 보이십시오."
卜繫者出不出	수감자의 출옥 여부를 점친다.
不出	출옥하지 않으면
橫吉安	길하고 안전함이 횡으로 꺾이며,
若出	출옥하면
足開首仰有外	다리가 갈라지고 머리를 쳐들어 밖에 있다.
卜求財物	재물을 구하여
其所當得	얻게 될 것인가를 점친다.
得	얻게 되면
首仰足開	머리를 쳐들고 다리가 갈라지고
內外相應	안팎이 상응하며,
即不得	얻지 못하면
呈兆首仰足肣	머리를 쳐들고 다리를 오므리는 징조를 드러낸다.

卜有賣若買臣妾馬牛	신첩이나 마소를 판다거나 사는 것을 점친다.
得之	얻게 되면
首仰足開	머리를 쳐들고 다리가 갈라지고
內外相應	안팎이 상응하며,
不得	얻지 못하면
首仰足肣	머리를 쳐들고 다리를 오므리며
呈兆若橫吉安	횡길하여 안전한 것 같은 징조가 드러난다.

卜擊盜聚若干人	도적을 치는 데 몇 명이나 모여 있고
在某所	어디에 있으며
今某將卒若干人	지금 장졸은 몇 명인데

往擊之	가서 칠 것을 점친다.
當勝	승리를 거둘 것이면
首仰足開身正	머리를 쳐들고 다리가 갈라지고 몸이 바르며
內自橋	안에서는 절로 높고
外下	밖에서는 내려가며,
不勝	이기지 못할 것 같으면
足肣首仰	다리를 오므리고 머리를 쳐들며
身首[76]內下外高	머리가 안은 낮고 밖은 높게 된다.

卜求當行不行	길을 나서야 할지 나서지 않아야 할지 점을 쳐서 구한다.
行	나가야 한다면
首足開	머리와 다리가 열리고,
不行	나가지 않아야 한다면
足肣首仰	다리를 오므리고 머리를 쳐들며
若橫吉安	횡길하여 안전한 것 같으며
安不行	안전하면 나가지 않는다.

卜往擊盜	도적을 치러 가는데
當見不見	만나게 될지 말지를 점친다.
見	만나게 되면
首仰足肣有外	머리를 쳐들고 다리를 오므리며 밖으로 드러나며,
不見	만나지 않게 되면
足開首仰	다리가 열리고 머리를 쳐든다.

76 **집해** 서광은 말하였다. "어떤 판본에는 '간(簡)'으로 되어 있다."

卜往候盜	도적을 살피러 가는데
見不見	만날 것인지 말 것인지를 점친다.
見	만나게 되면
首仰足肣	머리를 쳐들고 다리를 오므리며
肣勝有外	다리를 오므리어 밖으로 드러나게 하고,
不見	만나지 않게 되면
足開首仰	다리가 열리고 머리를 쳐든다.

卜聞盜來不來	도적이 올 것인가 말 것인가를 듣는 것을 점친다.
來	올 것 같으면
外高內下	바깥은 높고 안은 낮으며,
足肣首仰	다리를 오므리고 머리를 쳐들며,
不來	오지 않을 것 같으면
足開首仰	다리가 열리고 머리를 쳐들며
若橫吉安	길하고 안전함이 횡으로 꺾이는 징조가 드러나며
期之自次	기약한 날에 절로 올 것이다.

卜遷徙去官不去	관직을 옮길 때 떠나야 할지 떠나지 않아야 할지를 점친다.
去	떠나야 한다면
足開有肣外首仰	다리가 열리고 밖으로 오므리며 머리를 쳐들고,
不去	떠나지 않고
自去	스스로 떠나야 한다면
即足肣	다리를 오므리고
呈兆若橫吉安	길하고 안전함이 횡으로 꺾이는 징조가 드러난다.

卜居官尙吉不	관직에 머무는 것이 아직도 길한지 아닌지를 점친다.
吉	길하면
呈兆身正	징조가 드러나고 몸이 바르며
若横吉安	안전함이 횡으로 꺾이는 징조가 드러나며,
不吉	길하지 않으면
身節折	몸의 마디가 꺾이며
首仰足開	머리를 쳐들고 다리가 열린다.

卜居室家吉不吉	집에 머무는 것이 길한가 아닌가를 점친다.
吉	길하면
呈兆身正	징조가 드러나고 몸이 바르게 되며
若横吉安	안전함이 횡으로 꺾이는 징조가 드러나며,
不吉	길하지 않으면
身節折	몸의 마디가 꺾이며
首仰足開	머리를 쳐들고 다리가 열린다.

卜歲中禾稼孰不孰	한 해의 풍년이 들 것인가 들지 않을 것인가를 점친다.
孰	풍년이 들면
首仰足開	머리를 쳐들고 다리가 열리며
內外自橋外自垂	안팎이 절로 높아지며 밖은 절로 드리워지며,
不孰	풍년이 들지 않으면
足肣首仰有外	다리를 오므리고 머리를 쳐들며 밖으로 드러난다.

卜歲中民疫不疫	한 해 중에 백성이 병이 돌 것인지 말 것인지를 점친다.
疫	병이 돌 것 같으면
首仰足肣	머리를 쳐들고 다리를 오므리며

身節有彊外	몸의 마디가 밖이 강함이 있고,
不疫	병이 돌지 않을 것이면
身正首仰足開	몸이 바르고 머리를 쳐들며 다리는 벌린다.

卜歲中有兵無兵	연중 전쟁이 날 것인지 나지 않을 것인지를 점친다.
無兵	전쟁이 일어나지 않으면
呈兆若橫吉安	안전함이 횡으로 꺾이는 징조가 드러나며,
有兵	전쟁이 일어날 것 같으면
首仰足開	머리를 쳐들고 다리가 열리며,
身作外彊情	몸이 밖으로 강한 마음을 드러낸다.

卜見貴人吉不吉	귀인을 만나는 것이 길할지 않을지를 점친다.
吉	길하면
足開首仰	다리가 열리고 머리를 쳐들며
身正	몸이 바르게 되고
內自橋	안이 절로 높아지며,
不吉	길하지 않으면
首仰	머리를 쳐들고
身節折	몸의 마디가 꺾이며
足肣有外	다리를 오므리어 밖으로 드러내
若無漁	어부가 없는 것 같다.

卜請謁於人得不得	남에게 부탁한 일이 잘될 것인지 잘못될 것인지를 점친다.
得	잘되면
首仰足開	머리를 쳐들고 다리가 열리며

內自橋	안이 절로 높아지고,
不得	잘못되면
首仰足肣有外	머리를 쳐들고 다리를 오므리어 밖으로 드러낸다.

卜追亡人當得不得	도망자를 쫓는데 잡을 것인지 말 것인지를 점친다.
得	잡게 되면
首仰足肣	머리를 쳐들고 다리를 오므리어
內外相應	안팎이 상응하고,
不得	잡지 못하게 된다면
首仰足開	머리를 쳐들고 다리가 열리며
若橫吉安	길하고 안전함이 횡으로 꺾이는 징조가 드러난다.

卜漁獵得不得	어로와 사냥을 하여 잡게 될 것인지 못 잡을 것인지를 점친다.
得	잡게 되면
首仰足開	머리를 쳐들고 다리가 열리며
內外相應	안팎이 상응하고,
不得	잡지 못하게 된다면
足肣首仰	다리를 오므리고 머리를 쳐들어
若橫吉安	길하고 안전함이 횡으로 꺾이는 징조가 드러난다.

卜行遇盜不遇	길을 가다가 도둑을 만날 것인지 만나지 않을 것인지를 점친다.
遇	만나게 된다면
首仰足開	머리를 쳐들고 다리가 열리며
身節折	몸의 마디가 꺾이고

外高內下 바깥은 높고 안은 낮게 되며,
不遇 만나지 못하게 된다면
呈兆 징조가 드러난다.

卜天雨不雨 하늘에서 비가 올 것인지 말 것인지를 점친다.
雨 비가 올 것 같으면
首仰有外 머리를 쳐들어 밖이 있고
外高內下 바깥은 높고 안은 낮게 되며,
不雨 비가 오지 않을 것 같으면
首仰足開 머리를 쳐들고 다리가 열리며
若橫吉安 길하고 안전함이 횡으로 꺾이는 징조가 드러난다.

卜天雨霽不霽 하늘의 비가 갤 것인지 말 것인지를 점친다.
霽 갤 것 같으면
呈兆足開首仰 나타내는 징조가 다리가 열리고 머리를 쳐들며,
不霽 개지 않을 것 같으면
橫吉 횡길이 나타난다.

命曰橫吉安 (점괘에서) 횡길안이라고 한다.
以占病 이것을 가지고 병을 점치면
病甚者一日不死 병이 심한 자도 하루 동안 죽지 않으며,
不甚者卜日瘳 심하지 않은 자는 점을 친 날에 낫고
不死 죽지 않는다.
繫者重罪不出 수감자 가운데 죄가 무거운 자는 나오지 못하고
輕罪環出 죄가 가벼운 사람은 곧 나오며,
過一日不出 하루가 지나서 나오지 못하더라도

久毋傷也	오래도록 상해를 입지 않는다.
求財物買臣妾馬牛	재물을 구하고 신첩과 마소를 사는 데는
一日環得	하루면 곧 얻게 되며,
過一日不得	하루를 지나면 얻지 못하게 된다.
行者不行	가는 사람은 가지 말아야 한다.
來者環至	오는 사람은 곧 이르며,
過食時不至	밥 먹을 때가 지나도 이르지 않으면
不來	오지 않는다.
擊盜不行	도둑을 추격하는 사람은 가지 않아야 하니
行不遇	가더라도 만나지 못하며,
聞盜不來	도둑이라는 말을 들어도 오지 않는다.
徙官不徙	관직을 옮기는 사람은 옮기지 않는다.
居官家室皆吉	관직에 있고 집에 있으면 모두 길하다.
歲稼不孰	이해의 농사가 풍년이 들지 않는다.
民疾疫無疾	백성들의 질병은 돌지 않는다.
歲中無兵	이해 안에는 병화(兵禍)가 없다.
見人行	남들을 만날 때는 가야 하니
不行不喜	가지 않으면 기쁘지 않게 된다.
請謁人不行不得	남에게 부탁할 일을 청하는 데 가지 않으면 얻지 못한다.
追亡人漁獵不得	도망자를 쫓고 어로와 수렵을 해도 얻지 못한다.
行不遇盜	길을 가도 도둑을 만나지 않는다.
雨不雨	비는 내리지 않는다.
霽不霽	날씨는 개지 않는다.

命曰呈兆	점괘에서 징조가 드러났다고 한다.

病者不死	병자는 죽지 않는다.
繫者出	수감자는 나온다.
行者行	가는 사람은 간다.
來者來	오는 사람은 온다.
市買得	사서 얻게 된다.
追亡人得	도망자를 쫓으면 잡고
過一日不得	하루가 지나면 잡지 못한다.
問行者不到	가는 사람을 물으면 이르지 못한다.

命曰柱徹	점괘가 주철이라고 한다.
卜病不死	병을 점치면 죽지 않는다.
繫者出	수감자는 나온다.
行者行	갈 사람은 간다.
來者來	올 사람은 온다.
市買不得	시장에서 살 것을 얻지 못한다.
憂者毋憂	근심이 있는 사람은 근심하지 않게 된다.
追亡人不得	도망자를 쫓아도 잡지 못한다.

命曰首仰足肣有內無外	점괘에서 머리를 쳐들고 다리를 오므리며 안은 있는데 밖은 없다고 한다.
占病	병을 점치면
病甚不死	병이 심하여도 죽지 않는다.
繫者解	수감자는 풀려난다.
求財物買臣妾馬牛不得	재물을 구하고 신첩과 마소를 사면 얻지 못한다.
行者聞言不行	갈 사람은 말을 들으면 가지 않는다.
來者不來	올 사람이 오지 못한다.

聞盜不來	도둑이라는 말을 들어도 오지 않는다.
聞言不至	말을 들어도 이르지 않는다.
徙官聞言不徙	관직을 옮기는 사람은 말을 들으면 옮기지 않는다.
居官有憂	관직에 있으면 근심이 있다.
居家多災	집에 있으면 재화가 많다.
歲稼中孰	한 해의 농사는 중간쯤 풍년이 든다.
民疾疫多病	백성들은 전염병이 돌아 병에 많이 걸린다.
歲中有兵	연중에 병화가 있으며
聞言不開	말은 들리는데 열리지 않는다.
見貴人吉	귀인을 보면 길하다.
請謁不行	부탁을 해도 행하여지지 않으며
行不得善言	가도 좋은 말을 얻지 못한다.
追亡人不得	도망자를 쫓아도 잡지 못한다.
漁獵不得	어로와 사냥이 잘 되지 않는다.
行不遇盜	길을 가도 도둑을 만나지 않는다.
雨不雨甚	비는 그리 심하게 내리지 않는다.
霽不霽	날은 잘 개지 않는다.
故其莫字皆爲首備	그러므로 모자의 형태가 모두 머리에 갖추어져 있다.
問之曰	그것에 대하여 물었더니
備者仰也	비(備)라는 것은 앙(仰)이라는 뜻이므로
故定以爲仰	정(定)하기를 앙(仰)이라고 하는 것이다.
此私記也	이는 사사로운 기록이다.
命曰首仰足肣有內無外	점괘에서 머리를 쳐들고 다리를 오므리며 안은 있는데 밖은 없다고 한다.
占病	병을 점치면

病甚不死	병이 심하여도 죽지 않는다.
繫者不出	수감자는 나오지 못한다.
求財買臣妾不得	재물을 구하고 신첩과 마소를 사면 얻지 못한다.
行者不行	갈 사람은 가지 못한다.
來者不來	올 사람은 오지 못한다.
擊盜不見	도둑을 쳐도 보지 않는다.
聞盜來	도둑이 온다는 소리를 들어도
內自驚	안으로 스스로 놀라며
不來	오지 않는다.
徙官不徙	관직을 옮기는 것은 옮겨지지 않는다.
居官家室吉	관직에 있으면 집안이 길하다.
歲稼不孰	한 해의 농사는 풍년이 들지 않는다.
民疾疫有病甚	백성들의 병은 병이 심하게 돈다.
歲中無兵	연중에 병화가 없다.
見貴人吉	귀인을 보면 길하다.
請謁追亡人不得	청탁을 하고 도망자를 쫓으면 얻지 못한다.
亡財物	재물을 잃으면
財物不出得	재물을 얻지 못한다.
漁獵不得	어로와 사냥은 잘 되지 않는다.
行不遇盜	길을 가도 도둑을 만나지 않는다.
雨不雨	비는 내리지 않는다.
霽不霽	날씨는 개지 않는다.
凶	흉하다.

命曰呈兆首仰足肸	점괘에서 머리를 쳐들고 다리를 오므리는 징조를 드러낸다고 한다.

以占病	그것으로 병을 점치면
不死	죽지 않는다.
繫者未出	수감자는 아직 나오지 못한다.
求財物買臣妾馬牛不得	재물을 구하고 신첩과 마소를 사면 얻지 못한다.
行不行	길을 나서야 할 사람은 가지 않아야 한다.
來不來	올 사람은 오지 않는다.
擊盜不相見	도둑을 쳐도 서로 보이지 않는다.
聞盜來不來	도둑이 온다는 소리를 들어도 오지 않는다.
徙官不徙	관직을 옮기는 것은 옮기지 않는다.
居官久多憂	관직에 있으면 오래도록 근심이 많다.
居家室不吉	집에 있으면 길하지 않다.
歲稼不孰	한 해의 농사는 풍년이 들지 않는다.
民病疫	백성들에게는 역병이 돈다.
歲中毋兵	연중에 병화가 없다.
見貴人不吉	귀인을 보면 길하지 않다.
請謁不得	청탁을 해도 이루지 못한다.
漁獵得少	어로와 사냥은 얻는 것이 적다.
行不遇盜	길을 가도 도둑을 만나지 않는다.
雨不雨	비는 내리지 않는다.
霽不霽	날이 개지 않는다.
不吉	길하지 않다.

命曰呈兆首仰足開	점괘에서 머리를 쳐들고 다리가 열리는 징조를 드러낸다고 한다.
以占病	이것으로 병을 점치면
病篤死	병이 위독하면 죽는다.

繫囚出	구금된 자는 나온다.
求財物買臣妾馬牛不得	재물을 구하고 신첩과 마소를 사면 얻지 못한다.
行者行	갈 사람은 가게 된다.
來者來	올 사람은 오게 된다.
擊盜不見盜	도둑을 쳐도 도둑이 보이지 않는다.
聞盜來不來	도둑이 온다는 소리를 들어도 오지 않는다.
徙官徙	관직을 옮길 자는 옮긴다.
居官不久	관직에 있는 자는 오래가지 않는다.
居家室不吉	집에 있으면 길하지 않다.
歲稼不孰	한 해의 농사가 풍년이 들지 않는다.
民疾疫有而少	백성들에게는 역병이 돌지만 적다.
歲中毋兵	연중에 병화가 일어나지 않는다.
見貴人不見吉	귀인을 만나면 길함이 보이지 않는다.
請謁追亡人漁獵不得	청탁과 도망자의 추적, 어로와 사냥을 하는 것이 이루어지지 않는다.
行遇盜	길을 가다가 도둑을 만난다.
雨不雨	비가 내리지 않는다.
霽小吉	개면 조금 길하다.

命曰首仰足肣	점괘에서 머리를 쳐들고 다리를 오므린다고 한다.
以占病	이것으로 병을 점치면
不死	죽지 않는다.
繫者久	수감자는 오래 있어도
毋傷也	상해를 입지 않는다.
求財物買臣妾馬牛不得	재물을 구하고 신첩과 마소를 사면 얻지 못한다.
行者不行	갈 사람이 가지 못한다.

擊盜不行	도둑을 치는 것이 행하여지지 않는다.
來者來	올 사람은 온다.
聞盜來	도둑이 온다는 소리를 듣는다.
徙官聞言不徙	관직을 옮길 때는 말을 듣는데 옮기지 않는다.
居家室不吉	집에 있는 것이 길하지 못하다.
歲稼不孰	한 해의 농사는 풍년이 들지 않는다.
民疾疫少	백성들의 전염병이 조금 돈다.
歲中毋兵	연중에는 병화가 일어나지 않는다.
見貴人得見	귀인을 만나는 것은 만나게 된다.
請謁追亡人漁獵不得	청탁과 도망자의 추격, 어로와 사냥이 되지 않는다.
行遇盜	길을 가면 도둑을 만난다.
雨不雨	비는 내리지 않는다.
霽不霽	하늘이 개지 않는다.
吉	길하다.

命曰首仰足開有內	점괘에서 고개를 쳐들고 다리를 열며 안이 있다고 한다.
以占病者	이것을 가지고 병자를 점치면
死	죽는다.
繫者出	수감자는 나온다.
求財物買臣妾馬牛不得	재물을 구하고 신첩과 마소를 사면 얻지 못한다.
行者行	갈 사람은 가게 된다.
來者來	올 사람은 오게 된다.
擊盜行不見盜	도둑을 치러 가도 도둑을 만나지 못한다.
聞盜來不來	도둑이 온다는 소리를 들어도 오지 않는다.
徙官徙	관직을 옮기는 것은 옮긴다.

居官不久	관직에 있는 것은 오래지 못한다.
居家室不吉	집에 있는 것은 길하지 못하다.
歲孰	해가 풍년이 든다.
民疾疫有而少	백성들에게 역병이 도는데 적다.
歲中毋兵	연중에 병화가 없다.
見貴人不吉	귀인을 만나는 것은 길하지 않다.
請謁追亡人漁獵不得	청탁과 도망자의 추적, 어로와 사냥이 잘 되지 않는다.
行不遇盜	길을 가도 도둑을 만나지 않는다.
雨霽	비가 갠다.
霽小吉	개는 것이 조금 길하며
不霽吉	개지 않는 것이 길하다.

命曰横吉內外自橋	점괘에서 횡길하며 안팎이 절로 높아진다고 한다.
以占病	이것을 가지고 병을 점치면
卜日毋瘳死	그날로 낫지 않고 죽는 괘가 나온다.
繫者毋罪出	수감자는 무죄로 나온다.
求財物買臣妾馬牛得	재물을 구하고 신첩과 마소를 사면 얻지 못한다.
行者行	갈 사람은 가게 된다.
來者來	올 사람은 오게 된다.
擊盜合交等	도둑을 치고 함께 겨루면 대등하다.
聞盜來來	도둑이 온다는 말을 들으면 온다.
徙官徙	관직을 옮기는 것은 옮긴다.
居家室吉	집에 거처하면 길하다.
歲孰	해가 풍년이 든다.
民疫無疾	백성들의 전염병은 돌지 않는다.
歲中無兵	연중에는 병화가 없다.

見貴人請謁追亡人漁獵得	귀인을 만남, 청탁, 도망자의 추적, 어로와 사냥은 잘된다.
行遇盜	가는 길에 도적을 만난다.
雨霽	비는 개며
雨霽大吉	비가 개면 크게 길하다.

命曰橫吉內外自吉	점괘에서 횡길로 안팎에서 절로 길하다고 한다.
以占病	이것을 가지고 병을 점치면
病者死	병자는 죽는다.
繫不出	수감자는 나오지 못한다.
求財物買臣妾馬牛追亡人漁獵不得	재물을 구하고 신첩과 마소를 사며 도망자를 추격하거나 어로와 사냥은 제대로 되지 않는다.
行者不來	갈 사람은 오지 않는다.
擊盜不相見	도둑을 치면 서로 만나지 못한다.
聞盜不來	도둑이라는 말을 들어도 오지 않는다.
徙官徙	관직을 옮기는 것은 옮긴다.
居官有憂	관직에 있으면 근심이 있다.
居家室見貴人請謁不吉	집안에 있고 귀인을 만나며 청탁을 하는 것은 길하지 않다.
歲稼不孰	한 해의 농사는 풍년이 들지 않는다.
民疾疫	백성들에게 역병이 돈다.
歲中無兵	연중 병화가 없다.
行不遇盜	길을 나서도 도적을 만나지 않는다.
雨不雨	비는 내리지 않는다.
霽不霽	날씨가 개지 않는다.

不吉	길하지 못하다.
命曰漁人	점괘에서 어인이라고 하였다.
以占病者	이것을 가지고 병자를 점치면
病者甚	병세가 심하여도
不死	죽지는 않는다.
繫者出	수감자는 나온다.
求財物買臣妾馬牛擊盜請謁追亡人漁獵得	재물을 구하고 신첩과 마소를 사며 도망자를 추격하거나 어로와 사냥이 잘 된다.
行者行來	길을 가는 사람은 가게 된다.
聞盜來不來	도둑이 온다는 소리를 듣지만 오지 않는다.
徙官不徙	관직을 옮겨야 할 때는 옮기지 않는다.
居家室吉	집에 거처하는 것은 길하다.
歲稼不孰	한 해의 농사는 풍년이 들지 않는다.
民疾疫	백성들에게 역병이 돈다.
歲中毋兵	연중에는 병화가 없다.
見貴人吉	귀인을 만나면 길하다.
行不遇盜	길을 가도 도적을 만나지 않는다.
雨不雨	비는 내리지 않는다.
霽不霽	날씨가 개지 않는다.
吉	길하다.
命曰首仰足肣內高外下	점괘에서 머리를 쳐들고 다리를 오므리며 안이 높고 밖은 낮다고 한다.
以占病	이것을 가지고 병을 점치면

病者甚	병세가 심하여도
不死	죽지는 않는다.
繫者不出	수감자는 나오지 못한다.

求財物買臣妾馬牛追亡人漁獵得

재물을 구하고 신첩과 마소를 사며 도망자를 추격하거나 어로와 사냥이 잘 된다.

行不行	길을 나서야 할 사람은 가지 않아야 한다.
來者來	올 사람은 온다.
擊盜勝	도둑을 치면 이긴다.
徙官不徙	관직을 옮겨야 할 때는 옮기지 않는다.
居官有憂	관직에 있으면 근심이 있지만
無傷也	다치지는 않는다.
居家室多憂病	집에 있으면 근심과 병이 많다.
歲大孰	이해에는 크게 풍년이 든다.
民疾疫	백성들에게 역병이 돈다.
歲中有兵不至	연중 병화가 있어도 이르지 않는다.
見貴人請謁不吉	귀인을 만나고 청탁을 하면 길하지 않다.
行遇盜	길을 가면 도적을 만난다.
雨不雨	비는 내리지 않는다.
霽不霽	날씨는 개지 않는다.
吉	길하다.

命曰橫吉上有仰下有柱	점괘에서 횡길로 위로는 우러름이 있고 아래에는 기둥이 있다고 한다.
病久不死	병을 오래 앓아도 죽지 않는다.
繫者不出	수감자는 나오지 못한다.

求財物買臣妾馬牛追亡人漁獵不得	
	재물을 구하고 신첩과 마소를 사며 도망자를 추격하거나 어로와 사냥이 잘 되지 않는다.
行不行	길을 나서야 할 사람은 가지 않아야 한다.
來不來	올 사람은 오지 않는다.
擊盜不行	도둑을 치는 것은 행하지 않고
行不見	가도 만나지 못한다.
聞盜來不來	도둑이 온다는 말을 듣지만 오지 않는다.
徙官不徙	관직을 옮겨야 할 때는 옮기지 않는다.
居家室見貴人吉	집에 있으면서 귀인을 만나면 길하다.
歲大孰	해에 큰 풍년이 든다.
民疾疫	백성들에게 역병이 돈다.
歲中毋兵	연중 병화가 없다.
行不遇盜	길을 가도 도적을 만나지 않는다.
雨不雨	비는 내리지 않는다.
霽不霽	날씨는 개지 않는다.
大吉	크게 길하다.

命曰橫吉揄仰	점괘에서 횡길에 유앙이라고 한다.
以占病	이것을 가지고 병을 점치면
不死	죽지 않는다.
繫者不出	수감자는 나오지 않는다.
求財物買臣妾馬牛至不得	재물을 구하고 신첩과 마소를 사면 이르는데 얻지 못한다.
行不行	길을 나서야 할 사람은 가지 않아야 한다.
來不來	올 사람은 오지 않는다.

擊盜不行	도둑을 칠 때는 가지 않으며
行不見	가면 만나지 못한다.
聞盜來不來	도둑이 온다는 말을 듣지만 오지 않는다.
徙官不徙	관직을 옮겨야 할 경우에는 옮기지 않는다.
居官家室見貴人吉	관직과 집안에 있으면서 귀인을 만나면 길하다.
歲孰	해가 풍년이 든다.
歲中有疾疫	연중에 역병이 돌며,
毋兵	병화는 일어나지 않는다.
請謁追亡人不得	청탁을 하고 도망자를 추적하면 제대로 되지 않는다.
漁獵至不得	어로와 사냥은 잘 되지 않는다.
行不得	가는 것이 제대로 되지 않는다.
行不遇盜	길을 가도 도적을 만나지 않는다.
雨霽不霽	비가 개는 것은 개지 않는다.
小吉	조금 길하다.

命曰橫吉下有柱	점괘에서 횡길 아래에는 기둥이 있다고 한다.
以占病	이것을 가지고 병을 점치면
病甚不環有瘳無死	병이 심하면 빨리 낫지는 않지만 죽지는 않는다.
繫者出	수감자는 나온다.
求財物買臣妾馬牛請謁追亡人漁獵不得	재물을 구하고 신첩과 마소를 사며 청탁과 도망자를 추적하며 어로와 사냥이 잘 되지 않는다.
行來不來	길을 오는 사람은 오지 않는다.
擊盜不合	도둑을 치면 때가 맞지 않는다.
聞盜來來	도둑이 온다는 말을 들으면 온다.
徙官居官吉	관직을 옮겨야 할 경우 관직에 머물면 길한데

不久 오래가지 않는다.

居家室不吉 집안에 있으면 길하지 않다.

歲不孰 해가 풍년이 들지 않는다.

民毋疾疫 백성들에게는 역병이 없다.

歲中毋兵 연중에 병화가 일어나지 않는다.

見貴人吉 귀인을 만나면 길하다.

行不遇盜 길을 가도 도적을 만나지 않는다.

雨不雨 비가 내리지 않는다.

霽 갠다.

小吉 조금 길하다.

命曰載所 점괘에서 재소라고 하였다.

以占病 이것을 가지고 병을 점치면

環有瘳無死 완전히 나으며 죽지 않는다.

繫者出 수감자는 나온다.

求財物買臣妾馬牛請謁追亡人漁獵得

재물을 구하고 신첩과 마소를 사며 청탁과 도망자를 추적하며 어로와 사냥이 잘 된다.

行者行 길을 떠날 사람은 가게 된다.

來者來 올 사람은 온다.

擊盜相見不相合 도둑을 치면 서로 만나지만 교전은 않는다.

聞盜來來 도둑이 온다는 말을 들으면 온다.

徙官徙 관직을 옮겨야 한다면 옮긴다.

居家室憂 집에 있으면 근심이 있다.

見貴人吉 귀인을 만나면 길하다.

歲孰 해가 풍년이 든다.

民毋疾疫	백성들 사이에 역병이 돌지 않는다.
歲中毋兵	연중에는 병화가 없다.
行不遇盜	길을 가도 도적을 만나지 않는다.
雨不雨	비는 내리지 않는다.
霽霽	날이 갠다.
吉	길하다.

命曰根格	점괘에서 근격이라고 한다.
以占病者	이것을 가지고 병을 점치면
不死	죽지 않는다.
繫久毋傷	오래도록 수감되나 상해를 입지 않는다.
求財物買臣妾馬牛請謁追亡人漁獵不得	재물을 구하고 신첩과 마소를 사며 청탁과 도망자를 추적하며 어로와 사냥이 잘 되지 않는다.
行不行	길을 나서야 할 사람은 가지 않아야 한다.
來不來	올 사람은 오지 않는다.
擊盜盜行不合	도둑을 추격하면 도적이 떠나 만나지 못한다.
聞盜不來	도둑이 일어났다는 소리를 들어도 오지 않는다.
徙官不徙	관직을 옮겨야 할 경우에는 옮기지 않는다.
居家室吉	집에 있으면 길하다.
歲稼中	한 해의 농사는 중간쯤 수확한다.
民疾疫無死	백성들에게 역병이 돌지만 죽지는 않는다.
見貴人不得見	귀인을 만나는 것은 만나지 못하게 된다.
行不遇盜	길을 가도 도적을 만나지 않는다.
雨不雨	비는 내리지 않는다.
不吉	길하지 않다.

命曰首仰足肣外高內下	점괘에서 말하기를 머리를 쳐들고 다리를 오므리며 밖이 높고 안이 낮다고 한다.
卜有憂	점을 치면 근심이 있으나
無傷也	상하지는 않는다.
行者不來	길을 떠날 사람이 오지 않는다.
病久死	병이 오래되면 죽는다.
求財物不得	재물을 구하면 얻지 못한다.
見貴人者吉	귀인을 만나는 것은 길하다.

命曰外高內下	점괘에서 밖은 높고 안은 낮다고 한다.
卜病不死	병을 점치면 죽지 않고
有祟	빌미가 된다.
市買不得	저자에서 (물건을) 사면 얻지 못한다.
居官家室不吉	관직에 있고 집에 있으면 길하지 않다.
行者不行	길을 떠날 사람은 가지 않는다.
來者不來	올 사람은 오지 않는다.
繫者久毋傷	수감된 사람은 오래되어도 상해를 입지 않는다.
吉	길하다.

命曰頭見足發有內外相應	점괘에서 머리가 보이고 다리를 내며 안팎이 상응한다고 한다.
以占病者	이것을 가지고 병자를 점치면
起	일어난다.
繫者出	수감자는 나온다.
行者行	길을 떠나야 할 사람은 떠난다.
來者來	올 사람은 온다.

求財物得	재물을 구하면 얻는다.
吉	길하다.

命曰呈兆首仰足開	점괘에서 머리를 쳐들고 다리가 열리는 징조를 드러낸다고 한다.
以占病	이것을 가지고 병을 점치면
病甚死	병이 심하면 죽는다.
繫者出	수감자는 나온다,
有憂	근심이 있다.
求財物買臣妾馬牛請謁追亡人漁獵不得	재물을 구하고 신첩과 마소를 사며 청탁과 도망자를 추적하며 어로와 사냥이 잘 되지 않는다.
行不行	길을 나서야 할 사람은 가지 않아야 한다.
來不來	올 사람은 오지 않는다.
擊盜不合	도둑을 치려 해도 만나지 못한다.
聞盜來來	도둑이 온다는 소리를 들으면 온다.
徙官居官家室不吉	벼슬을 옮기고 관직과 집에 거처하면 길하지 않다.
歲惡	해가 흉년이 든다.
民疾疫無死	백성들은 역병이 돌지만 죽지 않는다.
歲中毋兵	연중에는 병화가 일어나지 않는다.
見貴人不吉	귀인을 만나면 길하지 않다.
行不遇盜	길을 가도 도적을 만나지 않는다.
雨不雨	비는 내리지 않는다.
霽	갠다.
不吉	길하지 않다.

命曰呈兆首仰足開外高內下	점괘에서 말하기를 고개를 들고 다리를 벌리며 밖은 높고 안은 낮다고 한다.
以占病	이것을 가지고 병을 점치면
不死	죽지 않고
有外祟	밖의 빌미가 있다.
繫者出	수감자는 나오는데
有憂	근심이 있다.
求財物買臣妾馬牛	재물을 구하고 신첩과 마소를 사면
相見不會	서로 만나려 해도 만나지 못한다.
行行	길을 갈 사람은 간다.
來聞言不來	온다는 말을 들어도 오지 않는다.
擊盜勝	도둑을 치면 이긴다.
聞盜來不來	도둑이 온다는 말을 들어도 오지 않는다.
徙官居官家室見貴人不吉	관직을 옮겨도 관직과 집에 거처하며 귀인을 만나면 길하지 않다.
歲中	한 해에 중간쯤 수확을 한다.
民疾疫有兵	백성들에게 역병이 있고 병화가 있다.
請謁追亡人漁獵不得	청탁을 하고 도망자를 쫓으며 어로와 사냥을 해도 잘 되지 않는다.
聞盜遇盜	도적이 일어났다는 소리를 들으면 도적을 만난다.
雨不雨	비는 내리지 않는다.
霽	갠다.
凶	흉하다.
命曰首仰足肣身折內外相應	점괘에서 말하기를 머리를 쳐들고 다리를 오므리며 몸이 꺾이고 안팎이 상응한다고 한다.

以占病	이것을 가지고 병을 점치면
病甚不死	병이 심해도 죽지 않는다.
繫者久不出	수감자는 오래 나오지 않는다.
求財物買臣妾馬牛漁獵不得	재물을 구하고 신첩과 마소를 사며 어로와 사냥을 하면 잘 되지 않는다.
行不行	길을 나서야 할 사람은 가지 않아야 한다.
來不來	올 사람은 오지 않는다.
擊盜有用勝	도둑을 치면 이기게 된다.
聞盜來來	도둑이 온다는 말을 들으면 온다.
徙官不徙	관직을 옮겨야 할 때는 옮기지 않는다.
居官家室不吉	관직과 집에 있으면 길하지 않다.
歲不孰	해가 풍년이 들지 않는다.
民疾疫	백성들에게 역병이 돈다.
歲中	이해는 중간 정도 수확을 한다.
有兵不至	병화가 있지만 이르지 않는다.
見貴人喜	귀인을 만나면 기쁘다.
請謁追亡人不得	청탁을 하고 도망자를 추적해도 제대로 되지 않는다.
遇盜凶	도적을 만나면 흉하다.

命曰內格外垂	점괘에서 말하기를 안으로 이르고 밖으로 드리운다고 한다.
行者不行	길을 가려는 사람은 가지 않는다.
來者不來	올 사람은 오지 않는다.
病者死	병자는 죽는다.
繫者不出	수감자는 나오지 않는다.
求財物不得	재물을 구하여도 얻지 못한다.

見人不見	만나기로 한 사람을 만나지 못한다.
大吉	크게 길하다.

命曰橫吉內外相應自橋揄仰上柱足肣

점괘에서 말하기를 횡길로 안팎이 상응하며 절로 높아지며 유앙상주로 다리를 오므린다.

以占病	이것으로 병을 점치면
病甚不死	병이 심하여도 죽지 않는다.
繫久	수감된 지 오래되어도
不抵罪	죄에 저촉되지 않는다.

求財物買臣妾馬牛請謁追亡人漁獵不得

재물을 구하고 신첩과 마소를 사며 청탁과 도망자를 추적하며 어로와 사냥이 잘 되지 않는다.

行不行	길을 나서야 할 사람은 가지 않아야 한다.
來不來	오려 하면서도 오지 않는다.
居官家室見貴人吉	관직과 집에 있으면서 귀인을 만나면 길하다.
徙官不徙	관직을 옮기려 하나 옮기지 않는다.
歲不大孰	해가 그다지 풍년이 들지 않는다.
民疾疫有兵	백성들에게 역질이 있고 병화가 있다.
有兵不會	병화가 일어나도 만나지 않는다.
行遇盜	길을 가면 도적을 만난다.
聞言不見	말은 들려도 보이지는 않는다.
雨不雨	비는 내리지 않는다.
霽霽	날씨는 갠다.
大吉	크게 길하다.

命曰頭仰足肣內外自垂	점괘에서 말하기를 머리를 쳐들고 다리를 거두며 안팎이 절로 드리운다고 한다.
卜憂病者甚	병을 근심함이 심함을 점치면
不死	죽지 않는다.
居官不得居	관직에 있으면 있지 않게 된다.
行者行	길을 갈 사람은 길을 간다.
來者不來	올 사람은 오지 못한다.
求財物不得	재물을 구하지만 제대로 되지 않는다.
求人不得	사람을 구하여도 제대로 되지 않는다.
吉	길하다.

命曰橫吉下有柱	점괘에 횡길에 아래에는 기둥이 있다고 한다.
卜來者來	올 사람을 점치면 온다.
卜日即不至	그날 올까를 점치면 이르지 않으며
未來	아직 오지 않는다.
卜病者過一日毋瘳死	병자를 점쳤는데 하루가 지나면 낫지 않고 죽는다.
行者不行	길을 갈 사람은 가지 않는다.
求財物不得	재물을 구하여도 제대로 되지 않는다.
繫者出	수감자는 나온다.

命曰橫吉內外自舉	점괘에서 말하기를 횡길로 안팎에서 절로 들린다고 한다.
以占病者	이것을 가지고 병자를 점치면
久不死	오래 있어도 죽지 않는다.
繫者久不出	수감된 자는 오래도록 나오지 못한다.
求財物得而少	재물을 구하면 얻긴 하나 적다.

行者不行	길을 갈 사람은 가지 않는다.
來者不來	올 사람은 오지 않는다.
見貴人見	귀인을 만나면 만난다.
吉	길하다.

命曰內高外下疾輕足發	점괘에서 말하기를 안이 높고 밖이 낮으며 빠르고 가벼우며 발을 낸다고 한다.
求財物不得	재물을 구하여도 제대로 되지 않는다.
行者行	길을 갈 사람은 간다.
病者有瘳	병자는 낫는다.
繫者不出	수감자는 나오지 않는다.
來者來	올 사람은 온다.
見貴人不見	귀인을 만나려 해도 만나지 못한다.
吉	길하다.

命曰外格	점괘에서 말하기를 밖으로 이른다고 한다.
求財物不得	재물을 구하여도 제대로 되지 않는다.
行者不行	길을 가는 사람은 가지 않는다.
來者不來	올 사람은 오지 않는다.
繫者不出	수감자는 나오지 못한다.
不吉	길하지 않다.
病者死	병자는 죽는다.
求財物不得	재물을 구하나 제대로 되지 않는다.
見貴人見	귀인을 만나면 만난다.
吉	길하다.

命曰內自舉外來正足發	점괘에서 말하기를 안이 절로 들리고 밖은 옴이 바르고 발을 폈다고 한다.
行者行	길을 가는 사람은 간다.
來者來	올 사람은 온다.
求財物得	재물을 구하면 얻는다.
病者久不死	병자는 오래되어도 죽지 않는다.
繫者不出	수감자는 나오지 못한다.
見貴人見	귀인을 만나면 만난다.
吉	길하다.

此橫吉上柱外內自舉足肣	이는 횡길로 위를 떠받치며 밖과 안이 절로 들리고 다리를 오므리는 것이다.
以卜有求得	이것으로 점을 치면 구하는 것은 얻게 된다.
病不死	병에 걸려도 죽지 않는다.
繫者毋傷	수감자는 상해는 입지 않으나
未出	나오지는 못한다.
行不行	길을 나서야 할 사람은 가지 않아야 한다.
來不來	올 사람은 오지 않는다.
見人不見	만나기로 한 사람을 만나지 못한다.
百事盡吉	모든 일이 다 길하다.

此橫吉上柱外內自舉柱足以作	이는 횡길로 위를 떠받치며 밖과 안이 절로 들리고 다리를 떠받쳐 일어나는 것이다.
以卜有求得	이것으로 점을 치면 구하는 것은 얻게 된다.
病死環起	병으로 죽으려다가 곧 일어난다.
繫留毋傷	수감되어 머물지만 상해를 입지 않으며

環出 곧 나온다.
行不行 길을 나서야 할 사람은 가지 않아야 한다.
來不來 올 사람은 온다.
見人不見 만나기로 한 사람을 만나지 못한다.
百事吉 모든 일이 길하다.
可以擧兵 군사를 일으킬 만하다.

此挺詐有外 이는 정사로 밖이 있다.
以卜有求不得 이것으로 점을 치면 구하는 것을 얻지 못한다.
病不死 병이 걸려도 죽지 않으며
數起 여러 차례 일어난다.
繫禍罪 수감되면 화로 죄를 짓는다.
聞言毋傷 말을 들어도 상해를 입지 않는다.
行不行 길을 나서야 할 사람은 가지 않아야 한다.
來不來 올 사람은 온다.

此挺詐有內 이는 정사로 안이 있다.
以卜有求不得 이것으로 점을 치면 구하는 것을 얻지 못한다.
病不死 병이 걸려도 죽지 않으며
數起 여러 차례 일어난다.
繫留禍罪無傷出 수감되어 머물다가 화로 죄를 지으며 상해를 입지 않고 나온다.
行不行 길을 나서야 할 사람은 가지 않아야 한다.
來者不來 올 사람은 오지 못한다.
見人不見 만나기로 한 사람을 만나지 못한다.

此挺詐內外自舉	이는 정사로 안팎이 절로 들린다.
以卜有求得	이것으로 점을 치면 구하는 것을 얻는다.
病不死	병이 걸려도 죽지 않는다.
繫毋罪	수감되나 죄가 없다.
行行	길 떠날 사람은 떠난다.
來來	올 사람은 온다.
田賈市漁獵盡喜	농사와 장사, 어로와 수렵이 모두 기쁘다.

此狐貉	이는 호학이다.
以卜有求不得	이것으로 점을 치면 구하는 것을 얻지 못한다.
病死	병에 걸리면 죽고
難起	일어나기 어렵다.
繫留毋罪難出	수감되면 죄가 없어도 나오기 어렵다.
可居宅	집에 머무를 만하다.
可娶婦嫁女	며느리를 맞고 딸을 시집보낼 만하다.
行不行	길을 나서야 할 사람은 가지 않아야 한다.
來不來	올 사람은 오지 못한다.
見人不見	만나기로 한 사람을 만나지 못한다.
有憂不憂	근심이 있어도 근심하지 않는다.

此狐徹	이는 호철이다.
以卜有求不得	이것으로 점을 치면 구하는 것을 얻지 못한다.
病者死	병자는 죽는다.
繫留有抵罪	수감되면 죄를 짓게 된다.
行不行	길을 나서야 할 사람은 가지 않아야 한다.
來不來	올 사람은 오지 못한다.

見人不見	만나기로 한 사람을 만나지 못한다.
言語定	논의한 것은 정하여진다.
百事盡不吉	모든 일이 다 길하지 않다.

此首俯足肣身節折	이는 고개를 숙이고 다리를 오므리며 몸의 마디가 꺾인다.
以卜有求不得	이것으로 점을 치면 구하는 것을 얻지 못한다.
病者死	병자는 죽는다.
繫留有罪	수감되면 죄를 짓는다.
望行者不來	길을 나서야 할 사람을 바라나 오지 않는다.
行行	길을 나서야 할 사람은 가야 한다.
來不來	올 사람은 오지 않는다.
見人不見	만나기로 한 사람을 만나지 못한다.

此挺內外自垂	이는 정으로 안팎이 절로 드리운다.
以卜有求不晦	이것으로 점을 치면 구하는 것이 어둡지 않다.
病不死	병이 들어도 죽지 않는데
難起	일어서기 어렵다.
繫留毋罪	수감자는 죄를 짓지 않는데
難出	나오기 어렵다.
行不行	길을 나서야 할 사람은 가지 않아야 한다.
來不來	올 사람은 오지 않는다.
見人不見	만나기로 한 사람을 만나지 못한다.
不吉	길하지 않다.

此橫吉榆仰首俯	이는 횡길과 유앙으로 머리를 숙이고 있다.

以卜有求難得　이것으로 점을 치면 구하여도 얻기 어렵다.

病難起　병에서 일어나기는 어려우나

不死　죽지는 않는다.

繫難出　수감자는 나오기 어려우나

毋傷也　상해를 입지 않는다.

可居家室　집에 거처할 만하다.

以娶婦嫁女　며느리를 들이고 딸을 시집보내게 된다.

此橫吉上柱載正身節折內外自擧

이는 횡길로 위를 받침이 바르고 몸의 마디가 꺾였으며 안팎이 절로 들렸다.

以卜病者　이것을 가지고 병자를 점치면

卜日不死　점치는 당일에는 죽지 않지만

其一日乃死　하루 만에 죽는다.

此橫吉上柱足肣內自擧外自垂　이는 횡길로 위를 받치고 다리를 오므리며 안은 절로 들리고 밖은 절로 드리운다.

以卜病者　이것을 가지고 병자를 점치면

卜日不死　점치는 당일에는 죽지 않지만

其一日乃死　하루 만에 죽는다.

首俯足詐有外無內　머리를 숙이고 발을 숨기며 밖에는 있고 안에는 없다.

病者占龜未已　병자는 거북점이 끝나기도 전에

急死　급사한다.

卜輕失大　가벼운 것을 점쳤는데 큰 것을 잃으며

一日不死　하루 만에는 죽지 않는다.

首仰足肣 머리를 쳐들고 다리를 오므린다.

以卜有求不得 이것을 가지고 점을 치면 구하는 것을 얻지 못한다.

以繫有罪 수감되어 죄를 짓는다.

人言語恐之毋傷 남이 하는 말이 걱정스럽지만 상해를 입지 않는다.

行不行 길을 나서야 할 사람은 가지 않아야 한다.

見人不見 만나기로 한 사람을 만나지 못한다.

大論曰[77] 대요에서 말한다.

外者人也 바깥이라는 것은 남이고

內者自我也 안이라는 것은 나이며,

外者女也 바깥이라는 것은 여자이고

內者男也 안이라는 것은 남자이다.

首俛者憂 고개를 숙이는 것은 근심하는 것이다.

大者身也 큰 것은 몸이고

小者枝也 작은 것은 가지이다.

大法 큰 법칙은

病者 병자는

足肣者生 다리를 오므리면 살고

足開者死 다리를 벌리면 죽는다.

行者 길 가는 것을 점칠 때는

足開至 다리를 벌리면 이르고

足肣者不至 다리를 오므리면 이르지 않는다.

行者 길을 가는 것을 점칠 때는

77 색은 생각건대 저선생이 취한 태복(太卜)의 잡점(雜占)의 괘체(卦體) 및 명조(命兆)에 관한 말은 뜻이 거칠고 말이 중복되어 취할 만한 것이 없으며 무릇 이 67조목은 별도의 것이다.

足肣不行	다리를 거두면 오므리지 않고
足開行	다리를 벌리면 간다.
有求	구하는 것이 있을 때는
足開得	다리를 벌리면 얻고
足肣者不得	다리를 오므리면 얻지 못한다.
繫者	수감된 자는
足肣不出	다리를 오므리면 나오지 못하고
開出	벌리면 나온다.
其卜病也	그것으로 병을 점치는데
足開而死者	다리를 벌려도 죽는 것은
內高而外下也	안이 높고 밖이 낮기 때문이다.

69 화식 열전 貨殖列傳[1]

老子曰	노자가 말하였다.
至治之極	"최고의 다스림 가운데서도 지극한 것은
鄰國相望[2]	이웃나라끼리 서로 바라보고
雞狗之聲相聞	닭과 개 소리가 서로 들리며,
民各甘其食	백성들은 각기 그들의 음식을 달게 여기고
美其服	그들의 옷을 아름답게 여기며
安其俗	그들의 풍속을 편안하게 여기고
樂其業	그들의 생업을 즐겨
至老死不相往來[3]	늙어 죽을 때까지 서로 왕래하지 않는 것이다."
必用此爲務	반드시 이것을 일삼아
輓近世塗民耳目[4]	가까운 근세에서 백성들의 이목을 막는다면
則幾無行矣	거의 행하여지지 않을 것이다.

太史公曰	태사공은 말한다.

1 **색은** 『논어(論語)』에서는 "사[子貢]는 천명을 받아들이지 않고 재산을 늘렸다(賜不受命而貨殖焉)."라 하였다. 『광아(廣雅)』에서는 말하였다. "식(殖)은 서는 것이다." 공안국(孔安國)은 『상서(尙書)』의 주에서 말하였다. "식(殖)은 내는 것(生)이다. 재화와 재리를 내는 것이다."

2 **정의** 음은 망(亡)이다.

3 이상은 『노자』 제80장에 나오는 말인데, 지금 전하는 판본과는 조금 다르다. - 옮긴이.

4 **색은** 輓의 음은 만(晩)으로, 고자(古字)는 통하여 쓴다.

夫神農以前	대체로 신농씨 이전의 시대는
吾不知已	내 알지 못할 따름이다.
至若詩書所述虞夏以來	『시』와 『서』에서 말하는 우(虞) · 하(夏) 이래와 같은 것에 이르러서는
耳目欲極聲色之好	귀와 눈은 성색의 좋음을 다하고자 하고
口欲窮芻豢之味	입은 가축의 고기 맛을 다하고자 하며,
身安逸樂	몸은 한적하고 안락함을 편히 여기고
而心誇矜埶能之榮使	마음은 권세와 권능의 큰 부림을 자랑한다.
俗之漸民久矣	풍속이 백성을 물들인 지가 오래되어
雖戶說以眇論[5]	비록 집집마다 묘한 언론으로 말한다 하더라도
終不能化	끝내 변화시킬 수 없다.
故善者因之	그러므로 가장 좋은 것은 따르는 것이고
其次利道之	그 다음은 인도하는 것이며
其次教誨之	그 다음은 가르치는 것이고
其次整齊之	그 다음은 가지런하게 하는 것이며
最下者與之爭	가장 낮은 단계는 함께 다투는 것이다.

夫山西饒材竹穀纑[6]旄玉石	산서에는 목재와 대나무, 닥나무, 모시, 털소(야크), 옥석이 많고,
山東多魚鹽漆絲聲色	산동에는 물고기와 소금, 옻, 실, 성색(聲色)이 많으며,

5 **색은** 앞 글자의 음은 묘(妙)이고, 아래의 글자는 글자의 뜻대로 읽는다.

6 **집해** 서광(徐廣)은 말하였다. "모시 속(屬)으로 베를 짤 수 있다." **색은** 앞 글자의 음은 곡(谷)이며, 또한 구(穀)라고도 한다. 곡[穀: 곡식 곡(穀)과는 다르다]은 나무 이름으로 껍질로는 종이를 만들 수 있다. 노(纑)는 산중의 모시이며 베를 짤 수 있고 음은 로(盧)이다. 紵의 음은 저(佇)이며, 지금의 산간에 있는 야저(野紵)로 또한 '저(苧)'라고도 한다.

江南出柟梓[7]薑桂金錫連[8]丹沙犀玳瑁珠璣齒革

강남에서는 녹나무와 가래나무, 생강, 계수나무, 금과 주석, 납, 단사(丹沙), 무소, 대모(玳瑁), 진주, 상아와 어피(魚皮)가 나고,

龍門碣石[9]北多馬牛羊旃裘筋角

용문과 갈석의 북쪽에는 말과 소, 양, 털갖옷, 힘줄과 뿔이 많으며,

銅·鐵則千里往往山出棊置[10] 구리와 철은 천 리에 걸쳐 왕왕 바둑을 놓은 것처럼 난다.

此其大較[11]也 이는 그 대략이다.

皆中國人民所喜好 모두 중국의 백성들이 좋아하는 것으로

謠俗被服飮食奉生送死之具也

일상생활에 쓰이는 피복과 음식, 산 자를 봉양하고 망자를 보내는 데 쓰는 도구들이다.

故待農而食之 그러므로 농부들이 경작하고

虞而出之 산림과 천택의 일에 종사하는 사람들이 내며

工而成之 공인들이 가공을 하고

商而通之 장사치들이 유통시킨다.

---

7 색은 두 글자의 음은 남(南)과 자(子)이다.

8 집해 서광은 말하였다. "음은 련(蓮)이며, 납으로 정련하지 않은 것이다."

9 정의 용문산(龍門山)은 강주(絳州) 용문현(龍門縣)에 있다. 갈석산(碣石山)은 평주(平州) 노룡현(盧龍縣)에 있다.

10 색은 바둑알을 놓는 것과 같이 왕왕 있다는 말이다. 정의 강철이 나는 산이 사방 천 리나 되어 마치 바둑을 두는 것과 같다는 것을 말한다. 『관자(管子)』에서는 말하였다. "무릇 천하의 명산 5천2백70개 가운데 구리가 나는 산은 4백67개이며 철이 나는 산은 3천6백9개이다. 산 위에는 붉은 흙이 있고 그 아래에는 철이 있다. 산 위에는 납이 있고 아래에는 은(銀)이 있다. 산 위에는 은이 있고 그 아래에는 단사[丹]가 있다. 산 위에 자석(磁石)이 있고 그 아래에 금이 있다."

11 색은 대각(大較)은 대략(大略)과 같다.

此寧有政教發徵期會哉	이 어찌 정교와 징발, 기일에 맞춰 모음이 있겠는가?
人各任其能	사람들은 각기 그 능력에 맞는 일을 맡고
竭其力	그 힘을 다하여
以得所欲	하고자 하는 바를 얻는다.
故物賤之徵貴[12]	그러므로 물건이 천해지는 것은 귀하여질 징조이고
貴之徵賤	귀해지는 것은 천하여질 징조이니
各勸其業	각기 그 일을 권하고
樂其事	그 일을 즐기기를
若水之趨下	물이 아래를 향하여 가듯 하여
日夜無休時	밤낮으로 쉴 때가 없으면
不召而自來	부르지 않아도 절로 올 것이고
不求而民出之	구하지 않아도 백성들이 내놓을 것이다.
豈非道之所符[13]	어찌 도에 부합하고
而自然之驗邪	자연의 징험이 되지 않겠는가?

周書曰	『주서(周書)』에서는 말하였다.
農不出則乏其食	"농부가 생산해 내지 않으면 먹을 것이 부족해지고
工不出則乏其事	공인들이 생산해 내지 않으면 일이 부족해지며
商不出則三寶絕	장사치가 내지 않으면 (농공상의) 세 가지 보물이 끊기며

12 **색은** 징(徵)은 구하는 것이다. 이곳의 물건값이 싸면 저곳의 귀한 것을 구하여 파는 것을 이른다.

13 **색은** 도(道)의 부(符)이다. 부(符)는 도에 합치되는 것을 이른다.

虞不出則財匱少	산림천택의 종사자들이 내지 않으면 재화가 모자라게 된다.”
財匱少而山澤不辟[14]矣	재화가 모자라게 되면 산택은 통하지 않게 된다.
此四者	이 네 가지는
民所衣食之原也	백성들이 입고 먹는 근원이다.
原大則饒	근원이 크면 풍요로워지고
原小則鮮	근원이 작으면 부족하게 된다.
上則富國	위로는 나라를 부유하게 하고
下則富家	아래로는 가정을 부유하게 한다.
貧富之道	빈부의 도는
莫之奪予[15]	절대로 빼앗거나 주지 못하며
而巧者有餘	뛰어난 자는 남음이 있고
拙者不足	서툰 자는 부족하다.
故太公望封於營丘	그러므로 태공망이 영구에 봉하여졌을 때
地潟鹵[16]	땅은 염분이 있는 개펄이었고
人民寡	백성은 적었는데
於是太公勸其女功	이에 태공이 여인들에게 (베짜기 등의) 일을 권하여
極技巧	기술을 극도로 끌어올리고
通魚鹽	생선과 소금을 유통시키니
則人物歸之	사람과 물자가 귀의하여
繈至而輻湊	줄줄이 이르러 폭주하였다.

14 색은 아래 글자의 음은 벽(闢)이다. 벽(辟)은 열리다, 통하다의 뜻이다.

15 색은 음은 여(與)이다. 빈부는 스스로 말미암는 것이며 주거나 빼앗지 못한다는 것을 말한다.

16 집해 서광은 말하였다. “석로(潟鹵)는 염밭[鹹地]이다.”

故齊冠帶衣履天下	그러므로 제나라는 천하의 갓과 띠, 옷과 신이 되어
海岱之間斂袂而往朝焉[17]	동해와 태산 사이에서는 옷깃을 여미고 가서 조배하였다.
其後齊中衰	그 뒤에 제나라가 중도에 쇠락하여지자
管子修之	관자가 바로잡아
設輕重九府[18]	화폐를 관장하는 아홉 부서를 설치하였으며
則桓公以霸	환공은 이로써 패권을 잡아
九合諸侯	제후들을 규합하여
一匡天下	천하를 한번 바로잡았으며,
而管氏亦有三歸	관씨 또한 삼귀를 누렸으며
位在陪臣	지위는 모시는 신하였으나
富於列國之君	열국의 임금들보다 부유하였다.
是以齊富彊至於威·宣也	그런 까닭에 제나라는 부강하여져서 위왕과 선왕에까지 이르렀다.

故曰	그러므로 말하기를
倉廩實而知禮節	"창고가 차야 예절을 알고
衣食足而知榮辱	의식이 충분해야 영욕을 안다."라 하였으니
禮生於有而廢於無	예는 있는 데서 생겨나고 없는 데서 폐하여진다.

---

17 색은 제나라가 이미 부유하고 넉넉해져서 천하의 관대(冠帶)가 되어 다른 나라를 풍족하게 입혔으므로 바다와 태산[海岱] 사이에서 옷깃을 여미고 제나라를 조배하였는데, 이는 이익을 추구한 것을 말한다.

18 정의 『관자』에서는 "경중(輕重)"을 돈이라고 하였다. 대체로 백성을 다스리는 데 경중(輕重)의 법이 있었으며, 주(周)나라에는 태부(大府)와 옥부(玉府)·내부(內府)·외부(外府)·천부(泉府)·천부(天府)·직내(職內)·직금(職金), 그리고 직폐(職幣)가 있었는데 모두 재폐(財幣)를 관장하던 관서였으므로 구부(九府)라고 하였다.

故君子富	그러므로 군자가 부유해지면
好行其德	그 덕을 잘 행하고,
小人富	소인이 부유해지면
以適其力	그 능력에 적합하게 된다.
淵深而魚生之	못이 깊으면 물고기가 거기서 살고
山深而獸往之	산이 깊으면 짐승이 거기서 살며
人富而仁義附焉	사람이 부유해지면 인의가 거기에 붙는다.
富者得埶益彰	부자가 세력을 얻으면 더욱 밝아지며
失埶則客無所之	세력을 잃으면 객이 가는 일이 없어지니
以而不樂	그리됨으로써 즐겁지 않기 때문이다.
夷狄益甚	오랑캐들은 더욱 심하다.
諺曰	속담에서 말하기를
千金之子	"천금을 가진 사람의 아들은
不死於市	저자에서 죽지 않는다."라 하였으니
此非空言也	이는 빈말이 아니다.
故曰	그러므로 말하기를
天下熙熙	"천하가 왁자한 것은
皆爲利來	모두 이익 때문에 오는 것이고,
天下壤壤	천하가 시끌벅적한 것은
皆爲利往	모두 이익 때문에 가는 것이다."라 하였다.
夫千乘之王	저 천승의 왕과
萬家之侯	만 호의 제후,
百室之君	백 집의 봉군도
尙猶患貧	오히려 가난을 근심하거늘
而況匹夫編戶之民乎	하물며 필부며 호적에 편입된 백성들이겠는가!

昔者越王句踐困於會稽之上	옛날 월왕 구천이 회계산에서 곤경에 처했을 때
乃用范蠡計然[19]	곧 범려와 계연을 기용하였다.
計然曰	계연이 말하였다.
知鬥則修備	"싸움을 알면 (무기를) 정비하고
時用則知物[20]	때맞춰 쓰면 사물(의 특성)을 아니
二者形則萬貨之情可得而觀已	두 가지를 파악하면 모든 재화의 실상을 얻어 살필 수 있습니다.
故歲在金	그러므로 목성이 서방에 있으면
穰	풍년이 들고,
水	북방에 있으면
毁	상해를 입고,
木	동방에 있으면
饑	기근이 들고,

19 **집해** 서광은 말하였다. "계연(計然)은 범려(范蠡)의 스승으로 이름이 연(硏)이기 때문에 속담에서 말하기를 '연(硏)과 상(桑)의 심산(心筭)'이라 하였다." 내[駰]가 생각건대 『범자(范子)』에서는 말하기를 "계연은 규구(葵丘)의 복상(濮上) 사람으로 성은 신씨(辛氏)이고 자는 문자(文子)로, 그 선조는 진(晉)나라의 망한 공자(公子)이다. 일찍이 남쪽으로 월(越)나라를 유람하였는데 범려가 그를 사사하였다."라 하였다. **색은** 계연은 위소(韋昭)가 말하기를 범려(范蠡)의 스승이라고 하였다. 채모(蔡謨)는 범려가 지은 책의 이름이 '계연(計然)'이라고 하였는데 아닐 것이다. 서광 또한 범려의 스승으로 이름은 연이며, 이른바 "연·상의 심계(心計)"라고 하였다. 『범자』에서는 말하기를 "계연은 규구(葵丘)의 복상(濮上) 사람으로 성은 신씨(辛氏)이고 자는 문자(文子)로, 그 선조는 진(晉)나라의 망한 공자(公子)이다. 일찍이 남쪽으로 월(越)나라를 유람하였는데 범려가 그를 사사하였다."라 하였다. 『오월춘추(吳越春秋)』에서는 "계예(計倪)"라고 하였다. 『한서(漢書)』「고금인표(古今人表)」에서는 계연의 서열이 네 번째였으니 '예(倪)'는 '연(硏)'과 같은 사람으로 소리가 서로 가까워 서로 어지럽게 되었을 따름이라고 하였다.

20 **색은** 때맞춰 쓰고 사물을 아는 것이다. 때맞춰 쓸 사물을 아닌 것을 말한다.

火	남방에 있으면
旱[21]	가뭄이 듭니다.
旱則資舟	가뭄이 들면 배를 준비해 두어야 하고
水則資車[22]	수해가 들면 수레를 준비해 두어야 합니다.
物之理也	이것이 사물의 이치입니다.
六歲穰	6년간 풍년이 들면
六歲旱	6년은 가뭄이 들고
十二歲一大饑	12년에 한 번씩 큰 기근이 듭니다.
夫糶	대체로 쌀을 파는 데
二十病農	20전이 되면 백성들이 괴롭고
九十病末[23]	90전이 되면 상인들이 괴롭게 됩니다.
末病則財不出	상인들이 괴롭게 되면 재화가 나오지 않으며
農病則草不辟矣	농민들이 괴롭게 되면 초지를 개간하지 않게 됩니다.
上不過八十	(곡물 값이) 올라도 80전을 넘지 않고
下不減三十	떨어져도 30전보다 낮지 않으면
則農末俱利	농민과 상인들이 모두 이익을 보며
平糶齊物	쌀값이 고르게 되고 물가가 가지런해져서
關市不乏	관문의 시장에 부족함이 없도록 하는 것이
治國之道也	나라를 다스리는 도입니다.

21 **색은** 오행(五行)에서 토(土)를 말하지 않은 것으로, 토(土)는 양(穰: 풍년)이다.

22 **색은** 『국어(國語)』에서 대부(大夫) 문종(文種)이 말하기를 "상인들은 가뭄이 들면 배를 갖추고 수해가 들면 수레를 갖추어 기다린다."라 하였다.

23 **색은** 쌀값이 싸지면 농부가 괴로워한다는 말이다. 쌀 한 말의 가격이 90전이면 장사치들이 괴로워하므로 "장사치들이 괴로워한다(病末)."라 하였다. 말(末)은 말업[末]을 좇는 것이니 곧 상고(商賈)이다.

積著之理	(물자를) 축적하는 도리는
務完物	완전한 물건을 힘써야 하고
無息幣[24]	물건을 묵혀두어서는 안 되며
以物相貿	사물을 서로 교역할 때는
易腐敗而食之貨勿留	쉬 부패하거나 썩는 재화는 남겨두지 않아서
無敢居貴	감히 비싸게 되도록 해서는 안 됩니다.
論其有餘不足	그 남아돌고 부족함을 따져보면
則知貴賤	값이 비싸고 싼 것을 압니다.
貴上極則反賤	비싸져서 오름세가 극도에 달하면 도로 싸지고
賤下極則反貴	싸져서 내림세가 극도에 달하면 도로 비싸집니다.
貴出如糞土	비쌀 때는 꺼내는 것을 썩은 흙처럼 하고
賤取如珠玉[25]	쌀 때는 취하는 것을 주옥처럼 합니다.
財幣欲其行如流水	재화는 그 흐름이 물이 흐르듯 해야 합니다."
修之十年	정비한 지 10년 만에
國富	나라가 부유해져서
厚賂戰士	전사들에게 (재물을) 두터이 내리자
士赴矢石	군사들이 돌과 화살을 무릅쓰고 달려감이
如渴得飮	목마른 자가 마실 것을 찾듯이 하여
遂報彊吳	마침내 강한 오나라에게 원수를 갚고
觀兵中國	중국에 무력시위를 하니

24 색은 재화를 놀리지 않는 것이다. 오랫동안 재화를 놀리면 이로울 것이 없다.

25 색은 대체로 사물은 극도로 비싸지면 반드시 싸지고 극도로 싸지면 반드시 비싸진다. 비쌀 때는 꺼내는 것을 썩은 흙처럼 한다는 것은 이미 극도로 비싸진 다음에는 아마 반드시 싸질 것이므로 때를 틈타 썩은 흙처럼 꺼내라는 것이다. 쌀 때 주옥과 같이 취하라는 것은 이미 극도로 싸진 다음에는 아마 반드시 비싸질 것이므로 때를 틈타 주옥과 같이 취하라는 것이다. 이것이 재산을 불리는 방식이다. 원주는 아마 잘못되었을 것이다.

稱號五霸	'오패(五霸)'라 불렸다.
范蠡既雪會稽之恥	범려는 회계의 치욕을 씻고 나자
乃喟然而歎曰	아아! 탄식을 하며 말하였다.
計然之策七	"계연의 계책은 일곱 가지인데
越用其五而得意	월나라는 그중 다섯 개만 썼는데 뜻을 얻었다.
既已施於國	이미 나라에 썼으니
吾欲用之家	나는 그것을 집에다 써봐야겠다."
乃乘扁舟[26]浮於江湖[27]	이에 편주에 올라 강호를 떠다니며
變名易姓	이름과 성을 바꾸고
適齊爲鴟夷子皮[28]	제나라에 가서는 치이자피(鴟夷子皮)가 되었고
之陶[29]爲朱公	도읍(陶邑)에 가서는 주공(朱公)이 되었다.
朱公以爲陶天下之中	주공은 도읍이 천하의 중앙으로

26 **집해** 『한서음의(漢書音義)』에서는 말하였다. "특주(特舟)이다." **색은** 편(扁)은 음을 빈[符殄反]이라고도 한다. 복건(服虔)은 말하였다. "특주(特舟)이다." 『국어(國語)』에서는 말하였다. "범려가 가벼운 배를 탄 것이다."

27 **정의** 『국어』에서는 구천이 오나라를 멸하고 오호(五湖)로 돌아오자 범려가 왕에게 말하였다. "임금께서는 힘쓰시오소서, 신은 다시 나라에 들어가지 않겠습니다." 마침내 가벼운 배를 타고 오호에 배를 띄우고 떠났는데 아무도 그의 끝을 몰랐다.

28 **색은** 대안(大顔)은 말하였다. "술을 담는 것과 같은 치이(鴟夷)로, 쓸 때는 받아들임이 많고 쓰지 않으면 말아서 품을 수가 있어 사물을 거스르지 않는다." 『한자(韓子)』에서는 "치이자피(鴟夷子皮)는 전성자(田成子)를 섬겼는데, 성자가 제나라를 떠나 연나라로 가자 자피가 이에 따랐다."라 하였다. 아마 범려(范蠡)일 것이다.

29 **색은** 복건은 말하였다. "지금의 정도(定陶)이다." **정의** 『괄지지(括地志)』에서는 말하였다. "곧 도산(陶山)으로 제주(齊州)의 평릉현(平陵縣) 동쪽 35리 도산의 남쪽에 있다. 지금껏 남쪽 5리 지점에 주공총(朱公冢)이 있다." 또 말하였다. "조주(曹州) 제양현(濟陽縣) 동남쪽 3리 지점에 도주공총(陶朱公冢)이 있으며, 또한 남군(南郡) 화용현(華容縣) 서쪽에 있다고 하였는데 확실치 않다."

諸侯四通	제후국과 사방으로 통하여
貨物所交易也	화물을 교역할 만한 곳이라고 생각하였다.
乃治產積居	이에 경영에 종사하여 (물건을) 쌓아 모아두었다.
與時逐[30]而不責於人[31]	때맞춰 좇았으며 남에게 맡기지 않았다.
故善治生者	그러므로 생업을 잘 경영하는 자는
能擇人而任時	사람을 잘 가리고 때에 맡긴다.
十九年之中三致千金	19년 동안 세 번이나 천금을 모았으며
再分散與貧交疏昆弟	두 번을 가난한 친구들과 먼 형제들에게 나누어 주었다.
此所謂富好行其德者也	이것이 이른바 부유하면 그 덕을 잘 행한다는 것이다.
後年衰老而聽子孫	5년 뒤에는 노쇠해져서 자손에게 맡겼는데
子孫脩業而息之	자손들이 생업을 닦아 그것을 불려
遂至巨萬	마침내 거만금에 이르렀다.
故言富者皆稱陶朱公	그러므로 부자를 말하는 사람은 모두 도주공을 일컫는다.

子贛既學於仲尼	자공은 중니에게서 배우고 나서
退而仕於衛	물러나 위나라에서 벼슬을 하였는데
廢著[33]鬻財於曹·魯之閒	조나라와 노나라 사이에서 재물을 사고팔아
七十子之徒	70제자의 무리 가운데

---

30 **집해** 『한서음의』에서는 말하였다. "때를 좇아가며 재화를 거치하는 것이다." **색은** 위소는 말하였다. "때에 따라 이익을 좇는 것이다."

31 **색은** 사람을 가려 남에게 지우지 않는 것을 이르므로 남에게 책임을 지우지 않는다고 하였다.

32 **집해** 서광은 말하였다. "만만(萬萬: 억)이다."

賜最爲饒益	단목사[端木賜: 자공(子貢)]가 가장 부유하였다.
原憲不厭糟糠[34]	원헌은 술지게미와 겨도 실컷 먹지 못하여
匿於窮巷	궁벽한 골목에서 숨어 살았다.
子貢結駟連騎	자공(子貢)은 사두마차를 줄줄이 거느리고
束帛之幣以聘享諸侯	비단 꾸러미의 폐백을 가지고 제후들을 찾아뵈니
所至	이르는 곳마다
國君無不分庭與之抗禮	임금들 가운데 뜰을 나누어 주며 예를 높이지 않음이 없었다.
夫使孔子名布揚於天下者	대체로 공자의 이름을 천하에 두루 떨치게 한 것은
子貢先後之也	자공이 전후에서 주선을 하였기 때문이다.
此所謂得埶而益彰者乎	이것이 이른바 세력을 얻으면 더욱 빛나게 된다는 것이리라!

白圭	백규는
周人也	주나라 사람이다.
當魏文侯時	위문후 때
李克[35]務盡地力	이극은 지력을 다하는 데 힘썼으나
而白圭樂觀時變	백규는 때가 변하는 것을 즐겨 살폈으므로

---

33 집해 서광은 말하였다. "「자공전(子贛傳)」에서는 '폐거(廢居)'라고 하였다. 저(著)는 거(居)와 같다. 저(著)는 독음이 저(貯)와 같다." 색은 著의 음은 저(貯)이다. 『한서』에도 '저(貯)' 자로 되어 있으며, 저(貯) 자는 거(居) 자와 같은 뜻이다. 『설문(說文)』에서는 말하였다. "저(貯)는 쌓는 것이다."

34 색은 염(饜)은 '실컷'이라는 뜻이다.

35 색은 『한서』「식화지(食貨志)」에 이회(李悝)는 위문후(魏文侯)를 위하여 지력(地力)를 다하라는 가르침을 행하여 나라가 이 때문에 부강해졌다. 지금 이곳 및 『한서』에서는 '극(克)'이라고 하였는데 모두 잘못이다. 유향(劉向)의 『별록(別錄)』에서는 '이회(李悝)'라고 하였다.

故人棄我取	남들이 버리면 나는 취하고
人取我與	남들이 취하면 나는 주었다.
夫歲孰取穀	대체로 해가 풍년이 들면 곡식을 취하고
予之絲漆	그들에게 실과 옻을 주었으며,
繭出取帛絮	누에고치가 나오면 비단과 솜을 취하고
予之食[36]	먹을 것을 주었다.
太陰在卯	태음이 묘에 있으면
穰[37]	풍년이 들고,
明歲衰惡	이듬해에는 쇠락하여 악화된다.
至午	오(午)에 이르면
旱	가뭄이 들며,
明歲美	이듬해에는 좋아진다.
至酉	유(酉)에 이르면
穰	풍년이 들고,
明歲衰惡	이듬해에는 쇠락하여 악화된다.
至子	자(子)에 이르면
大旱	크게 가뭄이 들고,
明歲美	이듬해에는 좋아지는데
有水	수해가 든다.
至卯	묘(卯)에 이르면
積著率[38]歲倍	쌓아서 간직해 두는 비율이 평상시의 배가 된다.
欲長錢	값이 오르게 하고자

36 색은 곡식을 이른다.

37 정의 태음(太陰)은 세후(歲後)에 두 번째 진(辰)이 태음이다.

38 정의 음은 저율(貯律)이다.

取下穀	싼 곡식을 취하며,
長石斗	양을 늘리기 위하여
取上種	상등의 품종을 취하였다.
能薄飮食	음식을 가벼이 여기고
忍嗜欲	좋아하는 것을 참았으며
節衣服	의복을 절약할 수 있어서
與用事僮僕同苦樂	일을 부리는 종과 고락을 함께하였으며
趨時若猛獸摯鳥之發	시세(時勢)를 좇을 때는 맹수와 맹금이 튈 때와 같이 하였다.
故曰	그러므로 말하기를
吾治生產	"내가 장사를 하는 것은
猶伊尹呂尙之謀	이윤이며 여상의 계책,
孫吳用兵	손무와 오기가 군사를 쓰는 것,
商鞅行法是也	상앙이 법을 집행하는 것과 같다.
是故其智不足與權變	그런 까닭에 지혜가 임기응변을 행하기에 부족하거나
勇不足以決斷	용기가 결단을 내리기에 부족하거나
仁不能以取予	인(仁)하기가 주고받을 수가 없으며
彊不能有所守	강(彊)하기가 지킬 수가 없으면
雖欲學吾術	비록 나의 방법을 배우고자 하여도
終不告之矣	끝내 일러주지 않았다."라 하였다.
蓋天下言治生祖白圭	대체로 천하의 장사를 말하는 사람은 백규를 원조로 삼았다.
白圭其有所試矣	백규는 시험해 보는 바가 있어서
能試有所長	잘하는 바를 시험할 수 있었으니

非苟而已也	구구한 것이 아닐 따름이다.
猗頓用盬鹽起[39]	의돈은 염전을 경영하여 소금으로 일어섰다.
而邯鄲郭縱以鐵冶成業	그리고 한단의 곽종은 철을 가지고 사업을 이루어
與王者埒富	왕자와 부(富)가 같았다.

---

39 **집해** (前漢 孔鮒의) 『공총자(孔叢子)』에서는 말하였다. "의돈(猗頓)은 노(魯)나라의 궁벽한 선비이다. 경작을 하면 늘 굶주렸고 누에를 치면 늘 추위에 떨었다. 주공(朱公)이 부자라는 말을 듣고 가서 그 방법을 물어보았다. 주공이 그에게 일러 말하였다. '그대가 속히 부자가 되려면 암소 다섯 마리를 먹여야 할 것이오.' 이에 곧 서하(西河)로 가서 의지(猗氏)의 남쪽에서 소와 양을 크게 쳤는데 10년 사이에 불린 것이 헤아릴 수가 없었고 재물이 왕공에 비겼으며 천하에 이름을 떨쳤다. 의지(猗氏)에서 부(富)를 일으켰으므로 의돈(猗頓)이라고 한다." **색은** 『주례(周禮)』「염인(鹽人)」에 "(제사를 지낼 때) 고염을 공급한다(共苦鹽)."는 말이 있는데, 두자춘(杜子春)은 고(苦)는 고(盬)와 같이 읽어야 한다고 하였다. 고(盬)는 소금에서 나와 바로 써서 정련하지 않는 것을 이른다. 일설에는 고염(盬鹽)은 하동(河東)의 대염(大鹽)이며, 산염(散鹽)은 동해(東海)에서 물을 끓여 만드는 소금이라고 한다. **정의** 의지(猗氏)는 포주현(蒲州縣)이다. 하동의 염지(鹽池)는 휴염(畦鹽)이다. '휴(畦)'라고 한 것은 부추를 심는 밭두둑 같기 때문이다. 하늘에서 비가 내리면 못의 염담(鹹淡)의 농도가 고르게 되는데 곧 도랑 진 못의 물가에 깊이가 한 자쯤 되는 구덩이에 5~6일간 햇볕을 쬐면 되는데 소금은 백반석(白礬石) 같으며, 크기는 쌍륙(雙陸) 및 바둑알만 한데 곧 휴염이라고 한다. 혹 화염(花鹽)이란 것도 있는데 황하(黃河)의 염지(鹽池)을 따라 8~9곳이 있으며 염주(鹽州)에는 오지(烏池)가 있는데 오히려 3색의 소금이 나며 정염(井鹽)과 휴염(畦鹽) · 화염(花鹽)이 있다. 그 못 가운데 한두 자 깊이의 우물을 파고 진흙을 제거하면 소금이 있는 곳에 이르는데 대략 한 길 정도를 파내면 평평한 돌이 드러나 소금은 없어진다. 그 색은 어떤 것은 희고 어떤 것은 청흑색을 띠고 있는데 정염(井鹽)이라고 한다. 휴염(畦鹽)은 하동의 것과 같다. 화염(花鹽)은 못에 비가 내리면 따라서 크고 작은 소금이 생기는데 그 아래는 모나고 작은 구멍이 있으며 위쪽은 비에 씻겨 못으로 내려가는데 그 방울진 것이 높이 솟아 탑과 같은 형태를 이룬 곳을 화염이라고 하며, 또한 곧 즉성염(即成鹽)이라고도 한다. 못의 한복판에는 샘이 있는데 담수이며 못의 인마는 모두 이 우물에서 물을 긷는다. 그 소금은 넷으로 나누어 관에 들이는데 4분의 1은 백성들에게 들인다. 못에서는 또한 뚫어서 소금 덩어리를 얻는데 너비가 한 자 남짓 되고 높이는 두 자이며, 흰색에 빛이 안쪽까지 비치는데 매년 공물로 바친다.

烏氏倮[40]畜牧 | 오지(烏氏)의 나(倮)는 목축을 하였는데
及衆[41] | 불어나면
斥賣 | 내다 팔아서
求奇繒物[42] | 기이한 견직물을 구하여
閒獻遺戎王[43] | 몰래 융왕에게 바쳤다.
戎王什倍其償 | 융왕은 그 보상을 열 배로 하여
與之畜[44] | 그에게 가축을 주었으므로
畜至用谷量馬牛[45] | 가축이 골짜기를 단위로 마소를 헤아리기에 이르렀다.
秦始皇帝令倮比封君 | 진시황제는 나(倮)를 봉군에 비기게 하여
以時與列臣朝請 | 때맞춰 신하들과 함께 조회에 참여하게 하였다.
而巴寡婦淸[46] | 파[蜀]의 과부인 청(淸)은
其先得丹穴[47] | 그 선조가 단사 광산을 얻어
而擅其利數世 | 그 이익을 여러 세대 동안 독점하여

40 집해 위소는 말하였다. "오지(烏氏)는 현 이름으로 안정(安定)에 속한다. 나(倮)는 이름이다." 색은 『한서』에는 '나(臝)'로 되어 있다. 오지(烏氏)는 현 이름이다. 이름이 倮이며, 음은 과(踝)이다. 정의 현은 옛 성이 경주(涇州) 안정현(安定縣) 동쪽 40리 지점에 있다. 나(倮)는 이름이다.

41 색은 목축을 하여 많아졌을 때에 이른 것을 말한다.

42 색은 물건을 내다 팔아 기이한 물건을 구하는 것을 이른다.

43 집해 서광은 말하였다. "간(閒)은 어떤 판본에는 '간(奸)'으로 되어 있다. 공정하게 하지 않는 것을 간(奸)이라고 한다." 색은 간헌(閒獻)은 사헌(私獻)과 같다.

44 색은 감당할 수 있는 열 배를 가축으로 주었다. 융왕(戎王)이 보상으로 소와 양을 열 배로 준 것이다. '당(當)' 자는 『한서』에는 '상(償)' 자로 되어 있다.

45 집해 위소는 말하였다. "골짜기에 가득 찼다면 제대로 다시 다 헤아리지를 못한다." 색은 谷의 음은 욕(欲)이다.

46 색은 『한서』에는 "파의 과부 청(巴寡婦淸)"이라 하였다. 파(巴)는 과부가 사는 고을이고, 청(淸)은 이름이다.

家亦不訾[48]	가산이 또한 셀 수가 없었다.
淸	청(淸)은
寡婦也	과부인데
能守其業	그 가업을 지킬 수가 있어서
用財自衛	재물로 스스로 지켜
不見侵犯	침범을 당하지 않았다.
秦皇帝以爲貞婦而客之	진황제는 정절 있는 부인이라고 생각하여 빈객으로 대우하였으며
爲築女懷淸臺	여회청대를 지어주었다.
夫倮鄙人牧長	저 나(倮)는 야인(野人)으로 목축의 우두머리였으며
淸窮鄕寡婦	청(淸)은 궁벽한 시골의 과부였는데도
禮抗萬乘	만승으로 예를 높이고
名顯天下	이름이 천하에 드러났으니
豈非以富邪	어찌 부유해서가 아니겠는가?

漢興	한나라가 흥하여
海內爲一	천하가 통일되자
開關梁	관문과 교량을 열고
弛山澤之禁	산택의 금령을 느슨하게 하였는데

47 **집해** 서광은 말하였다. "부릉(涪陵)에서 단사가 난다." **정의** 『괄지지』에서는 말하였다. "과부청대산(寡婦淸臺山)은 속칭 정녀산(貞女山)이라고 하는데, 부주(涪州) 영안현(永安縣) 동북쪽 70리 지점에 있다."

48 **색은** 많아서 헤아릴 수가 없음을 말한다. **정의** 자산이 매우 많아 헤아릴 수 없음을 말한다. 일설에는 청(淸)이 재산을 사방에 많이 베풀어 주어 그 가업을 지켰으므로 재산 또한 많이 쌓아서 모아놓지 않았다고도 한다.

是以富商大賈周流天下	이로 인해 부유한 상인과 큰 장사치들이 천하를 주유하여
交易之物莫不通	교역물이 통하지 않음이 없었고
得其所欲	하고자 하는 것을 다 이루어
而徙豪傑諸侯彊族於京師	호걸과 제후, 명문대족을 경사로 이주시켰다.

關中自汧·雍以東至河·華	관중은 견(汧)과 옹(雍) 동쪽에서 황하와 화산에 이르기까지
膏壤沃野千里	기름진 땅과 비옥한 들이 천 리에 달하였고,
自虞夏之貢以爲上田	우(虞)나라와 하(夏)나라의 공물 이래 상등급 전지로 인정받아
而公劉適邠	공류는 빈(邠)으로 갔고
大王王季在岐	태왕과 왕계는 기(岐)에 있었으며
文王作豐	문왕은 풍(豐)을 일으켰고
武王治鎬	무왕은 호(鎬)를 다스렸으므로
故其民猶有先王之遺風	그 백성들에게는 아직도 선왕이 남긴 풍속이 있어
好稼穡	농사를 좋아하고
殖五穀	오곡을 심으며
地重[49]	땅을 중시하고
重爲邪[50]	사악한 일을 하는 것을 어렵게 여겼다.
及秦文德繆居雍	진문공과 덕공, 목공이 옹(雍)에 거주하자

49 색은 농경을 중시한 것을 말한다.

50 색은 중(重)은 어려운 것이다. 죄를 두려워하여 감히 간사한 행동을 하지 않는 것이다.
정의 관중(關中)의 땅이 중후하고 백성들 또한 중후하여 사악한 행동을 하지 않는다는 것을 말한다.

隙[51]隴蜀之貨物而多賈[52]
농(隴)과 촉(蜀) 지방의 화물의 요지였고 장사치도 많았다.

獻公徙櫟邑[53]
헌공은 역읍으로 천도하였는데

櫟邑北卻戎翟
역읍은 북으로는 융적을 막고

東通三晉
동으로는 삼진과 통하였으며

亦多大賈
또한 큰 장사치들이 많았다.

孝·昭治咸陽
효공과 소왕이 함양에 도읍을 정하자

因以漢都
이어서 한나라도 도읍으로 삼아

長安諸陵
장안에 여러 능을 축조하자

四方輻湊並至而會
사방에서 폭주하여 한꺼번에 이르러 모였는데

地小人眾
땅은 좁고 사람은 많아

故其民益玩巧而事末也
그 백성들이 더욱 약삭빨라져 말업(末業, 商業)에 종사하게 되었다.

南則巴蜀
남쪽은 파촉이다.

巴蜀亦沃野
파촉 또한 비옥한 평야로

地饒巵[54]薑丹沙石銅鐵[55]竹木之器
그곳에는 연지(煙支)와 생강, 단사, 돌, 구리, 철 및 죽기와 목기가 풍부했다.

南御滇僰
남으로는 전북(滇僰)을 끼고 있었는데

51 집해 서광은 말하였다. "극(隙)은 (둘) 사이의 틈이다. 땅이 농(隴)과 촉(蜀) 사이의 요로를 차지하고 있으므로 극(隙: 틈)이라 한 것이다." 색은 서광은 극(隙)을 틈이라 하였다. 극(隙)은 농(隴)과 옹(雍) 사이의 한가로운 틈이 있는 땅이기 때문에 '옹극(雍隙)'이라 하였다. 정의 옹(雍)은 현(縣)이다. 기주(岐州) 옹현(雍縣)이다.

52 색은 음은 고(古)이다.

53 집해 서광은 말하였다. "풍익(馮翊)에 있다." 색은 곧 역양(櫟陽)이다.

54 집해 서광은 말하였다. "음은 지(支)이다. 연지(煙支)로 자줏빛을 띤 적색이다."

55 집해 서광은 말하였다. "공도(邛都)에서는 동이 나고 임공(臨邛)에서는 철이 난다."

僰僮　　북(의 사람들)은 종으로 팔렸다.

西近邛筰　　서쪽으로는 공(邛)과 작(筰)에 가까웠는데

筰馬旄牛　　작(筰)에서는 말과 털이 긴 검은 소가 났다.

然四塞　　그러나 사방이 막혔어도

棧道千里　　잔도가 천 리에 걸쳐

無所不通　　통하지 않는 곳이 없었으며

唯褒斜綰轂其口[56]　　포야(褒斜)는 그 입구를 통제하여

以所多易所鮮[57]　　많은 것으로 모자란 것을 바꾸었다.

天水隴西北地上郡與關中同俗　　천수와 농서, 북지, 상군 그리고 관중은 풍속이 같지만

然西有羌中之利　　서쪽으로는 강중의 이점이 있고

北有戎翟之畜　　북쪽으로는 융적의 가축이 있는데

畜牧爲天下饒　　방목하는 가축은 천하에서 제일 부요(富饒)하다.

然地亦窮險　　그러나 지세가 또한 거칠고 험하며

唯京師要其道[58]　　경사는 그 길을 거쳐야 한다.

故關中之地　　그러므로 관중의 땅은

於天下三分之一　　천하의 3분의 1을 차지하며

而人眾不過什三　　인구는 3할을 넘지 않지만,

然量其富　　그 부를 따져보면

什居其六　　6할을 차지하고 있다.

---

56 **집해** 서광은 말하였다. "한중(漢中)에 있다." **색은** 포야(褒斜)의 길이 좁아 그 입구를 묶고 있는 것이 수레바퀴가 (바퀴통으로) 모여드는 것 같으므로 '관곡(綰轂)'이라 하였다.

57 **색은** 易의 음은 역(亦)이다. 鮮의 음은 선(尟)이다. 많은 것을 가지고 적은 것으로 바꾸는 것을 말한다.

58 **정의** 要의 음은 요(腰)이다. 그 길을 요약하여 묶는 것을 말한다.

昔唐人都河東[59]	지난날 당나라 사람들은 하동에 도읍을 두었고
殷人都河內[60]	은나라 사람들은 하내에 도읍을 두었으며
周人都河南[61]	주나라 사람들은 하남에 도읍을 두었다.
夫三河在天下之中	저 삼하(三河)는 천하의 한가운데 있으며
若鼎足	세 솥발과 같아
王者所更居也	왕자가 번갈아 차지한 곳이며
建國各數百千歲	나라를 세워 각기 수백 천년을 내려왔는데
土地小狹	땅은 작고 좁으며
民人衆	백성들은 많아
都國諸侯所聚會	도성의 제후들이 모여드는 곳이므로
故其俗纖儉習事	그 풍속은 절검하였고 일 처리에 익숙하였다.
楊·平陽陳[62]西賈秦·翟[63]	양현과 평양현은 서(西)로 진(秦) 및 적(翟)과 거래를 하였고
北賈種代[64]	북으로는 종읍(種邑), 대현(代縣)과 거래를 하였다.
種代	종읍과 대현은
石北也[65]	석현(石縣)의 북쪽으로

---

59 **집해** 서광은 말하였다. "요[堯: 당(唐)]는 진양(晉陽)에 도읍을 두었다."

60 **정의** 반경(盤庚)은 은허(殷墟)에 도읍을 두었는데 하내(河內)에 속한다.

61 **정의** 주(周)나라는 평왕(平王) 이래로 낙양(洛陽)에 도읍을 두었다.

62 **색은** 양(楊)과 평양(平陽)은 두 고을 이름으로 조(趙)나라 서쪽에 있다. '진(陳)' 자는 연문일 것이다. 아래에 "양과 평양의 진연(楊平陽陳掾)"이란 말이 있는데 이를 그대로 따른 연문이다. 두 고을의 사람이 모두 서쪽으로 진(秦)·적(翟)과 장사를 하고, 북으로는 종(種)·대(代)와 장사를 한다는 말이다. 종(種)과 대(代)는 석읍(石邑)의 북쪽에 있다.

63 **정의** 賈의 음은 고(古)이다. 진(秦)은 관내(關內)이다. 적(翟)은 습(隰)과 석(石) 등 주의 부락이 머무는 곳이다. 연(延)과 수(綏), 은(銀)의 3주(州)는 모두 백적(白翟)이 거주하는 곳이다.

64 **정의** 위 글자의 음은 종[之勇反]이다. 종(種)은 항주(恒州) 석읍현(石邑縣) 북쪽에 있는데 아마 울주(蔚州)일 것이다. 대(代)는 지금의 대주(代州)이다.

65 **집해** 서광은 말하였다. "석읍현(石邑縣)으로 상산(常山)에 있다."

地邊胡	땅이 오랑캐와 경계를 이루어
數被寇	자주 침략을 당하였다.
人民矜懻忮[66]	백성들은 뻐기는 데다 강하고 사나우며
好氣	호기를 부려
任俠爲姦	임협의 기질이 있어 간사함을 행하여
不事農商	농업과 상업에 종사하지 않았다.
然迫近北夷	그러나 북쪽의 오랑캐와 매우 가까워
師旅亟往	군사가 자주 출병하여
中國委輸時有奇羨[67]	중원에서 물자를 운반할 때 남는 것이 많았다.
其民羯羠不均[68]	그곳의 백성들은 불깐 양들처럼 (성질이) 고르지 않았는데,
自全晉之時固已患其慓悍	진나라가 온전할 때부터 실로 이미 그 사나움을 근심하였으며
而武靈王益厲之	무령왕이 그들을 더욱 심하게 하였는데
其謠俗猶有趙之風也	그 풍속에는 오히려 조나라의 풍습이 있었다.
故楊 · 平陽陳掾其閒[69]	그러므로 양현과 평양현은 그 틈바구니에서
得所欲	원하는 것을 얻었다.

---

66 집해 진작(晉灼)은 말하였다. "懻의 음은 개(慨)이다. 忮의 음은 견기(堅忮)의 기이다." 찬(瓚)은 말하였다. "懻의 음은 개(慨)이다. 지금 북쪽 지방에서는 강직한 것을 '기중(懻中)'이라고 한다." 색은 위 글자의 음은 기(冀)이고 아래 글자는 음이 치(寘)이다.

67 색은 앞 글자의 음은 기(羈)이며, 아래 글자의 음은 연[羊戰反]이다. 기연(奇羨)은 기이함이 넘침이 있음을 말한다.

68 집해 서광은 말하였다. "羠의 음은 시(兕)이며, 이[囚几反]라고도 하는데, 모두 튼튼한 양 이름이다." 색은 羯의 음은 갈[己紇反]이다. 羠의 음은 지[慈紀反]이다. 서광은 羠의 음은 시(兕)라고 하였는데 모두 튼튼한 양이다. 그곳의 사람은 성질이 양과 같아 튼튼하고 사납기가 고르지 않다.

69 색은 진연(陳掾)은 경영함을 빨리 좇는 것과 같다.

溫·軹[70]西賈上黨[71]	온현(溫縣)과 지현(軹縣)은 서(西)로는 상당과 거래를 하고
北賈趙·中山[72]	북으로는 조나라 및 중산국과 거래를 하였다.
中山地薄人眾	중산국은 땅은 척박한데 인구는 많았는데도
猶有沙丘紂淫地餘民[73]	오히려 사구현의 주(紂)임금의 음란한 땅의 백성들이 있어
民俗懁急[74]	백성의 풍속이 성급하였으며
仰機利而食	투기와 이익을 바라며 먹고 살았다.
丈夫相聚游戲	사나이들은 서로 모여 희학질이나 하고
悲歌慷慨	슬픈 노래를 부르며 강개해하였으며,
起則相隨椎剽[75]	움직였다 하면 서로 따라 몽둥이질을 하고 (물건을) 빼앗았으며
休則掘冢作巧姦冶[76]	쉴 때는 도굴을 하고 교묘하고 간사한 물건을 주조하기도 하였고
多美物[77]	미남이 많았는데
爲倡優	배우가 되었다.

---

70 **색은** 두 현의 이름으로 하내(河內)에 속한다.

71 **정의** 택·로(澤·潞) 등의 주이다.

72 **정의** 낙주(洛州) 및 정주(定州)이다.

73 **집해** 진작은 말하였다. "땅은 척박한데 사람이 많은 데다 오히려 다시 사구(沙丘)의 주(紂)임금이 음란한 짓을 저지른 땅에 백성이 많아 온통 음풍(淫風)으로 이어서 말한 것을 이른다." **정의** 사구(沙丘)는 형주(邢州)에 있다.

74 **집해** 서광은 말하였다. "환(懁)은 급하다는 뜻이며 음은 견(絹)이다. '현(儇)'으로 된 곳도 있고, '혜(惠)'로 된 곳도 있는데 음은 현(翾)이다." **색은** 懁의 음은 견(絹)이다. 儇의 음은 현(翾)이다.

75 **색은** 椎의 음은 추[即追反]이다. 몽둥이로 사람을 죽이고 노략질하는 것이다.

76 **집해** 서광은 말하였다. "'고(蠱)'로 된 판본도 있다."

77 **집해** 서광은 말하였다. "미(美)는 '농(弄)'으로 된 판본도 있고, '추(椎)'로 된 곳도 있다."

女子則鼓鳴瑟　여자는 슬을 타서 연주하며
跕屣[78]　신발을 끌고
游媚貴富　돌아다니며 귀인과 부자들에게 아양을 떨어
入後宮　후궁으로 들어가
遍諸侯　제후들에게 널리 퍼졌다.

然邯鄲亦漳河之閒[79]一都會也　그리고 한단 또한 장수(漳水)와 하수(河水) 사이의 한 도회지이다.
北通燕涿　북으로는 연나라 및 탁군(涿郡)과 통하며
南有鄭衛　남으로는 정나라와 위나라가 있다.
鄭衛俗與趙相類　정나라와 위나라의 풍속은 조나라와 비슷하지만
然近梁魯　양나라 및 노나라와 가까워
微重而矜節[80]　은중(隱重)하였으며 절개를 굳게 지켰다.
濮上之邑徙野王[81]　복상의 고을에서 야왕으로 옮겼는데
野王好氣任俠　야왕에서는 호기롭고 임협을 좋아하였으니
衛之風也　위나라의 풍속이다.

夫燕亦勃碣之閒[82]一都會也　저 연(燕) 또한 발해와 갈석산 사이의 한 도회지이다.

---

78 **집해** 서광은 말하였다. "跕의 음은 첩(帖)이다." 장안(張晏)은 말하였다. "접(跕)은 신이다." 찬(瓚)은 말하였다. "발꿈치로 신을 끄는 것이 접(跕)이다." **색은** 앞 글자의 음은 첩(帖)이고, 아래 글자는 시[所綺反]이다.

79 **정의** 낙수(洺水)의 본명은 장수(漳水)로, 한단(邯鄲)이 그곳에 있다.

80 **집해** 서광은 말하였다. "긍(矜)은 '무(務)'로 된 곳도 있다."

81 **집해** 서광은 말하였다. "위군(衛君) 각(角)이 야왕(野王)으로 옮겼다." **정의** 진(秦)나라가 위(衛)나라 복양(濮陽)을 점령하고 그 임금을 회주(懷州)의 야왕(野王)으로 옮겼다.

82 **정의** 발해(勃海)와 갈석(碣石)은 서북쪽에 있다.

南通齊趙	남으로는 제나라, 조나라와 통하고
東北邊胡	동북쪽으로는 오랑캐와 경계를 이룬다.
上谷至遼東	상곡에서 요동까지는
地踔遠[83]	땅이 아득히 멀고
人民希	백성들이 드물어
數被寇	자주 침략을 당하였으며
大與趙代俗相類	조나라 및 대(代)나라와 풍속이 매우 비슷하고
而民雕捍[84]少慮	백성들은 독수리처럼 사납고 생각이 적으며
有魚鹽棗栗之饒	생선과 소금, 대추와 밤이 풍부하다.
北鄰烏桓[85]夫餘	북으로는 오환 및 부여와 이웃하고 있고
東綰穢貉[86]朝鮮真番之利[87]	동으로는 예맥과 조선, 진번의 이점을 쥐고 있다.

洛陽東賈齊魯	낙양은 동으로 제나라 및 노나라와 거래를 하였고
南賈梁楚	남으로는 양나라, 초나라와 거래를 하였다.
故泰山之陽則魯	태산의 남쪽은 노나라이고
其陰則齊	그 북쪽은 제나라이다.

齊帶山海[88]	제나라는 산과 바다를 끼고 있고

83 색은 유씨(劉氏)는 앞의 글자는 음이 탁(卓)이라 하였고, 조[敕教反]라는 음도 있으며, 또한 멀리 오르는 모양이다.

84 색은 사람이 독수리처럼 사납다. 독수리의 성질과 같이 빠르고 사납다는 것을 말한다.

85 색은 인(鄰)은 '임(臨)'으로 된 곳도 있다. 임(臨)은 또한 등지고 있다는 뜻인데 다른 것도 모두 이와 비슷하다.

86 색은 동으로 예맥(穢貊)을 쥐다. 관(綰)은 그 중요한 나루를 꽉 쥐고 통제하는 것이며, 위에서 말한 '임(臨)'은 등지는 것을 말한다.

87 정의 番의 음은 번(潘)이다.

膏壤千里	기름진 땅이 천 리에 뻗어 있어
宜桑麻	뽕나무와 삼에 적합하였으며
人民多文綵布帛魚鹽	백성은 무늬 있는 베와 비단, 생선과 소금을 많이 가지고 있었다.
臨菑亦海岱之閒一都會也	임치 또한 바다와 태산 사이의 한 도회지이다.
其俗寬緩闊達	그 풍속은 너그럽고 느긋하며 활달하고
而足智	지혜가 많으며
好議論	의론하기를 좋아하고
地重	땅이 두터우며
難動搖	동요시키기 어렵고
怯於衆鬥	무리 지어 싸우는 것을 겁내며
勇於持刺	무기를 들고 찔러 죽이는 것을 좋아하므로
故多劫人者	남을 겁박하는 자가 많으니
大國之風也	이는 대국의 기풍이다.
其中具五民[89]	그 가운데 다섯 개 업종에 종사하는 백성을 갖추고 있다.

而鄒魯濱洙·泗	그리고 추나라와 노나라는 수수(洙水)와 사수(泗水) 가에 있으며
猶有周公遺風	아직도 주공의 유풍이 남아 있어

88 **집해** 서광은 말하였다. "「제세가(齊世家)」에서는 제나라는 태산(泰山)에서부터 낭야산(琅邪山)까지 이어지고 북으로는 바다로 덮였으며 기름진 땅이 2천 리이고 그 백성들은 활달하고 숨겨진 지혜가 많다고 하였다."

89 **집해** 복건은 말하였다. "사(士)와 농(農), 상(商), 공(工), 그리고 고(賈)이다." 여순(如淳)은 말하였다. "유자(游子)들이 그 풍속을 즐겨 다시는 돌아가지 않았으므로 다섯 방면의 백성들이 있게 된 것이다."

俗好儒	풍속이 선비를 좋아하고
備於禮	예를 갖추었기 때문에
故其民齪齪[90]	그 백성들은 조심스럽고 신중하다.
頗有桑麻之業	자못 뽕나무와 삼의 산업이 있고
無林澤之饒	숲과 소택지의 풍요로움이 없다.
地小人眾	땅은 작고 사람은 많아
儉嗇	검소하고 아끼며
畏罪遠邪	죄짓는 것을 두려워하고 사악한 것을 멀리하였다.
及其衰	쇠퇴해지자
好賈趨利	장사를 좋아하고 이익을 좇음이
甚於周人	주나라 사람보다 심하였다.

夫自鴻溝以東[91]	홍구 이동(以東)과
芒碭以北[92]	망산(芒山) 탕산(碭山) 이북으로는
屬巨野[93]	거야에 속하는데
此梁宋也[94]	이곳은 양나라와 송나라이다.
陶[95]睢陽[96]亦一都會也	도현과 수양 또한 하나의 도회지이다.
昔堯作於成陽[97]	옛날에 요임금이 성양에서 일어났으며

90 색은 齪의 음은 착[側角反]이고, 또한 촌[側斷反]이라고도 한다.

91 집해 서광은 말하였다. "형양(滎陽)에 있다."

92 집해 서광은 말하였다. "지금의 임회(臨淮)이다."

93 정의 운주(鄆州)의 거야현(鉅野縣)에는 거록택(鉅野澤)이 있다.

94 집해 서광은 말하였다. "지금의 준의(浚儀)이다." 정의 홍구(鴻溝) 이동과 망(芒)·탕(碭) 이북에서 거야까지는 양(梁)과 송(宋) 두 나라의 땅이다.

95 집해 서광은 말하였다. "지금의 정도(定陶)이다." 정의 지금의 조주(曹州)이다.

96 정의 지금의 송주(宋州) 송성(宋城)이다.

舜漁於雷澤[98] 순임금은 뇌택에서 고기를 잡았고
湯止于亳[99] 탕임금은 박(亳)에서 머물렀다.
其俗猶有先王遺風 그 풍속에는 아직도 선왕의 유풍이 있고
重厚多君子 중후하여 군자가 많으며
好稼穡 농사를 좋아하여
雖無山川之饒 산천의 풍요로움이 없긴 하지만
能惡衣食 나쁜 의복과 음식에도 능하여
致其蓄藏 쌓아서 저장할 수 있었다.

越楚則有三俗[100] 월나라와 초나라에는 세 가지 풍속이 있다.
夫自淮北沛陳汝南南郡 대체로 회북의 패현과 진주, 여주, 남군부터는
此西楚也[101] 서초이다.
其俗剽輕 그 풍속은 사납고 날래며
易發怒 쉬 화를 내고
地薄 땅이 척박하여
寡於積聚 축적해 놓은 것이 적다.
江陵故郢都[102] 강릉은 옛 영도로

---

97 **집해** 여순은 말하였다. "작(作)은 일으키는 것이다. 성양(成陽)은 정도(定陶)에 있다."

98 **집해** 서광은 말하였다. "성양(成陽)에 있다." **정의** 택(澤)은 뇌택현(雷澤縣) 서북쪽에 있다.

99 **집해** 서광은 말하였다. "지금의 양국(梁國) 박현(薄縣)이다." **정의** 바로 송주(宋州) 곡숙현(穀熟縣) 서남쪽 45리 지점의 남박주(南亳州)의 옛 성이다.

100 **정의** 월나라가 오나라를 멸하고 강회(江淮) 이북 지역을 차지하였으며, 초나라는 월나라를 멸하고 오월의 땅을 함께 가졌으므로 '월초(越楚)'라고 하였다.

101 **정의** 패(沛)는 서주(徐州) 패현(沛縣)이다. 진(陳)은 지금의 진주(陳州)이다. 여(汝)는 여주(汝州)이다. 남군(南郡)은 지금의 형주(荊州)이다. 패군(沛郡) 서쪽부터 형주(荊州)까지는 모두 서초(西楚)라는 말이다.

102 **정의** 형주(荊州) 강릉현(江陵縣)은 옛 영(郢)으로 초나라의 도읍이었다.

西通巫 · 巴[103]	서(西)로는 무군과 파군으로 통하며
東有雲夢之饒[104]	동으로는 운몽의 풍요로움이 있다.
陳在楚夏之交[105]	진군(陳郡)은 초나라와 하나라가 교차하는 데 있고
通魚鹽之貨	생선과 소금의 화물을 유통하여
其民多賈	그 백성들 가운데 장사치가 많다.
徐僮取慮[106]	서현과 동현, 취려현은
則淸刻	청렴하고 정확하여
矜己諾[107]	자기의 약속을 자랑스레 여긴다.

彭城以東	팽성 이동(以東)은
東海吳廣陵	동해군과 오군, 광릉군으로
此東楚也[108]	동초이다.
其俗類徐僮	그 풍속은 서현 · 동현과 비슷하며
朐繒以北	구현과 증현 이북의
俗則齊[109]	풍속은 제나라와 같다.

---

103 **정의** 무군(巫郡)과 파군(巴郡)은 강릉(江陵)의 서쪽에 있다.

104 **집해** 서광은 말하였다. "화용(華容)에 있다."

105 **정의** 하(夏)나라의 도읍 양성(陽城)이다. 진 남쪽은 초나라이고 서쪽 및 북쪽은 하나라이므로 "초(楚)와 하(夏)가 교차한다."라 하였다.

106 **집해** 서광은 말하였다. "모두 하비(下邳)에 있다." **정의** 取의 음은 추(秋)이고, 慮의 음은 려(閭)이다. 서(徐)는 곧 서성(徐城)으로 옛 서국(徐國)이다. 동(僮)과 취려(取慮) 두 현은 모두 하비(下邳)에 있는데 지금의 사주(泗州)이다.

107 **정의** 앞 글자의 음은 기(紀)이다.

108 **정의** 팽성(彭城)은 서주(徐州)의 치현(治縣)이다. 동해군(東海郡)은 지금의 해주(海州)이다. 오(吳)는 소주(蘇州)이다. 광릉(廣陵)은 양주(楊州)이다. 서주(徐州) 팽성(彭城)에서 양주(楊州)를 거쳐 소주(蘇州)까지는 모두 동초(東楚)의 땅이라는 말이다.

浙江南則越 절강 남쪽은 월나라이다.

夫吳自闔廬春申王濞三人招致天下之喜游子弟

오나라는 합려와 춘신군, 왕비 세 사람이 천하의 놀기 좋아하는 젊은이들을 불러들인 이래

東有海鹽之饒 동으로는 바다와 소금의 풍요로움이며

章山之銅 장산의 구리,

三江五湖之利 삼강과 오호의 이점이 있으며

亦江東一都會也 또한 강동의 한 도회지이다.

衡山九江江南豫章長沙[110] 형산과 구강, 강남, 예장, 장사는

是南楚也 남초인데

其俗大類西楚 그 풍속은 서초와 매우 비슷하다.

---

109 **정의** 朐의 음은 구[其俱反]이다. 현(縣)은 해주(海州)에 있다. 옛 증현(繒縣)은 기주(沂州)의 승현(承縣)에 있다. 두 현의 북쪽은 풍속이 제나라와 같다는 말이다.

110 **집해** 서광은 말하였다. "주(邾)를 도읍으로 한다. 주(邾)는 현으로 강하(江夏)에 속한다." **정의** 옛 주성(邾城)은 황주(黃州) 동남쪽 백20리 지점에 있다. **정의** 구강(九江)은 군으로 음릉(陰陵)의 도읍이다. 음릉의 옛 성은 호주(濠州) 정원현(定遠縣) 서쪽 65리 지점에 있다. **집해** 서광은 말하였다. "고제(高帝)가 설치하였다. 강남(江南)은 단양(丹陽)이며, 진(秦)나라에서 장군(鄣郡)으로 설치하였다가 무제(武帝)가 단양으로 개명하였다." **정의** 서광의 설은 틀렸다. 진나라는 장군을 호주(湖州) 장성현(長城縣) 서남쪽 80리 지점에 설치하였는데 바로 장군의 옛 성이다. 한나라 때 단양군으로 고쳤으며 군을 완릉(宛陵)으로 옮겼는데 지금의 선주(宣州)가 있는 곳이다. 위에서 오(吳)나라에 장산(章山)의 구리가 있다고 하였으니 분명히 동초(東楚)의 땅이다. 이는 대강(大江)의 남쪽 예장(豫章)과 장사(長沙) 두 군은 남초(南楚)의 땅일 따름이라는 말이다. 서광과 배인(裴駰)은 강남 단양군은 남초에 속한다고 하였는데 매우 잘못되었다.

정의 (豫章은) 지금의 홍주(洪州)이다. **정의** (長沙는) 지금의 담주(潭州)이다. 『십삼주지(十三州志)』에서는 "만리사사(萬里沙祠)가 있는데, 서(西)로 상주(湘州)에서 동으로 동래(東萊)에 이르기까지 만 리가 되므로 장사(長沙)라고 한다."라 하였다. 회남(淮南) 형산(衡山)과 구강(九江) 2군 및 강남(江南) 예장(豫章)·장사(長沙) 2군은 모두 초나라이다.

郢之後徙壽春[111]	영(郢) 후로는 수춘으로 도읍을 옮겼는데
亦一都會也	또한 하나의 도회지이다.
而合肥受南北潮[112]	합비는 남북의 물결을 받아들이는 곳이어서
皮革鮑木輸會也	피혁과 건어, 목재가 모인다.
與閩中干越雜俗	민중 · 간월과 풍속이 뒤섞였으므로
故南楚好辭	남초에서는 말을 잘하며
巧說少信	교묘한 말은 믿기 어렵다.
江南卑溼	강남은 낮고 습하여
丈夫早夭	사내들이 일찍 죽는다.
多竹木	대나무와 나무가 많다.
豫章出黃金[113]	예장에서는 황금이 나고
長沙出連 · 錫	장사에서는 납과 주석이 나지만
然堇堇[114]物之所有	매장량이 매우 적어
取之不足以更費[115]	채취를 해도 경비에 대기에도 부족하다.
九疑[116]蒼梧以南至儋耳者[117]	구의와 창오 이남에서 담이(儋耳)에 이르는 곳은

111 **정의** 초고열왕(楚考烈王) 22년(B.C. 241) 진군(陳郡)에서 수춘(壽春)으로 도읍을 옮기고 영(郢)이라 불렀기 때문에 "영(郢)의 수춘(壽春)으로 옮겼다."라 하였다.

112 **집해** 서광은 말하였다. "임회(臨淮)에 있다." **정의** 합비(合肥)는 현으로 여주(廬州)의 치소[治]이다. 장강과 회수[淮]의 조수가 남북에서 모두 여주에 이른다는 말이다.

113 **집해** 서광은 말하였다. "파양(鄱陽)에 있다." **정의** 『괄지지』에서는 말하였다. "강주(江州) 심양현(潯陽縣)에 황금산(黃金山)이 있는데, 산에서 금이 난다."

114 **정의** 음은 근(謹)이다.

115 **집해** 응소(應劭)는 말하였다. "근(堇)은 적은 것이다. 경(更)은 갚는 것이다. 금이 매우 적을 뿐이어서 채취해도 쓰기에 모자라고 비용만 나간다는 말이다."

116 **집해** 서광은 말하였다. "산은 영도현(營道縣) 남쪽에 있다."

117 **정의** 지금 담주(儋州)는 바다 안에 있다. 광주(廣州) 남쪽으로 서울과 7천여 리 떨어져 있다. 영남(嶺南)에서 담이(儋耳)까지의 땅은 강남(江南)과 풍속이 대동소이하며 양주(楊州)의 남쪽에는 월(越)나라 백성이 많다는 말이다.

與江南大同俗	강남과 풍속이 대동소이하나
而楊越多焉	그 가운데는 양월의 것이 많다.
番禺[118]亦其一都會也	반우(番禺) 또한 그 한 도회지인데
珠璣犀玳瑁果布之湊[119]	주기[珠璣: 주옥(珠玉)]와 무소, 대모, 과일과 베가 모여든다.

潁川南陽	영천과 남양은
夏人之居也[120]	하나라 사람이 거처하는 곳이다.
夏人政尙忠朴	하나라 사람들의 정치는 충후하고 박실(朴實)한 것을 숭상하여
猶有先王之遺風	아직도 선왕의 유풍이 있다.
潁川敦愿	영천(의 사람들)은 돈후하고 삼간다.
秦末世	진나라 말년에
遷不軌之民於南陽	법도를 지키지 않는 백성을 남양으로 옮겼다.
南陽西通武關鄖關[121]	남양은 서(西)로는 무관 · 운관과 통하고
東南受漢江淮	동남으로는 한수와 장강, 회수를 받아들인다.
宛亦一都會也	완성(宛城) 또한 한 도회지이다.

---

118 **정의** 음은 반우(潘虞)이다. 지금의 광주(廣州)이다.

119 **집해** 위소는 말하였다. "과일은 용안(龍眼)과 이지(離支) 따위이다. 포(布)는 갈포(葛布)이다."

120 **집해** 서광은 말하였다. "우(禹)임금은 양적(陽翟)에 거처하였다." **정의** 우임금은 양성(陽城)에 거처하였다. 영천(潁川)과 남양(南陽)은 모두 하나라 땅이다.

121 **집해** 서광은 말하였다. "생각건대 한중(漢中)이다. '운(隕)'으로 된 판본도 있다." **색은** 鄖의 음은 운(雲)이다. **정의** 무관(武關)은 상주(商州)에 있다. 「지리지(地理志)」에서는 완(宛)의 서쪽은 무관(武關)과 통하며 운관(鄖關)은 없다고 하였다. 아마 '운(鄖)'은 '순(徇)'이 되어야 할 것이다. 순수(徇水)의 위에는 관(關)이 있는데 금주(金州) 순양현(洵陽縣)에 있다. 서광은 한중(漢中)이라고 생각하였는데 옳다. 순(徇)은 또한 '순(郇)'이라고도 하는데, 자형이 운(鄖)과 비슷하다.

俗雜好事	풍속은 잡스러워 일 벌이기를 좋아하고
業多賈	장사에 종사하는 사람이 많다.
其任俠	그 임협의 기풍은
交通潁川	영천까지 서로 통하여
故至今謂之夏人	지금까지 '하인(夏人)'이라 이른다.

夫天下物所鮮所多	대체로 천하의 물산이 적은 곳과 많은 곳이랑
人民謠俗	백성들의 풍속,
山東食海鹽	(이를테면) 산동에서는 바다 소금을 먹고
山西食鹽鹵[122]	산서에서는 염밭의 소금을 먹으며
領南 · 沙北[123]固往往出鹽	영남과 사북에서도 실로 왕왕 소금이 나는 것 따위는
大體如此矣	대강 이와 같다.

總之	요컨대
楚越之地	초나라와 월나라 땅은
地廣人希	땅은 너른데 사람이 드물고
飯稻羹魚	쌀밥에 생선국을 먹으며
或火耕而水耨[124]	어떤 곳은 화전을 일구기도 하고 무논을 매기도 하며
果隋[125]蠃蛤	소라와 조개를 쟁여놓아

122 **정의** 서방의 염밭을 이른다. 단단하고 염분이 높아 석염(石鹽)과 지염(池鹽)을 생산한다.

123 **정의** 지(池)와 한(漢)의 북쪽이다.

124 **집해** 서광은 말하였다. "음은 누[乃遘反]이다. 풀을 제거하는 것이다." **정의** 풍속이 풀(을 베어 그) 아래에 심는데 싹이 나서 커지면 풀이 나는 것이 작아 물을 대면 풀은 죽고 싹은 손해가 없다는 것을 말한다. 누(耨)는 풀을 제거하는 것이다.

不待賈而足[126]	사지 않아도 충분하며
地埶饒食	땅의 형세가 먹을 것이 풍부하여
無飢饉之患	기근의 근심이 없으며
以故呰窳[127]偷生	이 때문에 구차하게 그럭저럭 살아가
無積聚[128]而多貧	축적해 놓은 것이라고는 없고 매우 가난하다.
是故江淮以南	그런 까닭에 강남 이남으로는
無凍餓之人	동해(凍害)를 입거나 굶주리는 사람이 없지만
亦無千金之家	또한 천금의 부잣집도 없다.
沂泗水以北	기수(沂水)와 사수(泗水) 이북은
宜五穀桑麻六畜	오곡과 뽕나무, 삼과 같은 농업과 목축에 적합한데

125 집해 서광은 말하였다. "「지리지(地理志)」에는 '라(蓏)'로 되어 있다." 색은 아래의 글자는 음이 타[徒火反]이다. 주(注)에서 蓏의 음은 라[郎果反]라고 하였다. 정의 타(隋)는 지금의 '타(橢)'이며 음이 같고 상고시대의 소(少) 자이다. 라(蠃)의 음은 라[力和反]이다. 과타(果橢)는 타첩포과(橢疊包裹)라는 말과 같다. 지금까지 초와 월 지방의 풍속에는 '과타(裹橢)'라는 말이 있다. 초나라와 월나라는 수향(水鄕)으로 소라와 생선, 자라가 풍족하여 백성들이 많이 채취하여 쟁여놓고 조금씩 쌓아놓고 싸서 삶아 먹는다. 반고(班固)는 '과타(裹橢)'의 방언을 이해하지 못하고 『태사공서(太史公書)』에서 말한 「지지(地志)」를 수찬하면서 이에 '과라라합(果蓏蠃蛤)'이라고 고쳐 썼는데 이는 태사공의 뜻이 아니며 반고가 실수한 것이다.

126 정의 賈의 음은 고(古)이다. 초나라와 월나라에는 지세가 먹을 것이 풍요로워 다른 장사를 하지 않아도 자족하여 굶주릴 근심이 없다는 말이다.

127 집해 서광은 말하였다. "음은 자(紫)이다. 자유(呰窳)는 구차하고 게으른 것을 이른다." 응소는 말하기를 "자(呰)는 약한 것이다."라 하였다. 진작은 말하기를 "유(窳)는 병든 것이다."라 하였다. 색은 음은 자유(紫庾)이다. 구차하고 게으른 것을 이른다. 응소는 말하기를 "자(呰)는 약한 것이다."라 하였다. 진작은 말하기를 "유(窳)는 병든 것이다."라 하였다. 정의 소라와 조개 등을 먹기 때문에 많이 나약하고 발병이 생기는 것이다. 『회남자(淮南子)』「수무훈(脩務訓)」에서는 "옛날에 백성들은 소라의 살을 먹으면 질병에 많이 걸렸다."라 하였다.

128 정의 강회(江淮) 이남에는 수족(水族)이 있는데 백성들은 먹을 것이 많아 아침저녁으로 취하여 공급하여 삶을 도모할 따름이다. 모아서 쌓아놓지 않기 때문에 많이 가난한 것이다.

地小人眾	땅이 좁고 사람은 많아
數被水旱之害	자주 수해와 한해를 입어
民好畜藏	백성들이 저축과 저장을 좋아하여
故秦夏梁魯好農而重民	진(秦)과 하(夏), 양(梁), 노(魯)나라는 농사를 좋아하고 백성을 중시하였다.
三河宛陳亦然	삼하와 완군(宛郡), 진현(陳縣)도 마찬가지였는데
加以商賈	거기에 상업을 더하였다.
齊趙設智巧	제나라와 조나라 사람들은 지혜롭고 꾀가 많아,
仰機利	기회와 이익을 바란다.
燕 · 代田畜而事蠶	연나라와 대나라는 농사와 목축을 하고 양잠에도 종사하고 있다.

由此觀之	이로써 살펴보건대
賢人深謀於廊廟	현인들은 낭묘에서 깊이 도모하고
論議朝廷	조정에서 논의하며
守信死節隱居巖穴之士設爲名高者安歸乎	신의를 지키고 절개에 죽으며 은거하는 암혈지사가 이름을 높이는 것은 어디로 돌아가려는 것일까?
歸於富厚也	(물질적으로) 부유한 데로 귀의하려는 것이다.
是以廉吏久	그런 까닭에 청렴한 관리는 오래가고
久更富	오래가면 더욱 부유해지며
廉賈歸富[129]	청렴한 장사치도 부유해지게 된다.
富者	부라는 것은

129 집해 귀(歸)는 이익을 취하여 재화를 머물러놓지 않는 것이다.

人之情性	사람의 본성이며
所不學而俱欲者也	배우지 않는 것임에도 모두가 바라는 것이다.
故壯士在軍	그러므로 장사들이 군에서
攻城先登	성을 공격할 때 먼저 올라
陷陣卻敵	적진을 허물고 적을 물리치며
斬將搴旗	적장을 베고 깃발을 뽑으며
前蒙矢石	앞에서 화살과 돌을 받고
不避湯火之難者	끓는 물과 불의 어려움을 피하지 않는 것은
爲重賞使也	무거운 상이 그렇게 시켰기 때문이다.
其在閭巷少年	마을에 있는 젊은이가
攻剽椎埋	(남을) 공격하여 빼앗고 몽둥이로 죽여 파묻으며
劫人作姦	남을 위협하여 간사한 짓을 하고
掘冢鑄幣	묘를 파헤치고 화폐를 위조하며
任俠并兼	임협질로 물건을 겸병하고
借交報仇	벗을 빙자하여 복수를 해주며
篡逐幽隱	빼앗고 쫓아내며 깊숙이 숨고
不避法禁	법으로 금하는 것을 피하지 않고
走死地如鶩者[130]	사지를 말이 질주하듯 달리는 것은
其實皆爲財用耳	사실은 모두 재물 때문일 따름이다.
今夫趙女鄭姬	지금 저 조나라의 여인과 월나라의 미희가
設形容	얼굴을 곱게 꾸미고
揳鳴琴	금을 타서 연주하며
揄長袂	긴 소매를 끌고

130 집해 서광은 말하였다. "무(鶩)는 '흐를 류(流)' 자로 된 판본도 있다."

躡利屣[131]	좁은 신을 신고
目挑心招[132]	눈으로 부추기고 마음으로 부르며
出不遠千里	천 리를 멀다 않고 나가서
不擇老少者	늙은이며 젊은이를 가리지 않는 것은
奔富厚也	부유함을 향해 달리기 때문이다.
游閑公子	여유 있고 한가한 공자들이
飾冠劍	모자와 검을 꾸미고
連車騎	줄지어 수레와 말을 달리는 것도
亦爲富貴容也	또한 부귀를 나태내기 위함이다.
弋射漁獵	주살을 쏘아 물고기를 잡고 사냥을 하느라
犯晨夜	새벽부터 밤까지
冒霜雪	서리와 눈을 무릅쓰고
馳阬谷	깊은 골짜기를 달리며
不避猛獸之害	맹수가 해를 끼치는 것을 피하지 않는 것은
爲得味也	좋은 음식을 얻기 위해서다.
博戲馳逐	노름과 경마,
鬥雞走狗	닭싸움과 개 경주를 하느라
作色相矜	안색을 바꾸어 가며 서로 자랑하고
必爭勝者	반드시 다투어 이기고자 하는 것은
重失負也	맞대결에서 지는 것을 애석히 여기기 때문이다.
醫方諸食技術之人	의사나 방사 등 여러 가지로 먹고사는 기술자들이

131 집해 서광은 말하였다. "揄의 음은 유(臾)이다. 섭(躡)은 '밟을 접(跕)' 자로 된 판본도 있다. 跕의 음은 접[吐協反]. 屣의 음은 사[山耳反]이며, 춤출 때 신는 신이다."

132 정의 挑의 음은 조[田鳥反]이다.

焦神極能	정신을 애태워 가며 재능을 있는 대로 발휘하는 것은
爲重糈也	양식을 중히 여기기 때문이다.
吏士舞文弄法	속리들이 문서를 뜯어고치고 법률을 곡해하며
刻章僞書	도장을 새기고 문서를 위조하여
不避刀鋸之誅者	칼과 톱으로 사형당하는 것을 피하지 않는 것은
沒於賂遺也	재물에 빠져서이다.
農工商賈畜長	농부와 공인, 장사치들이 재물을 쌓고 늘리는 것은
固求富益貨也	실로 부를 추구하고 재화를 더 늘리려 함이다.
此有知盡能索耳	이렇게 지혜를 다 짜내어 추구할 수 있는 것은
終不餘力而讓財矣	결국 힘을 남기지 않고 재물을 빼앗고자 함이다.

諺曰	속담에서 말하기를
百里不販樵	"백 리에 땔나무를 팔지 않고
千里不販糴	천 리에 곡식을 팔지 않는다."라고 하였다.
居之一歲	1년을 살려면
種之以穀	곡식을 심고,
十歲	10년이면
樹之以木	나무를 심으며,
百歲	백 년이면
來之以德	덕을 오게 하여야 한다.
德者	덕은
人物之謂也	인물을 이르는 것이다.
今有無秩祿之奉	지금 녹봉이나

爵邑之入	작위와 봉읍의 수입이 없는데도
而樂與之比者	즐겁기가 그와 비견될 만한 사람이 있는데
命曰素封[133]	'소봉(素封)'이라 한다.
封者食租稅	봉해진 사람은 조세로 먹고 사는데
歲率[134]戶二百	해마다 대략 호당 2백 전이다.
千戶之君[135]則二十萬	천 호의 봉군은 20만 전으로
朝覲聘享出其中	조현하고 빙문, 헌납하는 것이 거기서 나온다.
庶民農工商賈	서민인 농부와 공인, 장사치들은
率亦歲萬[136]息二千	대략 연간 만 전이면 이식이 2천으로
百萬之家則二十萬	백만의 집이라면 20만이 되는데
而更傜租賦出其中	순번의 요역과 세금이 거기에서 나온다.
衣食之欲	입고 먹고자 하는 것을
恣所好美矣	좋아하는 대로 할 수 있다.
故曰陸地牧馬二百蹄[137]	그러므로 말하기를 뭍에서 말 50필과
牛蹄角千[138]	소 약 백67두(頭),
千足羊	양 천 마리를 치고,

133 **색은** 작위와 봉읍의 수입과 녹봉이 없는 것을 '소봉(素封)'이라고 한다는 말이다. 소(素)는 공(空)의 뜻이다. **정의** 벼슬을 하지 않는 사람이 스스로 댈 수 있는 전원의 수입이 있어서 그 이식이 봉군에 비견되므로 '소봉(素封)'이라고 하는 것이다.

134 **정의** 음은 율(律)이다.

135 **색은** 천 호의 고을에서 호당 약 2백 전이므로 천 호에 20만 전인 것이다.

136 **색은** 이식이 2천이므로 백만 호면 또한 20만이다.

137 **집해** 『한서음의』에서는 말하였다. "50필이다." **색은** 말은 다리가 넷으로 발굽이 2백 개면 50필이다. 『한서』에서는 "말굽이 천을 부른다(馬蹄噭千)."라 하여 기록이 각기 다르다.

138 **집해** 『한서음의』에서는 말하였다. "백67두이다. 말은 귀하고 소는 싸서 이렇게 헤아렸다." **색은** 소의 발과 뿔이다. 말은 귀하고 소는 싸므로 이렇게 헤아렸으니 소는 백67두의 기수(奇數)가 있다.

澤中千足彘[139]	늪지에서 돼지 2백50마리와
水居千石魚陂[140]	물에서는 천 석(石)의 물고기를 기르는 못에 거처하고
山居千章之材[141]	산에서는 천 그루의 재목이 있는 곳에 거처한다고 한다.
安邑千樹棗	안읍의 대추나무 천 그루며,
燕秦千樹栗	연(燕)과 진(秦)의 밤나무 천 그루,
蜀漢江陵千樹橘	촉(蜀)과 한(漢), 강릉의 귤나무 천 그루,
淮北常山已南	회북과 상산 이남,
河濟之間千樹萩	황하와 제수 사이의 가래나무 천 그루,
陳夏千畝漆	진(陳)과 하(夏)의 옻나무 천 이랑,
齊魯千畝桑麻	제(齊)와 노(魯)의 뽕나무와 삼[麻] 천 이랑,
渭川千畝竹	위천의 대나무 천 이랑,
及名國萬家之城	아울러 이름난 나라의 만 호의 성,
帶郭千畝畝鍾之田[142]	성곽을 낀 이랑당(當) 1종의 소출이 있는 천 이랑의 밭,
若千畝卮茜[143]	천 이랑의 치자와 꼭두서니에

139 집해 위소는 말하였다. "2백50두이다." 색은 위소는 말하기를 "2백50두이다."라 하였다.

140 집해 서광은 말하였다. "물고기는 근(斤)과 냥(兩)으로 센다." 색은 陂의 음은 피(詖)이다. 『한서』에는 '피(皮)'로 되어 있으며, 음은 피(披)이다. 정의 못에서 물고기를 기르면 한 해에 팔 수 있는 물고기 천 석을 거둔다는 말이다.

141 집해 서광은 말하였다. "'추(楸)'로 된 판본도 있다." 위소는 말하기를 "가래나무는 수레의 끌채를 만드는 것으로, 음은 추(秋)이다."라 하였다. 색은 『한서』에는 "천장지추(千章之萩)"로 되어 있으며, 은은 추(秋)이다. 복건은 말하였다. "장(章)은 방(方)이다." 여순은 말하였다. "사방 큰 재목을 천 그루 심을 수 있다는 말로, 장(章)은 큰 재목이다." 악산(樂產)은 말하였다. "추(萩)는 가래나무[梓木]이며, 수레의 끌채를 만들 수 있다."

142 집해 서광은 말하였다. "6휘[斛] 4말이다."

千畦薑韭[144]	천 이랑의 생강과 부추가 나는 밭을 가졌다면
此其人皆與千戶侯等	이 정도면 그 사람들은 모두 천호후와 동등하다.
然是富給之資也	그러니 이는 부유하고 풍족한 자원으로
不窺市井	시정을 엿보지 않고
不行異邑	다른 고을에 가지 않고서도
坐而待收	앉아서 수입을 기다리며
身有處士之義而取給焉	몸은 처사의 의로움이 있으면서 넉넉하게 (물자를) 취한다.
若至家貧親老	집이 가난하고 어버이가 연로하며
妻子軟弱	아내와 자식은 연약하여
歲時無以祭祀進醵[145]	매년 때가 되어도 제사 때 바쳐 드릴 것이 없고
飮食被服不足以自通	먹고 마실 것과 피복이 스스로 변통하기에 부족하기가
如此不慚恥	이와 같은 데도 부끄러움이 없다면
則無所比矣	비길 곳이 없다.
是以無財作力	그런 까닭에 재산이 없는 사람은 있는 힘을 다하고
少有鬥智[146]	조금 가진 사람은 지모를 가지고 다투며

143 **집해** 서광은 말하였다. "卮의 음은 지(支)로, 선지[鮮支: 치자(梔子)의 별명]이다. 茜의 음은 천(倩)이며, 일명 홍람(紅藍)이라고도 하는데 그 꽃으로 비단을 적황색의 물들인다." **색은** 卮의 음은 지(支)로, 선지(鮮支)이다. 茜의 음은 천(倩)이며, 일명 홍람(紅藍)이라고도 하는데 그 꽃으로 비단을 적황색의 물들인다.

144 **집해** 서광은 말하였다. "천 휴(畦)로 25무(畝)이다." 위소는 "휴(畦)는 농(隴)과 같다고 하였다." **색은** 위소는 말하였다. "바자울의 밭두둑으로 농(隴)과 같으며 50무를 이른다." 유희(劉熙)는 『맹자(孟子)』 주(注)에서 말하였다. "지금 세속에서는 25무를 소휴(小畦)라 하고, 50무를 대휴(大畦)라고 한다." 왕일(王逸)은 말하였다. "휴(畦)는 구(區)와 같다."

145 **집해** 서광은 말하였다. "먹을 것을 모으는 것이다." **색은** 음은 갹[渠略反]이다.

既饒爭時[147]	이미 부요한 사람은 때를 다투는 것
此其大經也	이것이 그 큰 법도이다.
今治生不待危身取給	이제 생계를 꾸려나가는 데 위태로움이 몸에 미치지 않게 하고 필요한 것을 취하는 것은
則賢人勉焉	현인이 힘쓰는 것이다.
是故本富爲上	그런 까닭에 본업으로 부를 이르는 것이 최상이고
末富次之	말업으로 부를 이루는 것이 그 다음이며
姦富最下	간활함으로 부를 이루는 것은 최하이다.
無巖處奇士之行	암혈에 거처하는 기이한 선비의 행실이 없는데도
而長貧賤	늘 빈천하고
好語仁義	인의를 말하기를 좋아하는 것
亦足羞也	또한 부끄러워할 만하다.

凡編戶之民	무릇 호적에 편입된 평민들은
富相什則卑下之	부가 열 배이면 비하하고
伯則畏憚之	백 배이면 두려워하여 꺼리며
千則役	천 배이면 부림을 당하고
萬則僕	만 배이면 종이 되는 것이
物之理也	사물의 이치이다.
夫用貧求富	대체로 가난한 데서 부를 추구하는 데는
農不如工	농업이 공업보다 못하며

146 **정의** 조금 돈과 재산이 있으면 지혜와 재주를 다투어 이기기를 추구한다는 말이다.

147 **정의** 돈과 재산이 풍족하면 이에 때를 좇아 이익을 다툰다는 말이다.

工不如商	공업은 상업보다 못하고
刺繡文不如倚市門	무늬를 수놓음이 저자의 문에 기대어 있음만 못하다는
此言末業	이 말은 말업이
貧者之資也	가난한 자의 바탕이라는 것이다.
通邑大都	사통팔달의 큰 도읍에서는
酤一歲千釀[148]	술이 1년에 1천 독[瓮]에
醯醬千瓨[149]	식초와 젓갈 1천 항아리,
漿千甔[150]	장 1천 섬,
屠牛羊彘千皮	도살한 소와 양, 돼지가 1천 마리,
販穀糶千鍾[151]	내다 파는 곡식 1천 종(鍾),
薪稿千車	땔나무가 1천 수레,
船長千丈[152]	1천 장(丈)의 배,
木千章[153]	나무 1천 그루,
竹竿萬个[154]	대나무 1만 그루,
其軺車百乘[155]	수레 백승,

148 정의 술 천 독[瓮]이다. 술과 식초이다. 주고(酒酤)이다.

149 집해 서광은 말하였다. "목이 긴 병이다." 색은 식초 천 장군이다. 음은 항[閑江反]이다.

150 집해 서광은 말하였다. "큰 장군(大罌缶)이다." 색은 젓갈이 천 섬이다. 아래 글자의 음은 담[都甘反]이다. 『한서』에는 '담(儋)'으로 되어 있다. 맹강(孟康)은 "담(儋)은 돌 항아리이다."라 하였다. 돌 항아리에는 1석(石)이 들어가므로 담석(儋石)이라 하였다. 또한 음을 담[都濫反]이라고도 한다.

151 집해 서광은 말하였다. "곡식을 내는 것이다. 糶의 음은 도(掉)이다."

152 색은 총 길이가 천 장이다.

153 집해 『한서음의』에서는 말하였다. "홍동방고(洪洞方稿)이다. 장(章)은 재목[材]이다. 옛날 장작대장(將作大匠: 관직 이름)이 재목을 관장하는 것을 장조연(章曹掾)이라 한다." 색은 장작대장이 재목을 관장하는 것을 장조연(章曹掾)이라 한다. [홍동(洪洞)은] 또한 모두 글자 그대로 읽는다.

牛車千兩[156]	우차 1천 량,
木器髤者千枚[157]	목제 칠기 1천 매,
銅器千鈞[158]	구리 기물 3만 근,
素木鐵器若卮茜千石[159]	나무나 철 기물이며 치자와 꼭두서니 1천 석,
馬蹄躈千[160]	말 2백 필(匹),

154 집해 서광은 말하였다. "음은 가[古賀反]이다." 색은 대나무 줄기가 만 개이다. 『석명(釋名)』에서는 말하였다. "대나무는 개(箇)라 하고, 나무는 매(枚)라 한다." 『방언(方言)』에서는 말하였다. "개(个)는 곧 매(枚)이다." 『의례(儀禮)』와 『예기(禮記)』에는 '개(个)' 자로 되어 있다. 또한 「공신표(功臣表)」에서는 "양근이 대나무 3만 개를 들였다(楊僅入竹三萬箇)."라 하였다. 개(箇)와 개(个)는 고금자(古今字)이다. 정의 『석명(釋名)』에서는 말하였다. "대나무는 개(箇)라 하고, 나무는 매(枚)라 한다."

155 집해 서광은 말하였다. "마차(馬車)이다." 정의 『설문』에서는 말하였다. "요(軺)는 작은 수레이다."

156 정의 수레 1승(乘)을 1량(兩)이라고 한다. 『풍속통(風俗通)』에서는 말하였다. "차상(車廂)의 끌채 및 바퀴가 둘씩 둘씩 짝지어 있으므로 량(兩)이라고 한다."

157 집해 서광은 말하였다. "髤의 음은 휴(休)로, 옻[漆]이다." 색은 옻칠을 한 것이 천 개이다. 앞 글자의 음은 휴(休)이다. 옻을 이른다. 천(千)은 천 매(枚)를 이른다. 정의 안(顔)은 "옻칠을 한 기물을 휴(髤)라고 한다."라 하였다. 또한 음을 호[許昭反]라고도 한다. 지금 관동(關東)의 풍속에 기물에 거듭 옻칠을 한 것을 '초칠(稍漆)'이라 한다고 하였으니 휴(髤)의 소리가 전이된 것일 따름이다. 지금 관서(關西)의 풍속에서도 흑칠반(黑髤盤)과 주휴반(朱髤盤)이 있으니 두 뜻이 모두 통한다.

158 집해 서광은 말하였다. "30근이다."

159 집해 서광은 말하였다. "백20근이 석이다." 『한서음의』에서는 "소목(素木)은 소기(素器)이다."라 하였다.

160 집해 서광은 말하였다. "躈의 음은 교[苦弔反]로, 말의 엉덩이뼈[八髎]인데 음은 료(料)이다." 색은 서광은 음은 교[苦弔反]로, 말의 엉덩이뼈[八髎]인데 음은 료(料)이다. 『비창(埤倉)』에서는 "엉덩이뼈를 팔료(八髎)라고 하며, 또한 야제(夜蹄)라고도 한다." 소안(小顔)은 말하기를 "교(噭)는 입이다. 굽과 입이 모두 천이니 2백 필이 된다."라 하였다. 고윤(顧胤) 같은 사람은 "위의 문장에서 말 2백 제(蹄)는 천승의 가문에 비견된다고 하였는데 또한 2백을 허용하지 않았다. 곧 교(躈)는 구규(九竅)를 이르는 것으로 4제(蹄)까지 통틀어 13이 말 한 필이 되는 것으로 이른바 '살아 있는 무리가 13(生之徒十有三)'이라는 것이 바로 이것이다. 무릇 말 76필이다."라 하였다. 또한 천호후와 비하여 많으니 그곳을 모르겠다.

牛千足	소 2백50두,
羊彘千雙	양과 돼지 2천 마리,
僮手指千[161]	노비가 1천 명,
筋角丹沙千斤	힘줄과 뿔, 단사가 1천 근
其帛絮細布千鈞	비단과 솜, 고운 베가 3만 근,
文采千匹	무늬를 넣은 비단이 1천 필(匹),
榻布皮革千石[162]	거칠고 두터운 베와 피혁이 1천 석,
漆千斗[163]	옻이 1천 말[斗],
糱麴鹽豉千荅[164]	누룩과 메주가 1천 홉,
鮐鮆[165]千斤	복어와 갈치가 1천 근,

161 **집해** 『한서음의』에서는 말하였다. "동(僮)은 노비(奴婢)이다. 옛날에는 빈손으로 노는 날이 없이 모두 일을 하였고 일을 할 때는 반드시 손가락[手指]으로 하였으므로 수지(手指)라고 하여 말과 소의 굽이며 뿔과 구별하였다."

162 **집해** 서광은 말하였다. "榻의 음은 탑[吐合反]이다." 『한서음의』에서는 "탑포(榻布)는 백첩(白疊)이다."라 하였다. **색은** 탑포(荅布)이다. 거칠고 두터운 베로 피혁(皮革)과 같은데 석(石)으로 달며, 백첩포(白疊布)가 아니다. 『오록(吳錄)』에서는 "구진군(九真郡)의 베가 있는데 백첩(白疊)이라고 한다."라 하였다. 『광지(廣志)』에서는 "첩(疊)은 모직(毛織)이다."라 하였다. **정의** 안사고(顏師古)는 말하였다. "거칠고 두터운 베이다. 그 값이 싸므로 피혁(皮革)과 무게가 같을 따름이지 백첩(白疊)은 아니다. 탑(荅)은 두터운 모양이다." 백첩(白疊)은 목면(木綿)으로 짠 것으로 중국에는 없다,

163 **색은** 『한서』에는 '칠대두(漆大斗)'로 되어 있다. 대두(大斗)를 이르며, 대량(大量)이다. 만 1천 두(斗)를 되는 것으로 곧 지금의 1천 통(桶)이다.

164 **집해** 서광은 말하였다. "혹은 '태(台)'라고도 하며, 기물 이름에 이(瓵)가 있다. 손숙연(孫叔然)은 이(瓵)는 와기(瓦器)로 한 말 여섯 되를 합쳐서 이(瓵)라고 했다. 음은 이(貽)이다." **색은** 메주 천 개(蓋)이다. 아래 글자의 음은 이(貽)이다. 손염(孫炎)은 "이(瓵)는 와기(瓦器)로 한 말 여섯 홉이 들어간다."라 하였는데, 이를 가지고 이 '개(蓋)'를 풀이하는 것은 틀렸다. 『상서대전(尙書大傳)』에서는 "무늬 있는 피혁이 천 홉(文皮千合)"이라 하였으니 냥(兩)을 헤아려 홉[合]이라 하였다. 『삼창(三倉)』에서는 "타(橢)는 메주를 담는 기물로 음은 타[他果反]이다."라 하였으니 개(蓋)는 아마 타(橢)의 다른 이름일 것일 따름이다.

鮿千石 뱅어가 1천 석,

鮑千鈞[166] 건어가 3만 근,

棗栗千石者三之[167] 대추와 밤이 1천 석의 세 갑절,

狐鼦[168]裘千皮 여우와 담비 가죽이 1천 장,

羔羊裘千石[169] 흑양의 가죽이 1천 석,

旃席千具 털 양탄자가 1천 개,

佗果菜千鍾[170] 기타 과일과 야채가 1천 종,

---

165 **집해** 『한서음의』에서는 말하였다. "음은 초(楚)나라 사람들의 말로 제(薺)라 하여, 제어(鮆魚)와 태어(鮐魚)이다." **색은** 『설문』에서는 말하였다. "태(鮐)는 바닷물고기이다. 음은 태(胎)이다. 제어(鮆魚)은 마시고 먹지는 않으며 갈치[刀魚]이다." 『이아(爾雅)』에서는 열어(鮤魚)라고 하였다. 鮆의 음은 재[才爾反]이며, 또한 제(薺)라고도 한다. **정의** 鮐의 음은 대(臺)이며, 또한 이(貽)라고도 한다. 『설문』에서는 "태(鮐)는 바닷물고기이다."라 하였다. 鮆의 음은 제[齊禮反]로, 갈치이다.

166 **집해** 서광은 말하였다. "鮿의 음은 첩(輒)으로 포를 뜬 생선이다." **색은** 鮿의 음은 첩(輒)이고, 주[昨苟反]라고도 한다. 첩(鮿)은 작은 물고기이다. 鮑의 음은 포(抱), 포[步飽反]인데 지금의 뱅어[鮿魚]이다. 膊의 음은 박[鋪博反]이다. 갈라서 포를 만드는데 서로 떨어지지 않게 하는 것을 박(膊)이라 하며, 절인 생선을 포(鮑)라고 한다. (三國 魏 李登의) 『성류(聲類)』 및 (晋 呂靜의) 『운집(韻集)』에서 비록 이렇게 해석을 하였지만 '첩생(鮿生)'의 글자가 보이는 것은 이와 같다. 첩(鮿)은 작은 잡어이다. **정의** 鮿의 음은 추[族苟反]이며, 여러 작은 고기를 이른다. 포(鮑)는 희다는 뜻이다. 그러나 복어와 갈치는 근으로 따지고 포첩(鮑鮿)은 천 균(鈞)으로 따졌으니 곧 아홉 배가 많으므로 복어는 크고 좋은 것이고 첩포는 잡것임을 안다. 서광은 첩(鮿)은 물고기의 포를 뜨는 것이라 하였다. 膊의 음은 박[並各反]이다. 속을 갈라서 머리와 꼬리가 서로 떨어지지 않게 하여 포를 만드는 것을 말하는데 박관(膊關)이라고 이른 것은 또한 큰 물고기로 만들기 때문이다.

167 **색은** 삼지(三之)라는 것은 3천 석이다. 반드시 세 배로 한 것은 위의 문장과 비슷하기 때문이다. 대추와 밤은 싸기 때문에 세 배로 하여 3천 석이 된 것이다. **정의** 3천 석을 이른다. 대추와 밤이 3천 석이면 곧 위의 물건들과 동등해진다는 말이다.

168 **색은** 아래 글자의 음은 조(雕)이다. **정의** 음은 조(雕)이다.

169 **색은** 고양(羔羊) 1천 석이다. 가죽을 달아 무게가 1천 석이라는 말이다.

170 **색은** 과일과 채소(果菜)가 1천 종(種)이다. 1천 종은 많다는 것을 말한다. **정의** 종(鍾)은 6휘[斛] 4말[斗]이다. 과채(果菜)는 여러 가지 과일과 채소로 산야에서 채취하는 것이다.

子貸金錢千貫[171]	이자를 받고 대출하는 금전이 1천 관이며,
節駔會[172]	가축 중매인 가운데
貪賈三之	탐욕스런 장사치는 3할을
廉賈五之[173]	청렴한 장사치는 5할을 버는데
此亦比千乘之家	이 또한 천승의 집과 비견되며
其大率也[174]	그 대략이다.
佗雜業不中什二	다른 잡업으로 2할(의 이문)을 얻지 못하면
則非吾財也[175]	내(가 바라는) 재물이 아니다.

請略道當世千里之中	당세의 천 리 가운데
賢人所以富者	현자로서 부유해진 자들을 대략 말함으로써
令後世得以觀擇焉	후세인들로 하여금 살피고 택하게끔 하겠다.

蜀卓氏之先[176]	촉군(蜀郡)의 탁씨의 선조는
趙人也	조나라 사람으로

---

171 **색은** 자(子)는 이식을 말한다. 貸의 음은 대[土代反]이다.

172 **집해** 서광은 말하였다. "駔의 음은 장[祖朗反]이며, 말 거간꾼이다." 『한서음의』에서는 "회(會)는 또한 쾌(儈)이다. 절(節)은 물건의 귀천을 조절하는 것이다. 거간꾼의 남은 이익이 천승의 가문에 비할 만한 것이다."라 하였다. **색은** 절(節)은 물건의 귀천을 조절하는 것이다. 駔은 옛 음은 장[祖朗反]이며, 지금의 음은 장(鷆)이다. 장(駔)은 우마 시장을 헤아리는 것이며, 장쾌(駔儈)라는 것은 모아서 교역을 하는 것이며, 음은 쾌[古外反]이다. 『회남자』에서는 "단간목(段干木)은 진(晉)나라의 대장(大駔)이다."라 하였는데, 주석에서 "단간목은 시장 교역인의 우두머리이다."라 하였다.

173 **집해** 『한서음의』에서는 말하였다. "탐욕스런 장사치는 팔지 않아야 하는데 팔고 살 만하지 않은데 사므로 3할을 얻는다. 청렴한 장사치는 귀하면 팔고 천하면 사므로 5할을 얻는다."

174 **정의** 率의 음은 율(律)이다.

175 **정의** 잡다한 나쁜 업으로 10분의 2의 이익을 얻지 못하면 세상에서 말하는 훌륭한 재물이 아니라는 말이다.

用鐵冶富	야철로 치부하였다.
秦破趙	진나라는 조나라를 깨뜨리고
遷卓氏	탁씨를 옮겼다.
卓氏見虜略	탁씨는 노략질을 당하고
獨夫妻推輦	부부만 수레를 밀고
行詣遷處	옮겨야 할 곳으로 가서 이르렀다.
諸遷虜少有餘財	여러 강제 이주민 가운데 조금이라도 남은 재산이 있으면
爭與吏	다투어 관리에게 (뇌물을) 주고
求近處	가까운 곳을 구하여
處葭萌[177]	가맹에 거처하였다.
唯卓氏曰	탁씨만은 말하기를
此地狹薄	"이곳은 지세가 좁고 척박하다.
吾聞汶山之下[178]	내 듣건대 민산 아래쪽은
沃野	들이 비옥하고
下有蹲鴟[179]	아래에는 토란이 있어

---

176 **집해** 서광은 말하였다. "탁(卓)은 '뇨(淖)'로 된 곳도 있다." **색은** 주(注)에서 "탁(卓)은 '뇨(淖)'로 된 곳도 있다."라 하였는데, 모두 음은 착(斲)이며 뇨(鬧)라고도 읽는다. 淖 또한 이뇨(泥淖)이기도 한데, 또한 성으로 제(齊)나라에 요치(淖齒)가 있고, 한(漢)나라에는 요개(淖蓋)가 있는데 탁(卓)씨와 출신이 같으며 혹은 함께 요(淖)로 읽기도 한다.

177 **집해** 서광은 말하였다. "광한(廣漢)에 속한다." **정의** 가맹(葭萌)은 지금의 이주현(利州縣)이다.

178 **색은** 민산(汶山)의 아래이다. 위의 음은 민(崏)이다. **정의** 汶의 음은 민(珉)이다.

179 **집해** 서광은 말하였다. "옛날에는 '준(蹲)' 자를 '준(踆)'이라 하였다." 『한서음의』에서는 "수향(水鄉)에는 치(鴟)가 많으며, 그 산 아래에는 관개를 한 비옥한 들판이 있다. 큰 토란[大芋]이라고도 한다."라 하였다. **정의** 준치(蹲鴟)는 토란[芋]이다. 공주(邛州) 임공현(臨邛縣)은 그 땅이 기름지고 비옥하여 평야에는 대우(大芋) 등이 있다. 『화양국지(華陽國志)』에서는 민산군(汶山郡) 도안현(都安縣)에는 준치(蹲鴟) 같은 큰 토란이 있다고 하였다.

至死不飢	죽을 때까지 굶주리지 않는다고 한다.
民工於市	백성들은 상업에 뛰어나
易賈	장사를 하기가 쉽다."라 하였다.
乃求遠遷	이에 멀리 옮겨 가기를 바랐다.
致之臨邛	임공까지 이르게 하였더니
大喜	크게 기뻐하며
即鐵山鼓鑄	철이 나는 산에서 철을 정련하고
運籌策[180]	계획을 잘 운용하여
傾滇蜀之民[181]	전과 촉 일대의 백성을 기울여
富至僮千人[182]	부유하기가 노예 천 명을 부리게 되었다.
田池射獵之樂	들과 못에서 사냥하는 즐거움이
擬於人君	임금에 비겼다.

程鄭	정정은
山東遷虜也	산동의 강제 이주민으로
亦冶鑄	또한 야금과 주조로
賈椎髻之民[183]	상투를 한 백성들과 거래하여
富埒卓氏[184]	부가 탁씨와 같았으며

---

180 색은 『한서』에서는 "계책을 운용하여 전과 거래를 하였다(運籌以賈滇)."라 하였다.

181 정의 전(滇)은 '저(沮)'로 된 곳도 있다. 『한서』에도 '전촉(滇蜀)'이라 하였다. 지금의 익주군(益州郡)에는 촉주(蜀州)가 있으며, 또한 옛 이름 및 한강(漢江)을 가지고 이름하였다. 강(江)은 익주(益州)에 있으며 남으로 도강(導江)으로 들어가는데, 한중(漢中)의 한강(漢江)이 아니다.

182 색은 『한서』 및 「사마상여열전[相如列傳]」에는 모두 '8백 인(八百人)'으로 되어 있다.

183 색은 상투를 맨 사람이다. 음은 추계(椎髻)로 남월(南越)과 유통하였음을 이른다.

184 색은 날(埒)은 이웃과의 경계로 이웃에 버금간다는 것이다.

俱居臨邛	함께 임공에 살았다.

宛孔氏之先	완(宛)의 공씨의 선조는
梁人也	양나라 사람으로
用鐵冶爲業	야철을 업으로 삼았다.
秦伐魏	진(秦)나라는 위(魏)나라를 치고
遷孔氏南陽	공씨를 남양으로 옮겼다.
大鼓鑄	대규모로 철을 정련하고
規陂池	보와 못을 규획하였으며
連車騎	수레와 말을 줄지어
游諸侯	제후들과 교유하고
因通商賈之利	상고의 이로움을 통하여
有游閑公子之賜與名[185]	여유 있고 한가한 공자라는 이름을 내려 주었다.
然其贏得過當	그러나 그 이익으로 얻은 것이 마땅함을 넘었으면서도
愈於纖嗇[186]	세세하고 아끼는 데 뛰어나

185 집해 위소는 말하였다. "여유가 있고 한가한 것이다." 색은 모두들 여유 있고 한가한 공자라는 이름을 내려 주어 명성을 얻은 것을 이른다.

186 색은 공씨(孔氏)가 제후와 공자들에게 자금을 대어주면서 이미 내려 준 이름을 얻었고 또한 그 얻은 이익이 자본금보다 많았으므로 "마땅함을 넘었다(過當)."라 하였으며, 이에 잗달고 검소하며 아끼는 장사치보다 낫다는 것을 말한다. 섬(纖)은 가는 것이다. 『방언』에서는 "선(纖)은 작은 것이다. 유(愈)는 나은 것이다."라 하였다. 정의 음은 색(色)이다. 색(嗇)은 아끼는 것이다. 공씨가 수레와 말을 줄줄 따르게 하여 제후들과 교유하며 자본을 대주어 통상(通商)의 이익을 겸하여 이에 유한공자(遊閑公子)라는 사교의 명성을 얻었음을 말한다. 그러나 그 이익을 통괄적으로 계산해 보면 자금으로 대준 것을 충당하는 것보다 많았으며 오히려 교유하는 공자들이 대범함이 있었으니 아끼는 것보다 나았다는 것이다.

家致富數千金	집에서 수천금의 치부를 하였으므로
故南陽行賈盡法孔氏之雍容	남양의 행상들은 모두 공씨의 대범함을 본받았다.

魯人俗儉嗇	노나라 사람들의 풍속은 검소하고 아꼈는데
而曹邴氏[187]尤甚	조병씨(曹邴氏)가 더욱 심하여
以鐵冶[188]起	야철로 (가문을) 일으켜
富至巨萬	거만금의 부를 이루었다.
然家自父兄子孫約	그러나 집안에서는 부형과 자손에게서부터 약속을 하기를
俛有拾	숙이면 줍고
仰有取	고개를 들면 취하였으며
貰貸行賈遍郡國	돈을 빌리고 빌려주며 행상을 하며 군국을 두루 다녔다.
鄒魯以其故多去文學而趨利者	추(鄒)와 노(魯) 일대는 이 때문에 문학을 버리고 이익을 좇는 자가 많아졌는데
以曹邴氏也	조병씨 때문이었다.

齊俗賤奴虜	제나라는 풍속이 노예를 천시하였는데
而刀閒[189]獨愛貴之	조간(刀閒)만은 홀로 아끼고 귀하게 대해 주었다.
桀黠奴	사납고 교활한 노예는

187 **색은** 邴의 음은 병(柄)이다.

188 **집해** 서광은 말하였다. "노현(魯縣)에서는 철이 난다."

189 **색은** 앞 글자의 음은 조(雕)이며, 성(姓)이다. 간(閒)은 글자 그대로 읽는다. **정의** 刀의 음은 조[丁遙反]이며, 성명(姓名)이다.

人之所患也	사람들이 두려워하는데
唯刀閒收取	조간(刀閒)만은 거두어들여
使之逐漁鹽商賈之利	그들로 하여금 어염과 상고의 이익을 좇게 하여
或連車騎	어떨 때는 거마를 잇따르게 하여
交守相	군수나 제후의 승상과 사귀었지만
然愈益任之	더욱더 그들을 신임하였다.
終得其力	마침내 그 힘을 얻어서
起富數千萬	수천만 금의 부를 일으켰다.
故曰寧爵毋刀[190]	그러므로 말하기를 "벼슬보단 조씨(刀氏)의 노예"라 하였는데
言其能使豪奴自饒而盡其力	이는 그가 사납고 교활한 노예를 잘 부려 스스로 부요하게 하고 그 힘을 있는 대로 끌어내었음을 말한다.

周人既纖[191]	주나라 사람들은 인색한데
而師史[192]尤甚	사사(師史)가 더욱 심하였고
轉轂以百數	운반하는 수레가 백을 헤아렸으며
賈郡國	군국에서 장사를 하여
無所不至	이르지 않는 곳이 없었다.

---

190 **집해** 『한서음의』에서는 말하였다. "노예들이 저희들끼리 서로 일러 말하였다. '차라리 면천하여 백성이 되어 작위를 얻고자 하겠는가? 아니면 조씨의 노예가 되는 것으로 그치겠는가?' 무(毋)는 발성의 어기를 돕는 말이다." **색은** 노예들이 저희들끼리 서로 일러 말하였다. "차라리 면천하여 떠나 관작이나 구할까?" 말하였다. "조씨(의 노예)로 그치자." 무조(無刀)는 서로 그만두자는 말로 떠나지 말고 조씨의 노예가 되는 것으로 그친다는 말이다.

191 **집해** 『한서음의』에서는 말하였다. "검(儉)은 인색한 것이다."

192 **색은** 사(師)는 성이고, 사(史)는 이름이다. **정의** 사사(師史)는 사람의 성명이다.

洛陽街居在齊秦楚趙之中[193]	낙양의 거리는 제와 진 · 초 · 조나라의 중간에 처하여
貧人學事富家	가난한 사람들이 부호가 하는 일을 배워
相矜以久賈[194]	오랫동안 장사한 것을 서로 자랑하여
數過邑不入門	수차례나 고을을 지나쳐도 문에 들어가지 않았는데
設任此等	이런 사람들을 써서 맡겨놓아
故師史能致七千萬	사사는 7천만 금을 모으게 되었다.

宣曲[195]任氏之先	선곡의 임씨의 선조는
爲督道倉吏[196]	독도(督道)의 창고 관리였다.
秦之敗也	진나라가 패함에
豪傑皆爭取金玉	호걸들은 모두 다투어 금이며 옥을 취하였으나
而任氏獨窖倉粟[197]	임씨만은 홀로 창고에 움을 파서 곡식을 저장하였다.

193 **정의** 낙양(洛陽)은 제와 진 · 초 · 조나라의 가운데 있어서 그 거리의 가난한 사람들은 부유한 집 사람들에게서 배워 여러 나라에서 오래도록 장사한 것을 자랑하여 모두 여러 번이나 마을을 지나면서도 자기의 집 문에 들어가지 않으므로 바로 앞에서 "낙양은 동으로 제나라 및 노나라와 거래를 하였고 남으로는 양나라, 초나라와 거래를 하였다."라 하였다.

194 **집해** 『한서음의』에서는 말하였다. "거리의 거주민들이 농사지을 땅이 없어서 모두 서로 이 여러 나라에서 오래도록 장사한 것을 자랑한다는 말이다."

195 **집해** 서광은 말하였다. "고조(高祖)의 공신에 곡양후(宣曲侯)가 있다." **색은** 위소는 말하였다. "지명이다. 고조의 공신에 곡양후가 있다." 「상림부(上林賦)」에서는 "서로는 선곡까지 달린다(西馳宣曲)."라 하였으니 서울의 근처에 있을 것인데 지금은 그 땅이 없어졌다. **정의** 그 땅은 관내(關內)로 합쳐졌을 것이다. 장읍(張揖)은 "선곡(宣曲)은 궁전 이름으로 곤지(昆池)의 서쪽에 있다."라 하였다.

196 **집해** 『한서음의』에서는 말하였다. "지금의 관리가 조미[租穀]를 독촉하여 길로 운반하게끔 하는 곳 같은 곳이다." 위소는 말하였다. "독도(督道)는 진(秦)나라 때 변경의 현(縣) 이름이다."

楚漢相距滎陽也	초나라와 한나라가 형양에서 서로 대치하고 있을 때
民不得耕種	백성들은 농사를 지을 수가 없어서
米石至萬	쌀이 섬당(當) 만금에 이르러
而豪傑金玉盡歸任氏	호걸의 금과 옥이 모두 임씨에게로 돌아갔으며
任氏以此起富	임씨는 이로써 부를 일으켰다.
富人爭奢侈	부자들은 사치를 다투었지만
而任氏折節爲儉	임씨는 절개를 꺾고 검소하였으며
力田畜	힘껏 농사를 짓고 가축을 쳤다.
田畜人爭取賤賈[198]	농사짓고 가축 치는 사람들은 다투어 값이 싼 것을 취하였지만
任氏獨取貴善[199]	임씨만은 비싸고 좋은 것을 취하였다.
富者數世	부자가 수대에 이어졌다.
然任公家約	그런데도 임 공(任公)은 집안사람들과 약속하고
非田畜所出弗衣食	농사짓고 가축을 쳐서 나온 것이 아니면 입고 먹지를 않았으며
公事不畢則身不得飲酒食肉	공사가 끝나지 않으면 몸이 음주와 육식을 받아들이지 않았다.
以此爲閭里率	이 때문에 이웃의 모범이 되었으므로
故富而主上重之	부유해져서 주상도 중시하였다.

197 **집해** 서광은 말하였다. "窖의 음은 교(校)로 땅을 파서 저장하는 것이다."

198 **색은** 진작은 말하였다. "값이 싼 금옥(金玉)을 다투어 취하는 것이다." **정의** 음은 가(價)이다.

199 **색은** 매물(買物)은 반드시 비싸고 좋은 것을 취하였으며 값이 싼 것은 다투지 않는다는 것을 이른다.

塞之斥也[200]	변새(邊塞)를 개척할 때
唯橋姚[201]已致馬千匹[202]	교요(橋姚)만이 이미 말은 천 필에 달하였고
牛倍之	소는 그 두 배였으며
羊萬頭	양은 만 두,
粟以萬鍾計	곡식은 만 종을 헤아리는 부를 이루었다.
吳楚七國兵起時	오초칠국이 군사를 일으킬 때
長安中列侯封君行從軍旅	장안의 열후와 봉군은 가서 종군하고자 하여
齎貸子錢[203]	이자 돈을 빌렸는데
子錢家以爲侯邑國在關東	대출자들은 제후의 봉읍지가 관동에 있고
關東成敗未決	관동의 성패가 아직 결정되지 않았으므로
莫肯與	아무도 빌려주지 않으려 하였다.
唯無鹽氏出捐千金貸[204]	무염씨(無鹽氏)만이 천금을 출연하여 빌려주었는데

200 **집해** 『한서음의』에서는 말하였다. "변새(邊塞)에서 척후(斥侯)를 담당하는 병사이다. 이 사람만 이렇게 치부를 할 수 있었다." **색은** 맹강은 말하였다. "변새에서 척후를 담당하는 병사이다." 또한 척(斥)은 연다는 뜻으로, 바로 「상여전(相如傳)」에서 말한 "변새를 더욱 넓혔다(邊塞益斥)."는 것은 이를 말한다. **정의** 맹강은 말하였다. "변새에서 척후를 담당하는 병사이다. 이 사람만 이렇게 치부를 할 수 있었다." 안(顔)은 말하였다. "새척(塞斥)이라는 것은 나라가 변새를 개척하여 더욱 넓게 하였으므로 교요는 마음먹은 대로 목축을 할 수 있었다는 말이다."

201 **색은** 교(橋)는 성이고, 요(姚)는 이름이다. **정의** 성은 교(橋)이고, 이름은 요(姚)이다.

202 **색은** 교요가 변새를 개척하면서 자본을 모으게 되었다는 말이다. 『풍속통』에서는 말하였다. "말을 (헤아릴 때) 필(匹)이라 하는 것은 속설에 의하면 말을 살피는 것이 군자와 사람과 서로 짝[匹]을 이루므로 필(匹)이라고 한다고 한다. 혹은 말하기를 말은 밤길을 갈 때 눈이 앞쪽 네 길[四丈]을 비추므로 일필(一匹)이라고 한다고 하였다. 혹은 말하기를 말을 종횡으로 헤아렸는데 마침 일필(一匹)을 얻어서라고 한다." 또한 『한시외전(韓詩外傳)』에서는 말하였다. "공자(孔子)가 안회(顔回)와 함께 산에 올라 깁 비단 한 필을 바라보았는데 앞에는 쪽[藍]이 있어서 살펴보니 과마(果馬)였으며 말이 보이는 광경이 (비단) 한 필 길이였다."

203 **색은** 齎의 음은 재[子稽反]이다. 화(貨)는 빌린다는 뜻으로 음은 특[吐得反]이다. 남에게 물건을 주는 것을 재(齎)라고 한다. 『주례(周禮)』의 주에서는 "재(齎)는 주는 것이다."라 하였다.

其息什之[205]	그 이자가 열 배였다.
三月	석 달 만에,
吳楚平	오초가 평정되어
一歲之中	1년 내에
則無鹽氏之息什倍	무염씨의 이자가 열 배가 되어
用此富埒關中	이 때문에 부가 관중에 버금가게 되었다.

關中富商大賈	관중의 부유한 상인과 큰 장사치는
大抵盡諸田	대부분 다 전씨들로
田嗇田蘭	전색과 전란이 있다.
韋家栗氏	위가와 율씨,
安陵杜杜氏[206]	안릉과 두현(杜縣)의 두씨도
亦巨萬	거만금을 가졌다.

此其章章尤異者也[207]	이들은 그들 가운데서도 특이하게 드러나는 자들이다.
皆非有爵邑奉祿弄法犯姦而富	모두 작읍이나 봉록, 법을 주무르거나 간사한 행동을 하여 부를 이룬 것이 아니라
盡椎埋去就	소멸과 거취를 다하고

---

204 **색은** 음은 태[吐代反]이다.

205 **색은** 하나를 내어 열 배를 얻는 것을 말한다.

206 **집해** 서광은 말하였다. "안릉(安陵) 및 두(杜)는 두 현의 이름인데, 각기 두(杜)씨 성이 있다. 선제(宣帝)는 두(杜)를 두릉(杜陵)으로 하였다."

207 **집해** 서광은 말하였다. "이(異) 자는 '숙(淑)' 자로 된 판본도 있고, '교(較)' 자로 된 판본도 있다."

與時俛仰	때와 더불어 부응하여
獲其贏利	그 이익을 얻으며
以末致財	말업으로 재산을 일구고
用本守之	본업으로 지키며
以武一切	무로 모든 것을 이루고
用文持之	문으로 지킴에
變化有概	변화에 표준 같은 것이 있어
故足術也	말할 만하다.
若至力農畜	힘껏 농사를 짓고 목축을 하며
工虞商賈	공업과 산림, 상업으로
爲權利以成富	권세와 이익을 행하여 부를 이룬 자에 이르면
大者傾郡	큰 자는 군을 기울이고
中者傾縣	중간쯤 되는 자는 현을 기울이며
下者傾鄉里者	못한 자도 향리를 기울이는 것이
不可勝數	이루 헤아릴 수가 없다.

夫纖嗇筋力	대체로 세심하게 아끼고 힘을 쓰는 것은
治生之正道也	생계를 도모하는 올바른 도리인데
而富者必用奇勝	부자들은 반드시 아주 뛰어난 방법을 쓴다.
田農	농사를 짓는 것은
掘業[208]	졸렬한 생업이지만
而秦揚以蓋一州[209]	진(秦)나라의 양씨(揚氏)는 그것으로 한 고을의

208 **집해** 서광은 말하였다. "옛날에는 '졸(拙)' 자를 또한 '굴(掘)'이라고도 하였다."

209 **색은** 『한서』에는 "한 고을의 으뜸이었다."로 되어 있다. 복건은 말하였다. "부(富)가 고을 가운데 첫 번째이다."

	으뜸이 되었다.
掘冢	무덤을 도굴하는 것은
姦事也	간사한 일이지만
而田叔以起	전숙은 그것으로 (집안을) 일으켰다.
博戲	노름은
惡業也	못된 직업이지만
而桓發[210]用富	항발(桓發)은 그것을 가지고 부를 축적했다.
行賈	행상은
丈夫賤行也	사나이가 하기에는 천한 행위이지만
而雍樂成以饒	옹주의 낙성(樂成)은 그것을 가지고 넉넉해졌다.
販脂[211]	기름을 파는 것은
辱處也	욕된 처지이지만
而雍伯千金[212]	옹백은 천금을 쥐었다.
賣漿	음료를 파는 것은
小業也	하찮은 직업이지만
而張氏千萬	장씨는 천만금을 벌었다.
洒削[213]	물을 뿌리며 칼을 가는 것은

210 **색은** 『한서』에는 "계발(稽發)"로 되어 있다. **정의** 항발(桓發)은 사람의 성명이다.

211 **정의** 『설문』에서는 말하였다. "뿔이 있는 것(의 기름)을 지(脂)라 하고, 뿔이 없는 것을 고(膏)라고 한다."

212 **집해** 서광은 말하였다. "옹(雍)은 '옹(翁)'으로 된 곳도 있다." **색은** 雍의 음은 옹[於恭反]이다. 『한서』에는 "옹백(翁伯)"으로 되어 있다.

213 **집해** 서광은 말하였다. "쇄(洒)는 '세(細)'로 된 곳도 있다." 『한서음의』에서는 "도검(刀劍)을 다스리는 이름"이라 하였다. **색은** 앞 글자의 음은 쇄[先禮反]이며, 칼을 가는 것을 이른다. 쇄삭(洒削)은 칼을 갈고 물을 뿌리는 것을 말한다. 또한 『방언』에서는 "칼을 가는 것을 관동(關東)에서는 削이라 하는데 음은 초(肖)이다."라 하였다. 삭(削)은 또한 글자의 뜻대로 읽기도 한다.

薄技也	별 볼일 없는 재주이지만
而郅氏鼎食	질씨(郅氏)는 진수성찬을 먹었다.
胃脯[214]	(양의) 위로 만든 포(脯) 같은 것은
簡微耳	보잘것없는 것들일 따름이지만
濁氏連騎	탁씨는 말을 줄줄이 끌고 다녔다.
馬醫	말을 돌보는 의원은
淺方	천한 기술이지만
張里擊鍾	장리는 종 같은 악기를 연주하였다.
此皆誠壹之所致	이는 모두 심기일전하여 이룬 것이다.

由是觀之	이로써 살펴보건대
富無經業	부에는 고정된 직업이 없고
則貨無常主	화물에는 영원한 주인이 없이
能者輻湊	재능이 있는 자에게는 (재물이) 폭주하고
不肖者瓦解	못난 자는 와해시킨다.
千金之家比一都之君	천금을 가진 가문은 한 도읍의 임금과 비기고
巨萬者乃與王者同樂	거만금을 가진 자는 곧 왕자와 즐거움을 함께 누린다.
豈所謂素封者邪	어찌 이른바 '소봉'인 자이겠는가?
非也	아니겠는가?

214 **색은** 진작은 말하였다. "태관(太官)은 늘 10월이면 물을 끓여 양의 위를 삶는데 끝에서 산초와 생강 가루로 마쳐 볕을 쬐어 말리는데 곧 이를 포(脯)라고 하므로 쉬 팔아 부를 이루었다." **정의** 생각건대 위포(胃脯)는 다섯 가지 맛을 맞추어 포(脯) 중에서는 맛있으므로 잘 팔렸다.

70 태사공 자서 太史公自序

昔在顓頊	옛날 전욱 때에
命南正重以司天	남정 중(重)에게는 천문을 관장하게 하였고
北正黎以司地[1]	북정 여(黎)에게는 지리를 관장하도록 명하였다.
唐虞之際	당우(唐虞) 때에는
紹重黎之後	중과 여의 후손들에게 이어서
使復典之	다시 그 일을 맡게 하여
至于夏商	하나라와 상나라에 이르렀으므로
故重黎氏世序天地	중씨와 여씨가 대대로 천문과 지리를 맡았다.
其在周	주나라에서는
程伯休甫其後也[2]	정백 휴보가 그 후손이다.

1 **색은** 남정 중(重)이 천문을 관장하고, 화정(火正) 여(黎)가 지리를 관장한 것이다. 생각건대 장안(張晏)은 "남방은 양(陽)이다. 불은 물의 짝이다. 물은 음이므로 남정 중에게 천문을 관장하게 하였고, 화정 여(黎)에게 지리를 겸하여 관장하게 하였다."라 하였다. 신찬(臣瓚)은 중려씨(重黎氏)가 천문과 지리를 맡은 관리이며 지리를 맡은 자는 북정(北正)이 되어야 한다고 생각하였으며, 고문(古文)에는 '북(北)' 자로 되어 있는데 틀렸다. 양웅(揚雄)과 초주(譙周)도 모두 그렇게 생각하였다. 생각건대 『국어(國語)』[「정어(鄭語) 1」]에서는 "여(黎)는 화정으로 순박하고 빛나고 도탑고 커서 빛이 사해를 비추었다."라 하였고, 또한 (後漢 班固의) 「유통부(幽通賦)」에서는 "여(黎)는 고신 때 순박하고 빛이 났다(黎淳耀於高辛)."라 하였으니 '화정'이 옳다.

2 **집해** 응소(應劭)는 말하였다. "정(程)나라의 백(伯)에 봉하여졌으며, 휴보(休甫)는 자이다." **색은** 생각건대 중(重)이 지리를 관장하였고 여(黎)가 지리를 관장한 것으로, 대신 천지를 맡은 것이다. 『좌씨(左氏)』에 의하면 중은 소호(少昊)의 아들이고, 여(黎)는 곧 전욱(顓頊)의

當周宣王時	주나라 선왕 때가 되자
失其守而爲司馬氏[3]	그 지위를 잃어 사마씨가 되었다.
司馬氏世典周史[4]	사마씨는 대대로 주나라의 역사를 관장하였다.
惠襄之閒	혜왕과 양왕 사이에
司馬氏去周適晉[5]	사마씨는 주나라를 떠나 진(晉)나라로 갔다.
晉中軍隨會奔秦[6]	진(晉)나라 중군장군 수회가 진(秦)나라로 달아나자
而司馬氏入少梁[7]	사마씨는 소량으로 들어갔다.

만이다. 두 씨(氏)가 두 정(正)으로 나온 것이 각기 달랐는데 사마천은 두 씨를 하나로 합치려고 하였으므로 총칭하여 "주나라에서는 정백 휴보가 그 후손이다."라 하였는데 이는 틀렸다. 그런 다음에 반표(班彪)의 서 및 간보(干寶)가 모두 사마씨(司馬氏)라 하였는데 여(黎)의 후손은 이들이다. 여기서 백휴보(伯休甫)가 중려(重黎)의 후손이라고 총칭한 것은 지리를 두루 말하는 것이 곧 천문을 드는 것이므로 여(黎)를 일컫는 것이 곧 중(重)을 겸하는데 분명히 상대되는 글이며, 사실 두 관직은 통괄된 관직이지만 휴보는 여(黎)의 후손이며, 또한 태사공이 역사를 자신의 소임으로 생각하여 선대가 천관이라고 말하였기 때문에 중(重)이라고 겸하여 칭하였을 따름이다. **정의** 『괄지지(括地志)』에서는 말하였다. "안릉(安陵)의 옛 성은 옹주(雍州) 함양(咸陽) 동쪽 20리 지점에 있으며, 주(周)의 정읍(程邑)이다."

3 **정의** 사마표(司馬彪)의 서(序)에서는 "남정(南正)의 여(黎)는 후세에 사마씨(司馬氏)가 되었다."라 하였다.

4 **색은** 생각건대 사마(司馬)는 하관경(夏官卿)으로 나라의 역사를 관장하지 않았는데, 이로부터 선대가 사관을 겸하였다. 위굉(衛宏)이 말하기를 "사마씨는 주사일(周史佚)의 후손이다."라 하였는데, 무슨 근거인지 모르겠다.

5 **집해** 장안은 말하였다. "주나라의 혜왕(惠王)과 양왕(襄王)은 자퇴(子穨)와 숙대(叔帶)의 난이 있었으므로 사마씨가 진(晉)나라로 달아났다."

6 **색은** 『좌씨(左氏)』에 의하면 수회(隨會)는 진(晉)나라에서 진(秦)나라로 달아났으며 나중에는 또 위(魏)나라로 달아났다가 위(魏)나라에서 진(晉)나라로 돌아왔으므로 『한서(漢書)』에서는 회(會)가 진(秦)나라와 위(魏)나라로 달아났다고 하였다.

7 **색은** 옛 양(梁)나라인데 진(秦)나라가 멸하고 소량(少梁)이라고 고쳤으며, 나중에는 하양(夏陽)이라고 하였다. **정의** 『춘추(春秋)』에 의하면 수회(隨會)는 진(秦)나라로 달아났으며, 그 후손이 진(秦)나라에서 위(魏)나라로 들어갔다가 진(晉)나라로 돌아갔다. 수회는 진(晉)나라의 중군장(中軍將)이 되었다. 소량(少梁)은 옛 양(梁)나라로 영(嬴) 성이며, 동주(同州) 한성현(韓城縣) 남쪽 22리 지점에 있는데 이때는 진나라에 속하였다.

自司馬氏去周適晉	사마씨는 주나라를 떠나 진(晉)나라로 간 이래
分散	흩어져서
或在衛	혹자는 위(衛)나라에 있고
或在趙	혹자는 조(趙)나라에 있었으며
或在秦	혹자는 진(秦)나라에 있게 되었다.
其在衛者	그중 위(衛)나라에 있는 일족은
相中山[8]	중산국의 재상이 되었다.
在趙者[9]	조나라에 있는 일족은
以傳劍論顯[10]	검술 이론을 전하여 이름이 드러났는데
蒯聵其後也[11]	괴외가 그 후손이다.
在秦者名錯	진나라에 있는 일족은 이름이 착(錯)인데
與張儀爭論	장의와 논쟁을 벌였으며,
於是惠王使錯將伐蜀	이에 혜왕이 착(錯)을 장수로 삼아 촉나라를 쳐서
遂拔	마침내 함락시켜
因而守之[12]	이로 인하여 그곳의 군수가 되었다.

8 **집해** 서광(徐廣)은 말하였다. "이름은 희(喜)이다."

9 **색은** 생각건대 (南朝 宋) 하법성(何法盛)의 『진서(晉書)』 및 『사마씨계본(司馬氏系本)』에 의하면 이름은 개(凱)이다. **정의** 하법성(何法盛)의 『진서(晉書)』 및 진(晉)나라 초왕(譙王) 사마무기(司馬無忌)의 『사마씨계본(司馬氏系本)』에서는 모두 이름이 개(凱)라고 하였다.

10 **집해** 복건(服虔)은 말하였다. "대대로 검을 잘 전하였다." 소림(蘇林)이 말하기를 "수박론(手搏論)을 전하고 풀이하였다."라 하였다. 진작(晉灼)은 말하였다. "『사기』 오기(吳起)의 찬(贊)에서는 말하기를 '신(信)과 인(仁), 염(廉), 용(勇)이 아니면 검론(劍論)과 병서(兵書)를 논할 수 없다.'라 하였다." **색은** 복건은 말하였다. "대대로 검에 뛰어난 것이다." 생각건대 전한 것을 일컬은 까닭을 해석한 것이다. 소림은 말하기를 "전(傳)은 '박(搏)'이 되어야 한다."고 하였다. 수박론을 언급하여 해석하였는데, 이름이 알려진 까닭이다.

11 **정의** 여순(如淳)은 말하였다. "「자객전(刺客傳)」의 괴외(蒯聵)이다."

12 **집해** 소림은 말하였다. "수(守)는 군수(郡守)이다."

錯孫靳[13] 착(錯)의 손자 근(靳)은

事武安君白起 무안군 백기를 섬겼다.

而少梁更名曰夏陽 그리고 소량을 하양이라는 이름으로 바꾸었다.

靳與武安君阬趙長平軍[14] 근(靳)과 무안군은 조나라 장평의 군사를 갱형에 처하였고

還而與之俱賜死杜郵[15] 돌아와서는 그와 함께 두우에서 죽음이 내려졌다.

葬於華池[16] 화지에 장사 지냈다.

靳孫昌 근(靳)의 손자는 창(昌)으로

昌爲秦主鐵官 창(昌)은 진나라의 철을 주관하는 관리였는데

當始皇之時 진시황 때였다.

蒯聵玄孫卬爲武信君將而徇朝歌[17]

괴외의 현손 앙(卬)은 무신군의 장수가 되어 조가에 이르렀다.

諸侯之相王 제후들이 서로 왕을 책봉할 때

王卬於殷[18] 앙(卬)을 은(殷)의 왕으로 삼았다.

---

13 집해 서광은 말하였다. "기(蘄)로 된 판본도 있다." 색은 윗 글자의 음은 착[七各反]이고, 아래 글자의 음은 근(紀釁反)이다. 『한서』에는 기(蘄)로 되어 있다.

14 집해 문영(文穎)은 말하였다. "조(趙)나라 효성왕(孝成王) 때이다."

15 색은 이기(李奇)는 말하였다. "지명으로, 함양(咸陽)의 서쪽에 있다." 『삼진기(三秦記)』에 의하면 그곳은 나중에 이리(李里)로 고쳐졌다.

16 집해 진작은 말하였다. "지명으로 호현(鄠縣)에 있다." 색은 진작은 호현에 있다고 하였는데 틀렸다. 사마천의 비석에 의하면 하양(夏陽) 서북쪽 4리 지점에 있다. 정의 『괄지지』에서는 말하였다. "화지(華池)는 동주(同州) 한성현(韓城縣) 서남쪽 70리 지점에 있으며, 하양(夏陽) 고성(故城)의 서북쪽 4리 지점에 있다."

17 색은 진(晉)나라 초국(譙國)의 사마무기(司馬無忌)는 『사마씨계본(司馬氏系本)』을 지었는데 괴외(蒯聵)는 소예(昭豫)를 낳고, 소예는 헌(憲)을 낳았으며, 헌은 앙(卬)을 낳았다고 하였다.

18 집해 서광은 말하였다. "「장이전(張耳傳)」에서는 무신(武臣)의 자호를 무신군(武信君)이라 하였다." 색은 『한서』에 의하면 무신의 호는 무신군이다.

색은 『한서』에서는 항우(項羽)가 앙(卬)을 은왕에 봉하였다고 하였다.

漢之伐楚 한나라가 초나라를 치자

卬歸漢 앙(卬)은 한나라에 귀순하였으며

以其地爲河內郡 그 땅은 하내군이 되었다.

昌生無澤[19] 창(昌)은 무택을 낳았으며

無澤爲漢市長 무택은 한(漢)의 시장이 되었다.

無澤生喜 무택은 희(喜)를 낳았는데

喜爲五大夫 희(喜)는 오대부가 되었으며

卒 죽어서

皆葬高門[20] 모두 고문에서 장례를 치렀다.

喜生談 희(喜)는 담(談)을 낳았는데

談爲太史公[21] 담(談)은 태사공(太史公)이 되었다.

---

19 **색은** 『한서』에는 '무택(毋擇)'으로 되어 있는데, 음은 마찬가지이다.

20 **집해** 소림은 "장안의 북문이다."라 하였는데, 찬(瓚)은 "장안성에는 고문(高門)이 없다."라 하였다. **색은** 소림의 설은 틀렸다. 사마천의 비문에 의하면 하양(夏陽) 서북쪽에 있으며, 화지(華池)와 3리 떨어져 있다. **정의** 『괄지지』에서는 "고문은 원래 속칭 마문원(馬門原)이라 하였는데, 동주(同州) 한성현(韓城縣) 서남쪽 8리 지점에 있다. 한나라 사마천의 무덤은 한성현 남쪽 20리 지점에 있다. 하양현의 옛 성 동남쪽에 사마천의 무덤이 있는데 고문원(高門原)에 있다."라 하였다.

21 **집해** 여순은 말하였다. "『한의주(漢儀注)』에 태사공은 무제가 설치하였으며 위차가 승상의 위에 있다고 하였다. 천하의 계서(計書)는 먼저 태사공에게 올리고 다음에 승상에게 올리는데, 일을 처리하는 것이 옛 『춘추』와 같다. 사마천이 죽은 후에 선제(宣帝)는 그 관직을 영(令)으로 삼아 태사공의 문서를 행하게 하였다." 찬(瓚)은 말하였다. "「백관표(百官表)」에는 태사공이 없다. 「무릉중서(茂陵中書)」에서는 사마담은 태사승(太史丞)으로 태사령(太史令)이 되었다고 하였다." **색은** 「무릉서(茂陵書)」에 의하면 담(談)이 태사승(太史丞)에서 태사령(太史令) 곧 공(公)이 되었으므로 사마천이 지은 책에서는 그 부친을 '공(公)'이라 한 것이다. 그러나 '태사공'이라 칭한 것은 모두 사마천이 그 부친이 지은 것을 칭술한 것인데 사실 또한 사마천의 글이며, 여순이 위굉(衛宏)의 『의주(儀注)』를 끌어다 "위차가 승상의 위에 있다."라 한 것은 틀렸다. 「백관표(百官表)」에 의하면 또한 그런 관직이 없다. 또한 역사를 편수하는 관리는 나라에서 별도로 지은 것이 있으면 군현에서 올린 도서를 모두 먼저 올리게 하였는

太史公學天官於唐都[22] 태사공은 당도에게서 천관을 배웠으며
受易於楊何[23] 양하에게서 『역』을 전수받았고
習道論於黃子[24] 황자로부터 도론을 익혔다.
太史公仕於建元元封之閒 태사공은 건원과 원봉 연간에 벼슬을 하였으며
愍學者之不達其意而師悖[25] 학자들이 그 뜻에 이르지 못하고 사도가 미혹된 것을 근심하여
乃論六家之要指曰 이에 육가의 요지를 논하여 말하였다.

易大傳[26] 『역(易)』「대전(大傳)」에서는
天下一致而百慮 "천하가 일치하지만 생각은 백 갈래로 갈라졌고

데, 후인들이 깨닫지 못하고 잘못 승상의 위에 있다고 생각한 것일 따름이다. **정의** 우희(虞喜)의 『지림(志林)』에서는 "옛날에 천관(天官)을 맡은 자는 모두 상공(上公)이었으며, 주나라에서 한나라에 이르기까지는 그 직관이 낮아졌지만 조회에서의 위치는 여전히 공의 위에 있었다. 하늘을 높이는 도 때문에 그 관속은 여전히 옛 이름을 가지고 높여서 부르는 것이다."라 하였다. 아래의 글에서 "태사공은 천관(天官)을 관장하게 되자 백성을 다스리지 않았으며 아들이 있는데 천(遷)이라 하였다."라 하였고, 또 말하기를 "3년이 지나자 천(遷)이 태사령이 되었다."라 하였으며, 또 말하기를 "태사공이 이릉(李陵)의 화를 만나."라 하였고, 또 말하기를 "네가 다시 태사가 되면 우리 조부의 뒤를 이어라."라 하였는데 이 글을 보면 우희의 설이 뛰어나다. 곧 담(談) 및 천(遷)을 '태사공'이라 기록한 것은 모두 사마천이 스스로 그렇게 기록하였다. 『한구의(漢舊儀)』에서는 "태사공은 2천 석의 봉록을 받고, 졸(卒)과 사(史)는 모두 2백 석의 봉록을 받는다."라 하였다. 그렇다면 찬(瓚) 및 위소(韋昭), 환담(桓譚)의 설은 모두 틀렸다. 환담의 설과 해석은 「무본기(武本紀)」에 있는 것이다.

22 **정의** 「천관서(天官書)」에서 말하였다. "별은 곧 당도(唐都)이다."

23 **집해** 서광은 말하였다. "치천(菑川) 사람이다."

24 **집해** 서광은 말하였다. "「유림전(儒林傳)」에서는 황생(黃生)은 황로(黃老)의 학술을 좋아하였다고 하였다."

25 **정의** 안(顔)은 말하였다. "패(悖)는 미혹된 것이다. 각기 스승의 글을 익혀 소견이 미혹된 것이다."

26 **집해** 장안은 말하였다. "『역(易)』「계사(繫辭)」를 이른다." **정의** 장안은 "『역(易)』「계사(繫辭)」를 이른다."라 하였다. 생각건대 아래 두 구절은 「계사(繫辭)」의 글이다.

同歸而殊塗	함께 돌아가지만 길이 다르다."라 하였다.
夫陰陽儒墨名法道德	저 음양가와 유가, 묵가, 명가, 법가, 도덕가는
此務爲治者也	다스리는 데 힘쓰는 자들이지만
直所從言之異路	곧 말을 따르는 것이 길이 다른데
有省不省耳[27]	살핀 것도 있고 살피지 않은 것도 있을 따름이다.
嘗竊觀陰陽之術	일찍이 가만히 음양가의 학설을 살핀 적이 있는데,
大祥而衆忌諱[28]	크게 길한 것을 따져 기휘하는 것이 많아
使人拘而多所畏[29]	사람들로 하여금 얽매여 두려워하게 함이 많다.
然其序四時之大順	그러나 사철의 큰 순서는
不可失也	잃을 수 없다.
儒者博而寡要	유가는 넓으나 요점이 적고
勞而少功	수고는 많으나 공이 적어
是以其事難盡從	그 일은 모두 따르기 어렵다.
然其序君臣父子之禮	그러나 군신과 부자의 예를 바로잡고
列夫婦長幼之別	부부와 장유의 구별을 늘어놓았으므로
不可易也	바꿀 수가 없다.
墨者儉而難遵[30]	묵가는 검약하여 따르기가 어려우므로

27 **색은** 육가(六家)가 함께 올바름으로 돌아가지만 따르는 도는 길이 다르며, 배움에 혹자는 전하여 익히고 성찰함이 있고, 혹자는 살피지 않는 것이 있을 따름이다.

28 **집해** 서광은 말하였다. "상(詳)으로 된 판본도 있다." 내[駰]가 생각건대 이기(李奇)는 "월령과 성관(星官)은 그 지엽이다."라 하였다. **색은** 『한서』에는 '대상(大詳)'으로 되어 있는데 내가 음양의 술이 크게 상서로움을 살피는 것을 말한다. 지금은 '상(祥)'으로 되어 있는데 의미상 엉성하다. **정의** 고야왕(顧野王)은 말하였다. "상(祥)은 훌륭한 것이다. 길흉(吉凶)이 먼저 드러나는 것이다."

29 **정의** 일시(日時)에 구속되어 사람들로 하여금 꺼리어 두려워함이 있게 한 것을 말한다.

30 **정의** 위(韋)씨는 말하였다. "묵적(墨翟)의 학술은 검소를 숭상하였으며, 나중에 수소자(隨巢子)가 그의 학술을 전하였다."

是以其事不可遍循[31]	그 일은 두루 따를 수가 없다.
然其彊本節用	그러나 그들은 근본을 강조하고 쓰임을 절약하니
不可廢也	폐할 수가 없다.
法家嚴而少恩	법가는 엄격하나 은혜가 적다.
然其正君臣上下之分	그러나 그 군신과 신하의 명분을 바르게 하는 것은
不可改矣	고칠 수가 없었다.
名家使人儉而善失眞[32]	명가는 사람으로 하여금 단속하게 하여 진실을 잘 잃어버리게 하지만
然其正名實	그 명과 실을 바로잡음은
不可不察也	살피지 않을 수 없다.
道家使人精神專一	도가는 사람으로 하여금 정신을 하나로 오로지하게 하여
動合無形	행동이 형체가 없음을 합하여
贍足萬物[33]	만물을 넉넉하고 풍족하게 한다.
其爲術也	그 학술은
因陰陽之大順	음양의 큰 법도를 따르고
采儒墨之善	유가와 묵가의 장점을 가리고
撮名法之要	명가와 법가의 요점을 취하여
與時遷移	때와 함께 옮기어 가고
應物變化	사물에 응하여 변화하며
立俗施事	풍속을 세우고 일을 베푸니

31 **색은** 편순(遍循)은 다 쓰기 어려움을 말한다.

32 **색은** 명가(名家)는 예관(禮官)에서 흘러나왔다. 옛날에는 명칭과 지위가 다르면 예의 또한 급수를 달리 하였으며 공자(孔子)는 "반드시 명분을 바로잡을 것이다(必也正名乎)."라 하였다. 명가가 예를 알고 또한 급수를 달리하는 것이 검(儉)이며, 명은 받아들이면서 말은 받아들이지 않는 것이 혹 그 진실을 잃은 것이다.

33 **색은** 贍의 음은 섬[市豔反]이다. 『한서』에는 '담(澹)'으로 되어 있는데, 고금자(古今字)가 다르다.

無所不宜	옳지 않은 곳이 없고
指約而易操	그 뜻이 간략하고 행하기가 쉬워
事少而功多	일은 적고 공은 많다.
儒者則不然	유가는 그렇지 않다.
以爲人主天下之儀表也	임금은 천하의 의표이므로
主倡而臣和	임금이 제창하면 신하는 응하고
主先而臣隨	임금이 선창하면 신하는 따라야 한다고 생각한다.
如此則主勞而臣逸	이러하면 임금은 수고롭지만 신하는 편안하다.
至於大道之要	(도가의) 큰 도의 요체에 이르러서는
去健羨[34]	탐욕을 버리고
絀聰明[35]	총명함을 물리치는 것인데
釋此而任術	(유가는) 이것을 놓고 술책에 맡긴다.
夫神大用則竭	대체로 정신은 크게 쓰면 고갈되고
形大勞則敝	육신은 크게 피로해지면 피폐해진다.
形神騷動	육신과 정신이 크게 흔들리면서
欲與天地長久	천지와 오래도록 함께하고자 하는 것에 대해서는
非所聞也	들은 적이 없다.

夫陰陽四時八位十二度二十四節各有教令[36]

대체로 음양가는 사시와 팔위, 12도, 24절기에 각기

34 집해 여순은 말하였다. "'수컷 됨을 알면서 암컷 됨을 지키는 것(知雄守雌)'이 탐욕을 버리는 것이다. '욕심 될 것을 보이지 않아 마음이 어지럽지 않게 하는 것(不見可欲, 使心不亂)'이 탐욕을 버리는 것이다."

35 색은 여순은 말하였다. "'현명한 이를 숭상하지 않는 것(不尚賢)', '성스러움을 끊고 지혜를 버리는 것(絕聖棄智)'이다."

36 집해 장안은 말하였다. "팔위(八位)는 팔괘의 방위이다. 십이도(十二度)는 12차(次)이다. 이십사절(二十四節)은 그 안의 기운이다. 각기 금기(禁忌)가 있는데, 일월(日月)을 이른다."

	교령을 두어
順之者昌	순응하는 자는 창성(昌盛)하고
逆之者不死則亡	역행하는 자는 죽지 않으면 망한다고 하였는데
未必然也	반드시 그렇지는 않으므로
故曰使人拘而多畏	"사람들로 하여금 얽매이어 많이 두렵게 한다."라 하였다.
夫春生夏長	대체로 봄에는 싹이 나고 여름에는 생장(生長)하며
秋收冬藏	가을에는 수확하고 겨울에는 저장하는 것이
此天道之大經也	천도의 큰 법도로
弗順則無以爲天下綱紀	순응하지 않으면 천하의 강기가 되지 못하게 되므로
故曰四時之大順	"사시의 큰 순서를
不可失也	잃을 수가 없다."라 한 것이다.

夫儒者以六蓺爲法	유가는 〈육경(六經)〉을 법도로 삼는다.
六蓺經傳以千萬數	〈육경〉의 경문과 전(傳)은 천만을 헤아려
累世不能通其學	여러 대에 걸쳐서도 그 학문에 통달할 수 없고
當年不能究其禮	당세에 그 예법을 궁구할 수 없기 때문에
故曰'博而寡要	"넓으나 요점이 적고
勞而少功	수고는 많으나 공이 적다."고 한 것이다.
若夫列君臣父子之禮	임금과 신하, 아비와 자식의 예를 열거하고
序夫婦長幼之別	부부와 장유의 구별을 밝힌 것은
雖百家弗能易也	백가라 하더라도 바꿀 수 없다.

墨者亦尚堯舜道	묵가 또한 요임금과 순임금의 도를 숭상하여
言其德行曰	그 덕행에 대하여 말하였다.
堂高三尺[37]	"대청의 높이는 석 자이고

土階三等	흙으로 만든 계단은 세 층이며
茅茨不翦[38]	띠로 이은 지붕은 자르지 않았고
采椽不刮[39]	상수리나무 서까래는 다듬지 않았다.
食土簋[40]	흙을 구워 만든 그릇에 밥을 먹고
啜土刑[41]	흙으로 구운 그릇에 국을 먹으며
糲粱之食[42]	현미와 기장으로 지은 밥에
藜霍之羹[43]	명아주와 콩잎으로 끓인 국을 먹었다.
夏日葛衣	여름에는 칡옷을 입었고
冬日鹿裘	겨울에는 사슴 갖옷을 입었다."
其送死	송장 때는
桐棺三寸[44]	세 치 두께의 오동나무 관을 썼으며
擧音不盡其哀	곡을 할 때도 슬픔을 다하지 않았다.
教喪禮	상례를 가르칠 때는
必以此爲萬民之率	반드시 이를 만민의 기준으로 삼았다.

---

37 **색은** 이 이하는 『한비자[韓子]』의 글이므로 '왈(曰)'이라고 하였다.

38 **정의** 지붕을 이는 것을 자(茨)라고 하는데, 띠를 가지고 집의 지붕을 덮는 것이다.

39 **색은** 위소는 말하였다. "채연(采椽)은 상수리나무 서까래이다." **정의** 벌채하여 서까래를 만드는데 깎지 않은 것이다.

40 **집해** 서광은 말하였다. "'류(塯)'로 된 곳도 있다." 복건은 "토궤(土簋)인데 흙을 가지고 이 기물을 만든다."라 하였다.

41 **정의** 안(顔)은 말하였다. "궤(簋)는 음식을 담는 것이다. 형(刑)은 국을 담는 것이다. 토(土)는 흙을 구워 만드는 것으로 곧 와기(瓦器)이다."

42 **집해** 장안은 말하였다. "조 1휘[斛]와 쌀 7말[㪷]이 려(糲)이다." 찬(瓚)은 말하였다. "조 5말과 쌀 3말이 려(糲)이다. 음은 랄(剌)이다." 위소는 말하였다. "려(糲)는 찧는 것이다." **색은** 복건은 말하였다. "려(糲)는 현미이다." 『삼창(三倉)』에서는 말하였다. "량(粱)은 좋은 조이다." **정의** 려(糲)는 현미로, 껍질을 벗긴 곡식이다. 량(粱)은 조이다. 껍질을 벗긴 현미밥을 먹는 것을 말한다.

43 **정의** 여(藜)는 곽(藿)과 비슷한데 곁이 붉은색이다. 곽(藿)은 콩잎이다.

44 **정의** 오동나무로 관을 만들었으며 두께가 세 치[寸]이다.

使天下法若此	천하의 법이 이렇게 된다면
則尊卑無別也	존비의 차별이 없어지게 될 것이다.
夫世異時移	대체로 세상이 달라지고 때가 옮기어 가면
事業不必同	사업이 반드시 같지 않게 될 것이므로
故曰儉而難遵	"검약하여 따르기가 어렵다."라고 하였다.
要曰彊本節用	요점은 본업에 힘쓰고 쓰는 것을 절약하는 것이
則人給家足之道也	사람들에게 (충분히) 대고 집안을 풍족하게 하는 도라는 것이다.
此墨子之所長	이것이 묵가의 뛰어난 점으로
雖百家弗能廢也	백가라 하더라도 폐할 수 없다.

法家不別親疏	법가는 친소를 가리지 않고
不殊貴賤	귀천을 달리하지 않으며
一斷於法	일관되이 법으로 단죄하니
則親親尊尊之恩絕矣[45]	친속을 가까이하고 높은 이를 높이는 은혜가 끊어졌다.
可以行一時之計	한때의 계책으로는 행할 수 있으나
而不可長用也	오래 쓸 수는 없으므로
故曰嚴而少恩	"엄격하나 은혜가 적다."고 하였다.
若尊主卑臣	임금을 높이고 신하를 낮추며
明分職不得相踰越	직분을 밝혀 서로 넘지 못하게 한 것 같은 것은
雖百家弗能改也	백가라 하더라도 고칠 수 없다.

名家苛察繳繞[46]	명가는 엄격하고 살피어 뒤죽박죽 얽히어

45 색은 예(禮)에 친속을 가까이함은 어버이가 으뜸이고, 높은 이를 높임으로는 임금이 으뜸이다.

使人不得反其意	사람으로 하여금 그 뜻을 되돌리게 하지 못하고
專決於名而失人情	오로지 명분으로만 결정하여 인정을 잃어버리므로
故曰使人儉而善失眞	"사람으로 하여금 단속하게 하여 진실을 잘 잃어버리게 한다."고 하였다.
若夫控名責實	명분을 당기어 실질을 따지며
參伍不失[47]	이리저리 얽힌 것을 잃지 않음과 같은 것은
此不可不察也	살피지 않을 수 없다.

道家無爲	도가는 무위이면서
又曰無不爲[48]	또한 무불위라고도 하는데
其實易行[49]	그 실질은 행하기 쉬우나
其辭難知[50]	그 말은 알기 어렵다.
其術以虛無爲本	그 학설은 허무를 근본으로 삼고
以因循爲用[51]	순응하는 것을 쓰임으로 삼는다.
無成埶	이루어진 형세도 없고
無常形	고정적인 형태도 없기 때문에
故能究萬物之情	만물의 정세를 궁구할 수 있다.
不爲物先	사물에 앞서지도 않고
不爲物後[52]	사물에 뒤지지도 않으므로

46 집해 복건은 말하였다. "繳의 음은 교[叫呼]에 가까우며, 번거로움을 말한다." 여순은 말하였다. "교요(繳繞)는 전요(纏繞)와 같으며 대체(大體)에 통하지 않는 것이다."

47 집해 진작은 말하였다. "명분을 끌어다 실질을 따지며 이리저리 뒤섞인 것을 서로 비교하여 사정을 잘 아는 것이다."

48 정의 무위(無爲)는 청정(淸淨)함을 지키는 것이다. 무불위(無不爲)는 만물을 생육(生育)시키는 것이다.

49 정의 각기 그 직분을 지키므로 쉽게 행하는 것이다.

50 정의 그윽하고 깊으며 미묘하므로 알기 어려운 것이다.

51 정의 자연에 맡기는 것이다.

故能爲萬物主	만물의 주재자가 될 수 있다.
有法無法	법이 있는가 하면 법이 없기도 하며
因時爲業[53]	때에 따라서 사업을 하며,
有度無度	도가 있는가 하면 도가 없기도 하여
因物與合[54]	사물에 따라 더불어 합치된다.
故曰聖人不朽	그러므로 말하기를 "성인은 썩지 않고
時變是守[55]	때의 변화를 지킨다.
虛者道之常也	빈 것은 도의 법도이고
因者君之綱也[56]	따르는 것은 임금의 기강이다."라 하였다.
羣臣並至	뭇 신하들이 함께 이르면
使各自明也	각자 스스로 밝히게 한다.
其實中其聲者謂之端	그 실질이 그 명성에 맞는 것을 단(端)이라 하고
實不中其聲者謂之窾[57]	실질이 명성에 맞지 않는 것을 관(窾)이라 한다.
窾言不聽	관(窾)의 말을 듣지 않으면
姦乃不生	간사함이 생기지 않으며
賢不肖自分	현명함과 불초함이 절로 나누어지고

---

52 **집해** 위소는 말하였다. "사물에 따라 제도로 삼는 것이다."

53 **정의** 당시의 사물에 따라 법을 이루는 것을 업으로 삼는 것이다.

54 **정의** 만물의 형성에 따라 도가 더불어 합치되는 것이다.

55 **색은** "그러므로 말하기를 성인은 썩지 않고(故曰聖人不朽)"부터 "따르는 것은 임금의 기강이다(因者君之綱)."까지는 『귀곡자(鬼谷子)』에서 나왔는데, 사마천이 그 말을 인용하여 문장을 이루었으므로 "그러므로 말하기를(故曰)"이라 하였다. **정의** 성인의 가르침의 자취가 썩어 없어지지 않는 것은 때에 순응하여 변화하기 때문이라는 것을 말한다.

56 **정의** 백성의 마음을 따라 가르치는 것은 오직 그 기강을 잡을 따름이라는 것을 말한다.

57 **집해** 서광은 말하였다. "음은 관(款)이며 비었다는 뜻이다." 이기(李奇)는 "성(聲)의 별명이다." **색은** 窾의 음은 관(款)이다. 『한서』에는 '관(款)'으로 되어 있다. 관(款)은 비었다는 뜻이다. 그러므로 『신자(申子)』에서 "빈말은 이룸이 없다(款言無成)."라 하였다. 성(聲)은 이름이다. 실질을 말하고 이름을 말하지 않았으니 공(空)이라고 하며, 헛되이 명성만 있다는 것이다.

白黑乃形	흑백이 곧 형체를 드러낸다.
在所欲用耳	하고자 하는 바를 쓰는 데 있을 따름이니
何事不成	무슨 일을 이루지 못하겠는가?
乃合大道	곧 큰 도와 합치되어
混混冥冥[58]	원기가 하나로 뒤섞인 상태가 된다.
光燿天下	천하를 밝게 비추어
復反無名	무명의 상태로 되돌린다.
凡人所生者神也	무릇 사람이 사는 것은 정신이며
所託者形也	기탁하는 것은 육신이다.
神大用則竭	정신을 크게 쓰면 고갈되고
形大勞則敝	육신이 크게 피로해지면 피폐해지며
形神離則死	육신과 정신이 떨어지면 죽는다.
死者不可復生	죽은 자는 다시 살 수 없고
離者不可復反	[영육(靈肉)이] 분리된 자는 다시 되돌릴 수 없으므로
故聖人重之	성인이 중시한 것이다.
由是觀之	이로써 살펴보건대
神者生之本也	정신은 사는 근본이며
形者生之具也[59]	육신은 사는 도구이다.
不先定其神形	먼저 그 정신과 육신을 정해 놓지 않고
而曰我有以治天下	"내게 천하를 다스릴 방법이 있다."고 하는 것은
何由哉	무슨 연유인가?

太史公既掌天官	태사공은 천문만 관장하였고

58 **정의** 앞의 글자는 음이 혼[胡本反]이다. 혼혼(混混)은 원기(元氣)의 모양이다.

59 **집해** 위소는 말하였다. "성기(聲氣)라는 것은 신(神)이다. 지체(枝體)라는 것은 육신[形]이다."

不治民	백성을 다스리지는 않았다.
有子曰遷	아들이 있었는데 천(遷)이라고 하였다.

遷生龍門[60]	천(遷)은 용문에서 났으며
耕牧河山之陽[61]	황하의 북쪽과 (용문)산 남쪽에서 농사를 짓고 가축을 쳤다.
年十歲則誦古文[62]	나이 10세 되던 해에 고문(古文)에 통달하였다.
二十而南游江淮	20세에는 남쪽으로 장강과 회수 유역을 유람하였고
上會稽	회계에 올라
探禹穴[63]	우혈을 찾았으며

---

60 **집해** 서광은 말하였다. "풍익(馮翊) 하양현(夏陽縣)에 있다." 소림은 "우임금이 뚫은 용문(龍門)이다."라 하였다. **정의** 『괄지지』에서는 말하였다. "용문은 동주(同州) 한성현(韓城縣) 북쪽 50리 지점에 있다. 그 산은 황하(의 줄기)를 바꾸며 하나라 우임금이 뚫은 것이다. 용문산은 하양현에 있는데, 사마천은 곧 한나라 하양현 사람으로 당나라 때 이르러 한성현으로 고쳤다."

61 **정의** 하수의 북쪽 (용문)산의 남쪽이다. 용문산(龍門山)의 남쪽에 있다.

62 **색은** 사마천은 복생(伏生)을 사사하면서 고문 『상서(尚書)』를 외고 배웠다. 유씨(劉氏)는 『좌전(左傳)』과 『국어(國語)』, 『계본(系本)』 등의 책이라고 생각하였는데 또한 이름난 고문이다.

63 **집해** 장안은 말하였다. "우임금은 순수하다가 회계(會稽)에 이르러 죽었으며, 이에 그곳에 장사 지냈다. 위에는 큰 구멍이 있는데 민간에서는 우임금이 이 구멍으로 들어갔다고 한다." **색은** 『월절서(越絕書)』에서는 말하였다. "우임금은 모산(茅山)에 올라 대규모로 회계(會計)를 하고는 이름을 회계(會稽)로 고쳤다." 장발(張勃)의 『오록(吳錄)』에서는 말하였다. "본명은 묘산(苗山)이며 일명 복부(覆釜)라고도 하는데, 우임금이 제후들을 모아 공을 계산하고 회계(會稽)라고 고쳐 불렀다. 위에는 구멍이 있는데 우혈(禹穴)이라고 부른다." **정의** 『괄지지』에서는 말하였다. "석정산(石箐山)은 일명 옥사산(玉笥山)이라고도 하고 또한 완위산(宛委山)이라고도 하는데 바로 회계산(會稽山)의 한 봉우리로 회계현 동남쪽 18리 지점에 있다. 『오월춘추(吳越春秋)』에서는 '우(禹)는 『황제중경(黃帝中經)』의 아홉 산을 살피었는데 동남쪽의 천주(天柱)는 완위(宛委)라 하였으며 적제(赤帝)의 왼쪽 궁궐을 메우고 문옥(文玉)으로 잇고 반석으로 덮어놓았으며, 그 글은 금간(金簡)과 청옥(青玉)으로 글씨를 써서 백은(白銀)으로 엮었는데 모두 홀에 아로새겼다. 우는 이에 동쪽을 순시하여 형산(衡

闚九疑[64]	구의산을 엿보고
浮於沅湘[65]	원수(沅水)와 상수(湘水)에 배를 띄웠으며,
北涉汶泗[66]	북으로는 문수(汶水)와 사수(泗水)를 건너
講業齊魯之都	제나라와 노나라의 도읍에서 학업을 강학하였고
觀孔子之遺風	공자의 유풍을 살펴보고
鄕射鄒嶧	추현(鄒縣)과 역산(嶧山)에서 향사례에 참여하였으며,
厄困鄱薛彭城[67]	파현(鄱縣)과 설현(薛縣), 팽성에서 곤경에 처하였다가

山)에 올라 백마의 피를 받아 제사 지냈다. 우는 이에 산에 올라 하늘을 우러러 웃으면서 갑자기 누웠는데 꿈에 자칭 현이창수(玄夷倉水)의 사자라고 하는 수놓은 옷을 입은 자가 보였는데 도리어 복부지산(覆釜之山)에 기대더니 동쪽으로 우를 돌아보며 말하였다.「나의 산신(山神)의 글을 얻고자 하면 황제(黃帝)의 큰 산과 나란한 바위 산 아래서 3월 마지막 경(庚)일에 산에 올라 돌을 쪼개라.」우는 곧 완위지산(宛委之山)에 올라 돌을 쪼개어 이에 금간(金簡)과 옥자(玉字)를 얻어서 샘물이 나오는 줄기로 삼았다. 산중에 또 암혈이 하나 있는데 깊어서 바닥에 보이지 않으며 우혈이라고 한다.'라 하였다. 사마천이 말한 '회계에 올라 우혈을 찾았다.'라 한 것이 곧 이 암혈이다."

64 **색은** 『산해경(山海經)』에서는 말하였다. "남방의 창오지구(蒼梧之丘)와 창오지천(蒼梧之泉)은 영도(營道)의 남쪽에 있는데 그 산의 아홉 봉우리가 모두 비슷하므로 구의(九疑)라고 한다." 장안은 말하였다. "구의(九疑)는 순임금을 장사 지낸 곳이므로 살펴본 것이다." 우혈(禹穴)에 올라 탐방한 것은 아마 선성(先聖)을 장례 지낸 곳에 옛 책과 글이 있을 것으로 생각해서 찾아서 엿본 것일 것이니 또한 자료를 찾아서 멀리까지 간 것이다. **정의** 구의산은 도주(道州)에 있다.

65 **정의** 원수(沅水)는 낭주(朗州)에서 나온다. 상수(湘水)는 도주(道州) 북쪽에서 나와서 동북쪽으로 바다에 들어간다.

66 **정의** 두 강은 연주(兗州) 동북쪽에서 나와 남으로 노(魯)를 거친다.

67 **집해** 서광은 말하였다. "嶧의 음은 역(亦)으로 현(縣) 이름이며 산이 있다. 鄱의 음은 피(皮)이다. 추(鄒)와 파(鄱), 설(薛)의 세 현은 노(魯)나라에 속한다." **색은** 鄱의 본음은 번(蕃)은데 지금의 음은 피(皮)이다. 전부(田裒)의 『노기(魯記)』에서는 "영제(靈帝) 말년에 여남(汝南)의 진자유(陳子游)가 있었는데 노나라 재상이 되었다. 자유(子游)는 태위(太尉) 진번(陳蕃)의 아들로 나라 사람들이 꺼려서 그렇게 고쳤다."라 하였다. 그 말대로라면 '번(蕃)'

過梁楚以歸	양나라와 초나라를 거쳐 돌아왔다.
於是遷仕爲郎中	이때 천(遷)은 벼슬길에 나서 낭중이 되었으며
奉使西征巴蜀以南	사명을 받들어 서쪽으로 파(巴)와 촉(蜀) 이남을 정벌하고
南略邛笮昆明	남으로는 공(邛)과 작(笮), 곤명을 공략하고
還報命[68]	돌아와 복명하였다.

是歲天子始建漢家之封	이해에 천자께서 처음으로 한(漢) 왕조의 봉선(封禪) 의식을 거행하였는데
而太史公留滯周南[69]	태사공은 주남에 체류하느라
不得與從事[70]	그 일에 참여하여 따를 수 없었기 때문에
故發憤且卒	분통이 터져 곧 죽게 되었다.
而子遷適使反	그런데 아들 천(遷)이 마침 사행에서 돌아와
見父於河洛之間	황하와 낙수 사이에서 부친을 뵈었다.
太史公執遷手而泣曰	태사공은 천(遷)의 손을 잡고 눈물을 흘리며 말하였다.

을 '파(鄱)'로 고친 것인데 번(鄱)과 피(皮)가 소리가 비슷하여 나중에 점차 와전된 것일 따름이다. 그러나 「지리지(地理志)」 노국(魯國) 번현(蕃縣)에서 응소는 주국(邾國)으로 음은 피(皮)라고 하였다. **정의** 추(鄒)는 현(縣) 이름이다. 역(嶧)은 산 이름이다. 역산은 추현 북쪽 22리 지점에 있으며 땅이 곡부(曲阜)에 가까우며 이곳에서 향사례(鄉射禮)를 행하였다. 『괄지지』에서는 말하였다. "서주(徐州) 등현(滕縣)은 한나라 번현(蕃縣)으로 음은 번(翻)이다. 한나라 말기에 진번(陳蕃)의 아들 일(逸)이 노나라 재상이 되어 음을 피(皮)로 바꾸었다. 전부(田裒)의 『노기(魯記)』에서는 '영제 말년에 여남의 진자유가 노나라 재상이 되었는데 진번의 아들이며 나라 사람들이 꺼려서 그렇게 고쳤다.'라 하였다."

68 **집해** 서광은 말하였다. "원정(元鼎) 6년(B.C. 111) 서남이(西南夷)를 평정하고 5군으로 삼았다. 그 이듬해는 곧 원봉(元封) 원년이다."

69 **집해** 서광은 말하였다. "지우(摯虞)는 옛 주남(周南)은 지금의 낙양(洛陽)이라고 하였다." **색은** 장안은 말하였다. "섬(陝) 동쪽으로는 모두 주남(周南)의 땅이다."

70 **정의** 與의 음은 예(預)이다.

余先周室之太史也	“우리 선조는 주나라 왕실의 태사였다.
自上世嘗顯功名於虞夏	상세로부터 일찍이 우하(虞夏) 때 공명을 드러냈으며
典天官事	천문을 관장하는 일을 담당하였다.
後世中衰	후세에 중간에 쇠퇴하여
絕於予乎	내게서 끊어지려는가?
汝復爲太史	네가 다시 태사가 된다면
則續吾祖矣	우리 조상을 잇게 될 것이다.
今天子接千歲之統	지금 천자께서는 천세의 애통을 이어
封泰山	태산에서 봉선을 거행하는데
而余不得從行	나는 수행을 하지 못하게 되었으니
是命也夫	이는 운명이로다,
命也夫	운명이로다!
余死	내가 죽으면
汝必爲太史	너는 반드시 태사가 될 것이며,
爲太史	태사가 되면
無忘吾所欲論著矣	내가 하고 싶었던 논저(論著)를 잊지 말거라.
且夫孝始於事親	또한 대체로 효도는 어버이를 섬기는 데서 비롯되고
中於事君	임금을 섬기는 것이 중간 단계이며
終於立身	입신양명하는 것으로 마친다.
揚名於後世	후세에 이름을 떨쳐
以顯父母	부모를 드러내는 것이야말로
此孝之大者	효도 가운데서도 큰 것이다.
夫天下稱誦周公	대체로 천하에서 주공을 칭송한 것은

言其能論歌文武之德	문왕과 무왕의 덕을 칭송하였고
宣周邵之風	주공과 소공의 풍교(風教)를 폈으며
達太王王季之思慮	태왕과 왕계의 사상에 통달하였고
爰及公劉	이에 공류까지 미쳐서
以尊后稷也	후직을 높일 수 있었음을 말하는 것이다.
幽厲之後	유왕과 여왕 이후로
王道缺	왕도는 이지러지고
禮樂衰	예악이 쇠퇴해졌으므로
孔子脩舊起廢	공자가 옛 전적을 정리하고 폐하여졌던 것을 일으켜 세워
論詩書	『시』와 『서』를 논하고
作春秋	『춘추』를 지으니
則學者至今則之	학자들이 지금까지도 그것을 법도로 삼는다.
自獲麟以來四百有餘歲[71]	기린이 잡힌 이래 4백여 년이 되도록
而諸侯相兼	제후들은 서로 겸병하기만 하여
史記放絕	역사가 단절되고 말았다.
今漢興	이제 한나라가 흥하여
海內一統	해내가 하나로 통일되고
明主賢君忠臣死義之士	명주와 현군, 충신과 의를 지켜 죽는 선비가 있었는데
余爲太史而弗論載	내 태사가 되어 그것을 논하여 기록하지 못하여
廢天下之史文	천하의 역사 기록이 황폐해져
余甚懼焉	내 이를 매우 두려워하니

71 **집해** 연표(年表)에 의하면 노애공(魯哀公) 14년(B.C. 481)에 기린이 잡혔는데 한나라 원봉(元封) 원년(B.C. 110)까지는 371년이다.

汝其念哉	너는 명심할지어다!"
遷俯首流涕曰	천(遷)은 고개를 숙이고 눈물을 흘리면서 말하였다.
小子不敏	"소자가 불민하오나
請悉論先人所次舊聞	선인께서 편차한 옛 전적을 모두 논하여
弗敢闕	감히 빠뜨리지 않겠습니다."

卒三歲而遷爲太史令[72]	돌아가신 지 3년 만에 천(遷)은 태사령이 되어
紬史記石室金匱之書[73]	역사 기록과 석실 및 금궤의 책을 모아서 엮었다.
五年而當太初元年[74]	5년째 되던 해는 태초 원년(B.C. 104)으로
十一月甲子朔旦冬至	11월 갑자일 초하루 동지에
天曆始改	역법을 비로소 개정하여
建於明堂	명당에서 세우고
諸神受紀[75]	여러 신들이 제사를 받게 되었다.

72 색은 『박물지(博物志)』에서는 말하였다. "태사령 무릉(茂陵) 현무리(顯武里)의 대부 사마천은 나이 28세로 3년 6월 을묘일에 임명되었으며 6백 석이다."

73 집해 서광은 말하였다. "紬의 음은 추(抽)이다." 색은 여순은 말하였다. "옛 책과 옛 일을 뽑아서 이어 편차하여 서술하는 것이다." 서광은 음을 추(抽)라 하였다. 소안(小顏)은 말하였다. "주(紬)는 이어 모으는 것이다."

색은 석실(石室)과 금궤(金匱)는 모두 국가에서 책을 수장한 곳이다.

74 집해 이기(李奇)는 말하였다. "사마천이 태사가 되고 5년이 지났을 때가 마침 무제(武帝) 태초(太初) 원년에 해당되었는데 이때 『사기』를 기술하였다." 정의 사마천의 나이 42세였다.

75 집해 서광은 말하였다. "「봉선서의 서문(封禪序)」에서는 '봉선은 모든 신령이 제사를 지내지 않음이 없다.'라 하였다." 위소는 "백신(百神)에게 고하여 천하와 함께 다시 시작 되었으며 기강이 여기에서 드러났다."라 하였다. 색은 우희(虞喜)의 『지림(志林)』에서는 말하였다. "명당(明堂)에서 역법을 고쳐서 제후들에게 나누어 주었다. 제후가 뭇 신들의 주인이므로 '여러 신들이 제사를 받았다.'고 하였다." 맹강(孟康)은 말하였다. "구망(句芒)과 축융(祝融) 따위가 모두 서기(瑞紀)를 받았다."

太史公曰	태사공은 말한다.
先人有言[76]	“선친께서 말씀하시기를
自周公卒五百歲而有孔子	‘주공이 죽고 난 뒤 5백 년 만에 공자가 있었다.
孔子卒後至於今五百歲[77]	공자가 죽은 후 지금까지가 5백 년이니,
有能紹明世	능히 밝은 세상을 이어
正易傳	『역전』을 바르게 하고
繼春秋	『춘추』를 이으며
本詩書禮樂之際	『시경』 및 『서경』, 『의례』, 『악경』에 근거하여야 할 때가 아니겠느냐?’라 하셨다.
意在斯乎	여기에 뜻이 있지 않겠는가?
意在斯乎	여기에 뜻이 있지 않겠는가?
小子何敢讓焉[78]	소자가 어찌 감히 그것을 사양하겠습니까?”
上大夫壺遂曰[79]	상대부 호수(壺遂)가 말하였다.

76 색은 선인(先人)은 선대의 현인(賢人)이다. 정의 태사공은 사마천이다. 선인은 사마담(司馬談)이다.

77 색은 『맹자(孟子)』에서는 요순(堯舜)에서 탕(湯)임금에 이르기까지가 5백여 년이고, 탕임금에서 문왕(文王)에 이르기까지고 5백여 년이며, 문왕에서 공자에 이르기까지가 5백여 년이라고 하였다. 태사공은 『맹자』에게서 대략을 취하였으며 양웅(揚雄)과 손성(孫盛)은 매우 그렇지 않다고 하였는데 이른바 헤아림을 알지 못함을 많이 본 것이다. 순화한 기운[淳氣]과 인재를 배양하는 것으로 생각한 것이니 어찌 상수(常數)가 있을 것이며, 5백 년이 어찌 순식간과 다르지 않겠는가? 그런 까닭에 상황(上皇)이 서로 잇달아 혹 만 년을 사이로 삼아 당요(唐堯)와 순(舜) · 우(禹)를 나란히 병렬하였다. 아래로 주나라 왕실에 이르러 성현이 조정에 가득하였으며, 공자가 죽자 천 년토록 아무도 잇지 않았으니 어찌 천 년이니 5백 년이 있겠는가? 갖추어 말하고 지은 것은 아마 주석을 기록한 것일 따름이지 어찌 성인의 무리이겠는가?

78 색은 양(讓)은 『한서』에는 ‘양(攘)’으로 되어 있다. 진작은 말하였다. “이는 옛 ‘양(讓)’ 자로 자신이 마땅히 선인의 업을 기술하여야지 어찌 감히 스스로 5백 년을 꺼려서 양보를 하겠는가 하는 말이다.”

79 색은 호수(壺遂)는 첨사(詹事)로 질(秩)2천 석이므로 상대부이다.

昔孔子何爲而作春秋哉	"옛날에 공자는 무엇 때문에 『춘추』를 지었습니까?"
太史公曰	태사공이 말하였다.
余聞董生曰[80]	"내가 동생[董生: 동중서(董仲舒)]에게 듣자니
周道衰廢	'주나라의 도가 쇠미하여 없어지고
孔子爲魯司寇[81]	공자가 노나라의 사구가 되자
諸侯害之	제후들은 그를 꺼려하였고
大夫壅之	대부들은 그와 담을 쌓았다.
孔子知言之不用	공자는 말이 소용없고
道之不行也	도가 행하여지지 않을 것을 아셨다.
是非二百四十二年之中[82]	이에 2백42년간의 시비를 가려
以爲天下儀表	천하의 의표로 삼으시고,
貶天子	천자를 폄하하고
退諸侯	제후들을 물리치셨으며
討大夫	대부들을 성토하여
以達王事而已矣	왕도를 이루려 하셨을 따름이다.'라 하였습니다.
子曰	공자께서는 말씀하셨습니다.
我欲載之空言[83]	'내가 빈 말을 실으려 하는 것보다는

80 **집해** 복건은 말하였다. "동중서[仲舒]이다."

81 사구(司寇)는 하(夏)나라와 은(殷)나라 때 이미 설치되었으며 주(周)나라 육경(六卿) 중 하나로 추관(秋官: 刑部) 대사구(大司寇)라고 한다. 형옥(刑獄)과 규찰(糾察) 등의 일을 맡아 보았으며, 춘추시대 열국에서 두루 설치하였다. – 옮긴이.

82 **색은** 제후의 득실을 포폄하는 것을 이르지 않는다.

83 **색은** 공자의 말은 『춘추위(春秋緯)』에 보이며, 태사공이 인용하여 정론이 된 것이다. 공언(空言)은 시비를 포폄하는 것을 이른다. 이 글을 헛되이 세워 난신(亂臣)과 적자(賊子)가 두려워하는 것이다.

不如見之於行事之深切著明也[84]
이미 일어났던 일이 아주 절실하게 드러남을 보여줌만 못하였다.'

夫春秋 대체로 『춘추』는

上明三王之道 위로는 삼왕의 도를 밝혔으며

下辨人事之紀 아래로는 사람 사는 일의 기강을 변별하고

別嫌疑 의심스러운 것을 구별하였으며,

明是非 옳고 그른 것을 밝히고

定猶豫 애매한 것을 확정하였습니다.

善善惡惡[85] 훌륭한 것을 아름답게 여기고 악한 것을 미워하였으며,

賢賢賤不肖 어진 이를 공경하고 못난 이를 천하게 여겼습니다.

存亡國 망한 나라를 보존하고

繼絕世 끊긴 세대를 이었으며

補敝起廢 해진 것을 보충하고 폐한 것을 일으켰으니

王道之大者也 왕도 가운데 큰 것입니다.

易著天地陰陽四時五行 『주역』은 천지와 음양·사시·오행을 드러내었으므로

故長於變 변화에 뛰어납니다.

禮經紀人倫 『예경』은 인륜의 기강을 바로잡았으니

故長於行 행실에 뛰어납니다.

---

84 **색은** 공자가 내게 부질없이 빈말을 세우고자 하여 포폄을 갖춘 것이니 당시에 잇따른 일에 덧붙여 보이는 것만 못하다는 말이다. 신하들이 참람되이 찬역(簒逆)함이 있어 이렇게 필삭하여 포폄하고 깊고 절실하게 분명히 드러내어 기록하여 장차 경계로 삼으려고 한다는 것이다.

85 **색은** 『공양전(公羊傳)』에서는 "선(善)을 훌륭하게 여기면 그 자손에게까지 미치고, 악을 미워하면 그 몸에 그친다."라 하였다.

書記先王之事	『서경』은 선왕의 일을 기록하였으므로
故長於政	정치에 뛰어납니다.
詩記山川谿谷禽獸草木牝牡雌雄	『시경』은 산천과 계곡·금수·초목·동물의 암컷과 수컷·날짐승의 암컷과 수컷을 기록하였으니
故長於風	풍속을 살피는 데 뛰어납니다.
樂樂所以立	『악경』은 즐거움을 세우는 것이니
故長於和	조화에 뛰어납니다.
春秋辯是非	『춘추』는 옳고 그름을 변별하였으므로
故長於治人	사람을 다스리는 데 뛰어납니다.
是故禮以節人	그런 까닭으로 『예경』을 가지고 사람을 절도 있게 하며,
樂以發和	『악경』을 가지고 조화를 펴고,
書以道事	『서경』을 가지고 일을 말하며,
詩以達意	『시경』을 가지고 뜻을 이르게 하고,
易以道化	『역경』을 가지고 변화를 말하며,
春秋以道義	『춘추』를 가지고 의를 말합니다.
撥亂世反之正	난세를 다스려 정도로 돌아가게 하는 데는
莫近於春秋	『춘추』보다 가까운 것이 없습니다.
春秋文成數萬	『춘추』는 글이 수만을 이루고
其指數千[86]	그 담긴 뜻은 수천이나 됩니다.

86 **집해** 장안은 말하였다. "『춘추』는 1만 8천 자이니 당연히 '줄었다(減).'로 말해야 하는데 '수를 이루었다(成數).'라 하였으니 글자가 잘못된 것이다." 태사공의 이 말은 동중서가 한 말을 서술한 것이다. 동중서는 직접 『공양춘추(公羊春秋)』를 연구하였는데 『공양전(公羊傳)』의 경(經)과 전(傳)은 모두 4만 4천여 자이므로 "글자가 수만 자를 이룬다."고 하였다.

萬物之散聚皆在春秋	만물의 성패가 모두 『춘추』에 있습니다.
春秋之中	『춘추』에는
弑君三十六	임금을 시해한 것이 36회,
亡國五十二	나라를 망하게 한 것이 52회,
諸侯奔走不得保其社稷者不可勝數	제후가 달아나 그 사직을 보전하지 못한 것은 이루 다 헤아릴 수가 없습니다.
察其所以	그 까닭을 살피면
皆失其本已[87]	모두 그 근본을 잃었을 따름입니다.
故易曰失之豪釐	그러므로 『주역』에서는 '터럭만 한 실수가
差以千里[88]	천 리의 차이가 나게 된다.'라 하였으며,
故曰臣弑君	그러므로 '신하가 임금을 죽이고,
子弑父	자식이 아버지를 죽이는 것은
非一旦一夕之故也	하루아침 저녁에 일어나는 까닭이 아니라
其漸久矣	조금씩 물들어서 오래된 것이다!'라 하였습니다.
故有國者不可以不知春秋	그러므로 나라를 통치하는 사람은 『춘추』를 알지 않을 수 없으니,

장안의 의론만 못하지만 경문이 1만 8천 자라고 논한 것은 곧 잘못이라 하겠다. **색은** 장안은 "『춘추』는 1만 8천 자인데 여기서는 '글자가 수만 자를 이룬다.'라 하였으니 글자가 잘못된 것이다."라 하였다. 배인(裴駰)은 사마천이 동중서가 논한 『공양전』과 『경전』을 말하여 모두 4만 4천 자라 하였으므로 '수만'이라고 하였는데 또한 틀렸다. 소안(小顔)은 "사천(史遷)이 어찌 『공양전』을 『춘추』로 생각하였겠는가?"라 하였다. 또한 『춘추경』은 1만 8천 자로 또한 수만(數萬)이라 일컬을 만하니 오자가 아니다.

87 **색은** 임금을 죽이고 나라를 망하게 하고 달아난 자들은 모두 인의의 도의 근본을 잃은 것일 따름이다. 이(已)는 말을 끝낸다는 말이다.

88 **집해** 서광은 말하였다. "'호와 리만큼 차이가 있다(差以毫釐).'로 된 곳도 있고, '천 리만큼 잘못되었다(繆以千里).'로 된 곳도 있다." 지금 『역(易)』에는 이 말이 없고, 『역위(易緯)』에는 있다.

前有讒而弗見	앞에서 참소를 하여도 그것을 보지 못하며
後有賊而不知	뒤에 적도가 있어도 알지 못하게 되는 것입니다.
爲人臣者不可以不知春秋	신하 된 사람은 『춘추』를 알지 않을 수 없으니,
守經事而不知其宜	일상사를 지켜감에 그 타당함을 모르게 되며
遭變事而不知其權	변고를 당했을 때 그 임기응변을 알지 못하게 됩니다.
爲人君父而不通於春秋之義者	
	사람의 임금과 아비가 되어서 『춘추』의 뜻에 통달하지 않게 되면
必蒙首惡之名	반드시 악의 우두머리라는 이름을 쓰게 될 것입니다.
爲人臣子而不通於春秋之義者	
	신하와 자식 된 사람으로 『춘추』의 뜻에 통달하지 않은 사람은
必陷簒弑之誅	반드시 찬탈과 시해의 죄에 빠지고
死罪之名	죽을죄를 짓는 이름을 얻게 될 것입니다.
其實皆以爲善	사실은 모두가 선한 것이라는 생각에
爲之不知其義[89]	그런 행동을 하지만 그 뜻을 알지 못하면
被之空言而不敢辭[90]	터무니없는 일을 당하여도 감히 말을 하지 못할 것입니다.
夫不通禮義之旨	대체로 예의의 뜻에 통달하지 못하면
至於君不君	임금은 임금답지 못하고
臣不臣	신하는 신하답지 못하며,

89 정의 그 마음은 실하고 착한데 거기에 의리를 행해줄 줄 모른다면 죄와 허물에 빠지게 된다.

90 집해 장안은 말하였다. "조돈(趙盾)은 적을 토벌할 줄 몰라서 감히 그 죄에 대하여 사양하지 못하였다."

父不父	아비는 아비답지 못하고
子不子	자식은 자식답지 못하게 되는 지경에 이르게 될 것입니다.
夫君不君則犯[91]	임금이 임금답지 못하면 반역을 당하게 될 것이고
臣不臣則誅	신하가 신하답지 못하면 죽음을 당하게 될 것이며,
父不父則無道	아비가 아비답지 못하면 도리가 없어지게 될 것이고
子不子則不孝	자식이 자식답지 못하면 효를 다하지 않을 것입니다.
此四行者	이 네 가지 행실은
天下之大過也	천하에서 큰 과오입니다.
以天下之大過予之	천하의 큰 과오를 주는 데도
則受而弗敢辭	받아서는 그것을 감히 물리치지 못합니다.
故春秋者	그러므로 『춘추』라는 것은
禮義之大宗也	예의의 큰 근본인 것입니다.
夫禮禁未然之前	대체로 예라는 것은 일어나기 전에 방비하는 것이며,
法施已然之後	법은 이미 일어난 뒤에 시행하는 것입니다.
法之所爲用者易見	법이 쓰이는 것은 보기 쉬우나
而禮之所爲禁者難知	예가 방비하는 것은 알기 어렵습니다."

壺遂曰	호수가 말하였다.

91 **정의** 안(顔)은 말하였다. "신하에게 침범당한 것이다. 혹자는 예의를 어기어 범하였다고도 한다."

孔子之時	“공자 때는
上無明君	위로는 현명한 임금이 없었고
下不得任用	아래로는 임용될 수가 없어서
故作春秋	『춘추』를 지어
垂空文以斷禮義	문장을 드리워 예의를 단정 짓고
當一王之法	(후세에서는 이를) 천자의 법도로 삼게 되었습니다.
今夫子上遇明天子	이제 선생께서는 위로 현명한 천자를 만났고
下得守職	아래로는 직책을 지킬 수 있어
萬事既具	만사가 이미 갖추어졌으니
咸各序其宜	모두들 각자 그 타당함을 펴고 있습니다.
夫子所論	선생께서 논하시려는 것은
欲以何明	무엇을 밝히려는 것입니까?”

太史公曰	태사공이 말하였다.
唯唯	“예예,
否否[92]	아니 아니
不然	그렇지 않습니다.
余聞之先人曰	저는 선친께서 말씀하시는 것을 들었습니다.
伏羲至純厚	‘복희씨는 지극히 순수하고 도타워
作易八卦	『주역』의 8괘를 지었으며,
堯舜之盛	요임금과 순임금의 성세는
尚書載之	『상서』에 기록되어 있으며

92 **집해** 진작은 말하였다. “유유(唯唯)는 겸손하게 대답하는 것이다. 부부(否否)는 통하지 않는다는 것이다.”

禮樂作焉	예악도 이때 지어졌다.
湯武之隆	탕임금과 무왕의 융성한 때는
詩人歌之	『시경』의 작자들이 노래했다.
春秋采善貶惡	『춘추』는 선한 것은 채택하고 악한 것은 폄하하였으며
推三代之德	삼대의 덕을 미루어
褒周室	주(周) 왕실을 기렸는데
非獨刺譏而已也	이는 다만 풍자일 따름만은 아니었다.'
漢興以來	한나라가 흥한 이래
至明天子	현명한 천자에 이르기까지
獲符瑞	상서로운 것이 잡히고
封禪	봉선을 세웠으며,
改正朔	역법을 고치고
易服色	복색을 바꾸었으며
受命於穆清[93]	부드럽고 맑은 데서 천명을 받았고
澤流罔極	임금의 은택이 끝이 없으며,
海外殊俗	해외의 풍속이 다른 민족들도
重譯款塞[94]	말을 거듭 통역하고 관문을 두드려
請來獻見者	와서 바치고 뵙기를 청하는 자들을

93 **집해** 여순은 말하였다. "천명의 맑고 부드러운 기운을 받는 것이다." **정의** 於의 음은 오(烏)이다. 안(顏은 말하였다. "오(於)는 감탄사이다. 목(穆)은 아름답다는 뜻이다. 천자가 아름다운 덕을 가지고 있으며 교화가 맑다는 말이다."

94 **집해** 응소는 말하였다. "관(款)은 두드린다는 뜻이다. 모두 변방의 문을 두드리며 와서 복종하는 것이다." 여순은 말하였다. "관(款)은 너그러운 것이다. 변방을 지키는 자들에게 없앨 것을 청하여 도적의 해를 입지 않도록 스스로 보호하는 것이다." **정의** 중역(重譯)은 다시 그 말을 푸는 것이다.

不可勝道	이루 다 말할 수가 없습니다.
臣下百官力誦聖德	신하와 백관이 있는 힘을 다하여 거룩한 덕을 칭송한다 해도
猶不能宣盡其意	그 뜻을 다 펴낼 수는 없을 것입니다.
且士賢能而不用	또한 선비로서 현명하고 능력이 있는 데도 등용되지 않는 것은
有國者之恥	나라를 통치하는 자의 수치입니다.
主上明聖而德不布聞	임금님께서 밝고 거룩하신 데도 덕이 널리 들리지 않는다는 것은
有司之過也	유사의 잘못입니다.
且余嘗掌其官	또한 내가 일찍이 그 관직을 맡았는 데도
廢明聖盛德不載	밝고 거룩한 융성한 덕을 버리고 기록하지 않았으며
滅功臣世家賢大夫之業不述	공신과 세가, 현명한 대부들의 공업을 말하지 않았으니
墮先人所言	이는 선친께서 남기신 말씀을 저버린 것으로
罪莫大焉	이보다 더 큰 죄는 없습니다!
余所謂述故事	내가 이른바 옛일을 전술하고
整齊其世傳	세세에 전하여 온 것을 정돈한 것은
非所謂作也	이른바 창작이 아니니
而君比之於春秋	그대가 그것을 『춘추』에 비기는 것은
謬矣	잘못일 것입니다.”

於是論次其文	이에 그 문장을 논하여 편차를 매겼다.
七年而太史公遭李陵之禍[95]	그러나 7년 만에 태사공이 이릉의 화를 당하여
幽於縲紲	감옥에 유폐되었다.

乃喟然而歎曰	이에 아아! 탄식하여 말하였다.
是余之罪也夫	"이는 나의 죄로다!
是余之罪也夫	이는 나의 죄로다!
身毁不用矣	몸이 망가져 쓸모가 없도다!"
退而深惟曰	물러나서 깊이 생각하여 말하였다.
夫詩書隱約者[96]	"대체로 『시경』과 『서경』은 은미하면서도 간략한 것으로
欲遂其志之思也	그 뜻의 생각을 이루고자 하였다.
昔西伯拘羑里[97]	옛날에 서백은 유리에 구금되어
演周易	『주역』을 연역하였으며,
孔子厄陳蔡	공자는 진나라와 채나라 사이에서 곤액을 당하고서야
作春秋	『춘추』를 지었다.
屈原放逐	굴원은 쫓겨나
著離騷	「이소(離騷)」를 지었으며,
左丘失明	좌구명은 시력을 잃고서
厥有國語	『국어(國語)』를 짓게 되었다.
孫子臏腳	손자는 월형(刖刑)을 당하고서야
而論兵法	병법을 논하였으며,

95 **집해** "서광은 '천한(天漢) 3년이다.'라 하였다." **정의** "태초(太初) 원년(B.C. 104)에서 천한 3년(B.C. 98)까지는 곧 7년이다." **정의** 태사공이 이릉(李陵)을 천거하였는데 이릉은 항복하였다.

96 **색은** 그 뜻이 은미(隱微)라고 말이 요약되었다는 것을 말한다. **정의** 『시경』과 『서경』이 은미하고 요약된 것을 사마천이 깊이 오로지 그 은미하고 요약된 것에 의하여 그 뜻을 이루고자 하였다.

97 **집해** 서광은 말하였다. "탕음(湯陰)에 있다."

不韋遷蜀	여불위는 촉(蜀) 땅으로 옮겨져서
世傳呂覽[98]	세상에 『여람(呂覽)』이 전해지게 되었다.
韓非囚秦	한비는 진(秦)나라에 갇혀서야
說難孤憤	「세난(說難)」·「고분(孤憤)」편을 짓게 되었고,
詩三百篇	『시(詩)』 삼백편(三百篇)은
大抵賢聖發憤之所爲作也	대체로 성현들이 분(憤)을 발(發)하여 지은 것이다.
此人皆意有所鬱結	이 사람들은 모두 뜻에 울분이 맺혀 있어서
不得通其道也	그 도를 통할 수가 없었으므로
故述往事	지난 일을 말하여
思來者	다음에 오는 사람들을 생각하는 것이다."
於是卒述陶唐以來	이에 마침내 도당(陶唐) 이래의 일을 말하였는데,
至于麟止[99]	기린이 잡힌 데까지 이르며
自黃帝始	황제(黃帝)로부터 시작하였다.

維昔黃帝	옛날 황제는
法天則地	하늘을 본받고 땅을 법칙으로 삼았는데

98 **정의** 곧 『여씨춘추(呂氏春秋)』이다.

99 **집해** 장안은 말하였다. "무제가 기린을 잡자 사마천은 일을 서술하는 단초로 생각하여 위로는 황제를 기록하고 아래로는 기린의 발[麟止]에 이르러 그쳤는데 『춘추』에서 기린을 잡은 데서 그친 것과 같다." **색은** 복건은 말하였다. "무제는 옹(雍)에 이르러 흰 기린을 잡아 쇳물을 부어 기린의 발 모형을 만들었으므로 '기린의 발[麟止]'이라고 한 것이다. 사마천의 『사기』가 여기에서 그치는 것은 『춘추』가 기린을 잡은 데서 끝나는 것과 같다." 『사기』는 황제(黃帝)를 첫머리로 하였는데 "도당(陶唐)을 말한 것"이라 한 것은 「오제본기(五帝本紀)」의 찬에 의하면 "오제(五帝)는 오래되었지만 『상서』에 요임금 이래의 일이 실려 있다. 백가들이 황제에 대하여 말하였지만 그 문장이 우아하고 온당하지 못하다."라 하였으므로 황제에 대한 기술을 본기의 첫 머리로 삼았는데 『상서』를 아정한 것으로 생각하였기 때문에 "도당에서 시작되었다."라고 한 것이다.

四聖遵序[100]	네 성인이 차서를 따라
各成法度	각기 법도를 이루었다.
唐堯遜位	당요(唐堯)는 양위하였는데
虞舜不台[101]	우순(虞舜)은 기뻐하지 않았다.
厥美帝功	제왕의 공업을 아름답게 여겨
萬世載之	만세토록 기록하여 전할 것이다.
作五帝本紀第一[102]	「오제본기(五帝本紀)」 제1을 지었다.

維禹之功	우(禹)의 공은
九州攸同	구주를 이에 같게 하여
光唐虞際	당우(唐虞)의 시대를 빛나게 하고
德流苗裔	덕이 먼 후손까지 흐르게 하였다.
夏桀淫驕	하걸(夏桀)이 음란하고 교만하여
乃放鳴條	이에 명조로 추방하였다.
作夏本紀第二	「하본기(夏本紀)」 제2를 지었다.

維契作商[103]	설(契)은 상(商)나라를 일으켜
爰及成湯	이에 성탕(成湯)에까지 미쳤다.
太甲居桐	태갑은 동(桐)에 살면서
德盛阿衡	덕이 아형에 흥성하였고,

100 **집해** 서광은 말하였다. "전욱(顓頊)과 제곡(帝嚳), 요(堯)와 순(舜)이다."

101 **색은** 台의 음은 이(怡)다. 기쁘다는 뜻이다. 혹자는 음을 태(胎)라고도 하는데, 틀렸다.

102 **색은** 응소는 말하였다. "본(本)이 있으면 기(紀)이고, 가(家)가 있으면 대(代)이며, 해[年]가 있으면 표(表), 이름이 있으면 전(傳)이다."

103 **정의** 음은 설이다.

武丁得說	무정은 부열(傅說)을 얻어
乃稱高宗	고종으로 일컬어졌으며,
帝辛湛湎	제신은 주색에 빠져
諸侯不享	제후들이 누리지 못하였다.
作殷本紀第三	「은본기(殷本紀)」 제3을 지었다.

維弃作稷	기(弃)는 농사를 시작하였으며
德盛西伯	덕업은 서백에게서 융성하였고,
武王牧野	무왕은 목야에서
實撫天下	실로 천하를 위무하였다.
幽厲昏亂	유왕과 여왕 때는 혼란하여
既喪酆鎬	이미 풍(酆)과 호(鎬)를 잃었으며,
陵遲至赧	쇠퇴하여 난왕(赧王)에 이르렀고,
洛邑不祀	낙읍은 제사를 받지 못하였다.
作周本紀第四	「주본기(周本紀)」 제4를 지었다.

維秦之先	진나라의 선조
伯翳佐禹	백예는 우(禹)임금을 도왔다.
穆公思義	목공은 의를 생각하여
悼豪之旅[104]	호(豪)의 군사들을 슬퍼하였고,
以人爲殉	사람을 순장하니
詩歌黃鳥[105]	「황조(黃鳥)」에서 노래하였다.

104 **색은** 호(豪)는 '효(崤)'의 다른 음이다. 여(旅)는 사려(師旅)이다. **정의** 목공(穆公)은 효산(崤山)의 군려의 시체를 묻었다.

105 황조(黃鳥)는 『시경(詩經)』 「진풍(秦風)」의 편명이다. – 옮긴이.

昭襄業帝	소양왕이 제업을 이루었다.
作秦本紀第五	「진본기(秦本紀)」 제5를 지었다.

始皇既立	시황이 즉위하여
并兼六國	육국(六國)을 겸병하여
銷鋒鑄鐻[106]	무기를 녹여 종 (같은 악기)을 만들어
維偃干革	전쟁을 그치게 하였으며
尊號稱帝	호칭을 높여 제(帝)라 하였고
矜武任力	무력을 뽐내고 힘을 썼다.
二世受運	2세가 국운을 받았으나
子嬰降虜	자영은 항복하여 포로가 되었다.
作始皇本紀第六	「시황본기(始皇本紀)」 제6을 지었다.

秦失其道	진나라가 도를 잃자
豪桀並擾	호걸들이 함께 소요를 일으켰다.
項梁業之	항량이 창업을 하였고
子羽接之	항우가 그 뒤를 이었다.
殺慶救趙[107]	송의를 죽이고 조나라를 구원하니
諸侯立之	제후들이 옹립하였다.
誅嬰背懷	자영을 죽이고 회왕을 등지니
天下非之	천하에서 비난하였다.
作項羽本紀第七	「항우본기(項羽本紀)」 제7을 지었다.

106 **집해** 서광은 말하였다. "엄안(嚴安)이 글을 올려 무기를 녹여 종 걸이를 만들었다."
색은 아래 글자의 음은 거(巨)이다. 거(鐻)는 종(鐘)이다.

107 **집해** 서광은 말하였다. "송의(宋義)는 상장군이었는데, 경자관군(慶子冠軍)이라 불렀다."

子羽暴虐	항우는 포학하였으나
漢行功德	한나라는 공덕을 행하였다.
憤發蜀漢	촉과 한에서 분발하여
還定三秦	돌아와 삼진을 평정하였다.
誅籍業帝	항적을 죽이고 제업을 이루니
天下惟寧	천하가 편안해졌으며
改制易俗	제도를 고치고 풍속을 바꾸었다.
作高祖本紀第八	「고조본기(高祖本紀)」 제8을 지었다.

惠之早霣	혜제가 일찍 돌아가시자
諸呂不台[108]	여씨들은 (백성들의) 환심을 사지 못하였다.
崇彊祿產	여록과 여산이 높아지고 강대해지자
諸侯謀之	제후들이 도모하였다.
殺隱幽友[109]	은왕을 죽이고 유우를 유폐하자
大臣洞疑[110]	대신들이 모두 의심하여
遂及宗禍	마침내 종족에 화가 미쳤다.
作呂太后本紀第九	「여태후본기(呂太后本紀)」 제9를 지었다.

漢既初興	한나라가 갓 흥기했을 때
繼嗣不明	왕위 계승이 밝지 않아

108 **집해** 서광은 말하였다. "기꺼이 보좌한 덕이 없는 것이다. 이(怡)라고도 하는데 기쁘다는 뜻으로 백성의 환심을 사지 못했다는 것이다." **색은** 서광은 음이 태(胎)라고 하였는데 틀렸다. 또한 음을 이(怡)라고도 하는데 이 찬(贊)의 본래 운자이니 이역(怡懌)으로 보는 것이 옳다.

109 **집해** 서광은 말하였다. "조은왕여의(趙隱王如意)와 조유왕우(趙幽王友)이다."

110 **색은** 통(洞)은 통달(洞達)한다는 뜻으로 모두가 의심한 것이라는 말이다.

迎王踐祚	왕을 맞아 즉위하게 하니
天下歸心	천하의 인심이 돌아갔다.
蠲除肉刑	육형을 없애고
開通關梁	관문과 교량을 개통시켰으며
廣恩博施	은혜를 널리 베풀어
厥稱太宗	태종이라 일컬어졌다.
作孝文本紀第十	「효문본기(孝文本紀)」 제10을 지었다.
諸侯驕恣	제후들이 교만 방자해져서
吳首爲亂	오나라에서 가장 먼저 난을 일으켰다.
京師行誅	조정에서 토벌을 행하여
七國伏辜	7국이 엎드려 죄를 비니
天下翕然	천하가 평안해졌으며
大安殷富	크게 안정되고 부유해졌다.
作孝景本紀第十一	「효경본기(孝景本紀)」 제11을 지었다.
漢興五世	한나라가 흥한 지 5대에
隆在建元	융성함이 건원 연간이었으니
外攘夷狄	밖으로는 이적들을 물리치고
內脩法度	안으로는 법도를 닦아
封禪	봉선을 행하고
改正朔	역법을 개정하였으며
易服色	복색을 바꾸었다.
作今上本紀第十二	「금상본기(今上本紀)」 제12를 지었다.

維三代尙矣	삼대는 오래되어
年紀不可考	연기(年紀)를 고찰할 수가 없어서
蓋取之譜牒舊聞	보첩과 옛 전적에서 대략 취하여
本于茲	여기에 근본을 두고
於是略推	이에 대략 유추하여
作三代世表第一	「삼대세표(三代世表)」 제1을 지었다.

幽厲之後	유왕과 여왕 이후로는
周室衰微	주나라 왕실이 쇠미해지고
諸侯專政	제후들은 독단적으로 정치를 행하였는데
春秋有所不紀	『춘추』에 기록되지 않은 것이 있다.
而譜牒經略	보첩의 경략에는
五霸更盛衰	오패가 번갈아가며 성쇠를 겪었고
欲睹周世相先後之意	주나라 왕조의 선후의 뜻을 살펴보고자 하여
作十二諸侯年表第二	「십이제후연표(十二諸侯年表)」 제2를 지었다.

春秋之後	춘추시대 이후로는
陪臣秉政	배신(陪臣)들이 정권을 잡고
彊國相王	강국들이 서로 왕이 되었다.
以至于秦	진나라에 이르러
卒并諸夏	마침내 화하(華夏: 중국)의 여러 나라를 합병하여
滅封地	봉지를 없애고
擅其號	칭호를 하고 싶은 대로 하였다.
作六國年表第三	「육국연표(六國年表)」 제3을 지었다.

秦旣暴虐	진나라가 포학해지자
楚人發難	초나라 사람이 난을 일으키고
項氏遂亂	항씨들이 마침내 어지럽히니
漢乃扶義征伐	한나라가 이에 의를 부지하여 정벌하였다.
八年之閒	8년 동안
天下三嬗	천하가 세 번이나 바뀌었고
事繁變衆	일은 번다하였고 변화가 많았으므로
故詳著秦楚之際月表第四	「진초지제월표(秦楚之際月表)」 제4를 지었다.

漢興已來	한나라가 흥한 이래
至于太初百年	태초 연간에 이르기까지 백 년 동안
諸侯廢立分削	제후들은 폐위와 즉위, 분봉(分封) · 삭감되기도 하여
譜紀不明	보첩의 기록이 분명하지 않아
有司靡踵	유사들이 자취를 잇지 못하였으니
彊弱之原云以世[111]	강약의 원리로 대를 이었을 따름이었다.
作漢興已來諸侯年表第五	「한흥이래제후연표(漢興已來諸侯年表)」 제5를 지었다.

維高祖元功	고조가 (한나라 창업의) 큰 공을 세웠을 때

111 **집해** 서광은 말하였다. "'운이(云已)'로 된 곳도 있다. 『한서』 「서전(序傳)」에서는 말하였다. '창(敞)과 의(義)는 곽(霍)에 의존하였으니 거의 될 것일 따름이다(庶幾云已).'" **색은** 종(踵)은 잇는 것을 말한다. '이(以)'는 '이(已)' 자가 되어야 하며, '세(世)'는 '야(也)' 자가 되어야 하는데 모두 잘못되었을 따름이다. 은(云)과 이(已), 야(也)는 모두 어조사이다. **정의** 한나라가 흥한 이래 백 년 동안 제후들이 폐하여지고 즉위하고 분봉되고 삭감되어 보첩의 기록으로는 그 계승된 것을 밝힐 수가 없어 유사가 그 후손들의 자취를 캐지 못하게 되었으므로 이에 강약의 원리를 가지고 대대로 대신하며 기록된 것이 있을 수 없다는 말이다.

輔臣股肱	보좌한 신하들과 고굉지신들은
剖符而爵	부절을 쪼개어 작위를 받아
澤流苗裔	은택이 아득한 후손에까지 흘렀으나
忘其昭穆	소(昭)와 목(穆)을 잊는가 하면
或殺身隕國	몸을 죽이고 나라를 떨어뜨리기도 했다.
作高祖功臣侯者年表第六	「고조공신후자연표(高祖功臣侯者年表)」 제6을 지었다.

惠景之間	혜제와 경제 연간에는
維申功臣宗屬爵邑	공신들의 종실들에게 작읍을 추가로 내려 주었으므로
作惠景間侯者年表第七	「혜경간후자연표(惠景間侯者年表)」 제7을 지었다.

北討彊胡	북으로는 강한 오랑캐를 토벌하고
南誅勁越	남으로는 굳센 월나라를 쳤으며
征伐夷蠻	동이(東夷)와 남만(南蠻)을 정벌하여
武功爰列	무공이 이에 제후의 반열에 올랐다.
作建元以來侯者年表第八	「건원이래후자연표(建元以來侯者年表)」 제8을 지었다.

諸侯既彊	제후들이 강해지고
七國爲從	7국이 따라서 난을 일으켰으며,
子弟眾多	자제들이 많아져서
無爵封邑	작위와 봉읍이 없어졌는데
推恩行義	은혜를 미루고 의를 행하니

其執銷弱	세력은 약하여지고
德歸京師	덕을 조정으로 돌렸다.
作王子侯者年表第九	「왕자후자연표(王子侯者年表)」 제9를 지었다.

國有賢相良將	나라에 현명한 재상과 훌륭한 장수가 있으면
民之師表也	백성들의 사표가 된다.
維見漢興以來將相名臣年表	한나라가 흥한 이래 장상과 명신의 연표를 보고
賢者記其治	현명한 자는 그 치적을 기록하고
不賢者彰其事	현명하지 못한 자는 그 일을 밝혔다.
作漢興以來將相名臣年表第十	「한흥이래장상명신연표(漢興以來將相名臣年表)」 제10을 지었다.

維三代之禮	삼대의 예는
所損益各殊務	증감이 있었고 각기 일이 달랐지만
然要以近性情	요지는 성정을 가까이하고
通王道	왕도에 통하게 하는 것이었으므로
故禮因人質爲之節文	예는 사람의 바탕에 따라 그 의례를 제정해 주고
略協古今之變	대략 고금의 변화에 어울리게 하는 것이다.
作禮書第一	「예서(禮書)」 제1을 지었다.

樂者	음악은
所以移風易俗也	풍속을 옮기고 바꾸는 것이다.
自雅頌聲興	「아(雅)」와 「송(頌)」이 일어났을 때부터
則已好鄭衛之音	이미 「정풍(鄭風)」과 「위풍(衛風)」의 음악을 좋

	아하였으니
鄭衛之音所從來久矣	「정풍」과 「위풍」의 음악의 유래는 오래되었다.
人情之所感	사람의 마음이 느끼는 것은
遠俗則懷[112]	풍속이 멀어도 품게 한다.
比樂書以述來古[113]	『악서(樂書)』를 비교하여 예로부터 전해 온 것을 말하여
作樂書第二	「악서(樂書)」 제2를 지었다.

非兵不彊[114]	군사가 없으면 강해지지 못하고
非德不昌	덕이 없으면 창성해지지 못하는데,
黃帝湯武以興[115]	황제와 탕왕, 무왕은 그것으로 흥하였고
桀紂二世以崩	걸과 주, 진(秦) 2세는 그것으로 무너졌으니
可不愼歟	신중하지 않을 수 있겠는가?
司馬法所從來尙矣[116]	『사마법(司馬法)』은 유래가 오래되었으며

---

112 **집해** 서광은 말하였다. "음악은 사람의 마음을 감화(感和)시키는 것이다. 사람의 마음이 감화되고 나면 먼 곳의 풍속이 다른 자들이 회유되어 교화되지 않음이 없다."

113 **색은** 내고(來古)는 곧 고래(古來)이다. 『악서(樂書)』를 비교하여 예로부터 전해 온 음악의 흥망성쇠를 말한 것이다.

114 **색은** 이 「율서(律書)」의 찬에서 "군사가 없으면 강해지지 못한다."라 한 것은 이 '율서(律書)'가 이미 '병서(兵書)'이기 때문이다. 옛날에는 군사를 율(律)로 내면 무릇 군사를 낼 때 모두 율성(律聲)을 들을 수 있으므로 "성효(聲效)와 승부(勝負)를 듣고 적을 바라보고 길흉을 아는 것"이다.

115 **색은** 황제(黃帝)는 판천(阪泉)의 군사가 있었고, 탕(湯)과 무(武)는 명조(鳴條)와 목야(牧野)의 전쟁이 있어서 걸(桀)과 주(紂)를 이겼다.

116 **정의** 옛날에는 군사를 내는 것을 율(律)로 하였는데, 무릇 군대가 출동할 때는 언제나 율(律)을 불어 소리를 들었다. 「율서(律書)」에서는 "6률은 만사의 근본이며 병기와 기계에 있어서는 더욱 소중하였다. 적을 바라보면 길흉을 알았고 소리를 듣고 승부를 드러내었다." 그러므로 "『사마병법(司馬兵法)』의 유래가 오래되었다."라 한 것이다.

太公孫吳王子能紹而明之[117]	태공과 손자, 오자, 왕자가 이어서 밝힐 수 있었는데
切近世	근세에 와서 절실해졌고
極人變	인사의 변화를 끝까지 추구하였다.
作律書第三	「율서(律書)」 제3을 지었다.

律居陰而治陽	율은 음에 있으면서 양을 다스리고
曆居陽而治陰	역은 양에 있으면서 음을 다스리어
律曆更相治	율력이 번갈아 서로 다스리니
間不容翲忽[118]	아주 작고 가벼운 틈도 용납지 않는다.
五家之文怫異[119]	오가의 역서가 각기 다르고
維太初之元論	태초의 것이 원론이다.
作曆書第四[120]	「역서(曆書)」 제4를 지었다.

星氣之書	별과 기운으로 점치는 책은

---

117 집해 서광은 말하였다. "왕자(王子) 성보(成甫)이다."

118 색은 홀(忽)은 무늬 가운데 아주 가는 것을 모은 것이다. 표(翲)는 가벼운 것이다. 율력은 음양의 묘함을 궁구하여 그 사이에는 아주 조그만 것도 허용하지 않는다는 것을 말한다. '표(翲)'는 아마 연문일 따름일 것이다. 정의 翲의 음은 표[匹遙反]이며, 지금의 음은 포[匹沼反]이다. 이 자는 '묘(秒)' 자가 되어야 할 것이다. 묘(秒)는 벼의 까끄라기이다. 홀(忽)은 누에의 입에서 나온 실이다. 율력이 서로 다스리는 사이에는 아주 작고 가는 사물도 용납지 않는다는 말이다.

119 색은 怫의 음은 패(悖)이며, 또한 불[扶物反]이라고도 한다. 불(怫)은 또한 패(悖)이다. 금(金)·목(木)·수(水)·화(火)·토(土) 오가(五家)의 문(文)이 각자 서로 어그러져 달라진 것이다. 정의 오가(五家)는 황제(黃帝)와 전욱(顓頊)·하(夏)·은(殷)·주(周)의 역(曆)을 말하는데, 그 문(文)이 서로 어그러지고 어긋나 다른데 태초(太初) 연간에 제정된 원론(元論)의 역률(曆律) 만이 옳으므로 역서는 태초(太初)의 것을 원론으로 삼는다는 것을 말한다.

120 집해 서광은 말하였다. "논(論)은 '편(編)'으로 된 곳도 있다."

多雜禨祥	길흉이 많이 섞여 있어
不經	상법(常法)에 맞지 않는다.
推其文	그 글을 미루고
考其應	그 효응을 고찰하면
不殊	다르지 않다.
比集論其行事	그 일을 행함을 논한 것을 모으고
驗于軌度以次	법도를 징험하여 차서를 정하여
作天官書第五	「천관서(天官書)」 제5를 지었다.

受命而王	천명을 받아 왕이 되었지만
封禪之符罕用[121]	봉선의 부응을 드물게 썼는데
用則萬靈罔不禋祀	썼으면 온갖 신령이 제사를 받지 않음이 없었다.
追本諸神名山大川禮	여러 신들과 명산, 대천의 예에 대한 근본을 좇아
作封禪書第六	「봉선서(封禪書)」 제6을 지었다.

維禹浚川	우임금이 하천을 치자
九州攸寧	구주가 평안해졌다.
爰及宣防	선방에 미쳐서는
決瀆通溝	하천을 틔우고 내를 뚫었다.
作河渠書第七	「하거서(河渠書)」 제7을 지었다.

維幣之行[122]	화폐의 발행은

121 **집해** 서광은 말하였다. "'답응(答應)'이라고도 한다."

122 **색은** 유폐지행(維獘之行)이다. 폐(獘)의 음은 '폐백(幣帛)'의 '폐(幣)'로 돈이다.

以通農商	농업과 상업을 유통시킨다.
其極則玩巧[123]	극에 달하면 약삭빨라져
并兼茲殖	(자산을) 겸병하고 불려
爭於機利	투기와 이익을 다투며
去本趨末	본업을 팽개치고 말업을 좇게 된다.
作平準書以觀事變	「평준서(平準書)」를 지어 일이 변화해 가는 것을 관찰하였는데,
第八	제8편이다.

太伯避歷	태백은 계력(季歷)을 피하여
江蠻是適	장강의 남쪽 만이(蠻夷) 땅으로 갔다.
文武攸興	문왕과 무왕이 흥기하자
古公王跡	고공단보(古公亶父)의 왕업을 좇았다.
闔廬弒僚	합려는 요(僚)를 죽이고
賓服荊楚	형초를 굴복시켰다.
夫差克齊	부차는 제나라를 이겼고
子胥鴟夷	오자서는 (죽어서) 말가죽 부대에 담겼다.
信嚭親越	백비(伯嚭)를 믿고 월나라를 가까이하였다가
吳國既滅	오나라는 망하고 말았다.
嘉伯之讓	태백이 (나라를) 양보한 것을 아름답게 여겨
作吳世家第一	「오세가(吳世家)」 제1을 지었다.

申呂肖矣[124]	신(申)나라와 여(呂)나라가 쇠미해지자

123 **색은** 杬巧의 음은 완교[五官反, 苦孝反]이다.

尙父側微	상보는 미천해져서
卒歸西伯	마침내 서백에게 귀의하였는데
文武是師	문왕과 무왕의 스승이 되었다.
功冠羣公	공이 뭇 신하들의 으뜸이었는데
繆權于幽[125]	권모술수가 깊어 잘 얽었다.
番番黃髮[126]	누런 머리가 늠름하였으며
爰饗營丘	이에 영구(營丘)의 봉지를 받았다.
不背柯盟	가읍(柯邑)의 맹세를 저버리지 않아서
桓公以昌	환공이 창성하게 되었으며,
九合諸侯	제후들을 규합하여
霸功顯彰	패주의 공이 환하게 드러났다.
田闞爭寵	전씨와 감씨(闞氏)가 총애를 다투어
姜姓解亡[127]	강씨 성은 해체되어 망하였다.

124 **집해** 서광은 말하였다. "肖의 음은 소(痟)이다. 소(痟)는 쇠미(衰微)와 같다." **색은** 서광의 주에서는 注의 음을 소(痟)라 하고, 소(痟)는 쇠미(衰微)와 같다고 하였는데, 그 음훈(音訓)이 어디에서 나온 것인지를 알 수 없다. 지금 생각건대 소(肖)는 미약(微弱)하고 죽어들어 이른바 "신(申)과 여(呂)나라가 비록 쇠미해졌다고"라는 것을 이른다. **정의** 肖의 음은 소(痟)이다. 여상(呂尙)의 조상은 신(申)에 봉하여졌다. 신(申)과 여(呂)는 나중에 쇠미해졌으므로 상보(尙父)는 미천해졌다.

125 **집해** 서광은 말하였다. "무(繆)는 착(錯)의 뜻으로, 얽히어 맺혔다는 말과 같다. 권모술수가 깊어서 드러나지 않는 것으로 이른바 태공음모(太公陰謀)라는 것이다." **색은** 繆는 얽히는 것이며 음은 무[亡又反]이다. 또한 태공이 복잡하게 얽히어 권모가 깊고 어두워 밝게 드러나지 않는 것을 이르며 태공의 음모라고 한다. **정의** 繆의 음은 묘[武彪反]이다. 여상(呂尙)이 깊숙한 권모술수를 얽었는데, 『육도(六韜)』, 『음부(陰符)』, 『칠술(七術)』 따위를 이른다.

126 **집해** 番의 음은 파(婆)이다. 모장(毛萇)은 "파파(番番)는 위엄이 있고 씩씩한 모양"이라고 하였다. 황발(黃髮)은 노인의 머리털이 하얗게 되었다가 누렇게 바뀐 것을 말한다.

127 **집해** 서광은 말하였다. "궐(闞)은 '감(監)'이라고도 한다. 해(解)는 '천(遷)'으로 된 곳도 있다."

嘉父之謀	상보의 계책을 아름답게 여겨
作齊太公世家第二	「제태공세가(齊太公世家)」 제2를 지었다.

依之違之	의지하기도 하고 어기기도 하였는데
周公綏之	주공(周公)이 안정시켰다.
憤發文德	분을 발하여 문덕을 펼치니
天下和之	천하가 평화로워졌다.
輔翼成王	성왕을 보좌하니
諸侯宗周	제후들이 주나라를 종주국으로 삼았다.
隱桓之際	은공과 환공 때에는
是獨何哉	유독 무슨 일이었는가?
三桓爭彊	삼환이 강함을 다투어
魯乃不昌	노나라가 이에 창성하지 못하였다.
嘉旦金縢	주공 단(旦)의 「금등(金縢)」을 아름답게 여겨
作周公世家第三	「주공세가(周公世家)」 제3을 지었다.

武王克紂	무왕이 주왕을 이겼지만
天下未協而崩	천하는 아직 화합되지 못하고 죽었다.
成王既幼	성왕이 어린 데다
管蔡疑之	관숙과 채숙이 의심을 하였으며
淮夷叛之	회이(淮夷)가 반란을 일으키니
於是召公率德	이에 소공이 덕을 이끌어
安集王室	왕실을 안정시켜
以寧東土	동방을 평안하게 하였다.
燕噲之禪[128]	연왕 쾌(噲)가 양위하니

乃成禍亂	이에 화란이 되었다.
嘉甘棠之詩	「감당(甘棠)」의 시를 아름답게 여겨
作燕世家第四	「연세가(燕世家)」 제4를 지었다.

管蔡相武庚	관숙과 채숙은 무경을 도와
將寧舊商	옛 상(商)을 안정시키려 하였다.
及旦攝政	주공 단(旦)이 섭정을 하자
二叔不饗	이숙은 (주나라의) 제사를 받들지 않았다.
殺鮮放度[129]	관숙 선(鮮)을 죽이고 채숙 도(度)를 추방하고
周公爲盟	주공이 맹약을 하였다.
大任十子[130]	태임은 아들이 열 명이었는데
周以宗彊	주나라는 이들로 조정이 강하여졌다.
嘉仲悔過[131]	채중이 잘못을 뉘우친 것을 아름답게 여겨
作管蔡世家第五	「관채세가(管蔡世家)」 제5를 지었다.

王後不絕	왕의 후예는 끊이지 않으니
舜禹是說	순(舜)과 우(禹)의 기쁨이다.
維德休明	덕이 아름답고 밝으니
苗裔蒙烈	아득한 후손들까지 공렬(功烈)을 입는다.

---

128 **색은** 왕쾌(王噲)가 승상 자지(子之)에게 양위하여 나중에 마침내 위급해지고 어지러워진 것을 이른다.

129 **색은** 「세가[계가(系家)]」에서는 관숙(管叔)은 이름이 선(鮮)이며, 채숙(蔡叔)은 이름이 도(度), 곽숙(霍叔)은 이름이 처(處)라고 하였다.

130 **색은** 태임(太任)은 문왕(文王)의 왕비이다. 열 아들은 백읍고(伯邑考)와 무왕(武王)·관(管)·채(蔡)·곽(霍)·노(魯)·위(衛)·모(毛)·담(聃)·조(曹)이다.

131 **정의** 채숙(蔡叔) 도(度)의 아들 채중(蔡仲)이다.

百世享祀	백 세대가 되도록 제사를 받으니
爰周陳杞	주나라 때의 진나라와 기(杞)나라였는데
楚實滅之	초나라가 실로 그들을 멸하였다.
齊田既起	제나라의 전씨가 일어났으니
舜何人哉	순(舜)은 어떤 사람인가?
作陳杞世家第六	「진기세가(陳杞世家)」 제6을 지었다.

收殷餘民	은나라의 유민을 거두어
叔封始邑	강숙(康叔)이 처음으로 읍에 봉하여졌으며
申以商亂	상나라의 난을 펴서
酒材是告	「주고(酒誥)」와 「자재(梓材)」로 알렸는데
及朔之生	삭(朔)이 태어나자
衛頃不寧[132]	위(衛)나라는 기울어 평안치 못하였다.
南子惡蒯聵	남자(南子)가 괴외를 미워하니
子父易名	자식과 아비가 명분을 바꾸었다.
周德卑微	주나라의 덕이 낮고 약해지자
戰國既彊	전쟁으로 나라가 강하여졌는데
衛以小弱	위나라는 작고 약해져서
角獨後亡	각(角)이 홀로 나중에 망하였다.
喜彼康誥	저 「강고(康誥)」를 아름답게 여겨
作衛世家第七	「위세가(衛世家)」 제7을 지었다.

嗟箕子乎	아, 기자(箕子)여!

132 **색은** 위경공(衛頃公)이다.

嗟箕子乎	아, 기자여!
正言不用	바른말이 쓰이지 않고
乃反爲奴	도리어 노예가 되었도다.
武庚既死	무경이 죽고 나자
周封微子	주나라는 미자(微子)를 봉하였다.
襄公傷於泓[133]	양공이 홍(泓)에서 부상을 당하긴 했어도
君子孰稱	군자들은 매우 칭찬하였다.
景公謙德	경공은 겸허히 덕을 행하니
熒惑退行	형혹이 뒤로 운행하였다.
剔成暴虐[134]	척성은 포학하여
宋乃滅亡	송나라는 마침내 멸망하였다.
喜微子問太師	미자가 태사에게 물은 것을 기쁘게 여겨
作宋世家第八	「송세가(宋世家)」 제8을 지었다.

武王既崩	무왕이 죽고 나자
叔虞邑唐	숙우는 당나라에 봉하여졌다.
君子譏名[135]	군자가 이름을 기롱하니
卒滅武公	마침내 무공에게 멸망당하였다.

---

133 **정의** 홍(泓)은 강의 이름이다. 『공양전(公羊傳)』에서는 말하였다. "송나라와 초나라 사람이 홍수[泓]의 북쪽에서 싸우기로 하였으며 송나라 군사가 대패하였다. 군자는 그 북을 치지 않고 열을 지우지 않았으며 큰 일에 임하여도 예를 잃지 않은 것을 칭찬하였으니 비록 문왕(文王)이 싸운다 해도 이보다 낫지는 않을 것이다."

134 **집해** 서광은 말하였다. "'언(偃)'이라고도 하며, 송(宋)나라 척성군(剔成君)이 언(偃)을 낳았다." **색은** 앞의 글자는 음이 척성(逷成)이다.

135 **정의** 진목후(晉穆侯)의 태자는 이름이 구(仇)이고 작은 아들은 이름이 성사(成師)임을 이른다.

驪姬之愛	여희를 총애하여
亂者五世	어지러워진 것이 5대였으며,
重耳不得意	중이는 뜻을 얻지 못하였으나
乃能成霸	패권을 이룰 수 있었다.
六卿專權[136]	육경이 전권을 휘두르니
晉國以秏	진(晉)나라는 힘이 줄어들었다.
嘉文公錫珪鬯	문공이 홀(笏)과 울창주(鬱鬯酒)를 받은 것을 아름답게 여겨
作晉世家第九	「진세가(晉世家)」 제9를 지었다.

重黎業之	중려가 창업하고
吳回接之	오회가 이었으며,
殷之季世	은나라 말기에
粥子牒之	육자(粥子)가 계보를 이었다.
周用熊繹	주나라가 웅역을 썼는데
熊渠是續	웅거가 이었다.
莊王之賢	장왕의 현명으로
乃復國陳[137]	이에 진(陳)나라를 회복시켜 주었고,
既赦鄭伯	정백을 용서하고
班師華元	화원은 군사를 철수시켰다.
懷王客死	회왕은 객사하였고
蘭咎屈原	자란은 굴원을 헐뜯었으며,
好諛信讒	아첨을 좋아하고 참언을 믿으니

136 정의 지백(智伯)과 범(范), 중항(中行), 한(韓), 위(魏), 조(趙)이다.

137 정의 초장왕(楚莊王)은 진(陳)에 도읍을 정하였다.

楚并於秦　초나라는 진(秦)나라에 합병되었다.
嘉莊王之義　장왕의 의를 아름답게 여겨
作楚世家第十　「초세가(楚世家)」 제10을 지었다.

少康之子　소강의 아들은
實賓南海[138]　남해에 봉하여졌는데
文身斷髮　문신을 하고 머리카락을 잘랐으며
黿鱓與處[139]　악어(鰐魚)와 더불어 살고
既守封禺[140]　봉우산을 지켰을 뿐만 아니라
奉禹之祀　우(禹)의 제사를 받들었다.
句踐困彼　구천에 저들에게 곤경을 겪어
乃用種蠡　이에 문종(文種)과 범려(范蠡)를 썼다.
嘉句踐夷蠻能脩其德　구천은 오랑캐인데도 그 덕을 닦을 수 있었고
滅彊吳以尊周室　강한 오나라를 멸하여 주나라를 높인 것을 아름답게 여겨
作越王句踐世家第十一　「월왕구천세가(越王句踐世家)」 제11을 지었다.

桓公之東　환공이 동쪽으로 간 것은
太史是庸　태사의 말을 따라서이다.

---

138 정의 『오월춘추(吳越春秋)』에서는 말하였다. "계(啟)가 사행을 하던 해에 월(越)에서 우(禹)임금을 제사 지내고 남산(南山)에 종묘를 세웠으며, 소강(少康)의 서자 무여(無餘)를 월에 봉하고 우임금의 사당을 짓게 하였다. 구천(句踐)이 산음(山陰)에 도읍을 정하고 우임금의 사당[禹廟]을 시조의 사당[始祖廟]으로 삼자 월나라는 망하여 마침내 없어졌다." 지금 우묘(禹廟)는 회계산(會稽山) 아래에 있다.

139 색은 蚖鱓의 발음은 원타(元鼉)이다.

140 집해 서광은 말하였다. "봉우산(封禺山)은 무강현(武康縣) 남쪽에 있다."

及侵周禾	주나라의 곡식을 침탈하자
王人是議	주나라 사람들이 비난하였다.
祭仲要盟	채중이 맹약을 강요하니
鄭久不昌	정나라는 오래도록 창성하지 못하였다.
子產之仁	자산의 어짊은
紹世稱賢	대를 이어 현명하다고 칭찬을 받았다.
三晉侵伐	삼진이 침벌하자
鄭納於韓	정나라는 한나라에 바쳤다.
嘉厲公納惠王	여공이 혜왕을 들여보낸 것을 아름답게 여겨
作鄭世家第十二	「정세가(鄭世家)」 제12를 지었다.

維驥騄耳	천리마 녹이(騄耳) 때문에
乃章造父	조보(造父)가 빛나게 되었다.
趙夙事獻	조숙은 헌공(獻公)을 섬겼으며
衰續厥緒[141]	조최(趙衰)가 그 실마리를 이었다.
佐文尊王	문공을 보좌하며 왕을 높였고
卒爲晉輔	마침내 진(晉)나라를 보좌하는 신하가 되었다.
襄子困辱	양자(襄子)는 곤욕을 치렀지만
乃禽智伯	곧 지백을 사로잡았다.
主父生縛	주보는 사로잡혀 포박되었으며
餓死探爵	참새를 잡으며 굶어 죽었다.
王遷辟淫	왕 천(遷)은 편벽되고 음란하여
良將是斥	훌륭한 장수를 배척하였다.

141 **정의** 衰의 음은 최[楚爲反]이다.

嘉鞅討周亂	조앙(趙鞅)이 주나라의 난을 토벌한 것을 아름답게 여겨
作趙世家第十三	「조세가(趙世家)」 제13을 지었다.
畢萬爵魏	필만은 위(魏)나라에 봉해졌는데
卜人知之	점쟁이가 그것을 알았다.
及絳戮干	위강(魏絳)이 양간[楊干: 진도공(晉悼公)의 아우]을 죽이자
戎翟和之	융족 및 적족이 강화하였다.
文侯慕義	문후는 의를 흠모하였고
子夏師之	자하를 스승으로 삼았다.
惠王自矜	혜왕이 스스로 뽐내자
齊秦攻之	제나라와 진나라가 공격하였다.
既疑信陵	신릉군을 의심하자
諸侯罷之	제후들이 내쳤다.
卒亡大梁	마침내 대량(大梁)을 멸망시키고
王假廝之	왕가는 노예가 되었다.
嘉武佐晉文申霸道	무자(武子)가 진문공을 도와 패업을 이룬 것을 아름답게 여겨
作魏世家第十四	「위세가(魏世家)」 제14를 지었다.
韓厥陰德	한궐이 음덕을 베풀어
趙武攸興	조무가 흥하였다.
紹絕立廢	끊어진 것을 잇고 폐하여진 것을 세우니
晉人宗之	진(晉)나라 사람들이 종주로 삼았다.

昭侯顯列	소후가 열후들 가운데서 드러나게 되니
申子庸之	신자(申子)를 써서이다.
疑非不信	한비를 의심하여 믿지 않아
秦人襲之	진(秦)나라 사람이 습격하였다.
嘉厥輔晉匡周天子之賦	한궐이 진나라를 도와 주천자(周天子)가 준 것을 바로잡은 것을 아름답게 여겨
作韓世家第十五	「한세가(韓世家)」 제15를 지었다.

完子避難	완자(完子)가 난을 피하여
適齊爲援	제나라로 가서 구원을 청하자
陰施五世	오대에 걸쳐 음덕을 베푸니
齊人歌之	제나라 사람들이 노래로 칭송하였다.
成子得政	성자는 정권을 얻었고
田和爲侯	전화는 제후가 되었다.
王建動心	왕건은 마음이 움직여
乃遷于共	이에 공(共)으로 천도하였다.
嘉威宣能撥濁世而獨宗周	위왕과 선왕이 탁한 세상을 다스리고 홀로 주나라를 종주로 삼은 것을 아름답게 여겨
作田敬仲完世家第十六	「전경중완세가(田敬仲完世家)」 제16을 지었다.

周室既衰	주나라 왕실이 쇠퇴해지자
諸侯恣行	제후들이 제멋대로 행동하였다.
仲尼悼禮廢樂崩	중니는 예가 없어지고 음악이 무너진 것을 슬퍼하여
追脩經術	경학을 좇아 닦아

以達王道	왕도에 이르렀으며
匡亂世反之於正	어지러운 세상을 바로잡아 올바름으로 되돌리고
見其文辭	그 문사를 보고
爲天下制儀法	천하에 의법을 제정해 주어
垂六蓺之統紀於後世	육경의 기강을 후세에 드리웠다.
作孔子世家第十七	「공자세가(孔子世家)」 제17을 지었다.

桀紂失其道而湯武作	걸왕과 주왕이 도를 잃자 탕왕과 무왕이 일으켰으며
周失其道而春秋作[142]	주나라가 도를 잃자 『춘추』가 일어났다.
秦失其政	진(秦)나라가 정치(의 도)를 잃자
而陳涉發跡	진섭이 자취를 털고 일어났으며
諸侯作難	제후들이 난을 일으키어
風起雲蒸	구름이 일고 구름이 피듯 하니
卒亡秦族	마침내 진(秦)나라를 망하게 하였다.
天下之端	천하의 단서가
自涉發難	진섭이 난을 일으킨 데서 비롯되었다.
作陳涉世家第十八	「진섭세가(陳涉世家)」 제18을 지었다.

成皐之臺	성고의 대(臺)는
薄氏始基	박씨가 비로소 기틀을 잡았다.
詘意適代	뜻을 굽히고 대(代)나라로 가자
厥崇諸竇	두씨(竇氏)들이 높아졌다.

142 **정의** 주(周)나라가 도(道)를 잃고 진(秦)에 이르렀을 때 제후들은 강함을 다투는 일에 힘썼다.

栗姬偩貴　율씨는 고귀해진 것을 자랑하였으며
王氏乃遂　왕씨는 이에 (목적을) 이루었다.
陳后太驕　진후가 너무 교만하여
卒尊子夫　결국 자부를 높였다.
嘉夫德若斯　자부의 덕이 이와 같음을 아름답게 여겨
作外戚世家十九　「외척세가(外戚世家)」 제19를 지었다.

漢既譎謀　한나라가 속임수를 써서
禽信於陳　진군(陳郡)에서 한신을 사로잡았다.
越荊剽輕　월나라와 초나라는 사납고 날래어
乃封弟交爲楚王　이에 아우인 유교(劉交)를 초왕으로 봉하였는데
爰都彭城　이에 팽성을 도읍으로 삼아
以彊淮泗　회수와 사수를 강하게 하여
爲漢宗藩　한나라 왕실의 울타리로 삼았다.
戊溺於邪　유무(劉戊)가 사악함에 빠지자
禮復紹之　유례(劉禮)가 다시 그 뒤를 이었다.
嘉游輔祖[143]　유(游)가 고조를 보좌한 것을 아름답게 여겨
作楚元王世家二十　「초원왕세가(楚元王世家)」 제20을 지었다.

維祖師旅　고조가 군사를 일으키자
劉賈是與　유가(劉賈)가 참여하였다.
爲布所襲　영포(英布)의 습격을 받아
喪其荊・吳　형(荊)과 오(吳)를 잃었다.

143 **정의** 유(游)는 초왕(楚王) 교(交)의 자(字)이다. 조(祖)는 고조(高祖)이다.

營陵激呂　영릉은 여태후를 격발시켜
乃王琅邪　이에 낭야왕이 되었다.
怵午信齊[144]　출오(怵午)에게 속아 제왕(齊王)을 믿어
往而不歸　가서는 돌아오지 않았다,
遂西入關　마침내 서(西)로 관문으로 들어갔는데
遭立孝文　마침 효문왕이 즉위하여
獲復王燕　다시 연나라 왕이 되었다.
天下未集　천하가 아직 안정되지 않았으니
賈·澤以族　유가와 유택(劉澤)은 왕실의 친족으로
爲漢藩輔　한나라를 보좌하는 울타리가 되었다.
作荊燕世家第二十一　「형연세가(荊燕世家)」 제21을 지었다.

天下已平　천하가 평정되었을 때
親屬既寡　친속이 적었다.
悼惠先壯　도혜왕이 먼저 장성해져
實鎮東土　실로 동쪽 땅을 진압하였다.
哀王擅興　애왕이 멋대로 일어났는데
發怒諸呂　여씨들에게 분노를 품어서였으며
駟鈞暴戾　사균은 거칠고 사나워
京師弗許　조정에서 허락지 않았다.
厲之內淫　여왕은 안으로 음란한 짓을 하다가
禍成主父　주보에게서 화가 이루어졌다.
嘉肥股肱　고굉지신을 살찌운 것을 아름답게 여겨

144 **정의** 축오(祝午)를 이른다.

作齊悼惠王世家第二十二	「제도혜왕세가(齊悼惠王世家)」 제22를 지었다.
楚人圍我榮陽	초나라 사람이 우리 형양을 에워싸
相守三年	3년을 지켰다.
蕭何塡撫山西[145]	소하는 산서를 진무하여
推計踵兵	계책을 짜고 군사를 보충하였고
給糧食不絕	식량이 끊이지 않도록 대주었으며
使百姓愛漢	백성들로 하여금 한나라를 사랑하고
不樂爲楚	기꺼이 초나라를 위하게 하지 않았다.
作蕭相國世家第二十三	「소상국세가(蕭相國世家)」 제23을 지었다.
與信定魏	한신과 더불어 위(魏)나라를 평정하고
破趙拔齊	조나라를 깨뜨렸으며 제나라를 점령하여
遂弱楚人	마침내 초나라 사람을 약하게 하였다.
續何相國	소하를 이어 상국이 되었으며
不變不革	급격한 변혁을 꾀하지 않아
黎庶攸寧	백성들이 이에 평안하였다.
嘉參不伐功矜能	조참(曹參)이 공을 자랑하고 능력을 뽐내지 않음을 아름답게 여겨
作曹相國世家第二十四	「조상국세가(曹相國世家)」 제24를 지었다.
運籌帷幄之中	장막 안에서 계책을 운용하고
制勝於無形	형체가 없는 가운데서 제압하여 승리를 거두었으니

145 **정의** 화산(華山)의 서쪽을 이른다.

子房計謀其事	자방이 그 일을 꾀한 것으로
無知名	알려진 이름도 없었고
無勇功	용감한 공로도 없었는데
圖難於易	쉬울 때 어려움을 도모하였고
爲大於細	미약할 때 큰일을 하였다.
作留侯世家第二十五	「유후세가(留侯世家)」 제25를 지었다.

六奇旣用	여섯 기책(奇策)이 쓰이자
諸侯賓從於漢	제후들은 한나라에 복종하였다.
呂氏之事	여씨의 일도
平爲本謀	진평이 본래 꾀한 일이었으니
終安宗廟	마침내 종묘를 안정시켰고
定社稷	사직을 정하였다.
作陳丞相世家第二十六	「진승상세가(陳丞相世家)」 제26을 지었다.

諸呂爲從	여씨들이 결탁하여
謀弱京師	조정을 약하게 할 계책을 꾸몄는데
而勃反經合於權	주발(周勃)은 상궤에서는 벗어났지만 임기응변에 부합하였다.
吳楚之兵	오 · 초(吳 · 楚)의 병란 때
亞夫駐於昌邑	주아부(周亞夫)는 창읍에 머물면서
以厄齊趙	제나라와 조나라를 막았으며
而出委以梁	나가서 양왕을 맡겨두었다.
作絳侯世家第二十七	「강후세가(絳侯世家)」 제27을 지었다.

七國叛逆	7국이 반역을 일으켰을 때
蕃屏京師	경사를 지키는 군사 중
唯梁爲扞	양나라만이 그들을 막았다.
偩愛矜功	총애를 자랑하고 공을 뽐내다가
幾獲于禍	거의 화를 당할 뻔하였다.
嘉其能距吳楚	오 · 초(吳 · 楚)를 막을 수 있었던 것을 아름답게 여겨
作梁孝王世家第二十八	「양효왕세가(梁孝王世家)」 제28을 지었다.

五宗既王	오종이 왕이 되자
親屬洽和	친속이 화목해지고
諸侯大小爲藩	제후들은 크건 작건 지켜주어
爰得其宜	이에 마땅함을 얻어
僭擬之事稍衰貶矣	참람되이 비기는 일이 조금씩 적어지게 되었다.
作五宗世家第二十九	「오종세가(五宗世家)」 제29를 지었다.

三子之王	세 아들의 왕은
文辭可觀	문사가 볼 만하다.
作三王世家第三十	「삼왕세가(三王世家)」 제30을 지었다.

末世爭利	말세에는 이익을 다투는데
維彼奔義	저들만은 의를 지켜 달아났으며,
讓國餓死	나라를 양보하고 굶어 죽으니
天下稱之	천하에서 칭송하였다.
作伯夷列傳第一	「백이 열전(伯夷列傳)」 제1을 지었다.

晏子儉矣	안자(晏子)는 검소하였고
夷吾則奢	관이오[管夷吾: 관중(管仲)]는 사치로웠다.
齊桓以霸	제환공은 (관이오를 써서) 패자가 되었고
景公以治	경공은 (안자를 써서) 잘 다스렸다.
作管晏列傳第二	「관 · 안 열전(管晏列傳)」 제2를 지었다.
李耳無爲自化	노자[老子: 이이(李耳)]는 다스리지 않아도 저절로 다스려지고
淸淨自正	맑고 깨끗하여 저절로 바르게 된다고 하였고,
韓非揣事情	한비는 일의 정리를 잘 헤아리고
循勢理	형세의 이치를 따라야 한다고 하였다.
作老子韓非列傳第三	「노자 · 한비 열전(老子韓非列傳)」 제3을 지었다.
自古王者而有司馬法	예로부터 왕자들은 『사마법(司馬法)』을 가지고 있었는데
穰苴能申明之	양저는 능히 그것을 천명할 수 있었다.
作司馬穰苴列傳第四	「사마양저 열전(司馬穰苴列傳)」 제4를 지었다.
非信廉仁勇不能傳兵論劍	신의와 청렴, 인자, 용기가 아니면 병법을 전수하고 검술을 논하여
與道同符	도와 더불어 부합할 수 없다.
內可以治身	안으로는 몸을 다스릴 수 있고
外可以應變	밖으로는 변화에 응할 수 있으니
君子比德焉	군자는 그것을 덕에 비유한다.
作孫子吳起列傳第五	「손자 · 오기 열전(孫子吳起列傳)」 제5를 지었다.

維建遇讒[146]	태자(太子) 건(建)이 참소를 당하자
爰及子奢	이에 오사(伍奢)에까지 미쳤는데
尙旣匡父	오상(伍尙)은 부친을 구하러 갔고
伍員奔吳	오운[伍員: 오자서(伍子胥)]은 오나라로 달아났다.
作伍子胥列傳第六	「오자서 열전(伍子胥列傳)」 제6을 지었다.
孔氏述文	공자가 학문을 전하고
弟子興業	제자들은 학업을 일으켜
咸爲師傅	모두 스승이 되어
崇仁厲義	인을 높이고 의를 연마하였다.
作仲尼弟子列傳第七	「중니 제자 열전(仲尼弟子列傳)」 제7을 지었다.
鞅去衛適秦	상앙은 위(衛)나라를 떠나 진(秦)나라로 갔는데
能明其術	그 학술을 밝혀
彊霸孝公	효공을 강하게 하여 패자가 되게 할 수 있었으며
後世遵其法	후세에서는 그 법을 따랐다.
作商君列傳第八	「상군 열전(商君列傳)」 제8을 지었다.
天下患衡秦毋饜	천하에서는 연형책[連衡策: 연횡책(連橫策)]의 진(秦)나라가 욕심이 끝없음을 근심하였는데
而蘇子能存諸侯	소자[蘇子: 소진(蘇秦)]는 제후들을 존속시키고
約從以抑貪彊	합종을 맺어 탐욕과 강함을 누를 수 있었다.
作蘇秦列傳第九	「소진 열전(蘇秦列傳)」 제9를 지었다.

146 건(建): 성은 미(羋)이고 씨는 웅(熊)이며 자는 자목(子木)으로, 초평왕(楚平王)의 적장자(嫡長子)이다. – 옮긴이.

六國既從親	육국이 합종으로 친하여지자
而張儀能明其說	장의는 그 주장을 밝혀
復散解諸侯	다시 제후들을 흩어서 갈라놓을 수 있었다.
作張儀列傳第十	「장의 열전(張儀列傳)」 제10을 지었다.
秦所以東攘雄諸侯[147]	진(秦)나라가 동으로 씩씩한 제후들을 물리친 것은
樗里甘茂之策	저리자(樗里子)와 감무의 책략 때문이었다.
作樗里甘茂列傳第十一	「저리 · 감무 열전(樗里甘茂列傳)」 제11을 지었다.
苞河山[148]	황하와 효산 일대를 겸병하고
圍大梁	대량(大梁)을 에워싸
使諸侯斂手而事秦者	제후들로 하여금 손을 거두고 진나라를 섬기게 한 것은
魏冉之功	위염의 공이다.
作穰侯列傳第十二	「양후 열전(穰侯列傳)」 제12를 지었다.
南拔鄢郢	남으로 언영을 뿌리째 뽑고
北摧長平	북으로는 장평을 꺾어
遂圍邯鄲	마침내 한단을 에워싼 것은
武安爲率	무안군의 통솔이었으며,
破荊滅趙	초나라를 깨뜨리고 조나라를 멸한 것은
王翦之計	왕전의 계책이었다.

147 **집해** 서광은 말하였다. "'양(襄)'으로 된 곳도 있다."

148 **집해** 서광은 말하였다. "포(苞)는 '시(施)'로 된 곳도 있다."

作白起王翦列傳第十三	「백기 · 왕전 열전(白起王翦列傳)」 제13을 지었다.
獵儒墨之遺文	유가와 묵가가 남긴 글을 섭렵하고
明禮義之統紀	예의의 기강을 밝혔으며
絕惠王利端	양혜왕의 이(利)를 추구하는 단서를 끊고
列往世興衰[149]	지난 세상의 성쇠를 열거하였다.
作孟子荀卿列傳第十四	「맹자 · 순경 열전(孟子荀卿列傳)」 제14를 지었다.
好客喜士	빈객을 좋아하고 선비를 좋아하여
士歸于薛	선비들이 설(薛) 땅으로 귀의하여
爲齊扞楚魏	제나라를 위해 초나라와 위(魏)나라를 막았다.
作孟嘗君列傳第十五	「맹상군 열전(孟嘗君列傳)」 제15를 지었다.
爭馮亭以權[150]	권모술수로 풍정과 다투었으며
如楚以救邯鄲之圍	초나라로 가서 한단의 에움을 풀어
使其君復稱於諸侯	그 임금으로 하여금 제후들에게서 다시 일컬어지게 하였다.
作平原君虞卿列傳第十六	「평원군 · 우경 열전(平原君虞卿列傳)」 제16을 지었다.
能以富貴下貧賤	부귀한 몸을 빈천한 자들에게 낮추고
賢能詘於不肖	현능함으로 불초한 사람에게 굽힐 수 있는 것은

149 **집해** 서광은 말하였다. "'괴(壞)'로 된 곳도 있다."

150 **집해** 서광은 말하였다. "이(以)는 '반(反)'으로 된 곳도 있다. 태사공은 평원군을 나무라기를 '사리는 지혜를 어둡게 한다(利令智昏).'라 하였으므로 풍정과 다투어 권모술수를 되돌렸다라 한 것이다."

唯信陵君爲能行之	신릉군(信陵君)만이 그렇게 할 수 있다.
作魏公子列傳第十七	「위공자 열전(魏公子列傳)」 제17을 지었다.
以身徇君	몸이 임금을 따라
遂脫彊秦	마침내 강한 진(秦)나라에게서 벗어났으며
使馳說之士南鄉走楚者	유세가들을 남쪽으로 향하여 초(楚)나라로 달리게 한 것은
黃歇之義	황헐의 의로움이다.
作春申君列傳第十八	「춘신군 열전(春申君列傳)」 제18을 지었다.
能忍訽於魏齊[151]	위제에게서 치욕을 견디고
而信威於彊秦	강한 진(秦)나라에서 위세를 드러내 보여
推賢讓位	현명한 이를 추천하고 자리를 양보한 것은
二子有之	두 사람이 가지고 있었다.
作范雎蔡澤列傳第十九	「범수 · 채택 열전(范雎蔡澤列傳)」 제19를 지었다.
率行其謀	그 계책을 이끌고 행하여
連五國兵	다섯 나라의 군사들과 연합하여
爲弱燕報彊齊之讎	약한 연나라를 위해 강한 제나라의 원수를 갚고
雪其先君之恥	선군의 치욕을 씻어주었다.
作樂毅列傳第二十	「악의 열전(樂毅列傳)」 제20을 지었다.
能信意彊秦	강한 진(秦)나라의 뜻을 펴고

151 색은 "후(訽)는 욕보인다는 뜻이다."

而屈體廉子	염파에게는 몸을 굽힐 수 있었고
用徇其君	임금을 따름으로써
俱重於諸侯	제후들에게 모두 중시되었다.
作廉頗藺相如列傳第二十一	「염파 · 인상여 열전(廉頗藺相如列傳)」 제21을 지었다.
湣王既失臨淄而奔莒	민왕이 임치를 잃고 거(莒)로 달아나자
唯田單用即墨破走騎劫	전단(田單)만이 즉묵을 가지고 기겁장군을 깨뜨려
遂存齊社稷	마침내 제나라의 사직을 지킬 수 있었다.
作田單列傳第二十二	「전단 열전(田單列傳)」 제22를 지었다.
能設詭說解患於圍城	변설로 포위된 성에서 근심을 풀 수 있었고
輕爵祿	관작과 봉록을 가볍게 여겼으며
樂肆志	뜻을 마음껏 폄을 즐겼다.
作魯仲連鄒陽列傳第二十三	「노중련 · 추양 열전(魯仲連鄒陽列傳)」 제23을 지었다.
作辭以諷諫	사(辭)를 지어 풍간하고
連類以爭義	비슷한 것을 이어 붙여 의를 다투어
離騷有之	「이소(離騷)」를 남겼다.
作屈原賈生列傳第二十四	「굴원 · 가생 열전(屈原賈生列傳)」 제24를 지었다.
結子楚親	자초와 친교를 맺어
使諸侯之士斐然爭入事秦	제후의 선비들로 하여금 날듯이 다투어 진(秦)

나라로 들어와 섬기게 하였다.

作呂不韋列傳第二十五　「여불위 열전(呂不韋列傳)」 제25를 지었다.

曹子匕首　조자의 비수로

魯獲其田　노나라는 그 영토를 얻었고

齊明其信　제나라는 신용을 밝혔으며,

豫讓義不爲二心　예양은 의리를 지켜 두 마음을 품지 않았다.

作刺客列傳第二十六　「자객 열전(刺客列傳)」 제26을 지었다.

能明其畫　그 계획을 밝히어

因時推秦　때맞춰 진나라에서 추진하여

遂得意於海內　마침내 해내에서 뜻을 얻을 수 있었으니

斯爲謀首　이사(李斯)가 주모자 중에서도 으뜸이었다.

作李斯列傳第二十七　「이사 열전(李斯列傳)」 제27을 지었다.

爲秦開地益眾　진(秦)나라를 위해 땅을 개척하고 백성을 늘렸으며

北靡匈奴　북으로는 흉노를 복종시키고

據河爲塞　황하에 의거하여 요새를 만들고

因山爲固　산을 따라 견고하게 하여

建榆中　유중을 세웠다.

作蒙恬列傳第二十八　「몽염 열전(蒙恬列傳)」 제28을 지었다.

填趙塞常山以廣河內　조나라를 막고 상산을 막아 하내를 넓혔으며

弱楚權　초나라의 권력을 약화시키고

明漢王之信於天下	천하에서 한왕의 신의를 밝혔다.
作張耳陳餘列傳第二十九	「장이 · 진여 열전(張耳陳餘列傳)」 제29를 지었다.
收西河上黨之兵	(위표는) 서하와 상당의 군사를 거두어
從至彭城	따라서 팽성까지 이르렀으며,
越之侵掠梁地以苦項羽	팽월은 양나라 땅을 침략하여 항우를 괴롭혔다.
作魏豹彭越列傳第三十	「위표 · 팽월 열전(魏豹彭越列傳)」 제30를 지었다.
以淮南叛楚歸漢	회남을 근거로 초나라에 반기를 들고 한나라에 귀순하였으며
漢用得大司馬殷	한나라는 이로써 대사마 은(殷)을 얻어
卒破子羽于垓下[152]	마침내 해하에서 자우를 격파하였다.
作黥布列傳第三十一	「경포 열전(黥布列傳)」 제31을 지었다.
楚人迫我京索	초나라 사람이 우리 경(京)과 삭(索)을 압박하였으나
而信拔魏趙	한신은 위나라와 조나라를 점령하고
定燕齊	연나라와 제나라를 평정하여
使漢三分天下有其二	한나라가 삼분한 천하 중 2를 가지게 하여
以滅項籍	항적을 멸하였다.
作淮陰侯列傳第三十二	「회음후 열전(淮陰侯列傳)」 제32를 지었다.
楚漢相距鞏洛	초나라와 한나라가 공(鞏)과 낙(洛)에서 서로 대치하고

152 **집해** 서광은 말하였다. "제당(隄塘)의 이름이다."

而韓信爲填潁川	한신이 영천을 막아주었을 때
盧綰絶籍糧餉	노관은 항적의 군량을 끊었다.
作韓信盧綰列傳第三十三	「한신 · 노관 열전(韓信盧綰列傳)」 제33을 지었다.

諸侯畔項王	제후들이 항왕에게 반기를 들 때
唯齊連子羽城陽	제나라만이 성양에서 항우를 끌어들여
漢得以間遂入彭城	한나라가 그 틈에 마침내 팽성으로 들어가게 되었다.
作田儋列傳第三十四	「전담 열전(田儋列傳)」 제34를 지었다.

攻城野戰	성을 공격하고 들에서 싸워
獲功歸報	공을 얻어 돌아와 복명하는 데는
噲商有力焉	번쾌와 역상이 그 가운데 가장 힘이 있었으며
非獨鞭策	채찍을 잡았을 뿐만 아니라
又與之脫難	또한 한왕과 함께 어려움에서 벗어났다.
作樊酈列傳第三十五	「번 · 역 열전(樊酈列傳)」 제35를 지었다.

漢既初定	한나라가 갓 안정되었을 때
文理未明	제도가 아직 밝혀지지 않았는데
蒼爲主計	장창이 주계가 되어
整齊度量	도량형을 정비하고
序律曆	율력을 바로잡았다.
作張丞相列傳第三十六	「장승상 열전(張丞相列傳)」 제36을 지었다.

結言通使	말로 약정을 맺고 사자를 통하게 하여

約懷諸侯	제후들을 회유하였으며,
諸侯咸親	제후들이 모두 친하여져
歸漢爲藩輔	한나라로 귀순하여 번국(藩國)이 되었다.
作酈生陸賈列傳第三十七	「역생 · 육가 열전(酈生陸賈列傳)」 제37을 지었다.

欲詳知秦楚之事	진나라와 초나라의 일을 상세히 알고자 한다면
維周緤常從高祖	주설(周緤)만이 늘 고조를 따랐으며
平定諸侯	제후를 평정하였다.
作傅靳蒯成列傳第三十八[153]	「부 · 근 · 괴성 열전(傅靳蒯成列傳)」 제38을 지었다

徙彊族	강한 족속을 옮기고
都關中	관중에 도읍을 세웠으며
和約匈奴	흉노와 화친의 조약을 맺었다.
明朝廷禮	조정의 예법을 밝히고
次宗廟儀法	종묘의 의식 절차를 정하였다.
作劉敬叔孫通列傳第三十九	「유경 · 숙손통(劉敬叔孫通列傳)」 제39를 지었다.

能摧剛作柔	굳셈을 꺾어 부드럽게 되어
卒爲列臣	마침내 여러 대신 중의 하나가 되었으며,
欒公不劫於埶而倍死	난공은 형세에 눌리지 않고 죽음으로 배신을 지켰다.
作季布欒布列傳第四十	「계포 · 난포 열전(季布欒布列傳)」 제40을 지었다.

153 색은 蒯成의 앞 글자는 음이 배(裴)인데, 그 글자의 음은 붕읍(崩邑)을 따르며, 또한 음을 부(浮)라고도 한다.

敢犯顏色以達主義	감히 용안을 범해 가면서 그 주장을 이루었으며
不顧其身	그 몸을 돌보지 않고
爲國家樹長畫	나라를 위해 장기적인 계책을 세웠다.
作袁盎晁錯列傳第四十一	「원앙 · 조조(袁盎晁錯列傳)」 제41을 지었다.
守法不失大理	법을 지켜 크게 다스려짐을 잃지 않고
言古賢人	옛 현인을 말하여
增主之明	임금의 밝음을 더해 주었다.
作張釋之馮唐列傳第四十二	「장석지 · 풍당 열전(張釋之馮唐列傳)」 제42를 지었다.
敦厚慈孝	돈후하고 인자로우며 효성스러웠고
訥於言	말은 어눌하나
敏於行	행동은 민첩하였으며
務在鞠躬	공경하고 삼가는 데 힘을 썼으니
君子長者	군자요 장자이다.
作萬石張叔列傳第四十三	「만석 · 장숙 열전(萬石張叔列傳)」 제43을 지었다.
守節切直	절개를 지키고 간절하고 솔직하였으며
義足以言廉	의는 청렴함을 말하기에 충분했고
行足以厲賢	행동은 현명한 사람들을 격려하기에 충분하였으며
任重權不可以非理撓	중요한 권력을 맡아서는 비리로 꺾일 수가 없었다.
作田叔列傳第四十四	「전숙 열전(田叔列傳)」 제44를 지었다.

扁鵲言醫	편작은 의료를 말하여
爲方者宗	의술의 종주가 되었는데
守數精明	기술을 지키어 정밀하고도 밝았으며,
後世循序	후세에서 그 방법을 따라
弗能易也	그것을 바꿀 수가 없었는데
而倉公可謂近之矣	창공은 거기에 근접했다 하겠다.
作扁鵲倉公列傳第四十五	「편작 · 창공 열전(扁鵲倉公列傳)」 제45를 지었다.

維仲之省[154]	유중(劉仲)은 삭직 당하였으나
厥濞王吳	그 아들 유비(劉濞)는 오나라 왕이 되었으며
遭漢初定	한나라가 막 안정되자
以填撫江淮之閒	강회(江淮) 사이를 진무하였다.
作吳王濞列傳第四十六	「오왕 비 열전(吳王濞列傳)」 제46을 지었다.

吳楚爲亂	오나라와 초나라가 난리를 일으키자
宗屬唯嬰賢而喜士	종실의 친속 가운데서는 두영(竇嬰)만이 현명하여 선비를 좋아하였으니
士鄕之	선비들이 그를 향하여
率師抗山東滎陽	군사를 거느리고 산동 형양에서 맞섰다.
作魏其武安列傳第四十七	「위기무안열전(魏其武安列傳)」 제47을 지었다.

智足以應近世之變	지혜는 근세의 변화에 응할 만했고
寬足用得人	너그러움은 사람을 쓰게 되기에 충분하였다.

154 집해 서광은 말하였다. "오왕(吳王)의 왕은 부친으로 말미암아 없어졌다."

作韓長孺列傳第四十八	「한장유 열전(韓長孺列傳)」 제48을 지었다.
勇於當敵	적에 맞섬에 용감하고
仁愛士卒	사졸들에게 인애를 베풀었으며
號令不煩	명령을 내림이 번다하지 않아
師徒鄕之	군사들이 그를 향하였다.
作李將軍列傳第四十九	「이 장군 열전(李將軍列傳)」 제49를 지었다.
自三代以來	삼대 이래로
匈奴常爲中國患害	흉노는 늘 중국의 근심과 재해거리였다.
欲知彊弱之時	강하고 약한 때를 알아야
設備征討	대비하고 토벌할 수 있었으므로
作匈奴列傳第五十	「흉노 열전(匈奴列傳)」 제50을 지었다.
直曲塞	구불구불한 변새를 곧게 하였고
廣河南	하남을 넓혔으며
破祁連	기련을 격파하고
通西國	서쪽 나라와 통하였으며
靡北胡	북쪽 오랑캐를 쓸었다.
作衛將軍驃騎列傳第五十一	「위 장군 · 표기 열전(衛將軍驃騎列傳)」 제51을 지었다.
大臣宗室以侈靡相高	대신과 종실이 사치와 화미함으로 서로 높였지만
唯弘用節衣食爲百吏先	공손홍(公孫弘)만은 의식을 절감함으로써 백관의 앞장을 섰다.

作平津侯列傳第五十二	「평진후열전(平津侯列傳)」 제52를 지었다.

漢既平中國	한나라가 이미 중국을 평정하였을 때
而佗能集楊越以保南藩	조타(趙佗)는 양월을 안정시켜 남쪽 변방을 지킬 수 있었으며
納貢職	공물을 바쳤다.
作南越列傳第五十三	「남월 열전(南越列傳)」 제53을 지었다.

吳之叛逆	오나라가 반란을 일으키자
甌人斬濞[155]	동구(東甌)의 사람들은 유비를 참하였으며
葆守封禺爲臣[156]	봉우를 보위하여 신하가 되었다.
作東越列傳第五十四	「동월 열전(東越列傳)」 제54를 지었다.

燕丹散亂遼間	연단이 요동으로 어지러이 흩어지자
滿收其亡民	위만(衛滿)은 그 유민을 거두어
厥聚海東	바다 동쪽에 모아
以集眞藩[157]	진번을 안정시키고
葆塞爲外臣	변방을 지켜 외신이 되었다.
作朝鮮列傳第五十五	「조선 열전(朝鮮列傳)」 제55를 지었다.

唐蒙使略通夜郎	당몽이 야랑을 빼앗고 개통시키자

155 **집해** 서광은 말하였다. "지금의 영령(永寧)으로 동구(東甌)이다."

156 **색은** 앞의 글자[葆]는 보(保)의 뜻으로 읽는다. 동구(東甌)가 월나라의 공격을 받아 격파된 후에 봉우산(封禺山)을 보호하였다는 말로 지금 무강현(武康縣)에 있다.

157 **집해** 서광은 말하였다. "'막(莫)'으로 된 곳도 있다. 藩의 음은 반[普寒反]이다."

而邛笮之君請爲內臣受吏	공(邛)과 착(笮)의 임금은 내신이 되기를 청하여 관리를 받아들였다.
作西南夷列傳第五十六	「서남이 열전(西南夷列傳)」 제56을 지었다.
子虛之事	「자허부(子虛賦)」의 일과
大人賦說	「대인부(大人賦)」의 말은
靡麗多誇	화려하고 과장이 많지만
然其指風諫	그것이 가리킨 풍간은
歸於無爲	무위로 돌아갔다.
作司馬相如列傳第五十七	「사마상여 열전(司馬相如列傳)」 제57을 지었다.
黥布叛逆	경포가 반역을 일으키자
子長國之	유장(劉長)을 그 나라에 봉하여
以塡江淮之南	장강과 회수 남쪽을 진압하였고
安剽楚庶民	유안(劉安)은 초나라의 백성들을 빼앗았다.
作淮南衡山列傳第五十八	「회남 · 형산 열전(淮南衡山列傳)」 제58을 지었다.
奉法循理之吏	법을 받들고 이치를 따르는 관리는
不伐功矜能	공을 자랑하고 잘하는 것을 뽐내지 않으며
百姓無稱	백성들이 칭송함이 없고
亦無過行	또한 행실을 나무람도 없다.
作循吏列傳第五十九	「순리 열전(循吏列傳)」 제59를 지었다.
正衣冠立於朝廷	의관을 바로 하고 조정에 섰지만
而羣臣莫敢言浮說	신하들이 아무도 감히 부화한 소리를 못하니

長孺矜焉 장유가 그 긍지를 가졌으며,
好薦人 사람 추천하는 것을 좋아하였고
稱長者 장자로 칭송된 것은
壯有溉[158] 씩씩하여 기개가 있었기 때문이다.
作汲鄭列傳第六十 「급 · 정 열전(汲鄭列傳)」 제60을 지었다.

自孔子卒 공자가 죽은 뒤로
京師莫崇庠序 조정에서는 아무도 학교를 중시하지 않았으며
唯建元元狩之閒 다만 건원과 원수 연간 때만은
文辭粲如也 문사(文辭)가 찬연하였다.
作儒林列傳第六十一 「유림 열전(儒林列傳)」 제61을 지었다.

民倍本多巧 백성들이 근본을 저버리고 꾀를 많이 부리며
姦軌弄法 법을 어기고 법률을 우롱하니
善人不能化 훌륭한 사람들은 교화를 할 수가 없었고
唯一切嚴削爲能齊之 오직 엄격히 제재를 가함으로써만 그들을 다스릴 수 있었다.
作酷吏列傳第六十二 「혹리 열전(酷吏列傳)」 제62를 지었다.

漢既通使大夏 한나라가 대하(大夏)와 사행을 트자
而西極遠蠻 서쪽 끝의 먼 오랑캐도
引領內鄉 목을 늘이고 안을 향하여
欲觀中國 중국을 보고자 하였다.

158 **집해** 서광은 말하였다. "'개(慨)'로 된 곳도 있다."

作大宛列傳第六十三	「대원 열전(大宛列傳)」 제63을 지었다.

救人於厄	사람을 어려움에서 구하고
振人不贍	넉넉지 못한 사람을 진휼함은
仁者有乎	어진 자가 그럴 것이다!
不既信[159]	믿음에 대해 개탄하지도 않고
不倍言	말에 대해 저버리지도 않음은
義者有取焉	의로운 자가 취할 것이다.
作游俠列傳第六十四	「유협 열전(游俠列傳)」 제64를 지었다.

夫事人君能說主耳目	임금을 섬기면서 임금의 귀와 눈을 기쁘게 하고
和主顏色	임금의 안색을 화락하게 하고
而獲親近	친근함을 얻을 수 있음은
非獨色愛	다만 외모로 사랑한 것이 아니라
能亦各有所長	재주에도 각기 뛰어남이 있기 때문이다.
作佞幸列傳第六十五	「영행 열전(佞幸列傳)」 제65를 지었다.

不流世俗	세속에 휩쓸리지 않고
不爭埶利	권세와 이익을 다투지 않으며
上下無所凝滯	아래위로 엉기어 막힘이 없어
人莫之害	아무도 그들을 해치지 못하였으니
以道之用	도를 운용하였기 때문이다.
作滑稽列傳第六十六	「골계 열전(滑稽列傳)」 제66을 지었다.

159 **집해** 서광은 말하였다. "'불개신(不慨信)'으로 된 곳도 있다."

齊楚秦趙爲日者	제나라와 초나라, 진나라, 조나라의 일자(日者)들은
各有俗所用[160]	각기 세속에 쓰이는 바가 있었다.
欲循觀其大旨[161]	그 큰 뜻을 따라 살피고자 하였으므로
作日者列傳第六十七	「일자 열전(日者列傳)」 제67을 지었다.

三王不同龜	삼왕은 귀갑점을 치는 방법이 같지 않았으며
四夷各異卜	사이는 각기 점치는 방식이 달랐지만
然各以決吉凶	각자 그것으로 길흉을 결정하였는데
略闚其要	그 요점을 대략 엿보았으므로
作龜策列傳第六十八[162]	「귀책 열전(龜策列傳)」 제68을 지었다.

布衣匹夫之人	포의지사와 필부들은
不害於政	정치의 해를 입지 않았고
不妨百姓	백성들을 방해하지도 않았으며
取與以時而息財富	취하고 줌을 때맞춰 하여 재부를 늘렸으니
智者有采焉	지혜로운 자들은 그것을 취하였다.
作貨殖列傳第六十九	「화식 열전(貨殖列傳)」 제69를 지었다.

160 **색은** 「일자전(日者傳)」에서는 "여러 나라의 풍속을 알 길이 없었다(無以知諸國之俗)."라 하였는데 지금 저선생(褚先生)은 다만 사마계주(司馬季主)의 일만 적어 놓았다.

161 **집해** 서광은 말하였다. "'총(總)'으로 된 판본도 있다."

162 **색은** 삼왕이 귀갑점을 치는 방법이 다른 것과 사이(四夷)가 각기 점치는 방식이 다른 것은 그 책이 이미 없어져 그 다름을 기록할 방법이 없다. 지금 저소손(褚少孫)이 다만 태복의 점과 귀갑점의 잡설을 취하였는데 말이 매우 번잡하고 많아 마름질할 수 없으며 함부로 모두 천착하였는데 재주가 없음이 심하다.

維我漢繼五帝末流 우리 한나라는 오제(五帝)의 유업을 잇고

接三代絕業 삼대(三代)의 끊어졌던 대업을 이었다.

周道廢 주나라의 도는 폐하여졌으며

秦撥去古文 진나라는 옛 문헌을 없애고

焚滅詩書 『시(詩)』와 『서(書)』를 불살라 없애었으므로

故明堂石室金匱玉版圖籍散亂[163] 명당과 석실의 금궤와 옥판, 도적(圖籍)이 흩어져 어지러워졌다.

於是漢興 이에 한나라가 흥하여

蕭何次律令 소하가 율령을 정리하고

韓信申軍法 한신이 군법을 폈으며

張蒼爲章程[164] 장창이 역법과 도량형을 만들고

叔孫通定禮儀 숙손통이 예의를 정하니

則文學彬彬稍進 문학이 아름답고 성하여 조금 진전이 있었고

詩書往往閒出矣 『시』와 『서』가 왕왕 가끔씩 나오게 되었다.

自曹參薦蓋公言黃老[165] 조참이 갑공을 추천하고서부터 황로를 말하였고

而賈生晁錯明申商 가생과 조조는 신불해와 상앙을 밝혔으며

公孫弘以儒顯 공손홍은 선비로 드러나니

百年之閒 백 년 동안

---

163 집해 여순은 말하였다. "옥판(玉版)에다 문자를 새긴 것이다."

164 집해 여순은 말하였다. "장(章)은 역수(曆數)의 장술(章術)이다. 정(程)은 권형(權衡)과 장척(丈尺), 곡두(斛斗)의 평법(平法)이다." 찬(瓚)은 말하였다. "「무릉서(茂陵書)」에서는 '승상(丞相)이 공용(工用)을 위하여 그 적당한 수를 계량하였다.'라 하였는데, 곧 백공(百工)이 쓰는 자재의 다소(多少)의 양 및 제도(制度)의 정품(程品) 같은 것을 말한다."

165 색은 蓋은 성(姓)으로 음은 갑[古合反]이다.

天下遺文古事靡不畢集太史公	
	천하의 유문과 고사가 태사공에게 다 모이지 않음이 없었다.
太史公仍父子相續纂其職	태사공은 이에 부자가 서로 이어 그 직책을 계승하였다.
曰	말한다.
於戲	"아아!
余維先人嘗掌斯事	우리 선조는 일찍이 이 일을 주관하여
顯於唐虞	당우(唐虞) 때 드러났고
至于周	주나라에 이르러
復典之	다시 그 직책을 맡았으므로
故司馬氏世主天官[166]	사마씨는 대대로 천관을 주관하였다.
至於余乎	나한테까지 이르렀구나,
欽念哉	삼가 신중히 생각하자꾸나!
欽念哉	삼가 신중히 생각하자꾸나!"
罔羅天下放失舊聞[167]	천하의 산일된 옛 전적과 사실을 망라하여
王跡所興	왕의 자취가 흥기한 것에 대해
原始察終	시작을 밝히고 끝을 살피고

166 색은 이곳의 천관(天官)은 『주례(周禮)』 총재(冢宰)의 천관이 아니며 곧 천문(天文)과 성력(星曆)의 일을 맡아서 하는 천관이다. 또한 사마천은 실제 여(黎)의 후손인데 여씨(黎氏)의 후손은 또한 중려(重黎)라 총칭하며, 중(重)이 본래 하늘(의 일)을 맡았으므로 태사공이 천관을 대신 관장하였는데 아마 천관은 태사의 직무를 통괄하는 것 같다. 역사는 역대의 직책이므로 아마 사실이 아닐 것이라는 말이다. 그러나 위굉은 사마씨가 주(周)나라 사일(史佚)의 후손이라고 생각하였으므로 태사 사마담(司馬談)이 "우리 선조는 주나라의 태사였다."고 말하였을 것인데, 아마 어쩌면 사실일 것이다.

167 색은 옛 전적과 사실 가운데 유실되고 산일된 것이 있어 그것을 망라하여 고찰하고 논하는 것이다.

見盛觀衰	성쇠를 관찰하며
論考之行事	그 행한 일을 논하고 고찰하였으며
略推三代	삼대를 대략 추산하고
錄秦漢	진(秦)·한(漢)을 기록하였으며
上記軒轅	위로는 헌원(軒轅)을 기록하고
下至于茲	아래로는 지금에 이르기까지
著十二本紀	12본기(十二本紀)를 지어
既科條之矣	그 조목을 분류 정리하였다.
並時異世	같은 시대이면서도 시대가 달라
年差不明[168]	연차가 분명치 않아
作十表	10표(十表)를 지었다.
禮樂損益	예(禮)와 악(樂)의 덜고 더함과
律曆改易	율력의 개역,
兵權山川鬼神[169]	병권과 산천, 귀신,
天人之際	천인의 관계에 대하여
承敝通變	폐하여진 것을 잇고 변한 것을 통하여
作八書	8서(八書)를 지었다.
二十八宿環北辰	28수가 북극성을 돌고
三十輻共一轂[170]	30개의 바퀴살이 하나의 바퀴통에 몰리듯

168 색은 병시(並時)는 연력(年曆)이 차이가 나는 것으로 또한 대략 말하여 분명히 말하기가 어려우므로 표(表)를 만든 것이다.

169 색은 병권(兵權)은 곧 율서(律書)이다. 사마천이 죽은 후에 없어져서 저소손(□少孫)이 율서(律書)를 가지고 보충하였는데 지금의 「율서(律書)」는 또한 병사[兵]에 대하여서도 대략 말하였다. 산천(山川)은 곧 「하거서(河渠書)」이며, 귀신(鬼神)은 「봉선서(封禪書)」이므로 산천(山川)과 귀신(鬼神)이라고 하였다.

運行無窮	운행하여 끝이 없듯이
輔拂股肱之臣配焉	보필하는 고굉지신을 거기에 짝지어
忠信行道	충성스럽고 성실하며 도를 행하여
以奉主上	주상을 받들었으니
作三十世家	30세가(三十世家)를 지었다.
扶義俶儻	의를 부지함이 탁월하고 비범하며
不令已失時[171]	스스로 때를 놓치지 않게 하여
立功名於天下	천하에 공명을 세웠으니
作七十列傳	70열전(七十列傳)을 지었다.
凡百三十篇	모두 백30편
五十二萬六千五百字	52만 6천5백 자(字)이며
爲太史公書[172]	『태사공서(太史公書)』이다.
序略	서술의 대략은
以拾遺補藝[173]	빠뜨린 것을 줍고 경서를 보충하여

170 집해 『한서음의(漢書音義)』에서는 "황제(黃帝) 이하 30세가(三十世家)는 노자(老子)가 수레의 바퀴살이 30개로 운행이 무궁한 것을 본뜬 것인데 왕의 일이 이와 같음을 상징하였다."라 하였다. 정의 안(顏)은 말하였다. "이 설은 옳지 않다. 뭇 별들은 함께 북두칠성을 돌고 여러 수레바퀴살은 모두 수레로 돌아가며 뭇 신하들은 천자를 높이어 보좌함을 말한 것이다."

171 색은 己의 음은 기(紀)이다. 의를 부지하고 비범하고 탁월한 선비는 당대에 공명을 세울 수 있고 시대에 뒤지지 않는다는 것을 말한다.

172 색은 환담은 "사마천이 지은 책이 완성되자 동방삭(東方朔)에게 보여주었는데 동방삭이 모두 『태사공(太史公)』이라고 서명하였으니 『태사공』이라 한 것은 동방삭이 일컬은 것이다. 또한 그 설은 미진할지도 모른다. 아마 사마천이 그 부친의 저술을 높이어 '공(公)'이라 칭하였을 것이다. 혹자는 사마천의 외손자인 양운(楊惲)이 칭하였다고도 하는데 그 일이 혹 온당할 따름이다."라 하였다.

173 집해 이기(李奇)는 말하였다. "육예(六藝)이다." 색은 『한서』에는 '보궐(補闕)'로 되어 있는데 여기서는 '예(藝)'라 하였으니 육의(六義)의 빠진 것을 보충한 것을 이른다.

成一家之言	일가의 말을 이루어
厥協六經異傳[174]	육경(六經)의 다른 해석을 맞추고
整齊百家雜語[175]	백가(百家)의 뒤섞인 말을 가지런히 하여
藏之名山	이름난 산에 갈무리하여 두고
副在京師[176]	부본(副本)은 경사에 두어
俟後世聖人君子[177]	후세의 성인군자를 기다린다.
第七十[178]	제70이다.

---

174 **색은** 사마천의 말은 지은 것이 육경(六經)의 다른 해석과 제가의 설에서 맞는 것을 취한 것일 따름이라는 것으로 겸양하여 감히 경전[經藝]에 비교하지 않은 것이다. 다른 해석이라는 것은 이를테면 『자하역전(子夏易傳)』과 모공(毛公)의 『시(詩)』 및 한영(韓嬰)의 『외전(外傳)』, 복생[伏生: 복승(伏勝)]의 『상서대전(尚書大傳)』 따위와 같은 것이다.

175 **정의** 태사공은 『사기(史記)』를 편찬하면서 육경의 다른 문장에 어울리는 것을 말하고 제자백가의 잡설의 말을 정제하였는데, 겸양하여 감히 경전[經藝]에 비교하지 않은 것이다. 다른 해석은 좌구명(左丘明)의 『춘추외전국어(春秋外傳國語)』[『국어(國語)』]와 자하(子夏)의 『역전(易傳)』, 모공(毛公)의 『시전(詩傳)』, 한영(韓嬰)의 『시외전(詩外傳)』, 복생(伏生)의 『상서대전(尚書大傳)』과 같은 따위를 이른다.

176 **색은** 정본(正本)은 서부(書府)에 갈무리하여 두고 부본(副本)은 경사(京師)에 남겨두는 것을 말한다. 『목천자전(穆天子傳)』에서는 "천자가 북정을 하여 군옥산(羣玉山)에 이르렀는데 강은 평평하여 험하지 않았고 사방은 뚫려 먹줄을 댄 것 같았으니 선왕이 이른바 책부(策府)이다."라 하였다. 곽박(郭璞)은 "옛 제왕(帝王)이 책(策)를 갈무리해 두는 곳간"이라 하였다. 곧 여기서 이른 갈무리해 두는 명산이라는 것이다.

177 **색은** 후세의 성인군자를 기다린다는 것이다. 이 말은 『공양전(公羊傳)』에서 나왔다. 부자[夫子: 공자(孔子)]께서 『춘추(春秋)』를 지으시고 나중의 성인군자를 기다린다고 하였는데 또한 즐거움이 여기에 있다는 말이다.

178 **집해** 위굉(衛宏)의 『한서구의주(漢書舊儀注)』에서는 "사마천은 「경제본기(景帝本紀)」를 짓고 그 단점 및 무제의 과실을 극언하였는데 무제가 노하여 깎아내 버렸다. 나중에 이릉(李陵)을 천거한 일에 연좌되었는데 이릉이 흉노(匈奴)에 항복하였으므로 사마천을 잠실(蠶室: 궁형을 당한 사람이 요양하는 곳)에 하옥시켰다. 원망하는 말을 남기고 하옥되어 죽었다."라 하였다.

太史公曰	태사공은 말한다.
余述歷黃帝以來至太初而訖	나의 서술은 황제를 거쳐 태초에 이르러 끝이 나며
百三十篇[179]	백30편이다.

179 집해 『한서음의』에서는 "10편(篇)이 모자라는데 기록만 남아 있고 책은 없다."라 하였다. 장안은 "사마천이 죽은 후 「경기(景紀)」와 「무기(武紀)」, 「예서(禮書)」, 「악서(樂書)」, 「율서(律書)」, 「한흥이래장상연표(漢興已來將相年表)」, 「일자 열전(日者列傳)」, 「삼왕세가(三王世家)」, 「귀책 열전(龜策列傳)」, 「부 · 근 · 괴성 열전(傅靳蒯成列傳)」이 망실되었는데, 원성(元成) 연간에 저선생(褚先生)이 빠진 것을 보충하여 「무제기(武帝紀)」와 「삼왕세가(三王世家)」, 「귀책 · 일자 열전(龜策 · 日者列傳)」을 지었는데, 언사가 비루하여 사마천의 본의가 아니다."라 하였다. 색은 『한서』에서는 "10편은 기록은 있는데 글이 없다."라 하였다. 장안은 "사마천이 죽은 후 「경기(景紀)」와 「무기(武紀)」, 「예서(禮書)」, 「악서(樂書)」, 「병서(兵書)」, 「장상표(將相表)」, 「삼왕세가(三王世家)」, 「일자(日者)」, 「귀책전(龜策傳)」, 「부근(傅靳)」 등 열전이 망실되다."라 하였다. 「경기(景紀)」는 반고(班固)의 글을 취하여 보충하였고, 「무기(武紀)」는 오로지 「봉선서(封禪書)」에서만 취하였으며, 「예서(禮書)」는 순경[荀卿: 순자(荀子)]의 「예론(禮論)」에서 취하였고, 「악(樂)」은 『예기(禮記)』「악기(樂記)」에서 취하였으며, 「병서(兵書)」는 망실되었는데 보충하지 않고 대충 율(律)을 말하고 병(兵)을 말하여 마침내 역(曆)을 나누어 서술하여 그 다음에 배열하였다. 「삼왕계가(三王系家)」는 엉뚱하게도 그 책문(策文)만 취하여 이 편을 엮었는데 얼마나 소략하고 또 번중한지 온당치 못하다. 「일자(日者)」는 제국(諸國)의 같고 다른 점은 기록할 수 없었고 사마계주(司馬季主)에 대해서만 논하였다. 「귀책(龜策)」은 다만 태복(太卜)이 얻은 거북 점괘에 대한 잡설일 뿐 필삭(筆削)의 공이라고는 없으니 얼마나 비루한가?

옮긴이 **장세후**

경북 상주에서 태어나 영남대학교 중어중문학과를 졸업하고, 같은 대학 대학원에서 석사학위와 박사학위(『주희 시 연구』)를 취득하였다. 영남대학교 겸임교수와 경북대학교 연구초빙교수를 거쳐 지금은 경북대학교 퇴계연구소의 전임연구원으로 재직하고 있다. 2003년 대구매일신문에서 선정한 대구 · 경북지역 인문사회분야의 뉴리더 10인에 포함된 바 있다.
저서로는 『이미지로 읽는 한자 · 1~2』(연암서가, 2015~2016)가 있고, 주요 역서로는 『한학 연구의 길잡이(古籍導讀)』(이회문화사, 1998), 『초당시(初唐詩, *The Poetry of the Early T'ang*)』(Stephen Owen, 中文出版社, 2000), 『퇴계 시 풀이 · 1~6』(이장우 공역, 영남대학교 출판부, 2006~2011), 『고문진보 · 전집』(황견 편, 공역, 을유문화사, 2001), 『朱熹 詩 譯註 · 1~2』(이회문화사, 2004~2006), 『퇴계잡영』(공역, 연암서가, 2009), 『唐宋八大家文抄-蘇洵』(공역, 전통문화연구회, 2012), 『춘추좌전 · 상』(을유문화사, 2012), 『춘추좌전 · 중』(을유문화사, 2013), 『춘추좌전 · 하』(을유문화사, 2013), 『도산잡영』(공역, 연암서가, 2013), 『주자시 100선』(연암서가, 2014), 『사마천과 사기』(연암서가, 2015) 등이 있다.

사기열전 3

2017년 2월 25일 초판 1쇄 발행
2021년 3월 15일 초판 2쇄 발행

지은이 | 사마천
옮긴이 | 장세후
펴낸이 | 권오상
펴낸곳 | 연암서가

등록 | 2007년 10월 8일(제396-2007-00107호)
주소 | 경기도 고양시 일산서구 호수로 896, 402-1101
전화 | 031-907-3010
팩스 | 031-912-3012
이메일 | yeonamseoga@naver.com

ISBN 979-11-6087-004-6 04910
ISBN 979-11-6087-001-5 (세트)
값 35,000원